老司城遗址文物保护工程报告

（上 册）

湖南省文物考古研究所 编著

科学出版社

北 京

内 容 简 介

老司城遗址文物保护工程是老司城遗址成功申报世界文化遗产的重要前提保证。本书共七章，全面系统地介绍了世界文化遗产地——老司城遗址在实施文物保护过程中所做的实际工作。第一章主要从老司城遗址的地理位置、遗址概况、历史沿革、价值概述、工程地质条件、考古与保护方面进行了简要介绍。第二章为现状调查与病害评估，全面介绍了遗址现状调查的意义、对象及目的和遗迹分布总况，对生活区、衙署区、墓葬区、中心区其他遗存及祖师殿区域的遗迹保存现状、形制特点及病害情况进行了详细的分析，就调查结论实施了科学评估。第三章为多维信息采集与试验工程，获取的各项科学数据与试验结果为保护工程方向的正确提供了支撑。第四章为保护工程设计，系统介绍了保护方案设计对象、性质和目的，设计原则，设计依据，总体思路，施工总体要求，主要保护工程措施和实施流程，专项技术设计与工程量统计，以及主要工艺、材料设计的工程技术说明等。第五章为施工管理。第六章为工程施工，也是全书的重点部分之一。第七章为老司城遗址文物保护工程的思考，通过考古工作的前瞻性、设计工作的全面性、保护工作的专业性、后期管理的重要性对老司城遗址的整个工作过程做了全面的阐述，具有现实意义。

本书可供从事古文化遗址、古墓葬保护规划、设计、施工的单位，以及科研人员和大专院校考古、文化遗产保护、文物保护专业的师生参考、阅读。

图书在版编目(CIP)数据

老司城遗址文物保护工程报告：全2册／湖南省文物考古研究所编著. —北京：科学出版社，2018.11

ISBN 978-7-03-059339-9

Ⅰ.①老… Ⅱ.①湖… Ⅲ.①土司-古城遗址（考古）-文物保护-研究-永顺县 Ⅳ.①K878.34

中国版本图书馆CIP数据核字（2018）第248920号

责任编辑：雷 英／责任校对：邹慧卿

责任印制：肖 兴／封面设计：金舵手世纪

科 学 出 版 社 出版

北京东黄城根北街16号

邮政编码：100717

http://www.sciencep.com

中国科学院印刷厂 印刷

科学出版社发行 各地新华书店经销

*

2018年11月第 一 版　开本：889×1194　1/16
2018年11月第一次印刷　印张：32 1/2　插页：50
字数：936 000

定价：398.00元（全二册）

（如有印装质量问题，我社负责调换）

序

　　老司城遗址是湖南省第一处世界文化遗产，这一处世界文化遗产的本体是通过考古与文物保护得以发掘、研究和展示出来的，它的价值——有形的和无形的价值，也是通过考古发掘与本体保护而得以揭示和阐释的。

　　老司城遗址的考古报告，已经出版了两部五册。另外，老司城遗址动物遗存的专题报告也已付梓。现在，《老司城遗址文物保护工程报告》两册又要出版了。对于老司城遗址的保护工程而言，这是第一部保护工程专题报告，但不是唯一的，将来还应该有系列报告出版。

　　老司城遗址的本体保护工程，是在老司城遗址启动申报世界文化遗产之际开始着手的。当此时节，考古发掘工作并未结束，老司城遗址的内涵并未完全廓清。但是，时间极为紧迫，本体保护容不得待考古工作结束以后再走方案编制、评审、批复以及保护工程招投标等一系列复杂烦琐的程序，只能缩短时间，在尽量履行报批手续的前提下，边发掘、边保护。从考古的角度来看，即使到了今天，老司城遗址的很多情况还不清楚：它的早期遗存均未进行发掘，平面布局目前也仅局限于生活区与衙署区的核心部分，生活区之外的街巷、建筑、道路及其功能性布局还不太明确。因为申遗的需要，考古仅仅发掘了当时认为比较重要的几处遗存，现在看来，要真正了解老司城遗址的全貌，考古工作还需要长期持续进行。

　　目前老司城遗址作为世界文化遗产留给公众可看的东西并不多，历年考古发掘的遗存只有部分得到展示，得到展示的也仅仅只是遗址最晚阶段——老司城趋于没落时期的遗存，也就是清代早期的这部分遗存。众所周知，永顺彭氏土司最鼎盛的阶段是明代中晚期，老司城遗址周边题刻、墓葬及相关遗存最为丰富的也是这个阶段。但是，老司城作为永顺宣慰司治所、司衙和土司行政、生活之所在，拥有数百年历史的积累，号为"五溪之巨镇，万里之边城"，历代土司均兴修土木，翻新、重建之事屡屡发生，建筑基址的叠压打破关系极为复杂。因此，早期建筑往往被压在地下，只能通过局部探坑得以一窥真容。因而，从聚落考古的角度而言，老司城不是一座城，而是数座城的叠加，目前揭露和展示出来的，只是最晚的那座老司城。当然，也还只是这座城的一些局部。

　　固然，这些遗存即便不能代表老司城的全貌，至少也是某个历史片段的真实反映，是当时人类活动和社会形态的物质见证。考古发掘往往是要留下遗憾的，正是因为有遗憾，才能为将来的工作提供动力。前述老司城遗址申遗工作启动之际，本体保护尚在准备阶段，考古期间，发掘现场出土文物临时保护方案也尚未提交完整的文本，但因时间问题，或者说为了使考古发掘与本体保护的衔接更为便捷，在考古发掘过程中，就已经开始考虑保护与展示的需求，并着手开展相关前期基础性的研究了。

　　老司城遗址本体保护的基础性研究，或谓文物本体保护的前期研究，是对需要保护展示的对象进行研究，这些研究包括遗存的性质、内涵、价值与意义，这对于开展保护与展示工作是至关重要的，如果连遗产的价值与意义都不清楚，或者对其内涵与性质都无所知，则保护与展示就成了无源之水，无本之木。因此，基础性研究首先应该是针对被保护对象的内涵、性质、价值，这方面的工作不仅要遵循考古工作流程，把握地层学要义，捋清各个堆积单元的前后关系，进行最小时空单位的精密划分，还要开展多学科研究，如对遗存开展多维信息的提取，城墙隐匿部位的高光谱扫描，城墙及建筑材质成分与产地、城墙黏合剂及表面砂浆掺合料成分分析等。还要开展遗址化过程的赋存环境研究，如地质水文、气候物候、黏土矿物、生态植被，还要开展相关遗存的理化分析、无损或微损分析、埋藏学研究，如碑刻石材的风化机理、埋藏环境对于文化遗存的影响、人工干预的影响评估。这些是基础研究过程必须开展的工作。其次是对保护对象的形制、结构、材料、工艺开展研究，弄清文化遗存的物质性能和工艺特点，同时对本地区现存类似案例和遗存进行调查分析，以进一步了解被保护对象遗产化的完整过程。最后是开展病害调查与研究，在前面工作的基础上，对存在的病害进行科学调查研究与客观分析，彻底弄清受损和病害的原因。这样的工作既要综合所有材料开展研究，又要进行试验分析，通过试验来检测和检验综合研究的成果，形成完整的评估结论，提出科学的措施和方案。

上面这些工作，是文物考古和文物保护必须履行的工作程序，即使不做任何保护展示，这些工作也是应该开展的。虽然我们重点针对的是即将实施保护展示的那些遗存，但我们的工作完全覆盖了所有考古发掘的遗存，这些信息必须在考古现场第一时间开展，因为有的信息若不及时提取就会稍纵即逝，留下永久遗憾。

考古发掘的遗存，多数都是残垣断壁和只鳞片爪，需要考古学家仔细研究和分析才能形成较为完整的轮廓。考古发掘的遗存若要向公众展示，首先就得开展保护修复，要将这些零碎的遗存拼凑出较为清晰而便于辨识的物质客体，方能成为展示的对象。这样，就必须编制相关保护修复的计划方案。这个方案应该在考古的基础上，由考古人员提出需要保护展示的具体遗存单位，由文物保护、遗产研究、遗产规划、展示设计等方面的团队与考古队通力合作，制定出具体的保护修复和展示方案。

老司城作为土司遗址申报世界文化遗产，体现其作为世界文化遗产的价值是土司制度，是"齐政修教、因俗而治"、古代国家管理所体现的中国政治智慧，是中华民族多元一体形成与发展的特有形态模式。制度，或者礼仪、教化之类者，属于上层建筑，按照文化遗产的类型，应该划入非物质文化遗产，而考古发掘的遗址，却是实实在在的物质遗产，是有形的，但不能直接表达观念和制度，也不能表达礼仪和教化。这是考古学一直想突破却又困难重重的问题。发掘出来的残垣断壁、瓦砾废墟如何表达制度？实际上就是要让遗产活起来，要通过这些物质遗存去表达和反映古代的制度、历史与文化。就是"以物论史，透物见人，替死人说话，把死人说活"。因此，在保护展示过程中，这样的观念是理解古代人类社会的关键，要针对那些重要的考古遗存，尽量按照不改变原状的要求去保护修复，保护修复的过程是将基础研究的成果和展示活化的理念融汇贯通，达到最终让文物活起来的目的。

因此，在这种理念指导下的保护修复方案的编制、保护措施的实施充分体现了相关学科的融合和团队合作。保护措施的制定和实施，是以原来考古团队为班底，规划、科技保护、测绘、古建筑、工程力学、材料学、分析化学、艺术设计等多方面的专家学者共同参与的，在本体保护工程施工中更是全方位合作，使得老司城遗址本体保护工程施工得以顺利完成，为申报世界文化遗产奠定了坚实的基础。

湖南省文物考古研究所长期承担老司城遗址的考古发掘工作，又直接负责老司城遗址的本体保护工作，以张涛同志为代表的工作小组，为老司城遗址的本体保护付出了辛苦的劳动。老司城遗址的本体保护工程，是南方土遗址本体保护展示的一次可贵尝试，也是一次成功的尝试。工作小组严格执行文物保护修复规程，考古工作者全面介入遗址保护，经过全方位取样、多学科检测分析、无数次反复试验，针对黏土地面裂隙、苔藓，墙体歪闪、开裂，地下水渗漏、侵蚀，石材及金属剥蚀风化，植被漫长与生物病害，等等，诸多问题都在这次工作中得到解决或基本得到解决，这是南方潮湿环境下土遗址保护技术方法上的重大突破，对解决类似土遗址保护与展示具有重要的借鉴意义。他们的工作值得尊敬，他们的成果值得肯定。2015年11月6日，由国家文物局指导，中国古迹遗址保护协会、中国文物报社主办的"第二届（2014年度）全国十佳文物保护工程"结果揭晓，永顺老司城遗址文物本体保护工程获得"全国十佳文物保护工程"荣誉称号。这是国家层面给予的高度肯定。利用老司城遗址本体保护积累的经验和方法，最近又在澧县城头山遗址城墙剖面、祭坛、稻田等重要遗存保护展示上获得了成功。这是湖南省文物考古研究所多年来致力于对考古与文物保护全面融合和多学科合作不懈追求的回报，是文物保护修复先进理念结出的硕果，是对中国文化遗产保护利用工作做出的重大贡献。

我们将一如既往，总结经验，创新方法，在新时代再创佳绩！

是为序。

郭伟民
2018年7月21日

前　言

永顺老司城遗址位于湖南省永顺县灵溪河畔的灵溪镇司城村，距永顺县城19.5千米，中心点坐标为北纬28°59′55″，东经109°58′11″。是国务院2001年批准公布的第五批全国重点文物保护单位。老司城肇始于南宋绍兴五年（1135年），废弃于雍正五年（1727年），历经592年，其地势复杂险峻、易守难攻，是明清时期湖广地区最高级别的土司综合治所，见证了古代中央政府对西南地区实行土司制度的全过程以及明清时期诸如明朝东南抗倭、播州之乱、明末农民战争、改土归流等诸多重大历史事件，其对湘西土家族民族史乃至西南地区历史研究都具有重大价值。如今遗址范围内除各功能区的划分与地面残余建筑基址、道路、排水系统等遗迹能直观地反映出当时日渐完善的城市规划思路与成熟的建筑建造工艺外；由于老司城地处少数民族地区，其建筑风格兼具本地文化与汉文化杂糅的特点，也无一不体现了当时土司制度所倡导的"齐政修教，因俗而治"的统治理念，如反映土司统治下信仰多样化的现存建筑——祖师殿、文昌阁、土王祠等。而摆手舞、"茅古斯"等土家族特色的舞蹈，则为土家族祖先崇拜、神灵崇拜在湘西地区的传承提供了重要的佐证。总之，老司城遗址是具有突出意义与普遍价值的文化遗产。

老司城遗址自1995年以来先后共进行了5次考古勘探与发掘工作，发掘面积总计10906.38平方米。从发掘成果来看，老司城遗址的遗存分布清晰，分区布局明确，文化内涵尤为丰富。但由于遗址废弃后居民的农业生产生活对老司城遗址本体造成的直接破坏，尤其是20世纪60年代在老司城遗址上进行的"农业学大寨"活动平整土地并改为耕地，对其下文化层与遗迹造成了严重的破坏。同时由于遗址长期处于自然状态下，不断遭受风化、流水侵蚀、生物活动的影响，因而不可避免会遭受破坏。除此之外，自然因素对遗迹本体的破坏也日趋严重。这样种种破坏因素的产生与破坏情况的加剧，使得老司城遗址的文物保护工程迫在眉睫。

虑及老司城遗址的保护现状，为规范化和科学性地推进老司城遗址的保护工作，湖南省文物考古研究所自2009年5月起，以配合编制《老司城国家考古遗址公园保护规划》为契机，专门抽调考古、文化遗产利用与保护中心的专业人员进驻老司城遗址，开始了前后5年有余的保护工作。2011年11月，湖南省文物考古研究所开始承担《老司城遗址国家考古遗址公园考古工作规划》的编制任务，编制人员深入老司城遗址考古现场，在细致认真的测绘和调查工作的基础上对老司城遗址的考古工作、保护理念、展示方向做出了思考与规划。

《威尼斯宪章》中明确提出："无论在任何情况下，修复之前及之后必须对古迹进行考古及历史研究。"《洛桑宪章》也提出："对考古资源进行全面的勘察是考古遗产保护与管理的一项基本义务。"因此，全面系统地掌握老司城遗址遗存的文化内涵、保存状况、病害现状的特点，是老司城遗址保护工程方案设计的基础。根据前期对老司城遗址的调查成果，特别是对各类遗迹病害类型和具体情况的研究结论，参照各项国际公约、法律法规和相关技术规范及行业标准，湖南省文物考古研究所受永顺县老司城遗址管理处的委托，承担了老司城遗址文物本体保护工程第二、三、四期文物保护方案的设计工作，《老司城遗址第二期抢救性维修工程设计》完成于2012年4月，《老司城遗址第三期抢救性维修工程设计》完成于2013年8月，《老司城遗址第四期抢救性维修工程设计》完成于2014年5月。统筹兼顾、分期设计、突出重点、全面保护，成为老司城遗址文物本体保护方案设计的指导方针，也为顺利实现老司城成为世界文化遗产提供了重要的技术指导。

与此同时，在工程设计方案的指导下，针对遗迹的特征，为在文物保护工作中遵循和体现老司城的遗址内涵和世界文化遗产的价值导向，湖南省文物考古研究所将老司城遗址保护工程分为两期完成：一期为危重部分保护工程，此部分工程于2013年10月启动，2014年4月1日开始入场实施工程项目，至2014年4月30日竣工；二期为老司城遗址本体保护工程，此部分工程于2013年10月启动，2014年5月18日开始入场实施工程项目，至2014年7月6日竣工。2014年10月28日至11月1日，老司城遗址本体保护工程和老司城遗址危重部分保护工程顺利通过了由湖南省文物局组织的专家现场验收。2015年7月4日，在德国波恩召开的联合国第39届世界遗产大会上，老司城遗址成功列入《世界遗产名录》，成为中国第48处世界文化遗产。

为系统、全面记录老司城遗址文物保护工作的历程和老司城遗址申遗的经验，同时也为全面推进老司城遗址保护工作的深入开展，湖南省文物考古研究所决定编制本书。本书共分为七章，囊括老司城遗址保护方案前期调查、测绘，保护方案的设计及保护工程实施过程中的思考与总结，另收录老司城遗址保护工程调查、设计、施工三大流程中的部分照片、图纸和老司城的相关批复文件、检测报告、竣工报告等资料。

本书的编著与出版得到了湖南省文物局、湘西土家族苗族自治州文化广电新闻出版局、老司城遗址管理处和永顺县文物局的大力支持，在老司城遗址文物保护工程实施过程中，国家文物局的各位领导和考古与文物保护领域的诸位专家也多次莅临老司城遗址进行指导，在此一并致谢。

目　　录

序 ··· 郭伟民（i）

前言 ··· （v）

第一章　概述 ··· （1）
第一节　地理位置 ··· （1）
第二节　遗址概况 ··· （1）
第三节　历史沿革 ··· （1）
第四节　价值概述 ··· （3）
　　一、历史价值 ··· （3）
　　二、科学价值 ··· （4）
　　三、文化价值 ··· （4）
　　四、社会价值 ··· （4）
　　五、艺术价值 ··· （5）
第五节　工程地质条件 ··· （5）
　　一、地形地貌 ··· （5）
　　二、水文 ··· （5）
　　三、地层岩性 ··· （6）
　　四、土壤 ··· （7）
　　五、地震 ··· （7）
第六节　考古与保护 ··· （8）
　　一、考古工作概况 ··· （8）
　　二、遗址保护概况 ··· （10）

第二章　现状调查与病害评估 ······································· （13）
第一节　现状调查的意义、对象及目的 ····························· （13）
　　一、现状调查的意义 ··· （13）
　　二、现状调查的对象分类 ··· （13）
　　三、现状调查的主要目的 ··· （15）
第二节　遗迹分布总况 ··· （16）
第三节　生活区遗迹保存现状、形制特点及病害分析 ················· （17）

一、城门………………………………………………………………………………（18）
　　二、城墙………………………………………………………………………………（20）
　　三、房屋建筑…………………………………………………………………………（21）
　　四、排水设施…………………………………………………………………………（30）
　　五、道路系统…………………………………………………………………………（47）
　　六、挡土墙……………………………………………………………………………（58）
　　七、堡坎………………………………………………………………………………（61）
第四节　衙署区遗迹保存现状、形制特点及病害分析……………………………………（70）
　　一、凉洞………………………………………………………………………………（70）
　　二、踏步………………………………………………………………………………（71）
　　三、第一平台…………………………………………………………………………（73）
　　四、第三平台…………………………………………………………………………（81）
第五节　墓葬区遗迹保存现状、形制特点及病害分析……………………………………（86）
　　一、墓葬保存现状……………………………………………………………………（86）
　　二、拜台及八字墙保存现状…………………………………………………………（89）
　　三、墓围及封土现状…………………………………………………………………（90）
　　四、墓葬病害…………………………………………………………………………（91）
　　五、石雕石刻病害……………………………………………………………………（94）
　　六、道路………………………………………………………………………………（95）
　　七、台地………………………………………………………………………………（97）
第六节　中心遗址区内其他遗迹保存现状、形制特点及病害分析………………………（98）
　　一、右街………………………………………………………………………………（98）
　　二、纸棚街……………………………………………………………………………（101）
　　三、河街………………………………………………………………………………（103）
　　四、L2…………………………………………………………………………………（108）
　　五、北门上……………………………………………………………………………（111）
　　六、G30…………………………………………………………………………………（113）
　　七、堂坊包区…………………………………………………………………………（118）
第七节　祖师殿区遗迹保存现状、形制特点及病害分析…………………………………（128）
　　一、前庭………………………………………………………………………………（128）
　　二、山门………………………………………………………………………………（130）
　　三、庭院………………………………………………………………………………（133）
　　四、道路………………………………………………………………………………（136）
　　五、排水沟……………………………………………………………………………（142）
第八节　遗址现状勘察结论…………………………………………………………………（145）
　　一、构建遗迹的主要建筑材料的工程特性分析……………………………………（145）

二、影响破坏遗迹因素…………………………………………………（148）
　　三、病害评估结论………………………………………………………（151）

第三章　多维信息采集与试验工程……………………………………………（153）
第一节　多维信息采集………………………………………………………（153）
　　一、航拍与扫描…………………………………………………………（153）
　　二、材料检测……………………………………………………………（154）
第二节　试验工程……………………………………………………………（156）

第四章　保护工程设计……………………………………………………………（160）
第一节　设计对象、性质和目的……………………………………………（160）
　　一、设计对象……………………………………………………………（160）
　　二、设计性质……………………………………………………………（160）
　　三、设计目的……………………………………………………………（161）
第二节　设计原则……………………………………………………………（161）
第三节　设计依据……………………………………………………………（161）
　　一、国际公约、文件……………………………………………………（161）
　　二、国内相关法律法规…………………………………………………（162）
　　三、相关行业标准及技术规范…………………………………………（162）
第四节　总体思路……………………………………………………………（162）
第五节　施工总体要求………………………………………………………（164）
第六节　主要保护工程措施和实施流程……………………………………（164）
　　一、主要保护工程措施…………………………………………………（164）
　　二、保护实施流程………………………………………………………（166）
第七节　专项技术设计与工程量统计………………………………………（167）
　　一、生活区………………………………………………………………（167）
　　二、衙署区………………………………………………………………（200）
　　三、紫金山墓葬区………………………………………………………（213）
　　四、祖师殿建筑区………………………………………………………（225）
　　五、中心遗址区其他遗迹………………………………………………（236）
　　六、其他保护工程………………………………………………………（245）
第八节　主要工艺、材料设计的工程技术说明……………………………（248）
　　一、主要材料……………………………………………………………（248）
　　二、回填材料质量技术要求……………………………………………（249）
　　三、墙体的加固处理……………………………………………………（250）

四、沟壁裂缝的修补处理 …………………………………………………………（251）
　　五、道路的加固处理 ………………………………………………………………（252）
　　六、砖、石质文物的维修 …………………………………………………………（253）
　　七、防风化加固处理 ………………………………………………………………（254）
　　八、遗址生物病害灭杀及其抑制 …………………………………………………（255）

第五章　施工管理 ………………………………………………………………………（258）
　　一、施工执行标准 …………………………………………………………………（258）
　　二、施工总体思路 …………………………………………………………………（259）
　　三、施工总体要求 …………………………………………………………………（260）
　　四、施工单位组织机构设置 ………………………………………………………（261）
　　五、施工进度安排 …………………………………………………………………（262）

第六章　工程施工 ………………………………………………………………………（264）
　第一节　工程实施流程 ………………………………………………………………（264）
　　一、施工图设计招投标 ……………………………………………………………（265）
　　二、施工图设计 ……………………………………………………………………（265）
　　三、监理单位进入 …………………………………………………………………（266）
　　四、施工前准备工作 ………………………………………………………………（266）
　第二节　工程施工 ……………………………………………………………………（271）
　　一、施工前的再观察 ………………………………………………………………（271）
　　二、工程施工 ………………………………………………………………………（272）
　　三、工程措施 ………………………………………………………………………（298）
　第三节　工程质量 ……………………………………………………………………（305）
　　一、工程自检 ………………………………………………………………………（305）
　　二、工程验收 ………………………………………………………………………（306）

第七章　老司城遗址文物保护工程的思考 ……………………………………………（307）
　　一、考古工作的前瞻性 ……………………………………………………………（307）
　　二、设计工作的全面性 ……………………………………………………………（309）
　　三、保护工作的专业性 ……………………………………………………………（310）
　　四、后期管理的重要性 ……………………………………………………………（313）

插图目录

图一　老司城遗址核心区全景 ……………………………………………………（2）
图二　永顺县区划图（同治十三年刻本） …………………………………………（3）
图三　祖师殿考古现场 ………………………………………………………………（9）
图四　生活区保护工程完工照 ………………………………………………………（11）
图五　遗迹类型数量扇形分析图 ……………………………………………………（15）
图六　遗迹类型数量柱状统计图 ……………………………………………………（15）
图七　老司城遗址分区示意图 ………………………………………………………（16）
图八　文物本体保护工程遗迹分布区域数量扇形分析图 …………………………（17）
图九　文物本体保护工程遗迹分布区域数量柱状分析图 …………………………（17）
图一〇　入口广场红砂岩块石铺装 …………………………………………………（19）
图一一　卵石拼装铜钱纹图案 ………………………………………………………（19）
图一二　入口广场的房址 ……………………………………………………………（19）
图一三　西门北侧城墙 ………………………………………………………………（20）
图一四　生活区南部建筑群考古发掘后现状 ………………………………………（21）
图一五　L1现状 ………………………………………………………………………（22）
图一六　F7遗存现状 …………………………………………………………………（23）
图一七　F8遗存现状 …………………………………………………………………（23）
图一八　F10遗存现状 ………………………………………………………………（24）
图一九　F10室内地面方砖铺装 ……………………………………………………（24）
图二〇　F10北墙下的火膛坑 ………………………………………………………（24）
图二一　F10地面方砖滋附青苔 ……………………………………………………（24）
图二二　F13及东侧水沟、墙体遗存状况 …………………………………………（26）
图二三　廊道全景 ……………………………………………………………………（26）
图二四　廊道地面方砖铺装 …………………………………………………………（26）
图二五　廊道北端红砂岩阶梯 ………………………………………………………（26）
图二六　F26遗存 ……………………………………………………………………（26）
图二七　F26平、剖面图 ……………………………………………………………（27）
图二八　F27平面图 …………………………………………………………………（27）
图二九　F26、F27方砖铺装地面 …………………………………………………（28）
图三〇　卵石铺装 ……………………………………………………………………（28）
图三一　空斗墙基础部分 ……………………………………………………………（29）

图三二	青砖顺砌墙体	（29）
图三三	柱础	（29）
图三四	G10起点	（30）
图三五	G10东段底部卵石铺装	（31）
图三六	G10东段被青砖墙体叠压打破	（31）
图三七	G10南段被后期废弃堆积	（31）
图三八	G10南段外壁垮塌	（32）
图三九	G10南段沟底卵石遗失	（32）
图四〇	G10西段内壁严重外鼓	（33）
图四一	G10西段外壁形成空洞	（33）
图四二	G10西段被后期构筑物叠压	（33）
图四三	排水口1现状	（33）
图四四	排水口2现状	（34）
图四五	排水口3现状	（34）
图四六	Q1东侧过河撞券被损毁	（35）
图四七	Q1南侧过河撞券	（35）
图四八	Q1桥面被后期废弃叠压	（35）
图四九	Q2青砖券顶坍塌	（35）
图五〇	Q2西侧过河撞券裂缝垮塌	（35）
图五一	Q2西侧过河撞券与沟壁剥离	（35）
图五二	G27北段现状	（36）
图五三	G27北段西侧沟壁	（36）
图五四	G27北段东侧沟壁	（37）
图五五	G27北段东侧沟壁券拱	（37）
图五六	G27东侧沟壁夹杂瓦砾的填土	（37）
图五七	G27东侧浆砌并抹面的沟壁	（37）
图五八	G27东侧基岩沟壁	（37）
图五九	G27西侧浆砌并抹面的沟壁	（37）
图六〇	G27中段现状	（38）
图六一	G27中段北部现状	（38）
图六二	G27中段中部现状	（39）
图六三	G27中段南部现状	（39）
图六四	G27中段北端	（39）
图六五	G27中段南端	（39）
图六六	G27中段沟底卵石铺就	（39）
图六七	G27中段南端券拱	（39）

图六八	G27南段被挡土墙掩埋	（40）
图六九	G27南段北端沟底	（40）
图七〇	G27南段南端沟底	（40）
图七一	G27南段北端沟底	（40）
图七二	F27后檐排水沟	（42）
图七三	G16现状图	（42）
图七四	G16青砖券拱现状	（42）
图七五	未发掘部分1米余厚的耕土层	（42）
图七六	G17入水口处券拱垮塌	（43）
图七七	券拱上的地面方砖碎裂	（43）
图七八	沟壁歪闪并伴发纵向裂缝	（44）
图七九	沟壁垮塌	（44）
图八〇	G17沟壁受上侧墙体挤压	（44）
图八一	沟体丛生大量杂草和青苔	（44）
图八二	青砖沟壁和残存的券砖	（45）
图八三	右侧基岩沟壁上开凿的柱洞	（45）
图八四	歪闪沟壁及下侧积土	（45）
图八五	沟壁上部被人为破坏	（45）
图八六	第三级右侧沟壁现状	（46）
图八七	第三级左侧沟壁裂缝	（46）
图八八	G17券拱	（46）
图八九	G26和G17	（46）
图九〇	G26	（47）
图九一	G31	（47）
图九二	G31外侧	（47）
图九三	L8卵石台阶全景	（48）
图九四	L8-3段卵石台阶	（48）
图九五	L8-4段卵石台阶	（49）
图九六	后期砂岩台阶	（49）
图九七	L9砂岩台阶A段	（49）
图九八	L9砂岩台阶A段局部	（49）
图九九	L8砂岩台阶B段	（50）
图一〇〇	L9砂岩台阶杂草丛生	（50）
图一〇一	西城门址东侧台阶现状	（51）
图一〇二	台阶南侧挡土墙上部缺失	（51）
图一〇三	北侧挡土墙歪闪	（51）

图一〇四	一号台基现状	（51）
图一〇五	北墙体外侧青砖缺失	（52）
图一〇六	南侧干垒墙体外鼓	（52）
图一〇七	L6北段东端踏步	（53）
图一〇八	内侧基岩风化严重	（53）
图一〇九	后期墙体叠压路面	（53）
图一一〇	L6路面损毁①处现状	（53）
图一一一	L6路面损毁②处现状	（53）
图一一二	L6路面损毁③处现状	（53）
图一一三	L7全景	（54）
图一一四	L7卵石路面现状	（54）
图一一五	北门门址现状	（54）
图一一六	L14保存现状	（56）
图一一七	卵石铺装路面图案	（56）
图一一八	L14整体现状（由北向南）	（57）
图一一九	L14整体现状（由南向北）	（57）
图一二〇	路面凹凸不平	（57）
图一二一	L14路面中段后期青砖叠压	（57）
图一二二	L14北端方砖铺装	（57）
图一二三	L8-2西侧挡土墙	（59）
图一二四	L8-2东侧挡土墙	（59）
图一二五	L8-3东侧挡土墙	（59）
图一二六	L14外侧挡土墙	（60）
图一二七	L14植被根系破坏	（60）
图一二八	L14外侧挡土墙垮塌松散部分	（60）
图一二九	L14内侧挡土墙中段	（60）
图一三〇	L14内侧挡土墙北段	（60）
图一三一	L14内侧挡土墙南段	（61）
图一三二	L14内侧挡土墙北段	（61）
图一三三	宫BK-1	（62）
图一三四	宫BK-2	（62）
图一三五	宫BK-3	（62）
图一三六	宫BK-4	（62）
图一三七	宫BK-5	（63）
图一三八	宫BK-6	（63）
图一三九	宫BK-7-（2）	（64）

图一四〇	宫BK-8	（64）
图一四一	宫BK-9	（64）
图一四二	宫BK-10	（64）
图一四三	宫BK-11	（67）
图一四四	宫BK-12	（67）
图一四五	宫BK-12	（67）
图一四六	宫BK-13	（67）
图一四七	宫BK-14	（67）
图一四八	宫BK-15、宫BK-16	（67）
图一四九	宫BK-17	（68）
图一五〇	宫BK-18	（68）
图一五一	宫BK-18	（68）
图一五二	宫BK-18	（68）
图一五三	宫BK-19	（69）
图一五四	宫BK-20	（69）
图一五五	宫BK-21	（69）
图一五六	宫BK-22	（69）
图一五七	宫BK-23	（70）
图一五八	宫BK-24	（70）
图一五九	凉洞	（71）
图一六〇	衙-第1段踏步	（72）
图一六一	衙-第2段踏步	（72）
图一六二	衙-第3段踏步	（72）
图一六三	衙-第5段踏步	（72）
图一六四	青砖铺装Ⅰ处	（74）
图一六五	青砖铺装Ⅱ处	（74）
图一六六	南走廊东端地面	（74）
图一六七	砂岩铺装地面	（74）
图一六八	间楼	（76）
图一六九	南厢房及南走廊	（76）
图一七〇	北厢房及北走廊	（76）
图一七一	细砂岩柱础	（76）
图一七二	细砂岩柱础	（76）
图一七三	红砂岩柱础	（76）
图一七四	中道、南道、北道现状	（77）
图一七五	中道两侧抹面酥粉脱落	（77）

图一七六	南道及其卵石铺装路面	（77）
图一七七	北道单排卵石铺装	（77）
图一七八	残留遗迹中的树根	（78）
图一七九	路堤两侧抹面脱落	（78）
图一八〇	北侧道存生植被	（78）
图一八一	北侧道素土垫层	（78）
图一八二	G22南沟壁损毁缺失	（80）
图一八三	G24暗沟	（80）
图一八四	G24青砖券拱损毁缺失	（80）
图一八五	G25	（80）
图一八六	F33全景	（83）
图一八七	F33砂岩铺装	（83）
图一八八	红砂岩柱础	（83）
图一八九	L16砂岩铺装	（83）
图一九〇	L16踏步垮塌损毁	（83）
图一九一	L17	（83）
图一九二	G36	（84）
图一九三	G37	（84）
图一九四	F32全景	（85）
图一九五	F32磉墩	（85）
图一九六	F32卵石铺装	（85）
图一九七	F32排水沟	（85）
图一九八	西侧挡土墙全景	（86）
图一九九	东侧挡土墙全景	（86）
图二〇〇	M11	（87）
图二〇一	M11内盗洞	（87）
图二〇二	M11石屋墓门残损	（87）
图二〇三	M13-M16	（88）
图二〇四	M13-M16内抹面脱落	（88）
图二〇五	M16墓底	（88）
图二〇六	M17棺床板断裂	（88）
图二〇七	M17高浮雕青砖墓壁	（89）
图二〇八	M17头龛	（89）
图二〇九	M18-M19	（89）
图二一〇	M20	（89）
图二一一	M21-M22	（90）

图二一二	M11八字墙	（90）
图二一三	M13-M16八字墙	（90）
图二一四	M20拜台及八字墙	（90）
图二一五	墓葬封土堆残损	（91）
图二一六	封土堆杂草覆盖	（91）
图二一七	封门墙损毁	（91）
图二一八	墓室内壁滋附青苔	（91）
图二一九	墓砖酥碱	（92）
图二二〇	墓壁砖雕被损毁	（92）
图二二一	神龛及墓壁上的浮雕局部破坏	（92）
图二二二	抹面片状起甲脱落	（92）
图二二三	券顶开裂	（92）
图二二四	券顶垮塌	（92）
图二二五	盗洞	（93）
图二二六	植物根系侵扰	（93）
图二二七	墓室渗水	（93）
图二二八	墓底长条青砖损毁	（93）
图二二九	抹面发霉变黑	（93）
图二三〇	棺床断裂	（93）
图二三一	拜台、八字墙、墓围损毁	（94）
图二三二	石像生基座与主体断开	（94）
图二三三	基座残损	（94）
图二三四	石像生主体残损	（94）
图二三五	石刻表面滋附青苔	（94）
图二三六	紫金山墓葬区全景	（96）
图二三七	神道卵石阶梯	（96）
图二三八	神道红砂岩阶梯	（96）
图二三九	石像生——石狮	（96）
图二四〇	石像生——石马	（96）
图二四一	石像生——石马	（96）
图二四二	一级台地卵石铺装	（98）
图二四三	二级台地卵石铺装	（98）
图二四四	右街南侧阶梯	（99）
图二四五	右街第二段阶梯	（99）
图二四六	右街第三段阶梯	（99）
图二四七	右街-平台	（100）

图二四八	西门外排水沟	（101）
图二四九	左侧门楼-台帮	（101）
图二五〇	左侧门楼-台面	（101）
图二五一	西门两侧红砂岩宫墙	（101）
图二五二	纸棚街	（102）
图二五三	纸棚街踏步	（102）
图二五四	北侧挡土墙	（102）
图二五五	挡土墙外鼓处	（102）
图二五六	挡土墙坍塌处	（102）
图二五七	A段卵石路面	（104）
图二五八	B段裸露排水涵洞券顶	（104）
图二五九	C段南段	（104）
图二六〇	C段北段	（104）
图二六一	C段卵石路面	（104）
图二六二	D段南段	（104）
图二六三	D段北段	（104）
图二六四	D段卵石路面	（104）
图二六五	E段南端残存卵石路面	（105）
图二六六	E段卵石路面缺失处	（105）
图二六七	A段路肩	（105）
图二六八	B段路肩	（105）
图二六九	C段路肩	（105）
图二七〇	D段路肩	（105）
图二七一	E段路肩	（105）
图二七二	A段内侧挡土墙	（106）
图二七三	B段内侧挡土墙	（106）
图二七四	C段内侧挡土墙	（106）
图二七五	D段完整内侧挡土墙	（106）
图二七六	E段南端内侧挡土墙	（107）
图二七七	E段垮塌内侧挡土墙	（107）
图二七八	C段外侧残存挡土墙	（107）
图二七九	D段垮塌挡土墙	（107）
图二八〇	D段挡土墙	（107）
图二八一	南段卵石踏步	（108）
图二八二	南段卵石路面	（108）
图二八三	中段卵石路面	（108）

图二八四	中段卵石菱形图案	（108）
图二八五	中部积水破坏	（109）
图二八六	植被破坏	（109）
图二八七	北段卵石路面	（109）
图二八八	北段卵石残缺区域	（109）
图二八九	L2东侧中段挡土墙	（110）
图二九〇	L2东侧中段挡土墙	（110）
图二九一	L2东侧北段挡土墙	（110）
图二九二	L2东侧南段挡土墙	（110）
图二九三	北门上全景	（112）
图二九四	卵石铺装路面①	（112）
图二九五	卵石铺装路面②	（112）
图二九六	卵石铺装台阶Ⅰ	（112）
图二九七	卵石铺装台阶Ⅱ	（112）
图二九八	卵石铺装台阶Ⅲ	（112）
图二九九	水沟	（113）
图三〇〇	G30a段全景图	（115）
图三〇一	G30a段沟底与沟壁	（115）
图三〇二	G30a段沟壁顶部	（115）
图三〇三	G30a段南侧沟壁	（115）
图三〇四	G30b段全景图	（115）
图三〇五	G30b段南侧沟壁	（115）
图三〇六	连接处北侧沟壁转角处木桩	（116）
图三〇七	G30c段全景图	（116）
图三〇八	G30d段早期沟壁墙体现状	（117）
图三〇九	G30d段早期沟壁墙体抹面	（117）
图三一〇	后期干垒沟壁墙体现状	（117）
图三一一	沟内未完全清除的淤土	（117）
图三一二	青砖券拱外侧垮塌损毁	（118）
图三一三	卵石铺装①	（119）
图三一四	卵石铺装②	（119）
图三一五	青砖铺装	（120）
图三一六	排水沟	（120）
图三一七	土质地面	（120）
图三一八	挡土墙	（120）
图三一九	房屋基础全景	（121）

图三二〇	房屋基础基岩局部	（121）
图三二一	植物根系破坏房屋基础	（121）
图三二二	东南面墙基	（122）
图三二三	西南面墙基中段	（122）
图三二四	西南面墙基西段	（122）
图三二五	挡土墙全景	（122）
图三二六	植被破坏	（123）
图三二七	植被破坏	（123）
图三二八	植被破坏	（123）
图三二九	G32	（124）
图三三〇	G32	（124）
图三三一	G33	（124）
图三三二	L11	（124）
图三三三	L12	（124）
图三三四	L12	（124）
图三三五	L15	（125）
图三三六	L15卵石路面	（125）
图三三七	L15台阶	（125）
图三三八	卵石台阶	（125）
图三三九	F29外平台	（126）
图三四〇	卵石路面	（126）
图三四一	石槽	（126）
图三四二	柱础①	（126）
图三四三	柱础②	（126）
图三四四	柱础③	（126）
图三四五	被植被破坏的柱洞	（127）
图三四六	被植被破坏的柱洞	（127）
图三四七	植被破坏	（127）
图三四八	植被破坏	（127）
图三四九	房屋基础	（128）
图三五〇	排水沟	（128）
图三五一	水池	（128）
图三五二	祖师殿区遗迹现状平、剖面图	（129）
图三五三	前庭全景	（130）
图三五四	部分卵石铺装缺失	（130）
图三五五	残存的铜钱纹图案	（130）

图三五六	九宫格卵石铺装图案	（130）
图三五七	外侧挡土墙保存现状	（132）
图三五八	外侧散水护坡现状	（132）
图三五九	内侧三道挡土墙	（132）
图三六〇	护坡及挡土墙	（132）
图三六一	左侧卵石铺装	（134）
图三六二	右侧卵石铺装	（134）
图三六三	庭院平台	（134）
图三六四	内侧挡土墙中段部分	（135）
图三六五	内侧挡土墙左侧部分	（135）
图三六六	内侧挡土墙右侧部分	（135）
图三六七	外侧挡土墙	（135）
图三六八	L1全景	（138）
图三六九	L1卵石踏步	（138）
图三七〇	L1垂带墙南侧	（138）
图三七一	L1垂带墙北侧	（138）
图三七二	植被根系破坏垂带墙	（138）
图三七三	L2a北侧	（139）
图三七四	L2a南侧	（139）
图三七五	L2a垂带墙南侧	（139）
图三七六	L2a垂带墙南侧	（139）
图三七七	L2b全景	（139）
图三七八	L2b垂带墙北侧	（140）
图三七九	L2b垂带墙南侧	（140）
图三八〇	L2b局部	（140）
图三八一	L3全景	（141）
图三八二	L3南段转角处	（141）
图三八三	L3北段残存	（141）
图三八四	植被根系破坏L3	（141）
图三八五	L4全景	（141）
图三八六	L4卵石踏步上部平台	（141）
图三八七	G1全景	（143）
图三八八	北段、中段沟底	（143）
图三八九	南段沟底	（143）
图三九〇	北段东侧沟壁	（143）
图三九一	中段东侧沟壁	（143）

图三九二	南段东侧沟壁	（143）
图三九三	北段西侧沟壁	（143）
图三九四	中段西侧沟壁	（144）
图三九五	南段西侧沟壁	（144）
图三九六	G2	（144）
图三九七	南侧沟壁	（144）
图三九八	北侧沟壁	（144）
图三九九	排水沟中下段	（144）
图四〇〇	南侧沟壁与平台挡土墙	（144）
图四〇一	北侧沟壁与平台挡土墙	（144）
图四〇二	沟底卵石铺装	（145）
图四〇三	G3全景	（145）
图四〇四	G3沟底	（145）
图四〇五	卵石铺就沟底	（145）
图四〇六	沟壁	（145）
图四〇七	遗址区内耕种	（150）
图四〇八	雨水冲刷	（150）
图四〇九	大西门外挡土墙垮塌	（150）
图四一〇	青苔、霉菌、蕨等滋生	（150）
图四一一	土质龟裂	（151）
图四一二	青砖碎裂	（151）
图四一三	植物生长	（151）
图四一四	植物生长	（151）
图四一五	三维激光扫描	（153）
图四一六	高光谱扫描	（154）
图四一七	灰浆抹面所含的纤维	（155）
图四一八	右街第一段踏步维修试验	（156）
图四一九	维修前的G10试验段	（157）
图四二〇	维修后的G10试验段	（157）
图四二一	维修后的G10沟底	（157）
图四二二	浆料配比（熬制糯米浆）试验	（158）
图四二三	夯筑工程试验	（159）
图四二四	歪闪墙体扶正试验	（159）
图四二五	保护实施流程图	（166）
图四二六	制作施工工具	（270）
图四二七	用小型工具取样	（270）

图四二八	施工工具合集	（270）
图四二九	清理后期堆积	（273）
图四三〇	原考古发掘堆积土	（273）
图四三一	组装运土机械	（273）
图四三二	搬运后期堆积土	（273）
图四三三	配制药剂	（274）
图四三四	药水清除树根	（274）
图四三五	清除小型灌木、竹类植物	（274）
图四三六	遗址上生长的芭茅	（274）
图四三七	墓葬内的青苔	（275）
图四三八	碑刻表面的青苔	（275）
图四三九	维修前状况	（276）
图四四〇	维修后状况	（276）
图四四一	兼用的排水踏步维修中	（276）
图四四二	维修后状况	（276）
图四四三	L2排水沟维修	（276）
图四四四	维修后的排水沟	（276）
图四四五	沟底部分缺失	（277）
图四四六	补铺的沟底	（277）
图四四七	考古发掘的探沟	（277）
图四四八	复原后的现状	（277）
图四四九	G16墙体扶正	（278）
图四五〇	补铺的G16沟底	（278）
图四五一	G17清理堆积	（278）
图四五二	加固的G17沟底	（278）
图四五三	G18现状	（279）
图四五四	G18垮塌墙体补砌	（279）
图四五五	G26现状	（279）
图四五六	G26现状	（279）
图四五七	加固沟底	（279）
图四五八	G27维修后	（279）
图四五九	G30现状	（280）
图四六〇	G30现状	（280）
图四六一	G30沟壁与沟底现状	（280）
图四六二	沟壁保护	（280）
图四六三	钢网加固	（281）

图四六四	G31修复后状况	（281）
图四六五	G31沟底	（281）
图四六六	G31现状	（281）
图四六七	G34修复后	（281）
图四六八	G34修复后	（281）
图四六九	G35修复前	（282）
图四七〇	G35修复后	（282）
图四七一	G1、G2现状（横为G1）	（282）
图四七二	G1、G3现状（横为G3）	（282）
图四七三	沟壁加固	（283）
图四七四	沟底加固	（283）
图四七五	河街维修	（284）
图四七六	路面夯实	（284）
图四七七	修补卵石路面	（284）
图四七八	维修完成的卵石路面	（284）
图四七九	石缝填实	（285）
图四八〇	维修后的右街踏步	（285）
图四八一	墙顶处理	（285）
图四八二	维修后的L2	（285）
图四八三	L6、L7考古后路面	（286）
图四八四	维修后的L6、L7	（286）
图四八五	一号台基原状	（286）
图四八六	修复时的台基	（286）
图四八七	L8、L9维修中	（287）
图四八八	L8、L9维修完成	（287）
图四八九	L14维修中	（287）
图四九〇	L14维修后	（287）
图四九一	L16维修中	（288）
图四九二	维修后的L17	（288）
图四九三	加固踏步	（288）
图四九四	维修后的神道	（288）
图四九五	保护棚保护（F10）	（289）
图四九六	保护棚保护（F26、F27）	（289）
图四九七	覆土回填，表层铺沙	（289）
图四九八	覆土回填，表层植草（西门上）	（289）
图四九九	原址保护与植草对比	（290）

图五〇〇	原址保护	（290）
图五〇一	加固后的西城门址遗迹	（291）
图五〇二	维修后的过道平台	（291）
图五〇三	维修后的踏步	（291）
图五〇四	隐藏的排水沟渠	（291）
图五〇五	补砌挡土墙之一	（292）
图五〇六	补砌挡土墙之二	（292）
图五〇七	挡土墙灌浆	（292）
图五〇八	挡土墙扶正	（292）
图五〇九	挡土墙加固（空洞）	（292）
图五一〇	挡土墙加固（修补）	（292）
图五一一	挡土墙加固（作色）	（293）
图五一二	挡土墙加固（做旧）	（293）
图五一三	踏步加固	（294）
图五一四	神道维修	（294）
图五一五	神道完工现状	（294）
图五一六	墓葬加固（除表土）	（294）
图五一七	墓葬加固（防渗）	（294）
图五一八	墓葬加固（维修排水沟）	（294）
图五一九	墓葬加固（固土夯实）	（295）
图五二〇	墓葬加固（撒播草种）	（295）
图五二一	墓葬加固（草本生长）	（295）
图五二二	重做的踏步（保持可识别性）	（295）
图五二三	石像生归安	（295）
图五二四	标识的左侧神道	（295）
图五二五	桥底排水沟加固	（296）
图五二六	桥壁基础加固	（296）
图五二七	桥壁加固	（296）
图五二八	增设新桥，保留原桥体	（296）
图五二九	桥面加固	（296）
图五三〇	券拱加固	（296）
图五三一	凉洞内部现状	（297）
图五三二	修复后的台阶	（297）
图五三三	洞顶防渗之一	（297）
图五三四	洞顶防渗之二	（297）
图五三五	铺网加固	（298）

图五三六	锚杆拉结		（298）
图五三七	墙体基础加固		（298）
图五三八	城墙基础形成空洞		（298）
图五三九	城墙空洞处锚杆加固		（299）
图五四〇	城墙体外侧保护		（299）
图五四一	人工打夯路面		（299）
图五四二	人工打夯路面		（299）
图五四三	回填三合土垫层		（299）
图五四四	人工局部打夯		（299）
图五四五	石块编号		（300）
图五四六	搬运石块		（300）
图五四七	石块归安后		（300）
图五四八	糯米灰浆勾缝		（300）
图五四九	倒塌的墙体		（301）
图五五〇	青砖编号		（301）
图五五一	逐块取出排列		（301）
图五五二	浆砌归安		（301）
图五五三	G10基础加固		（301）
图五五四	G10沟壁修复		（301）
图五五五	G10外壁抹面		（302）
图五五六	G10做旧处理		（302）
图五五七	正在修补的L8路基		（302）
图五五八	需要修补的堡坎		（302）
图五五九	神道原状		（302）
图五六〇	神道修复		（302）
图五六一	铺设和加盖细土层		（303）
图五六二	将细土层加固，预防冻融		（303）
图五六三	南部建筑群覆土回填		（303）
图五六四	覆土回填后植被标识		（303）
图五六五	墓葬防渗处理		（304）
图五六六	凉洞顶部防渗处理		（304）
图五六七	砌筑墙体		（304）
图五六八	外墙抹面		（304）
图五六九	墙体做旧		（305）
图五七〇	做旧后现状		（305）
图五七一	三叶草标识建筑址		（305）
图五七二	狗牙根固土		（305）

插表目录

表一	历年老司城遗址文物保护工程方案编制情况统计表	（12）
表二	老司城文物保护工程遗迹构成表	（14）
表三	西城门保护工程量统计表	（169）
表四	北门门址保护工程量统计表	（170）
表五	南部建筑群保护工程量统计表	（172）
表六	F10保护工程量统计表	（173）
表七	F13及廊道保护工程量统计表	（174）
表八	F26、F27、F28、F31保护工程量统计表	（177）
表九	卵石平台保护工程量统计表	（178）
表一〇	桥梁保护工程量统计表	（179）
表一一	西城门址东侧台阶保护工程量统计表	（181）
表一二	一号台基保护工程量统计表	（182）
表一三	L6、L7保护工程量统计表	（183）
表一四	L2、紫金山道路保护工程量统计表	（185）
表一五	L8保护工程量统计表	（186）
表一六	L9保护工程量统计表	（187）
表一七	L13保护工程量统计表	（188）
表一八	L14保护工程量统计表	（190）
表一九	G16、G17保护工程量统计表	（191）
表二〇	G18保护工程量统计表	（193）
表二一	G10保护工程量统计表	（194）
表二二	排水口保护工程量统计表	（195）
表二三	G26~G35保护工程量统计表	（198）
表二四	挡土墙或堡坎保护工程量统计表	（200）
表二五	凉洞保护工程量统计表	（202）
表二六	F21~F24保护工程量统计表	（206）
表二七	PT3、F32保护工程量统计表	（209）
表二八	L16、L17、G36、F33保护工程量统计表	（211）
表二九	挡土墙或堡坎保护工程量统计表	（213）
表三〇	紫金山墓葬区24座墓葬保护工程量统计表	（215）
表三一	M11保护工程量统计表	（216）

表三二	M13-M16保护工程量统计表	（217）
表三三	M17保护工程量统计表	（219）
表三四	M18-M19保护工程量统计表	（220）
表三五	M20保护工程量统计表	（221）
表三六	M21-M22保护工程量统计表	（222）
表三七	其他墓葬保护工程量统计表	（222）
表三八	其他保护工程量统计表	（223）
表三九	神道和过道保护工程量统计表	（224）
表四〇	修建截洪水沟工程量统计表	（224）
表四一	F1保护工程量统计表	（227）
表四二	前庭保护工程量统计表	（228）
表四三	庭院保护工程量统计表	（230）
表四四	道路保护工程量统计表	（233）
表四五	排水沟保护工程量统计表	（235）
表四六	河街6段保护工程量统计表	（237）
表四七	纸棚街保护工程量统计表	（239）
表四八	生活区东L2保护工程量统计表	（241）
表四九	北门上保护工程量统计表	（242）
表五〇	G30保护工程量统计表	（244）
表五一	堂坊包保护工程量统计表	（245）
表五二	加固强度对比表	（254）
表五三	配方中硅酮树脂用量与吸水率关系表	（255）
表五四	第二期老司城文物本体保护工程项目表	（263）
表五五	老司城遗址文物本体保护工程施工流程表	（264）

第一章 概　　述

第一节　地理位置

　　永顺老司城遗址位于湖南永顺县灵溪镇司城村，距永顺县城19.5千米，中心点坐标为北纬28°59′55″，东经109°58′11″。老司城地处武陵山脉中段的黑山山脉，坐落于福石山麓，被灵溪河三面环绕。其区域属于山地中的中低山地，岩石以碳酸盐岩和砂页岩为主，部分为砾岩和变质岩，一般海拔500~800米，相对高差400~600米，坡高大于30°。老司城遗址属亚热带山地湿润季风气候区，年平均气温16℃，平均日照1301小时，平均无霜期286天，多年平均降水量1360毫米。植被覆盖率高，溪水和山体交相辉映，形成"万马归槽"的恢宏气势，自然景观优美（图版一~图版六）。

第二节　遗址概况

　　老司城是湘西土家族彭氏土司的统治中心和权力中心（图一；图版七），是湘、鄂、渝、黔地区级别最高的司治中心，并因此成为宋、元、明、清时期土家族地区最大的政治、经济、军事、文化中心。老司城前后历经宋、元、明、清四朝，共历时592年，见证了土司制度从萌芽至衰亡的全过程，渐而形成了别具一格的司治景观，是当前保存较完整的土司遗址之一，业已成为中国土司文化的重要组成部分。老司城依山傍水，是山地城市的典型代表，也是少数民族成功开发山地的杰出范例。老司城遗址由自然山水、遗址核心区和外围遗迹三部分构成，其中遗址核心区内城市格局完整，保存了大量的古建筑遗迹、道路遗迹和排水遗迹，风光旖旎，文化底蕴深厚，民族特色鲜明，因此具有很高的历史文化价值、考古学价值和美学价值。

第三节　历史沿革

　　老司城自南宋绍兴五年（1135年）彭福石宠营建并迁治于老司城，至清雍正五年（1727年）彭肇槐纳土，前后历经宋、元、明、清四朝，共历时592年。

图一　老司城遗址核心区全景

老司城遗址的肇始可追溯到彭士愁八世孙彭福石宠，其于南宋绍兴五年（1135年）袭职后出于加强统治的需要，将治所迁至灵溪河畔的福石山麓，这是老司城城市营建的开始。其后历代土司对其进行了数次扩建与修缮，这也体现在彭氏土司权力统治不断强化的过程中。彭福石宠孙彭思万于元至元十六年（1279年）归顺元朝，被授予武德将军，之后，彭氏土司统治权力不断被中央王朝认可。

元代，土司制度正式确立，原来的溪州二十州被分割，而归入湖广及四川省多个安抚司的势力范围之内。但这并没有阻碍永顺土司的发展。延祐七年（1320年）彭胜祖擅自改为安抚司。至正十一年（1351年）彭万潜又擅自将安抚司改称为宣抚司，并将保靖州改为保靖安抚司，纳入自身管辖。

明王朝建立以后，土司制度进一步完善，王朝与土司之间的关系也日益加强。洪武五年（1372年）彭添宝纳籍归顺明朝，由是诏升永顺宣抚司为永顺宣慰司。通过向朝廷进贡和军事征调，永顺土司逐渐发展到鼎盛。特别是在明成化元年（1465年）后所进行的频繁征调用兵，使王朝对永顺土司更加倚重。嘉靖、隆庆、万历三朝，永顺土司通过征召用兵敛聚了大量财富，对老司城进行了大规模的扩建和改造。在这种中央王朝的恩宠之下，永顺土司呈现出历史上从未有过的发展并达到鼎盛。

而至明末清初，由于社会环境的改变，土司制度日渐衰亡，特别是在老司城军事保卫功能日渐丧失后，老司城日渐衰败。雍正二年（1724年）末代土司彭肇槐迁治于自然环境较好的颗砂城，老司城已然衰落，只留有少数维护人员。雍正五年（1727年），彭肇槐纳土，永顺土司改土归流，老司城由是废弃，其后当地居民搬迁到老司城遗址上生活（图二）。中华人民共和国成立后在"农业学大寨"的改造过程中，老司城被改造成农田。

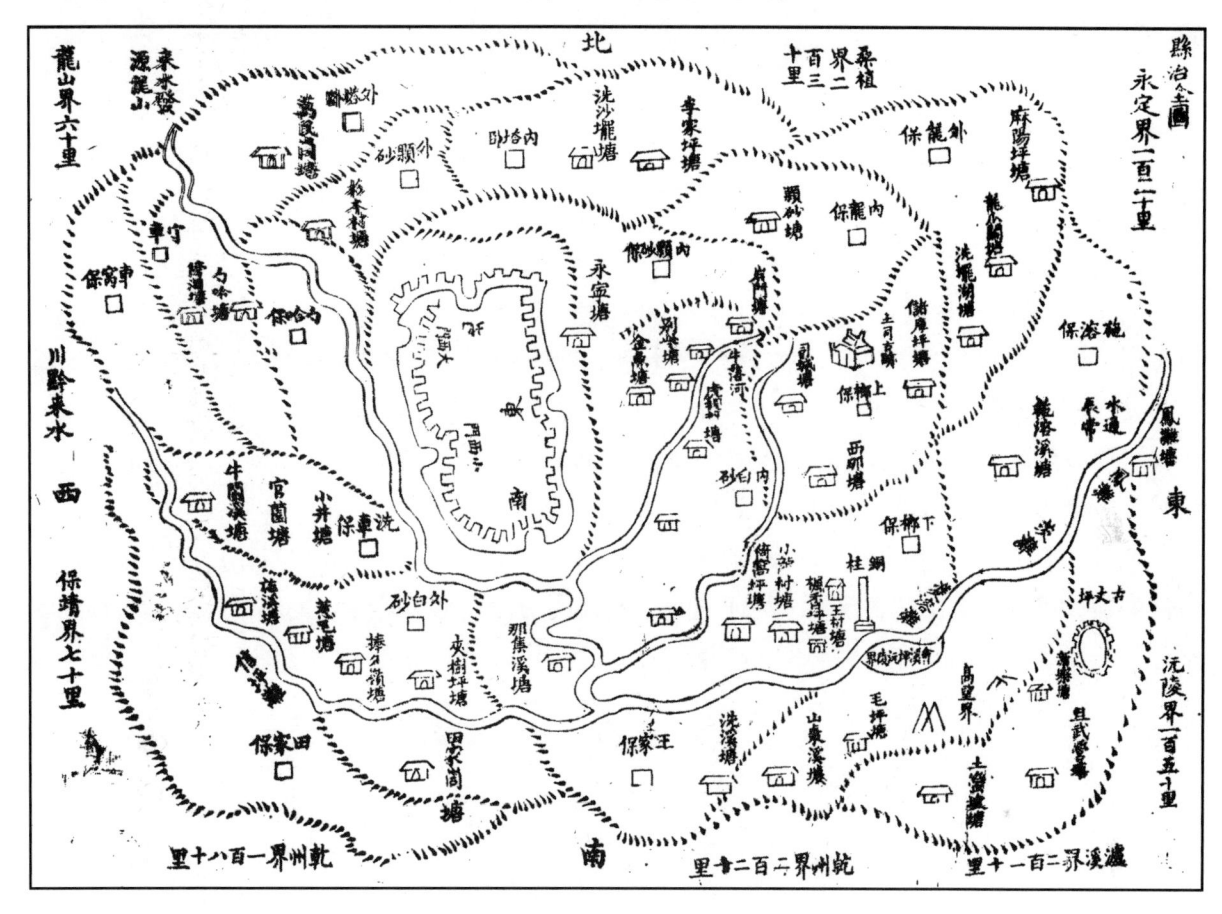

图二　永顺县区划图（同治十三年刻本）

第四节　价值概述

一、历史价值

老司城遗址地处湘西土家族世居之地，是古代汉文化与土家族地区文化交融的中心地带。老司城正是在这种文化交融中发展与存续的，时间达六百余年，经历了土司制度从萌芽、发展到废止的各个阶段。从南宋开始，老司城遗址逐渐成为土司时期土家族政权的政治、经济、文化、军事中心，同时也是我国西南地区规模最大、保存最完整、最具典型民族文化的城市遗址，对研究湘西地区历史具有重要的作用。

老司城遗址保留了明代至清代历届土司王族、贵族等不同等级的数百座墓葬，其中出土的墓志铭及树立于土王祠和墓葬区入口的大小两块德政碑对研究土司历史及湘西古史建构提供了不可多得的文字材料。

老司城遗址历次发掘出土了包括陶器、瓷器、金银器、铜器、骨器、琉璃器、砖瓦建筑构件、人体骨骼及动物骨骼等，对研究土司时期的政治、军事、文化、社会生活提供了确实可信的一手材料。

二、科 学 价 值

老司城遗址靠山面水，依照地形地势的特点进行功能分区。于外，依托周围地形划分了军事防御区、原料生产区等，并形成了外围缓冲地带。于内，以道路系统和排水系统将遗址区构建成相互联系不可分割的整体，布局之科学严谨，通过功能不同将其分别划分为生活区、衙署区、墓葬区、祭祀区、文教区等，以城墙、城门、道路进行网状连接。在这个地形极为峻峭的地区建立一座依山傍水、因地制宜的具有强烈军事防御特色的城市范例，是研究土司时期乃至中国城市发展史不可多得的重要实物例证。

老司城遗址现存的地面建筑（祖师殿、土王祠、文昌阁）均可见明代工艺做法，同时具有独特的地方民族建筑工艺和风格，为研究当地建筑的历史性、独特性、民族性提供了珍贵的实物证据。遗址范围内现存的民居多为典型的穿斗式建筑，是老司城历史发展和延续的见证，对研究明清湘西古建筑建造工艺具有重要的参考价值。

三、文 化 价 值

土司制度的形成与发展是中原王朝汉文化与地区少数民族文化相互交融的结果，老司城遗址便是在这种文化交融中逐步形成发展的，同时老司城也作为土司文化的载体起着孕育并促进土司文化发展的作用。老司城遗址范围内世居可追溯至土司时期的当地土家族居民，现今在老司城仍然口耳相传诸多关于土司王、老司城、土家族先祖的传奇故事。土家族非物质文化遗产"茅古斯"与"摆手舞"也都可以在历史时期和现实当中于老司城遗址找到存在与延续的痕迹，如今，当地还依旧流行赶年、哭嫁等习俗，也偶尔还能看到梯玛信仰与仪式的遗存，因此，老司城遗址具有重要的文化传承价值，是土家族文化研究与传承的重要标本。

四、社 会 价 值

老司城遗址的发掘，引起了当地政府及民众的高度重视，提高了地方社会对土家族土司文化的兴趣，并增强了对地区文化的自豪感。政府和民众对地方历史文化保护的意识大大增强，对文物工作的支持力度也逐步加强，使当地的文物工作得以顺利开展，诸多措施得以贯彻落实，极大地推动了当地文物事业的发展。此外，老司城遗址的发掘也对当地文化知名度的提升起到了很好的广告效应，获得了较多的社会关注，为当地文化旅游的开发提供了理想的文化资源和名片，更为当地的文化、经济的发展提供了良好的助推作用。

土家族历史上的重要土司人物如彭翼南等为维系民族团结和抵御外国侵略做出了巨大贡献，特别是在明中后期的抗倭运动中起到了中流砥柱的作用。老司城遗址作为土司时期的重要证物，是重要的爱国主义教育基地。

五、艺术价值

老司城遗址出土了大量青花瓷、彩瓷瓷片及少量金银器。出土的金银器、瓷器等器物器形匀称，纹饰多样，制作精良，且多为永顺土司专供瓷器，具有较高的美学价值，紫金山墓葬区王族墓葬当中的内部砖雕仿木，工艺精湛，结构匀称，具有较高的艺术价值。同时，老司城遗址范围内当地居民所流传下来的非物质文化遗产，如被列入中国第一批国家级非物质文化遗产名录的"茅古斯"与"摆手舞"及当地传承下来的土家族赶年、哭嫁、梯玛等民俗艺术类型和西兰卡普编织技艺都是土家族极具特色的艺术元素，具有较高的艺术价值。

第五节 工程地质条件

一、地形地貌

老司城所处的永顺县地处云贵高原东侧与鄂西山地交界，武陵山脉中段，境内重峦叠嶂，溪谷纵横。县内常态地貌（侵蚀流水地貌）和岩溶地貌同时发育，山高谷深，河流侵蚀切割强烈，地形起伏大，呈现出山地、山原、丘陵、岗地及向斜谷地等各种类型。最高的羊峰山海拔为1437.9米，最低的小溪鲤鱼坪明溪海拔为162.6米，高低相差1275.3米。老司城遗址保护区地处武陵山脉南支，地貌形态为山地中的中低山地貌，河道深切，地形破碎，一般海拔500~800米，相对高差400~600米，坡度大于30°。

二、水 文

老司城所处的永顺县属沅、澧水系。沅水流域面积3019.82平方千米，占总面积的79.24%；澧水流域面积791.2平方千米，占总面积的20.76%。流经老司城的灵溪河属于沅水水系，源于郎溪乡云盘村，经回龙、长官、施溶溪入酉水。全长40.8千米，流域面积297.2平方千米，河宽20～40米，多年平均流量5.204立方米/秒。地下水化学类型在碳酸岩分布区较简单，规律性强。灰岩分布以重碳酸钙镁型为主，占66%，白云岩分布区以重碳酸钙镁型、重碳酸镁钙型为主，占78%。碎屑岩裂隙水pH为5～7.2，多属弱酸性至中性软水，碳酸岩裂隙水pH为6.5～7.8。

老司城遗址保护区位于灵溪河东（左）岸，灵溪河沿岸石灰岩岩层中含有基岩裂隙水。受基岩裂隙分布的影响，连通性较差，主要靠大气降水补给，并多以泉的形式排泄至灵溪河及其支流，同样由于汇水面积小且地形坡度大不利于下渗，基岩裂隙水流量不大。

遗址区主要覆盖层即第四系人工填土层、残坡积黏性土层，基本未见地下水，主要是由于山地地形坡度大，不利于地下水在这些松散堆积层的赋存。

地下水总矿化度485mg/L，阳离子以Ca+Mg为主，阴离子以HCO_3为主，pH为7。地下水对混凝土结构以及钢筋混凝土结构中的钢筋，具有微腐蚀性。

地表水总矿化度281.95mg/L，离子成分与地下水相似，阳离子以Ca+Mg为主，阴离子以HCO_3为主，pH为7。对混凝土结构以及钢筋混凝土结构中的钢筋，具有微腐蚀性。

三、地层岩性

老司城所处的永顺县地层发育齐全，从元古代至新生代各时代地层都有发育。长宫永茂一线以南，主要分布了元古代地层，该线以北大部分地区为古生代地层，面积约占全县的80%；中生代地层只分布在该县北边的局部地区；新生代地层只是零星分布于某些地方。全县从南至北，地层时代从老到新。

遗址区地层上部主要为第四系地表土壤层、人工堆积填土层和残坡积黏性土层（当地又叫岩砂土），下伏基岩为古生代寒武系上统追屯组（∈3z），灰色、灰白色中厚—厚层块状石灰岩、白云质灰岩。

地表土壤层：全区均有分布，含较多植物根系，松散，稍湿。由于区内建筑物大部分依山而建，该层厚度较小且不均。

人工堆积填土层：杂色，松散，以黏性土为主，含大量的碎瓦片、碎砖、卵石、块石、石灰等，局部纯粹以碎瓦片、碎砖等建筑遗迹为主，含量为80%以上。该层在整个宫殿区、衙署区均有揭露。由于遗址区经历多个朝代，多期建筑遗迹相互叠加，因此局部地段杂填土分多层填筑，成分复杂。

残坡积黏性土层：黄褐、灰褐、棕红色，可塑—硬塑，铁锰质氧化物浸染，偶见原生孔隙，主要分布于相对宽缓的缓坡平台，比如宫殿区西部、墓葬区等，厚度不均。

基岩：为古生代寒武系上统追屯组（∈3z）白云岩，按其风化程度分为强风化和中风化。

（1）强风化白云岩：灰白、灰色中厚层，碎块状、砂状，手可掰断并捏碎，用镐掘较快，岩体非常破碎。

（2）中风化白云岩：灰白、灰色，中厚—厚层，块状，铁质浸染，节理裂隙较发育。

以满足工程需要为原则，综合考虑时代成因、岩性特征与物理力学性质等因素，在总装备部工程设计研究总院勘察后，将地基岩土层的岩性特征归结如下。

土壤共分3层，其中第1层以填充物与其他特性的不同又可分为4类，具体描述如下。

第1层第1类：为杂填土层，湿度为稍湿—湿，密实度较松散。杂色，以黏性土为主，含大量碎瓦片、碎砖、卵石、块石、石灰抹灰等，局部主要以碎瓦片、碎砖等建筑垃圾为主，含量达到80%以上（T11）。

第1层第2类：为素填土，湿度为稍湿—湿，可塑性较强，密实度较松散。浅黄色、灰褐色，以黏性土为主，土质较纯，含少量碎石，偶见炭灰等，仅T6、T12有分布。

第1层第3类：为杂填土层，湿度为稍湿—湿，密实度较松散。棕红色，以黏性土为主，含碎石颗粒及石灰抹灰，仅在T12有分布。

第1层第4类：为杂填土层，湿度为稍湿—湿，密实度较松散。杂色，含大量碎砖、块石、卵石、石灰抹灰等，该层仅在T12有分布。

第2层：为黏性土层，湿度为稍湿—湿，状态为可塑—硬塑，黄褐、灰褐、棕红色，铁锰质氧化物浸染，偶见原生孔隙。

第3层：为白云岩层，湿度为稍湿—湿，灰、灰白、灰褐色，节理裂隙发育，强风化，呈砂状、碎块状，中风化块状结构。

四、土　　壤

老司城的土壤中易溶盐含量为398.39mg/kg，阳离子以Ca＋Mg为主，阴离子以HCO_3和SO_4^{2-}为主，pH为6.5。对混凝土结构以及钢筋混凝土结构中的钢筋，具有微腐蚀性。

五、地　　震

据历史记载，永顺县自1856年至今，曾发生过6次地震，但无破坏性地震记录。

第六节 考古与保护

一、考古工作概况

（1）20世纪30年代，地理学家吴壮达先生被疏散到湘西时，对老司城进行了调查，并撰写了《永顺老司城今昔》一文，这是近代来首次对老司城的调查[1]。

（2）1995年10~12月，湖南省文物考古研究所会同湘西土家族苗族自治州文物管理处、永顺县文物局，首次对老司城遗址及其外围相关遗址进行了调查与发掘，此次工作重点在于对老司城城区进行全面的勘探与测绘，基本调查清楚了城区内城墙、宫殿区、衙署区、街巷以及其他遗迹的分布情况，并对宫殿区与墓葬区进行了局部发掘[2]。

（3）1996年9月，湖南省文物考古研究所会同湘西土家族苗族自治州文物局、永顺县文物局对老司城遗址外围遗址进行考古调查，发现土司时期的各类遗存，包括烽火台、军事关卡、土司庄园、古墓葬、宗教遗址、石刻题铭等多处遗迹。

（4）1998年10~11月，湖南省文物考古研究所会同湘西土家族苗族自治州文化广电新闻出版局、永顺县文物局再次对老司城进行考古调查与发掘，在宫殿区和衙署区布设探方4个，共清理出房屋遗迹11座、排水沟渠9条，还清理出火铺、灰坑等其他遗迹若干。同时对紫金山墓葬区进行了测绘，并对其中的M5、M17、M11、M20、M23进行了清理，发掘出各墓的墓志铭[3]。

（5）2009年5月，为配合《老司城遗址本体保护维修工程方案》和《老司城国家考古遗址公园保护规划》的编制，湖南省文物考古研究所第三次对老司城遗址进行了考古发掘，基本探明遗址功能区的分布情况。

（6）2011年6月，老司城遗址2009~2010年考古发掘入选2010年度全国十大考古新发现。

（7）2011年9月~2012年1月，湖南省文物考古研究所再次对老司城遗址原发掘的遗迹进行清理揭露，对遗址区的街道和排水系统进行考古发掘。

（8）2012年2~6月，湖南省文物考古研究所会同湘西土家族苗族自治州文物局、永顺县文物局，对老司城遗址生活区、衙署区进行考古发掘，并开展遗址周边各相关遗存的全面调查。

（9）2013年1月~2014年6月，根据2011年国家文物局批准通过的《老司城遗址考古工作规划》的要求，为全面了解和认识老司城遗址文化内涵及其时空格局，并为申报世界文化遗产提供翔实的考古资料，以达到认识老司城作为世界文化遗产的突出普遍价值的目的，2013年报国家文物局批准，湖南省文物考古研究所会同湘西土家族苗族自治州文物局、永顺县文物局再次对老司城遗址进行了有序的考古调查、勘探和发掘工作，并直接配合文物保护工程的实施。此次工作，对宫殿区和衙署区的部分区域进行了考古发掘，对祖师殿（图三）前庭及相关道路等进行了系统的考古发掘清理。按正方向共布5米×5米探方196个，发掘总面积4900平方米。

对老司城遗址的主体区、生活区的道路系统、排水系统和重要的建筑组群等实施了考古勘探、发掘，从而使得老司城遗址的空间格局和相关的功能结构基本得到体现。对衙署区第三台地进行了考古发掘，以期进一步认识衙署区的建筑布局和排水系统、道路系统的空间格局。通过实施对祖师殿遗址的考古发掘，祖师殿遗址原来的整体格局得到了清晰的呈现[4]。

图三　祖师殿考古现场

经过历次考古发掘，老司城遗址现发掘面积达15727平方米。通过考古揭露，老司城遗址的真实性与完整性得以展现。老司城的遗址功能区包括生活区、衙署区、街道区、宗教区、苑墅区、墓葬区六大功能分区。其中，经过对生活区内的发掘与清理，使得生活主体建筑、道路系统、排水系统、城门位置与城墙大体位置等基本情况有了较为清晰的展示；通过对衙署区第一与第三级平台的发掘，对衙署区的整体布局与房屋形制有了深入的了解（图版八）；通过对街道区与堂坊包等多处遗迹的发掘，明确了老司城外围的街区分布情况；通过对祖师殿等18处宗教区遗迹的调查与祖师殿前庭的发掘，显现出土司时期宗教信仰的多样性；通过对苑墅区土司钓鱼台等9处遗迹的调查，对了解土司休闲活动与庄园经济等方面有了直观的认识；通过对紫金山墓葬区及其他53处墓地的发掘清理与调查，揭示了土司墓葬整体与细节的诸多规制。而通过上述考古工作揭示出的房屋、道路、排水系统、平台与城墙等诸多遗迹，都显现出老司城遗址的真实完整性，也为遗址的文物保护工作提供了基础[5]。

二、遗址保护概况

（一）相关保护工作概况

（1）1960年，永顺县政府对老司城遗址内的祖师殿进行了一次维修。

（2）1975年，老司城村民付贤云在宫殿区耕作时，挖出清康熙年间永顺宣慰使司铜印一枚，被永顺县文物管理所征集。永顺县文物管理所对祖师殿再次进行维修和常规性维护。

（3）1983年，湖南省人民政府公布祖师殿及土司古墓群（即紫金山墓群）为省级重点文物保护单位。

（4）2001年6月，老司城遗址被国务院公布为第五批全国重点文物保护单位。

（5）2002年5月，设立老司城遗址管理所（永顺县文物管理局下属单位）。永顺县投入300万元用于老司城遗址的文物保护工作，维修南门至祖师殿的道路2000米，并修建了南门和祖师殿码头2座、石桥2座、风雨桥1座、水泥板桥1座。

（6）2009年12月，《湖南省永顺县老司城遗址保护规划》通过国家文物局审批，并于2010年由湖南省人民政府公布。

（7）2010年6月，由中国总装备部工程设计研究总院勘测和编制了《湖南永顺老司城遗址文物保护工程地质调查与稳定性评价报告》，为文物保护工程的实施提供了准确的地质状况评估。

（8）2010年10月，老司城遗址被列入首批国家考古遗址公园立项名单。

（9）2010年11月，永顺县委托湖南省文物考古研究所编制了《老司城国家考古遗址公园考古工作规划》。

（10）2010年11月~2014年5月，先后编制并完成四期《湖南省永顺县老司城遗址文物抢救性保护工程方案》。

（11）2012年11月，老司城遗址被国家文物局列入更新的《中国世界文化遗产预备名单》。

（12）2013年4月，老司城遗址保护管理专项法规《湘西土家族苗族自治州老司城遗址保护条例》颁布。

（13）2013年12月，《老司城遗址保护管理规划》（2013~2030）由湖南省人民政府公布。

（14）2014年10月28日~11月1日，老司城文物本体保护工程和老司城危重部分保护工程由湖南省文物考古研究所负责实施，并顺利通过验收（图四）。

（15）2015年7月4日，在德国波恩召开的联合国第39届世界遗产大会上，老司城遗址成功列入《世界遗产名录》，成为中国第48处世界文化遗产。

图四　生活区保护工程完工照

（二）历年保护方案设计工作

（1）2010年2月，永顺县文物局正式委托中国文化遗产研究院作为老司城遗址第一期抢救性维修工程设计单位，重点对古城遗址所涉及的城墙和街道，以及现存文物建筑进行维修设计。2010年11月，完成设计方案并经国家文物局通过。

（2）针对湖南省文物考古研究所2010年6～12月考古发掘的遗迹，2011年6月，永顺县文物局正式委托湖南省文物考古研究所作为老司城遗址第二期抢救性维修工程设计单位，重点对古城遗址考古发掘后所涉及的建筑址、排水沟、踏步、墓葬区等进行维修设计。2012年4月，完成设计方案并经国家文物局通过。

（3）2011年，湖南省文物考古研究所根据国家文物局批复，再次对老司城遗址进行了考古发掘。为了进一步保护好发掘出来的道路、排水沟及建筑遗迹，2012年3月，永顺县老司城遗址管理处委托湖南省文物考古研究所对老司城遗址进行第三期抢救性维修工程设计。2012年8月，完成设计方案并经国家文物局通过。

（4）2014年1月，永顺县老司城遗址管理处委托湖南省文物考古研究所对老司城遗址进行第四期维修工程设计，此项设计涉及老司城遗址考古揭露出来的剩余遗迹，范围涉及生活区、衙署区、墓葬区、祖师殿区等区域。2014年5月，完成设计方案并经国家文物局通过（表一）。

表一　历年老司城遗址文物保护工程方案编制情况统计表

项目名称	期数	工程设计内容	完成单位及审核通过时间
老司城遗址文物保护工程	第一期	城墙：宫城墙、衙署区城墙、外城城墙 街道：河街、部分右街、正街、左街、紫铜街、广场 文物建筑：土王祠、文昌阁、子孙永享牌坊、祖师殿、皇经台、玉皇阁	中国文化遗产研究院 2010年11月
	第二期	生活区：西城门、南部建筑遗址群、G10及排水口1~3、Q1Q2、F10、F13、F7、F8、生活区内所有原始挡土堡坎 衙署区：凉洞及凉洞顶部F14、踏步、衙署区内所有原始挡土堡坎 墓葬区：M11、M12-M16、M17、M18-M19、M20、其他墓葬（即2010年6~12月考古发掘出露的遗迹）	湖南省文物考古研究所 2012年4月
	第三期	生活区：G16、G17、G18、西城门址东侧台阶、一号台基、北门门址、L6、L7	湖南省文物考古研究所 2012年8月
	第四期	生活区：F26~F27、F28、F31、L8、L9、L13、L14、G26、G27、G31、G34、G35、西门PT1、西门PT2 衙署区：F21~F24、PT3、F32、F33、L16、L17、G36 紫金山墓葬区：M1、M2、M4、M6、M7、M8、M9、M10、M12、M23、M24、M25、M26、M27、M28、M29、M30、M31、M32、M33、M34、M35、M36、M37 祖师殿区：F1、前庭平台、L1、L2、L3、L4、庭院平台、G1、G2、G3 中心遗址区其他遗迹：河街6段（小西门—南门码头）、堂坊包区（F29、F30、L11、L12、L15、G32、G33）、纸棚街、生活区东L2、北门上、G30	湖南省文物考古研究所 2014年5月

注　释

[1]　吴壮达：《永顺老司城今昔》，转引自柴焕波：《永顺老司城——八百年溪州土司的踪迹》，岳麓书社，2013年。

[2]　湖南省文物考古研究所、湘西自治州文物工作队、永顺县文物局：《湘西永顺老司城发掘报告》，《湖南考古2002》上，岳麓书社，2004年。

[3]　湖南省文物考古研究所、湘西自治州文物工作队、永顺县文物局：《湘西永顺老司城发掘报告》，《湖南考古2002》上，岳麓书社，2004年。

[4]　湖南省文物考古研究所：《老司城遗址考古发掘报告（2013~2014）》，科学出版社，2017年。

[5]　湖南省文物考古研究所：《老司城遗址考古发掘报告（2013~2014）》，科学出版社，2017年。

第二章 现状调查与病害评估

第一节 现状调查的意义、对象及目的

一、现状调查的意义

老司城遗址自雍正年间废弃之后，自然因素的影响如雨水、洪水、植物生长等使得老司城建筑很快遭受损毁；同时，受人为因素的影响，如当地居民逐渐在遗址本体区内自建房屋，开荒种地，拆墙建堡坎等，进一步加快了遗址内遗存的破坏。出于对老司城遗址的保护，需查清各遗存所需要采取的保护和防护措施，合理引导居民生产生活，以便建立科学有效的遗址管理规划，特别是适合老司城国家考古遗址公园建设工作的需要和老司城遗址申报世界文化遗产的需要（图版九~图版一二）。

开展现状调查的意义，主要就是能够获取全面科学的基础资料和设计依据，开展遗产的现状评估，以解决老司城遗址保护、管理、展示、研究等方面面临的突出问题，同时，为后期不断优化提升遗产保护管理的各方面工作做好前期准备。

二、现状调查的对象分类

老司城遗址自1995年首次进行考古发掘以来，至2013年文物保护工程实施之时，已历时近20年。而通过历次老司城的考古调查与发掘工作，已基本对老司城的价值内涵、遗址范围有了清晰的认识。老司城作为永顺土司的统治中心，它的发展变化伴随着彭氏土司的统治权力的式微而日渐萧疏。雍正五年（1727年）以后，老司城由是彻底废弃，尽管地面建筑业已不存，但其土石构建的诸多遗迹还是完整地保留了下来。透过这些断壁残垣、高大的城墙、散落的房基、四通八达的道路、宏大的排水系统，通过研究与遐想，我们可以捕捉到老司城在久远历史进程中的一次次变迁信息，还原彭氏土司的社会生活与人文脉络。

此次调查的对象是老司城遗址历次考古发掘所揭露出的遗迹，通过调查各个遗迹点的具体病害情况作出科学合理的评估，为后期文物保护方案中保护措施的设计和文物保护工程的实施提供基础性的必要性的依据。在此次调查中，调查组实地调查了老司城遗址考古发掘所揭露出的多达188处遗迹。这些遗迹，根据其原有工艺、结构特点、使用功能的不同，分为六大类，

具体划分如表二。

表二　老司城文物保护工程遗迹构成表

遗迹体系	遗迹类型	遗迹点名称
道路系统	踏步、平台、街道、道路、桥梁	Q1、Q2、西门踏步、西门右街阶梯、L1、L2、L5、西城门东侧台阶、L6、L7、L8、L9、L13、L14、L2北门上道路、右街、纸棚街、河街、西门踏步平台、西门入口广场、西门右街平台、一号台基、平台1、平台2、北门上平台、L11、L12、L15。 衙署区踏步第一段~踏步第五段、衙署区中道、南道、北道、南侧道、北侧道、L16、L17、PT3。 紫金山左神道、紫金山右神道、紫金山一号台地、紫金山二号台地。 祖师殿L1~L4、祖师殿卵石平台、一进平台、庭院平台
城墙、堡坎	城墙、城门、堡坎	南门、西门、西门两侧宫墙、右街两侧宫墙、宫BK-1~宫BK-24、衙BK-1~衙BK-21、祖师殿平台挡土墙
排水系统	房屋散水、排水沟	宫G1~宫G18、G10排水口1~排水口3、F27后檐散水与小型排水沟、F28南侧小型排水沟、F31散水、G22、G24、G25、G26、G27、G30、G31、G32、G33、G36、G37、北门上沟、西门外排水沟、F29排水沟、F32排水沟、祖师殿G1~G3
房屋基址	房屋、角楼、附属设施	西门外左侧门楼台基、右街左侧门楼台基、北门角楼、凉洞、热洞、歇洞、F1~F6、F9~F11、F13、F13廊道、F15、F16、F21~F24、F25~F27、F28、F29、F30、F31、F32、F33
墓葬系统	封土、八字墙、祭台、墓室	M1、M4、M6、M7、M8、M9、M10、M11、M13-M16、M17、M18-M19、M20、M21-M22、M29、M30、M31-M36-M37、M32、M33、M34、M35
石质文物	石像生	石狮、石人、石马

作为调查对象的遗迹总数为188个。从构成来看，老司城遗址作为基础设施的道路系统、城墙堡坎和排水系统类遗迹较多，其中，道路系统和城墙堡坎各有遗迹50处、排水系统遗迹也达41处之多。这三类遗迹的个体数占到了总遗迹数的75%左右，这也正是老司城遗址最大的特色所在。老司城自彭氏土司纳土后日渐衰败，这种衰败可能在彭氏土司纳土之前就已经是不可挽回的，特别是在明末清初的动荡时期，老司城地面建筑在兵祸中已大量被焚毁。考古发掘证明，老司城房屋基址存在多次使用的痕迹，在不同时期有所扩建和改建，这种反复利用同一建筑基址来构建地面建筑在有限的考古资料中表现得较为清晰，受后期人类活动的影响，建筑基址在人为因素的影响下多有不存，同时，考古发掘的局限性也导致大量建筑基址仍然在地层中继续埋藏着，正因为这两点原因，老司城现存遗迹中房屋基址并不多，仅为26处，占遗迹总数的14%。

老司城土司墓葬群分为四个区，分别是紫金山墓葬区、雅草坪墓葬区、禁山墓葬区、莲花座墓葬区，其中紫金山墓葬区是最重要的彭氏土司家族墓地，共有墓葬20个，虽然由于历史上的动乱和猖獗的盗墓行为导致墓葬基本被盗掘。但从其中出土的诸多墓志铭及墓葬完整保存下来的形制、布局及部分局部构建，为研究老司城土司墓葬制度提供了不可多得的实物资料。紫金山墓葬遗迹除M13-M16、M18-M19、M21-M22、M31-M36-M37四座墓葬为双室、三室外，其余皆为单室墓葬，全部墓葬占遗迹总数的11%；与墓葬系统相关的还有紫金山墓葬区左右神道上的石刻文物，包括石像生中的石人、石马、石狮、石羊等。但现场只发现一尊石狮、一尊石人和三尊石马残件，未见其他石像生，在永顺县文物局库房内，尚保存了该处的一件人像头部。

老司城遗址文物保护工程对象即是这六类遗迹的188处遗迹点，其遗迹类型数量统计及分析如图（图五、图六）。

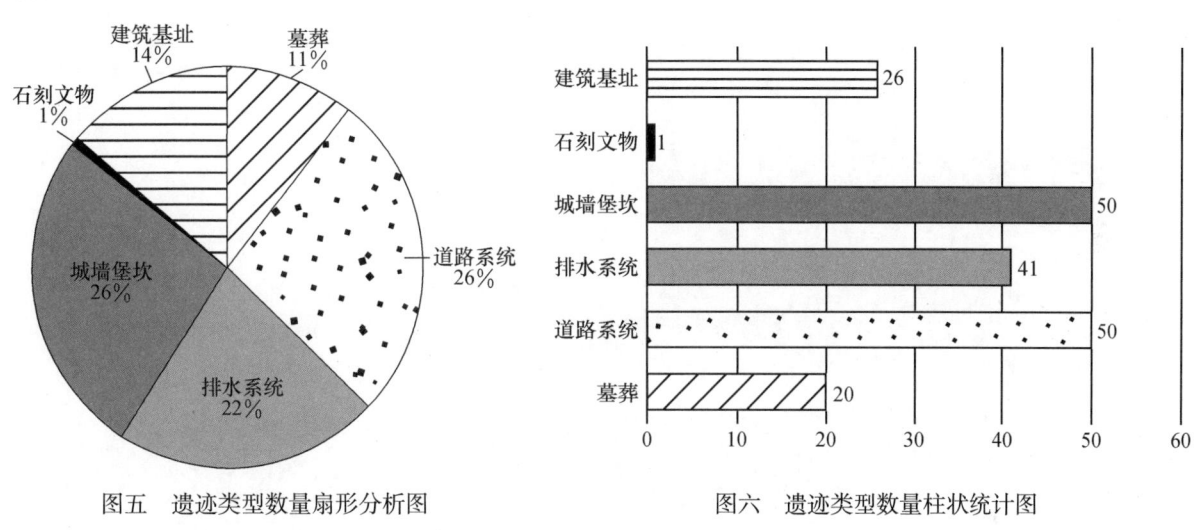

图五　遗迹类型数量扇形分析图

图六　遗迹类型数量柱状统计图

三、现状调查的主要目的

（1）通过详细的地质调查与测绘，了解老司城遗址在地质结构上所面临的病害问题。

（2）现场考古调查、勘探，全面了解老司城遗址范围内遗址点的分布格局和遗迹分布现状。

（3）全面剖析各类遗迹的病害类型、病害分布、病害影响速率、病害危害程度以及病害产生的原因。

（4）了解各遗迹点的现有状况在工程实施时需要采取的不同措施，评估这些措施对遗迹的影响。

（5）根据各遗迹现状的调查情况，设计科学、可行的保护方案。

第二节 遗迹分布总况

通过对老司城遗址多年的调查与发掘，已明确了老司城的遗迹主体范围及功能分区。老司城遗址由中心城址及外围遗址组成，构成上呈现出整体松散、局部集中的特点，中心城址区内城市格局完整，分布着生活区、衙署区、堂坊包区、紫金山墓葬区、礼制建筑区，周边还分布着监钦湾建筑区、鱼渡街区、祖师殿建筑区等，遗存集中分布在生活区、衙署区、墓葬区、祖师殿区和堂坊包区（图七）。

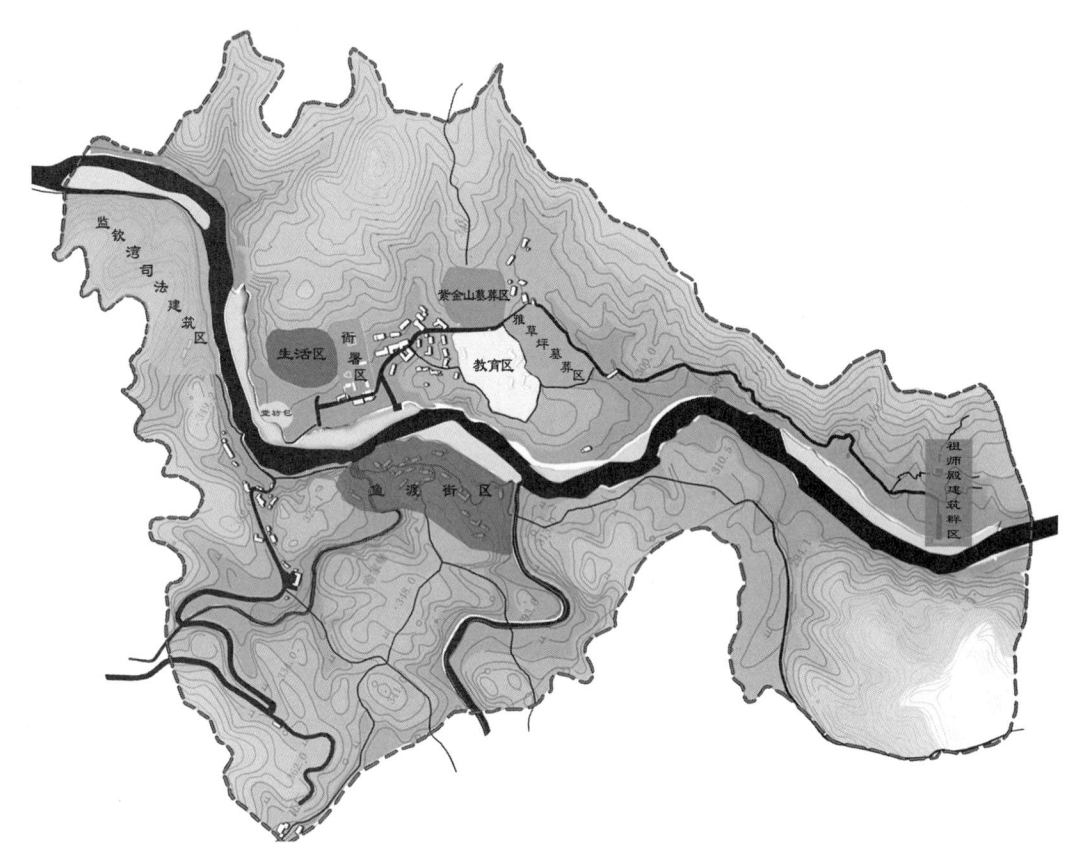

图七 老司城遗址分区示意图

从具体分布情况来看，生活区遗迹主要包括堡坎24处、桥梁2座、主要道路10条、主要排水沟渠23条、房屋基址18处及其他遗迹等共计103处。

衙署区紧靠生活区南侧，是一处层层累进的平台式建筑群，共分为八个平台，2012年发掘了第一级平台，2013年对第三级平台进行了考古发掘。此次文物保护工程保护对象在衙署区分布包括堡坎21处、主要道路2条、房屋基址6处、附属建筑3处、主要排水沟渠5处及其他遗迹等，共43处。

生活区和衙署区遗迹占据了老司城现存遗迹的绝大部分，也是此次文物保护工程的重点区域，因此在调查过程中需要细致认真识别各遗迹的范围与现状，同时对具体病害的形成原因应有清晰的认识，在设计保护方案时不能割裂各遗迹之间的相互关系，应做到整体保护。

墓葬遗迹主要分布于紫金山墓葬区，与之相关的还有由礼制建筑区进入紫金山墓葬区的神道及其上的残存石像生等。共25处墓葬遗迹。

祖师殿区、堂坊包区都是2013年新发掘的遗迹点，祖师殿区主要发掘了祖师殿的前庭和山门一线的平台遗存，共发现道路4条、平台3处、排水沟渠3处、堡坎1处，共计11处遗迹。

堂坊包位于灵溪河岸，根据考古发掘后的现存遗迹推测其可能是土司遗址当中圈养马匹之处，现存道路2条、房屋基址2处、排水沟2处，共6处遗迹。

祖师殿区与堂坊包区遗迹相对简单，且多被泥土掩埋，保存条件相对较好，遗迹相对比较完整，但也存在诸多病害，且由于新近发掘，外部环境对这两处遗迹的破坏速度较其他已发掘遗迹会更快，因此需要及时进行调查与保护方案的设计（图八、图九；图版一三~图版一六）。

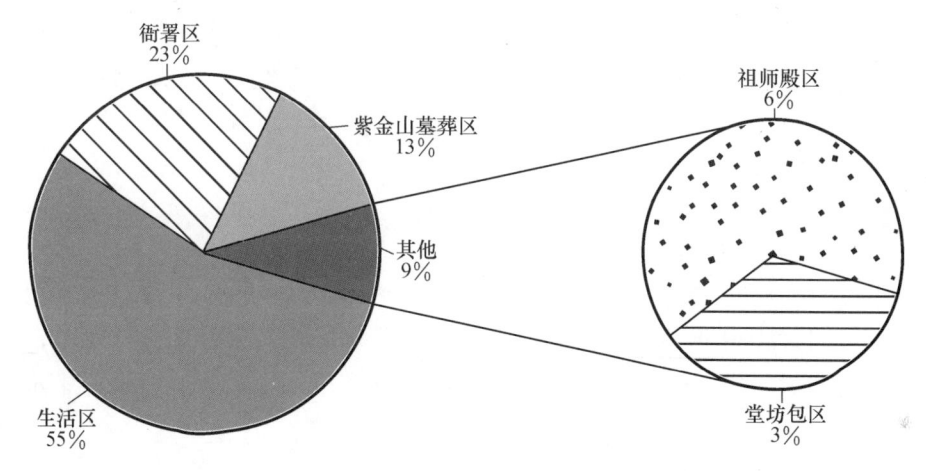

图八　文物本体保护工程遗迹分布区域数量扇形分析图

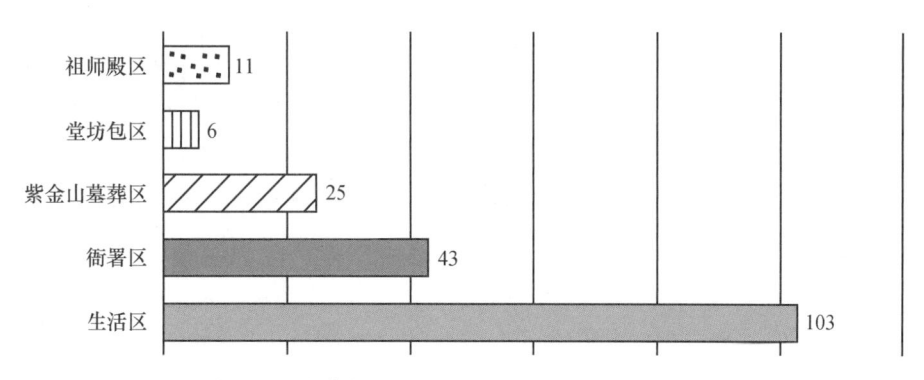

图九　文物本体保护工程遗迹分布区域数量柱状分析图

第三节　生活区遗迹保存现状、形制特点及病害分析

生活区原称为"宫殿区"，申报世界文化遗产时，经各专家反复推敲，后改为"生活区"。

生活区位于老司城遗址中心区的北侧，东北高，西南低，其形状略呈椭圆形，长径147.1、短径111.7、周长436米，总面积14000平方米。共有四门，大西门为正门，西北角、西南角、东南角各有一门，发掘后的遗迹如建筑墙体、道路、水沟互相叠压，有多次建筑的堆积过程，遗迹现象最为复杂。根据山地地形特点，生活区遗迹呈台地状分布。遗迹主要包括城门南门、城门西门、城门北门、城墙、房屋建筑、排水设施、道路系统、挡土墙、堡坎等。

一、城　　门

从发掘情况来看，生活区共设有三个城门，依次定为南门、西门、北门。

（一）南门

位于生活区东南侧，连接衙署区，南门上以青砖、红砂岩块石、卵石等砌筑拱桥（Q1）横跨排水沟（G10），保存较为完整。

（二）西门

位于生活区西南侧，为进入生活区的主要入口。从河街沿右街而上，分支成两条街道，向左为通往衙署区的正街，中间以较大型卵石铺出街道的中轴线。另一条由西及东，通过踏步和平台进入生活区内。本次勘察的西门范围主要包括从河街进入生活区的右街、排水沟、门楼基址、西门两侧宫墙、过道平台、平台（广场入口）等。

1. 过道平台

过道平台为西门进入城墙内的一狭长形平台，平台上既有卵石铺装路面，又有红砂岩块石铺装路面，还有一处房屋基址。卵石铺装路面，用长13~18、宽5~7、高10~15厘米的扁长形暗红色卵石铺砌，以条石为路沿石。平台右侧为卵石面，无装饰图案，塌陷、破损情况严重，左侧卵石面为一铜钱纹图案，外侧以卵石拼框镶边，因人为破坏，只残存一小部分卵石面，大部分被毁坏，毁损面积约11.5平方米。在铜钱纹卵石面南侧有一房屋基址，长3.85、宽2米，中间为一墙体，将建筑分为左右两间，房屋基址墙体宽0.15、残高0.2~0.4米，用青石块、糯米石灰浆浆砌，平台正中为长17.4、宽8.8米的红砂岩块石铺装路面，部分红砂岩碎裂，风化较严重；局部红砂岩已无，露出下部垫层。

该级平台内侧现代堡坎下为三处不连续的残高约0.7米的红砂岩墙体，红砂岩条石长0.9、高0.18~0.25米，错缝平铺，糯米石灰砂浆勾缝，从北往南，每处分别长7.3、8.8、4.8米，在第一处与第二处红砂岩墙体间约4.4米宽未见红砂岩条石墙体，外侧残存两级红砂岩踏步，应为生活区西门宫墙内的入口。后期堡坎高2.5米，以青石块干垒而成，石缝无黏合物，堡坎上杂草、杂木有较多分布（图一〇~图一二）。

图一〇　入口广场红砂岩块石铺装　　　　　　　图一一　卵石拼装铜钱纹图案

图一二　入口广场的房址

2. 左侧门楼台基

1）台帮

西南侧台帮用青砂条石砌筑，残高1.6米，上部青砂条石缺失，缺失青砂条石3.2立方米，露出内侧挡土墙，石缝生长有何首乌、蕨等植物，青砂条石上滋附大量青苔。西北侧台帮用红砂条石砌筑，仅残存5块红砂条石，风化严重，缺失处露出内侧填土。

材料：青砂条石、红砂条石、糯米石灰浆。

做法：素土夯实，用长0.9、宽0.33、高8~20厘米的红砂条石、青砂条石砌筑，糯米石灰浆勾缝。西南侧青砂条石的台帮内侧保留早期挡土墙。

2）台面

台面可见柱础，中部为卵石铺装，局部卵石铺装损毁，卵石已无，露出土面，损毁13.3平方米。卵石铺装内外两侧平铺红砂条石镶边，红砂条石长宽大小不一，局部红砂条石已无，露出土面，缺失面积13.7平方米。

材料：卵石、红砂条石、三合泥。

做法：素土夯实，台面中部以三合泥铺成，以长6~12、宽2~5厘米的扁长形暗红色卵石及青砖镶拼图案。周边以红砂条石为阶条石，平铺于基础上。

3）阶条石

西南侧、西北侧用红砂条石做阶条石，西北侧的阶条石缺失，缺失1立方米。西南侧阶条石上砌筑0.4厘米高、宽0.6米的卵石、青石块墙体，起护栏作用，但护墙局部垮塌，垮塌面积约0.84立方米。

材料：红砂岩、糯米石灰浆。

做法：素土夯实，找平，以红砂条石平铺基础上，由于西南侧台帮高2.8米，故在阶条石上用卵石、青石块浆砌，以灰浆勾缝和抹面。

3. 平台

既有卵石铺装路面，又有红砂岩块石铺装路面，右侧有三处卵石路面，未做出图案，塌陷、破损情况严重。左侧的一处卵石路面有拼花，为铜钱纹图案，外侧用卵石拼框镶边，图案毁损，毁损面积约11.5平方米。平台正中有长17.4、宽8.8米的红砂岩块石铺装路面，部分红砂岩碎裂，风化严重；局部红砂岩已无，露出下层土面。

（三）北门

北门位于生活区北部，门外连接L6，东北侧紧邻G18。经考古发掘，门址宽2.2、进深2.7米，东、西两侧残存城墙分别高出门址0.85、0.65米。门两侧设置有门槽，门槽宽0.26米。门址中部残存少量卵石铺装，卵石铺装残长1.55、宽0.9米，其余均已损毁，露出素土垫层。

二、城　墙

主体为西门北侧城墙（GQ1），是生活区中尚存唯一一段用红砂岩条石为材料砌筑的墙体（图一三）。墙体下碱以卵石、青石块垒砌，以糯米石灰浆填注石缝，垒砌高约0.94米以上改用红砂岩条石错缝平铺叠砌，糯米砂浆勾缝，宫墙残高4、宽1.3、残长12.5米，残存的红砂岩宫墙上部红砂岩块缺失，可见当时在建造生活区时对主要入口宫墙修建较为讲究，从残损痕迹及右侧红砂岩宫墙来看，西门左侧亦为红砂岩墙体，技术做法与右侧墙体相同。随着宫墙的垮塌损

图一三　西门北侧城墙

毁，与宫墙一起修建的排水暗沟随之损毁。西门左侧宫墙（GQ16）已全毁，现可见的一道现代砌的堡坎，用青石块垒砌而成，石缝无黏合物，外侧也无抹灰。

南侧城墙已全毁。

三、房 屋 建 筑

（一）生活区南部建筑群

位于生活区内第四级平台东南部，考古发掘出多处房屋基址及配套设施遗迹，是一处建筑非常密集的区域，有F1、F2、F3、F4、F5、F6、F12、F13、F15、F16，配套设施主要有道路和水沟，还有大量红砂岩、青砂岩柱础。由于老司城建城历史较长，历经多次建设，房屋基址及其配套设施相互叠压（图一四）。

F1：平面呈长方形，残长15.8、残宽15.4米，分两进，有前后廊，门向位于建筑中部西端，宽3米，残留两级台阶，用卵石叠砌。室内以石灰等作基础，再铺一层厚3～5厘米的砂层，然后铺上地面砖，最后还在地面砖上抹上一层石灰、桐油的混合物。

F2：叠压于F1以下，坐北朝南，东西长（面阔）32、南北宽（进深）15米，被后期修建的G12打破分成东西两部分，房屋墙基用两排大卵石对卡垒砌双面石皮，糯米石灰浆填注灌缝，中间以碎砖、小卵石填芯，墙基侧面抹油灰，部分墙基宽达56厘米。由于建造时代久远，再加之后期开垦荒地的破坏，遗存的墙基较矮，局部垮塌，两侧的抹面局部变色甚至脱落。F2基址面上局部可见铺设的35厘米×35厘米的方砖，方砖破损情况严重。

F3：叠压于F2之下，主体部分已被后期开荒所破坏，现存的遗迹仅是F3的零星残墙，残长3.2、残宽0.1～0.4、残高0.2米，以卵石浆砌，糯米石灰浆灌注填缝。

F4：叠压于F2之下，与F3为同一层位，因被后期建筑破坏，仅存一条卵石残基，残长7、宽0.35、残高0.25米，卵石垒砌双面石皮，油灰灌注填缝和抹面。

F5、F6：叠压于F4、F3之下，在挖掘过程中，为了不破坏上层的房基，只局部揭露，出露的F5为一长0.85、宽0.2、残高0.45米的卵石、油灰浆砌墙体，其下压着F6，F6亦为一条卵石、油灰浆砌残墙，其上为一夯土居住面，面上有一直径20、深20厘米的柱洞。

F15：房址坐北朝南，南北宽14米。为了区分各墙体之间的关系，按方位编号为F15WQ、F15EQ、F15W—EQ，其中F15WQ

图一四　生活区南部建筑群考古发掘后现状

和F15EQ既作房屋基础，又是水沟沟壁，残长12米，两墙之间有G13，在F15WQ的最南端12米处出现一个呈直角向北的拐角；在F15EQ由北向南6.4米处，有一长30、宽15、高90厘米的凹槽，初步推断为放置木柱的柱槽。与凹槽相接向东有一条同样用卵石垒砌、油灰灌注填缝并抹面的墙体（F15W—EQ），该墙体呈西东走向，残存长度为10米，在墙由北向东6.5米处叠压在G14之上，与最东侧的墙基相抵。

F16：叠压于F15之下，房址坐北朝南，为便于描述以G14作为分界线，将F16的墙基分为F16WQ1与F16WQ2，两墙相互平行，长皆为5米，在由西向东2.2米处同时被G13及F15WQ和F15EQ打破，向东部延伸5米处结束，并与G14沟壁所形成的墙基相抵。F16WQ1直接建于青沙泥夯筑层上，残高30厘米，以较大的扁卵石竖置而成，中间以青沙泥填缝，表面未发现石灰抹面的痕迹，竖置于卵石所形成的墙基底层之上，残存一层用小扁圆卵石铺成的卵石墙面，该层的卵石向北倾斜，与下一行卵石（竖置的卵石底层）之间有用油灰填缝的痕迹，卵石之间用青沙泥填缝。从F16WQ2的做法及用料，推断出该倾斜的卵石所组成的部分为"麦穗"状图案的下半部分。F16WQ2与F16WQ1一样直接建在青沙泥夯筑层上，残高65～105厘米，最底层用较大扁卵石竖置而成，卵石之间用青沙泥填缝，竖置两层之后，以较小的扁圆卵石交错（每一行倾斜于不同方向）铺成一行行"麦穗"状图案，从而形成墙体，卵石之间以灰浆填注石缝，表面无灰浆抹面的痕迹。

L1：保存较好，路面残长7.3、宽1.25米，用大小不一的卵石砌成。根据位置与功能的不同，有规律地均匀排列，中心部位用较小的卵石排成人字形图案，道路两侧路基皆用大块卵石砌成护坡，东侧紧邻G4（图一五）。

图一五　L1现状

从残存的大量房屋墙基分析，南部建筑群是一处建筑非常密集的区域，经历了多个时期，大量道路、水沟、房屋基址等反复重叠，打破关系异常复杂。病害因素主要有：生物病害、人为破坏、渗漏侵蚀、损毁垮塌。

生物病害：生物病害包括植物病害、动物病害。植物病害主要指树木根茎生长于遗址内，通过生长根劈等作用破坏墙体、基址、道路、水沟等，导致形成较大的裂缝；动物伤害主要指昆虫、蜂蚁、鼠类等在浆砌墙体中、空鼓及其裂隙部位筑巢、繁衍、排泄分泌物污染或侵蚀墙体勾缝灰浆，甚至在遗迹基础上打洞等破坏建筑基础，导致建筑基址垮塌损毁。

人为破坏：20世纪60～70年代，开垦农田时将南部建筑遗址群掩埋，受土压力影响，导致城墙、堡坎等歪闪垮塌。

渗漏侵蚀：长期受地下水和可溶盐的影响，石灰浆酥碱分解，导致黏结性丧失，同时受外力作用，石块极易脱落。

损毁垮塌：因考古发掘致使墙基出露，未及时得到保护，受雨水、光照、风及温湿度的影响，墙基开裂、歪闪、失稳等。

（二）F7、F8

位于生活区内第三级平台南部，F7遗迹为以石灰砂浆勾缝卵石的墙基，其中有3条较为明显，残长4~5.6米，宽分别为20、45厘米左右。门道与整体结构不清。在墙基之间，分布着大面积的卵石路面，并有排水明沟一条和灰坑一个。F8位于F7以下，遗迹为30厘米×30厘米大小的铺地青砖（图一六、图一七）。

图一六　F7遗存现状　　　　　　　　　　图一七　F8遗存现状

（三）F10

位于生活区的西北方向，分为南北两间，遗迹上共有5个柱础，在东壁内侧每间隔2~2.8米可见一个柱础，共4个柱础，另外，在F10南壁墙基内侧可见1个柱础，柱础嵌入墙基内，残存半圆形柱洞。房屋呈不规则的四边形，面积约151平方米。地面铺砌有32厘米×32厘米×5厘米的方砖，外围方砖接缝平铺，中间方砖斜墁。由于年代久远，大部分方砖碎裂，表面滋附青苔，局部方砖已无，露出土面。房屋西壁、南壁直接利用堡坎做墙基，成80°角相交，堡坎用卵石、不规则的青石块垒筑内外石皮，糯米石灰浆灌注填缝和涂抹裸露面，碎石混土填芯。堡坎宽0.6米，外侧距离下一级平台高2.1~3.1米，内侧距房屋地面高0.7~1.1米。西壁可见明显的两层，底层距内侧房屋地面高0.5、残宽0.8米，可见砌筑的青石块，石块上黏结着糯米灰浆，上层距内侧房屋地面高1、残宽0.6米。房屋北壁墙基和东壁墙基呈90°直角相交，北壁残高0.5~0.87、宽0.6米，用青石块、红砂岩、卵石垒砌，糯米石灰浆灌注填缝和涂抹裸露面，向东部延伸超出东壁1.6米，端部可见红砂岩块。东侧墙基残高0.2~0.5、宽0.6米，用较圆的卵石垒砌，糯米石灰浆灌注填缝和涂抹裸露面。在房屋中部有一长6.3、宽1.73、深1.2米的砖砌长方形坑，应为后期的构筑物，打破F10，坑壁四周用青砖错缝垒砌，以石灰砂浆割缝，坑壁顶部距外侧房屋地面高0.4米，坑底局部残存三合泥找平层，现存坑壁砖缝有植物根系。在坑的东北方向发现了烟道，西北方向有火膛及方砖铺筑的"火地"，考古推测该处应为生活区内

F10的地暖系统。火膛呈椭圆形，一部分在北壁墙基下，一部分伸出北壁墙基，火膛长0.76、宽0.6、深0.5米，火膛口左侧有三层青砖错缝垒砌的矮墙体，砖缝用糯米石灰浆勾缝，火膛外侧有一个较火膛底高0.15、较周边地面矮0.15米的坑，坑底直接是原生土面，坑两面以方砖竖砌护边，西面直接利用外侧堡坎，坑长0.7~1.18、宽0.54~0.96米。在F10的北侧发现有三条沟，两条沟东西走向，东高西低，平行排列；一条沟南北走向，南高北低。考古推测其为同时期房屋建筑的附属设施（图一八~图二一）。

（四）F13及廊道

平面呈长方形，南北长（面阔）11、东西宽（进深）5米，由于近现代开垦荒地的破坏，只剩下零星墙体和部分卵石地面，墙残长11、残高0.4~1.7、宽0.6米，以较大河卵石和经过粗加工的山石垒砌，石灰灌注填缝，外侧以白灰抹面。地面以较小的卵石竖砌，从地面残存的图案式样看，该地面分为三部分。第一部分：与宫BK-20相接触，用较小扁圆形卵石竖砌成竖列组成，残宽1.5、残长3.3米；第二部分：西侧与第一部分的南侧相接，用较小扁圆卵石横砌成横列组成，残宽2.6、残长3.3米；第三部分：与第一部分形制相同，残长4、宽0.3米。第一部分地面与第二部分地面交接处紧靠宫BK-20墙基，有一块长30、宽17厘米经粗加工的红砂条石置于卵石之中，高出地面5厘米。在红砂条石向东1米处也有一块规格相同置于地面内的条石，

图一八　F10遗存现状

图一九　F10室内地面方砖铺装

图二〇　F10北墙下的火膛坑

图二一　F10地面方砖滋附青苔

两块条石相互对应呈平行状。第二块红砂条石南部8厘米处有一置于地面之中，高出地面5、直径为35厘米的青石柱础。第二块红砂条石东部30厘米处，有一直径27厘米的红砂岩柱础，该柱础打破F13的卵石地面。F13的中至南部卵石地面连同基础损坏，遗迹已不存。紧贴F13的卵石地面东侧有一条残长3.6、沟内宽0.4、深0.15米的水沟，南北走向，沟底和沟壁均用卵石砌筑，南段沟壁和沟底损毁，卵石已无，露出土面。残存沟的痕迹一直延伸至G10，损毁长度为4.4米。水沟往东1米处有一堵青砖卧砌的墙体，并一直延伸至G10中部，打破G10的北侧沟壁，然后叠压于G10铺底卵石上。墙体残长2.5～5、宽0.16、残高0.1～0.5米，局部损毁，青砖缺失（图二二）。

廊道：F13西南侧堡坎下有一南北长7.5、东西宽3.2米用30厘米×30厘米的方砖铺地的廊道，紧贴F13西南侧墙基处有一置于方砖内直径35厘米的红砂岩柱础。廊道地面现存的方砖均碎裂，东北侧和西南外侧方砖已无，露出土面。残缺区域：东北侧2.7米×1.3米，西南外侧7.1米×0.6米。路的最南端下4级红砂岩条石踏步后，向南经一段1.2米长的卵石路面，通过南门与L4相通。南端4级红砂岩踏步仅存一级完整的红砂岩踏步，其余3级踏步仅存红砂岩板0.3～1.3米，连同基础损毁。完整的红砂岩踏步长3.4、宽0.35、高0.2米，从仅存的红砂岩踏步来看，基础以素土夯实后，用单层青砖（32厘米×16厘米×8厘米）卧铺，内侧再填充并夯实，再在其上平铺红砂岩板［（90～120）厘米×43厘米×10厘米］，最上级红砂岩踏步与廊道地面齐平。廊道北端残存3级红砂岩踏步，从遗迹可见7级踏步基础，其余4级踏步的红砂岩板和青砖垫层均毁，踏步基础宽3.2米，残存的红砂岩踏步长0.9～1.58、宽0.35米，建设形制同南端的红砂岩踏步。上北端台阶后向西转角进入F2东北部堡坎上的台地。路面由南起始向北6米，扁长形暗红色河卵石竖砌（图二三～图二五）。

（五）F25、F26、F27

F25、F26、F27为该区第三级平台台地上的一组大型建筑遗迹，于2013年4～6月发掘揭露。遗存面积312平方米。含房屋墙基、柱础、地面铺装、廊道及相关排水设施；遗存范围内分布着F25、F26、F27三个不同时期的房屋基址，F26为最早期的房屋基址，在F26废弃之后，利用F26的方砖铺砌地面，重新安置圆形柱础，修建F27，F27废弃以后，在F26和F27的基础上修建了F25，F25残存遗迹较少，基本被破坏；按遗迹面层材质来分，有卵石铺装地面、方砖铺装地面、裸露土质地面及浆砌墙基、柱础等。

1. F25

F25在利用F26和F27的基础上修建，宽约24.5、进深约5米，因现代取土破坏等因素，破损严重，残存极少，其开间与形制已难看出。

图二二　F13及东侧水沟、墙体遗存状况

图二三　廊道全景

图二四　廊道地面方砖铺装

图二五　廊道北端红砂岩阶梯

2. F26

F26南北通面阔26.5米，分前后两进，中有廊道，坐东朝西，从红砂岩方形柱础石的位置可判明后进为五开间的房屋，以中间的明间为中心呈南北对称，明间宽5.2米，用50厘米×50厘米×5厘米的大方砖铺砌，中轴线位置铺装成菱形花纹，南北两侧的次间宽4.8~4.85米，改用30厘米×30厘米×5厘米的小方砖横向平铺，南北次间之外为南稍间和北稍间，南稍间面阔4.9、北稍间面阔4.8米，北稍间为卵石铺就的卵石铺装地面，平台用卵石和长条形方砖侧铺组成若干个菱形图案；前进残存柱础两个，初步判定亦为五开间的房屋（图二六、图二七）。

图二六　F26遗存

图二七　F26平、剖面图

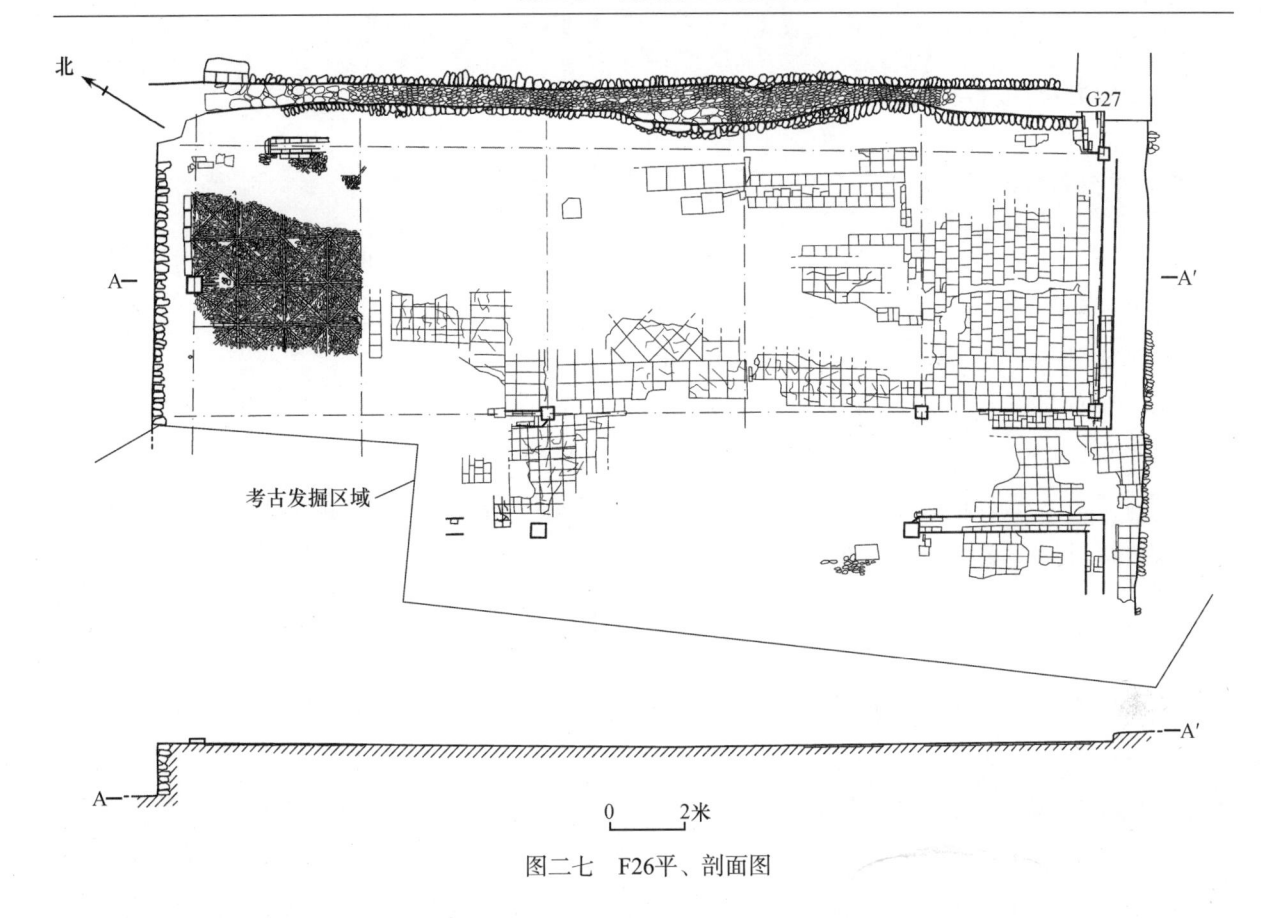

3. F27

F27利用F26的方砖铺砌地面，重新安置圆形柱础而建筑，圆形柱础石较方砖铺砌的地面略高，直径30厘米，F27规模较F26要小很多，为三开间的房屋，坐东朝西，南北通面阔9.45、进深约3.52米，明间面阔3.2米，南次间面阔3.1米，北次间面阔3.15米。F26废弃不用的部分被改造成一条南北向的卵石铺就的小排水沟，作为F27后檐散水排水（图二八）。

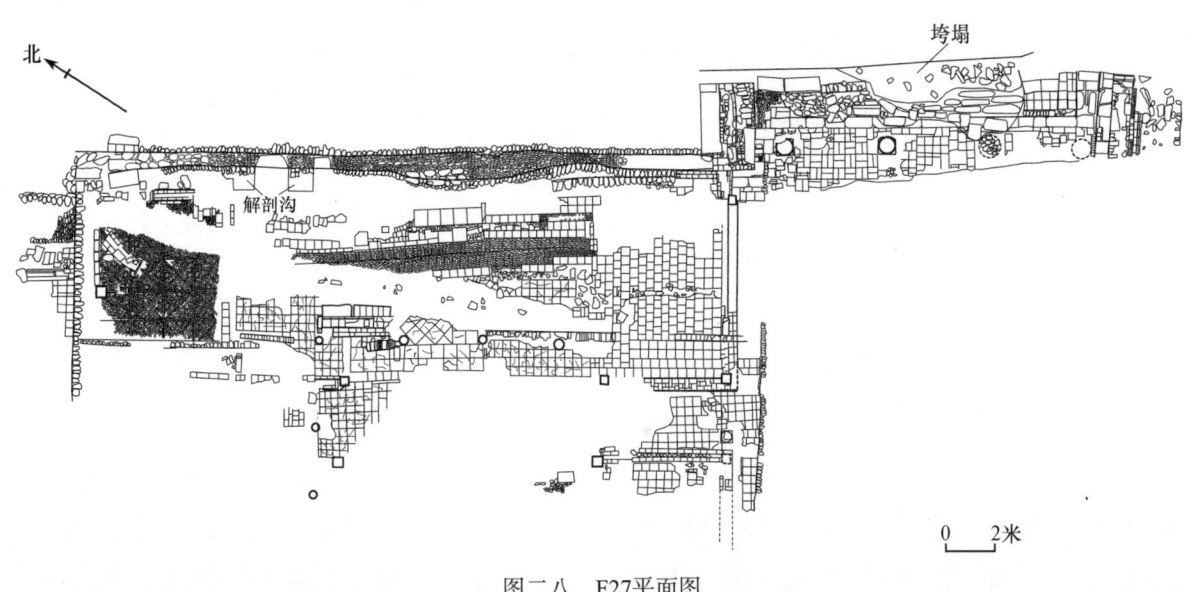

图二八　F27平面图

4. 建筑基础面材料分析

1) 方砖铺装

素土夯实土质地面后，以石灰浆作为方砖铺装垫层，然后面层再铺装方砖，充分使石灰浆与方砖黏结后用作室内地面，方砖规格普遍为30厘米×30厘米×5厘米，部分方砖为50厘米×50厘米×6厘米，较大方砖铺装于房屋明间的中轴线位置。

由于地面铺装有重复利用行为，所以存在多处后期维修的现象，加之现代取土等破坏因素，铺装残存较少，且残存方砖基本出现裂纹或风化碎裂，规模最大的F26一进房屋的地面铺装残存无几。铺装缺失处裸露素土地面，土质中夹杂瓦砾与碎石，且地势较方砖铺装低5厘米，部分区域因凹陷而积水严重（图二九）。

2) 卵石铺装

经对残存卵石铺装边缘处小型解剖来看，卵石铺装用长12、厚5厘米的卵石横向、竖向铺砌，卵石之间相互抵实，铺装前先夯实素土基础，此层土中含杂物较少，土层也明显比非遗迹下侧基层土较紧实；其上再铺三合土垫层，垫层厚10～15厘米，人工夯压使其较紧实。肉眼观察垫层剖面，局部可见白色的石灰粒，由此判断垫层土采用黏土混合少量石灰拌制而成；经取样检测分析，素土：石灰的混合比例大致为7：3；垫层上再用卵石铺装出菱形图案，用作面层，图案边框以一排青砖侧铺作为分界线，青砖侧铺宽度为4厘米。

卵石铺装，多以青砖分隔铺装成菱形图案，边缘部分石缝松动，青砖风化碎裂严重，卵石缺损部位裸露素土层。由于地基的沉降造成基础土体的错位，卵石铺装多有缺失（图三〇）。

图二九　F26、F27方砖铺装地面　　　　　图三〇　卵石铺装

3) 房屋墙基

从残存墙基来看，房屋墙体的建造工艺有以下几种：第一种为空斗墙，墙体两侧以青砖两顺一丁浆砌，青砖长28、宽14、厚6厘米，内芯下层填以碎砖或石块，上层为空心（图三一）。第二种墙体两侧以青砖顺砌，宽度为0.48米，青砖长28、宽14、厚6厘米，内芯填以

碎砖或石块（图三二）。两种墙体均以素土平整地面后，于上层以石灰浆作为垫层后再砌筑墙体。第三种较为粗糙，以不同石块浆砌而成，宽度为23~30厘米。

房屋墙基残存较少，多为后期现代取土等破坏，且墙体勾缝灰浆脱落严重，青砖结构疏松。

图三一　空斗墙基础部分　　　　　　　　　　图三二　青砖顺砌墙体

4）柱础

按材质分，有三种材质柱础，为红砂岩、青砂岩和细砂岩。按形状分，可分为圆形柱础和方形柱础。遗迹范围内多残存柱础。方形红砂岩柱础，柱础风化碎裂，红砂岩呈层状脱落或碎裂，其中一个红砂岩柱础直接在中间出现一道裂缝。圆形红砂岩或青砂岩或细砂岩柱础，红砂岩和青砂岩同样存在风化碎裂现象，且呈层状脱落或碎裂，由于后期的破坏，残存2/3，并有被火烧的痕迹（图三三）。

图三三　柱础

四、排水设施

（一）G10

为便于勘探记录，将G10分为三段：从起点至生活区南门为G10E，从南门至有青砖起拱形成的过道为G10S，接G10S至大西门为G10W（编号中E、S、W分别代表东、南、西方位）。G10上包括排水口3个、桥梁2架。

G10从生活区东侧山坡中上部开始，经南侧到大西门南侧结束，大致呈一个半圆形，将生活区包围，整条沟总长132米，水沟最高点较最低点高23.42米。

1. G10E

从目前发掘区域来看，总排水沟起点处有一条长2.5、宽1.2米的卵石路面叠压在排水沟上，沟内填土，填土高度0.6米，路面北部有青砖眠铺，初步推断该卵石路面系晚期由宫墙外部通往生活区的一条通道，此处宫墙和排水沟内壁损毁，损毁长6.2米。排水沟外壁是直接利用宫墙做外沟壁。内沟壁宽0.6米，用直径约20厘米的较大卵石、角砾岩内外两侧垒砌，石缝用石灰砂浆割缝，中间以卵石、带瓦砾的杂土填芯，两侧用石灰抹面，至沟底残高0~0.4米，内沟壁外侧有横向裂痕一条，长2.7米，纵向裂痕一条，长0.9米，裂痕深度不详，沟内壁局部基础损坏，导致壁面悬空，损坏区域长2.2、高0.5、深0.15米；内沟壁连通排水沟有一处被后期房屋墙基打破，墙基用青砖错缝垒砌，石灰砂浆割缝，被打破区域长1.8、宽0.7、高0.8米，叠压1立方米。外沟壁，即宫墙，宽1~1.2米，用较大卵石、青砖、角砾岩内外两侧垒砌，石缝用石灰砂浆割缝，中间以卵石、带瓦砾的杂土填芯，两侧石灰抹面［宫墙维修参见中国文化遗产研究院编制的《湖南省永顺县老司城遗址文物抢救性保护工程（第一期）》］。水沟宽0.9米，用（9~15）厘米×（3~8）厘米×（6~10）厘米的扁长形河卵石竖砌作为沟底，此段排水沟卵石沟底保存较好，局部有损毁或塌陷，损毁面积2.34平方米，卵石已无，基础塌陷。内沟壁、外沟壁底部与沟底相交处均有被水流冲蚀的痕迹，冲蚀高度0.1~0.2米（图三四~图三六）。

2. G10S

该段水沟保存状况一般，有3处被后期建设打破和叠压，导致内沟壁或水沟局部损毁。其中此段沟在与G10E

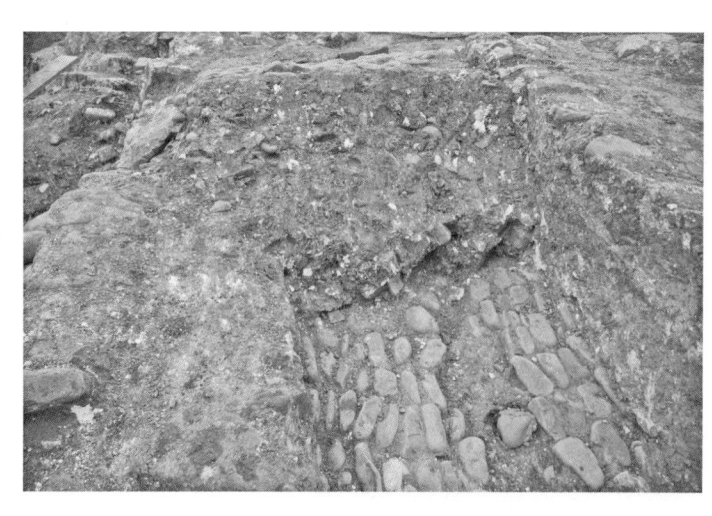

图三四　G10起点

图三五　G10东段底部卵石铺装

图三六　G10东段被青砖墙体叠压打破

接点位置有一处被后期房屋墙体打破和叠压，内沟壁损毁，损毁长6.2米，局部可见残存的内沟壁基础，基础残宽0.2～0.5、高0～0.2米。第二处为被后期卵石路面建设叠压，叠压区域长2.8米，内沟壁基础全毁。第三处为被后期建筑废物堆积叠压内沟壁全损毁，并导致卵石沟底被叠压，致使水沟残宽由接点位置的1.15～1.4米宽，到此处只残存0.38～0.5米宽。堆压的建筑废物长7、宽1.3、高0.8米，体积有7.28立方米。

在该段沟上端卵石沟底有一处纵向开裂，开裂长度为7.2米，开裂处外侧沟底整体下沉，下沉宽度为0.8米，深度为0.15米，局部卵石已无。在水沟中部，借做外沟壁的宫墙已倾斜垮塌，垮塌长度为36米，局部残留基础，内侧抹面酥松并滋附青苔。此段水沟沟底做工不及G10E精细，用作沟底铺砌的卵石大小不一，颜色不统一，卵石长24～27、宽4～10、高10～17厘米，此段沟中部至G10S水沟结束，有20米长卵石沟底损毁，基础塌陷，卵石已无。

此段水沟下部有一处用青砖砌筑的券拱，券拱局部坍塌，坍塌区域长1.9、宽1.3米，砌筑的青砖已无。残存下来的券拱长3、宽1.3米，在离沟底20厘米高处起拱，用青砖竖砌，石灰砂浆勾缝，在竖砌的青砖上再平铺一层青砖，考古推测此券拱应为G10S上的一处为了通道建设需要砌筑的青砖拱状结构。券拱下端随时面临垮塌，垮塌原因：券拱依托的外侧城墙严重向外倾斜，导致券拱失去支撑而垮塌，现用一些青砖及木条简易支撑（图三七～图三九）。

图三七　G10南段被后期废弃堆积

图三八　G10南段外壁垮塌　　　　　　　　图三九　G10南段沟底卵石遗失

3. G10W

该段水沟长43.2米，上接G10S的青砖券拱，下至大西门南侧，直接利用水沟旁的堡坎和宫墙作为水沟的内、外沟壁。此段有两处地下甬道穿透外沟壁与G10相连，水沟残宽0.5～1.1米。卵石沟底破损严重，残存两处，一处长7.7、宽1.1米，卵石选材及做法同G10E，另一处保存较好的卵石沟底被后期修建的构筑物叠压，考古发掘由于在叠压面上发现有卵石铺装，未再向下发掘，此处卵石沟底残长1.5、宽0.66米，其余沟底的卵石铺装已损毁、卵石已无，基础塌陷严重。内沟壁直接利用生活区堡坎，堡坎均高3米，由于内侧土壤的挤压，有8.6米长的堡坎向沟中心严重外鼓，并滋生出大量纵向、横向裂痕，裂痕宽0.5～2厘米，长度无从统计，深度不详。裂痕处有杂草、杂木根系。外沟壁还是借用宫墙，此段水沟外沟壁有两段完全毁损，余下的两段外闪垮塌，起点往下：第一段，长7米，宫墙外倾垮塌，残存基础，用角砾岩、青砖内外两侧砌筑，石缝用砂浆填充，内芯填充带卵石、瓦砾的杂土，石灰抹面脱落或酥松，并滋附青苔，宫墙残宽1.1米，内侧距沟底残高0.7米，外侧残高0.4米；第二段，长9.2米，宫墙全毁，基础已无，致使此段水沟无外沟壁；第三段，长20米，宫墙外闪、垮塌情况严重，局部宫墙残宽仅0.2～0.4、高0.7米；第四段，长7米，宫墙全毁，基础已无。残存一小处水沟沟底痕迹，上有卵石铺装，选材和做法同水沟其余部位。水沟借用的内沟壁——内侧堡坎残高1.6～3.4米，堡坎用不规则的青砂岩块垒砌，石缝填注三合泥，堡坎上部抹面已无，下部抹面由于受泥土掩埋、地下水侵蚀等原因酥松脱落严重。石缝松动致使杂草和小型灌木生长，现残存大量植物根茎在石缝中，局部青砂岩块向外鼓出（图四〇～图四二）。

4. 排水口1

在离南门桥洞0.7米处有一排水涵洞穿过宫墙与G10相通。排水涵洞高1.2、宽0.5米，涵洞顶部以片石加石灰砂浆砌筑，已断裂。涵洞壁用青砖错缝砌筑，石灰砂浆割缝，在离沟底27厘米高处有门槽，疑在此处设有木门，为防止外侧有人通过此涵洞进入生活区内，门槽宽8、高80、深10厘米。沟底用石板平铺（图四三）。

图四〇　G10西段内壁严重外鼓

图四一　G10西段外壁形成空洞

图四二　G10西段被后期构筑物叠压

图四三　排水口1现状

5. 排水口2

甬道宽0.65、高0.55、进深1.1米。用青砖错缝砌筑两侧甬道壁，红砂岩压顶。此处宫墙外侧基础松动，城墙歪闪垮塌，导致搁置在甬道顶部内侧的青砂岩板断裂，断裂情况严重，除甬道内侧的红砂岩压顶石外，其余压顶的青砂岩几乎全部断裂。甬道底由内向外成30°角倾斜（图四四）。

6. 排水口3

砖券结构，甬道宽0.8、高1米。外侧券拱受宫墙坍塌影响而垮塌，进深残长0.5米，推测原进深与宫墙同长。甬道用青砖砌筑，在离底0.4米高开始起券，券拱采取的是两层券砖的做法，无枕砖，桐油糯米砂浆勾缝，券脸同宫墙一道做抹面，抹面酥粉、脱落，甬道底部卵石铺装损毁，卵石已无。甬道内侧有石块堆置（图四五）。

图四四　排水口2现状　　　　　　　　　图四五　排水口3现状

7. 桥梁

生活区内在G10上有桥梁2座，编号分别为Q1、Q2。

1）一号桥梁（Q1）

位于生活区东南侧，连接生活区和衙署区，为一座长2.4、宽3.2、高1.5米的砖石拱桥。在G10上用青砖起券拱形成桥洞，桥洞高0.7、宽0.85、深2.4米，桥基向上0.35米开始起券，拱券结构采用一券一袱形式，使用的青砖规格为28厘米×17厘米×4厘米，石灰砂浆勾缝。券拱形成后，撞券和过河撞券用青砖呈一顺一丁形式卧砌，外侧石灰砂浆抹面，桥体东侧过河撞券损毁，后期维修使用不规则的青石块浆砌，未抹面，西侧撞券和过河撞券及其抹面保存较好。桥面为南门通道，卵石铺砌，无拼花图案，但卵石选用比较讲究，选择大小较均匀的扁长形暗红色卵石，卵石长7~11、宽1~4、高4~5厘米，局部卵石路面损毁，损毁面积约1.2平方米。桥面西侧有一条小型水沟，残长2、沟内宽0.17米，沟底用青砖平铺，两侧沟壁用青砖接缝陡版（砌），沟壁残高0.17米，沟内残存少量泥土。桥面东侧靠近宫墙处残存少量青砖砌筑的实墙护栏，残长0.5、宽0.5、高0.4米，并有后期修建的墙体直接叠压在东侧桥面上，叠压区域长2.3、宽0.5、高0.4米，需清理土石方0.46立方米。后期修建的墙体用较大型的城墙砖、青石块、红砂岩垒砌，石灰砂浆勾缝。城墙砖长43、宽20、高12厘米。桥面西侧小水沟以外的桥面残存石灰砂浆黏结的痕迹（图四六~图四八）。

2）二号桥梁（Q2）

位于生活区西南侧，现仅存青砖券拱，券顶坍塌，且由于沟外壁严重向外倾斜，导致桥体失去依附，而与外壁形成剥离，导致西侧过河撞券裂缝垮塌，现用一些青砖简易支撑。残存的青砖券顶长3.3、宽1.3米，青砖滋附大量青苔（图四九~图五一）。

图四六　Q1东侧过河撞券被损毁

图四七　Q1南侧过河撞券

图四八　Q1桥面被后期废弃叠压

图四九　Q2青砖券顶坍塌

图五〇　Q2西侧过河撞券裂缝垮塌

图五一　Q2西侧过河撞券与沟壁剥离

（二）G27

G27位于生活区北部建筑组群F25、F26、F27、F28、F31所在房址的东侧，长54、宽0.4~2.1米，明沟。排水沟从南流向北，逐步增宽，至最北端形成了一个较大的回旋空间，是整条排水沟最宽与最深处，然后经暗沟G18西下至北门后汇入灵溪河。根据所在位置与西侧房址的不同，分为北段、中段和南段，沟底或以卵石或以方砖或直接凿平基岩作为沟底，沟壁或以红砂岩浆砌或以卵石浆砌或直接以基岩作为沟壁。排水沟北段地势较低，被后期填土覆盖较深，虽部分位置出现外鼓现象，但总体保存较为完整，南段和中段则因现代取土开荒等原因而垮塌破损较严重。

1. G27北段

G27北段长13、平均宽2.1、深1.3～2米。西侧沟壁与F31相连。

1）建造工艺

G27北段在利用现有基岩作为沟壁与沟底的基础上浆砌或干垒石块作为沟壁。沟底直接以凿平基岩作为沟底，因基岩面积较大，故未有基岩部位直接以素土面作为沟底；西侧沟壁以石块浆砌、灰浆勾缝并抹面；在西侧沟壁北端有一个券拱直接与G18连接，券拱从0.6米处起券，三券式券拱，高0.32米，门洞高0.95米；东侧沟壁在利用基岩的基础上浆砌并抹面或干垒石块，石块中有卵石、砖块、红砂岩等，未见抹面，有后期多次维修痕迹；排水沟北段北侧在基岩的基础上浆砌石块，灰浆勾缝并抹面，以加高其沟壁，防止汇集的水流对其的冲刷。

2）保存现状

（1）G27北段局部保存一般，整体结构保存良好，有完整的沟壁与沟底。考古发掘后用薄膜覆盖保护（图五二）。

（2）沟底基本为基岩凿取，被后期填土掩埋，基本未受破坏，但经揭取表露在空气中后，随雨水的冲刷而逐渐碎裂。

（3）西侧沟壁残存抹面平均高1米，残存面积13平方米，且抹面酥碱，极易凹陷或脱落，基本位于沟壁中部，下部抹面被流水冲刷而掉落，部分位置沟壁底部被掏空，北端与G18连接的券拱位置周边的墙体抹面基本完全缺失，勾缝灰浆亦脱落严重（图五三）。

（4）东侧沟壁破损严重，干垒沟壁石缝松动或出现外鼓的现象，浆砌沟壁勾缝灰浆脱落，中段基岩沟壁南侧有大量夹杂瓦砾的填土，填土松动，雨水冲刷后便逐层垮塌（图五四～图五七）。

图五二　G27北段现状　　　　　　　　图五三　G27北段西侧沟壁

（5）G27北段是整条排水沟汇集流水与转折的位置，故其功能性维修补砌有多处，后期的补砌并不规整，不规则大小石块干垒或浆砌（图五八、图五九）。

图五四　G27北段东侧沟壁

图五五　G27北段东侧沟壁券拱

图五六　G27东侧沟壁夹杂瓦砾的填土

图五七　G27东侧浆砌并抹面的沟壁

图五八　G27东侧基岩沟壁

图五九　G27西侧浆砌并抹面的沟壁

2. G27中段

G27中段长26.5、宽0.5~1.05米，西侧沟壁与F26相连。中段由暗沟与明沟组成，北部为明沟，深0.2~0.5米；南部与G27南段相接处为暗沟，有券拱结构（图六〇~图六二）。

1）建造工艺

（1）沟壁：石块浆砌，灰浆勾缝未见抹面，因沟壁上部破损严重，其具体高度不详。

（2）沟底：均匀卵石竖向侧铺，卵石大小为15厘米×5厘米×6厘米左右，卵石之间相互抵实，靠近北段处则卵石相对较大。铺装前先夯实素土基础，此层土中含杂物较少，土层较其他层土密实；其上铺三合土垫层，垫层厚10~15厘米，人工夯压使其较密实，肉眼观察垫层剖面，局部可见白色的石灰颗粒，由此判断垫层土系用黏土混合少量石灰拌制而成；经取样检测分析，素土：石灰的混合比例大致为7：3。

（3）券拱：分为两个不同时期的券拱。早期券拱长0.75米，从0.3米处起券，青砖浆砌，青砖大小为30厘米×30厘米×5厘米，两券式，券拱上部以平砖顺砌，青砖大小为32厘米×32厘米×6厘米；后期券拱长1.5米，从1米处起券，两券式，西侧沟壁下部为卵石浆砌，高0.35米，上部为青砖浆砌，高0.65米，东侧沟壁下部或直接利用基岩或以较大卵石浆砌，高0.85米，上部以青砖浆砌，浆砌高度为0.15米。

2）保存现状

（1）沟壁：G27中段残存较差，两侧沟壁皆不完整，未能推测其完整高度，且勾缝灰浆脱落严重，东侧中段北部沟壁残高0.2~0.5米，南部沟壁东侧残高1.3米，此段沟壁较高，因兼顾挡土墙的功能，墙体内侧土体较多，西侧沟壁残高0.2~0.4米（图六三~图六五）。

（2）沟底：G27中段沟底保存一般，卵石铺就沟底残损长3.3、宽0.67米，裸露素土地面，且地势较低而形成深0.15米的凹陷地，边缘残存卵石松动（图六六）。

（3）券拱：早期券拱受上层砖石压力，券顶青砖脱落，结构不稳定。后期券拱券顶完全缺失，且东侧起券墙体青砖缝隙松动，极易垮塌（图六七）。

图六〇　G27中段现状

图六一　G27中段北部现状

图六二　G27中段中部现状

图六三　G27中段南部现状

图六四　G27中段北端

图六五　G27中段南端

图六六　G27中段沟底卵石铺就

图六七　G27中段南端券拱

3. G27 南段

G27南段长14.5、宽0.24~0.97米，西侧沟壁与F28相连。南段与中段连接处有一个券拱，G27南段东侧沟壁兼做挡土墙，西侧沟壁为F28台基。

1）建造工艺

（1）沟底：或以卵石竖向侧铺，或以青砖与方砖平铺。

（2）沟壁：东侧沟壁下部以红砂岩条石浆砌，高1.5、厚0.4米，上部以石块浆砌，灰浆勾缝，兼做挡土墙，无完整形制，高度不详。西侧沟壁利用F28台基，下部为卵石浆砌，上部为红砂岩阶条石。与中段连接转折处，北侧沟壁为卵石浆砌，灰浆勾缝，残高1.5米。

2）保存现状

（1）沟底：几乎被东侧垮塌挡土墙完全填埋。裸露南段北端的部分卵石铺装沟底与南段的部分青砖、方砖铺装（图六八～图七一）。

（2）沟壁：东侧沟壁兼做挡土墙，垮塌歪闪严重，长10.5、残高0.3～1米，上部直接裸露土体，高2～2.8米，垮塌的墙体石块直接掩埋沟底，内侧土体外鼓，雨水直接冲刷，泥土逐层脱落、流失，南端残存红砂岩挡土墙长1.5、高1.5米，上部高1.5米直接裸露土体。西侧沟壁即F28台基，保存较完整。

图六八　G27南段被挡土墙掩埋

图六九　G27南段北端沟底

图七〇　G27南段南端沟底

图七一　G27南段北端沟底

4. F26、F27房屋排水

遗迹范围内房屋排水利用了两处排水沟，F26直接利用东侧G27排水，后期F27在F26的基础上，房屋规模较小，东侧墙体向西移2.4米，F27的后檐排水直接揭取F26方砖铺装后铺就卵石形成一条小型的排水沟（图七二）。

1）建造工艺

F27后檐散水与小型排水沟：散水宽0.56米，均匀卵石竖向侧铺，并直接作为排水沟的西侧沟壁，东侧沟壁铺装以较大的方形细砂岩块和方砖。沟底以均匀卵石竖向侧铺，宽0.45、深0.15米。

2）保存现状

散水残长10.1、宽0.25～0.56米。小型排水沟残长12、宽0.45、深0.15米。卵石铺装边缘石块松动，排水沟两端已缺失，残存段落形成凹槽而无法将积水及时排放至G27。

（三）G16

G16分布于生活区中部，从考古发掘清理出来的遗迹分析，G16连接G17（图七三），高程301.18米，按东南—西北走向后转而呈东—西走向，高程294.6米。此段沟原为暗沟，沟总长57.3米，现发掘部分长为43.1米，尚有14.2米未进行考古发掘。已发掘区域上部的青砖券顶已损毁，仅存下部山石或卵石浆砌沟壁，沟壁高0.56、厚0.12～0.28米，局部沟壁上可见残存的浆砌券砖。G16东西两侧沟壁与未破坏的涵洞连通前、后端，沟底原铺设的岩石块已基本被村民搬取，出露素土层，仅在局部可见平铺于沟底的灰质细砂岩块。

G16存在的问题：

（1）G16南端外侧有9.4米长堆放大量考古发掘清理出来的渣土挤压G16东侧沟壁，导致沟壁局部被压垮；泥土受雨水冲淋，渣土滑入沟中。

（2）G16两侧卵石和山石浆砌的沟壁长期受地下水、耕地渗水的影响，勾缝和抹面酥碱严重，导致砌筑沟壁的山石、卵石松动，受外侧土体挤压，部分向沟中心垮塌（图七四）。

（3）沟底、沟壁及沟壁顶部丛生大量杂草、青苔。未发掘部分上部有1米余厚的耕土堆积层（图七五）。

（四）G17

G17分布于生活区中部，从考古发掘清理出来的遗迹分析，G17东起TN5E6，按东西走向经TN5E4、TN5E5、TN4E2、TN4E3、TN4E4、TN3E1、TN3E2、TN3W1，在TN2W1与G16交汇，沟总长67.75米，水沟最高点较最低点高8.35米，保存状况一般。按位置和建设形制，可以

图七二　F27后檐排水沟

图七三　G16现状图

图七四　G16青砖券拱现状

图七五　未发掘部分1米余厚的耕土层

将其分为三段，由东向西为：G17-①、G17-②、G17-③。

1. G17-①

东起于TN5E6，高程309.53米，西止于TN4E3探方中的卵石沟底，高程304.66米。此段沟原为暗沟，沟长26.55米。依地势由东向西倾斜，斜长13.9米，倾斜度35°，随后转为平缓，长11.8米。G17前端入水口所在墙体高0.85米，厚1、宽1.1米，用卵石、山石浆砌并抹面，中部以青砖围砌出入水口，上部以红砂岩砌筑压顶，入水口底比沟底高约0.22、入水口高0.32、宽0.26米。此段沟两侧沟壁用卵石、山石浆砌并抹面，或直接利用凿平的基岩作沟壁。沟壁在0.5米开始起券，以青砖砌券顶，石灰浆勾缝，砌筑一层券砖，再眠铺一层枕砖，现仅存斜坡上的青砖券顶，其他券顶损毁，局部可见起券处残存的一两层青砖，残存青砖长11.4米。原沟底素土夯实后用灰质细砂岩板铺筑，现已不存。

2. G17-②

东起于TN4E3探方中的青砖墙体处，高程304.66米，西止于TN3E1探方中的红砂岩块，高程303.98米。此沟长21.5米，沟底有纵向铺砌的卵石。卵石沟底保存较好，两侧沟壁垮塌较严重。南侧沟壁在TN4E3探方中保存一段青砖空斗墙体，下部仍采用山石浆砌抹面基础，高0.5米，青砖空斗墙体建于山石浆砌基础墙体上，青砖墙体长4.3、高0.85米。北侧残存沟壁高于南侧沟壁1.2～2.24米，保存一般。

3. G17-③

东起于TN3E1探方中的红砂岩块，高程303.98米，经TN3W1在TN2W1与G16交汇，交汇点高程301.18米。此段沟为暗沟，沟长19.7米，建设形制同G17-①末段。G17-③始段青砖券顶垮塌，垮塌长10.2米，仅存山石浆砌的两侧沟壁，沟壁残高0.6米。沟底出露素土层，有9.5米长尚未进行考古发掘。

G17存在的问题：

（1）G17入水口所在墙体及两侧沟壁由于开垦农田及农耕的影响，墙体损毁，损毁处为瓦砾混土填筑，遇水极易垮塌（图七六）。

（2）G17-①起始处青砖券顶损毁，大量泥土滑入残存的斜坡暗沟中，导致排水不畅。

（3）G17-①中段与G17-①末段交汇处残存一小型构筑体，其北侧青砖墙体基础掏空，地面铺装方砖碎裂（图七七）。

（4）G17-①末段两侧卵石和山石浆砌的沟壁长期受地下水、耕地渗水的影响，勾缝和抹面酥碱严重，导致砌筑沟壁的山石、卵石松动。

（5）G17-②两侧沟壁有多处垮塌损毁，南侧沟壁局部连同基础损毁。北侧沟壁因TN4E3探方中的土压力而向沟中心歪闪，歪闪长2米，并形成纵向裂缝（图七八），裂缝宽3～5厘米；在TN4E2、TN4E3探方中因受外侧土挤压，从沟壁基础向沟中心垮塌，垮塌长5米（图七九）。

（6）G17-③始段券顶由于受外侧的干垒石堡坎挤压，垮塌严重（图八〇）。

（7）沟底、青砖券顶缝隙、青砖墙体砖缝、沟壁及顶部丛生大量杂草、青苔（图八一）。

图七六　G17入水口处券拱垮塌　　　　图七七　券拱上的地面方砖碎裂

图七八　沟壁歪闪并伴发纵向裂缝

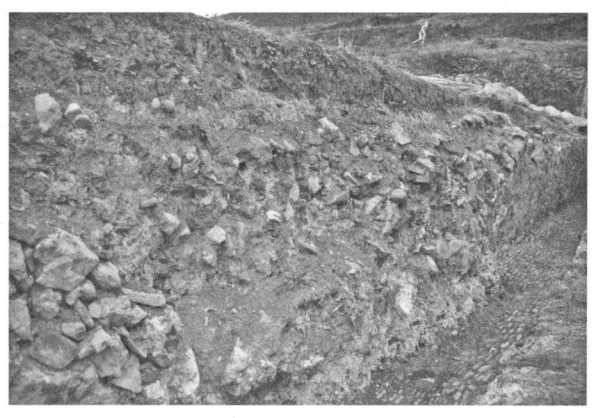

图七九　沟壁垮塌

图八〇　G17沟壁受上侧墙体挤压

图八一　沟体丛生大量杂草和青苔

（五）G18

G18分布于发掘区北部，连接北门东侧宫墙下的排水孔，南部高程297.72米，北部高程290.43米，沟总长27.8米。

从考古发掘清理出来的遗迹分析，G18在部分位置与L6相重叠，下侧为G18暗沟部分，上部券顶铺筑L6，券顶现已损毁，将L6分成南北两段，下侧仍可见青砖砌筑的沟壁和起券处的券砖（图八二），沟壁内侧作抹面。青砖沟壁长3、高0.5米，略倾斜。G18有三级明显流水落差，青砖沟壁所在为G18第一级。第二级两侧沟壁用山石、卵石浆砌并抹面，直接建于碎砖瓦砾堆积层上，沟壁长7.54、高1.2~2.4、厚0.3米。第三级沟壁直接凿平基岩成为沟壁，部分以山石浆砌成沟壁，沟壁长16.1、高0.2~2、厚0.4米，此级左侧基岩沟壁上有两个柱洞残痕（图八三），右侧卵石浆砌沟壁上也有一柱洞状结构，是否设有闸门，有待考古进一步研究。第二、三级应为明沟，沟底直接利用基岩，基岩上有斜的凿痕，凿痕宽7~10、深10厘米。第一级沟底考古发掘尚未清理至原始沟底。从整体状况评估，G18保存状况较差。

G18存在的问题：

（1）G18长期埋藏于地下，受上部耕地渗水与地下水的影响，第一、二、三级残存的左右两侧沟壁，其勾缝和抹面的灰浆黏结性丧失，抹面酥碱严重，导致砌筑沟壁的山石、卵石、青

图八二　青砖沟壁和残存的券砖	图八三　右侧基岩沟壁上开凿的柱洞
图八四　歪闪沟壁及下侧积土	图八五　沟壁上部被人为破坏

砖松动，再加之受外侧土体挤压，形成纵向裂缝。

（2）第二级两侧沟壁较高，且碎砖瓦砾基础松动，导致沟壁向内歪闪，垮塌严重（图八四）。现以纤维袋装土堆放成墙体，以临时性支撑沟壁，防止其进一步垮塌。

（3）20世纪50～60年代开垦农田，第二级左右两侧沟壁上部墙体被损毁（图八五）。

（4）第三级出水口处右侧沟壁损毁，现为碎砖瓦砾堆积，大致可以分成三层，中间层堆积着大量较大的石块，而上下两层碎砖瓦砾较多（图八六）。

（5）左侧沟壁在出水口处由于受风化、农耕的影响，红砂岩块从中间断裂，导致外侧部分向外歪闪，且外侧为悬崖，无基础支撑（图八七）。

（6）沟内淤积的多处碎砖瓦砾土紧邻歪闪的沟壁，尚不能清除，以致基岩沟底未完全出露，需结合维修对沟内的多处碎砖瓦砾土进行考古清理。

（六）G17、G26、G31

G31部分于2013年3～6月发掘揭露，与G17相连接，G17部分可以参照《永顺老司城国家考古遗址公园文物保护工程设计方案（第三期）》（图八八），现存G26的部分全长9.4、宽0.63～0.9、高1～1.1米。现存G31属于南北走向明沟，全长8.2、宽0.72～1.2、高1.1米。

图八六　第三级右侧沟壁现状　　　　　　　　图八七　第三级左侧沟壁裂缝

图八八　G17券拱　　　　　　　　图八九　G26和G17

1. 建造工艺

沟底营建应先将选定沟址段内土壤挖除至适当深度，人工夯压基础后，在其上铺三合土垫层并夯压找平，垫层厚10～15厘米，垫层上再纵向错缝侧铺卵石（暗沟部分选用较大卵石，明沟部分选用长10、厚4厘米左右的长扁形卵石），卵石之间相互抵实，嵌入垫层中，石缝再以细土扫缝填实。沟壁以卵石与岩石浆砌，石块相互抵实，灰浆勾缝，石块大小为长16、宽10、厚6厘米左右，靠近沟底处多利用基岩凿平后作为沟壁。

2. 保存现状

（1）G26现存段沟壁局部垮塌损毁缺失，局部抹面酥碱粉化，其中临水沟面抹面损毁严重；其转弯处内侧沟壁垮塌严重，未见抹面，其基础垫层损毁面积也较大（图八九）。G26西侧部分被后期堆积打破，堆积宽0.4、厚0.24米，主要由大型卵石和石灰岩浆砌而成（图九〇）。

（2）G31现残长8.22、宽0.36~0.81米，沟壁西侧垮塌损毁严重，大部分卵石缺失，仅残存一小部分；东侧沟壁保存较好，石灰浆抹面，北段为卵石、石灰石干垒，石缝再以细土扫缝填实，未见抹面；沟壁部分抹面粉化脱落，伴有空鼓和歪闪现象，沟壁上端卵石缺失损毁严重；东侧沟壁也是L8-3和L8-4的西侧垂带墙；其沟底现残存可见基岩，仅残存北段小部分卵石，其余卵石铺装，卵石损毁缺失严重（图九一）。G31卵石间隙及基岩素土连接处生长着大量杂草，部分抹面滋生大量微生物；局部垮塌部分植物根系破坏严重，其末端被后期堆积打破（图九二）。

图九〇　G26 　　　　　　图九一　G31 　　　　　　图九二　G31外侧

五、道路系统

（一）L8

1. L8卵石台阶

卵石台阶现存两段，分别为L8-3段和L8-4段，均与L8-2段呈直角分布，属于南北向台阶。

1）建造工艺

L8的卵石铺装台阶先是充分夯实路基素土，此层土中含杂物较少，土层也明显比非遗迹下侧基层土更紧实；其上再铺垫层，垫层厚10~15厘米，肉眼观察垫层剖面，局部可见白色的石灰粒，由此判断垫层土采用亚黏土混合少量石灰拌制而成；踢面因时期不同，铺筑方式有所不同，较早期的做法是踢面以长22~50、宽10~17、厚5~7厘米的卵石横向叠砌而成，卵石之间相互抵实，石缝以细土扫缝填实；较晚期的做法是踢面以长31、宽15、厚4.5厘米的青砖叠砌起步，再以均匀卵石横向叠砌，卵石与青砖之间相互抵实，石缝以细土扫缝填实。踏面则均以卵石横向叠砌，石缝以细土扫缝填实，无抹面。

2）保存现状

（1）L8-3段现存8级台阶，其中第1~6级台阶属于较早期的建造工艺，均用卵石铺砌；第7~8级台阶属于较晚期的建造工艺，踢面以青砖起步。台阶局部因地基沉降，部分卵石塌陷，严重的连同基础均缺失损毁；因为西侧垂带墙损毁严重，台阶损毁部分主要集中在西侧。损毁面积为2.82平方米（图九三、图九四）。

图九三　L8卵石台阶全景

图九四　L8-3段卵石台阶

（2）L8-4段现存两个时期的叠压关系，西侧卵石台阶主要由卵石和青砖铺砌而成，东侧台阶叠压于西侧台阶之上，主要由卵石、角砾岩和石灰岩随意堆砌而成，铺筑手法不讲究。西侧台阶整体保存完好，现存7级，其中第1~4级台阶属于较早期的建造工艺，均用卵石铺砌；第5~7级台阶属于较晚期的建造工艺，踢面以青砖起步；第7级基本完全损毁，只露出一块卵石。台阶局部因地基沉降，部分卵石塌陷，严重的连同基础均缺失损毁；因为西侧垂带墙损毁严重，台阶损毁部分主要集中在西侧。西侧台阶损毁面积为0.65平方米。东侧台阶损毁严重，已分辨不出基本的踏面和踢面（图九五）。

2. L8砂岩台阶

砂岩台阶现存于卵石台阶上部平台上，与卵石台阶呈直角分布，属于东西向台阶。

1）建造工艺

L8的砂岩台阶先是充分夯实路基素土，其上再铺垫层，垫层厚10~15厘米，再横向平铺长50~78、宽18~26、高15厘米的大型红色砂岩，无勾缝，无抹面。

2）保存现状

砂岩台阶现存3级，整体保存较好，均由长50~78、宽18~26、高15厘米的大型红色砂岩组成，第1~2级台阶保存较好，第3级北侧被后期浆砌不规则形状石块挡土墙叠压（图九六）。

图九五　L8-4段卵石台阶　　　　　　　　　图九六　后期砂岩台阶

（二）L9台阶

1. 建造工艺

L9砂岩台阶现存两段，建造工艺基本相同。先是充分夯实路基素土，其上再铺垫层，垫层厚10～15厘米，再错缝用平砖顺砌错缝的方法垒砌3～4层28厘米×15厘米×0.4厘米的青砖，砖缝间用细土、细沙填实，踏面再横向垒砌经过加工打磨的砂岩块石，也有部分天然红砂岩块石，砂岩块为长100、宽25、厚8厘米。

2. 保存现状

（1）砂岩台阶A段现残存10级踏步，踏步均有不同程度的破损，其中第1～3级踏步踏面踢面均连同基础损毁缺失，露出素土垫层；其他各踏步踢面其中局部缺失，踏面细砂岩板局部缺失断裂，伴有不同程度的风化碎裂（图九七、图九八）。

（2）砂岩台阶B段叠压于L8的铜钱纹卵石地面上，现存4级，最高处高出卵石平台0.8米，踏步总长1.4、进深1.65米。残存踏步损毁严重，踏面砂岩板局部缺失断裂，伴有不同程度的风化碎裂；台阶踢面几乎完全被毁，出露素土垫层，第3～4级台阶西侧部分连同基础完全损毁（图九九）。卵石间隙泥土生长大量杂草，局部垮塌部分植物根系破坏严重（图一〇〇）。

图九七　L9砂岩台阶A段　　　　　　　　　图九八　L9砂岩台阶A段局部

图九九　L8砂岩台阶B段　　　　　　　　图一〇〇　L9砂岩台阶杂草丛生

3. 西城门址东侧台阶

西城门址东侧台阶分布于发掘区西北部，呈东西走向。从考古发掘清理出来的遗迹分析，踏步以红砂岩块铺砌而成，长4.36、水平进深7.55米，残存的最上一级踏步土基础至第1级踏步（起步）高2.42米。两侧以0.4米宽的条形红砂岩块砌筑挡土墙，红砂岩块长短不一，厚度约为0.23米，灰浆勾缝。2011年5月考古发掘出露，现仅覆膜保护。

目前，西城门址存在的问题：

（1）踏步损毁严重（图一〇一）。第1级红砂岩踏步（起步）保存较好，残长4.36米，但与左右两侧平台衔接的红砂岩块缺失；第2~4级北侧可见残存的红砂岩块，已断裂，残长0.5米，第2~4级踏步南侧部分连同土基础损毁，红砂岩踏步亦不存，第5、6级北侧可见红砂岩踏步，断裂，残长0.6、宽0.37米，南侧红砂岩踏步损毁，第7~9级南侧可见红砂岩踏步，残长分别为1.2、1.6、1米，第7、8级踏步宽0.38米，第9级踏步宽0.47米，北侧的红砂岩踏面缺失，可见梯状的土基础。基址中上部有一小处卵石铺装的踏面遗迹，卵石铺装残长0.8、宽0.2米。从第9级往上踏步仅存梯状的土基础，红砂岩踏步缺失。

（2）两侧红砂岩挡土墙损毁严重。距离第1级踏步进深4.4米处，南侧挡土墙上有竖砌的青砂岩块，上部损毁，仅存埋入墙体部分，青砂岩块残高0.4、宽0.36、厚0.19米，青砂岩西侧挡土墙上部红砂岩块缺失，露出后侧混杂瓦砾的填土，青砂岩东侧为青砖墙体，并且向台阶中心突出约0.5米。青砖墙体尚未完全清理，残存长、宽、高尚不清楚（图一〇二）。

（3）北侧挡土墙同南侧挡土墙，距离第1级踏步（起步）进深4.4米处有一竖砌的灰质细砂岩块，上部损毁，仅存埋入墙体部分，灰质细砂岩块残高0.4、宽0.37、厚0.1米，其西侧挡土墙上部红砂岩块缺失，残存的下部红砂岩墙体由于后侧填土的压力以及上部有干垒的青砖、山石墙体堆积叠压，导致墙体向踏步侧歪闪（图一〇三），歪闪墙体长2.5米，上部红砂岩块缺失，灰质细砂岩块东侧仍为红砂岩砌筑的墙体，尚存一块红砂岩块长1米。

（4）两侧红砂岩挡土墙外侧的混杂瓦砾填土，受雨水冲刷严重。

（5）南方雨水充沛，外露的踏步土基础、踏步石缝以及两侧的挡土墙石缝、填土长满了杂草和青苔，急需维修和控制杂草生长，防止其对遗迹的进一步侵蚀。

图一〇一　西城门址东侧台阶现状

图一〇二　台阶南侧挡土墙上部缺失

图一〇三　北侧挡土墙歪闪

图一〇四　一号台基现状

（三）一号台基

一号台基分布于发掘区中部（在TN5W1、TN5E1、TN4W1、TN4E1、TN3E1探方之间），呈东西走向。南侧紧邻G17，与G17共用同一道挡土墙。2011年5月考古发掘清理出露，现以塑料薄膜覆盖保护。

一号台基存在的问题：

（1）卵石踏步损毁严重，南段卵石踏步仅存上部5级。铺筑踏步的青砖和卵石全部向外塌陷和倾斜，残存踏步长3、宽0.2～0.52米，台阶高平均约为0.2米，下侧踏步连同基础损毁，残存的最上一级踏步土基础至第1级踏步（起步）高2.9米（图一〇四）。

（2）踏步表面局部可见泛白现象。

（3）南侧以山石、红砂岩浆砌墙体并抹面，外侧已垮塌，后人为了农耕，以山石和卵石临时干垒，以起挡墙作用，内侧上部垮塌损毁，残存下部约0.15米高原始墙体，由于外侧失去支撑，歪闪严重（图一〇五）。

（4）隔墙①、②、③段用青砖和城墙砖砌筑墙体，砌法为卧砌，素土填芯。墙体上部青砖或城墙砖缺失，露出内芯填土或仅存基础（图一〇六）。

图一〇五　北墙体外侧青砖缺失　　　　　图一〇六　南侧干垒墙体外鼓

（5）踏步卵石石缝及左右两侧墙体石缝、砖缝长满杂草，南侧堡坎石缝中长有一株根茎直径约15厘米的灌木，上部树干和枝条在考古发掘时已砍伐，以控制其根劈作用。

（6）中段踏步仅存下部少量卵石铺装，上部连通基础损毁；北段踏步已毁，现可见纯净黄土夯填。

（四）L6

L6分布于发掘区北部，从现已发掘部分看，L6紧邻生活区西北段宫墙而建，呈东北—西南走向，南与L7相连，残长86.79米，被G18分成南北两段。

L6北段卵石路面保存较完整，铺砌较为讲究，有明显的中轴线，轴线用较大的暗红色河卵石镶拼，两侧用大小较均匀的扁长形暗红色卵石横向铺砌，外侧则改为纵铺，以3~4排卵石铺砌镶边，残长27.48、宽4米。北段东端有5级卵石踏步。L6南段残存卵石路面铺砌形制也有明显的中轴线，轴线以较大的暗红色河卵石镶拼，两侧用大小较均匀的扁长形暗红色卵石横向铺砌，残长59.31、宽1.89~3.1米。2011年5月考古发掘外露，现以塑料薄膜临时覆盖。

L6存在的问题：

（1）L6北段东端踏步以外卵石路面损毁，西端因G18券顶垮塌而损毁（图一〇七）。

（2）东端踏步由于内侧为基岩，卵石铺装逐步缩窄，踏步宽1.6、高0.22米，踏面进深0.48~0.68米。现内侧基岩风化严重，呈颗粒状脱落，导致生活区西北段城墙基础被掏空（图一〇八）。基岩严重风化面积为11.6米×2.2米，掏空区域大小为5.5米×0.9米×0.8米。

（3）L6北段外侧有原始挡土墙体，以青石块、卵石浆砌，宽0.63、外侧高1.5、内侧高出路面0.5米。原始挡土墙体高出路面部分，南端约9.39米长的墙体损毁，北端有19.28米长的墙体保存较好，上部较平整。

（4）L6南段西侧有后期墙体堆积叠压，导致卵石路面变窄（图一〇九），从残存遗迹分析，原始路面应为3.1米宽。后期墙体显得比较凌乱，用城墙砖、青砖、较大卵石、青石块垒砌，宽窄不一，最宽处1.09、最窄处0.82、长34、残高0.2~0.4米。

（5）L6南段卵石路面有三处损毁，损毁处卵石缺失，露出道路垫土层，受雨水浸淋，易形成泥泞坑。由南往北分别编号为损毁①处、损毁②处、损毁③处，损毁①处面积2.74米×2.82米，损毁②处面积8.76米×3.1米，损毁③处面积9.8米×4.4米（图一一〇～图一一二）。

（6）南方雨水较多，土壤湿润，适于植物生长，路面卵石缝、卵石铺装损毁处、外侧后期墙体顶部和石缝、路肩及挡土墙石缝杂草丛生。

图一〇七　L6北段东端踏步

图一〇八　内侧基岩风化严重

图一〇九　后期墙体叠压路面

图一一〇　L6路面损毁①处现状

图一一一　L6路面损毁②处现状

图一一二　L6路面损毁③处现状

（五）L7

L7分布于发掘区西北部，西起TN7W8，按东西走向经TN7W7在TN7W6、TN7W5与L6相连，东侧为生活区围墙，残长24.3、宽1.6~2.5米，路面残存少量卵石铺装（以卵石为主，间有青砖、青石块铺筑），残存面积10.9米×（0.5~1.2）米，铺筑形制无规律可循，卵石大小不一，较大卵石0.37米×0.23米，中等卵石0.22米×0.08米，较小卵石0.1米×0.03米。路面较平坦，呈龟背状，该结构利于路面排水。路面于2010年5月发掘外露，现以塑料薄膜覆盖。

L7存在的问题：

（1）L7东与生活区城墙相接，与L6相连，西部尚未进行发掘，延伸情况及走向不清楚，需进一步考古发掘（图一一三）。

（2）两侧有后期墙体堆积叠压，墙体比较凌乱，以城墙砖、青砖、较大卵石、青石块垒筑，局部有糯米石灰浆浆砌，宽窄不一，最宽处1.25、最窄处0.8米，北侧墙体长21.2、南侧墙体长18.1米，墙体上部垮塌损毁严重，残高0.1~0.4米。

（3）路面中部仅存少量卵石铺装，其余部分卵石铺装损毁，卵石缺失，露出道路土垫层，受雨水浸淋，易形成泥泞坑（图一一四）。

（4）路面卵石缝、卵石铺装损毁处、两侧后期墙体顶部和石缝、北侧路肩及挡土墙石缝杂草丛生（图一一五）。

图一一三　L7全景

图一一四　L7卵石路面现状

图一一五　北门门址现状

（六）右街

分为1、2、3段阶梯和一个小型平台。

（1）第1段阶梯：包括左右两处。左侧踏步保存较好，右侧踏步残长0.5～4.3、宽0.4、高0.1～0.18米，第2～6级踏步右侧及垂带墙被后期建筑基础叠压，堆积土方9.44立方米，阶梯右侧及垂带墙损毁，露出土层或散置碎石块，损毁面积47.35平方米。

材料：河卵石、三合泥。

做法：素土夯实，铺10～12厘米厚的三合泥，梯面选用（13～18）厘米×（5～7）厘米×（10～15）厘米的扁长形暗红色河卵石横砌。左侧踏步垂带墙用直径30厘米的大卵石砌筑，石缝填充三合泥。右侧踏步垂带墙宽60厘米，选用同铺砌梯面大小的河卵石竖砌。

（2）第2段阶梯：残存2级卵石踏步和7级红砂岩踏步，踏步残长0.5～3.8、宽0.45、高0.18米。卵石踏步毁损，露出垫层，损毁面积4平方米。红砂岩断裂、风化情况严重，甚至被移位，踏步右侧垂带墙用红砂岩块竖砌，现仅存一块。

材料：河卵石、三合泥、红砂岩块。

做法：素土夯实，铺10～12厘米厚的三合泥，选用（13～18）厘米×（5～7）厘米×（10～15）厘米扁长形暗红色河卵石横砌，红砂岩踏步在素土夯实层上铺4～5厘米厚的三合泥，将红砂岩块平铺于三合泥层上。

（3）第3段阶梯：仅残存2级红砂岩踏步，踏步残长0.8～4.3、宽0.4、高0.18米。其余踏步连同基础皆损毁。

材料：三合泥、红砂岩块。

做法：素土夯实，筑出踏步基础，铺10～12厘米厚的三合泥，再将红砂岩平铺于三合泥上。

（4）平台：平台通过一个高0.15厘米的踏步分为左右两个小平台，踏步宽0.6米。台面用颜色、大小相近的河卵石竖铺，无拼花图案。局部卵石铺装损毁，卵石已无，露出土层，损毁面积62.5平方米。

材料：河卵石、三合泥。

做法：素土夯实，铺三合泥。平台用长13～18、宽5～7、高10～15厘米的扁长形暗红色卵石竖砌，上部找平。右侧平台残长8.5、宽0.7～3米，左侧平台残长1.4～6、宽1～5.8米。

（七）L14

L14位于生活区内东部，呈南北走向，属于生活区内部交通道路，铺装较为精美，卵石组合成图案铺装地面，道路平坦，未见踏步，残长20、宽2.1米。内外两侧有挡土墙，保存较差，外侧挡土墙、路面、内侧挡土墙高差呈阶梯状，外侧挡土墙与路面齐平，为石块浆砌灰浆抹面，局部基岩部分利用基岩作为挡土墙并以石灰浆抹面，内侧挡土墙底部与路面齐平，为石块浆砌，灰浆抹面，局部墙体下部为基岩部分直接作为挡土墙而利用，上部再浆砌挡土墙。

1. 建造工艺

路面卵石铺装部分，长15.2、宽2.1米。从考古解剖探沟剖面来看，路面先是充分夯实路基素土，此层土中含杂物较少，土层也明显比非遗迹下侧基层土较紧实；其上再铺三合土垫层，垫层厚10～15厘米，肉眼观察垫层剖面，局部可见白色的石灰粒，由此判断垫层土是采用黏土混合少量石灰拌制而成；经取样检测分析，素土：石灰的混合比例大致为7：3；垫层上再以长10～15、厚2～5厘米的扁形卵石侧铺，卵石之间相互抵实，嵌入垫层中，石缝再以细土扫缝填实。侧铺的两条青砖带将卵石铺装路面分割成三种不同的卵石铺装图案，中间为宽1米的横向麦穗纹，两边为宽0.5米的折线纹。路面北部为方砖铺装路面，方砖大小35厘米×35厘米×6厘米，青砖路面铺装长4.8、宽1.8米。

2. 保存现状

（1）L14于2013年6月考古发掘，为露天保存状态（图一一六）。

（2）卵石路面铺装残存一半，路面由于土压力影响，凹凸不平，凸出处卵石由于外鼓而松动，凹陷处形成积水并堆积大量泥土。路面靠近内侧的卵石铺装保存较好，外侧的卵石铺装由于地基的塌陷或其他原因而基本缺失，裸露出土质地面，部分土质地面下陷严重（图一一七～图一二〇）。

（3）卵石路面中部有后期铺装青砖以及后期墙体堆积，墙体长1.05、宽0.12、高0.26米，有一排青砖顺砌而成，青砖铺装面积0.78平方米，青砖整体保存一般，部分青砖开始出现裂纹，且其中少量青砖仅残存一半（图一二一）。

（4）北端青砖路面铺装残存约占50%，且青砖全部碎裂严重，部分呈两级高差地。上一级路面地势较卵石铺装部分形成0.25米的高差，积水严重（图一二二）。

图一一六　L14保存现状　　　　　图一一七　卵石铺装路面图案

第二章　现状调查与病害评估

图一一八　L14整体现状（由北向南）

图一一九　L14整体现状（由南向北）

图一二〇　路面凹凸不平

图一二一　L14路面中段后期青砖叠压

图一二二　L14北端方砖铺装

六、挡 土 墙

（一）L8挡土墙

1. 建造工艺

L8挡土墙现存三处，工艺稍有不同，西侧挡土墙工艺较为讲究，主要以规格为28厘米×15厘米×0.4厘米的青砖错缝浆砌而成，砖缝间用石灰砂浆勾缝；青砖铺砌上部以卵石、石灰岩、砂岩和角砾岩垒砌，石头之间相互抵实以减小缝隙，石缝间用石灰砂浆勾缝，表面进行过抹面处理，其中也有红砂岩和青砖等。挡土墙上部损毁垮塌严重，可见经过了多次维修。西侧两段挡土墙为后期垒砌，主要以大型卵石、石灰岩、砂岩和角砾岩干垒而成，石缝多用细土、细沙填实。由于经过多次维修，大部分抹面遭破坏。

2. 保存现状

（1）L8西侧挡土墙兼做L8-1卵石台阶A段西侧垂带墙，长12.1、高0.6~2.2米；青砖局部缺失，风化碎裂严重，由于后期的堆砌和维修，受力不均，外鼓倾斜严重（图一二三）。

（2）L8-2东侧挡土墙兼做L8卵石台阶A段东侧垂带墙，长7.9、高0.8~3.9米；挡土墙整体垮塌严重，经过几个时期的维修，现呈阶梯状（图一二四）。

（3）L8-3东侧挡土墙兼做L8卵石台阶B段东侧垂带墙，长4.76、高1~3.5米；挡土墙早期抹面风化碎裂，由于后期的堆砌和维修，受力不均，倾斜垮塌严重（图一二五）。

（二）L14内外侧挡土墙

1. 建造工艺

（1）外侧挡土墙长20、高1.3、宽0.15米，为石块浆砌，灰浆勾缝并抹面，石块规格：25厘米×15厘米×16厘米左右，挡土墙下部原始基岩处，利用其作为挡土墙并做抹面处理。挡土墙有后期补砌痕迹，为卵石干垒。

（2）内侧挡土墙长20、高1.9米（上部墙体高0.9米，下部土坡或基岩高1、宽0.25米），为石块浆砌，灰浆勾缝并抹面，石块规格：30厘米×18厘米×25厘米。挡土墙底部靠近路面有一道做工精美的间断矮墙，宽度为0.15米，每隔60厘米左右一段有一个20~30厘米的缺口，卵石浆砌，为横人字式，卵石规格为12厘米×15厘米×3厘米左右，因破损严重，其高度不详。挡土墙北端后期又新砌了一道挡土墙，石块浆砌，灰浆勾缝并抹面，残损严重，原始体量不详。

图一二三　L8-2西侧挡土墙　　　　　　　　图一二四　L8-2东侧挡土墙

图一二五　L8-3东侧挡土墙

2. 保存现状

1）外侧挡土墙

外侧挡土墙有后期补砌痕迹，挡土墙垮塌严重，南段长6.7米墙体多后期干垒，基本垮塌，残存卵石松动，残存北段长11.5米，墙体抹面黏附泥土，局部受土壤染色影响呈土黄色。挡土墙北端长1.8米外侧被后期填土掩埋，需清理（图一二六~图一二八）。

2）内侧挡土墙

内侧挡土墙残损严重，中段上部挡土墙仅残存10.8米，墙体石缝存生杂草，抹面下层呈土黄色，残存墙体下部为裸露的土坡或基岩，土坡受雨水的冲刷形成径流，并逐层脱落，基岩风化粉碎严重，因此直接影响到上部残存墙体的稳定性，存在随时垮塌的可能。北段上部残存挡土墙2.2、厚0.4、高1.4米，上部浆砌抹面墙体高0.3~0.4、下部土层高1米，受内部土压力影响，下部土层歪闪外鼓并逐层脱落。挡土墙底部靠近路面的矮墙，卵石松动，勾缝灰浆疏松，常年受雨水侵蚀，墙体将逐步垮塌（图一二九~图一三二）。

图一二六　L14外侧挡土墙

图一二七　L14植被根系破坏

图一二八　L14外侧挡土墙垮塌松散部分

图一二九　L14内侧挡土墙中段

图一三〇　L14内侧挡土墙北段

图一三一　L14内侧挡土墙南段　　　　　　　图一三二　L14内侧挡土墙北段

七、堡　　坎

生活区建筑堡坎的建筑形制特征：生活区范围内部分布一些建筑堡坎墙体遗迹，高2～3、厚0.9～1.1米，未见收分；以块石、卵石、石灰浆砌而成，石灰抹面；根据探槽揭示以及自然露头显示，堡坎墙下无扩展基础，以地势控制分布的不同地层为地基，中部分布堡坎墙体的地基为残坡积黏性土，东南部临近衙署区的堡坎墙体以强风化基岩为地基。堡坎内部为人工填土，同样在堡坎墙体上形成了工程范畴上的土压力（选自由总装备部工程设计研究总院编制的《湖南永顺老司城遗址文物保护工程地质调查与稳定性评价报告》）。在生活区内遗迹堡坎共计24道，编号为宫BK-1～宫BK-24。

（1）宫BK-1：位于生活区西南侧，被借用作为G10内沟壁，保存现状详见G10描述（图一三三）。

（2）宫BK-2：位于生活区城墙内的第二级平台内侧，为第三级平台西侧的挡土墙。呈南北走向，部分堡坎直接建在基岩上，由于受基岩的限制，堡坎残高0.3～2.3米，下部无基岩的堡坎残高2.3米，残长4.7米处裂缝外鼓，致使堡坎整体下陷，向外倾斜，倾斜约10°。堡坎上有多处裂缝，裂缝宽达30厘米。局部堡坎垮塌，垮塌区域长0.9、高0.7、深0.5米，垮塌土石方0.32立方米，在北侧有一个90°拐角，堡坎残长13.6、转弯后残长1.6米，整个堡坎用红砂岩包角，角砾岩、卵石垒砌，石缝填注三合泥，外侧做桐油糯米砂浆抹面。由于年久失修，堡坎基础松动和下陷等致使石缝松动，石缝有灌木和杂草根茎。堡坎由于受内侧土壤压力的影响，随时都有可能垮塌，现用木头简易支撑（图一三四）。

（3）宫BK-3：为生活区第三级平台南侧的挡土墙，堡坎残长5.3、残高1.6米，呈东西走向，堡坎东端与生活区第三级平台内侧的堡坎之间有一条小型排水沟，水沟沟底高出第二级平台0.7米，残存一小段用方砖铺砌的沟底和沟壁，残长1.2、水沟内宽0.3米，方砖规格为31.5厘米×31.5厘米×4厘米，小水沟呈南北走向，北高南低。堡坎用卵石、角砾岩、青砖混合砌筑，红砂岩包角，三合泥勾缝，桐油糯米砂浆抹面，由于内侧土壤的挤压，堡坎外倾，并有两条纵向裂缝从上至底，裂缝最宽处达10厘米，深度贯穿堡坎。堡坎局部石缝松动，抹面脱落，脱落区域长1.3、宽1.1米，面积1.43平方米，需灌浆和重新做抹面，堡坎上有小型植物根茎，需清理。墙体外倾斜10°。在堡坎西南角及南侧平台上有两处卵石铺装和一个红砂岩柱础，柱础已残损，从残件推测原直径38厘米，需进行维修。残存的两处卵石铺装面积共有0.9平方米，选用长8~10、厚2~3厘米的扁长形暗红色卵石横向铺砌（图一三五）。

（4）宫BK-4：位于宫BK-3南侧，呈南北走向，堡坎为小水沟外侧小型平台，平台宽1.3米，堡坎下部用角砾岩垒砌，石缝填注三合泥，石灰砂浆抹面，残长3.1、宽0.5、高0~0.7米；堡坎上部用两排青砖错缝垒砌，仅残存北侧一小部分青砖砌筑的堡坎，残长0.5、残高0.8米，其余部分已毁损（图一三六）。

图一三三　宫BK-1

图一三四　宫BK-2

图一三五　宫BK-3

图一三六　宫BK-4

（5）宫BK-5：位于生活区南侧，呈东南—西北走向。堡坎因为垮塌和水沟券拱的打破，从而将其分为三段，由东南至西北，第一段堡坎残长8.7、高1.7~2.1、厚约0.6米，用青石块、卵石浆砌，桐油糯米砂浆勾缝和抹面，墙体下碱全抹面，堡坎上身抹石缝，未全面涂抹，下碱外侧有一条小型水沟。堡坎中部约8米长直接建立在基岩上，部分垮塌，现用卵石、青石块干垒做临时性挡土墙。第二段堡坎残长5.3、高0.7米，顶部有1.3米厚用青砖、青石块、带碎砖瓦的泥土干垒的现代废弃堆积，生长了大量蕨、何首乌、白茅等植物，其根系向下发展严重影响堡坎的稳定性，需及时清理。第三段堡坎残长7.4、高0.7米，已严重向外侧倾斜（图一三七）。

（6）宫BK-6：为生活区第四级平台南侧的挡土墙，呈东西走向，整体向内侧倾斜。堡坎仅残存一小段，其余垮塌，原始砌筑的石料被垒砌在此堡坎上作为临时堡坎，石缝未填注任何黏结材料，残存的土司时期堡坎长1.8、高2.1、厚0.5米。做法同宫BK-5。堡坎外侧有残高0.7米的卧牛墙体，主要为了防止内侧堡坎的垮塌。由于泥土的堆积，此道堡坎仍被泥土所掩埋，露明一小块在外，从外露的部位测得该卧牛东西长7.5、宽0.85、高0.8米（图一三八）。

图一三七　宫BK-5　　　　　　　　图一三八　宫BK-6

（7）宫BK-7-（1）：为生活区第四级平台南侧的挡土墙，呈南北走向，与宫BK-6呈直角相交，但相交处断裂，断裂长1.6米，疑似有其他遗迹。该段堡坎残长3.5、高2.8米，堡坎基址依托原废弃的砖瓦堆上，导致墙体城横向斜体裂缝，与纵向裂缝交差作用于墙体上，墙体转角处用红砂岩垒砌，其余部分用卵石、青砖、角砾岩垒砌，石缝填注三合泥等黏结物，石灰抹面，用于砌筑堡坎转角的红砂岩风化严重，上部垮塌，垮塌高度约1、宽约0.9、厚0.5米，垮塌0.5立方米。需对墙体基础加固，裂缝灌浆，垮塌区域修补。在宫BK-8堡坎西侧发现有一残高为0.4米的小型堡坎，堡坎内侧有卵石铺装，铺装面积长2.3、宽0.4米，卵石铺装保存较好，无缺损情况。卵石铺装外侧为较卵石铺装高0.15米的堡坎内壁，堡坎宽0.8米，

（8）宫BK-7-（2）：南北长2.3、宽1.6、高0.7米，用卵石、角砾岩、三合泥等砌筑内外两壁，内芯填充带瓦砾等的杂土，外壁可见抹面（图一三九）。

（9）宫BK-8：位于生活区第四级平台南侧，呈东西走向。宫BK-8残长41、高2.1～4、厚0.5米，用卵石、角砾岩和三合泥做黏结物进行垒砌，石灰抹面。堡坎西端有8米长被直接借用为G10S内沟壁，由于是直接建立于废弃的砖瓦堆积上，再加之长期受到流水的侵蚀，墙体基础被掏空，致使堡坎上部出现宽2～4厘米的纵向裂缝，石灰抹面保存较好，堡坎上部生长大量杂草，同时有灌木、乔木的根茎等，需及时清理（图一四〇）。

（10）宫BK-9：残长18、宽1.4米的平台，较宫BK-8内侧平台低0.4、高0.8米，东端被后期废弃砖瓦堆积，做法同宫BK-8，破损情况严重：坍塌、石缝松动、抹面脱落等，石缝有杂草生长及小型灌木根系，需清理。用卵石、角砾岩、三合泥做黏结物等砌筑，石灰抹面（图

一四一）。

（11）宫BK-10：位于生活区第五级平台南侧，残长34、高2.7、宽0.5米，用卵石、红砂岩、角砾岩、三合泥等垒砌，石灰抹面。堡坎下部保存较好，上部石缝松动，有杂草及小型灌木的根茎等，需清理。该堡坎西段有达11.2米的现代堡坎，因原堡坎垮塌，砌筑了临时性堡坎，临时性堡坎用卵石、红砂岩、角砾岩、青砖堆砌，石缝无填注，也未做抹面（图一四二）。

图一三九　宫BK-7-（2）

图一四〇　宫BK-8

图一四一　宫BK-9

图一四二　宫BK-10

（12）宫BK-11：位于F10所在平台的南侧，呈东西走向。堡坎既做该级平台的挡土墙，又是F10的墙基。堡坎用卵石、角砾岩垒砌，桐油糯米石灰砂浆填缝和抹面，堡坎东端被泥土掩埋，掩埋长5.6、掩埋深1.1米，堡坎大部分出露地表，堡坎长17.4、高3.1、宽0.6米。由于地基下沉、树木生长等原因导致墙体外倾，并形成四条大的纵向裂缝，裂缝宽2～5厘米，裂缝中长有何首乌、青蒿、苔藓以及小型灌木等，墙体从裂缝处向外倾斜。堡坎西端转角从上至底垮塌，垮塌宽度为0.4~0.8米，由于垮塌部位主要位于宫BK-11、宫BK-12转角相接处，主要垮塌面为宫BK-12（图一四三）。

（13）宫BK-12：位于F10所在平台的西北侧，与宫BK-11同时期修建，成80°角相交，南北走向。从考古推测来看，该段堡坎应该一直延续至北部宫墙与其相连。土司时期，在使用过程中因某些因素垮塌，进行补修，但后期修建堡坎较第一期堡坎矮0.5米，堡坎形制同第一期；墙体基础不稳、山体滑坡等原因导致堡坎第三次垮塌，残存两段，现垮塌部位用卵石、角砾岩、当时修建堡坎后垮塌下来的石料干垒。第一期修建的堡坎仅残存18.17米长，堡坎残高3.1、厚0.6米，堡坎用卵石、角砾岩垒砌，桐油糯米砂浆灌缝和抹面。风化、雨水侵蚀、植物扎根堡坎石缝等导致堡坎形成纵横交错的裂缝，裂缝宽2~4厘米，贯穿至底，抹面已严重变色，局部酥碱脱落。堡坎在距底1.25米处设有内宽0.25、净高0.25米的方形排水口，连接内侧的排水暗沟，排水口用红砂岩石块压顶，排水口下部有堡坎垮塌，垮塌区域宽0.62、高0.85、厚0.6米，该段堡坎与宫BK-11相交角从上至底垮塌，垮塌长1.4、进深0.6、高3.1米，垮塌土石方2.6立方米。现用青砖、卵石、城墙砖等干垒作为临时性堡坎，需重新拆除、加固基础，按原堡坎形制维修。堡坎顶部垮塌区域长2.5、高0.2~0.4、厚0.6米，垮塌土石方0.7立方米，堡坎底部被现代废弃物堆积叠压。第二期堡坎紧贴第一期堡坎而建，现代开垦农田、山体滑坡等原因又形成垮塌，残存两段。一段紧接第一期堡坎，堡坎残长6.43、高2.67、厚0.6米，用卵石、角砾岩垒砌，桐油糯米石灰砂浆灌注石缝和抹面，顶部用青砖卧砌压顶。在离堡坎底部0.85米处设有排水孔，排水孔内宽30、净高30厘米，红砂岩压顶和青砖平铺沟底。堡坎壁上有青苔生长过的痕迹，导致抹面变色和酥碱，局部脱落，大面积脱落区域宽0.9、高1.15米。堡坎顶部有垮塌，垮塌区域宽1.7、高0.7、厚0.6米，垮塌土石方0.72立方米，堡坎上有纵向裂缝贯穿至基础，裂缝宽2~4厘米，裂缝中有碎石和泥土，并有植物丛生。另一段残存的第二期修建的未垮塌堡坎靠近北宫墙，残长3.6、高2.2、宽0.6米，用角砾岩、青砂岩垒砌，三合泥为石缝黏结物，桐油糯米石灰砂浆抹面，在距离堡坎底部1.65米处设有排水孔，排水孔内宽25、净高20厘米，用红砂岩石板压顶，两侧沟壁用砌砖砌筑，三合泥勾缝，沟底用青砖平铺。遗存的堡坎上均有泥土和碎石堆积，生长着大量杂草和小型灌木，丛生的植物主要有何首乌、扶芳藤、青蒿、野菊花、麻、苔藓、蕨等。垮塌两段，分别长23.4、15.1米（图一四四、图一四五）。

（14）宫BK-13：位于生活区北部，呈南北走向，用卵石、角砾岩、城墙砖垒砌，桐油糯米抹面和填注石缝，残长8.3米，由于被现代耕土堆积，露出地表的高度只有0.9米，堡坎石缝有青蒿、蕨、蒲公英等植物生长，顶部有泥土、卵石、青砖等堆积约1米高。需清理堡坎外侧及顶部的现代堆积、植物等（图一四六）。

（15）宫BK-14：东西走向堡坎露明部分残长2.8、高2.45米，北端被现代堡坎叠压，需进一步考古发掘探明其残长。堡坎地基沉降导致墙体产生2条较大的纵向裂缝，墙体歪闪，裂缝宽8~10厘米，缝间有碎石和土壤以及蕨、扶芳藤、何首乌、苔藓等植物。转角用红砂岩呈一顺一丁的形式砌筑包角，上部垮塌严重，垮塌长1.3、高1.35、厚0.6米，垮塌土石方1.1立方米。墙体抹面剥离脱落，墙面大量分布黑色污染物，为苔藓死亡后所遗，包砌墙角的红砂岩、青砂岩等风化严重（图一四七）。

（16）宫BK-15：堡坎用卵石、角砾岩等垒砌，桐油糯米砂浆填注石缝和抹面。最先修建最底层堡坎墙体，南北走向，残长12.3、高1.6、厚0.6米。农田耕种、山体滑坡等原因导致墙体东端垮塌，垮塌区域长2.7、高1.6、厚0.6米，垮塌土石方2.6立方米。堡坎上部堆积厚0.4米，堆积用卵石、角砾岩、青砖干垒，内侧开垦为农田。北端被外侧现代耕地叠压，需清理土石方42立方米。素土夯实后，堡坎部分砌筑于卧铺青砂岩条石并铺白灰砂浆的基础上，部分直接建立在废弃砖瓦堆积上。堡坎底部的砂浆基础由于受雨水侵蚀，已风化酥碱，局部形成空洞，空洞高0.4、长9、进深0.1米。

（17）宫BK-16：南端选用红砂岩包边。堡坎中部垮塌，垮塌长7.7米，现用卵石、角砾岩干垒成临时性挡土墙，挡土墙上长有大量藤本植物、蕨等，从而形成空鼓。残存的两段原始堡坎，一段残长9.3、高1.3米，由于原堡坎基础酥碱形成弧形空洞，空洞长5、高0.45、进深0.25米。另一段残存长仅1、高1.3米。第三次修建堡坎，又较第二次堡坎内移了0.2米，呈梯级状利于结构的稳固性。第三次修建的堡坎两端均垮塌，堡坎残长9.3、高2.1、厚0.6米，南端垮塌严重，垮塌区域长1.6、高2.1、厚0.6米，垮塌土石方2立方米，现存大型植物根茎及丛生大量植被。堡坎由于雨水侵蚀、山体滑坡、植物根系破坏等原因，导致墙体产生大量裂缝，裂缝最宽处达10厘米，裂缝间有植物根茎，堡砍表面生长有藤本植物、蕨、草本植物、木本植物等。堡坎顶部柑橘树木紧邻堡坎外侧，其根系使墙体产生横向、纵向裂痕。堡坎南侧垮塌处用卵石、角砾岩等干垒而成临时性挡土墙，挡土墙长2.6、厚1、高3.4米，需拆除土石方8.9立方米（图一四八）。

（18）宫BK-17：位于生活区最顶部平台的南侧，呈东西走向。堡坎西端垮塌，东端至宫墙与其相连，残长17.5、高1.2~3.6、厚0.6米。堡坎直接建立在基岩上或紧贴基岩。紧贴基岩处因基础结构不稳，致使堡坎下段大部分垮塌，形成两处大型空洞，第一处空洞长3.1、高1.3、进深0.8米，第二处空洞长6.4、高0.8、进深0.5米。堡坎选材、砌法、抹面同其他堡坎。堡坎西端垮塌，垮塌区域长2.8、高2.6、厚0.6米，垮塌土石方7.3立方米。堡坎上有一明柱槽，槽宽0.2、高1.35、进深0.13米，部分镶嵌入堡坎内，明柱因腐朽而不存。堡坎外侧被现代废弃物堆积。上部墙体有蕨、何首乌、白茅、小型灌木、棕榈、青蒿等生长于石缝中，其根劈作用，导致堡坎产生裂痕。在堡坎东端有一宽0.6、高0.8米的排水沟，沟距离宫墙修建有一道1米宽的堡坎。堡坎西端上部垮塌，垮塌区域长2.3、高4.1、厚0.6米，垮塌土石方9.5立方米（图一四九）。

（19）宫BK-18：堡坎选材、建筑形制同其他堡坎，呈东西走向。山体滑坡、开垦荒地等原因导致堡坎西部垮塌，堡坎残长14.8、高2.4米，西部垮塌长1.6、高2.1、厚0.6米。垮塌土石方2.2立方米。堡坎顶部有现代堆积，堆积高0.6米，由卵石、青砖、角砾岩干垒而成，石缝杂草丛生。堆积主要作为内侧耕地田埂，需清理土石方5.4立方米。堡坎西端底部残存用红砂岩一顺一丁砌筑的转角，转而向北延伸，外侧距离堡坎2.5米处有青砖砌筑的墙体，从露明部分来看，墙体呈南北走向，墙体宽0.75米。堡坎抹面由于青苔残留而呈褐色。堡坎基础前有现代废弃堆积，堆积物主要为卵石、青砖、碎石、泥土等，堆积长4.5、宽1.3、高0.8米，土石方有4.7立方米，需清理，露出堡坎基础。堡坎壁上有3个近圆形的小型排水孔，孔径5厘米，排水

图一四三　宫BK-11

图一四四　宫BK-12

图一四五　宫BK-12

图一四六　宫BK-13

图一四七　宫BK-14

图一四八　宫BK-15、宫BK-16

孔间距2米，分布在离堡坎底部高1.3米的水平线上。抹面局部风化，因雨水、苔藓植物的影响等形成空鼓、变色；堡坎石缝有何首乌、蕨等植物生长，需及时清理，以免对堡坎造成进一步的破坏。基础因侵蚀形成空洞，空洞长2、进深0.5、高0.1米，需及时维修，以免进一步侵蚀基础而形成垮塌（图一五〇~图一五二）。

图一四九　宫BK-17

图一五〇　宫BK-18

图一五一　宫BK-18

图一五二　宫BK-18

（20）宫BK-19：与宫BK-18同时期修建的连体堡坎，呈南北走向，堡坎垮塌严重。堡坎残长1~4.5、高0.4~2.8、厚1.3米。垮塌区域长3.5、高2.4、厚1.3米，垮塌土方为12立方米，垮塌断裂处有何首乌、蕨、小型灌木等植物生长，需及时清理。堡坎东侧有卵石铺装，堡坎南侧有柱础（图一五三）。

（21）宫BK-20：位于生活区东南侧，呈东北—西南走向，堡坎两端垮塌，残长14、高2.4、厚0.6米，用青石块、红砂岩块浆砌，糯米灰浆勾缝和抹面，顶部有青砖、青石块、卵石、泥土堆积，堆积厚0.5米，堆积上丛生大量的草本及小型木本植物。残存堡坎有长4.7米的墙体砌筑在早期废弃的砖瓦堆上，受雨水的冲蚀，导致堡坎底部形成空洞，空洞长2.5、高0.5、进深0.5米。堡坎东北段有2米长是直接依附基岩而建，堡坎较薄，甚至部分基岩突出堡坎

图一五三　宫BK-19　　　　　　　　　　　图一五四　宫BK-20

外侧，导致堡坎垮塌严重，西南段从顶部向底部垮塌，垮塌长1.4、高2米（图一五四）。

（22）宫BK-21：位于生活区东南侧，呈东北—西南走向，接宫BK-20，但由于垮塌，现用青石块、卵石等干垒作临时性堡坎延续至宫BK-20，临时性堡坎高1.8米，残存的古堡坎长6.9、高2~2.6、厚0.5~0.97米，用青石块浆砌，桐油糯米灰浆勾缝和抹面，顶部有现代废弃堆积，堆积物主要为碎砖瓦、泥土等，生长了大量蕨、何首乌、白茅等植物，其根系向下生长严重影响堡坎的稳定性，需及时清理。堡坎抹面暂无裂缝，但因青苔残留量而导致抹面剥离、脱落（图一五五）。

（23）宫BK-22：位于生活区东南侧，呈东北—西南走向，由于此区域暂未考古发掘，堡坎被现代废弃堆积，只露明一小部分，露明部分长1.6、高1.7、厚0.5米，并垮塌严重，垮塌长1.6、高1.7米，堡坎用青石块浆砌，桐油糯米灰浆勾缝和抹面，需维修（图一五六）。

图一五五　宫BK-21　　　　　　　　　　　图一五六　宫BK-22

（24）宫BK-23：位于生活区中部，呈东北—西南走向，暂未考古发掘，露明部分长2.4~5.4、高0.9~1.9米，堡坎直接利用基岩，在基岩上进行抹面。内部基岩未做处理，因此抹面脱落严重，露出凹凸不平的基岩。堡坎下碱抹面脱落区域长1.5、高1.6米。顶部有泥土堆积，泥土堆积厚0.6米，并丛生大量白茅、何首乌等植物（图一五七）。

（25）宫BK-24：位于生活区南部，呈东北—西南走向，堡坎用卵石、青石块浆砌，桐油糯米灰浆勾缝和抹面，堡坎西南端部用红砂岩块一顺一丁砌筑包角。堡坎下碱抹面较为讲究。堡坎顶部有现代废弃物堆积，堆积厚0.3米，由泥土、碎石、碎砖瓦组成，生长了大量蕨、何首乌、白茅等植物，其根系向下发展严重影响堡坎的稳定性，需及时清理。堡坎残长6.3、高2.2～2.4、厚0.6米（图一五八）。

图一五七　宫BK-23

图一五八　宫BK-24

第四节　衙署区遗迹保存现状、形制特点及病害分析

衙署区位于生活区南侧，地势倚山面河，东北高，西南低，以自然山势筑成多层平台，其中东、南、西墙保存较好，北墙利用生活区围墙，西北墙破坏严重。衙署区除了与生活区共用南门外，还有其独立的南门和西门。南门位于南墙中部，墙体部分破坏，残留较宽缺口，西门仍出露地面上，沿用至今。整个衙署区以西门为轴线，从上而下，形成多层阶梯状平台，各层之间砌以踏步连接。衙署区围墙、土王祠、文昌阁已由中国文化遗产研究院在编制第一期保护工程时，对其进行了翔实的现状勘测分析，并制定出详细的保护方案，详见《湖南省永顺县老司城遗址文物抢救性保护工程（第一期）》。本工程设计重点是对凉洞、建筑基址、挡土墙、堡坎、道路等进行现状勘测分析，为保护工程设计方案提供维修依据。

为便于勘察和描述，衙署区将相关遗迹依据其整体性和分布的地形状况来分类，即将第一平台、第三平台上分布的道路、排水沟、建筑址等安排在各自的平台统一描述。

一、凉　　洞

衙署区西侧原有土司御寒避暑的热洞和凉洞，位于第四级台地上，现凉洞尚存，热洞已毁。凉洞洞口宽3.9米，于1.05米高开始起券，通高2.6米，洞口处局部青砖缺失（图一五九）。洞有内外两间，外间为东西走向，进深6米，北壁依内侧堡坎而建，厚0.35米，南壁厚0.35米，外侧砌有宽2.25、高2.6米的砂石垒坎护墙。连接内外两间的是一个厚1.53米的门洞，门洞通高1.8米，券拱状，离地面1.2米高处开始起券，门洞正上方券拱有破损，破损区域长0.8、高0.16米，破损面积0.13平方米，破损处为青砖脱落。内间为南北走向，开间4.6、进深3.8米，于1.3米高处开始起券，通高2.67米。内间南壁在离地面1.92米高设有一个0.6米×0.6米的窗口，测得窗口厚度为0.4米，可见南壁的厚度为0.4米，北壁上有一处长2.2、高2、厚0.25～0.3米的破损处，此处青砖被拆卸。整个凉洞占地面积约40平方米，用青砖垒砌，砖缝用桐油糯米砂浆割缝，券顶和壁用桐油糯米石灰抹面，由于洞内环境潮湿，抹面发霉变色严重，滋附大量青苔，局部脱落。凉洞内地面不平整，墙基处可见残存的三合土地面。

图一五九　凉洞

二、踏　　步

在衙署区中轴线上砌有踏步连接各级平台，现中轴线上共遗存5段踏步，由于长期受人、牲畜的踩踏，均有不同程度的损毁，后人也在原基础上对其进行过多次维修，部分踏步面材已有改变，有的改用较大卵石砌筑而供通行；有些踏步虽面材仍沿用原踏步相同材料的红砂岩板，但属于东拼西凑，撬用他处的红砂岩板来铺筑此处踏步，造成红砂岩板厚薄不一。踏步由低向高依次描述。

第1段踏步：位于衙署区入口处，现残存9级红砂岩踏步，红砂岩条石风化、断裂严重。现存踏步长3、宽0.3～0.35、高0.18～0.27米，据老百姓回忆，原踏步比现存踏步向南侧延伸宽2.8米（图一六〇）。

第2段踏步：位于衙署区第一级平台内侧，现残存15级红砂岩踏步，红砂岩条石风化、断裂严重。现存踏步长2.4、宽0.25～0.3、高0.18～0.35米，踏步垫层为青砖平铺，踏步北侧有埋筑PVC管的水泥砂浆（图一六一）。

第3段踏步：位于衙署区第二级平台内侧，现残存10级由卵石砌筑的踏步，由于常年踩踏又疏于修葺，卵石垮塌严重，现存踏步长2.4、宽0.16～0.3、高0.15～0.25米（图一六二）。

第4段踏步：位于衙署区第三级平台内侧，现残存9级由卵石、毛山石砌筑的踏步。

第5段踏步：位于衙署区第四级平台内侧，现残存9级红砂岩踏步，红砂岩条石风化、断裂严重。现存踏步长2.9、宽0.3、高0.25米，踏步垫层为青砖平铺。踏步两侧有油灰抹面（图一六三）。

图一六〇　衙-第1段踏步

图一六一　衙-第2段踏步

图一六二　衙-第3段踏步

图一六三　衙-第5段踏步

三、第一平台

(一) F21~F24

F21~F24是衙署区第一级台地上一组大型建筑遗迹,于2012年3~6月考古发掘揭露。遗存面积1400平方米,含房屋基址、走廊、道路及相关排水设施;多期房屋建筑遗迹叠压,按遗迹面层材质来分,有卵石地面、青砖地面、砂岩铺装地面、土质地面、浆砌挡墙(抹面)、砂岩、柱础等。考古发掘后,露天保存,现用塑料薄膜覆盖。在此区域内,共发现不连续卵石地面13处,青砖铺装地面2处,砂岩铺装地面4处,水沟3条,浆砌挡墙多处,石柱础11个,其余为土质地面。

1. 青砖铺装地面

1) 建造工艺

经现场勘探和检测,其建造工艺为:先平整地面,再铺贴一层细土找平地面,然后在其上铺贴青砖;用来铺装的青砖有两种尺寸,一种为方砖,边长30、厚5.5厘米;一种为长方形砖,长26.5~32、宽14.5~18.5、厚4~6厘米。方砖铺装的地面边缘用两排长方形砖浆砌镶边,长方形砖的铺装地面两侧边缘则用两排方砖铺贴镶边,青砖下可见细土黏结层。

2) 保存现状

(1) 青砖铺装Ⅰ处中部用方砖铺装地面,边缘用长方形青砖浆砌镶边。中部方砖有8块因风化碎裂、边缘镶边的长方形青砖仅存2块,其余缺失,露出下侧浆砌挡墙,挡墙顶部可见灰浆印痕(图一六四)。

(2) 青砖铺装Ⅱ处中部采用长方形砖铺装地面,边缘用两排方砖铺装镶边。青砖缺失严重,露出下侧土质垫层,缺失面积1平方米(图一六五);因青砖缺失露出的土质地面丛生杂草和青苔。

2. 砂岩铺装地面

1) 建造工艺

中道上有两处砂岩地面,南走廊东端、北走廊西端各发现一小处砂岩地面。其建造工艺同青砖铺装相同(图一六六)。

图一六四　青砖铺装Ⅰ处　　　　　　　　　图一六五　青砖铺装Ⅱ处

图一六六　南走廊东端地面　　　　　　　　图一六七　砂岩铺装地面

2）保存现状

（1）砂岩地面Ⅰ处位于中道上，砂岩块缺失严重，露出下侧土质垫层，残存长1.22、宽0.87米，缺失面积3.5平方米；土质垫层上丛生杂草和青砖铺装Ⅱ处、砂岩铺装丛生青苔（图一六七）。

（2）砂岩地面Ⅱ处位于中道东侧，残存长0.6、宽0.68米，砂岩块缺失，缺失面积1.5平方米；缺失处露出下侧土质垫层，其上丛生杂草和青苔。

（3）南走廊东端砂岩地面残长1、宽0.6米，砂岩块碎裂严重，南走廊其余处出露土质地面，丛生杂草和青苔。

（4）北走廊西端砂岩地面残长0.4、宽0.4米，其余处出露土质地面，丛生杂草和青苔。

（二）间楼

1. 建造工艺

间楼位于中道东侧，紧贴第二级平台外侧堡坎而建，台基式，连接中道和衙署区第二级平台。东、南、西三面台帮用角砾岩砌筑，灰浆勾缝和抹面，内芯素土夯填，再进行台明处理，由于台明地面铺装全毁，无法得知台明用何材料铺装。

2. 保存现状

（1）间楼仅存台基，台基长10.2、进深7.2、残高0.47~0.8米，台帮由于年久失修、人为破坏，台帮上部损毁缺失，导致浆砌墙体参差不齐；台明现可见的为土质地面，丛生杂草和青苔。

（2）间楼台基上内侧又有一浆砌基础，考古推测为踏步台基，此台基明显小于间楼台基，叠压于间楼台基之上，长5.3、宽3.25、残高0.2~0.47米，台帮用角砾岩、卵石浆砌，并用灰浆抹面。台明损毁，内侧有一小水沟，其又被一现代红砂岩台阶叠压（图一六八）。

（三）南、北厢房及其走廊

1. 建造工艺

厢房基址长17.3、进深5.8米，南厢房南侧墙基临G22，兼顾G22北沟壁，用卵石、角砾岩浆砌，并做灰浆抹面，残高0.46米，南厢房北侧局部可见亮方石；现揭露的厢房面层上可见柱础，按材质分，有红砂岩柱础和细砂岩柱础，共6个，南走廊长18.5、宽2.1、高出南散水0.18米，与厢房土质地面基本持平，南走廊北侧用卵石、青砖、角砾岩浆砌，临散水面并做灰浆抹面。北厢房北侧墙基紧邻G25，兼顾G25南沟壁，用青砖、砂岩块浆砌并抹面，残高0.18米，南侧墙基直接叠压于G24青砖券顶之上，局部可见亮方石；现揭露的厢房面层上可见柱础5个，其中细砂岩柱础4个，红砂岩柱础1个；北走廊南侧用卵石、青砖浆砌，临散水面做灰浆抹面，高出北散水0.18、长17.22、宽2.2米，基本与北厢房土质地面持平。

2. 保存现状

（1）现可见的南北走廊、南北厢房地面为土质地面，地面不平整，丛生杂草和青苔。
（2）南北厢房墙基垮塌损毁，阶条石缺失，土质地面向外垮塌。
（3）南北厢房现揭露面可见少量亮方石。
（4）南北厢房现揭露面可见柱础11个，其中8个细砂岩柱础，3个红砂岩柱础，均有不同程度的风化、损毁，北厢房中部2个细砂岩柱础曾经因高温焚烧过而爆裂损毁，仅残存少量碎块在原址（图一六九~图一七三）。

（四）中道、南道、北道

1. 建造工艺

中道、南道、北道为路堤型道路，中道长12.26、宽2.5、高0.42~0.75米，两侧路肩用角砾

图一六八　间楼

图一六九　南厢房及南走廊

图一七〇　北厢房及北走廊

图一七一　细砂岩柱础

图一七二　细砂岩柱础

图一七三　红砂岩柱础

岩、卵石、砂岩浆砌，并做抹面，内芯素土填筑；南道、北道长15.2、宽1.5、残高0.17～0.59米，两侧路肩用青砖错缝卧砌，并做抹面，内芯素土夯填。中道上有三种不同材质路面：卵石、青砖、砂岩路面；南道、北道局部可见少量卵石路面，卵石路面外侧用红砂岩条石卧砌镶边。

2. 保存现状

（1）中道路面铺装材质缺失严重，缺失面积23.5平方米，缺失处露出下侧土质垫层，土地面丛生杂草和青苔。

（2）南道、北道局部可见少量卵石铺装，南道残存卵石铺装长1.4、宽1.2米，残存面积1.68平方米；北道残存卵石铺装2处，残存面积2.17平方米，其余处卵石铺装全毁，露出土质地面，其上丛生杂草和青苔。

（3）中道、南道、北道两侧路肩由于长年埋藏地下，受地下水浸泡，浆砌墙体的勾缝和抹面灰浆黏结性丧失，导致石块松动，抹面灰浆脱落，石缝和残存抹面上生长杂草和青苔。

（4）在中道北侧路肩东端有一直径约20厘米的树根仍残留其中，周边滋生大量黄色菌丝。F21~F24房屋遗迹区内，有多处植物根茎残留于遗迹中，破坏遗迹的稳固性，并滋生大量黄色菌丝覆盖于遗迹之上（图一七四~图一七九）。

图一七四　中道、南道、北道现状

图一七五　中道两侧抹面酥粉脱落

图一七六　南道及其卵石铺装路面

图一七七　北道单排卵石铺装

图一七八　残留遗迹中的树根　　　　　　　　图一七九　路堤两侧抹面脱落

（五）南侧道、北侧道

1. 建造工艺

南侧道、北侧道为路堤形道路，在东端都有增宽，长9.3、最窄处宽1.7、最宽处宽3.4米，两侧路肩用角砾岩、卵石、砂岩浆砌，并做抹面，内芯素土填筑；现揭露面路面铺装全毁。

2. 保存现状

（1）南侧道、北侧道路面铺装全毁，露出土质地面，其上丛生杂草和青苔。

（2）两侧路肩由于长年埋藏地下，受地下水浸泡，浆砌墙体的勾缝和抹面灰浆黏结性丧失，导致石块松动，抹面脱落，石缝和残存抹面上生长杂草和青苔。

（3）北侧道东端卵石路面中部有一直径约10厘米的树根残留其中，根劈作用导致周边卵石铺装破损，卵石缺失，树根及周边滋生大量黄色菌丝（图一八〇、图一八一）。

图一八〇　北侧道存生植被　　　　　　　　图一八一　北侧道素土垫层

（六）G22

1. 建造工艺

位于南厢房南侧，利用南厢房南墙基作为北沟壁，也兼做南厢房的散水。沟底竖向铺筑卵石，沟长18.5、宽1.6米。从残存的少量南沟壁墙体分析，是用角砾岩、卵石、砂岩浆砌，并做抹面。

2. 保存现状

（1）南沟壁大部分垮塌损毁缺失，仅存不连续的两小段，Ⅰ段残长1.5、宽0.7、残高0.6米；Ⅱ段残长1.2、宽0.7、残高0.7米。

（2）有一长3.2、宽2.6米的现代建筑基础打破G22，导致此区域内的沟底、南沟壁被损毁。

（3）南沟壁损毁，导致沟底边缘卵石铺装及下侧垫层失去支撑而损毁缺失，缺失面积5.6平方米（图一八二）。

（七）G24

1. 建造工艺

G24由明沟和暗沟组成，总长29.7米。暗沟部分长20.2、宽0.83、沟内净高1.16米，沟底采用卵石纵向错缝侧铺而成；明沟部分长9.5、两侧沟壁高0.4米，沟底采用卵石铺装；沟底宽0.72米，暗沟部分两侧沟壁下部用卵石、不规则形石灰岩块砌筑单面石皮，灰浆勾缝，临水沟面做灰浆抹面，此部分高0.83米，0.83米高后改用长方形青砖发券，券拱为二券二伏，灰浆勾缝，青砖券拱沟内面不做灰浆抹面。

沟底营建应先是将选定沟址段内土壤挖除至适当深度，人工夯压基础后，在其上铺三合土垫层并夯压找平，垫层厚10～15厘米，垫层上再纵向错缝侧铺卵石（暗沟部分选用较大卵石，明沟部分选用长10、厚4厘米左右的长扁形卵石），卵石之间相互抵实，嵌入垫层中，石缝再以细土扫缝填实。

2. 保存现状

（1）G24西段券顶、沟壁垮塌严重，损毁长9.5米，露出卵石沟底；两侧沟壁残高0.4米；沟底卵石铺装局部缺失，露出土质垫层，缺失面积3平方米。

（2）G24西段沟底和两侧沟壁丛生杂草和青苔。

（3）G24东段券顶上部券砖和伏砖损毁缺失，损毁长9.5、宽0.7米；残存的券顶青砖酥碱、风化严重（图一八三、图一八四）。

（八）G25

1. 建造工艺

G25为明沟，位于北厢房北侧，沟长10、宽0.5米，利用北厢房北墙基作为南沟壁，也兼做北厢房的散水，沟底竖向铺筑卵石（图一八五）。

2. 保存现状

（1）沟底卵石铺装局部缺失，缺失面积2.5平方米，露出土质地面，卵石铺装石缝和土质地面丛生杂草和青苔。

（2）两侧沟壁浆砌墙体石块松动，抹面酥碱脱落。

图一八二　G22南沟壁损毁缺失

图一八三　G24暗沟

图一八四　G24青砖券拱损毁缺失

图一八五　G25

四、第三平台

第三平台于2013年6～7月经考古发掘，遗存面积420平方米，含道路及相关排水设施；共包括F33、F32、PT3、L16、L17、G36、G37和部分G24。从现存状况评估，此区域保存状况较差。

（一）F33

F33位于衙署区第三级平台的南侧，包括F33房屋基址、L16、L17、G36和G37。

1. 建造工艺

1）F33房屋基础

从考古解剖探沟剖面来看，此处土质地面为素土层直接夯实，然后在其上错缝铺贴砂岩板，用来铺装的砂岩板长60、宽57、厚4厘米。砂岩板铺装现大部分被毁，地面边缘用两排长方形砖浆砌镶边，长方形砖的铺装地面两侧边缘则用两排方砖铺贴镶边，青砖下可见细土黏结层。

2）L16

经现场勘探和检测，L16属于砂岩路面，其建造工艺为：先平整地面，铺贴一层细土找平地面，然后在其上错缝铺贴正方形砂岩板，用来铺装的砂岩板边长58、厚3厘米。砂岩铺装的地面边缘用两排长方形砖浆砌镶边，长方形砖的铺装地面两侧边缘则用两排方砖铺贴镶边，青砖下可见细土黏结层。

3）L17

L17用长8、厚4厘米的卵石横向、竖向铺砌，卵石之间相互抵实，垫层用素黏土混合少量石灰铺贴夯实，再将卵石逐个夯压入土，石缝用细土、细沙填实，两侧用不同排列方式的卵石铺装或红砂岩镶边，卵石铺装无图案。

4）G36、G37

沟底营建应是先将选定沟址段内的土挖至适当深度，人工夯压基础后，在其上铺三合土垫层并夯压找平，再压入长10、厚3厘米的卵石，卵石依水流方向竖向侧铺，沟壁以青砖、卵石和石灰岩浆砌，灰浆勾缝。

2. 保存现状

1）F33房屋基址

F33地处衙署区第三级平台南侧，地势开阔，房基表面较为平整。房屋基址长12、进深10.2米，总面积为123.82平方米（图一八六）；房屋基址西南角残存部分方形砂岩铺装，砂岩尺寸长60、宽57、厚4厘米，残存面积1.54平方米（图一八七）；房屋基址东北侧现残存一个红砂岩柱础，圆鼓形柱础，方座，直径约为30、高10厘米（图一八八）；土质地面由于雨水冲刷，塌陷严重；砂岩板铺装风化碎裂严重；红砂岩柱础方座破损严重。

2）L16

L16现存主要为砂岩铺装地面，靠近西侧堡砍有踏步残留痕迹，但基本全毁；砂岩地面现残长6.79～8.19、残宽1.93米，共残存四列，每列均为13～14块砂岩，砂岩板边长58、厚3厘米；路面两侧用青砖浆砌镶边，青砖尺寸长70、宽15、高3厘米；L16踏步部分全毁，出露素土垫层，现残存起步平台处部分卵石铺装，残存卵石铺装处于衙署区第二级平台，残长1.8、残宽0.73米，卵石横向平铺，大小均匀，铺筑手法讲究。砂岩板地面部分砂岩板缺失，风化碎裂严重；踏步素土垫层由于雨水冲刷，垮塌严重；部分卵石缺失塌陷严重（图一八九、图一九〇）。

3）L17

L17位于F33东北侧，靠近其东侧堡砍，较L16低25厘米，L17为卵石铺装地面，卵石竖向侧铺，大小均匀，现残长1.8、宽0.7米；卵石铺装由于地基沉降，塌陷严重（图一九一）。

4）G36、G37

G36位于F33北侧，沟底由青灰色卵石竖向侧铺，残长10.46、残宽约0.5米，卵石大小均匀，铺筑讲究；G36南侧沟壁为L17北侧青砖镶边垒砌，北侧沟壁由卵石垒砌，石灰抹面，高15～105厘米。沟底卵石由于地基沉降，部分卵石缺失，塌陷严重；北沟壁龟裂严重，底部因水流被掏蚀，抹面滋附大量青苔（图一九二）。

G37位于F33南侧，属于衙署区西侧排水沟，沟底由青灰色卵石竖向侧铺，现残存段长1.5、宽1米，卵石大小均匀，铺筑讲究，南侧沟壁为衙署区南侧外堡砍，北侧沟壁为F33南侧墙基。沟底卵石由于地基沉降，部分卵石缺失，塌陷严重，石缝间杂草丛生（图一九三）。

（二）F32

F32位于衙署区第三级平台的南侧，包括F32房屋基址、PT3卵石铺装、排水沟和G24。

图一八六　F33全景

图一八七　F33砂岩铺装

图一八八　红砂岩柱础

图一八九　L16砂岩铺装

图一九〇　L16踏步垮塌损毁

图一九一　L17

1. 建造工艺

1）F32房屋基础

从考古解剖探沟剖面来看，此处土质地面为素土层直接夯实，部分直接利用早期的卵石铺

图一九二　G36 　　　　　　　　　图一九三　G37

装平台，柱础下部磉墩均由卵石和石灰块组成，现存12个磉墩；地面边缘用两排大小卵石和石灰块浆砌镶边，三面设计房屋排水沟。

2）PT3卵石铺装

此处卵石铺装有菱形遗迹图案，菱形纹框采取卵石铺筑，菱形框内再采用卵石竖向或横向铺砌，做法同上，菱形边框宽70厘米。铺装图案时卵石之间相互抵实嵌入垫层中，石缝再以细土扫缝填实，两侧用不同排列方式的卵石铺装镶边。从残存来看，卵石铺装工艺较精湛，图案丰富。

3）排水沟

沟底营建应先是将选定沟址段内土壤挖除至适当深度，人工夯压基础后，在其上铺三合土垫层并夯压找平，再压入长10、厚3厘米的卵石，卵石依水流方向竖向侧铺，沟壁以青砖、卵石和石灰岩浆砌，灰浆勾缝。

2. 保存现状

1）F32房屋基础

F32房屋地处衙署区第三级平台北侧，地势开阔，房基表面较为平整；房屋基址长16.85、进深10.44米（图一九四）；基址上现存12个方形磉墩，均由卵石和石灰块组成，表面黏附大量灰浆（图一九五）；土质地面由于雨水冲刷，塌陷严重；在房屋基址西北角有1根直径22厘米的现代电线杆和一根直径11厘米的树桩，对遗址基础造成很大程度的破坏。

2）卵石铺装

此区域的卵石铺装被后期F32打破，铺装卵石大小均匀，铺砌讲究，呈菱形图案，残存面积为29.28平方米。部分卵石损毁缺失，局部由于地基沉降，塌陷严重（图一九六）。

3）排水沟

此处排水沟主要为F32排水，沟底由青灰色卵石竖向侧铺，现残存三段，残长共28.66、宽0.45~0.77米，排水沟南段保存较完整，呈直角连接至东段，排水沟北段损毁严重，仅存5.42米；沟底铺装卵石大小均匀，铺筑讲究，内侧沟壁为F32墙基，由大型卵石干垒而成。沟底卵石由于地基沉降，部分卵石缺失，塌陷严重，石缝间杂草丛生；沟壁部分垮塌（图一九七）。

图一九四　F32全景

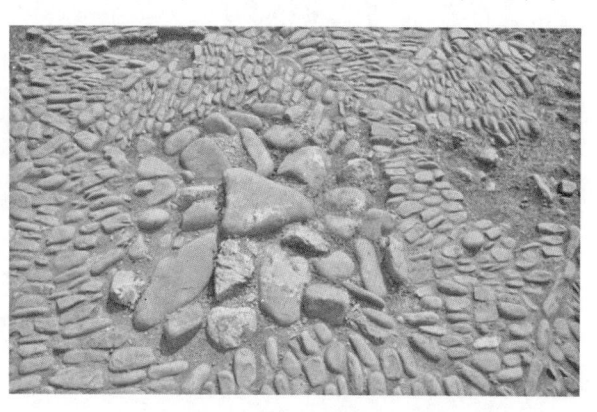

图一九五　F32礩墩

图一九六　F32卵石铺装

图一九七　F32排水沟

（三）挡土墙

1. 建造工艺

挡土墙位于F32和F33内侧，主要以大型卵石、石灰岩、砂岩和角砾岩干垒而成，石缝用细土、细沙填实，局部有抹面。挡土墙由于经过多次维修，其抹面部分保存，大部分遭破坏；部分挡土墙卵石垒砌部分全部被破坏，出露素土垫层。

2. 保存现状

1）西侧挡土墙

西侧挡土墙现残存三段，分别被二、三级平台踏步和L16踏步打破，北段残长9.14、高0.9~1.1米；中段残长6.04、高0.7~1米；南段残长11.14、高1.9~2.1米；西侧挡土墙中段由于雨水冲刷，垮塌严重；南段部分卵石由于受力不均，外鼓严重，局部抹面脱落，表面滋附大量青苔，石缝间大量藤蔓植物生长，根系破坏严重（图一九八）。

图一九八　西侧挡土墙全景

2）东侧挡土墙

东侧挡土墙现存两段，北段残长10.9、高1.6~2.2米；南段残长16.8、高1.63~2.48米；东侧挡土墙北段由于雨水冲刷，垮塌严重；南段部分干垒卵石由于受力不均，外鼓严重，局部抹面脱落，表面滋附大量青苔，石缝植物根系破坏严重，其挡土墙顶部现存6个树桩，直径在10~23厘米（图一九九）。

图一九九　东侧挡土墙全景

第五节　墓葬区遗迹保存现状、形制特点及病害分析

已经考古发掘的墓葬包括M3、M5、M11、M13-M16、M17、M18-M19、M20、M21-M22。

一、墓葬保存现状

1. M11

墓室为砖与石混合砌筑，内有三室和前廊。盗洞6个，即左室券顶正中近头龛处、券顶左侧近头龛处、左室前廊券顶左侧、中间墓室前廊左门、右室前廊右门、右券顶中间位置。盗洞基本为直径60厘米的近圆形洞，墓道损毁。

左室头部神龛内有石屋明器一座，石屋构件已遭拆卸，部分损坏，门下部榫头残断，石屋正面、背面上侧皆为多子多福浮雕，下侧为骑马踏云浮雕，人像毁损，图案刻痕清晰；左室前廊砖墙上部毁损，前廊拱门顶部砖墙毁损，墓门中间石板拆除，左室前廊右石门上部毁损，残损面积0.19平方米；右室前廊右石门上部残损，残损面积0.1平方米；主墓室头龛内石屋房顶被拆卸；前廊左门上部和榫头毁损，石门残高0.58~1.13、宽0.68、厚0.1米，毁损面积0.5平方米。三墓室及前廊券顶石灰抹面脱落严重，墓壁上有后人的毛笔墨迹。三墓室内棺床上七星星宿图损坏；主墓室内棺床一块石板断裂（图二〇〇~图二〇二）。

图二〇〇　M11

图二〇一　M11内盗洞

图二〇二　M11石屋墓门残损

2. M13-M16

为砖室墓，内有独立的四室，无前廊。墓内有4个盗洞，皆为直径约60厘米的近圆形洞。四墓室内券顶由于顶部渗水，石灰抹面脱落严重，同时，四个墓门均有不同程度的毁坏（图二〇三~图二〇五）。

3. M17

为砖室墓，内有三室和前廊，墓内有4个盗洞，盗洞大小同M11盗洞；墓内券顶石灰抹面脱落严重，前廊进墓室的墓门均有不同程度的破损，前廊三个券拱形墓洞高0.6、宽1米，墓洞封堵青砖（图二〇六~图二〇八）。

图二〇三　M13-M16

图二〇四　M13-M16内抹面脱落

图二〇五　M16墓底

图二〇六　M17棺床板断裂

4. M18-M19

砖室墓，内有独立两个墓室，无前廊，墓室内有2个盗洞，墓室券顶石灰抹面局部脱落。墓室门洞高0.6、宽1米，封堵用的墓门墙损毁（图二〇九）。

图二〇七　M17高浮雕青砖墓壁　　　　　　　　图二〇八　M17头龛

图二〇九　M18-M19　　　　　　　　　　　　图二一〇　M20

5. M20

砖室墓，内有两个墓室，无前廊，墓内有盗洞，盗洞大小同M11盗洞（图二一〇）。

6. M21-M22

双座砖室墓，墓内有盗洞2个，从墓门洞拆除青砖入室，左侧盗洞1米×0.6米，右侧盗洞0.5米×0.6米（图二一一）。

二、拜台及八字墙保存现状

M11拜台：仅保留左边香炉和祭台，拜台左下角可见砂石基座和红砂岩石板，红砂岩石板横向竖立于砂石基座上，可见拜台两侧的八字墙基础，拜台长9.2、宽3.1米；香炉为红砂岩雕刻，长0.84、宽0.52、高0.3米，内槽长0.5、宽0.2、高0.2米，四面浮雕；基座长1.1、宽0.66、高0.18米，以三块浮雕花纹的砂石拼合而成。祭品台长0.73、宽0.46、高0.5米，正面采用剁斧工艺，四面雕花，基座为红砂岩，其上浮雕云纹；两侧八字墙毁坏，仅保留墙基和少量墙体，墙体为空斗墙砌法，砖雕可见纹饰有宝香花、卷草纹、竹节纹等，八字墙长4、宽0.6、残高1.4米（图二一二）。

M13-M16拜台：仅存右侧八字墙下部残余，残长4.5、残宽0.55、残高1.5米，墙体为空斗墙砌法，基部可见花砖残件，左侧八字墙完全毁坏，右侧八字墙、拜台全毁，右侧八字墙前可见拜台的包边青条石，残高0.75米，拜台残宽约4米。青条石长1.8、宽0.42、高0.16米，石条表面有剁斧印痕，错缝平铺（图二一三）。

M17、M18-M19拜台：毁损，仅见左侧八字墙残基，残长3.4、宽0.6米。

M20拜台：残损，拜台残高1米，用0.8米×0.32米×0.17米的长条形砂石块错缝砌筑，石块间以糯米灰浆勾缝，右侧八字墙基础以青砖垒砌，墙体基础残宽0.6、残长3.6米，左侧八字墙毁损，未见墙体构件（图二一四）。

图二一一　M21-M22

图二一二　M11八字墙

图二一三　M13-M16八字墙

图二一四　M20拜台及八字墙

三、墓围及封土现状

M11：墓围以青砖砌就，近似圆形，环绕封土堆一圈，直径约10米，墓围高约0.7米，青砖为0.24米×0.12米×0.05米，砖缝处以糯米砂浆勾缝，墓围损毁，残留少量封土，残高约1.5米，封土上有考古发掘探沟1条，长约2、宽1米。封土表面长满茅草。

M13-M16：墓围以青砖砌就，近似圆形，环绕封土堆一圈，直径约12.8、墓围高约0.7米，青砖同M11青砖，砖缝处以糯米灰浆勾缝，残留封土厚度约1.5米，表面长满茅草。

M17：青砖墓围，直径约8.1、墓围高约0.7米，青砖同M11砌筑墓围青砖，残留封土厚度约1.5米，表面长满茅草。

M18-M19：青砖墓围，墓围直径约6.7、高约0.7米，砖缝处以糯米灰浆勾缝，正面墓围毁损，残留封土厚度约1.5米，现封土表面长满茅草。

M20：墓围基础的三面以红砂岩石块垒砌，外侧石灰抹面，高0.7、宽4.7米，墓围上部用青砖叠涩砌筑，共15层青砖。形状同墓围基础。墓围垮塌严重，石缝和砖缝有杂草和树根。封土垮塌或下陷，封土直径6.6米，残留封土厚度约0.9米。

四、墓葬病害

主要表现为墓葬封土堆残损；封土堆杂草覆盖；墓门损毁；墓室内壁滋附青苔、霉菌；墓砖酥碱；砖雕损毁；墓室壁抹面起甲脱落；券顶开裂、垮塌；墓室渗水；棺床断裂；拜台、八字墙、墓围毁损（图二一五~图二三一）。

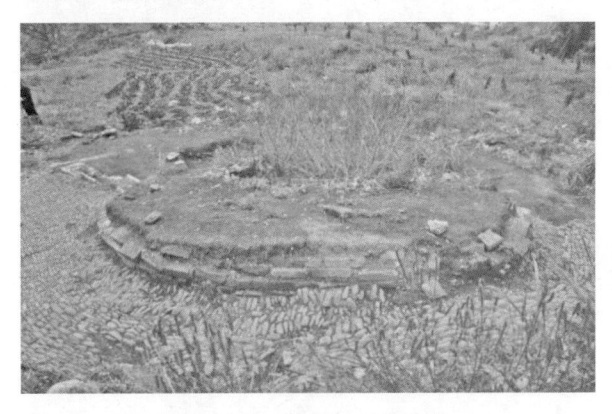

图二一五　墓葬封土堆残损

图二一六　封土堆杂草覆盖

图二一七　封门墙损毁

图二一八　墓室内壁滋附青苔

图二一九　墓砖酥碱

图二二〇　墓壁砖雕被损毁

图二二一　神龛及墓壁上的浮雕局部破坏

图二二二　抹面片状起甲脱落

图二二三　券顶开裂

图二二四　券顶垮塌

图二二五 盗洞

图二二六 植物根系侵扰

图二二七 墓室渗水

图二二八 墓底长条青砖损毁

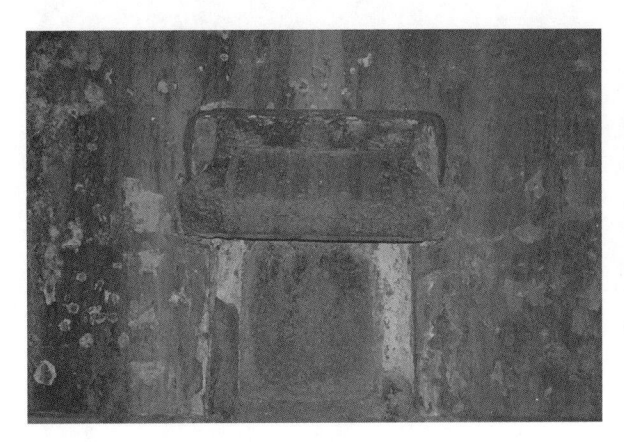

图二二九 抹面发霉变黑

图二三〇 棺床断裂

图二三一　拜台、八字墙、墓围损毁

五、石雕石刻病害

主要受人为因素的影响，表现在石像生基座与主体断裂、基座与主体断开、滋附青苔、主体残损（图二三二~图二三五）。

图二三二　石像生基座与主体断开

图二三三　基座残损

图二三四　石像生主体残损

图二三五　石刻表面滋附青苔

六、道　路

根据考古调查，进入紫金山墓葬区分为左右2条道路。

1. 阶梯

右侧道路中部可见卵石阶梯和一级红砂岩阶梯，阶梯残高0.15、残宽0.4米，卵石阶梯正面采用高12~15、宽4~6厘米的扁形河卵石为阶沿石，踏面以宽2~3、长10厘米左右的扁形河卵石横砌，毁损严重。红砂岩阶梯踢面以高5~8、宽4~6厘米的河卵石竖砌而成，踏面为平铺的红砂岩石板，石板长60、宽40、高10厘米，石板毁损严重。左侧道路从第一级台地至第二级台地之间卵石阶梯保存较好，无阶沿石，踏面以宽2~3、长10厘米左右的扁形河卵石横砌，阶梯残高14、残宽42厘米，局部路基下沉导致卵石路面垮塌。考古发掘的残存道路可以辨认其形制、结构及方向。现场测得道路斜长38、宽4.3米。阶梯两侧用不规则的青石块垒筑成垂带墙，墙体宽约60厘米，石缝间以石灰黏合物填充。

2. 石像生

现场仅见石狮1尊、石人2尊、石马3尊，未见其他石像生，石狮残件长80、宽30、高52厘米，石狮腿部与部分狮身已毁，尚存头部和部分狮身，基座高13厘米，基座与狮身断开。石人尚存头部和肩部。3尊石马各有不同程度的毁损，安置在紫金山右侧坡地上的1尊石马头部残损，石马残长120、宽37、高80厘米，马身从颈部至后腿处有一横裂痕，裂痕长80、宽14厘米，马腿皆残损，基座已无；安置在紫金山左侧坡地上的2尊石马中，其中1尊石马头部残损，石马长140、宽37、高85厘米，马身从腰部横断呈两截，腿及基座皆无，马鞍前后有残损；另1尊石马四腿皆残，无基座，残件长140、宽37、高87厘米，马身和头部有较多青苔。

3. 使用材料及做法

材料为大小不一、颜色多样的扁形河卵石、红砂岩条石、青石块、灰土、三合土等。具体做法：修整基础面后，铺5~8厘米的灰土，卵石阶梯踏面以长12~18、宽4~6厘米的扁形河卵石砌就，卵石与卵石之间以三合泥黏合物填充，阶梯两侧用不规则的青石块垒筑成垂带墙，在其内侧铺4~6厘米的三合泥黏合物。踢面以长10厘米左右、宽2~3厘米的扁形河卵石横向压入三合泥中，露出相对平整的石面。红砂岩阶梯在素土夯实后以高5~8、宽4~6厘米的河卵石竖砌做阶梯踢面，石缝间填充三合泥黏合物，在其内侧铺5~8厘米厚的灰土，再铺红砂岩条石。阶梯侧面青石块墙体用不规则石块垒砌垂带墙，中间以灰土填充，石缝用三合泥黏合物填充。

4. 现状照片

以下是紫金山墓葬区及神道、石像生的现状照片（图二三六~图二四一）。

图二三六　紫金山墓葬区全景

图二三七　神道卵石阶梯

图二三八　神道红砂岩阶梯

图二三九　石像生——石狮

图二四〇　石像生——石马

图二四一　石像生——石马

七、台　地

1. 保存现状

根据考古发掘结果，紫金山墓葬区地形可分为两级台地。

（1）一级台地：位于紫金山的西南坡，台地外侧表面距离主体道路斜长29米，台地西侧有卵石道路呈弧形环绕山腰，长50余、宽2.96米，现保留路面尚存6.15米，路面以卵石组合形成拼花图案，当地俗称"四朵梅""四十八钩"，寓意花带缠腰、四季吉祥。卵石路面局部下陷。"四朵梅"卵石拼花图案先用长8～14、宽3厘米左右的扁圆形河卵石竖铺成正方形边框，然后用同样大小的扁圆形河卵石竖铺构筑边框，将正方形框分成4个小正方形框，再在各小正方形上铺成对角线，以各小正方形对角线交点为圆心，构成图案。"四十八钩"卵石拼花图案先以长8～14、宽3厘米的青砖竖铺成2米×2米的正方形框，再以同样大小的青砖竖铺将正方形框，分成4个小方形框，并竖铺出各小方形的对角线，以各小正方形框对角线交点为圆心，用长10、宽2～3厘米的扁圆形河卵石呈圆形铺砌，构成"四十八钩"卵石拼花图案。台地内侧堡坎局部可见，以大小不一的砂石块砌构，石缝间以石灰浆填充，石灰抹面，残高1.3米。堡坎由于长年失修，多有松动，部分石块外鼓或垮塌，石缝间长有杂草及小灌木（图二四二）。

（2）二级台地：位于紫金山西南坡M11、M13-M16、M17前，距主体道路斜长36.3米。该级台地上共发掘三处卵石路面，分别位于M11拜台左下角1处、M13-M16拜台正前方2处，M11拜台左下角的卵石路面残长1.7、宽1.07米，M13-M16拜台正前方卵石路面其一长约7.3、宽1.44米，另一处长约1.47、宽0.9米。拼花为菱形图案，以长8～14、宽3厘米左右的河卵石竖铺出边长为1米的等边菱形，拼花纹饰为菱形图案，菱形图案做法同M13-M16拜台正前卵石路面（图二四三）。

二级台地距一级台地垂直高度为1.4米，形成台地的原因从墓地情况分析，应为现代生产开垦的农田。

2. 使用材料及做法

材料：砂石块、河卵石、青砖、灰土、三合泥黏合物。

具体做法：两级台地上的卵石路面，先素土夯实，以5～8厘米厚的灰土铺垫，在此上铺卵石图案，中间施以掺有石灰颗粒的灰土。

堡坎采用大小不一的砂石块垒砌，在其外侧以石灰抹面。

图二四二　一级台地卵石铺装　　　　　　　　图二四三　二级台地卵石铺装

第六节　中心遗址区内其他遗迹保存现状、形制特点及病害分析

中心遗址区其他遗迹主要包括：右街、纸棚街、河街、左街、L2、北门上、G30、堂坊包区、小德政碑区等，现部分介绍如下。

一、右　街

右街整体依地势而建，由于长期踩踏而又疏于修葺，加之现代建筑基础或耕地叠压路面等，损毁严重。现保存了四段阶梯和一处平台，为当前老司城村民进出的主要通道。

1. 阶梯

第一段阶梯：正街与平台之间可见两处阶梯，两处阶梯之间有一个边长6.2米的等腰三角形平地，平地可见排水沟及沟壁。南侧阶梯残存13级踏步及一小型平台，考古推测其为最早使用的入城踏步，直抵正街，因后期建设房屋和门楼需要，将此卵石阶梯废弃掩埋，改道从北侧修建阶梯入生活区，所以保存较好，并较北侧阶梯地势略低。阶梯两侧垂带墙采用直径约0.3米的河卵石浆砌，糯米石灰砂浆勾缝。垂带墙被排水沟壁叠压，或被破坏。踏步残长0.5～4.3、宽0.5、高0.16～0.18米，梯面采用长13～18、宽5～7、高10～15厘米的扁长形暗红色卵石横向嵌入三合泥中（图二四四）。

北侧阶梯连接正街与平台，由于目前作为老司城村民田间劳作的主要通道而长期暴露于地表，破坏比较严重。目前尚存下部13级踏步，其余踏步损毁，尚存踏步残长0.5～1.8米，其中

2~6级踏步部分与右侧裙带墙被现代建筑基础所叠压，叠压部分长2.7、宽3.2~3.6米，叠压面积约9.44平方米。在阶梯北侧底部可见长0.5米的垂带墙，垂带墙宽0.6、高出梯面0.15米，垂带墙采用长8~12、宽2~4厘米的扁长形暗红色河卵石铺砌。南侧垂带墙全毁。残存梯面采用长13~18、宽5~7、高10~15厘米的扁长形暗红色卵石横向嵌入三合泥中。

图二四四　右街南侧阶梯

图二四五　右街第二段阶梯

阶梯使用材料及做法：素土夯实，铺5~8厘米厚的灰土，阶梯两侧铺20厘米的三合泥，将河卵石压入泥中，两侧裙带墙做好后，在内侧铺6~10厘米的三合泥，在其上铺砌河卵石而成梯面。

第二段阶梯：位于现已探明的门楼基址右侧。衔接平台和门楼基址所在地面。尚存3级卵石踏步和7级红砂岩踏步，卵石踏步右侧有红砂岩块竖砌护梯，目前仅残存一块，位于第一级阶梯右侧，红砂岩块残长0.43、宽0.23、高0.4米。卵石踏步残长0.5~3.8、宽0.45、高0.18米，使用材料及做法同第一段阶梯。红砂岩阶梯采用长1~1.2、宽0.6、高0.1米的红砂岩板平铺于垫层上（图二四五）。

第三段阶梯：由门楼基址所在平台进入宫墙内，20世纪60~70年代开垦农田和农耕劳作等人为破坏，再加之西门入口处地势较为陡峭，受雨水的冲淋，宫墙垮塌，阶梯损毁，仅存踏步基础（图二四六）。

2. 平台

离正街垂直高度4.3米，衔接第一段阶梯和第二段阶梯。平台又分为两个小平台，右侧平台通过一级踏步与左侧平台相连，踏步残宽0.6、高0.15米。整个平台采用长13~18、宽5~7、高10~15厘米的扁长形暗红色卵石竖砌

图二四六　右街第三段阶梯

铺就。右侧平台残长8.5、宽0.7～3米，左侧平台残长1.4～6、宽1～5.8米。卵石路面无拼花图案。其做法为先素土夯实，铺10～12厘米厚的三合泥，再将卵石大部分压入三合泥中，上部找平（图二四七）。

3. 排水沟

位于右街第二段阶梯旁的三角形地带，排水沟相互叠压，从叠压关系来看，水沟分三期而建，由下往上分别编号为西门外-G1、西门外-G2、西门外-G3（图二四八）。

西门外-G1：早期修建的水沟，现被西门外-G2、G3叠压，有0.7米长露明在外，沟内宽0.4米，水沟直接建立在素土夯实层上，沟壁用青砖接缝垒砌，糯米灰浆勾缝，宽0.3、高0.12米。

西门外-G2：位于西门外-G1之上和西门外-G3之下，水沟断面呈倒梯形，上底宽1.4、沟底宽1.1米，沟壁用青石块、卵石浆砌，糯米灰浆填注石缝，宽0.5～0.7、残高0.9米，沟内现有大量的带瓦砾杂土堆积。断面可见沟底厚1厘米的白色石灰砂浆层。

西门外-G3：位于西门外-G2之上，直接利用西门外-G2的左侧沟壁，将西门外-G2部分填埋后在其内侧修建另一侧沟壁，沟壁用卵石、青石块垒砌，糯米灰浆填注石缝，水沟断面呈倒梯形，沟内宽0.5～0.66、沟壁残高0.55米，断面可见沟底厚1～2厘米的白色石灰砂浆层。

4. 左侧门楼台基

左侧门楼台基依地势而建，现仅存台基，台基上部建筑已全毁，西南侧台帮以青砂岩块错缝卧砌，糯米灰浆勾缝，残长8、高1.6米。青砂岩块长0.9、宽0.33、厚0.08～0.2米，台帮上部青砂岩块缺失，露出内侧的卵石、青石块浆砌的挡土墙，石缝有何首乌、蕨等植物生长，台帮下部青砂岩块上滋附青苔，红砂岩阶条石上浆砌0.4米高的卵石、青石块墙体，用作护栏。西北侧台帮紧贴右街第三段阶梯，残长3.4、高0.1～1.8米，用红砂岩块砌筑，红砂岩块长0.9、宽0.33、厚0.08～0.2米，台帮上尚存少量红砂条石，露出内侧泥土，西北侧红砂岩阶条石缺失。台面可见柱础，中部为卵石铺装，内外两侧镶嵌厚约10厘米的红砂岩块。卵石铺装先用长10～12、宽3～5厘米的扁长形暗红色卵石镶拼长方形，然后在长方形内用青砖勾出菱形图案，再以长6～9、宽2～3厘米的扁长形暗红色河卵石填充于内，以此构成卵石拼花图案，局部卵石铺装毁坏，卵石已无，露出下层土面。内外两侧镶嵌的红砂岩板长宽大小不一，厚度约10厘米，局部红砂岩块已无，露出土面（图二四九～图二五一）。

图二四七　右街-平台

图二四八　西门外排水沟

图二四九　左侧门楼-台帮

图二五〇　左侧门楼-台面

图二五一　西门两侧红砂岩宫墙

二、纸棚街

街道

为卵石铺就的梯级道路，连接河街与左街。踏步踏面由10厘米厚素土做垫层，以长15～20、宽8～10厘米的扁形卵石横向侧铺，相互抵实。踢面以30厘米×40厘米左右的卵石横向叠砌，卵石缝隙处以素土填实（图二五二、图二五三）。

道路长25、宽2.2～3.6、斜长26米，由于破坏较为严重，踏步级数不详，两侧为后期的挡土墙。纸棚街西起河街，东至正街，街道由平台与踏步构成，其中平台长6、宽2.4米，现已被北侧垮塌挡土墙掩埋3/4。踏步保存较差，基本已成斜面，因正街雨水沿街道向下直接冲刷，纸棚街南侧的卵石踏步基本残缺，残缺面积为24.7米×0.9米，同时，在踏步的南侧出现长16、宽0.6、深0.1～0.5米的冲沟，其他部位也因冲刷的影响形成多处凹坑，后人以较大型卵石或青砖铺成踏步，多粗糙。

挡土墙为后期垒砌，以35厘米×26厘米×15厘米左右的卵石干垒，挡土墙破坏较为严重，墙体多处出现外鼓现象，部分形成坍塌（图二五四～图二五六）。

图二五二　纸棚街

图二五三　纸棚街踏步

图二五四　北侧挡土墙

图二五五　挡土墙外鼓处

图二五六　挡土墙坍塌处

三、河　街

河街HJ6段整段长122、路面宽1.5米左右，是连接右街、纸棚街、南门码头的街道，西侧邻近灵溪河，局部残存护墙，东侧有挡土墙，路面距离河滩高差平均为7.5米。

1. 卵石路面

1）建造工艺

从考古解剖探沟剖面来看，河街道路先是充分夯实路基素土，其上再铺垫层。垫层厚10～15厘米，其上以长10、厚4厘米左右的长扁形暗红色卵石横向或竖向铺砌成路面，卵石之间相互抵实，石缝以细土扫缝填实。

2）保存现状

从小西门至南门码头，考古上将河街分成五段，分别为河街A段，河街B段、河街C段、河街D段、河街E段（图二五七～图二七一）。

（1）河街A段：长7.8米，路面卵石全部缺失，露出下侧垫层土，其上长满杂草，卵石路面宽度不详。人为和自然破坏，路面出现不均匀沉降，导致河街A段高低不平。路肩受流水冲刷，保存较差。

（2）河街B段：总长28、路面宽0.5～1米，靠近北端长4.5米的卵石路面缺损。A段路面铺装凌乱，有后期多次维修的痕迹，缺损处以较大的卵石补砌，路面有较多杂草，南段长3.2米的路面卵石完全缺失，裸露排水涵洞券顶。排水涵洞顶部毁坏，塌陷面积为1.3米×0.4米，北端长4.3米路面卵石缺失。路肩受流水冲刷保存较差，17.9米长路肩完全缺失，残存路肩宽2.28米。

（3）河街C段：总长23.7、路面宽1.5米左右，卵石路面有类似中轴线的一排较大卵石，单个大小为0.25米×0.17米左右，靠近北端长4.5米的卵石路面缺损。卵石路面保存较好，仅北端卵石缺损，缺损面积为4.5米×1.6米，缺损部位与完整卵石之间有长3.4米×1.6米的凌乱卵石。本段路肩呈弧形，最宽为3.6米，最窄为0.8米，路肩下部受流水冲刷严重，崩解影响日益加深。

（4）河街D段：总长35.5、路面宽1.5米左右。卵石路面保存较好，仅河街与纸棚街衔接处卵石路面缺失5.4平方米，路面上存生杂草及散落的树叶。该段沿河一侧路肩较好，南段路肩宽为2.1、北段路肩宽4.7米，存生大量灌木，因而避免了河流对卵石路面及路肩的直接冲刷。

（5）河街E段：总长26.9、路面宽1.5米左右，卵石路面几乎全部缺失，裸露垫层，存生杂草。路面破坏严重，仅存小部分卵石铺装，分别位于E段南北两端。该段沿河一侧路肩疏松，洪水期被河水屡次冲刷，现路肩宽度为1.5米。

图二五七　A段卵石路面

图二五八　B段裸露排水涵洞券顶

图二五九　C段南段

图二六〇　C段北段

图二六一　C段卵石路面

图二六二　D段南段

图二六三　D段北段

图二六四　D段卵石路面

第二章　现状调查与病害评估

图二六五　E段南端残存卵石路面

图二六六　E段卵石路面缺失处

图二六七　A段路肩

图二六八　B段路肩

图二六九　C段路肩

图二七〇　D段路肩

图二七一　E段路肩

2. 内侧挡土墙

1）建造工艺

卵石干垒，高2.2、宽0.4米，卵石大小为35厘米×26厘米×15厘米左右。

南端为新维修的红砂岩浆砌挡土墙，长12.5、高2.1米，红砂岩长0.65、宽0.3、高0.3米；其余部分下部为土坎，上部为卵石干垒（图二七二~图二七七）。

2）保存现状

（1）A段内侧挡土墙，长7.8、高1.8、挡土墙宽0.4米，保存较好。
（2）B段内侧挡土墙，长28、高2.2、挡土墙宽0.4米，有一处垮塌。
（3）C段内侧挡土墙，长23.7、高1.6、宽0.4米，中部有两块红砂岩干垒，为后期修补。
（4）D段内侧挡土墙，长35.5、高2.2、宽0.4米，有三处垮塌。

图二七二　A段内侧挡土墙

图二七三　B段内侧挡土墙

图二七四　C段内侧挡土墙

图二七五　D段完整内侧挡土墙

图二七六　E段南端内侧挡土墙 　　　　　　　　图二七七　E段垮塌内侧挡土墙

（5）E段内侧挡土墙，南端为新维修的红砂岩浆砌挡土墙，长12.5米，挡土墙宽0.4、高2.1米，红砂岩长0.65、宽0.3、高0.3米，其余部分下部为土坎，上部为卵石干垒，长14.4、宽0.4、高2.5米。

3. 外侧挡土墙

1）建造工艺

河街靠近灵溪河一侧部分残存外侧挡土墙，砌筑方式为两侧以较大卵石浆砌，内芯以碎石和素土填实（图二七八~图二八〇）。

2）保存现状

（1）A段、B段和E段外侧见有挡土墙。

（2）C段外侧挡土墙，挡土墙残存长15.2、宽0.9、高0.1~0.6米。

（3）D段外侧挡土墙，南段遗存长11.2、宽0.8、高0.3米，北段遗存长10.5、宽0.7、高0.5米。

图二七八　C段外侧残存挡土墙 　　　　　图二七九　D段垮塌挡土墙 　　　　　图二八〇　D段挡土墙

四、L2

L2位于东部城墙外侧,以卵石铺装路面与卵石铺装踏步构成。

1. 路面

1）建造工艺

（1）卵石铺装路面：考古解剖探沟剖面表明，L2卵石铺装路面经充分夯实路基素土后，其上再铺垫层，垫层厚10~15厘米，垫层土采用亚黏土混合少量石灰拌制而成；经取样检测分析，素土：石灰的混合比为7∶3；垫层上再以长0.1~0.15、宽0.2~0.5、厚0.05~0.08米的长扁形暗红色卵石横向或竖向侧铺成路面，卵石之间相互抵实，石缝以细土扫缝填实（图二八一~图二八八）。

卵石铺装有横向侧铺与纵向侧铺两种，局部以菱形图案铺装。

（2）卵石铺装踏步：踏面铺装建造工艺与卵石路面铺装相同，踢面则以卵石横向叠砌。

图二八一　南段卵石踏步　　　　　　图二八二　南段卵石路面

图二八三　中段卵石路面　　　　　　图二八四　中段卵石菱形图案

图二八五　中部积水破坏

图二八六　植被破坏

图二八七　北段卵石路面

图二八八　北段卵石残缺区域

2）保存现状

南段：卵石铺装残存约29.47平方米，残缺面积为9.72平方米（包括卵石铺装路面与卵石铺装踏步）；踏步残存6级，宽1.65~2.65、深0.38~0.5、高0.12~0.18米。有4级踏步由于地基沉降，造成塌陷，卵石已无，垮塌0.1~0.5米深。卵石铺装路面局部卵石铺装损毁，卵石已无，露出素土垫层，损毁区域长2.6、宽1.1米，损毁面积2.86平方米。南段路面有一定程度的植被破坏。

中段：卵石铺装全长30.86、宽1.11~3.66米。低于原始路面0.45米，卵石铺装全无，风化较严重；部分路面卵石已无，露出下部垫层，由于地基沉降，低洼处积水无法排出，对西侧堡坎的保护也造成很大的影响。

北段：卵石铺装面积残存约77.68平方米，残缺面积23.97平方米。残存卵石路面由于地基沉降，塌陷严重；残缺部分集中在末端区域，大部分卵石铺装损毁，垫层坑洼不平，杂草丛生；损毁区域长6.83、宽3.26~4.03米，损毁面积23.97平方米。

2. 东侧挡土墙

L2东侧挡土墙残长77.57、残高0.25~1.87米。以素土堆筑，里面夹杂卵石、角砾岩等，无石灰抹面。

L2现存挡土墙依东侧山体而建，墙体杂草丛生，由于为素土堆筑，多处可见垮塌（图二八九~图二九二）。

图二八九　L2东侧中段挡土墙

图二九〇　L2东侧中段挡土墙

图二九一　L2东侧北段挡土墙

图二九二　L2东侧南段挡土墙

五、北 门 上

1. 路面与踏步

1）建造工艺

北门上卵石铺装由卵石铺装路面与卵石铺装踏步构成（图二九三~图二九八）。

（1）卵石铺装路面：考古解剖探沟剖面表明，北门上卵石铺装路面为素土夯实后，再在其上铺厚10~15厘米的垫层。垫层土采用亚黏土混合少量石灰拌制而成。经取样检测分析，素土∶石灰的混合比例约为7∶3。垫层上再以长0.1~0.15、宽0.2~0.5、厚0.5~0.8米的长扁形暗红色卵石横向或竖向侧铺成路面，卵石之间相互抵实，石缝以细土扫缝填实。卵石铺装由南向北依次编号如下。

路面①：残长3.4~4.26、宽1.97~2.14米，残存面积7.75平方米。竖向铺砌，塌陷、破损情况严重。

路面②：残长1.47~4.08、宽4.51米，残存面积9.94平方米。横向铺砌，残缺处卵石已全无，露出素土垫层。

路面③：残长1.88~3.5、宽1.34~2.3米，残存面积4.46平方米。竖向铺砌，铺就卵石大小均匀，中部被东西向的水沟打破；残缺处露素土垫层。

路面④：残长1.27~2.62、宽3.09~4.43米，残存面积9.78平方米。横向铺砌；铺就卵石大小均匀，残缺处露素土垫层。

路面⑤：残长1.34~2.87、宽1.36、高1.49米，残存面积3.77平方米。横向铺砌，铺就卵石大小均匀，东南面少部分竖向铺砌，残缺处露素土垫层；残长0.38、宽1.12米，面积为0.43平方米。

路面⑥：残长1~1.98、宽1.36~1.49米，残存面积2.41平方米。其存在两种铺装形式：西侧为边长1.63米的正方形卵石铺装，边缘以0.35厘米×0.06厘米×0.06厘米的长条形青砖铺装，残存面积0.82平方米；东侧为竖向铺装，残存面积1.59平方米。

（2）卵石铺装踏步：踏面铺装建造工艺与卵石铺装路面相同，踢面以卵石横向叠砌。

台阶Ⅰ：南北向，踏步现存4级，各踏步高0.12~0.15、宽0.17~0.54米，长依次为3.22、2.5、2.22、1.2米。横向铺砌，铺就卵石大小均匀；残缺处露素土垫层。

台阶Ⅱ：东西向，踏步现存3级，各踏步高0.19~0.23、宽0.36~0.4米，长依次为4.02、4.07、3.97米。卵石路面横向铺砌，铺就卵石大小均匀；残缺处露素土垫层。

台阶Ⅲ：东西向，踏步现存3级，高0.12~0.24、宽0.21~0.8米，长依次为1.12、1.12、1.37米。卵石横向铺砌，铺就卵石大小均匀；残缺处露素土垫层。

图二九三　北门上全景　　　　　　　　图二九四　卵石铺装路面①

图二九五　卵石铺装路面②　　　　　　图二九六　卵石铺装台阶Ⅰ

图二九七　卵石铺装台阶Ⅱ　　　　　　图二九八　卵石铺装台阶Ⅲ

2）保存现状

（1）卵石铺装路面：面积约为52.24平方米，包括第①~⑥的卵石铺装面；

（2）卵石铺装踏步：北门上共3处台阶踏步，残存体量不一。

2. 水沟

水沟由卵石铺砌，无石灰抹面。

呈东西走向，水沟断面呈倒梯形，上底宽0.19、沟底宽0.17米，残长3.45、宽0.23米。北门上卵石铺装路面③中部有一水沟，呈东西走向，沟底和沟壁均用卵石砌筑，两端沟壁和沟底损毁，卵石已无，露出土面。水沟断面呈倒梯形，上底宽0.19、沟底宽0.17米，沟壁以卵石垒砌，糯米灰浆填注石缝，残长3.45、宽0.23米，沟内现有大量的带瓦砾杂土堆积（图二九九）。

图二九九　水沟

六、G30

G30位于生活区西部，明沟，现存两侧沟壁和沟底多损毁破坏，遗存分为a、b、c、d四段，a段紧邻正街，沟长6米；b段位于a段的下一级堡坎平面，c段全毁，长3.2米；d段向西延穿过河街HJ6段汇入灵溪河，长17.9米，形似喇叭状，上端小，逐步向河道增宽，局部沟底极深。沟体残损严重，从两侧沟壁遗存现状来看，原已多番修葺，后人用大小不一的不同石块干垒，土壤溢满石缝，做法极为粗糙，局部向沟中心鼓突。

1. G30a段

G30a段沟长6、沟壁宽0.3~0.4米，北侧沟壁残存高1.85、南侧沟壁残存高1.6米。沟底呈U字形，宽1米，沟底至残存沟壁最高处为2.2米（图三〇〇）。

1）建造工艺

（1）沟壁：沟壁较为结实，直接在素土层上砌筑，以石灰岩或卵石浆砌沟壁，石块大小为15厘米×15厘米×30厘米左右，石灰浆勾缝，内侧做抹面。

（2）沟底：沟底人工凿取呈U字形，上宽下窄，宽1米，沟底直接利用土质地面夯实后排水。连接a、b两端的部位，为防止水流对土质沟底面的冲刷，铺装有一排卵石。

2）保存现状

（1）考古发掘后用薄膜覆盖，生长大量杂草。

（2）沟壁（图三〇一~图三〇三），分南北两侧。

南侧沟壁：较北侧沟壁矮0.25米，沟壁靠近G30b段缺损垮塌，长1.4、高0.7米。抹面酥粉，脱落严重，仅底部0.5米的区域保存抹面，其他部位完全脱落。距沟底0.8米以上的残存沟壁石块松动，石缝内石灰浆脱落，长6、高0.8米，在0.8米位置有明显的裂缝。

北侧沟壁：北侧沟壁保存较为完整，仅上部0.5米高度范围内的抹面缺失脱落，西端靠近G30b段处，有长1.5、高1.85米范围的石块较乱，且松动，出现外鼓，为后期补砌。

（3）沟底，底为土质地面，较为疏松，如若需恢复其排水功能，则需夯实加固。

沟底靠近G30b段残存一行卵石，因连接a、b两端有1.2米的落差，为防止水流对土质沟底面的冲刷而砌。

2. G30b段

G30b段沟长5.8、宽0.25~0.35米，北侧沟壁残高0.8~1.7米，南侧沟壁残高0.5~1.4米。沟底与G30a段沟落差1.2米，沟底为土质地面（图三〇四）。

1）建造工艺

（1）沟壁：以石灰岩或卵石浆砌沟壁，石灰浆勾缝，内侧未见抹面，沟壁下部石块较上部石块大，大石块多为50厘米×20厘米×20厘米左右，小石块多为20厘米×15厘米×20厘米左右。

（2）沟底：宽0.55~1.5米，沟底直接利用土质地面，夯实后排水。沟底与G30a段落差衔接处，左右两侧靠近沟壁转角处各有一个木桩。

2）保存现状

（1）沟壁。

南侧沟壁：沟壁垮塌严重，同时存在着外鼓与倾斜，有后期补砌行为，补砌的石块直接干垒。接近G30c段的长0.9米沟壁完全缺失（图三〇五）。

图三〇〇　G30a段全景图

图三〇一　G30a段沟底与沟壁

图三〇二　G30a段沟壁顶部

图三〇三　G30a段南侧沟壁

图三〇四　G30b段全景图

图三〇五　G30b段南侧沟壁

北侧沟壁：长1.7、高1.7米的区域较为完整，石缝灰浆脱落，缝隙内多植被根系，靠近G30c段长1.5米的沟壁出现外鼓。

（2）沟底。

为土质地面，局部沟底被上层垮塌的沟壁卵石所掩埋。沟底与G30a段落差衔接处的北侧残存一个木桩（图三〇六）。

3. G30c段

沟壁和沟底全毁，长3.5米（图三〇七）。

图三〇六　连接处北侧沟壁转角处木桩

图三〇七　G30c段全景图

4. G30d段

沟长17.9、高0.25~4.2、厚0.2~0.38米。从残存遗迹的用材和做工来看，应含有早晚两期沟壁墙体。部分沟底经考古发掘至原始底面，但局部因沟内淤土对两侧鼓突沟壁起支撑保护作用，未清至原始沟底，此部分淤土需在对两侧实施保护工程后，确保其不垮塌再清除。

1）建造工艺

（1）早期沟壁用卵石和不规则形石灰岩块浆砌，灰浆勾缝并抹面（图三〇八）。沟壁墙体受人为和自然因素的影响，部分垮塌、缺损。后人直接以卵石、不规则形石块干垒，未勾缝与抹面，做法极为粗糙。

（2）沟底直接利用土质地面或凿平基岩。

2）保存现状

（1）G30d段南侧沟壁现存两小段不连续的早期沟壁墙体，由东向西，长×高×厚分别为

5米×2.4米×0.35米、4.1米×2.4米×0.35米，墙体直立，但由于长期掩埋地下，受地下水的侵蚀影响，勾缝和抹面灰浆酥碱粉化、脱落，导致石块松动；残存的抹面呈土黄色，极易粉化脱落（图三○九）。

（2）G30d段北侧沟壁现存小段早期沟壁墙体，长2.4、高2.1、厚0.35米。

（3）后期干垒沟壁墙体直接建于杂乱堆积上，石缝大多被泥土填充，长满杂草，局部墙体由于后侧土体挤压，已向沟中心严重鼓突（图三一○）。

（4）两侧沟壁墙体顶部损毁缺失，露出后侧土体。

（5）部分沟底已考古发掘至原始底面，但未清至原始沟底，此部分淤土需在对两侧实施保护工程后，确保其不垮塌再清除（图三一一）。

（6）因G30d段穿过河街，与河街相交处用青砖砌筑有一券行拱桥，随着河街的损毁，拱桥外侧部分垮塌损毁（图三一二）。

图三○八　G30d段早期沟壁墙体现状

图三○九　G30d段早期沟壁墙体抹面

图三一○　后期干垒沟壁墙体现状

图三一一　沟内未完全清除的淤土

图三一二 青砖券拱外侧垮塌损毁

七、堂坊包区

堂坊包位于生活区外侧西北角台地上，遗存面积716平方米，2013年3～6月发掘揭露；包括两栋房屋（F29、F30）、多条道路、挡土墙、多条排水沟以及多处平台遗迹等。从目前考古揭露状况来看，遗迹保存较差，损毁较严重。现存状况评估，F29、F30整体保存状况较差。

1. F29东南面平台

1）卵石铺装

卵石铺装路面先充分夯实路基素土，其上再铺垫层，厚10～15厘米，垫层土采用亚黏土混合少量石灰拌制而成，垫层上再以长0.1～0.15、宽0.2～0.5、厚0.5～0.8厘米的长扁形暗红色卵石横向或竖向侧铺成路面，卵石之间相互抵实，石缝以细土扫缝填实。卵石铺装样式有变化，有横向侧铺与纵向侧铺，局部有菱形图案。卵石铺装由南至北依次编号如下。

卵石铺装①：残长8.7、宽2.2～4.9米，残存面积25.59平方米。残缺共有5处：残存面积分别为0.37、0.18、0.17、0.09、0.4平方米，卵石全无，露出垫层。卵石路面虽无拼花图案，但铺砌较为讲究，有明显的中轴线，用0.4米×0.2米的河卵石镶拼成L形中轴线，四周用大小均匀的河卵石铺砌，宽约0.2、残长5.88米；卵石面的东南边缘用0.45米×0.22米的河卵石收边，残长三段，为1.05、0.84、0.67米，宽0.27；卵石面的西南边缘用0.42米×0.2米的河卵石收边，残长1.58、宽0.25米（图三一三）。

卵石铺装②：卵石铺装平台残长1.66～3.43、宽1.38～2.94米，残存面积7.34平方米；残缺共有3处，分别为1.48、0.54、0.24平方米。残存显露菱形拼花图案，卵石缺损处露垫层。

卵石铺装③：高于卵石铺装②平台0.3米，西南面平台残长3.86、宽0.22～1.15米，残存面积2.82平方米，卵石路面无拼花图案，卵石大小不一，横竖随意铺砌。残缺长1.6、宽0.9米，面积为0.88平方米，残缺处卵石已全无，露出垫层（图三一四）。

卵石铺装④：高于卵石铺装③平台0.3米，残长5.7、宽0.24～1.5米，残存面积3.61平方米。残缺共有2处，面积分别为1.48、0.54平方米。残存卵石路面无拼花图案，卵石大小不一，横竖随意铺砌，残缺处卵石已全无，出露垫层。

图三一三　卵石铺装①　　　　　　　　　　图三一四　卵石铺装②

2）青砖铺装

青砖铺装先是夯实路基素土，其上再铺垫层，厚10~15厘米，再以340厘米×340厘米×5厘米的青砖平铺成表面。长期雨水的冲刷、侵蚀，以及植物根系的扰动，方砖平台完全被泥土覆盖，东南面青石板铺装平台残长1.4~0.66、宽2.79米，残存面积5.83平方米。大部分方砖碎裂，表面滋附青苔，局部方砖已无，出露素土垫层，残存方砖共46块，其中东南角有5块方砖碎裂（图三一五）。

3）排水沟

呈东西走向，水沟断面呈倒梯形，开口宽0.64、沟底宽0.5米，沟壁以卵石叠砌，并以糯米灰浆勾缝，沟底平铺卵石。两端沟壁和沟底损毁，卵石已无，出露土面，沟内现有大量的带瓦砾杂土堆积（图三一六）。

4）土质地面

土质地面部分为素土层直接夯实。堂坊包现存土质地面46.2平方米，包括4.86平方米的灰坑。地面由于雨水冲刷，坑洼不平，表面滋附青苔，生长大量杂草（图三一七）。

5）挡土墙

挡土墙为后期垒砌，主要以35厘米×26厘米×15厘米左右的卵石干垒，部分地方以30厘米×18厘米×20厘米左右的岩石垒砌，石块之间相互抵实以减小缝隙。其中也有红砂岩和残损青砖等，可见经过了多次维修。此平台原始挡土墙多损毁，现存卵石干垒挡土墙三段：西侧残长2.28、中部残长2、东侧残长3.2米；挡土墙部分卵石垮塌，石缝间杂草丛生（图三一八）。

图三一五　青砖铺装　　　　　　　　　　　　图三一六　排水沟

图三一七　土质地面　　　　　　　　　　　　图三一八　挡土墙

2. F29

1）房屋基础

从考古解剖探沟剖面来看，F29基础是在原始基岩上凿平加工而成，基岩外为红褐色土层，房屋面阔12.56、进深8.26～12.66米。位于生活区西北角，地势开阔，房基表面较为平整，部分是基岩经过人工开凿加工而成，基岩外为红褐色土层；房屋基址长15.97、进深8.26～12.66米；部分基岩风化严重，土质地面由于雨水冲刷，塌陷严重；植物根系破坏严重（图三一九～图三二一）。

2）墙基

西南面原始墙基以卵石、角砾岩等垒砌，桐油糯米砂浆填注石缝和抹面；东南面墙基北段以卵石、红砂岩、角砾岩、青砖等垒砌，石缝填注三合泥，未见抹面；东南面墙基南段主要由方形山岩构成，厚约80厘米，以大型卵石和少量砖块构成，长5米，用卵石、角砾岩、三合泥等砌筑内外两壁，内芯填充带瓦砾等的杂土，外壁可见抹面，南段北端厚度约为30厘米。

（1）东南面墙基：北段与F29挡土墙底部相接，呈直角；房基残长约11.1、残高1.3米，墙体东端垮塌严重；南段主要由方形山岩构成，厚0.8、长6.1米，南段北端厚度约为30厘米，主要由大型卵石构成，其中发现有少量砖块，长5米；堡坎底部的砂浆基础由于受雨水侵蚀，已风化酥碱，部分形成空洞（图三二二）。

（2）西南面墙基：西南面墙基现存两段：东段墙基残长7.38、残高0.5～1.7米，主要由大型卵石、石灰岩和部分基岩垒砌而成，墙基底部0.7米高处有抹面有勾缝，工艺较讲究，后期的上部堆积疑为现代干垒，石缝间杂草横生；西段墙基保存较为完整，残长8.5、残高1.9、厚0.4米，其中底部为1.2米高的基岩，石墙建于基岩之上，基岩经过人工开凿，表面竖直平整，上部为石灰石和卵石砌筑，部分有抹面有勾缝，石缝间杂草丛生，植物根系破坏严重（图三二三、图三二四）。

图三一九　房屋基础全景

图三二〇　房屋基础基岩局部

图三二一　植物根系破坏房屋基础

图三二二　东南面墙基

图三二三　西南面墙基中段

图三二四　西南面墙基西段

3）挡土墙

主要由大卵石浆砌而成，桐油糯米灰浆勾缝和抹面。F29东北面的挡土墙保存较好，挡土墙呈东西走向，残长22.25、残高0.75~1.7、残宽0.35~0.73米（图三二五）：

图三二五　挡土墙全景

（1）山体滑坡、开垦荒地等原因导致挡土墙西部垮塌，西部垮塌长1.6、高2.1、厚0.6米，垮塌土石方2.2立方米。

（2）挡土墙顶部有现代堆积，堆积高0.6米，堆积物主要有卵石、青砖、角砾岩干垒，石缝有杂草丛生，堆积主要作为内侧耕地田埂。

（3）挡土墙东端底部残存用红砂岩一顺一丁砌筑的转角，转而向北延伸，连接现代卵石堡坎。

（4）挡土墙抹面由于青苔滋附生长，使得墙体抹面呈褐色；挡土墙抹面局部风化，因雨水、苔藓影响等形成空鼓、变色；挡土墙石缝有何首乌、蕨等植物生长，需及时清理，以免对堡坎造成进一步的损害，需清理的树根直径为14厘米（图三二六～图三二八）。

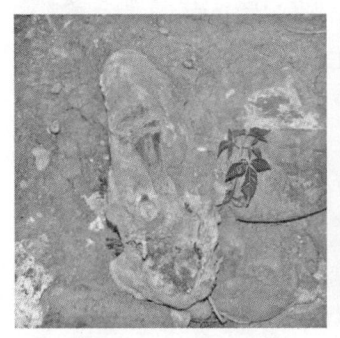

图三二六　植被破坏　　　　　图三二七　植被破坏　　　　　图三二八　植被破坏

4）排水沟

水沟呈东西走向，在基岩上直接凿取而成，沟壁以卵石干垒，沟底先是充分夯实路基素土，其上再铺垫层，垫层厚10～15厘米，肉眼观察垫层剖面，局部可见白色的石灰粒，由此判断垫层土采用亚黏土混合少量石灰拌制而成；经取样检测分析，素土：石灰的混合比例大致为7：3；垫层上再以长0.1～0.15、宽0.2～0.5、厚0.5～0.8米的长扁形暗红色卵石横向或竖向侧铺成路面，卵石之间相互抵实，石缝以细土扫缝填实。

G32保存较完整，呈南北走向；残长31.84、残宽0.4～0.65、沟内壁高0.4米；沟末端靠近东南侧墙基部分沟底铺筑青砖，青砖残存段长4.78米，青砖表面黏附大量石灰浆，沟基岩部分内现有大量的带瓦砾杂土堆积，两端沟壁和沟底损毁，卵石已无，出露基岩（图三二九、图三三〇）。

G33保存较完整，呈南北走向。残长31.84、残宽0.4～0.65、沟内壁高0.4米（图三三一）。

5）L11～L12

L11～L12均由基岩凿取而成，表面有掺杂河卵石和角砾岩，无卵石铺砌，未见石灰抹面（图三三二）。

由石灰石基岩开凿而成，向下延伸至灵溪河边，该处断崖险要，L11属于断崖基岩路面，L12属于基岩台阶，路面陡峭，呈西南—东北走向；L11悬崖路面残宽1～2.7米，方向55°，路

图三二九　G32 　　　　图三三〇　G32 　　　　图三三一　G33

图三三二　L11 　　　　图三三三　L12 　　　　图三三四　L12

面陡峭，坡度27°；其间发现两柱洞，相距1.6米，柱洞长约0.15、宽0.25米；L12基岩台阶现存7级，于基岩上直接凿筑而成，踏步长1.07~1.57、宽0.32~0.4、高0.22~0.38米（图三三三、图三三四）。

6）L15

L15卵石路面选用大小较均匀的长10~15、宽3~5、厚5~8厘米的长扁形暗红色卵石横向或竖向侧铺成路面，卵石之间相互抵实，嵌入垫层中，石缝再以细土扫缝填实（图三三五、图三三六）。

L15台阶先将选定道路基址修整成踏步形状，并人工夯实，在其上铺10~15厘米厚的三合土垫层，夯实并找平，再在垫层上铺砌卵石踏步踢面和踏面。踏面用大小较均匀的长10~15、宽3~5、厚5~8厘米的长扁形暗红色卵石横向错缝侧铺嵌入垫层中，踢面用三排青砖侧向叠砌，砖缝再以细土扫缝填实。L15现存卵石路面1处和卵石台阶1处（图三三七）。

L15卵石路面与F29西南面墙基相连接，被墙基打破；现存卵石铺装残长6.8~7.1、残宽1.2~2.7米，整体保存较好，靠近F29西南面墙基卵石相对比较小，大小均匀，卵石路面有长0.5、宽0.4米的残缺；部分卵石由于地基沉降，塌陷严重。西侧连同铺作中轴线的大卵石一起损毁缺失，出露下部素土，且低于卵石路面0.2~0.3米。

图三三五　L15　　　　　　　　　　　　　图三三六　L15卵石路面

图三三七　L15台阶　　　　　　　　　　　图三三八　卵石台阶

卵石台阶呈东西走向，现仅残存1级，残宽0.9米，铺筑较为讲究，踏面由三层青砖叠砌而成，踢面平铺大小均匀的卵石；其余台阶卵石面和青砖基本损毁，出露素土垫层，踏步由于地基沉降，垮塌严重（图三三八）。

7）其他遗迹

（1）F29外平台分两级，均依附基岩开凿而成。一级平台长14.04、宽2.23～3.72米，平台北段残存部分为卵石路面，残长1.28、残宽0.39米。平台中部遗存一石槽，槽体三面裸露于外，与基岩墙基连为一体，石槽斜壁平底，长2.9、宽1、高0.7、内长2.35、内宽0.6、内高0.26米。石槽表面竖直平整，边缘部分风化严重（图三三九～图三四一）。

（2）柱础①：位于F29房屋基础人工开凿的石灰石基岩石坑内，灰色砂岩柱础，宽32、高6厘米，柱础高度与基岩面齐平；柱础风化裂隙严重，部分残损缺失（图三四二）。

柱础②：位于F29外平台石槽南侧，灰色砂岩柱础，长宽均30、高5厘米。柱础风化裂隙严重，边角部分残损缺失（图三四三）。

柱础③：位于F29外平台石槽北侧，灰色砂岩柱础，残长15、宽12厘米。柱础风化断裂，残缺3/4（图三四四）。

图三三九　F29外平台

图三四〇　卵石路面

图三四一　石槽

图三四二　柱础①

图三四三　柱础②

图三四四　柱础③

（3）柱洞：平面呈圆形，填土为深灰色，各柱洞详述如下（图三四五～图三四八）。

D1：口径15、深5厘米，斜壁圆底。

D2：口径13、深5厘米，斜壁圆底。

D3：口径20、深16厘米，斜壁圆底。

D4：口径28、深5厘米，斜壁圆底。

D5：口径18、深10厘米，斜壁圆底。

D6：口径25、深10厘米，斜壁斜底。

D7：口径28、深10厘米，斜壁圆底。

图三四五　被植被破坏的柱洞　　　　　　　　图三四六　被植被破坏的柱洞

图三四七　植被破坏　　　　　　　　　　　　图三四八　植被破坏

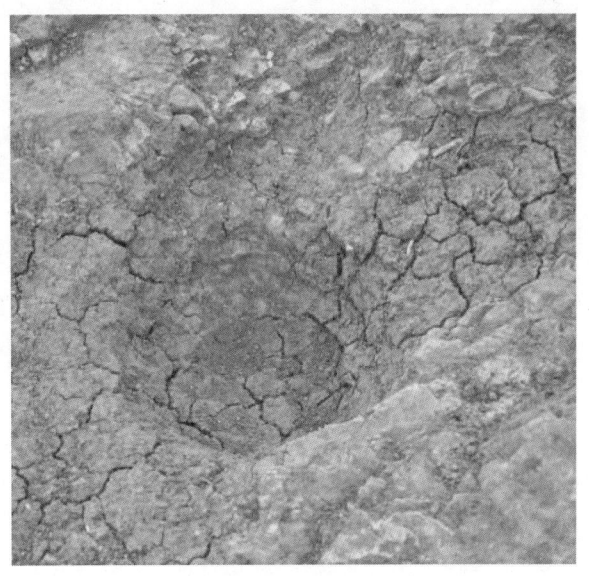

3. F30及其他遗迹

1）房屋基础

考古解剖探沟的结果表明，房屋基础充分夯实路基素土后，其上再铺垫层，垫层厚10～15厘米，垫层上以长0.1～0.15、宽0.2～0.5、厚0.5～0.8米的长扁形暗红色卵石横向或竖向侧铺，卵石之间相互抵实，石缝以细土扫缝填实，卵石残缺严重。北侧基础依附部分基岩直接开凿而成。F30利用天然基岩依势凿平，浅铺一层素土，长6.98、宽6.62米，总面积46.23平方米。现残存南面部分墙基，残长6.39、残宽0.79、残高0.3～0.5米。由卵石、石灰石双面浆砌而成，石灰抹面，墙体部分卵石缺损，抹面粉化脱落（图三四九）。

2）排水沟

排水沟呈东西走向，在基岩上直接凿取而成，沟底卵石铺砌，无石灰抹面。排水沟呈东西走向，残长4.3米，沟底竖向平铺两排青砖，共残存14块，青砖规格15.5厘米×31厘米×5厘米。沟壁由基岩开凿而成，表面竖直平整（图三五〇）。

3）其他遗迹

水池在基岩上直接凿取而成。水池位于L12东南侧，开凿于基岩中，呈长方形，开凿面较为规整。长2、宽1.4、深0.48米（图三五一）。

图三四九　房屋基础 　　　　图三五〇　排水沟 　　　　图三五一　水池

第七节　祖师殿区遗迹保存现状、形制特点及病害分析

祖师殿包括古建筑和建筑遗存，以下论述不涉及古建筑，只针对建筑遗存。

祖师殿前端的原有建筑遗存逐级排列，主要包括前庭、山门、庭院、道路、排水沟等（图三五二）。

一、前　庭

前庭为一平台，位于山门前，长18.2、宽7.6米，由挡土墙、护坡、踏步、卵石平台构成，通过L1与山门连接。前挡土墙残高1.5米，前端以长扁形卵石纵向竖砌铺成斜状护坡，用以加固挡土墙基础。挡土墙分为前后两期，后期挡土墙在前期垮塌后重新砌垒（图三五三）。

1. 建造工艺

前庭左侧连接进入建筑区的道路，以卵石铺装组成铜钱纹、麦穗纹、九宫格等多种花式的不同图案。铜钱纹图案以2~3排残损小青瓦侧铺出铜钱纹轮廓线，在圆形内侧用两排大小较均

图三五二　祖师殿区遗迹现状平、剖面图

匀的长7、厚2~4厘米的长扁形卵石人字形侧铺出麦穗纹，内侧通过长7~10、厚3~6厘米的长扁形卵石以同心圆方式一圈圈侧铺，直至将图案铺满。九宫格纹图案先以长8~12、宽5~6厘米的长扁形卵石横向和纵向侧铺出九宫格边框，框内再以长7~10、宽3~5厘米的长扁形卵石斜向侧铺，直至铺满，相邻宫格内的卵石铺法具有对称性。所铺卵石相互抵实并嵌入垫层中，以细土填实缝隙。

经对残存卵石铺装边缘处解剖，卵石铺装前先以素土夯实，其上铺三合土垫层，垫层厚10~15厘米，人工夯压，结构紧密。

2. 保存现状

（1）受地面沉降因素和土压力的影响，卵石表面多凹凸不平，挡土墙垮塌，损毁面积约45平方米（图三五四~图三五六）。

（2）年久失修，后人又在其上进行农耕活动，造成外侧挡土墙垮塌、土体滑坡等。农田废弃后，植树造林，主要栽种的是侧柏、松树、三角枫等深根性乔木，其根系破坏了卵石铺装。

图三五三　前庭全景

图三五四　部分卵石铺装缺失

图三五五　残存的铜钱纹图案

图三五六　九宫格卵石铺装图案

二、山　门

山门位于庭院与前庭之间，包括建筑面（编号F1）、Ⅰ~Ⅲ期挡土墙、护坡、G1、G3、踏步等。考古发掘表明，山门为三开间木结构建筑房屋。中部与L1连接。山门（含外回廊）长

19.09、进深5.44米,其上残留5个石柱础,后侧有卵石铺作的散水面、排水沟等,明间作为道路使用,次间为供奉神祇处,房屋与G3之间有外回廊,回廊以大小均匀的卵石横向侧铺,损毁严重,仅见左侧一小部分,残存面积0.83平方米。

1. 建造工艺

前端挡土墙共三层,为不同时期砌构。分为三个时期,砌筑方式有两种,或石灰浆砌或干垒,第Ⅰ期建造工艺较讲究,第Ⅱ期与第Ⅲ期工艺较为粗糙。

第Ⅰ期挡土墙:残长12.5、宽0.3、高0.15~1.2米,略呈弧形,两端转折处以弧形收尾,挡土墙以块石、石灰浆砌而成,其中石灰岩居多,无抹面,墙面平整,砌石大小为34厘米×15厘米×18厘米左右,挡土墙砌筑宽度为30厘米。其北侧有延伸,由于内侧土压力影响,北段出现垮塌,垮塌长1.2、高1.2、宽0.3米,垮塌处南侧挡土墙歪闪,长1.5、高1.2米,歪闪角度为9°。挡土墙顶部高低不平,南段残缺高0.45、长3.2米,L1与挡土墙衔接的右侧垂带墙处,挡土墙长1.5、宽0.3米,被上层柱础叠压而破损。根据南侧自然露头显示,挡土墙下无扩展基础,以原始地层为地基。

第Ⅱ期挡土墙:为加固第Ⅰ期挡土墙而垒砌,分段于L1的两侧,工艺较为粗糙,无抹面,以石灰岩、卵石、红砂岩和青砖干垒而成,垒石大多选用的是前期残损墙体的石材,并未经人工挑选,无抹面,北段残长4、宽0.6(石块宽0.3、填土宽0.3)、高0.5米,其中高度0.2米为石块干垒,挡土墙的宽度不一(0.6~0.7米),外侧以石块干垒,内侧以碎石与素土填实,北段挡土墙底层有叠压瓦砾,厚度为0.3、长1.2米,此段为独立挡土墙,L1北侧段长4.7、南侧段长4米。

第Ⅲ期挡土墙:为加固第Ⅱ期挡土墙而垒砌,同样分段于L1的两侧,工艺较为粗糙,无抹面,以石灰岩、卵石、红砂岩和青砖干垒而成,其中北段以石灰岩居多,残长4.7、宽0.5(石块宽0.3、填土宽0.2)、高0.25~0.7米,北段靠近踏步左侧垂带墙处挡土墙基础为山体基岩,基岩长1.4、高0.7米,基岩一直斜向下延伸,延伸长度为1.4米;南段以卵石与青砖居多,残长3.9、宽0.3米(内侧未见填土,直接以卵石与青砖紧挨第二道挡土墙干垒),高0.2~0.7米。其中南段以卵石与青砖居多,宽度为0.3米;北段以石灰岩居多,宽度为0.5米。外侧石坎宽0.3、内侧宽0.2米,以碎石与素土填实,垒石大多选用前期残损墙体的石材,并未经人工挑选。此道挡土墙为独立挡土墙,L1北侧段长4.7、南侧段长4米。

第Ⅰ期挡土墙受山门建筑基础回填土压力的影响,产生歪闪,导致屋面垮塌,瓦砾遍布墙基下,紧接着又在瓦砾上修建第Ⅱ期挡土墙,与此同时在瓦砾层上建护坡,同时建第Ⅱ期踏步;当第Ⅱ期挡土墙受建筑瓦砾面影响歪闪、垮塌后,瓦砾面堆积在护坡卵石面上,后因同样原因,墙体歪闪,再建第Ⅲ期挡土墙,墙基仍建在第Ⅱ期后垮塌瓦面的废墟上。

2. 保存现状

1）外侧挡土墙（图三五七、图三五八）

（1）年久失修，后又在其上开田耕种和退耕还林，土体向外挤压、树木根系的根劈作用等，挡土墙向外垮塌损毁，残高0.1~0.4米。

（2）随着内侧挡土墙向外垮塌，外侧卵石护坡也随之向外倾斜，局部卵石铺装被上部生长的植物根系根劈损毁，损毁面积40平方米。

2）内侧挡土墙（图三五九、图三六〇）

（1）年久失修、上部生长的植物根系的根劈作用等，三道挡土墙垮塌损毁严重，即使残存下来的，也严重向外倾斜、外鼓，石缝松动。

（2）护坡上的卵石铺装损毁缺失，出露下侧土质层；仅存少量卵石铺装；损毁面积20平方米。

图三五七　外侧挡土墙保存现状

图三五八　外侧散水护坡现状

图三五九　内侧三道挡土墙

图三六〇　护坡及挡土墙

三、庭　　院

庭院长20、宽7米，位于窄型平台与山门之间，中间以踏步分别连接窄型平台和山门，左右两侧为小型扁平卵石铺装图案的方形平台，平台两侧为卵石砌构的排水沟（G2、G3）。平台上卵石图案仅存后部残余，其他大部因造田损毁。由踏步（L2）、卵石台面、挡土墙、排水沟（G2）共同构成。

1. 建造工艺

前部挡土墙分为两个时期，早期利用自然基岩稍以铁錾凿齐而成，无基岩处以较大型卵石（长20、厚10～15厘米）垒砌，以黄色黏土填缝，显单薄，挡土墙内以黄土回填，施加人工夯筑。早期墙体大多垮塌。

早期墙体垮塌后，在其外部约0.6米处重新垒砌一道单层卵石墙体，为晚期挡土墙，墙体略收分，无填缝和墙外抹面。

1）卵石铺装平台

卵石铺装平台在主要道路中轴线的两侧各有一处，建筑形制、工艺相同。

左侧卵石平台长6.5、宽6米。为回字纹图案，其中外圈卵石铺装宽0.7米，对角线以单排卵石纵向侧铺，卵石大小为长16、厚4厘米。

2）内侧挡土墙

挡土墙为卵石与石灰岩干垒，未见抹面，石块大小为长25、宽12、厚24厘米左右。挡土墙长18、高1、宽0.3米。

3）外侧挡土墙

挡土墙为卵石与石灰岩干垒，未见抹面，石块大小为长40、宽20、厚25厘米左右。挡土墙北端长7、宽0.5、高1.8米；南端长7、宽0.5、高1.8米。

2. 保存现状

1）卵石铺装平台

两侧平台考古发掘后残存面积较小，左侧残存面积0.6平方米，右侧残存面积5.4平方米，共6平方米；残存位置均位于靠近上部挡土墙底部附近，靠近平台外侧由于下部挡土墙垮塌和后期损毁，卵石全无（图三六一～图三六三）。

图三六一　左侧卵石铺装

图三六二　右侧卵石铺装

图三六三　庭院平台

2）内侧挡土墙

（1）由于后期的破坏与地质的不稳定性，挡土墙残长7、宽0.3、高0.3～0.6米。残存基本位于挡土墙中段，受植被根茎破坏，石缝松动（图三六四）。

（2）内侧挡土墙左侧部分已完全残损，挡土墙内侧填土也已缺损，残存填土高0.3米，其他长4.2米段的填土已完全缺失（图三六五）。

图三六四　内侧挡土墙中段部分

图三六五　内侧挡土墙左侧部分

图三六六　内侧挡土墙右侧部分

（3）内侧挡土墙右侧部分已完全残损，裸露后期填土剖面层，剖面下层高0.6米土层含大量瓦砾，上层为堆垒的卵石，剖面层中部残留一树蔸，树蔸直径为12厘米（图三六六）。

3）外侧挡土墙

（1）由于后期的破坏与地质的不稳定性，外侧挡土墙仅残存挡土墙北端部分卵石，残存长6.7、宽0.5、高0.3～0.6米，受植被根茎破坏，石缝松动（图三六七）。

（2）外侧挡土墙南端部分完全残损，裸露后期填土剖面层及部分卵石石块遗迹。

图三六七　外侧挡土墙

四、道　路

祖师殿建筑区内外部道路共有四条，包括L1、L2、L3、L4。其中L1、L2为卵石踏步，是建筑群的内部道路，L2分为两段，a段连接前庭与山门两个平台，叠压于L1之下，两者共用右侧垂带墙，b段连接山门与庭院两个平台；L3为平整的卵石路面，位于建筑群最前端，是进入建筑群的主要道路，经建筑群前向左侧转折而上，再进入建筑群内。L4为窄型平台左侧踏步，连接L3与后期修建的道路。

1. 建造工艺

1）L1

位于前庭中后部，连接前庭与山门，斜长6.6、水平距离6.1、宽4.5米。分前、后二期，前期踏步卵石铺装完全损毁，仅遗存垫层与两侧的部分垂带墙。后期踏步则在前期踏步的垫层基础上铺砌。前期踏步较后期踏步宽、短，后期踏步较窄，靠近前期踏步的南侧。

前期踏步斜长4.5、水平距离4、宽4.5米，两侧有垂带墙，宽0.3米，以岩石干垒，垂带墙左右两侧底部以一块红砂岩竖砌，踏步面以红砂岩铺装，垫层呈浅黄色，里掺杂小粒白沙石，经夯实后铺装红砂岩踏步。由于后期破坏严重，踏步每级宽度不详。

后期踏步斜长6.6、水平距离6.1、宽3.7米，两侧垂带墙以卵石、岩石干垒，石材不一，垂带墙宽0.3米，左侧残长1.9、宽0.3、高0.4米，块石高0.25米，下层填土高0.15米。踏步不完整，有后期补砌行为，部分残存，左侧完全毁坏，仅残留垫层，裸露出前期踏步的第一踏面，右侧残存踏步主要集中在右侧中部，共残存11级，其中6级有完整的踏面和起步形制，残存面积为3.1平方米。踏步利用了前期踏步的垫层，垫层呈浅黄色，其内掺杂小粒白沙石。踏步以两排青砖横向错缝卧铺起步，青砖大小为29厘米×15厘米×4.5厘米，踏步面以均匀卵石横向排砌嵌入垫层，卵石大小为14厘米×4厘米×10厘米左右，错缝抵实，后以素土填补缝隙，踏面宽0.3~0.45、踢面高0.15~0.2米。

2）L2

位于山门中后部，连接山门与庭院，斜长5.2、宽4.8米，残留6级踏步，踏步表面卵石上有火烧的痕迹。

踏步分为前、后二期。后期遗存皆有一定程度的保留。第一级踏步利用山门建筑后檐的部分散水而成。前期踏步以长扁平形卵石纵向斜铺叠砌，铺法规整，垂带墙为较大型的单层卵石平铺；后期踏步铺法与前期同，但各级踏步的踏面与踢面结合部以青砖代替了卵石，整体铺作较前期凌乱。踏步已毁，部分均出露垫层及填土，在L2晚期踏步的垫层中发现的青花瓷片青料有洋蓝。

（1）L2a卵石铺装踏步：先夯实路基，再铺垫层，垫层厚10~15厘米，垫层上再以长0.1~0.15、宽0.2~0.5、厚0.5~0.8米的长扁形暗红色卵石横向或竖向侧铺成路面，卵石之间相互抵实，石缝以细土扫缝填实。

卵石铺装踏面采用横向侧铺或纵向侧铺，铺装材料有长10~16、厚3厘米的卵石，有长30、宽50、厚20厘米的红砂岩，有长14、宽29、厚4.5厘米的青砖以及少量形状不一的石灰岩。踢面则为卵石和长条青砖横向叠砌而成。

（2）L2b垂带墙南北两侧均为遗存。北侧垂带墙现存两段，一段长3.56米，由14~23厘米的卵石横向平铺；另一段长0.24、高0.22米，由长30、宽20、厚10厘米的卵石、石灰石以及少量较小型卵石垒砌而成。南侧垂带墙现存5段，长度由北向南依次为0.9、0.74、0.72、0.4、1.19米，宽度为0.12~0.25米，由长25、宽13、厚8厘米的卵石垒砌而成。

3）L3

连接老司城—王村道路与祖师殿区的道路，经由祖师殿区前端向南迁回至前庭左侧，残长24.08、宽1.57~2.94米，以较大型卵石横向平铺、纵向平铺和横向侧铺而成。道路南段，有长8.4米的卵石铺装中轴线，铺装卵石略呈方形，大小均匀。

L3卵石铺装踏面有横向平铺、纵向平铺和横向侧铺，铺装材料有扁长形卵石、红砂岩、青砖、石灰岩和大型基岩；在L3卵石铺装最南段，有长8.4米的卵石铺装中轴线，铺装卵石均略呈方形，大小均匀；中轴线在南部末端呈转角铺装，其他卵石大部分缺失，出露素土垫层。

4）L4

为窄型平台左侧踏步。L4右侧直接被主殿外平台叠压，故未进行考古发掘。L4共4级踏步，各级以扁长形卵石横向纵铺，向上延伸至卵石铺就的平台，各踏步长3.7米。

L4卵石踏步踢面全部用卵石横向错缝叠砌而成。踏面用大小较均匀的长10~15、宽3~5、厚5~8厘米的长扁形暗红色卵石横向错缝侧铺嵌入垫层中，踢面用与踏面大小和颜色相同相近的卵石横向错缝叠砌，卵石之间相互抵实，石缝再以细土扫缝填实。踏步一般高为0.19~0.23、进深0.36~0.4米。

2. 保存现状

1）L1

（1）卵石铺装残存约为9.71平方米，残缺面积为12.39平方米；踏步全长6.29米，残存9级，踏步长1.18~2.32、宽0.38~0.5、高0.24~0.42米。

（2）垂带墙南侧残存为0.36立方米，残缺体积为2.6立方米。北侧残存1.95立方米，残缺体积为1.01立方米。垂带墙局部被植被根系破坏（图三六八~图三七二）。

图三六八　L1全景

图三六九　L1卵石踏步

图三七〇　L1垂带墙南侧

图三七一　L1垂带墙北侧

图三七二　植被根系破坏垂带墙

2）L2

（1）L2a：踏步现存1级，现存青砖踏步长3.28、宽0.17、高0.06米。损毁破坏严重，铺装已无，出露素土垫层，损毁区域长6.29、宽2.36米，面积12.39平方米（图三七三、图三七四）。

垂带墙南侧大部分被L1南侧垂带墙叠压，仅存宽0.68、高0.33~0.5米的区域；北侧垂带墙则完全损毁（图三七五、图三七六）。

（2）L2b：卵石铺装踏步残存约为7.95平方米，损毁面积为19.22平方米；踏步全长5.98米，踏步长0.9~3.78、宽0.59~0.98、高0.18~0.26米（图三七七）。

图三七三　L2a北侧

图三七四　L2a南侧

图三七五　L2a垂带墙南侧

图三七六　L2a垂带墙南侧

图三七七　L2b全景

图三七八　L2b垂带墙北侧

图三七九　L2b垂带墙南侧

图三八〇　L2b局部

垂带墙北侧残长3.8、垂带墙南侧残存3.95米（图三七八~图三八〇）。

3）L3

L3卵石铺装残存面积67.74平方米，残长1.74~24.08、残宽1.57~2.94米，损毁面积31.94平方米；转角处通往前庭卵石路面基本被毁，残缺面积26.82平方米（图三八一~图三八四）。

图三八一　L3全景

图三八二　L3南段转角处

图三八三　L3北段残存

图三八四　植被根系破坏L3

4）L4

L4卵石踏步残存面积5.32平方米，残长2.51、残宽2.12米，损毁面积4.02平方米。卵石踏步上端平台残缺严重，大部分卵石全无，平台残存面积1.25平方米，残缺面积4.65平方米（图三八五、图三八六）。

图三八五　L4全景

图三八六　L4卵石踏步上部平台

五、排 水 沟

1. 建造工艺

1）G1

位于山门后侧，南北向明沟，系山门建筑后檐的排水沟，南北两端与东西走向的G2、G3相连接，排水沟残长17.3、宽0.3~0.4、深0.3~0.45米。直壁、平底，部分以卵石铺砌，部分系石匠直接在基岩上凿取宽0.8、深0.2米的基岩后作为沟底与沟壁直接利用。无基岩部分沟底以长8、宽4、厚2厘米的卵石平铺。

2）G2

（1）排水沟为东西向明沟，位于遗迹群北侧，为主要排水沟之一，在利用基岩的基础上砌筑排水沟，G1汇入G2中。

（2）上段排水沟有完整的沟壁与沟底。

北侧沟壁以均匀卵石平铺横向叠砌，卵石大小为长8~15、宽约5、厚3~9厘米，接近沟底卵石较大。有基岩处利用基岩凿平后作为沟壁。

南侧沟壁以卵石与岩石浆砌，石块相互抵实，灰浆勾缝，石块大小长16、宽10、厚6厘米左右，靠近沟底及排水沟尾端与平台挡土墙连接部位石块较大，长20、宽23、厚13厘米左右。有基岩处利用基岩凿平后作为沟壁。

沟底以均匀卵石纵向侧铺，夯实路基后，其上再铺厚10~15厘米垫层，垫层土采用亚黏土混合少量石灰拌制而成，垫层上再以大小为长8~15、宽4~7、厚3~9厘米的卵石侧铺。有基岩处利用基岩凿平后作为沟底与沟壁。

（3）中段及以下排水沟未见完整的排水沟壁与沟底，仅利用基岩直接向下排水，局部顺应流水地势进行开凿。

3）G3

（1）排水沟为东西向明沟，位于遗迹群南侧，为主要排水沟之一，在利用基岩的基础上砌筑本排水沟，G1于G3始端段汇入G3中；排水沟长8.5、沟底宽0.5、深0.8米。

（2）沟底：利用基岩进行凿平作为沟底或纵向平铺均匀卵石作为沟底，卵石大小为长10、宽9、厚3厘米左右。

（3）沟壁：利用基岩进行凿平作为沟壁或卵石横向叠砌作为沟壁，卵石大小为长10~15、宽8~10、厚4~8厘米。

2. 保存现状

（1）G1残长17.3、沟底宽0.3~0.4、深0.3~0.45米，西侧沟壁宽为0.1~0.2米，东侧沟壁直接利用散水。沟壁保存一般，残存横向叠砌卵石，沟壁长10、宽0.2米；残损长8.5、宽0.2米。沟壁土质疏松，有后期卵石叠压（图三八七~图三九五）。

图三八七　G1全景

图三八八　北段、中段沟底

图三八九　南段沟底

图三九〇　北段东侧沟壁

图三九一　中段东侧沟壁

图三九二　南段东侧沟壁

图三九三　北段西侧沟壁

图三九四　中段西侧沟壁 　　　　　　　　图三九五　南段西侧沟壁

（2）G2残存长7.2、沟底宽0.35~0.6、深0.28~1.2米，两侧沟壁宽分别为0.2米和0.3米。G2保存较为完整，考古发掘后用薄膜覆盖保护（图三九六~图四〇一）。

图三九六　G2 　　　图三九七　南侧沟壁 　　　图三九八　北侧沟壁 　　　图三九九　排水沟中下段

图四〇〇　南侧沟壁与平台挡土墙 　　　　　　图四〇一　北侧沟壁与平台挡土墙

（3）G3保存较为完整，长8.5、沟底宽0.5、深0.8米。基岩沟底面积为2.5平方米，无基岩部分沟底卵石铺装残存面积0.2平方米，残损1.55平方米。沟壁或以开凿基岩而成，或以卵石横向叠砌而成（图四〇二~图四〇六）。

图四〇二　沟底卵石铺装　　　图四〇三　G3全景　　　图四〇四　G3沟底

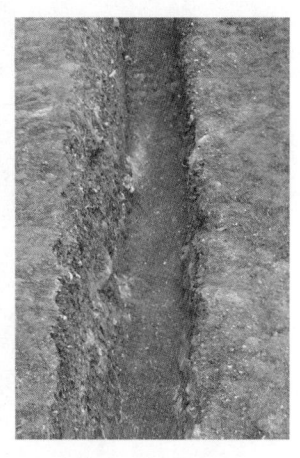

图四〇五　卵石铺就沟底　　　图四〇六　沟壁

第八节　遗址现状勘察结论

一、构建遗迹的主要建筑材料的工程特性分析

1. 青砖特性和病害因素分析

1）青砖种类

在老司城遗址发现多种建筑用青砖，颜色为青灰色，规格不一，依据形状，主要有长方形砖、方砖。依据使用特点，主要有墙砖、花砖、城墙砖等。长方形青砖最常见的有两种规格，一种为32厘米×17厘米×4厘米，另一种为32厘米×17厘米×6厘米，主要分布在卵石踏步、桥墩、券拱、沟壁、房屋墙体等区域。生活区内现代干垒挡土墙中杂有大量的青砖块。花砖在青砖基础上模印高浮雕人物、动物、花纹图案，在M17的墓室内墙体、M11的八字墙等处可见，

规格尺寸有多种。方砖的尺寸为320厘米×320厘米×5厘米，主要用于房屋地面和墓葬棺床铺装，残存分布于F10地面、南部建筑遗址群中F2地面、F13的廊道地面、凉洞顶部房屋地面、M16棺床等处。城墙砖的尺寸为43厘米×20厘米×12厘米，残存分布于生活区南门（Q1）东侧、G10西段外沟壁顶部。

2）青砖的特性

原材料为黏土，具有较强的黏性，制成砖坯后煅烧经氧化还原反应成为青砖，具有密度强、抗冻性好、不变形、不变色、透气性强、吸水性好、耐磨损等特性。

3）青砖病害因素分析

表面泛盐：现存的青砖直接铺贴于地面或墙体，空气、雨水和土壤中携带的盐离子随着毛细水进入到砖体内部或砖墙体，将可溶性盐析出至表面，待表面水分干燥后，遗留在砖体表面而形成白色痕迹或白色小晶体盐状物。这种病害在M17的花砖墙体尤为严重。

青苔及霉变：青砖吸水性较强，在湿度较高的环境下，砖体易于青苔的生长和霉菌的产生。F10地面的方砖、M16铺作棺床的方砖表现得尤为严重。

风化侵蚀：基于风、雨的作用，砖材产生自然风化或腐蚀，在砖面边缘或转角处开始呈现散状小颗粒，受热胀冷缩和干湿交替作用的影响，砖体产生风化侵蚀，主要表现在F10、F13的廊道等地面方砖上。

2. 石料特性和病害因素分析

1）石料种类

老司城的道路、平台、房屋基础、堡坎、水沟、围墙等遗迹，使用的石料基本为卵石、不规则形石灰岩块、红砂岩、青砂岩、细砂岩。扁长形暗红色卵石铺筑道路、踏步、平台；扁长形暗红色或青灰色卵石铺筑水沟沟底；较大河卵石和不规则形石灰岩块垒筑挡土墙、围墙、房屋基础等；红砂岩块用来砌筑宫墙、挡土墙、踏步、铺装等；而门楼基址西侧台帮却大量使用青砂岩砌筑；细砂岩主要使用于凉洞东侧踏步、墓葬石构件等。

2）石料特性

相对来说，石质材料质地紧密，较坚固，环境敏感性弱，耐环境腐蚀力更强（耐光照、水蚀、火烧、压/拉应力等）。老司城石料中，红砂岩、青砂岩呈粒状碎屑结构，质地较弱，易风化。

砌筑挡土墙的石块常见的主要有不规则形石块、较大椭圆形卵石、青砂岩块、红砂岩块等。不规则形石块为中细晶白云岩，主要矿物以白云石为主，亮晶结构，块状构造；较大椭圆形卵石矿物成分同铺装道路使用的扁长形卵石；青砂岩块、红砂岩块为泥晶生物屑灰岩，由方解石（含量94%）、石英（含量1%）、白云石（含量1%）及铁质物（含量4%）组成，粒状碎屑结构，质地较弱。综合分析，卵石各方面性能要优于不规则形石块，不规则形石块又要优于青、红砂岩块。

3）石料病害因素分析

虽然石料在质地上有着得天独厚的优势，但在漫长的岁月中，仍然不能避免自身材料的退化和环境影响带来的损伤。

裂缝：气候变化、温度差别使岩石内外温差、热胀冷缩不同，因此产生热应力，引起石材裂缝甚至断裂。卵石道路由于长期经受人类、牲畜的踩踏，卵石上部有少量的磨损，纵向裂隙。有些甚至从中间裂开成两块，铺装正街的卵石磨损和裂隙较为严重。

分层剥离或剥落：风化或冰冻融化循环，导致石材外表呈现薄层分离现象，甚至呈块状脱落。这种病害主要发生在凉洞东侧的细砂岩踏面、门楼基址西侧青砂岩台帮、部分踏步的红砂岩面层。

青苔发霉：空气湿度高，地下水经由毛细管作用，引起潮气上升进入石体内，为青苔、霉菌滋生提供了有利条件，其次生代谢产物、地下水携带进入石体中，可溶盐的结晶与潮解进一步对石材造成破坏，导致石质产生裂隙，如此反复。旧的裂隙不断扩大，新的裂隙不断产生，最终导致石材沿裂隙片状脱落。这种病害主要发生在门楼基址青砂岩台帮，由于病害的影响，青砂岩表面脱落形成凹洞。

风化作用：温度变化、风吹雨淋、空气中有害气体、植物次生代谢产物中的有机酸等对石材的长期破坏，导致石材结构改变、胶结物发生水化，使石质孔隙增大而变得疏松，抵御外界因素破坏的能力变差，使得石质更易风化。构建老司城遗迹的红砂岩在干湿循环作用下，由于其粒状碎屑的结构，易崩解成小碎块，极易风化。

3. 灰浆特性和病害因素分析

用于老司城建设中的灰浆主要有两种：一种是纯石灰浆；另一种是糯米棉花灰浆，多用于墙体勾缝和抹面。

1）灰浆特性

纯石灰浆：经试验分析，石灰浆可塑性和保水性较好，硬化速度慢，硬化后强度低，硬化时体积收缩大，耐水性差。

糯米棉花灰浆：有机/无机混合灰浆，实验检测其黏结性堪比现代水泥。通过对灰浆样品的分析和碘淀粉实验表明，灰浆的主要无机成分是方解石晶型的碳酸钙，是石灰形成氢氧化钙后与二氧化碳作用的产物；有机成分主要是没有降解的糯米成分。实验发现，糯米浆对碳酸钙方解石结晶体的大小和形貌有明显的调控作用，在一定浓度范围内，糯米浆浓度越大，生成的方解石结晶度越低，颗粒越小，结构也越致密；同时，糯米淀粉能够很好地黏接碳酸钙纳米颗粒并填充其微空隙，这些是糯米灰浆具有强度大、韧性好、防渗性优越等良好力学性能的微观基础。另外，受糯米浆包裹而反应不全的氢氧化钙又抑制了细菌的滋生，使糯米长期不腐。

2）灰浆病害因素分析

青苔发霉：地下水经由毛细管作用进入墙体中，造成墙体湿气上升，在湿气较重的情况下墙体即会出现青苔、发霉现象。

变色：石灰浆的本色是白色，但在长期的日晒雨淋转化为碳酸钙过程中，受泥土的浸淋、青苔霉菌及其代谢产物的影响，抹面灰浆呈现出多种颜色。老司城部分墙体抹面颜色有黑色、黄色、紫色等。

空鼓：受雨水渗透、青苔霉菌滋生、可溶盐的影响，墙体抹面出现大块剥离、脱落现象。上百年的石灰浆抹面空鼓后，已脱离墙体，极易粉碎或脱落。

生物病害：生物病害又包括植物病害、动物病害。植物病害主要指树木、杂草生长于墙体顶部或石缝灰浆之中，通过生长根劈等作用破坏墙体，导致墙体开裂甚至形成较大的裂缝；动物伤害主要指昆虫（包括蜂蚁）、鼠类等在浆砌墙体中、空鼓及其裂隙部位筑巢、繁衍、排泄分泌物污染或侵蚀墙体勾缝灰浆。

酥粉脱落：墓室直接位于地下，长期受地下水和可溶盐的影响，部分石灰浆黏结材料产生酥碱，黏结性丧失，稍受外力挤压，灰浆多呈面粉末状脱落。

二、影响破坏遗迹因素

从以上遗迹残存现状勘察分析来看，主要存在以下方面的破坏因素，并且有些破坏因素仍在继续。

1. 人为因素

（1）20世纪60~70年代全国掀起农田开垦运动，老司城遗址中心区部分遗迹或被挖除，或被覆土和碎砖瓦砾掩埋，部分挡土墙、城墙、道路仍延续使用。从目前考古发掘来看，部分遗迹掩埋深度达3米以上；延续使用的遗迹因后期农民农耕劳作（图四〇七），上部覆土太深，土体向下和向旁侧形成土压力，再加之劳作过程中的破坏以及雨水等综合影响，导致垮塌、歪闪倾斜、鼓突等。为防止村民农耕活动继续破坏残存遗迹，永顺县已于2011年将中心遗址区内农田和旱地所有权收回。

（2）老司城遗址管理处机构未正式成立和长期驻扎遗址地之前，因村民对保护文物意识的淡薄，当地居民在建房、生产生活过程中，直接挪用遗址区内的建筑材料，造成大量房屋遗迹的石质柱础缺失、位移，堡砍垮塌等。

（3）中心遗址区内部分原始道路仍承担着老司城原住民生活、劳作通行以及游客临时性参观游道使用，如部分河街、部分右街、正街等成为人们出入的主要交通道路。因没有公路，居民的日常运输基本靠骡马驮运，人与牲畜的长期踩踏使得台阶和路面铺装中的卵石塌陷、破裂等。

2. 气候因素

1）降水

老司城遗址位于亚热带山地湿润季风气候区，温暖湿润，雨水多且大，雨季长。年降雨量1476毫米，主要集中于5月和9月，这两月降雨量占全年降雨量的34.5%，大雨和暴雨也多集中在这两个月；降雪出现在1、2、3和12月，年降雪量32.3厘米，其中1月降雪量为23厘米；年最大平均相对湿度80%，年最低平均相对湿度65%，9、10、11和12月为全年湿润月，平均相对湿度在75%以上；1、2和4月为全年相对干燥月，平均相对湿度在65%~68%。冬季降雪不是很大，不至于对遗迹形成大的叠压破坏，主要破坏是雨水冲刷形成的冲沟、土壤饱水后膨胀挤压挡土墙导致垮塌、遗迹表面长期处于湿润条件下发霉长出的青苔等。

雨的平均降落速度为7~9米/秒，特别是对裸露土质地面会产生比较大的冲击力，降雨初期土体表层在水分增加到饱和后，雨水会在地表形成径流，会顺地势而下，冲刷土体裸露面，将表层土壤随水流冲走，从而形成冲沟。堂坊包区F29、F30所在平台及L15为2013年5月初考古发掘，5月底全部发掘揭露，6月露天保存，期间降过两场大雨，7月初再次踏勘堂坊包区时，F29、F30所在平台裸露的土质地面便被冲出多条冲沟，有些冲沟甚至深4厘米以上；L15因卵石踏步损毁后，裸露土质地面为坡面，F29、F30所在平台汇集的雨水途经L15坡面流至下一级平台，因此，L15土质坡面受雨水冲刷更为严重，坡面上被冲刷出多条冲沟，部分冲沟深5厘米以上（图四〇八）。

土壤在干燥情况下会收缩，但当突降大雨或暴雨，雨水渗入土壤孔隙中，会使土体水分短时间内增加到饱和状态，发生急剧的强烈膨胀效应，挤压外侧的原始挡土墙，再加之地表水的径流冲刷，膨胀挤压、冲刷的双重影响，导致原始挡土墙垮塌损毁。例如，大西门外右街北侧原始挡土墙（南北走向）高3.1米，上部外侧为一条0.8米宽的土路，内侧为高出路面1.3米的土平台，且原始挡土墙有做收分处理。但在2013年6月26日的一场持续1.5小时的大雨中，土体迅速吸水膨胀挤压，加上地表径流冲刷，导致墙体垮塌（图四〇九）。

老司城遗址区内温暖湿润，空气年平均相对湿度为65%~68%，位于地下、半地下的墓葬遗迹内空气相对湿度更大，经对M1、M10、M36进行温湿度监测，墓室内平均相对湿度基本稳定在99%。在如此高湿的情况下，墓室内券顶抹面、砖墙表面、墓室地面铺装用方砖的表面滋生了大量霉菌及菌丝、苔藓、蕨类植物等。生活区、衙署区内房屋基址地面所铺装方形青砖及石灰浆表面也常年滋附青苔等（图四一〇）。

图四〇七 遗址区内耕种　　　　　　　　　图四〇八 雨水冲刷

图四〇九 大西门外挡土墙垮塌　　　　　　图四一〇 青苔、霉菌、蕨等滋生

2）温度

老司城遗址区内夏季、秋季温度较高，又尤以7、8月份每天下午14~15时温度较高，最高温度可达38℃，早晚温差较大，日最大温差为10℃以上。1月份温度最低，2012年1月20日达到全年最低温4℃。地表温度也基本稳定在3~5℃，不至于引起土体中水结冰，冻融胀缩影响较小。夏秋季白天高温加上日晒，导致土体及其他遗迹水分被快速蒸发，且表面不断受热膨胀，热量缓慢地向物体内部传递，因此物体内部受外部热量的影响很小，致使物体内外在白天接受太阳辐射时热膨胀的体积、速度不同，产生内应力；到夜间，大气温度逐步回落，温差较大，遗迹表面开始散热，体积发生收缩，但内部因白天持续传来的热量，导致体积发生膨胀，这样，致使遗迹表面与内部的体积膨胀和收缩的步调不一致。如果这样的过程持续进行，遗迹的表层便会在膨胀、收缩时产生的压力和张力作用下发生碎裂。且遗迹由不同物质组成，不同的物质其热膨胀系数不同，在温度急剧变化的条件下，产生差异膨胀，从而在其综合构筑的遗迹表面发生纵横交错的裂缝。温度的变化还可以引起构建遗迹材料的失水干缩和吸水膨胀的反复

变化，长期如此，会使构建遗迹材料的结构不断疏松，强度降低，直至风化损毁（图四一一、图四一二）。

3. 生物危害

生物危害为老司城遗址的主要影响因素，包括微生物病害、植物病害、动物病害等，其中又尤以植物病害为甚，一是植物繁殖速度快，影响游客参观；二是其根茎膨胀生长对遗迹造成一定的根劈影响，甚至导致挡土墙被"根劈"垮塌。且老司城遗址区内气候温暖湿润，植物生长速度快，大量遗迹被揭露后，在短时间内便长满植物（图四一三、图四一四）。

图四一一　土质龟裂

图四一二　青砖碎裂

图四一三　植物生长

图四一四　植物生长

三、病害评估结论

从调查、勘探情况来看，老司城遗址的本体保护工作，可得出如下结论：

（1）老司城遗址作为明清时期宣慰司治所的遗存，不但保留了其选址环境，还保留了其主要的格局特征，台地、城墙、道路、排水系统等要素都完整地保留下来。充分保留其完整性，是实施保护方案的首要条件。

（2）老司城遗址处于湿润、多雨的山地保存环境，遗存要素本体保存长期面临雨水侵蚀、水土流失等突出的自然因素影响，同时遗址现场经考古揭露的遗存面积较大并露天保存，破坏速度较快，需制定具有针对性的排水、防渗、加固、回填等保护措施。

（3）从病害分布来看，各种病害在各个区域都有分布，但各区的分布是有一定差异的。总的来看，遗址核心区的生活区、衙署区因地处当地居民生产生活的核心位置，导致无论从病害类型还是病害程度都比其他区域严重，主要体现在因生产生活造成的损毁、因过度使用造成的破坏、因自然风化和流水侵蚀导致的垮塌等。另外，紫金山墓葬区的损毁情况不容乐观，因长期的猖獗盗墓行动，特别是以挖掘盗洞的方式进入墓室的做法在很大程度上给墓葬结构造成了毁灭性的破坏。而祖师殿区域和堂坊包区域因占地面积小、遗迹较少和大多埋藏在土体之中，病害相对于其他区域较轻。但从长期来看，一经发掘后，各类遗迹所遭受病害影响的速度会越发迅速，因此需要全盘统筹文物保护工作，尽快制定保护措施和保护方案。在制定相应的保护方案时需要着重考量病害程度严重的区域，重点对生活区、衙署区、墓葬区先期实施文物保护工作。

（4）从病害成因来看，可分为人为因素、气候因素、生物危害三大类。在这三大类成因当中，第一类为人为因素，主要包括生产生活造成的损害、后期建构筑物造成的损害、遗迹过分使用造成的损害、盗墓等，这种病害对遗迹的损害多为毁灭性的，但是也是最容易进行控制和消弭的。第二类为气候因素，主要是风化和流水的侵蚀，在长时间的作用下可以导致建筑材料的酥碱、胶结物质的疏松，进而导致遗迹结构性崩坏，造成外鼓、裂缝、垮塌等严重病害，对此类病害应该置于工程重点保护措施的设计与实施中，着重于维修。利用新材料、新技术来消弭此类病害，通过技术手段对遗迹进行可识别性的修复是主要设计方向。第三类为生物危害，包括青苔的滋生、各种植物根系的侵扰和动物的破坏等。这类病害对遗迹的影响相对来说比较隐蔽，但是从长期来看，对遗迹的损害会随着时间而日趋严重，而且从技术手段来看有一定的难度。此类病害的防治需要一个长期的过程，也依赖于后期的管理工作，因此在后期的设计当中需要考虑长期化的保护管理措施。

（5）各遗迹单位最严重也最迫切需要进行保护工程的是结构性损坏，如墙体等遗迹的开裂、垮塌、外鼓等病害，这不仅是对遗迹视觉感观上历史还原的必要，更是为了杜绝与消弭病害。在老司城所处的自然地理环境下，坐视这种病害的长期存在势必会导致遗迹的不断崩坏。因此，对出现坍塌或者在近期内有坍塌危险的遗迹进行先期工程维修设计，应是当务之急。

第三章　多维信息采集与试验工程

经过对老司城遗址的现状调查，发现其破坏原因主要是人为因素和自然因素，具体表现在墙体开裂、倾斜、外鼓、坍塌、损毁；排水系统下陷、沟底冲蚀、阻塞、沟壁垮塌；道路、建筑址部分缺失；墓葬盗洞纵横、构筑物断裂、位移、缺失、渗水；石质文物酥碱、空鼓、霉菌与苔藓滋生等。

为探明老司城遗址的病害因素以及原建筑的建造工艺和建造材料的特点，本着坚持文物"真实性"原则，湖南省文物考古研究所联合中南大学、浙江大学、武汉大学、首都师范大学等，开展了老司城遗址的材料分析与研究，获取了大量数据，为老司城遗址的保护和维修提供了可靠的科学资料，切实地指导了遗址本体保护工程的实施。

第一节　多维信息采集

一、航拍与扫描

为探明老司城遗址区域的地形状况，进一步了解遗址的空间格局和组成结构特点，通过航拍，获取了老司城遗址核心区域正射影像，使遗址得到了完整的呈现（图版一七）。

使用三维激光扫描，采集老司城遗址的三维信息，从而完成了老司城城墙遗址的多图像三维重构工作（图四—五）。

高光谱扫描的结果，在不伤及建筑遗迹本体的情况下获得了城墙等遗迹内部材质、保存状况等重要信息（图四—六）。

图四—五　三维激光扫描

图四—六　高光谱扫描

二、材料检测

在多部位、多区域采集材料样品，通过光学与电子显微镜、拉曼光谱仪、X射线荧光光谱仪（XRF）、傅里叶变换红外光谱分析仪（FT-IR）等实验室分析仪器，获取了老司城遗址各区域土壤矿物成分、物理性质、水理性质、力学性质指标；建筑材料力学强度、材料成分等，从而为研究老司城建筑工艺提供了科学依据。

1. 建造材料及其风化产物检测

利用现代分析测试仪器，对老司城遗址生活区、生活区以下至河街区、衙署区、紫金山墓葬区、祖师殿区的遗址土样、建筑勾缝灰浆、抹面灰浆、不同深度的梯度土样、建筑勾缝黏结材料、勾缝泥浆以及大西门北侧建筑基址墙体抹面壁画颜料的主要化学元素组成、微观结构、物相组成进行了分析与研究，为老司城遗址的保护和修复提供科学的基础信息资料。

所取123个样品以遗址土样、灰浆、不同深度的梯度土样、青砖、墓葬封土、岩石为主，主要取自于生活区、生活区以下至河街、衙署区、紫金山墓葬区和祖师殿区五个重要遗址保护区域。

为了得到所取样品成分、结构、性能等方面的信息，采用扫描电镜能谱仪（SEM-EDX）、X射线荧光光谱仪、X射线衍射仪（XRD）、傅里叶变换红外光谱分析仪、光学显微镜、偏光显微镜、激光拉曼光谱仪等分析仪器，分析了灰浆的主要成分、微观结构、所含有机物情况，土样的成分、主要物相组成，石质样品的岩相、成分及微观结构，以及风化产物的主要化学成分和来源等。

具体分析测试方法包括：SEM-EDX观察试样的微观结构并进行化学成分的初步分析；XRD结合XRF对试样的物相组成及其化学成分进行定性分析及半定量分析；FT-IR分析灰浆中有机物的种类；光学显微镜得到样品剖面层位情况及灰浆中所含纤维的鉴定；偏光显微镜分析鉴定石质样品的矿物组成及微观结构，并鉴定石质的种类；激光拉曼光谱分析样品表面的显色物质。

通过检测，各区域的灰浆、土样等物理成分、化学元素组成、微观结构等得到了明确。

2. 灰浆纤维材料检测

在老司城遗址的建筑物黏合材料——石灰中，发现了许多纤维物质（图四一七）。为了清楚地了解古代黏合材料的配方，特对这些物质进行了显微观察及对比分析，以确定其物质的种类。

通过检测，可知老司城遗址黏合材料中的纤维物为棉花。

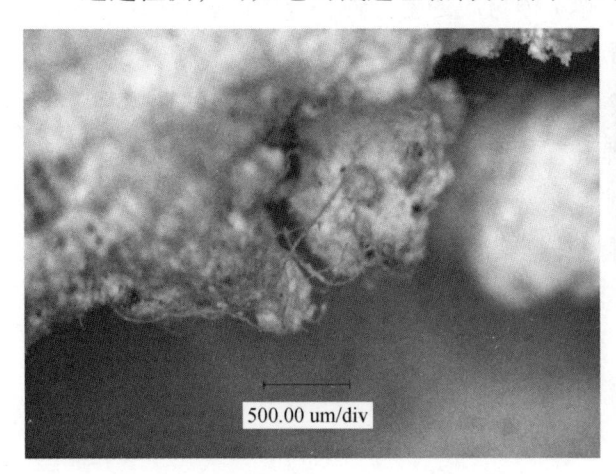

图四一七　灰浆抹面所含的纤维

3. 石质材料检测

为阐明湖南老司城遗址城墙、道路、墓葬及其出土文物的建造工艺、建造材料及风化状况，为老司城遗址的保护和修复提供可靠的基础数据和资料，利用现代分析测试仪器对老司城遗址城墙、道路、墓葬及其出土文物的本体材质、风化产物、周边环境状况等进行了分析测试与研究。具体内容包括：

（1）分析测试了老司城遗址城墙建筑灰浆的成分、性能及其风化产物，探讨了城墙灰浆中发现的部分特殊物质形成的原因。

（2）分析了老司城遗址道路、墓葬及其出土文物的本体材质、建造工艺及其风化状况。

（3）分析测试了小德政碑本体材质及其表面风化产物。

（4）分析测试了古栈道石质及石榴口摩崖石刻本体材质、表面风化产物及周边环境物质。

具体分析测试方法包括：SEM-EDX观察试样的微观结构并进行化学成分的初步分析；XRD结合XRF对试样的物相组成及其化学成分进行定性分析及半定量分析；FT-IR分析灰浆中有机物的种类；光学显微镜得到样品剖面层位情况及灰浆中所含纤维的鉴定；偏光显微镜分析鉴定石质样品的矿物组成及微观结构，并鉴定石质的种类；离子色谱仪分析风化产物中可溶盐成分及其含量，激光拉曼光谱分析灰浆表面的显色物质；筛分得到土样的颗粒级配情况；碘－

淀粉显色实验快速鉴定灰浆是否为传统的糯米灰浆。

对小德政碑石材检测分析测试结果，得出以下信息：

（1）小德政碑本体材质的主要矿物质组成为石英及少量的云母和钠长石，按岩性来分，应该属于花岗岩。

（2）小德政碑表层材质SEM-EDX结果显示，其表层凹陷部位存在颗粒状碳酸盐，经XRD结果证实，为碳酸钙，因此，可推测该石碑表层并非简单的打磨成型，而很有可能在表层涂覆了一层较薄的浆料。此外，结合小德政碑的病害情况分析可知，其左上角部位表层存在较为严重的层片状脱落，很有可能是由于表层材质与石碑本体材质的差异性，导致两者热膨胀系数及吸水系数不同，长期的冷热交替及干湿交替造成了结合面分离。

（3）小德政碑表层的粉状剥落物应为硫酸盐。结合小德政碑周边的环境可知，发生粉状剥落部位主要在右下角部分，该部分长期与石碑下方及后方的土壤相接触，长期的水盐作用及冷热交替作用，使得表层结构疏松，导致粉状剥落。

（4）小德政碑表面字迹间白色附着物主要为纤维状物质和颗粒状物质，其主要成分均为Ca、O、C，其中纤维状物质含C量明显较高，且含一定量的N，分析推测，该白色附着物应该为细菌或者生物生活的痕迹。

第二节　试　验　工　程

从2011年10月13日开始，先后开展了踏步维修实验、墙体原材料配比试验、墙体的植物生长控制试验、土质基础加固试验等多项工作。在如何处理文物保护和展示的关系上，经过试验工程，达到了预期目的（图版一八~图版二一）。

（1）踏步复原试验：按照原工艺、原形制，选取相同材质的河卵石，对右街踏步进行补配，既恢复了道路的完整性，又具有可识别性（图四一八）。

图四一八　右街第一段踏步维修试验

（2）排水沟复原试验：为了恢复原排水沟的排水功能，对G10中段垮塌的部分墙体进行复原，分析和了解了原建造工艺，利用原有材料的分析数据，配制灰浆，按照可识别性原则，使墙体远观能整体协调，近视又可识别新旧，同时，排水功能得到恢复（图四一九～图四二一）。

图四一九　维修前的G10试验段

图四二〇　维修后的G10试验段

图四二一　维修后的G10沟底

（3）浆料配比试验：根据检测结果，提取石灰、糯米、棉花等不同材料，按照不同区域墙体的灰浆成分不同，开展灰浆配比试验（图四二二）。

糯米灰浆是中国古代建筑史上一项重要的科技发明，是世界上最早规模化使用的有机或无机混合建筑灰浆，其强度大、韧性好，防渗性优越，在中国古代得到了广泛的应用。其基本成分主要有糯米浆、石灰。以地区间的不同，有的添加桐油、河沙、黄土等。浙江大学杨富巍、张秉坚等对糯米灰浆研究的结果表明，灰浆的主要成分是方解石晶型的碳酸钙，试验观察发现，糯米浆对碳酸钙方解石结晶体的大小和形貌有明显的控制作用，在一定浓度范围内，糯米浆浓度越大，生成的方解石结晶度越低，颗粒越小，结构也越致密；同时，糯米淀粉能够很好地黏结碳酸钙纳米颗粒并填充其微孔隙。这些是糯米灰浆具有良好力学性能的微观基础。另外，受糯米浆包裹而反应不全的氢氧化钙具有抑制细菌滋生的作用，由此也保护了糯米成分，使其长期不腐。对糯米-石灰清液的加固性能和膏浆的黏结性能等方面的实验室研究表明，将糯米浆与石灰两者混合使用时，其加固性能，包括黏结性能、抗压强度、表面硬度和耐水浸泡性等都有很大的提升[1]。

试验中，称取一定量的糯米，在锅中加水煮沸至黏稠状，趁热过滤，除去不溶物，得到糯米浆；按照比例将一定量的石灰加水搅拌生成熟石灰，充分混合后，使其含水率控制在45%左右，得到糯米灰浆，在墙体勾缝以及其他需要抹面的建筑部位进行平抹。

图四二二　浆料配比（熬制糯米浆）试验

（4）土壤夯筑试验：依据夯筑的土壤成分分析数据，配制相同材料，按照原夯筑特点和夯窝痕迹，使用相同夯筑工具，进行夯筑试验，检测夯筑强度、密度，使在今后的工作中，土夯的强度和力度能得到充分的把握（图四二三）。

（5）歪闪墙体扶正试验：对于歪闪、倒塌的卵石浆砌墙体，在不拆除的情况下，考虑如何利用原有工艺、原有材料进行扶正，并保持其完整性，且能发挥其正常功能。经过试验，找到了方法，并运用于大量的歪闪墙体扶正工作（图四二四）。

图四二三　夯筑工程试验

图四二四　歪闪墙体扶正试验

这些实验工程，为老司城遗址的保护和展示，提供了诸多科学的方法。

秉着"保护为主、抢救第一、合理利用、加强管理"的文物工作方针，严格遵守《湖南省永顺县老司城遗址保护规划》中提出的相关保护工程措施，以考古发掘资料为基础，在试验工程的指引下，设计与工程部门对遗址现场再次认真勘察，利用现代分析测试手段对遗产的本体材质、建造工艺、病害情况、周边环境状况等进行反复研究，先后20余次修改设计图纸，以更加准确地对老司城遗址实施科学保护。

注　释

[1] 杨富巍、张秉坚、潘昌初、曾余瑶：《糯米灰浆——中国古代建筑技术的重要发明之一》，《文物保护研究新论》，文物出版社，2008年。

第四章　保护工程设计

第一节　设计对象、性质和目的

一、设 计 对 象

2010年，中国文化遗产研究院规划设计的《湖南省永顺县老司城遗址文物抢救性保护工程（第一期）》为老司城遗址的第一期保护工程设计方案，包括生活区围墙、衙署区围墙、城墙、土王祠、文昌阁、祖师殿、部分道路等。凡第一期保护工程设计方案中已涉及的保护内容，不再纳入本方案范围内。

本保护工程设计方案共分为三期，主要对象如下：

生活区：西城门、南门、排水设施、堡坎、桥梁、道路、房屋建筑；大西门址东侧台阶一号台基、G16、G17、L6、L7、生活区北门门址；F26、F27、F28、F31、L8、L9、L13、L14、G26、G27、G31、G34、G35、西门PT1、西门PT2。

衙署区：道路、凉洞、堡坎。

墓葬区：神道、平台、墓体等；F21~F24、PT3、F32、F33、L16、L17、G36；M1、M2、M4、M6、M7、M8、M9、M10、M12、M23、M24、M25、M26、M27、M28、M29、M30、M31、M32、M33、M34、M35、M36、M37。

祖师殿建筑区：F1、前庭平台、L1、L2、L3、L4、庭院平台、G1、G2、G3。

中心遗址区其他遗迹：河街6段（小西门—南门码头）、堂坊包（F29、F30、L11、L12、L15、G32、G33）、纸棚街、生活区东L2、北门上、G30等。

对暂未实施保护的出露遗迹做好临时性保护和防雨保护措施，加强实时监测和日常维护。

二、设 计 性 质

该工程属于文物保护维修工程。

三、设计目的

通过科学的保护措施，保证维护老司城遗址区内已发掘的重要遗迹在当前自然条件下的安全和稳定。消除遗址遗迹病害，还原遗址发掘原貌。

依据老司城遗址总体保护规划，通过科学合理的保护措施及展示手段，深度挖掘老司城遗址文化内涵与历史底蕴，展现发掘区和重点遗存区的整体格局和文化内涵。在充分保护遗址遗存的基础上通过分区展示的方法增进老司城遗址的外在表现力，提升其社会价值。

通过科学、客观的调查分析，运用检测与评估等技术手段，探究各类遗迹的建造工艺、材料构成、破坏或病害的成因及其赋存的环境，对岩、土、烧结砌块等文物构筑的遗存采取清除生物病害、保护性回填、归安、维修加固、支护、防水、防风化、修补、护草种植等一系列工程措施，有效保护遗迹的主体结构，并有效控制其相关环境，使文物遗存得以常年保存。

第二节 设计原则

（1）完整性原则：对遗迹遗存实行全面保护，将遗存之间的相互关系通过文物保护工程完整呈现和保存并延续。

（2）坚持保护文物的真实性原则：遵循"不改变文物原状"的原则，力求最大可能地传递历史的真实信息。

（3）最低干预原则：以保护老司城遗址真实性和安全性为前提，尽量减少对文物本体的干预。工程干预仅对因移位、外鼓、塌陷、歪闪、倾斜造成失稳的墙体进行加固。

第三节 设计依据

一、国际公约、文件

《关于历史性纪念物修复的雅典宪章》，历史纪念物建筑师及技师国际会议第一届会议，雅典，1931年。

《佛罗伦萨宪章》，国际古迹遗址理事会国际历史园林委员会，佛罗伦萨，1982年12月15日。

《考古遗产保护与管理宪章》，国际古迹遗址理事会全体大会第九届会议，洛桑，1990年10月1日。

《奈良真实性文件》，与世界遗产公约相关的奈良真实性会议，奈良，1994年11月1日。

《巴拉宪章》，国际古迹遗址理事会澳大利亚国家委员会，巴拉，1999年11月26日。

《会安草案——亚洲最佳保护范例》，联合国教育、科学及文化组织，会安，2005年12月30日。

《关于东亚地区文物建筑保护与修复（北京文件）》，东亚地区文物建筑保护理念与实践国际研讨会，北京，2007年5月24日。

二、国内相关法律法规

《中华人民共和国文物保护法》（1982）。

《中华人民共和国文物保护法实施细则》（1992）。

《湖南省文物保护条例》（2005）。

三、相关行业标准及技术规范

《中国文物古迹保护准则》（2004）。

《中国文物古迹保护准则案例阐释》（2005）。

《文物保护工程管理办法》（2003）。

《湖南省永顺县老司城保护规划》（2010）。

《既有建筑地基基础加固技术规范》（2007）。

《纪念建筑、古建筑、石窟寺等修缮工程管理办法》（2008）。

《建筑边坡工程技术规范》（GB50330-2002）。

《石质文物保护修复方案编写规范》（WW/T 0007-2007）陕西省文物保护研究院。

《砂岩质文物防风化材料保护效果评估方法》（WW/T 0028-2010）陕西省文物保护研究院。

《土遗址保护试验技术规范》（WW/T 0039-2012）敦煌研究院。

《土遗址保护工程勘察规范》（WW/T 0040-2012）敦煌研究院。

《湖南省文物保护单位管理办法》（2008）。

第四节 总体思路

（1）遵循国际国内世界文化遗产保护宪章、相关准则、法律法规，从保护遗址的真实性和完整性出发，严格按照世界文化遗产保护的最小干预性原则、可逆性原则、可识别性原则对老司城遗迹进行保护工程设计。

（2）秉着"保护为主、抢救第一、合理利用、加强管理"的文物工作方针，严格遵守《湖南省永顺县老司城遗址保护规划》中提出的相关保护工程措施及国家文物局对此规划批复的相关意见，以考古发掘资料为基础，对遗址现场进行认真勘察，利用现代测试分析手段对遗产的本体材质、建造工艺、病害情况、周边环境状况等进行检测分析与研究，以此为依据，科学地制定保护工程设计方案。

（3）老司城遗址为露天保存，需做好防洪措施，充分利用生活区东侧城墙与卵石道路，做好拦截和疏导山坡雨水的漫流，阻止雨水直接冲刷而造成遗迹损毁、破坏。

（4）疏通生活区、衙署区内的原有大型排水沟渠，做好保护加固，做到遗迹展示和利用的有机结合。

（5）加强生物病害防治，对遗址构成破坏的动植物、微生物病害，及时解决。

（6）对于房屋建筑遗迹，在完全弄清楚其布局、边界关系、地面铺装材质、柱础等基础上，对其建造形制与工艺进行分析研究。对房屋基础损毁缺失处、严重影响到其结构稳定性的部分，进行维修加固，做好防雨、排水保护措施，并于周边布设防护栏杆，树立警示牌，严禁游客出入踩踏。

（7）对于严重歪闪、倾斜、外鼓的原始挡土墙和沟壁墙体，进行机械或人工扶正，并灌浆加固裂缝处和松动石缝；对于轻度歪闪倾斜、经检测土壤常态含水量情况下后侧土压力和墙体承载力暂时达到平衡的墙体，采用木棍、钢柱、护网等进行支护；对于墙体上有裂缝，但还未歪闪或倾斜的，暂不维修干预，布设在线式位移计传感器对文物本体位移进行实时监测。

（8）老司城的道路遗迹，对结构稳定性较好、能承受行人通行荷载的道路段，保持现状，不进行任何维修干预。对因道路边坡垮塌导致路面边缘缺损、卵石松脱处，考古廓清边界关系，加固边坡并补配路面铺装。对道路卵石铺装或踏步损毁缺失而暴露出的土质基础，由于土体的耐崩解性能极差，常年被雨水击溅和冲蚀，导致素土基础越来越低，缺失越来越广，最终残存卵石铺装下的素土基础也将被水掏蚀而失稳坍塌，从而破坏残存遗迹，故需对损毁缺失的卵石铺装和踏步进行补配，在可识别性的前提下，对遗存道路施以最小的干预。

（9）对于道路两侧的垂带墙或挡土墙，考虑到行人通行时的安全性，对保存下来但已歪闪的原始挡土墙进行墙体扶正，并灌浆加固松动石缝。

（10）对规格较高的墓葬进行维修加固并展示，其他墓葬均采取加固措施后回填保护，恢复考古发掘前的残存封土，其上铺种结缕草或狗牙根。

（11）在遗迹的周边环境和裸露的遗迹本体外侧铺种致密性较好的草皮。

（12）加强实时监测和日常维护工作，定期对文物保存现状进行检查，并建立日志，提交监测评价报告，发现问题和安全隐患，及时报告并处理。

第五节 施工总体要求

（1）施工前，根据现场实际情况做好文物保护措施，做好文物的登记与保护，确保维修范围内一切文物的安全；施工中要充分做好施工档案记录，主要内容应当包括施工前后遗址的变化、加固的记录、特殊工艺和施工方法的记录。记录形式除文字描述外，还应当有照片或录像等直观形式。最终向管理方提供完整的施工档案记录。必要时可进行一到三年的长期跟踪检测，以确保工程质量。

（2）严格按照设计要求、国家现行有关施工及施工验收规范进行施工；发现新情况或发现与设计不符的情况，必须及时与业主单位取得联系，并由业主单位与设计单位联系方案调整或变更事宜。

（3）工程施工过程中，必须自始至终有考古工作人员参与，以确保工程不破坏遗存。

（4）方案所涉及的工作内容技术含量高，人员和操作程序复杂，在实施过程中必须进行全程、全方位的科学管理和严格的技术控制。考古发掘、现场监理、施工、文物保护、技术支撑等相关专业人员必须到位，工作界面科学组合，统筹调度。对工作的各环节、步骤实施技术、质量监督，以保证整个工作按计划保质保量地顺利进行。

（5）强化安全管理，确保人身安全和文物安全。

第六节 主要保护工程措施和实施流程

一、主要保护工程措施

1. 清除生物病害

（1）对考古发掘揭露遗迹区域内生长的杂乱小灌木、野草等采取人工拔除、灭杀和抑制预防性相结合的方式。对较小杂草等植物体喷5%～10%的草甘膦除草剂进行叶面喷洒给药；灌木及其宿根植物配合叶面喷洒的同时采用茎秆注射10%～15%的药剂彻底灭杀植株与根体。待杂草等植物体杀死腐烂后，人工、机械清理其根系以尽量减少对遗址的破坏。对深入遗址土内的乔木粗大根系及不宜刨除的较深根系，除人工清除新萌芽枝条外，为避免形成新的破坏，采用8%的铵盐溶液或0.2%～0.6%的二氯苯氧醋酸化学制剂注射的方法促其腐烂，之后再参照周边残存用相同材料将其填实。注射以根系为主要目标，可采用吊瓶方式进行，尽量避免污染遗址本体。日后加强维护管理，定时派专人清除。

（2）对于青苔、霉菌、地衣藻类等低等植物，可采用紫外线辐照的方式进行辐照灭活处理。照射可多次进行，照射距离应控制在0.5米左右，单次辐照时间控制在5小时以上即可起到良好的杀灭效果。必要时，根据实际情况采取局部喷洒防苔藓剂、防霉剂等增强抑制效果。

（3）在遗迹区域内如果发现蚂蚁、蚯蚓、螳螂、老鼠、土蜂等及其洞穴，对遗址和游客参观暂不构成破坏和影响的，可暂时不予处理；如果对遗址构成破坏的，要及时采用灭蚁灵、鼠药、杀虫剂等进行诱杀并参照周边残存用相同材料封堵其洞穴。

2. 考古配合清理

考古过程中保留的用以支撑歪闪倾斜遗迹防止其垮塌的堆积，在文物保护实施过程中，为了廓清遗迹边界关系、揭露展示遗迹全貌，对堆积支撑的上部遗迹扶正并灌浆加固后，考古人员可对堆积进行考古清理，并对探方隔梁进行清除和疏通排水沟堵塞段。

3. 覆土回填

对于保存较差不便于展示或相同类型的遗迹已拟定展示多个、不具备参观价值的遗迹等进行适当的维修加固后，用透气性膜对其进行整体覆盖或不覆盖，再用纯净黏土回填保护并稍加夯实。回填材料中不得含有植物的根茎和砖瓦垃圾等杂质。

4. 归安

对于房屋或墓葬遗迹中位移的单个建筑构件，如柱础、墓室地面铺装石板或方砖、石墓门等，经考古研究对其原位置进行确认后，将其归安原位。

5. 维修加固

维修加固包括揭取重铺、边坡稳定性加固、硬化处理和夯实加固裸露土质地面、墙体扶正、整理和灌浆加固、拆砌、补砌等维修手段，所有维修手段均基于遗迹的真实性、完整性和稳定性出发，通过多方案、多种保护措施比较，分析各自利弊，从而选择干预最小又最利于遗迹保存的方案或措施。

6. 支护

对于部分倾斜、歪闪、外鼓的墙体，利用现代技术手段，用经过防锈处理的钢丝网和钢柱对其进行支撑保护，防止其继续加剧病害而垮塌损毁。所用钢丝网网目和钢丝大小视具体支护的墙体体量及材料而定。

7. 护草种植

对考古已无法考证其铺装材质和图案的遗迹缺失处、遗迹周边素土地面等，进行生物病害清除后，确保或维修加固挡土墙等使其保持较好的稳定性，平整场地，在其上铺种草皮，如结缕草、狗牙根等。能起到良好的固土功效，使周边环境整洁，并能抑制野生植物的生长。

二、保护实施流程

具体的保护实施流程见图四二五。

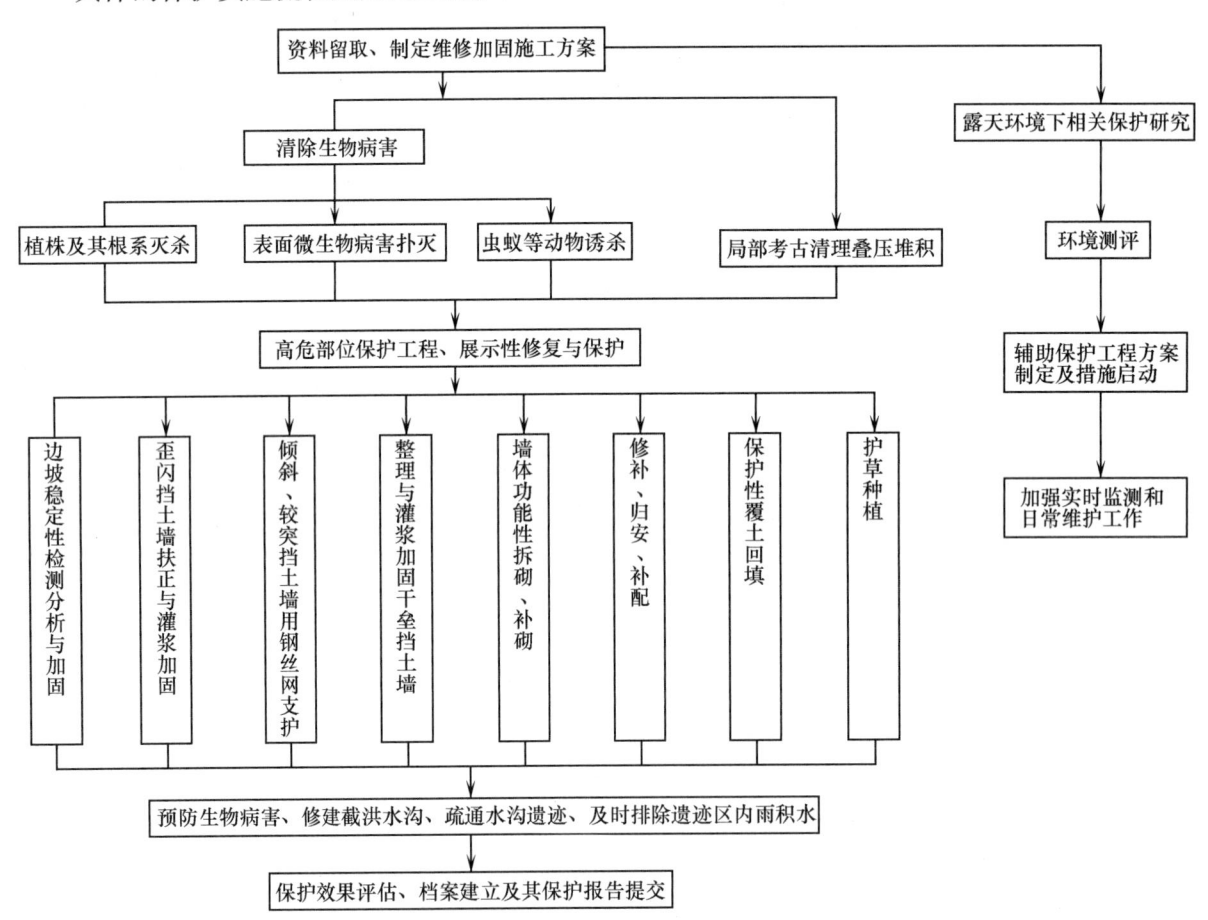

图四二五　保护实施流程图

第七节　专项技术设计与工程量统计

一、生　活　区

（一）建筑遗迹

1. 西城门

西城门涵盖两侧已垮塌的城墙、入城踏步、台阶、平台以及西城门门楼基址、右街六部分。

老司城生活区延续了592年，曾多次进行扩建、维修、改建等，建筑体复杂，西部城门原入城道路与入城台阶在一条直线上，由于相关原因，入城道路改在原路的北侧，偏离了直线位置，依门楼北侧台地建造台阶至台明东北角登临至台面，再由台面依原台阶入城。

拟对台阶、西城门门楼基址、右街等进行维修加固。

1) 保护工程

（1）台阶维修。

西门外阶梯包括右街卵石台阶两级、门楼红砂岩台阶、入城红砂岩台阶。台阶及其垂带墙被堆积叠压或毁损情况严重（正街以下两段阶梯已由中国文化遗产研究院做出保护方案和设计维修图纸，不再重复设计）。

第一，右街因为长期经受人、畜踩踏，临时修补较多，大部分早期卵石路面与踏步已经被埋在现代路面下，考古发掘后，已经出露部分较完整的路面。为此，需清除现代临时路面，以方便早期卵石路面维修。清除现代临时路面面积为16.36平方米。

第二，对于破损的卵石台阶和卵石铺装平台，先行揭取毁损处的现代堆积，夯实，上铺灰土，再行夯实，灰土夯实后厚度约10厘米，再铺6~7厘米厚的三合泥（三合泥的配比、颜色要接近原踏步使用的三合泥），将选取来的与原踏步中卵石颜色、大小相近的扁长形暗红色卵石横向或竖向（与原建设形制保持一致）压入泥中，上部找平，使其与原台阶面基本保持水平，并以清晰的界线将早期遗存部分与后来维修部分进行区分。

第三，红砂岩断裂或风化严重区域，夯实加固基础后（铺灰土，灰土夯实后厚度为8厘米），铺4~5厘米厚的干性三合泥，按原规格置换红砂岩块。

从门楼进入城墙内的红砂岩阶梯，毁损严重，仅存下部一级踏步的红砂岩块和基础，且红砂岩块风化极其严重，部分红砂岩块与踏步基础脱离。在砌筑踏步基础后，铺4~5厘米厚的干性三合泥，再平铺（1~1.4）米×0.4米×0.15米的红砂岩块。

第四，西门原踏步维修：西门原踏步原埋藏于地下，2010年9月经考古发掘后出露于地表，长12.4、宽5米，局部卵石铺装损毁；垂带墙为较大型卵石铺砌，多已缺失，需加固，长20、宽0.4米。

（2）门楼台基维修。

第一，补配西南侧、西北侧台帮（西南侧需青砂岩条石3.2立方米，西北侧需红砂岩条石1.2立方米）。

第二，阶条石归安：对于风化、残缺、局部位移的阶条石、踏步条石等进行加固，位移的进行归安。面积为4平方米。

补配台面残损的卵石铺装和红砂岩块。揭取泥土较铺装面低15厘米，铺灰土并夯实，夯实后灰土厚度约8厘米，选取与原铺装中颜色、大小相近的扁长形暗红色卵石横向或竖向补配，上部找平，使其与原铺装面基本保持水平，中间卵石铺装缺失处不再补配，维修卵石铺装面积为13.3平方米，红砂岩条石为1.37立方米。

第三，清除内侧挡土墙石缝中的块根植物。

第四，维修台面西南侧的护身墙顶部垮塌处。

第五，柱础保持原貌。

（3）西门两侧城墙维修。

第一，西门两侧红砂岩墙体仅残存右侧一部分，其余已毁，西城门入口处两侧墙基址仅存少量。对右侧残存基址做加固处理，长32.5、宽1.3、高1米。左侧城墙做法同于右侧城墙建造形制，维修长度为22.5、宽1.3米。

第二，补配平台（入口广场）卵石铺装、红砂岩块，并以清晰界线将原遗存与后补配的铺装进行区分。西门两侧城墙内平台系卵石、红砂岩块铺装而成，卵石面多铺装成图案，如铜钱纹图案等。在卵石面和红砂岩块毁损处进行补配。先揭取毁损处的泥土堆积并夯实，上铺灰土并夯实，灰土夯实后厚度要达8厘米，再铺6~7厘米的三合泥后，表面铺装卵石和红砂岩块，需维修卵石铺装面积70平方米，红砂岩块铺装95平方米。

（4）排水沟维修。

西门两侧原有用于生活区内排水用的暗沟，随着城墙的垮塌，排水暗沟也随之损毁。在维修城墙时，同时维修西门两侧的暗沟，暗沟以卵石砌壁、铺底，维修长度为45米。暗沟断面尺寸为50厘米×40厘米。

从西城门通往灵溪地段有三条相互叠压的小型排水沟，为不同时期所建。考古发掘已探明水沟起源，清除沟中现代堆积物，沟壁上部残损，在维修沟壁顶部时做好防渗处理，以防雨水通过沟壁顶向下渗透，从而破坏砌筑沟壁的桐油糯米灰浆；加固和补抹沟壁内外侧抹面。加固长度为21米，防渗处理面积15平方米，灰浆补抹30.6平方米。

2）工程量统计

工程量统计见表三。

表三　西城门保护工程量统计表

序号	工程项目名称	具体位置	工程量	备注
1	清除现代堆积叠压	阶梯两侧、门楼基址内侧、水沟	16.36m²	
2	卵石铺砌	右街第二段阶梯、平台、门楼台面、西门原踏步	301.1m²	
3	西门城墙下碱维修	西门两侧	43m³	
4	红砂岩城墙维修	西门两侧	106m³	
5	入口广场卵石、红砂岩块维修	西门两侧平台	165m²	
6	台帮维修	门楼台基西南侧、西北侧台帮	青砂条石浆砌3.2m³、红砂岩条石浆砌1.2m³	
7	排水暗沟	西门两侧城墙内	45m	暗沟断面50厘米×40厘米
8	排水明沟沟壁加固、防渗、抹面	右街左侧三角形平台	21m	
9	红砂岩阶梯	门楼基址右侧、入城踏步	25级	一段7级踏步，一段18级踏步
10	红砂岩铺装	门楼台基的台面	3m²	
11	踏步垂带墙维修	右街及西门原踏步两侧	196m	

2. 北门门址

北门连接L6和生活区，是从北侧进入生活区的唯一入口。两侧门墙上有门槽，门框已腐朽损毁，门址中部残存少量卵石铺装。

结合展示所需，应对北门遗址采取加固性保护，按原址和原制加固门址地面和门槽，使木质门框不再复原。两侧城墙在本期工程中仅对其顶部做杂草清除和表土清理，维修加固详见中国文化遗产研究院编制的《湖南省永顺县老司城遗址文物抢救性保护工程（第一期）》中"城墙维修做法说明"和"宫城墙维修项目说明"。

1）保护工程

（1）清理杂物。

对发掘区及周边进行清理，去除杂草及混杂有瓦砾的地表土，清理至与北门门址同一水平面。去除北门东、西两侧城墙顶部杂草及表土。需清理面积137.2平方米。

（2）考古发掘。

考古发掘北门内侧G18城墙内部分，发掘面积60平方米。

（3）加固保护。

第一，加固城门两侧门框。

第二，加固残存卵石铺装，对卵石面损毁处出露的素土进行夯实和硬化处理。

第三，为避免游客参观踩踏遗迹，需在其西侧设置木栈道，设置护栏。木栈道面积20平方米。

（4）后期搬运。

人工搬运因考古发掘临时堆积在遗迹区周边的渣土，需搬运土石方量24.11立方米。

3）工程量统计

工程量统计见表四。

表四　北门门址保护工程量统计表

序号	工程项目名称	具体位置	工程量	备注
1	清理杂物	北门门址及周边	137.2m^2	
2	考古发掘	G18城墙内侧部分	60m^2	
3	加固维修	两侧城门址地面卵石铺装损毁处	24m^2	
4	安装木栈道和护栏	北门西侧	20m^2	
5	挑运土方	北门门址	24.11m^3	人工挑运至遗址区以外

3. 南部建筑群

南部建筑群包括道路（L1、L5）、排水沟（G4、G11、G12、G13、G14、G15）、房屋（F1、F2、F3、F4、F5、F6、F12、F13、F15、F16）等。老司城由于建筑延续时间长，前后连绵不断近600年，大量的建筑在原址上毁后重建，建后又毁，循环往复，生活区南部因而保留了大量相互叠压和打破的遗迹，如道路、前庭、房屋基础、水沟等，为了能充分体现出老司城当时的繁华盛况，本区域将采取保护性维修的方式处理，建筑基础只针对现有状况进行干预性加固，不对其进行结构性干扰，也不做功能性维修。

1）保护工程

（1）基础加固处理。

南部房屋建筑墙体基础系用较大卵石双面垒砌，灰浆勾缝，中间以碎砖、石和素土填芯，墙基侧面抹油灰。考古发掘后，发现遗存的部分墙基卵石松动，抹面脱落、变色；附属道路的路面与路基保存较好，仅少量垮塌；附属排水沟基础垮塌较多，沟底卵石铺装遗失。需对房屋建筑及其附属道路、排水沟的基础进行加固处理。

部分建筑址经考古发掘后，墙体、基址等相对脆弱，遇有较大雨水侵蚀则容易造成新的坍塌。整个南部建筑群房屋建筑由于仅存基础部分，其上部建筑或墙体结构已无，在维修时，基础上已无荷载，并无承重之需，加固的目的只是保护基础，防止基础之间的泥土流失，防止基础的再次损坏和垮塌。

对于酥碱、鼓胀或土质流失等形成的地基松动、松散等，去除已酥碱、粉化、鼓胀部分，压实土基，然后进行补砌和灌浆处理。

对于因裸露掏空的地基，需清理干净裸露面，以卵石、块石、青砖、三合泥等为加固材料进行维修；属于岩质地基的，以补砌部分将其包裹在内。与墙体相接触的砌石应楔入缝隙内，与原墙体楔紧，同时，将砂浆挤压至缝隙内，保证砂浆收缩后于墙体无影响，加固面积891平方米。

（2）砖、石墙体、地面维修。

地面维修只是对损毁较大的部位进行保护性维修，即在保持其稳定性的前提下，不做大的干预性处理，最大限度地保持其原有状况，部分有缺失但不影响文物安全和视差的部位，不做干预。维修面积670平方米。

（3）排水工程。

南部建筑群最低处为排水沟（G4、G12）南部与城墙相邻部分，表面至G4、G12的垂直高度为2.7米，高差较大。整个南部建筑群的雨水排放皆可直接流入G4、G12中，再穿过城墙排水口流至生活区南部总排水沟（G10），各单体建筑由于时代的早晚关系造成房屋基础高低各有不同，可以在各单体建筑的最低点设置隐蔽性排水口，使雨水排放通畅。同时须注意设置排水口时，不管大小与否，都必须由考古工程人员负责进行，以防止对遗迹造成可能存留的文物信息的损失。面积130平方米。

（4）建筑体苔藓植物处理。

考古发掘后，暂未开展保护工程，致使遗迹上苔藓等植物生长迅速，需去除遗迹表面附生的苔藓植物。处理面积220平方米。

（5）表面防风化封护处。

为了增强遗迹本体对大气环境中有害物质的抵御能力，在对遗迹的保护加固、维修、防渗、苔藓去除、排水工程等完成后，采用硅酮树脂保护剂对考古发掘后的建筑群表面做适当的封护处理，将硅酮树脂保护剂直接喷涂或涂刷在遗迹表层以及侧面部位，干后再喷涂一至两次。这样，可以在遗迹表面形成一种新的保护屏障，并与外界环境之间建立一种新的平衡，用以阻止可能出现的腐蚀，防止遗迹表面在长期展示过程中因受光照、雨水、风动的影响，而受损。封护剂的配制要与遗迹的特定保存环境相适应，具有可逆性、透明性、惰性和化学稳定性，防水、防污染、防紫外线，抗老化、机械阻力和制成品所用材料的膨胀系数接近。处理面积891平方米。

2）工程量统计

工程量统计见表五。

表五　南部建筑群保护工程量统计表

序号	工程项目名称	具体位置	工程量	备注
1	建筑墙体基础加固处理	生活区南部建筑群	891m²	
2	砖、石墙体、地面维修	生活区南部建筑群	670m²	
3	排水工程	生活区南部建筑群	130m²	
4	苔藓植物处理	生活区南部建筑群	220m²	
5	表面防风化封护处理	生活区南部建筑群	891m²	

4. F10

F10基本为砖构体，后又经其他建筑体打破，铺地砖已大多破碎，深埋地下后，地面植物、温度与湿度的变化等影响较小。考古发掘暴露后，改变了原环境，如需长期进行展示，砖体会受到风霜、光照、雨水的强烈影响，使其侵蚀、酥碱、风化加剧，更快地改变其物理结构。为此，覆土回填、平行上移复原展示，是较为可行的方法。

1）保护工程

（1）现铺方砖大部分碎裂，用环氧树脂进行黏结处理，面积有35平方米。
（2）清除地表、坑底和坑壁、方砖上滋附的青苔，需清理面积140平方米。
（3）清除坑壁砖缝中的残树根，将松动了的青砖黏结归安，清理面积8平方米。
（4）黏结归安烟道管。
（5）维修火膛，黏结处理火膛顶部断裂的红砂岩板，夯实火膛坑底部。
（6）清理、加固"火地"取暖设施。
（7）在填补南侧和西侧堡坎石缝时，留孔作为F10的小型排水孔。

2）展示工程

（1）维修加固后，采取整体回填保护。
（2）在遗迹体表面铺垫一层5厘米厚的河沙，河沙的填筑标准按相对密度确定，不应小于0.65厘米。
（3）在河砂层上铺垫12厘米厚的过筛土，锤实。
（4）铺作防渗材料。
（5）在防渗层上铺垫35厘米厚的回填土并夯实。回填土选用亚黏土，黏粒含量宜为15%～30%，塑性指数宜为10～20，不得含有植物根茎、砖瓦垃圾等杂质；填筑土料含水率与最优含水率的偏差为3%以内。黏性土的填筑标准按压实干密度确定，压实度不应小于0.9，土料需采用人工夯填。所需土方43立方米。

（6）以老司城遗址其他地段原废弃的相同材质的青砖、卵石等材料，在回填后的F10上严格按照发掘后的现状复原该建筑，用以展示所需。面积约151平方米。

3）工程量统计

工程量统计见表六。

表六　F10保护工程量统计表

序号	工程项目名称	具体位置	工程量	备注
1	黏结加固碎裂方砖	F10地面	35m²	
2	清理青苔等苔藓植物	F10地表、坑底和坑壁、方砖	140m²	
3	清理植物根茎	F10坑壁	8m²	
4	黏结归安烟道管	F10内坑	0.3m	
5	黏结火膛顶部红砂岩板	F10火膛顶部	0.5m	
6	清理、加固"火地"	F10	4m	
7	铺垫5厘米厚河沙	F10	6m³	
8	铺垫12厘米厚过筛土	F10	14.8m³	
9	铺作防渗材料	F10	122.9m²	
10	铺垫35厘米厚亚黏土	F10	43m³	
11	复原展示	F10上	151m²	

5. F13及廊道

该遗迹地段由于高于南部建筑群，老司城毁弃后，F13与廊道的地基和卵石面遭受水流侵蚀而部分垮塌。考古发掘后，遗迹完全暴露，雨水进一步直接侵蚀地面和垮塌部位，形成众多小型水沟。

为了免遭雨水侵蚀而损毁残存遗迹，需在实施基础加固后，对地表卵石面进行修补处理。

1）F13保护工程

（1）加固F13西南侧墙基南端垮塌处。以卵石、青石块、石灰浆砌，碎石、素土填芯，灰浆抹面。墙基裸露面局部抹灰酥碱、脱落，以石灰浆加固、灰浆补抹脱落处。

（2）F13东南侧卵石地面连同基础损毁，现存地表比北侧的卵石地面低0.9米，需素土回填并夯实，并选取与遗存相同大小、相同颜色的卵石维修卵石地面。

（3）F13东侧水沟南段沟壁和沟底卵石铺装损毁，需维修。具体做法：在不影响尚存的水沟遗迹的情况下，夯实沟底基础，铺100厘米厚素土找平，竖向竖铺扁长形鹅卵石，两侧沟壁用扁长形河卵石浆砌。

（4）F13东侧青砖墙体中，局部青砖缺失，导致基础失稳，需按遗存墙体建筑形制进行青砖卧砌，灰浆勾缝处理。

2）廊道保护工程

（1）将廊道碎裂的地方铺方形青砖进行黏结维修；对于廊道地面凹陷的缺损部分，填素土夯实，铺垫20厘米厚的三合泥并找平。

（2）维修与廊道相连的两段红砂岩阶梯，共11级踏步。做法为红砂岩条石下卧砌青砖，青砖可从废墟中获得，共需90块，青砖尺寸：32厘米×16厘米×8厘米；夯实缺失踏步下面的泥土基础，上铺100厘米厚的三合泥作为垫层，垫层外侧卧砌青砖，内侧再铺80厘米厚的干性三合泥，垫层上再铺以红砂岩条石，红砂岩板（90～120）厘米×43厘米×10厘米。

3）工程量统计

工程量统计见表七。

表七　F13及廊道保护工程量统计表

序号	工程项目名称	具体位置	工程量	备注
1	卵石、青石块浆砌墙体	F13西南侧墙基南端垮塌处	3.94m³	
2	补抹灰浆	F13西南侧墙基	12.78m²	
3	素土回填	F13东南侧地面基础	25m³	
4	三合泥铺垫并找平	F13东南侧卵石铺装基础	3.14m³	
5	卵石铺砌	F13地面	35m²	
6	水沟维修	F13东侧	4.4m	卵石铺砌
7	青砖墙体维修	F13东侧	2.5m	
8	黏结碎裂方砖	F13前廊道地面铺装	14.2m²	
9	补铺缺失方砖	F13前廊道地面铺装	7.9m²	
10	砂岩踏步维修	廊道南北两端踏步	10级	

6. F26、F27、F28、F31

F26、F27、F28、F31位于生活区内第三级台地上，从房屋基址所在位置来看，位于生活区的中心腹地，据目前考古成果推测为一组大型的主殿建筑组群，遗存面积共计493平方米。F27是在F26废弃后，打破其地面而修建，体量与F26相比要小得多，F26为五开间，F27为三开间，部分直接利用F26的方砖铺装地面。F28位于F26、F27南侧高出后者地面0.65米的平台上。从目前考古揭露状况来看，遗迹保存较差，损毁较严重。F31位于F26、F27北侧，较F26、F27遗迹面低1.4米，存少量方砖、墙基、散水和石柱础。

在实行保护工程设计过程中，严格遵守世界文化遗产和相关文物保护行业标准，损毁缺失处尽量不补配，仅在影响到残存遗迹结构稳定的部分进行加固，消除不稳定性因素即可。做好方砖铺装地面缺失处裸露的土质地面的防雨排水措施，及时将滴落于遗迹区内的雨水排除；做好周边的防洪排水措施；加强日常管理，及时消除生物病害。并于周边布设防护栏杆，在今后展示利用过程中，严禁游客出入踩踏。

1）保护工程

（1）F26、F27。

第一，清除F26、F27遗存区域内及内侧挡土墙石缝生长的杂草、青苔、小型灌木及植物根系。清理面积385平方米。

第二，配合文物维修工程清理后期堆积叠压砖石、方砖铺装缺失处土质地面淤积泥土和碎砖瓦砾，清理深度至与残存方砖素土基础齐平。面积187平方米。

第三，由于基础的破坏将导致方砖地面的损毁，需透气性膜187平方米，夯铺灰浆18立方米。

第四，整理并灌浆勾缝加固F26东南角青砖墙体和墙体上部松动砖、石块。需加固1.5立方米。

第五，F26与F28之间的廊道素土基础原紧贴F26的南侧青砖墙体基部，但此墙体局部现已损毁缺失，暴露出廊道素土基础，形成多条冲沟，长期如此，将影响廊道素土基础的稳定性，故依据残存的青砖墙体，用与青砖颜色相近、尺寸大小相同的透水砖，按相同形制与砌筑工艺补砌损毁缺失处，至较廊道素土基础面略高3~5厘米。需补砌1.3立方米。

第六，F26东侧台帮又为G27西侧沟壁，暴露出F26的素土基础土坎。为防止雨水冲蚀故参照遗存部分，按相同材料、相同形制与工艺补砌至与F26素土基础齐平，做可识别性标记线，石块大小根据残存来取材。需补砌2.7立方米。

第七，因开田耕种破坏，F26北侧墙体上部损毁缺失，暴露出内侧素土基础土坎，为防止今后露天保存情况下雨水冲淋破坏素土基础，参照遗存部分，按相同材料、相同形制与工艺补砌至与F26北侧现存卵石地面齐平，要做可识别性标记线，石块大小根据残存来取材。补砌2.6立方米。

第八，卵石铺装北侧边缘处两条青砖铺装内侧一条仅存4块（顺向平铺），外侧一条仅存1块，缺失处暴露出素土基础，故参照残存，用与青砖颜色相近、尺寸大小相同的透水砖进行补配，既可稳定边缘处卵石铺装，又可防止雨水直接击溅损毁素土基础，残存青砖尺寸为28厘米×13厘米×5厘米。需透水砖0.1立方米。

第九，对F26西北角原始铺装地面因人为取土而形成的坑体，进行素土回填并人工夯实，上部铺垫灰浆虚厚5厘米，夯实后3厘米，铺装不进行补配。回填土方13.7立方米。

第十，清除卵石铺装上的后期堆积叠压和缺失处淤积的碎砖瓦砾，根据遗存的卵石铺装花式图案，补配损毁缺失处，并做可识别性标记线。补配面积11.5平方米。

(2) F28。

第一，清除F28遗存区域内及内侧挡土墙石缝生长的杂草、青苔、小型灌木及植物根系。清理面积218平方米。

第二，对于F28地面铺装损毁缺失处，清除碎砖瓦砾层至原始素土基础面，上部铺垫透气性膜，并于膜上虚铺5厘米厚灰浆，人工夯实后为3厘米（铺垫灰浆理由：从残存城墙砖和方砖侧面可观测到其下部均铺垫有3～4厘米厚的灰浆垫层，其余同"F26、F27保护工程的第3条"）。需透气性膜16平方米、夯铺灰浆0.4立方米。

第三，F28外侧因村民取土形成基坑，造成土体崩解垮塌。为防止雨水冲刷掏蚀残存铺装的土基础，素土回填基坑，并人工夯实至与基础齐平，需回填土方27.5立方米。

第四，素土上再铺垫灰浆垫层，虚铺厚度5厘米，人工夯实后为3厘米，补铺灰浆垫层夯实后与原始垫层齐平。需夯铺灰浆8.3立方米。

(3) F31。

第一，清除F31遗存区域内生长的杂草、青苔、小型灌木及植物根系。清理面积73平方米。

第二，考古配合，廓清F31进深的边界关系，探究其是否还有遗存。考古定性后，随时跟进新考古揭露部分的保护方案。清理面积29平方米，深1.9米。

第三，F31东散水素土基础因失去支护而连同上部散水面铺装垮塌，暴露出土坎，故用与青砖颜色相近、尺寸大小相同的透水砖，按相同形制与砌筑工艺补砌东墙基损毁缺失处，至与散水铺装地面齐平；并参照残存散水铺装，用透水断砖按相同形制与工艺补铺东散水西外侧损毁缺失处，注意可识别性。需补砌东墙基2.7立方米、补铺东散水西外侧铺装3.1平方米。

第四，F31南廊道由于损毁破坏，大部分方砖铺装缺失，局部缺失处和残存方砖下可见约1厘米厚的灰浆层，其余暴露出素土基础。考虑到南方雨水对暴露土体的严重破坏性，在素土基础上夯铺厚约1厘米较之土体耐水性较好的灰浆层，至与残存方砖下灰浆层齐平。需夯铺灰浆0.5立方米。

安全性设施与监测：

其一，于F26、F27、F28、F31周边布设防腐木质防护栏杆，并树立警示牌，严禁游客出入踩踏。需架设防护栏杆160米，护栏高1米。

其二，加强F26、F27、F28、F31日常维护和实时监测工作，定期对文物保存现状进行检查，并建立日志，提交监测评价报告；发现问题和安全隐患，应及时向县级文物主管部门报告；及时清除遗迹上生长出来的杂草、青苔、小灌木等植物。

2）工程量统计

工程量统计见表八。

表八　F26、F27、F28、F31保护工程量统计表

序号	工程项目名称	具体位置	工程量	备注
1	清除杂草、青苔、乔灌木及其根系	F26、F27、F28、F31遗存区域	676m²	
2	考古配合	F26、F27、F31西侧	216m²	
3	透气性膜	F26、F27、F28、F31铺装损毁缺失处	203m²	
4	夯铺灰浆	F26、F27、F28、F31铺装损毁缺失处	27.2m³	
5	整理并灌浆勾缝加固	F26东南角青砖墙体和墙体上部松动砖、石块	1.5m³	
6	补砌	F26南侧青砖墙体、F31东墙基	4m³	
		F26东侧台帮、F26北侧墙体上部	5.3m³	
7	素土回填并人工夯实	F26西北角、F28外侧村民取土形成的坑体	41.2m³	
8	补配卵石铺装	F26北侧卵石铺装地面	11.5m²	
9	补铺散水铺装	F31东散水西外侧	3.1m²	
10	布设防腐木质防护栏杆	F26、F27、F28、F31四周	160m	护栏高1m
11	警示牌	F26、F27、F28、F31	1处	
12	实时监测	F26、F27、F28、F31		

7. 卵石平台

包括西门PT1、西门PT2及周边附属的墙体。平台用卵石和青砖铺装出各类花式图案，墙体用不规则形石灰岩块、卵石浆砌构筑平台的边坎，或与平台齐高，或高出平台向上延伸成某建筑的墙体；平台卵石铺装保存一般，PT2局部有损毁缺失，出露土质地面，西侧大面积卵石铺装塌陷，积水严重；PT2卵石铺装有少量损毁缺失的，但两个平台卵石铺装图案根据遗存只需适当补配即可复原出图案，故根据考古资料维修补配两个平台卵石铺装。对于PT2大面积卵石铺装塌陷处，保持现状，暂不予以维修干预，加固日常养护和雨后及时排水。对于周边附属的墙体，清除抹面上黏附的泥土和滋附的青苔，灌浆勾缝或针管注射石灰乳渗透加固墙体裂缝和石缝间酥碱灰浆，扶正歪闪倾斜墙体；依据墙体现存高度，做好顶部防雨保护措施。

1）保护工程

（1）清除西门PT1、西门PT2及周边附属的墙体顶部和石缝生长的杂草、青苔、小型灌木及植物根系；清理面积377平方米。

（2）对于西门PT2西部大面积卵石铺装塌陷处，保持现状，暂不予以维修干预，加固日

常养护和雨后及时排水。对于卵石铺装损毁缺失、出露土质地面处，参照遗存的卵石铺装和图案，采用相同材料、按相同形制与工艺补配卵石铺装损毁缺失处，补配面积12平方米。

（3）清除周边附属墙体抹面上黏附的泥土和生长的青苔，清除墙体顶部浮土和碎砖瓦砾，面积90.6平方米。

（4）扶正歪闪倾斜墙体，面积1.3平方米。

（5）低压灌浆勾缝或针管注射石灰乳渗透加固墙体裂缝和石缝间酥碱灰浆，需灰浆0.3立方米。

（6）墙体顶部防雨保护措施。

对墙体顶部垮塌损毁缺失处，通过补砌、内芯素土回填、填补勾缝灰浆等保护措施，找平墙体顶部。需砌筑2立方米。

墙体顶部找平后，铺贴一层与墙体同宽的防水油毡（与墙体颜色相近，耐老化，且降解或老化不至于对遗迹造成化学污染）。需油毡61平方米。

油毡上再用与墙体相同材料不规则形石灰岩块对缝卡紧，灰浆勾缝。该措施既可保护下侧墙体，减少雨水直接击溅和冲蚀，且不改变遗存原貌，油毡仅0.5厘米厚，油毡上加砌部分限制在8~10厘米厚，且具有可识别性和可逆性。需石方9.2立方米。

2）工程量统计

工程量统计见表九。

表九　卵石平台保护工程量统计表

序号	工程项目名称	具体位置	工程量	备注
1	清除杂草、乔灌木及其根系等	西门PT1、西门PT2及周边附属的墙体顶部和石缝	377m²	
2	补配卵石铺装、修补卵石铺装图案	西门PT2	12m²	
3	清除墙体抹面黏附泥土和青苔、顶部浮土和碎砖瓦砾	西门两平台周边附属墙体	90.6m²	
4	扶正歪闪倾斜墙体	西门PT2南侧	1.3m²	
5	灌浆、渗透加固	西门两平台周边附属墙体	0.3m³	
6	补砌、素土回填等保护措施找平墙体顶部	西门两平台周边附属墙体	2m³	
7	防雨保护	西门两平台周边附属墙体顶部	61m²	

8. 桥梁

包括生活区东南部与衙署区相连跨越排水沟的拱桥（Q2）和桥上的南城门及拱桥（Q1）。对于断裂、垮塌、基础失稳等现状，进行维修。Q2仅存券拱与一侧过河撞券，桥面已拆毁，由于不知其具体铺设状况，将不再恢复桥面，在维修券拱后，加固维修，进行展示。

1）保护工程

（1）第一号桥梁（Q1）：整体基础保持稳定，桥面卵石铺装大多保存。

维修过河撞券：桥体东侧的过河撞券外侧石砌墙体已相互失去黏结性，部分石材已失，出露内部砖砌结构，需去除表面杂土，加固维修，对缝隙进行灌浆处理。

（2）第二号桥梁（Q2）：整体保存较差。

基础失稳，需加固：券拱裂缝、下塌的主要原因是水沟的外壁外倾，导致券拱失去依托。加固桥体，首先得对外壁（生活区南部城墙体）加固，使券拱有依托之地；外墙体已垮塌大部，且基础失稳，需维修。

维修券拱：归安下塌的青砖券拱，以石灰糯米砂浆灌注青砖缝隙，加强其稳定性；对于已经失去的券拱，以相同青砖进行补砌。

加固过河撞券：抬升过河撞券，清理裂缝中的杂土，归安歪闪部分，以糯米石灰砂浆灌注缝隙，加大其稳定性。

清理沟内堆积：沟内杂、散土等清理干净。

桥底卵石补强：桥底需经受水流冲刷，因而对于桥底已经失去的卵石进行补强。

苔藓植物清理：去除遗迹表面附生的苔藓植物，并防止其快速生长。

2）工程量统计

工程量统计见表一〇。

表一〇 桥梁保护工程量统计表

序号	工程项目名称	具体位置	工程量	备注
1	Q1维修过河撞券	Q1东侧	1.8m²	
2	Q2加固外墙体	Q2南侧	12m³	
3	Q2维修券拱	Q2	5m²	
4	Q2加固过河撞券	Q2东西两侧	1m³	
5	Q2清理沟内堆积	Q2底	6.76m²	
6	Q2桥底卵石补强	Q2底	6.76m²	
7	Q2苔藓植物清理	Q2	3m²	

（二）道路

卵石铺装而成的路面以及顺应地势用卵石砌筑而成的踏步，为老司城遗址道路的一大特色。路面与踏步踏面一般选用长扁形暗红色卵石横向侧铺，踏步踢面选用与踏面相同材料横向叠砌。老司城遗址的道路现状：或仍直接作为居民生活通行用道路，或随农田改造、山体滑坡而被填埋，或因山洪冲刷、水土流失、山体滑坡等，连同两侧稳固道路结构的挡土墙及道路垮塌损毁。

考虑到文物遗存的珍贵性和土遗址的脆弱性，生活区外侧主要通道仍然供行人通行，城墙内道路尽可能地不再承担通行功能，仅供参观。对南方多雨情况下露天保存的此类道路遗迹，保护过程中首先应保障其结构的稳定性，对道路两侧起结构稳定作用的挡土墙进行维修加固，包括歪闪墙体扶正及灌浆加固裂缝处、松动石缝、功能性拆砌和补砌等。其次，对道路卵石铺装或踏步损毁缺失而暴露出的素土基础，由于土体的耐崩解性能极差，在雨水的冲刷下，土体迅速崩解，当其土体表层水分增加到饱和程度后，成为稀泥状，被雨水汇集的洪流冲走。如果不对面层材质进行补配，土体常年被雨水击溅和冲蚀，会导致素土基础越来越低，缺失面积越来越大，最终残存卵石铺装下的素土基础也将被水掏蚀而失稳坍塌，从而破坏残存遗迹，故对损毁缺失的卵石铺装和踏步，参照残存遗迹按相同材料、相同形制与工艺进行补配，并注意可识别性。

1. 西城门址东侧台阶

西城门址东侧台阶为生活区主要入口，是进入生活区的过道平台，由卵石铺装和红砂岩铺装而成，两侧是较高的红砂岩挡土墙遗迹，延续使用时间较长。

对西城门址东侧台阶保护将采取挡土墙歪闪扶正和踏步归安的措施，对部分因垮塌、卵石面缺失而造成雨水冲蚀的区域进行土层硬化。

1）保护工程

（1）考古清理。

第一，对发掘区及周边进行清理，将杂草及混杂有瓦砾的地表土去除，清理至与西门基址挡土墙顶部同一水平面。清理面积261.35平方米。

第二，考古发掘北侧已歪闪挡土墙外侧0.8米内填土，长2.5、深1.2米。发掘面积2平方米，需清除土方量2.4立方米。

第三，清理基址中上部分乱石堆积，清理面积5.7立方米。

（2）两侧挡土墙加固维修。

第一，为防止北侧已歪闪红砂岩墙体垮塌，需对其进行扶正。扶正墙体面积1.5平方米。

第二，加固两侧红砂岩挡土墙中上部，石灰浆勾缝，以防止泥土受雨水侵蚀导致土体倒塌并冲毁路面。加固面积10.7平方米。

第三，踏步加固和补强：对于红砂岩块已经松动和小面积缺失的，按原制、用同材料和工艺进行局部加固性补强。面积25平方米。

第四，为避免游客参观踩踏遗迹，需在其右侧设置木栈道和护栏。木栈道和护栏面积44平方米。

第五，对歪闪的墙体外侧探沟进行素土回填，并夯实。回填面积2平方米，回填土方量2.4立方米。

第六，素土回填、夯筑踏步基础，并找平，面积35.75平方米，需回填土方量8立方米。

第七，踏步基础硬化，面积25平方米。

第八，后期清理：人工挑运因考古发掘临时堆积的余土，堆放至遗址区外。需人工搬运土方量234.18立方米。

2）工程量统计

工程量统计见表一一。

表一一　西城门址东侧台阶保护工程量统计表

序号	工程项目名称	具体位置	工程量	备注
1	考古清理	西城门址及周边	267.35m²	
2	考古发掘	北侧挡土墙歪闪部分外侧	2m²	
3	清理乱石堆积		5.7m²	
4	两侧挡土墙加固维修	北侧挡土墙中下部	1.5m²	
5	加固和补强	踏步	25m²	
6	安装木质栈道	西门门址右侧	44m²	考古人员配合
7	回填踏步基础	西城门址	35.75m²	
8	加固	两侧红砂岩挡土墙	10.7m²	
9	回填探沟	北侧挡土墙外侧	2m²	
10	挑运土方	西城门址及周边	234.18m³	人工挑运至遗址区以外

2. 一号台基

一号台基位于生活区中部，南侧紧邻G17，一号台基采取加固和结构补强方式，对缺失和损毁的踏步不做修复，对残存但已塌陷的上部5级踏步和两侧挡土墙做加固处理。

1）保护工程

（1）清理杂物。

对发掘区及周边进行清理，去除杂草及混杂有瓦砾的地表土，清理至与一号台基挡土墙顶部同一水平面。人工清除原始堡坎石缝中的树根。清理面积151.9平方米。

（2）踏步及两侧挡土墙加固。

第一，对台基南侧干垒墙体的垮塌、外鼓处进行结构加固，并对下部G17的券拱青砖进行加固。

第二，对北侧青砖墙体外露土层表面实施加固，保持其原状，共4.48立方米。

第三，对塌陷的卵石踏步进行加固，以保持其路面的压实度，卵石路面缺失部分不再进行重新铺砌，仅作路面硬化处理。面积15平方米。

（3）析出踏步上白色物质：取样检测卵石踏步上的白色物质，并根据检测结果治理、析出白色物质。需处理面积15平方米。

（4）回填探沟及后期清理。

第一，对没有遗迹的考古发掘探沟进行回填。回填面积12.5平方米，回填土方量18.75立方米。

第二，人工挑运因考古发掘临时堆放在一号台基西部的渣土，以及维修过程中对周边场地清理去除的地表土。搬运土方量522.76立方米。

第三，清除墙体上的灌木根茎，对墙体结构实施加固。

2）工程量统计

工程量统计见表一二。

表一二　一号台基保护工程量统计表

序号	工程项目名称	具体位置	工程量	备注
1	清理杂物	一号台基及周边	151.9m²	
2	挡土墙结构加固	南侧干垒山石墙体	13.56m³	
3	渗透加固	北侧挡土墙	4.48m³	
4	卵石铺装加固	踏步	15m²	
5	析出白色物质	踏面	15m²	
6	回填探沟	一号台基下侧	18.75m³	
7	搬运土方	一号台基	522.76m³	人工挑运至遗址区外
8	墙体清除植物根茎	南侧挡土墙体	32m²	

3. L6、L7

L6东南侧为生活区，紧邻北城墙而建，南端与L7相连。是通往生活区北门的必经之路，外侧有废弃土堆和踩踏形成的小路，路宽约1.5米。

拟对小路稍加平整和去除杂草，铺垫细石砾，利用其作为参观游道。对L6、L7实行垫土层硬化和夯实裸露的土质基础，损毁部分不再补配卵石。

1）保护工程

（1）清理杂物。

人工清除遗迹区、西北侧小平台的丛生杂木杂草，清理路面西北侧小平台，廓清L6、L7边缘、路面护坡及其关系。清理面积1467.88平方米，清除土石方440.364立方米。

（2）整理后期墙体。

第一，对后期墙体堆积进行保留，以充分了解在原路面上进行的后期人类行为活动。

第二，对后期墙体垮塌部分进行清理并扶正，在不改变其原状前提下使其整洁、有序、美观并能展示。

第三，对后期墙体因勾缝灰浆黏结性丧失、松动部分进行加固，加固面积86.4平方米。

（3）路面硬化。

第一，对卵石路面缺失部分不再进行补铺，仅作夯实、硬化处理，防止雨水、冰雪等造成侵蚀。面积129.53平方米。

第二，L7仅存中部少量卵石路面，边缘大部分损毁，根据考古结果，对缺失严重的卵石路沿石，按原制、用原材料和原工艺进行适当结构补配，以对道路边缘起加固作用。补配面积8平方米。

第三，对L6因后期墙体堆积叠压部分以外仍在路面区域的地段进行边界识别性清理，廓清道路边界，以增加原始路面的可识别性。面积14.7平方米。

第四，对于L6因G18暗沟券顶损毁，导致卵石路面桥体被截断而分成南北两段的损毁部分不再进行修复，维持现状展示，仅对两侧裸露的土基础进行硬化加固处理。加固面积11平方米。

（4）加固L6、L7外侧路肩。

第一，加固路肩外侧护坎，对于垮塌部分进行结构性补强，主要措施：廓清边缘、清理杂物、按原制加固至与内侧路肩齐平。加固面积125.9平方米。

第二，硬化路肩土地面，并以砂石铺垫，以供游人参观行走。需处理面积97.5平方米。

第三，为避免游客参观踩踏遗迹，需在其右侧设置木栈道。木栈道面积110平方米。

（5）加固处理L6北段内侧基岩和城墙基础。

第一，L6北段内侧基岩墙体因风化作用，已沙化并呈颗粒状脱落，需对其进行加固和封护处理。加固和封护面积25.52平方米。

第二，基岩沙化脱落后，导致城墙土基础被掏空，需对此基础进行素土回填并夯实，以充分保证城墙的稳定性。结构补强区域4立方米。

（6）后期清理。

人工搬运因考古发掘临时堆积的土，需挑运土石方量528.51立方米。

2）工程量统计

工程量统计见表一三。

表一三　L6、L7保护工程量统计表

序号	工程项目名称	具体位置	工程量	备注
1	清理杂物	L6、L7小路及外侧平台	1467.88m²	清除土石方440.364m³
2	整理后期墙体	L7两侧、L6西北侧	86.4m²	
3	硬化路面和基础	卵石铺装缺失处	140.53m²	路面硬化129.53m² 基础硬化11m²

续表

序号	工程项目名称	具体位置	工程量	备注
4	路面硬化	L6、L7	22.7m²	
5	加固和补砌护坎	路肩外侧	125.9m²	
6	硬化并铺垫路肩	路肩	97.5m²	
7	安装木质栈道	L6、L7外侧	110m²	考古人员配合
8	封护基岩	L6北段内侧	25.52m²	
9	填补掏空基础	L6北段内侧	4m³	
10	挑运土方	L6、L7	528.51m³	人工挑运至遗址区以外

4. L2、紫金山道路

主要针对生活区、衙署区与L1、L2和紫金山道路等相关的道路。考虑到保护和展示的要求，对卵石铺装道路缺损不多的部分，维持原状。对垮塌、大量卵石路面损毁严重部位进行适当维修，使其基本保持原状。

右街以及西门外侧的道路已涵括在西门维修设计内，不再说明。

1）保护工程

（1）道路卵石面维修。

对不影响观瞻和路面结构缺失处，维持原状不予添补，较多缺失部分进行适当加补。

L1：保存较好，不需维修。

L2：卵石铺装路面，局部有损毁，下部踏步卵石铺装面及其基础损毁较大，为了免遭雨水侵蚀地表，造成水土流失而进一步损毁残存部分，该遗迹的维修工程应在加固基础后，对地表卵石面进行维修。具体做法：夯实踏步基础，在基础上的残损部位铺6～7厘米厚的素土，按照残存的踏步形制，以相同大小的卵石修补残损部分，使其能承受住城墙外山坡上的雨水冲刷。维修面积65平方米。

（2）图案拼装。

部分原有道路上以卵石拼装相关图案的，在修补时，依原样维修。面积65平方米。

（3）紫金山路维修。

2002年因修建老司城旅游道路，将紫金山道路进行了重建，因道路建设既破坏了原有道路形式和格局，又在设计上欠合理，当地百姓戏称"跛子路"，对此，可适当进行改造。

紫金山路的改造已由中国文化遗产研究院在《湖南省永顺县老司城遗址文物抢救性保护工程（第一期）》方案中做出设计。本方案只是在第一期保护工程未涉及的具体地点做出补充说明。

2002年维修的紫金山路未经文物部门论证，维修改造太大，使得有75米长的道路平面位置抬高较大，与墓葬区神道相交处，神道入口已低于现道路表面近1米。为了最大限度地体现文物的自然和原真性，该道路需在现有的位置下降1米，其宽度依然保持原来的3.6米。

2）工程量统计

工程量统计见表一四。

表一四　L2、紫金山道路保护工程量统计表

序号	工程项目名称	具体位置	工程量	备注
1	踏步基础维修	L2	65m²	
2	卵石补铺	L2	65m²	
3	紫金山道路维修	紫金山路	270m³	

5. L8

1）保护工程

（1）清除L8路面和内外两侧挡土墙石缝生长的杂草、青苔、小型灌木及植物根系，清除路面淤积泥土、乱石。清理面积220平方米。

（2）配合考古清理叠压于路面上的晚期杂乱遗迹。面积10平方米。

（3）维修加固内外两侧挡土墙，以保证道路结构的稳定性。

L8-2段因南部下侧挡土墙垮塌，道路外侧卵石铺装因素土基础垮塌而损毁缺失，致使现存卵石路面松动脱落，故参照旁侧遗存的挡土墙，按相同材料、相同形制与工艺功能性补砌L8-2段南部下侧挡土墙，并抹面做旧，需砌筑长5、高3.4、厚0.7米。

待挡土墙勾缝灰浆凝固后，素土回填挡土墙与L8素土基础之间形成的缺口，并逐层夯实，回填至与L8卵石路面齐平，需回填土方13立方米。

L8-2段内侧挡土墙转角处1.2米高往上，红砂岩块砌筑的墙体缺失，内侧平台因支护墙体缺失而垮塌滑落，为防止平台土体继续垮塌，用条形红砂岩块砌筑修补内侧挡土墙与平台齐高，并用素土回填平台与新砌挡土墙之间形成的缺口，需修补砌筑挡土墙长5、高1.2、厚0.6米，回填土方3立方米。

扶正L8-4段东侧挡土墙歪闪、鼓突处，需扶正面积8平方米。

L8-3、L8-4段两侧残存挡土墙上部墙体石块松动，为防止其垮塌损毁，对其整理并灌浆勾缝加固；需加固挡土墙长23、高0.4、厚0.5米。

参照L8-3、L8-4段东西两侧残存挡土墙，采用相同材料，按相同形制与工艺补砌上部垮塌损毁处，以支护后侧平台土体防止垮塌；补砌挡土墙长23、高0.5、厚0.5米。

（4）维修路面及踏步。

参照路面遗存的卵石铺装，按相同材料、相同形制与工艺补配路面损毁缺失处，补配面积25平方米。

修补砌筑踏步缺损处：回填素土，修筑出踏步式样，再依据残存踏步修补踏步缺损处，修

补面积17平方米。

2）工程量统计

工程量统计见表一五。

表一五　L8保护工程量统计表

序号	工程项目名称	具体位置	工程量	备注
1	清除杂草、乔灌木及其根系	L8路面及内外侧挡土墙石缝	220m²	
2	配合考古清理	L8-2段与L8-3段转角处	10m²	
3	补砌挡土墙（不规则形石块、卵石）	L8-2段南部下侧	11.9m³	
		L8-3、L8-4段东西侧残存挡土墙上部	5.75m³	
4	素土回填并夯实	L8-2段与外侧补砌挡土墙之间的缺口	13m³	
5	补砌挡土墙（红砂岩块）	L8-2段内侧挡土墙转角处上部	3m³	
6	扶正歪闪移位的墙体	L8-4段东侧挡土墙	8m²	
7	整理和灌浆勾缝加固	L8-3、L8-4段残存挡土墙上部	4.6m³	
8	补配卵石铺装	L8路面	25m²	
9	修补卵石砌筑的踏步	L8-3、L8-4段	17m²	

6. L9

1）保护工程

（1）路面及内外挡土墙。

清除L9路面和内外两侧挡土墙石缝生长的杂草、青苔、小型灌木及植物根系，清除路面淤积泥土、乱石。清理面积128平方米。

（2）挡土墙加固。

维修加固内外两侧挡土墙，以保证道路结构的稳定性。

第一，L9-东平台南部下侧挡土墙垮塌，导致平台外侧卵石铺装连同基础垮塌缺失，为防止其土壤继续崩解散落，掏空上部卵石铺装的素土基础而致使平台卵石铺装损毁，需参照旁侧遗存的挡土墙，按相同材料、相同形制与工艺进行功能性补砌至与平台齐高。需砌筑挡土墙长4、高3.4、厚0.7米。

第二，待挡土墙勾缝灰浆凝固后，素土回填挡土墙与L9-东平台之间形成的缺口，并逐层夯实，回填至与平台齐平，需回填土方13立方米。

第三，低压灌浆或针管注射或吊瓶式滴注石灰乳渗透加固L9-东平台北侧挡土墙下部，面积2平方米。

第四，L9-东平台北侧挡土墙上部墙体石块松动，为防止其垮塌损毁，对其整理并灌浆勾缝加固；墙体立面面积2平方米，挡土墙厚0.35米。

（3）踏步和L9-东平台。

第一，维修加固和补配南部12级细砂岩踏步。

第二，修补L9-东平台上叠压的3级踏步土基础并补配踏面红砂岩块。

第三，参照平台上遗存的有花式图案的卵石铺装，按相同材料、相同形制与工艺补配卵石铺装。需补配面积11平方米。

（4）L9-西平台。

第一，用青砖勾缝砌堵L9-西平台北侧挡土墙下部掏蚀处，面积0.5平方米，墙体厚0.3米。

第二，整理并灌浆勾缝或针管注射或吊瓶式滴注石灰乳渗透加固L9-西平台东北侧挡土墙裂缝和石缝灰浆，墙体长2.5、高1.1、厚0.45米。

第三，补配L9-西平台边缘处方砖，以稳固平台残存的卵石铺装。补配面积1.1平方米。

（5）L9-西平台上小水沟。

第一，清除沟底地面浮土后，局部三合土地面损毁缺失的，按相同材料、相同工艺制备三合土并补铺、充分夯实，三合土虚铺厚度5厘米。需三合土0.1立方米。

第二，外侧沟壁竖砌一层青砖、砂岩板，但损毁缺失严重，仅存两块方砖、一块0.3米×0.3米×0.05米的细砂岩板、一块0.31米×0.15米×0.05米的长方形青砖等，其余处出露土坎，本方案中对沟壁出露土坎处削平后，补配青砖、细砂岩板、方砖等，需砖、石块0.1立方米。

（6）L9内侧。

L9内侧的粉质性基岩因风化作用，沙化并呈颗粒状脱落，清除表面已完全沙化、与原岩体脱离的颗粒，对其进行加固和封护处理，并用较细目的钢丝网对其以支护保护。面积28平方米。

2）工程量统计

工程量统计见表一六。

表一六　L9保护工程量统计表

序号	工程项目名称	具体位置	工程量	备注
1	清除杂草、乔灌木及其根系	L9-平台、踏步及内外侧挡土墙石缝	128m²	
2	补砌挡土墙（不规则形石块、卵石）	L9-东平台南部下侧	9.52m³	
3	素土回填并夯实	L9-东平台与外侧补砌挡土墙之间的缺口	13m³	
4	清除抹面上黏附泥土、渗透加固石缝勾缝灰浆	L9-东平台北侧挡土墙	2m²	
5	整理和灌浆勾缝加固	L9-东平台北侧挡土墙上部墙体	2m²	
6	维修加固和补配	L9南部细砂岩踏步	12级	
7	修补踏步土基础并补配红砂岩块	L9-东平台上叠压的踏步	3级	
8	补配卵石铺装（图案）	L9-东平台	11m²	

续表

序号	工程项目名称	具体位置	工程量	备注
9	勾缝砌堵掏蚀处	L9-西平台北侧挡土墙下部	0.15m³	
10	渗透加固	L9-西平台东北侧挡土墙裂缝和石缝灰浆	1.24m³	
11	补配方砖地面	L9-西平台边缘处	1.1m²	
12	补铺三合土并夯实	L9-西平台上小水沟沟底	0.1m³	
13	补配沟壁砖、石块	L9-西平台上小水沟外侧沟壁	0.1m³	
14	支护	L9内侧的粉质性基岩	28m²	

7. L13

1）保护工程

（1）清除L13路面及周边一定范围内生长的杂草、青苔、小型灌木及植物根系。清理面积80平方米。

（2）对松动卵石或塌陷严重而造成积水或破损处，揭取卵石后，按原材料、相同形制与工艺重铺。面积23.5平方米。

（3）对路面铺装中卵石已缺失、暴露出素土地面处，洒水渗透润湿后，在其渗透未干时，采用土壤固化剂溶液+黏土拌制的改性土铺贴并找平夯实，直至与周边残存卵石铺装齐平，用以稳固铺装边缘卵石，防止松动。需土方8立方米。

2）工程量统计

工程量统计见表一七。

表一七　L13保护工程量统计表

序号	工程项目名称	具体位置	工程量	备注
1	清除杂草、乔灌木及其根系	L13路面及周边一定范围	80m²	
2	揭取重铺	L13路面	23.5m²	
3	改性土回填，稳固卵石铺装边缘	L13路面	8m³	

8. L14

1）保护工程

（1）清除。

清除L14路面及内外侧挡土墙、护坡上内生长的杂草、青苔、小型灌木及植物根系；考古清除叠压于路面上的晚期墙体；清理面积115平方米。

（2）路面维修加固。

第一，路面卵石铺装中松动卵石或塌陷严重，揭取卵石后，按原材料、相同形制与工艺重铺。揭取重铺面积16平方米。

第二，对因卵石铺装损毁缺失裸露出的土质地面，进行硬化处理和夯实加固。面积15平方米。

第三，因L14外侧挡土墙垮塌而造成路面边缘薄弱、疏松部位，参照遗存卵石路面，按相同形制与工艺进行补配，卵石大小根据残存来取材。补铺面积10平方米。

第四，L14北段方砖铺装地面碎裂严重，揭取后进行黏结修补，并平整路基后，按原位铺贴。面积4平方米。

第五，补配缺失方砖，面积6平方米。

（3）维修加固内外侧挡土墙。

第一，扶正L14内外侧被土体严重挤压歪闪移位的浆砌挡土墙至原位。需扶正墙体立面面积8平方米。

第二，清除内外侧原始挡土墙残存抹面上的黏附泥土，恢复抹面自然干结状态下的颜色。面积11.5平方米。

第三，灌浆勾缝或针管注射石灰乳，渗透加固L14内外侧挡土墙裂缝和石缝间酥碱灰浆。需加固墙体立面面积30平方米。

第四，反复多次低压雾化喷洒土壤固化剂溶液渗透和夯实加固L14内侧因浆砌挡土墙垮塌暴露的斜土坡。面积40平方米。

第五，L14内侧的基岩墙体因风化作用，已沙化并呈颗粒状脱落，需对其进行加固和封护处理。加固和封护面积14平方米。

第六，用不规则形石灰岩块、卵石浆砌修补内侧原始挡土墙上部垮塌损毁缺失处，用以支护内侧土坎，防止其遇水和干裂崩塌。补砌挡土墙14.3立方米。

第七，参照L14外侧残存挡土墙，采用相同材料、按相同形制与工艺补砌其上部垮塌损毁处，用以稳固L14边坡。补砌挡土墙长23、高1、厚0.3米，计6.9立方米。

第八，对新砌挡土墙裸露面进行抹面并做旧处理。面积77.5平方米。

（4）防护。

于L14周边布设防腐木质防护栏杆，并树立警示牌，严禁游客出入踩踏。需架设防护栏杆65、护栏高1.2米。

2）工程量统计

工程量统计见表一八。

表一八　L14保护工程量统计表

序号	工程项目名称	具体位置	工程量	备注
1	清除杂草、乔灌木及其根系	L14及内外侧挡土墙、护坡	115m²	
2	揭取重铺	L14路面	16m²	
3	硬化处理和夯实加固	L14路面卵石铺装缺失损毁处	15m²	
4	修补L14路面边缘铺装	L14路面边缘	10m²	
5	黏结碎裂方砖，揭取重铺	L14北端	4m²	
6	补配方砖	L14北端方砖缺失处	6m²	
7	扶正歪闪移位的浆砌挡土墙	L14内外侧挡土墙	8m²	
8	清除挡土墙抹面上黏附泥土	L14内外侧挡土墙	11.5m²	
9	灌浆、渗透加固	内外侧挡土墙	30m²	
10	渗透和夯实加固	L14内侧斜土坡	40m²	
11	加固和封护处理	L14内侧基岩	14m²	
12	补砌	L14内外侧挡土墙上部垮塌损毁缺失处	21.2m³	
13	抹面并做旧处理	补砌的挡土墙	77.5m²	
14	布设防腐木质防护栏杆	L14四周	65m	高1.2m

（三）排水设施

排水沟位于生活区内不同台地上。南方雨水多，雨季长，强降雨易引发山洪，对遗址造成较大破坏。故对遗存水沟遗迹进行维修加固，利用其排除现生活区内的山洪水，恢复其排水功能。所采取的保护工程措施主要有清除生物病害、配合考古清理、补配沟底铺装、支护、拆砌和补砌等。

1. G16、G17

G16、G17为生活区内大型的排水沟，横贯生活区中部，为生活区内东西向的主要排水沟。G18位于生活区北侧，部分位于生活区外，其生活区外的沟体比G16、G17规模更大，沟底更深，部分直接利用基岩稍凿平做沟底，但沟壁做法较为粗糙，出水口直接面向灵溪河，为生活区北部的主要排水沟。为保证遗址区布局的完整性，对G16、G17、G18按原址和原制进行加固和结构补强，恢复其排水功能，既能满足展示所需，又延续利用了水沟遗迹的本体功能；对于已经损毁的青砖券顶，不再修复。G16疏通后，加盖盖板，上部回填。G17、G18结构加固后，直接实施排水和展示。

1）保护工程

（1）清理现存堆积。

对水沟遗迹及周边进行清理，去除杂草及混杂有瓦砾的地表土层，以及沟内的堆积瓦砾或因垮塌滑入沟中的泥土。需清理面积1621.91平方米（土石方406.7立方米）。

（2）两侧沟壁加固。

第一，清理G17-②段北侧歪闪沟壁外侧0.8米范围内填土，清理长度视歪闪长度而定，清理深度同歪闪高度。面积2.4平方米。

第二，扶正G17-②段北侧歪闪沟壁，并低压灌浆因歪闪形成的纵向裂缝。需扶正沟壁墙体面积4.4平方米。

第三，加固G16南端东壁、G17-③北侧沟壁上部石块干垒墙体的歪闪、外鼓部分，扶正、加固下侧被挤压的青砖券顶；补强G17-②北侧沟壁中部垮塌处。加固和补强面积26平方米。

第四，G17-②南侧沟壁兼顾挡土墙的作用，对G17-②南侧沟壁及基础损毁处进行结构补强，加固高度与外侧的南部建筑群地面齐平，防止外层土体垮塌。加固长度为18.5米（高度按平均1.2米计算）。

第五，对遗存的G16、G17其余沟壁实施渗透性加固，增加勾缝和抹面灰浆的黏结性，保持现状，不进行修复。加固面积288.7平方米。

（3）维修加固沟顶小型构筑体。

加固G17-①中段与G17-①末段交汇处青砖券顶上部的一小型构筑体的北侧青砖墙体，胶结地面碎裂方砖。加固面积5平方米。

（4）硬化、加固沟底。

对沟底铺装缺失，出露素土垫层的，仅对沟底素土进行夯实、硬化处理，不做补铺。对残存的卵石铺装进行加固，以增强其稳定性。

（5）回填探沟、做好后期维护。

第一，对没有遗迹的探沟进行回填。回填探沟面积30.96平方米（土方量28.75立方米）。

第二，人工挑运因考古发掘临时堆积土将其堆放至遗址区以外。需人工搬运土石方量4126.7立方米。

2）工程量统计

工程量统计见表一九。

表一九　G16、G17保护工程量统计表

序号	工程项目名称	具体位置	工程量	备注
1	考古清理	G16、G17及周边	1621.91m²	
2	考古发掘	歪闪沟壁外侧	2.4m²	
3	扶正歪闪沟壁墙体	G17-②段北侧	4.4m²	
4	墙体结构补强（拆砌和补砌）	G16南端东壁、G17-③及G17-②北侧沟壁	26m²	
5	沟壁墙体补强	G17-②南侧沟壁	18.5m	
6	渗透加固	G16、G17两侧沟壁	288.7m²	

续表

序号	工程项目名称	具体位置	工程量	备注
7	加固沟顶小型构筑体基础	G17-①中段与G17-①末段交汇处青砖券顶上部	5m²	
8	胶结裂缝	G17-②北侧	8m	
9	夯实、硬化处理	G16、G17沟底	104.82m²	
10	回填探沟	G17南侧	30.96m²	
11	搬运土方	G16、G17周边	4126.7m³	人工挑运至遗址区以外

2. G18

1）保护工程

（1）考古配合。

对水沟遗迹及周边进行考古清理，将杂草及混杂有瓦砾的地表土去除。清理面积464.94平方米（土石方：188立方米）。

（2）拆除临时保护用沙袋。

移除右侧沟壁外实施临时性保护的沙袋加固体，对沟壁进行加固保护。移除土方量16立方米。

（3）考古发掘。

为防止G18歪闪、倾斜的两侧沟壁垮塌，原考古发掘时G18尚未完全发掘；需在沟壁外侧开挖0.8米宽的探沟，以扶正和加固歪闪墙体，探沟深度依照歪闪墙体的深度而定。发掘面积51.96平方米。

（4）两侧沟壁加固。

第一，扶正G18第二级左右两侧沟壁歪闪、倾斜部分。

去除上部土层堆积后，在沟外壁挖掘探沟，扶正墙体，并做低压灌浆处理，以防止墙体松散而造成第二次垮塌。加固面积30平方米。

第二，挡土墙加固。

为抑制挡土墙的继续扩张性垮塌，需对左侧沟壁与挡土墙交接部位已垮塌的墙体进行干垒，内侧填土夯实。面积16平方米，回填土石方16立方米。

第三，加固第二级右侧沟壁基础。

对沟壁基础进行加固并夯实。加固面积7.5平方米。

第四，补强G18第三级右侧沟壁，补强面积19平方米。

第五，搭建脚手架，加固出水口墙体。

扶正外侧的歪闪部分，使裂缝闭合，于下侧悬崖处搭设40米高的扣件式钢管脚手架，对基础和墙体裂缝处扶正加固。

第六，加固铁箍。

将厚1、宽8、长1540厘米的3道铁箍进行防锈处理，对外侧挡土墙上、中、下部实施整体性围箍，对外侧挡土墙裂缝进行闭合，以防止外墙体向悬崖外继续歪闪。面积15.4平方米。

第七，对G18的沟壁实施渗透性加固，增强勾缝和抹面灰浆的黏结性。加固面积61.16平方米。

（5）回填探沟和后期维护。

第一，对墙体外侧开挖的探沟进行回填。回填探沟面积30平方米。

第二，人工挑运考古发掘的临时堆积土，堆放至遗址区以外。需人工搬运土石方量4126.7立方米。

2）工程量统计

工程量统计见表二〇。

表二〇　G18保护工程量统计表

序号	工程项目名称	具体位置	工程量	备注
1	考古清理	G18及周边	464.94m²	
2	考古发掘	G18第二、三级歪闪沟壁外侧	51.96m²	
3	移除临时加固沙袋	第二级右侧沟壁	16m³	
4	扶正歪闪沟壁墙体	G18左右两侧沟壁	30m²	
5	回填探沟	G18左右两侧沟壁外侧	30m²	
6	干垒挡土墙加固	G18第二级左侧沟壁西侧	16m²	
7	加固松散瓦砾填土层	G18第二级右侧沟壁基础	7.5m²	
8	补砌沟壁	G18第三级右侧沟壁	19m²	
9	渗透加固	G18两侧沟壁	61.16m²	
10	搭建脚手架	G18出水口左侧沟壁	400m²	扣件式钢管脚手架（单排）
11	沟壁围箍	G18第三级左侧沟壁	15.4m²	
12	胶结裂缝	G18第三级左侧沟壁	6m	
13	挑运土方	G18周边	4126.7m³	人工挑运

3. G10

生活区南部城墙内侧流过的大型排水沟渠设施，编号为G10，总长132米，沟渠的内、外壁部分直接共用部分城墙、堡坎。整个生活区的排水大部分汇入此沟，该沟在生活区内外承担着主要的排水作用，现该排水沟部分基础下陷、垮塌、损毁，部分沟壁墙体外鼓或缺失。经过考古发掘后，水沟的完整与缺失部位都已全部暴露出来。

基于老司城遗址保护和展示的需要，需恢复G10排水功能，即对歪闪、空洞、酥碱等墙体做加固处理；对已垮塌、缺失的部分沟壁和基础进行必要的修复；对沟底缺失的卵石面进行补铺，使其能经受住雨水的冲刷，以达到保护、展示和利用的共赢。

1）保护工程

（1）内外壁维修。

G10从东段最高点至西部最低点，共长132米，高程23.42米。因排水流量大，流速快，导致排水沟壁面冲刷严重，卵石多处冲毁，沟壁部分形成空洞，面积达46平方米。西南段排水沟与生活区城墙互为一体，而城墙又多处垮塌，故需在此处对总垮塌长度为61.5米的墙体进行功能性维修，以卵石、糯米石灰浆等材料补足垮塌的沟体基础，维修已失的沟壁，对空洞部位进行补砌；对排水沟需维修的68米内壁，进行保护性维修，清除有块状根茎的植物，归安和加固歪闪部位，对空鼓及裂缝进行灌浆处理。

（2）墙体结构补强。

从考古发掘的解剖面可以看到排水沟外壁基础建在早期土质城墙废墟上，并未经过牢固的夯筑，且基础宽度仅40厘米，不足以维持上部墙体的重量，有些基础已形成空洞，需夯实地基，再以较大型卵石加垫，以石灰砂浆填缝，进行补强。补强面积55平方米。

（3）酥碱处理。

受排水和雨水影响，排水沟壁的石灰抹面部分形成酥碱，造成脱落，导致内部填土外露，需对已酥碱部分清除，用石灰砂浆抹面。需处理面积387平方米。

（4）沟底卵石铺作。

排水沟水流对排水沟两侧的冲蚀致使墙体形成空洞。同时，长期快速的冲击导致沟底铺砌的砾石大量缺失。可依据相同沟底卵石修补完整。面积为85平方米。

2）工程量统计

工程量统计见表二一。

表二一　G10保护工程量统计表

序号	工程项目名称	具体位置	工程量	备注
1	城墙（G10外壁）维修	G10外壁	61.5m	
2	内壁维修	G10被损毁的内壁	68m	
3	墙体结构补强	对形成空洞的墙基	55m^2	
4	酥碱处理	G10所有酥碱部位	387m^2	
5	沟底卵石铺作	已无卵石铺作的部位	85m^2	

4. 排水口

生活区内，有多处较大型的排水孔，仅G10上就有3处，对于断裂、垮塌、基础失稳等现状，因与G10一同需要恢复其实际功能，故应进行扶正、加固、修复。

1）保护工程

（1）排水口1。

第一，黏结与锚固顶部断裂的青砂岩横梁。

第二，清理底部泥土堆积，出露沟底石板。

（2）排水口2。

第一，黏结与锚固顶部断裂的红砂岩和青砂岩横梁。

第二，清理底部泥土堆积，维修卵石沟底。

（3）排水口3。

第一，加固券拱。

第二，清理底部泥土堆积，维修卵石沟底。

2）工程量统计

工程量统计见表二二。

表二二　排水口保护工程量统计表

序号	工程项目名称	具体位置	工程量	备注
1	维修顶部红砂岩、青砂岩横梁	排水孔1、排水孔2	2m²	
2	清理泥土堆积	排水孔1、排水孔2、排水孔3	2.3m³	
3	维修券拱	排水孔3	3.1m²	

5. G26

G26位于L9北侧、G17南侧，残长7、沟底宽0.7、沟深0.8米。考古推测G26原呈90°转角连接G31，后废弃，且G26端部垮塌损毁，后期将其填埋，并在其北侧修建了G17，G31中汇集来的上部平台的水汇入G17中排除。本期保护方案拟对G26沟底和两侧沟壁维修加固后，覆土回填。

（1）清除G26沟底及两侧沟壁墙体上生长的杂草、青苔、小型灌木及植物根系。清理面积30平方米。

（2）用不规则形石灰岩块和卵石补砌G26南侧沟壁的外侧石皮垮塌缺失处，石灰浆勾缝，裸露面并抹面做旧，需补砌0.7立方米。

（3）素土回填G26南侧沟壁两面石皮之间内芯并夯实，回填土方1.3立方米。

（4）用不规则形石灰岩块和卵石补砌G26北侧沟壁东端下部掏蚀处，石灰浆勾缝。补砌0.35立方米。

（5）用不规则形石灰岩块和卵石浆砌封堵G26与G31相通处，以便使G31的水汇入主排水沟G17中排除，需砌筑0.2立方米。

（6）G26西端修建于粉质性基岩顶部，由于风化作用，基岩沙化并呈颗粒状脱落，随着基岩沙化脱落，导致G26西端垮塌损毁，故维修加固G26端部垮塌损毁处沟底和两侧沟壁，使之不再继续垮塌。加固面积1.4平方米。

（7）覆土回填G26：素土回填沟体并逐层夯实，需土方4.5立方米。

6. G27

G27位于F26、F28、F31东侧，为两栋房屋的东侧屋檐滴水沟，明沟和暗沟相结合，残长54.3米，南北走向，北端接G18-内，沟底宽0.5～1、沟深0.3～2.3米。按沟底铺装材质和残存现状，可将G27分为南段、中段、北段。

（1）清除G27沟底及两侧沟壁墙体石缝生长的杂草、青苔、小型灌木及植物根系。清理面积211平方米。

（2）机械扶正内侧歪闪倾斜的墙体，扶正面积6平方米。

（3）对G27南段完全垮落的红砂岩条块，在考古人员的指导下，归安其砌筑回原位，并用灰浆勾缝。归安红砂岩条石7.6立方米。

（4）对G27南段现暴露在外的内侧土质平台土坎，考古清除上部耕土层至原始遗迹面，待墙体扶正后，参照遗存，用不规则形石灰岩块砌筑单面石皮至内侧清理的原始遗迹面同高，用以稳固内侧土质平台。砌构5.7立方米。

（5）清除G27南段沟内因内侧墙体歪闪未完全考古发掘的泥土和碎砖瓦砾，面积5平方米。

（6）对于垮塌损毁的青砖券拱，不影响沟体结构稳定性的，不再实行修复；对于残存的塌陷的青砖券拱，灌浆勾缝并适当补砌；参照残存的卵石铺装沟底，补配沟底缺失的卵石铺装，补配面积4平方米。

（7）G27中段沟底卵石铺装保存较好，参照遗存沟壁补砌至与两侧土体齐平，需补砌3.63立方米。

（8）G27北段沟体较深，最深处有2.3米，直接利用基岩将其稍凿平作沟底使用，呈斜坡状。扶正后期不稳定墙体，低压灌浆勾缝，需扶正墙体面积7平方米。

（9）G27北段西侧沟壁用不规则形石灰岩块、卵石浆砌双面石皮，内芯用素土填充，沟壁厚1米，灰浆勾缝和抹面，但内侧基部抹面酥碱粉化脱落严重，出露石块及勾缝灰浆。考虑到其功能性，故对西侧沟壁基部进行补抹面处理，防止流水掏蚀残存的沟壁基础，面积5平方米。

（10）G27北段沟体较深，两侧沟壁较高，且东侧沟壁受后侧土体挤压和胀缩影响较大，为防止其再度垮塌损毁，利用现代技术手段，用经过防锈处理的钢丝网对东侧沟壁进行护网保护，并用钢柱对其进行支撑，钢丝网上部通过打桩固定于平台上，下部打桩固定于沟底，两侧沟壁之间再采用钢柱横向抵住左右两侧沟壁用以支撑，钢柱两端接触沟壁墙体部分要膨大形成面。需钢丝网27.6平方米，钢柱6～10根。

7. G31

G31位于L8西侧，紧贴L8西侧垂带墙而建，南北走向，明沟，现考古揭露了长8.3、沟底宽0.7、西沟壁残高0.3～0.4米。部分沟段直接利用基岩凿成凹槽形加以使用，没有基岩的部分，沟壁用不规则形石块、卵石砌筑单面石皮，石灰浆勾缝；沟底则用长扁形卵石纵向侧铺，嵌入下侧垫层土中。

（1）清除G31沟底及两侧沟壁墙体石缝生长的杂草、青苔、小型灌木及植物根系。清理面积22平方米。

（2）配合考古清理、疏通G31。面积暂估80平方米。

（3）通过整理，并灌浆勾缝或针管注射石灰乳渗透加固两侧沟壁墙体石缝间酥碱的灰浆，需加固面积2平方米。

（4）对沟底卵石铺装缺失处，采用相同材料，按相同形制与工艺补铺卵石，修补面积3平方米。

（5）对于利用基岩为沟壁和沟底的部分，清除基岩表面浮土，保存现状。

8. G34

G34位于西门PT1南侧，东西走向，明沟，残长8.5、沟底宽0.6～2.5、深0.7～0.9米，与G16呈90°直角连通；呈喇叭状，靠近G16端窄，西端则逐渐增宽。两侧沟壁用不规则形石块、卵石浆砌，石灰浆勾缝；沟底经考古揭露部分来看，原始面可见少量三合土层，但大部分损毁缺失。在靠近G16端，两侧沟壁外侧又修建一道青砖墙体。

（1）清除G34考古揭露部分沟底和两侧沟壁墙体石缝生长的杂草、青苔、小型灌木及植物根系。清理面积25平方米。

（2）清除位于沟内的探方隔梁，疏通水沟。发掘面积13平方米。

（3）沟底维修加固：清除沟底浮土；参照沟底遗存的三合土厚度，对损毁缺失处铺垫三合土并充分夯实。需三合土0.7立方米。

（4）沟壁维修加固。

首先，清除两侧沟壁外露面抹面上黏附的泥土。面积15.5平方米。

然后，低压灌浆勾缝或针管注射石灰乳渗透加固墙体裂缝和石缝间酥碱灰浆；面积12平方米。

最后，进行沟壁顶部防雨保护措施。本方案拟对沟壁墙体顶部补砌、回填素土、填补勾缝灰浆等找平后，上铺贴一层与墙体同宽的防水油毡，油毡上再用与墙体相同材料的较薄的不规则形石灰岩块对缝卡紧砌筑，灰浆勾缝。该措施既可保护下侧墙体减少雨水直接击溅和冲蚀，又不改变遗存原貌，油毡厚度仅0.5厘米，油毡上加砌部分高限制在8～10厘米。

9. G35

G35位于西门PT2西侧，南北走向，明沟，全长11、沟底宽0.36米，东侧沟壁用青砖顺向侧砌，高出沟底面0.06米，西侧沟壁直接利用城墙，高0.4米；沟底用大小（7～11）厘米×（3～5）厘米×（5～7）厘米的长扁形卵石纵向侧铺，保存较好。

1）保护工程

（1）清除G35沟底卵石石缝生长的杂草、青苔、小型灌木及植物根系；清理面积14平方米。

（2）清除西侧城墙顶部后期堆积叠压的素土瓦砾；面积11平方米。

（3）清除G35西侧城墙临水沟面抹面上的黏附泥土；面积5平方米。

（4）沟底卵石保存较好，无损毁缺失；砌筑东侧沟壁的青砖保持现状，不做任何干预保护措施。

2）工程量统计

工程量统计见表二三。

表二三　G26～G35保护工程量统计表

序号	工程项目名称	具体位置	工程量	备注
1	清除杂草、青苔、小灌木及其根系	G26、G27、G31、G34、G35沟底及两侧沟壁墙体	302m²	
2	配合考古清理	G27、G31、G34、G35	109m²	
3	补砌沟壁垮塌缺失处	G26、G27	10.58m³	
4	歪闪、倾斜墙体进行扶正	G27	13m²	
5	归安红砂岩条石	G27南段	7.6m³	
6	低压灌浆勾缝加固	G26、G27、G31、G34	26.4m²	
7	补配沟底卵石铺装	G27、G31	7m²	
8	清除墙体抹面黏附泥土	G34、G35	20.5m²	
9	修补沟壁墙体临水沟面基部抹面	G27北段	5m²	
10	补配沟底三合土并夯实	G34	0.7m³	
11	保护性回填	G26	5.8m³	
12	支护	G27	27.6m²	
13	防雨保护	G34	11.1m²	

（四）挡土墙或堡坎

生活区内原始砌筑的挡土墙，共24道。因垮塌损毁后而临时干垒的墙体不包括在内。非原始堡坎因未进行考古发掘，只做暂时加固；原始堡坎的保护采取基础加固、裂隙合缝、灌浆、歪闪归正等保护性维修方法处理。最大限度地保留墙体原始抹面，垮塌部分只作适当性的加固维修；担负阻挡泥土具有"挡墙"功能的堡坎，因兼担防止水土流失的重任，上部墙体垮塌而导致泥土塌方的，需进行必要的功能性维修，新的维修部位用明显的小型卵石界线与原堡坎相区别。

1）保护工程

（1）废弃物清理。

位于堡坎处的废弃堆积物需由考古人员配合清理迁移至总堆放处，以方便堡坎的维修。清理土石方983立方米。

（2）考古发掘。

部分因歪闪而要维修归正的堡坎，需将堡坎内的土石方挖掘，宽度2米。为此，应考古发掘相配合，确认是要保留出露的遗迹或是定位挖掘土方的面积大小。

（3）墙体植物去除。

堡坎墙体上生长的草本植物和木本植物以人工方法去除。面积约353平方米。

（4）墙体苔藓植物处理。

将漂白水按照1∶99稀释或使用高乐氏CLOROX，去除对墙体有影响的苔藓植物，同时，做进一步防止其滋生的处理。面积128平方米。

（5）墙体抹面空鼓处理。

生活区与衙署区中部分堡坎的抹面外鼓，墙体与石灰抹面层剥离，需进行加固处理。面积206平方米。

（6）墙体酥碱处理。

受排水和雨水影响，墙体的石灰抹面部分形成酥碱，造成脱落，需清除已酥碱部分，再用石灰砂浆对酥碱部分抹面。需处理面积253平方米。

（7）基础加固。

基础加固分为松动基础拆砌和掏空基础补砌两种：

第一，对于酥碱、鼓胀、粉化、风化或土质流失等形成的地基松动、松散等，去除已酥碱、粉化、鼓胀部分，压实土基，然后进行补砌和灌浆处理。

第二，对于因裸露掏空的地基，需清理干净裸露面，以与墙体相同的卵石或条石材料进行补砌，属于岩质地基的，以补砌部分将其包裹在内。与墙体相接触的砌石应楔入缝隙内，与原墙体楔紧，同时，将砂浆挤压至缝隙内，保证砂浆收缩后墙体无影响，基础加固面积138平方米。

（8）墙体结构补强。

墙体结构补强是针对不同破坏而采取相应的保护措施，影响到结构安全性的缺失部分墙体进行补砌；对于小型孔洞、小型裂缝采取灌浆的方式进行结构补强。所有补砌部位需用小型卵石做成界线，以示与原墙体的区别。

(9) 墙体裂缝处理。

墙体因多种原因而形成裂缝,在对墙体进行完歪闪归正、墙基加固等处理后,对其裂缝采取相关措施进行处理。需处理面积为106平方米。

(10) 墙体歪闪处理。

部分墙体因受内、外营力的作用,形成歪闪,需对此采取归正、加固措施。面积为37平方米。

(11) 排水防渗。

堡坎顶部未形成垮塌,可见堡坎的原始顶面,应对内侧地坪进行清理,适当使内侧地坪稍矮于堡坎顶部,以防止流水直接侵蚀其顶部。

如果堡坎顶部有明显的垮塌痕迹,结合考古对内侧地坪清理后按堡坎的维修方法进行补砌,新补堡坎在内侧一定范围内和顶部设置防渗层,防渗层的做法是设置20厘米厚的三合泥防渗层,需对三合泥面反复捶打,使浆液流出,然后抹平,减小雨水下渗的概率,其上以卵石砌筑完整,施以石灰抹面。需处理的面积为473平方米。

2) 工程量统计

工程量统计见表二四。

表二四 挡土墙或堡坎保护工程量统计表

序号	工程项目名称	具体位置	工程量	备注
1	废弃物清理	堡坎顶部及基础外侧	983m^3	
2	植物或植物根茎清理	生活区各堡坎	353m^2	
3	墙体苔藓植物处理	生活区部分堡坎	128m^2	
4	墙体抹面空鼓处理	生活区各堡坎	206m^2	
5	墙体酥碱处理	生活区各堡坎	253m^2	
6	基础加固	生活区部分堡坎	138m^2	
7	墙体裂缝处理	生活区部分堡坎	106m^2	
8	墙体歪闪处理	生活区部分堡坎	37m^2	
9	排水防渗	生活区各堡坎	473m^2	

二、衙署区

(一) 建筑遗迹

1. 凉洞

是衙署区仅存的两栋地面土石建筑之一,上部木构建筑已毁,下部洞室保存良好。方案设计对洞室和上部建筑基址实施加固、防渗等。

1）保护工程

（1）墙体维修。

凉洞基础结构较牢，但大型券拱顶部有下沉的迹象，双层砖体相互剥离约1厘米。需尽快加固维修外侧墙体，避免券顶坍塌。加固材料为卵石、青石、石灰料填充，厚度0.6米。

（2）内墙局部抹面。

内墙抹面因受潮或机械性损伤，部分内墙抹面脱落，出露青砖面，需修补。

（3）墙体酥碱处理。

受排水和雨水影响，墙体的石灰抹面部分酥碱，造成脱落，需对已酥碱部分清除，用糯米灰浆进行部分维护。

（4）洞内苔藓植物处理。

清理洞口废弃堆积，去除遗迹表面附生的苔藓植物，并防止其生长。

（5）洞顶防渗处理。

对洞顶抹面脱落处进行防渗处理。

第一，考古发掘，去除表面现代人工三合泥、水泥所形成的地面。去除土方量18.4立方米。

第二，清理洞顶券拱砖体上的泥土，出露洞顶砖体和缝隙，对缝隙以糯米石灰浆灌注进行防渗处理。防渗面积144平方米。

第三，在防渗处理后的洞顶回填10厘米厚黄土，并夯实。回填土方量14.4立方米。

第四，在夯实的黄土上再做一防渗层。防渗面积144平方米。

第五，在防渗层上铺垫10厘米厚黄土，并夯实。回填土方量14.4立方米。

第六，以10厘米厚三合泥作为表层，夯实，将柱础露于地表。土方量14.4立方米。

（6）踏步及门框维修。

由地面通往凉洞上方的原木构建筑有踏步相连，中间有木门，现已毁，仅存门框残痕。

第一，拆除踏跺上现代修建的长方形水泥水池，共0.2立方米。

第二，台阶入口处的墙体部分垮塌，需维修。以青砖、三合泥为材料砌筑，保留和顺延木质门框部分。维修共0.13立方米。

第三，处理台阶两侧挡土墙抹面的酥碱部分。清除酥碱部分，用糯米砂浆对清除部分抹面。

第四，台阶顶部的两级红砂岩石板踏跺已失，可用村民搬迁房屋后遗留的红砂岩阶条石进行补配。共0.1立方米。

第五，对呈层状剥离的红砂岩踏跺进行黏结。共0.72平方米。

2）工程量统计

工程量统计见表二五。

表二五 凉洞保护工程量统计表

序号	工程项目名称	具体位置	工程量	备注
1	墙体维修	凉洞东南侧墙体	4.5m³	
2	内墙局部抹面	凉洞	11m²	
3	墙体酥碱处理	凉洞	20.4m²	
4	洞内苔藓植物处理、霉变处理	凉洞内	18.2m²	
5	洞顶防渗	凉洞顶	144m²	考古去除土方量18.4m³，回填土方量14.4m³
6	拆除踏跺上现代修建的水泥水池	凉洞东侧	0.2m³	
7	维修台阶入口处的门框	凉洞东侧	0.13m³	
8	台阶两侧挡土墙的酥碱处理	凉洞东侧	6.7m²	
9	补配台阶顶部的两级红砂岩石板踏跺	凉洞东侧台阶顶部	0.1m³	
10	红砂岩踏跺黏结维修	凉洞东侧台阶	0.72m²	

2. F21~F24

F21~F24位于衙署区第一级台地上，紧邻正街，遗存面积1400平方米，含房屋基址、走廊、道路及相关的排水设施；按遗迹面层材质来分，现存卵石地面、青砖地面、砂岩地面、因前面三种铺装缺失裸露的土质地面、南北厢房内的土质地面、原始浆砌挡墙（抹面）、考古过程中为支护遗迹临时垒砌的干垒挡土墙、砂岩柱础、青砖券拱等。考虑其位置和价值的重要性，再加之其为露天保存，拟决定对其采取原状维修。

采取的保护工程措施主要有清除生物病害、考古配合清理、覆土回填、归安、加固、支护、防水、防风化、修补等。

1）保护工程

清除F21~F24遗存区域内生长的杂草、青苔、小型灌木及其根系、大型乔木根系及其周边滋生的黄色霉菌等。对于枝干较小、根系较浅的植物，人工直接拔除，将植物根系清除干净；对于在考古过程中已砍去上部树干，因根系较大，根系又延伸于遗迹中而未予清理的三个大型树根，先清除其因发霉滋生的黄色菌丝，再以铁锉去除树蔸、根茎，对残存于遗迹内无法清除的根系部分，滴注或灌注8%铵盐溶液或0.2%~0.6%的二氯苯氧醋酸，待其腐烂后对留下的空洞进行维修加固；维修加固后要加强日常管理、定期清除生长出来的杂草和小灌木。清理面积

1400平方米。

从正街上至F21～F24所在平台的红砂岩踏步与门厅之间、南北侧卵石路面之间，此区域内有两个小型探沟，均探得1.8米以下有比较精美的卵石铺装，且两道门槛遗迹的边界关系不清楚，需清理廓清其边界关系。如考古过程中遗迹有垮塌迹象的，要及时进行支护，结合保护需要，可采取临时性或永久性支护。考古清理面积150平方米。

以下为加固、防水防风化、修补、归安等工程。

（1）南北厢房。

第一，根据第二章中介绍南北厢房建造工艺及遗址周边的现代土家族民居布局，推测南北厢房应为五开间，进深一间，为土家族传统的穿斗式木构架房屋，每根立柱下为一个鼓墩式柱础，推测南北厢房各有18个柱础。现南厢房残存3个柱础，2个细砂岩鼓墩式柱础和1个红砂岩方形柱础；北厢房残存5个柱础，其中3个为细砂岩鼓墩式柱础，另外2个细砂岩柱础因经大火焚烧碎裂，仅残存一小块在原位置，分辨不出其为鼓墩式或是方形。但从残存的柱础多数为细砂岩鼓墩式柱础，仅1个红砂岩方形柱础，推测南北厢房早期的建筑应均为细砂岩鼓墩式柱础。由此，南北厢房共需补配30个柱础，柱础采用细砂岩块按照保存较好的柱础的尺寸和工艺制成鼓墩式，下部为方形底座，边长0.4、厚0.07米；上部为圆鼓形或铜鼓形束腰，直径0.27～0.38、厚0.1米。南厢房柱础开间间距3.46、进深间距2.9米；北厢房柱础开间间距3.3、进深间距2.9米。柱础安放时，下部方形底座埋入土中4厘米，整个柱础外露13厘米。

第二，平整厢房内裸露的土质地面，反复多次低压雾化喷洒文物保护化学材料配制的溶液（南北厢房各取适量土样，室内试验经土样制备、样品加固、效果检验，筛选出的最佳文物保护化学材料及其最佳配比），且在具体实施前，需在现场遗迹隐蔽处选取一小块进行试验，检验其在不夯实的情况下单位时间内的渗透深度，溶液浓度要先低后高的顺序喷洒，待其达到理想的渗透深度或不再继续渗透了则停止喷洒，自然干燥情况下检验其龟裂效果；如果能达到较好的抗风化耐干旱的效果，则宜大面积推广实施，实施过程同现场试验过程。反之，如果室内试验能获得较佳的加固效果，而现场试验达不到要求的话，则需进一步用多组文物保护化学材料进行现场试验，选取更适宜老司城遗址裸露土质地面加固的有机或无机化学材料。室外试验2处，每处区域为0.5米×0.5米。南北厢房土质地面需加固面积292平方米。

第三，南北厢房由于属于松软的土质地面，夯压紧实后其地面会比现存地面要低（在试验过程中测算具体数据），计算出南北厢房夯压紧实后仍保持现存地面的高度，需回填多少改性土（文物保护化学试剂+黏土制成，颜色不变），在现存土质地面喷洒溶液后、未夯压前回填其上并找平，原始土质地面和回填改性土一同夯压使其紧实。需回填45立方米。

第四，对残存柱础的损毁缺失处不实行修补，仅归安。

（2）原始浆砌挡墙（抹面）。

第一，按遗存的南厢房南侧墙基建造形制与工艺补砌其垮塌损毁缺失处，灰浆勾缝和抹面。需补砌1.6平方米，墙基厚0.45米。

第二，老司城遗址的原始挡土墙，不论高低，基本都采用不规则形石灰岩块、卵石等砌筑，或砌筑双面石皮，或砌筑单面石皮，都采用灰浆勾缝，并做抹面处理。根据《永顺老司城遗址部分遗迹建造形制与工艺分析》、老司城考古资料、现场查勘等，老司城挡土墙抹面灰浆选用纯石灰浆或糯米灰浆，不加入棉花等筋料，或桐油+灰浆，或桐油+糯米+灰浆，或纯石灰浆；勾缝灰浆经检测，有的挡土墙采用糯米+棉花+灰浆混合成浆勾缝，有的采用桐油+糯米+灰浆混合成浆勾缝，有的直接采用纯石灰浆勾缝。目前，经考古发现和取样分析，糯米+棉花+灰浆混合浆勾缝的主要使用于生活区城墙、衙署区城墙，紫金山墓葬区也有发现使用。F21～F24遗存区域内的挡土墙或挡墙经现场查勘和取样检测分析，勾缝灰浆采用纯石灰浆。现针对其酥碱粉化、黏结性逐步丧失，导致石缝松动，采取针管注射或从石缝中滴注石灰乳，让乳液进入到缝隙中并逐步填充。此方法需选用优质生石灰，粉碎后用较小目的筛网过筛，配制的石灰乳水灰比要适宜，具有较好的流动性，以保证注射或滴注时不堵塞管道，进入石缝中后能较快渗入到周边一定范围内的孔隙中。此法选用的修补材料为传统材料，符合文物维修准则，缺点就是维修施工比较麻烦、耗费工时。

南厢房南墙基、北厢房北墙基需加固面积32平方米。南走廊北侧挡墙、北走廊南侧挡墙、G24明沟段两侧沟壁、间楼东南西三面挡墙、中道两侧挡墙、南北侧道两侧挡墙残存部分采用与南厢房南墙基相同的方式方法进行加固处理和日常养护，需加固面积247平方米。

（3）南北走廊。

第一，南走廊东北端残存的细砂岩块铺装1米×0.6米，细砂岩块碎裂，局部因基础沉降塌陷，需将其揭取并按原位进行编号，平整下侧基础和铺垫垫层土后，按原位铺筑。

第二，南走廊其余处因铺装损毁缺失裸露的土质地面防水防风化渗透加固同南北厢房土质地面加固，其上保护性回填改性灰土（文物保护化学材料+黏土+石灰），夯实后与东北端细砂岩块铺装垫层土齐高，不得超过。渗透加固面积52.5平方米；需回填改性灰土5.25立方米。

第三，北走廊西南端残存一块细砂岩板0.4米×0.3米，下侧为石灰浆垫层（与南走廊铺装垫层土不同，考古推断两处铺装修建时间有先后），垫层厚4厘米，北走廊其余处出露土质地面。土质地面防水防风化渗透加固同南北厢房土质地面加固，为保证夯实后与西南端细砂岩块铺装垫层下的素土基础齐平，需回填改性土4.86立方米。渗透加固面积48.6平方米。

第四，归安南走廊东北端砂岩柱础，2个。

（4）中道、南道、北道。

第一，中道面层有三种铺装材料，但损毁缺失严重，青砖铺装、细砂岩块铺装损毁缺失的，不再进行补配，裸露的土质地面防水防风化渗透加固同南北走廊，渗透加固现存土质地面，经检测铺装下有垫层土的，回填改性垫层土，无垫层土的，回填改性土，保证其夯实后与铺装下土质地面或垫层齐高。加固面积6平方米。

第二，为稳固中道、南道、北道残存的卵石铺装边缘，不再因失稳逐步向中间侵蚀损毁，按遗存的原始边缘稳固设施加固卵石铺装边缘。中道残存卵石铺装边缘采用原始砌筑工艺用长约25厘米的卵石横向浆砌，砌构长26、高0.3米。南北道残存卵石铺装边缘用红砂岩块顺向平铺，长9米；红砂岩块长0.8、宽0.3、厚0.1米。加固量18.7m^3。

第三，中道、南道、北道残存的卵石铺装用干灰扫缝加固。加固面积29平方米。

第四，中道、南道、北道其余处因铺装损毁缺失裸露的土质地面防水防风化渗透加固同南北厢房土质地面，上部再回填适量的改性土，一同夯实，与两侧原始挡墙齐平。加固面积79.31平方米。

第五，南道、北道两侧原始挡墙上部垮塌损毁的，不造成内芯填土和上部卵石铺装失稳的，不再进行补砌。

（5）间楼。

第一，整理间楼东南西三面挡墙及内侧小型平台三面挡墙上部松动的石块，并进行编号，按原位重新砌筑，灰浆勾缝；石块已缺失的，不再进行补配。原位砌筑面积3.52平方米。

第二，间楼及内侧小型平台地面因铺装全部损毁缺失，裸露土质地面防水防风化渗透加固同南北厢房土质地面加固。加固面积94.88平方米。

（6）南北天井、南北散水、南北侧卵石路面、南侧卵石坪等卵石铺装。

第一，对这七处中残存的卵石铺装用干灰扫缝加固，加固面积271平方米。

第二，这七处卵石铺装中有大量区域卵石损毁缺失，裸露土质地面防水防风化渗透加固同南走廊土质地面加固。加固面积79平方米，需回填改性灰土7.9立方米。

（7）南北侧道。

第一，按南北侧道两侧遗存挡墙建造形制与工艺补砌其垮塌损毁处至与内芯填土齐平，补砌面积10平方米，挡墙厚0.3米。

第二，路面铺装损毁缺失，裸露的土质地面防水防风化渗透加固同南北厢房土质地面，渗透后稍加夯实，不再回填其他土质。渗透加固面积36平方米。

（8）G22、G24、G25。

第一，参照G22南沟壁仅存的两小段补砌垮塌损毁处，注意要有可识别性，需补砌沟壁长16.5、厚0.7、高0.7米。

第二，补砌的沟壁临水沟面要做抹面处理，抹面面积15平方米。

第三，G22仍需承担起排水功能，沟底部分缺失的卵石铺装需功能性修复，修复面积8平方米。

第四，干灰扫缝加固G22、G24明沟段、G25沟底残存的卵石铺装，加固面积41平方米。

第五，配合考古清理G24暗沟内堆积淤泥。

第六，G24券拱外侧外露部分，由于长期受日晒雨淋的影响，勾缝灰浆黏结性逐渐丧失，砖块松动，且青砖块风化碎裂严重，为防止勾缝灰浆黏结性进一步丧失，砖块风化，对其进行反复多次低压雾化喷洒文物保护化学材料配制的溶液，按溶液浓度由低到高的顺序喷洒，以达到防水防风化效果。处理面积10平方米。

第七，整理G25残存北沟壁，长5、高0.3米。

第八，G25沟底由于有一段卵石铺装损毁缺失，出露土质地面。需对其进行渗透加固，以使能达到防水防风化的效果，渗透加固同南厢房土质地面。加固面积4平方米。

（9）其他遗迹。

第一，遗存区域内由于有多期房屋及附属设施遗迹叠压，有一些原始挡墙无法对其进行考古编号和命名，以及在考古过程中，为支护原始遗迹或支护内侧土体不至滑坡，临时垒砌的一些挡土墙，需对它们进行整理和加固；整理、加固挡墙长241、均高0.9米，原始挡墙加固方法同（2）中的第二点。

第二，防水防风化渗透加固和夯实遗存区域内其余裸露的土质地面。加固面积258平方米。

2）工程量统计

工程量统计见表二六。

表二六　F21~F24保护工程量统计表

序号	工程项目名称	具体位置	工程量	备注
1	清除杂草、青苔、小型灌木	F21~F24遗存区域	1400m²	
2	大型乔木根茎（根茎直径8cm以上）清除	F21~F24遗存区域内	3个	
3	考古清理	从正街上至F21~F24所在平台的红砂岩踏步与门厅之间	150m²，深1.8m	
		G24暗沟内	8m³	
4	修补细砂岩柱础	南北厢房、南走廊	8个	
5	归安柱础	南北厢房、南走廊	8个	
6	补配石柱础	南北厢房	30个	
7	土质地面防水防风化渗透加固试验	南北厢房	1项	
8	防水防风化渗透加固并夯实	南北厢房土质地面	292m²	
		南走廊裸露的土质地面	52.5m²	
		北走廊裸露的土质地面	48.6m²	
		中、南、北道裸露的土质地面	85.31m²	
		间楼及内侧平台裸露的土质地面	79.31m²	
		南北天井、南北散水等因卵石铺装损毁裸露的土质地面	79m²	
		南北侧道路面裸露土质地面	36m²	
		G25沟底卵石铺装损毁缺失裸露的土质地面	4m²	
		F21~F24区域内裸露的其他土质地面	258m²	
9	保护性回填并夯实	南走廊	5.25m³	
		北走廊	4.86m³	
		间楼及内侧小平台	7.94m³	

续表

序号	工程项目名称	具体位置	工程量	备注
9	保护性回填并夯实	南北天井、南北散水等因卵石铺装损毁裸露的土质地面	7.9m³	
10	地脚石砌构	南北厢房	0.5m³	
11	补砌原始墙体，以抵挡内侧土体垮塌	南厢房南墙基垮塌损毁处	1m³	
		南北侧道两侧挡墙垮塌损毁处	3m³	
12	防水防风化渗透加固遗存挡墙	F21~F24遗存区域内	279m²	南北厢房墙基、道路两侧挡墙
13	揭取重铺	南走廊残存的细砂岩块	0.6m²	
14	卵石铺装边缘加固	中道、南道、北道残存的卵石铺装边缘	18.7m³	
15	干灰扫缝加固	中、北、南道残存的卵石铺装	29m²	
		南北天井、南北散水、南北侧的卵石路面、南侧卵石坪	271m²	
		G22、G24明沟段、G25沟底残存的卵石铺装	41m²	
16	整理间楼及内侧小型平台挡墙上松动的石块，灰浆勾缝	间楼及内侧小平台	3.52m²	
17	补砌G22南沟壁	G22南沟壁垮塌损毁处	8.1m³	
18	抹面处理	补砌的沟壁临水沟面	15m²	
19	补配沟底卵石	G22	8m²	
20	防水防风化渗透加固	G24青砖券拱	10m²	
21	整理G25北沟壁并灰浆勾缝	G25北沟壁	1.5m²	
22	整理、加固	F21~F24区域内一些未编号的原始挡土墙	挡墙长241m，均高0.9m	
		干垒的一些临时性挡土墙		

3. PT3、F32

PT3和F32位于衙署区第三级台地上，PT3废弃后在其上修建了F32，遗存面积241平方米。考古揭露面上，南部一处较大的带菱形图案的卵石铺装为PT3残存遗迹；12个磉墩为F32残存遗迹；PT3和F32通面阔17.2米，通进深10.5米，共用内外侧挡土墙和东、南、北三面排水沟，由于遗迹损毁缺失，暴露出大量的土质地面。设计中，损毁缺失处尽量不补配，做好暴露土质地面的防雨保护措施，但对影响到残存遗迹结构稳定的，进行加固；对于保存较好的遗迹，保持现状，加强日常管理，及时消除生物病害。

采取的保护工程措施有清除生物病害、配合考古清理、防雨保护等。

1）保护工程

（1）清除植物根系。

清除PT3和F32遗存区域及东、西侧挡土墙石缝生长的杂草、青苔、小型灌木及其根系，清理面积310平方米；区域内有5个大型乔木根蔸，先用铁锉去除地上保留的树干，再对地下无法清除的根系部分，滴注或灌注8%的铵盐溶液或0.2%～0.6%的二氯苯氧醋酸，待其腐烂后填补留下的空洞。

（2）配合考古清理。

清理F32东北角三角形叠压堆积，发掘面积10平方米，发掘深度为2.3米。

（3）拆除水泥电线杆。

拆除架设在PT3上的电线杆1根。清除稳固电线杆的土堆，清除土方1.6立方米。

（4）补砌。

东、南、北三面排水沟沟底卵石铺装保存较好，维持现状，但两侧浆砌的沟壁墙体上部因缝隙间灰浆酥碱、破坏等导致石块松动、缺失，灌浆勾缝加固松动石块、补砌缺失处至与PT3残存面齐平，需补砌3.7立方米。

（5）素土回填。

回填北部扰乱坑并夯实，需回填土方0.4立方米。

（6）F32磉墩维持现状。

F32残存的磉墩为用卵石、不规则形石块浆砌成1～1.1米见方，四列三行，共12个，保存较好，维持现状，暂不予以维修干预。

（7）夯铺三合土。

PT3在南部可见一处较大的带菱形图案的卵石铺装，北部有几处小的零散的无图案卵石铺装，为确保素土地面不再进一步损毁，先在暴露的素土地面上铺垫一层透气性膜，再在膜上参照北部面层上遗存的三合土地面，夯铺一层三合土，三合土夯实后约5厘米厚，略低于卵石铺装面2～3厘米，既可起到防雨、防日晒开裂、防风化作用，又能抑制植物危害。需夯铺三合土11立方米。

（8）补铺细砂岩板。

PT3南侧、墙体北侧有一处长11、宽1米的土质地面，中部残存一块细砂岩板，为防止雨水危害、日晒龟裂风化、植物侵蚀土质地面，参照遗存细砂岩块，用相同大小细砂岩板平铺覆盖土质地面。需细砂岩块0.8立方米。

（9）东侧挡土墙维修加固。

第一，东部内侧平台较高，高出PT3约2.8米，因平台较高，施给挡土墙的土压力相对就要大得多，导致东侧挡土墙垮塌损毁严重，仅基部残存0.2～0.3米高，暴露出高2.5～2.6米夹杂着瓦砾的土坎，现用塑料薄膜覆盖，防止其受雨冲淋崩塌，但影响了游客观瞻，也不美观。故参照遗存原始挡土墙，用不规则形石块、卵石补砌至与内侧平台齐平，灰浆勾缝；补砌部分要做可识别性标记，需补砌13立方米。

第二，对于残存的未发生歪闪倾斜的原始挡土墙，暂不予维修干预，保持现状，及时清除生物病害。

（10）西侧挡土墙维修加固。

对于严重歪闪倾斜的原始挡土墙，进行扶正，扶正面积3平方米；对干垒挡土墙鼓突处，推压回原位后，低压灌浆勾缝加固，面积11平方米；对于干垒挡土墙垮塌、暴露出后侧土坎；用不规则形石块、卵石补砌至与内侧PT3齐平，灰浆勾缝，补砌部分要做可识别性标记，补砌1.1立方米。

2）工程量统计

工程量统计见表二七。

表二七　PT3、F32保护工程量统计表

序号	工程项目名称	具体位置	工程量	备注
1	清除杂草、青苔、乔灌木及其根系	PT3和F32遗存区域及东、西侧挡土墙	310m²	
2	清理大型乔木根蔸	PT3和F32遗存区域及东、西侧挡土墙	5个	
3	配合考古清理	F32东北角	10m²	
4	拆除水泥电线杆	PT3	1根	
5	清除土堆	PT3	1.6m³	
6	补砌	PT3东、南、北三面排水沟	3.7m³	
7	素土回填并人工夯实	PT3北部扰乱坑	0.4m³	
8	夯铺三合土	PT3	11m³	
9	补铺细砂岩板	PT3南侧、隔墙北侧土质地面	0.8m³	
10	补砌	东侧挡土墙	13m³	
		西侧挡土墙	1.1m³	
11	扶正歪闪倾斜墙体	西侧原始挡土墙	3m²	
12	推压鼓突墙体并低压灌浆勾缝加固	西侧原始挡土墙	11m²	

4. L16、L17、G36、F33

F33位于F32南侧，中间由一堵墙隔开，略高于F32所在平台，L16、G36、G37为其配套设施；L16叠压于L17之上，为第二级台地进入F33的道路，含踏步段和细砂岩板铺装而成的平坦路面段；L17在第二级台地入第三级台地起始处揭露一小部分，在L16东侧揭露一小部分，为卵石路面；G36位于L16北侧，G37位于F33南侧；F33地面铺装损毁缺失，仅在西南角残存4块位于同一水平面上的细砂岩板。本方案综合考虑F33及其配套设施，对其统一实行保护工程设计，对于F33铺装损毁缺失处，不再补配，做好暴露土质地面的防雨保护措施，修补L16损毁的踏步；维修加固西侧、南侧挡土墙，做好北侧隔墙的防雨保护措施；加强日常管理，及时消除生物病害。

1）保护工程

（1）清除植物根系。

清除F33及其配套设施、西侧和南侧挡土墙石缝生长的杂草、青苔、小型灌木及植物根系；清除东南角坡面上现代居民用水泥覆盖埋置的水管；隔墙西端、南侧挡土墙分别有1个大型乔木根蔸，上部枝叶和主杆在考古发掘中已砍除，先用铁锉去除地上保留的树干，再对地下无法清除的根系部分，滴注或灌注8%的铵盐溶液或0.2%~0.6%的二氯苯氧醋酸，待其腐烂后填补留下的空洞。清理面积282平方米。

（2）补砌墙体。

整理并灌浆加固南侧残存挡土墙上部松动石块，顶部铺垫防水油毡（与墙体颜色相近，耐老化，且降解或老化不至于对遗迹造成化学污染），上部再用不规则形石块对缝卡紧砌筑至与F33残存砂岩地面齐平，并灰浆勾缝；需补砌2.1立方米。

（3）支护加固。

西侧原始挡土墙长11、高2.3米；中部有4.28米长由上至基部全部垮塌，现用不规则形石块干垒以挡土固坡，两端原始挡土墙已严重向外歪闪倾斜，外侧现用石块干垒成1.1米高的石堆用以支护墙体；对已歪闪倾斜、尚未垮塌的原始挡土墙用防腐木柱或经防锈处理的铸铁管进行支护；对中部干垒的挡土墙进行低压灌注灰浆勾缝加固后，再移除石堆；低压灌浆灰浆勾缝加固墙体立面面积10平方米。

（4）补砌青砖墙体。

参照遗存青砖墙体，用与青砖相同尺寸、颜色相近的透水砖顺向错缝平砌，至与F33残存砂岩地面齐平；需补砌0.9立方米。

（5）夯铺三合土。

附近居民在F33上多次进行重复建设，其地面铺装几乎全部损毁缺失，仅在西南角残存四块位于同一水平面上的细砂岩板，且将素土基础挖除，比细砂岩板地面低0.18米，故素土回填至与残存砂岩地面素土基础齐平，上部再夯铺一层三合土，三合土夯实后约2厘米厚，与砂岩地面下的灰浆结合层齐平。需回填土方27立方米、夯铺三合土3.8立方米。

（6）修补细砂岩踏步。

参照L16踏步段顶部残存的半级细砂岩踏步，修补下部垮塌损毁缺失踏步，踏步宽2.3、高0.2米，修补踏步级数9.5级；

（7）补铺细砂岩板。

L16细砂岩板铺装而成的平坦路面段边缘处细砂岩块缺失，暴露出下侧素土基础，故平整土质地面后，铺2~3厘米厚灰浆垫层，上部用相同尺寸大小的细砂岩板补配；补配面积10平方米。

（8）G36沟底铺装维持现状。

G36沟底卵石铺装、两侧沟壁保存较好，暂不进行维修干预，维持现状。

（9）隔墙顶部防雨保护措施。

先在墙体顶部铺贴一层与墙体同宽的防水油毡（与墙体颜色相近，耐老化，且降解或老化不至于对遗迹造成化学污染），再在其上用较薄的不规则形石灰岩块对缝卡紧，灰浆勾缝砌筑（今后有新的保护措施随时可拆除）。该措施既可保护下侧墙体减少雨水直接击溅和冲蚀，且不改变遗存原貌，油毡厚度仅0.5厘米，油毡上加砌部分限制在8~10厘米厚，又具有可识别性和可逆性。需油毡8平方米、石方1立方米。

2）工程量统计

工程量统计见表二八。

表二八　L16、L17、G36、F33保护工程量统计表

序号	工程项目名称	具体位置	工程量	备注
1	清除杂草、青苔、乔灌木及其根系	L16、L17、G36、F33遗存区域内	282m²	
2	清理大型乔木根蔸	L16、L17、G36、F33遗存区域内	2个	
3	铺垫防水油毡	南侧挡土墙、隔墙顶部	16m²	
4	补砌墙体	南侧挡土墙、隔墙顶部	2.1m³	
5	支护歪闪倾斜墙体	西侧原始挡土墙	18m²	
6	低压灌浆勾缝加固	西侧挡土墙中部干垒部分、南侧挡土墙上部	12m²	
7	补砌青砖墙体	F33北侧残存青砖墙体	0.9m³	
8	素土回填	F33	27m³	
9	夯铺三合土	F33	3.8m³	
10	修补细砂岩踏步	L16踏步段	9.5级	
11	补铺细砂岩板	L16平坦路面段砂岩板缺失处	10m²	

（二）挡土墙或堡坎

衙署区内原始砌筑的挡土墙，共21道。因垮塌损毁后而临时干垒的墙体不包括在内。非原始堡坎需在考古发掘后，依其发掘资料来确定堡坎的保护设计；原始堡坎的保护采取基础加固、裂隙合缝、灌浆、歪闪归正等方法处理。最大程度保留墙体原始抹面，但部分墙体兼有防止内侧泥土流失的重任，上部垮塌部分需适当维修。

1）保护工程

（1）废弃物清理。

位于堡坎处的废弃堆积物需由考古人员配合迁移至总堆放处，以方便堡坎的维修和展示。

清理土石方为300立方米。

（2）考古发掘。

部分因歪闪而要维修扶正的堡坎，需清理堡坎内的土石方。为此，应先进行考古发掘，确认是保留出露的遗迹或是定位挖掘土方的面积大小。

（3）墙体植物去除。

堡坎墙体上生长的草本植物和木本植物以人工去除。面积约320平方米。

（4）墙体苔藓植物处理。

以人工的方式去除，进一步防止其滋生处理。面积70平方米。

（5）墙体抹面空鼓处理。

生活区与衙署区中部堡坎的抹面外鼓，墙体与石灰抹面层剥离，需进行加固处理。面积170平方米。

（6）墙体酥碱处理。

受排水和雨水影响，墙体的石灰抹面部分形成酥碱，造成脱落，需对已酥碱部分清除，以糯米灰浆对清除部分抹面。需处理面积214平方米。

（7）基础加固。

基础加固分为松动基础拆砌和掏蚀基础补砌两种：对于酥碱、鼓胀、粉化或土质流失等形成的地基松动、松散等，可采取去除已酥碱、粉化、鼓胀部分，压实土基。

补砌并灌浆处理；对于因裸露掏蚀的地基，清理干净裸露面，以与墙体相同的材料和工艺进行补砌，将岩质地基包裹墙内，与墙体相接触的砌石应楔入缝隙内，与原墙体楔紧，以保证砂浆收缩而无影响，同时，以低压灌浆工艺将砂浆灌入缝隙内，加强墙体的整体性。基础加固面积47平方米。

（8）墙体结构补强。

墙体结构补强分为补砌和拆砌，针对不同破坏而采取相应的保护措施。松动部分进行局部拆砌；影响到结构安全性的缺失部分墙体进行补砌；对于小型孔洞、小型裂缝采取灌浆的方式进行结构补强。

（9）墙体裂缝处理。

墙体因多种原因而形成的裂缝，在对墙体进行完歪闪归正、墙基加固等处理后，对其裂缝采取相关措施进行处理。需处理面积82平方米。

（10）墙体歪闪处理。

部分墙体因受内、外营力的作用，形成歪闪，严重者目前仅以木柱临时支撑，随时会垮塌，需对此采取归正、加固措施。面积为28平方米。

（11）排水防渗。

堡坎高出内侧现地坪20~30厘米为宜，不足部分分两种情况处理：如果堡坎顶部未形成垮塌，可见堡坎的原始顶面，则结合考古对内侧地坪进行清理。

如果堡坎顶部有明显的垮塌痕迹，结合考古对内侧地坪清理后按堡坎的维修方法进行补砌，新补堡坎在内侧一定范围内和顶部设置防渗层，防渗层的做法一是铺设膨润土垫层，二是采用20厘米厚的三合泥防渗层。同时，进行排水设计（结合裂缝处理时于堡坎上留小型排水孔，宫BK-18已有此做法），杜绝出现积水洼点，减小雨水下渗的概率。需处理的面积为316平方米。

（12）堡坎墙体维修。

一些堡坎的墙体已经垮塌，并威胁着相邻墙体的稳定，需进行加固维修。清理干净已垮塌部位，用垮塌和清理出来的卵石、块石等材料重新修补，以灰浆勾缝，糯米灰浆抹面。

2）工程量统计

工程量统计见表二九。

表二九　挡土墙或堡坎保护工程量统计表

序号	工程项目名称	具体位置	工程量	备注
1	废弃物清理	堡坎顶部及基础外侧	300m³	
2	植物或植物根茎清理	衙署区各堡坎	320m²	
3	墙体苔藓植物处理	衙署区部分堡坎	70m²	
4	墙体抹面空鼓处理	衙署区各堡坎	170m²	
5	墙体酥碱处理	衙署区各堡坎	214m²	
6	基础加固	衙署区部分堡坎	47m²	
7	墙体裂缝处理	衙署区部分堡坎	82m²	
8	墙体歪闪处理	衙署区部分堡坎	28m²	
9	排水防渗	衙署区各堡坎	316m²	

三、紫金山墓葬区

纳入保护设计方案的紫金山墓葬区的墓葬有M1、M2、M4、M6、M7、M8、M9、M10、M11、M12、M23、M24、M25、M26、M27、M28、M29、M30、M31、M32、M33、M34、M35、M36、M37，共24座。

墓葬经考古发掘后，内部结构和破损状况已可见，在现状勘察部分进行了详细的介绍。现存封土很薄，无法防止顶部雨水渗漏；再加之南方雨水充沛，植物繁殖快，生长茂盛，封土上杂草杂木丛生，植株根系扎入墓葬砖券拱中生长而"根劈"，使券拱遭到破坏。为了保护好墓葬，更长久地保存下去，需清除封土堆上杂草杂木、封堵盗洞、清除或药杀砖缝杂草和植物根茎、清除墓室和甬道立壁黏附泥浆、清理和平整墓室内土地面、归安墓室内地面铺装、补砌封门墙、回填墓道等，并适量回填封土，护草种植。

1. 墓葬封土回填

紫金山墓葬区由于无历史图片或照片记载，无法确认墓葬以前封土高度及形状。通过对老司城及永顺县周边一定范围内的墓葬调查以及土体性质的判定，结合泥土的自然安息角平均为35°~40°，封土坡度不能超过45°，考虑到紫金山墓葬区的整体观展效果，墓葬封土不宜太高，在现存封土上，清除杂草杂木后，均回填1米厚纯净黄土并稍加夯实。

2. 植草绿化

第一，如果封土回填后，不植草绿化，封土长期暴露、日晒雨淋，很容易风化扬尘和水土流失，草坪能起到固土的作用；第二，草的根系为须根，一般都在表土层20厘米范围内，回填1米后不会对原始封土、墓葬砖券拱形成破坏作用；第三，封土表面草坪形成后，依靠风力传播至此的杂草杂木种子营养上很难竞争过已经生长茂盛的草坪，甚至无法生根发芽，能起到一定的控制深根系的杂草杂木的生长。可选用结缕草或狗牙根等。

3. 整体工作

纳入方案中的24座墓葬，除M31、M36、M37共一个封土堆但为独立的墓室外，其余均为单室砖室墓，病害和破损状况基本相似，仅区域大小和破损程度不同，维修加固方式基本相同，故将其保护工程措施进行合并阐述，相同项工程量合并统计。

（1）清除每座墓葬封土堆上及周边一定范围内生长的杂草、乔灌木及其根系等；24座墓葬，共需清理面积1219.78平方米，因在第二期保护方案中已对其中11座墓葬封土堆上的杂草杂木进行清理，计入628平方米，因此本次工程中，清理面积计为591.78平方米。

（2）对未进行考古清理的M2、M12、M23、M24、M25、M26、M27、M28进行考古清理，探明其内部破损状况，以便于提出相应的保护措施。

（3）封堵盗洞。

对于内外被挖通的盗洞，先从墓室内用相同工艺制作的同尺寸、同颜色的青砖浆砌封堵，然后再从外侧洞口将纯净黄土缓慢倒入盗洞内，并逐层夯实，直至将盗洞完全填满。

对于未挖穿的盗洞，先从墓室内清理出盗洞内的散土和杂质；填入纯净黄土并逐层夯实，直至填至墓室立壁青砖墙体，再用相同工艺制作的同尺寸、同颜色的青砖浆砌封堵盗洞。共需封堵盗洞74个。

（4）药杀或清除墓室和甬道立壁及券顶砖缝中生长的杂草、砖壁表面及抹面滋附的青苔。共需清理面积313.1平方米。

（5）清除墓室和甬道立壁表面黏附的泥浆，以及因受渗水影响券顶抹面灰浆饱含水后成浆状向下滑落覆盖于砖壁表面的灰浆，共需清理面积219平方米。

（6）清除墓室内金砖表面及裸露的甬道土质地面生长的杂草及青苔，并平整地面。面积127.96平方米。

（7）归安墓室内地面铺装：24座墓葬中，M9墓室地面选用红砂岩块铺装，M8、M29、M37墓室地面选用长方形青砖铺装，M31、M36因墓室地面铺装全毁，无法推测其铺装材质，其余墓葬选用方形青砖铺装墓室地面，因盗墓活动均有损毁缺失或砖块位移。对于缺失的方形青砖，不再补配，对于位移的方形青砖进行归安，面积47平方米。

（8）补砌墓葬封门墙：根据每个墓葬残存封门墙使用的材料及砌筑工艺补砌封门墙，直至将封门洞封堵砌构19立方米。

（9）清理墓道内碎石断砖、垃圾、生长的杂草杂木等，然后用纯净黄土回填并逐层夯实，回填土方85.22立方米。

（10）在经清理干净的现存封土堆上回填纯净黄土并逐层夯实，每座墓葬回填封土厚约1米，回填土方919.78立方米。

（11）铺种结缕草，面积1219.78平方米。

（12）工程量统计见表三〇。

表三〇　紫金山墓葬区24座墓葬保护工程量统计表

序号	工程项目名称	具体位置	工程量	备注
1	清除封土堆上生长的杂草、乔灌木及其根系	紫金山墓葬区的24座墓葬	591.78m²	
2	配合考古清理	紫金山M2、M12、M23、M24、M25、M26、M27、M28	8座	
3	封堵盗洞	紫金山墓葬区的24座墓葬	74个	
4	药杀或清除墓室内生长杂草和青苔	紫金山墓葬区的24座墓葬	313.1m²	
5	清除墓室和甬道立壁表面黏附的泥浆和灰浆	紫金山墓葬区的24座墓葬	219m²	
6	清除墓室和甬道地面生长的杂草及青苔	紫金山墓葬区的24座墓葬	127.96m²	
7	归安墓室内地面铺装	紫金山墓葬区的24座墓葬	47m²	
8	补砌封门墙	紫金山墓葬区的24座墓葬	19m³	
9	回填墓道	紫金山墓葬区的24座墓葬	85.22m³	
10	回填封土堆	紫金山墓葬区的24座墓葬	919.78m³	
11	回填封土表面铺种结缕草	紫金山墓葬区的24座墓葬	1219.78m²	

4. M11（彭世麒墓）

（1）墓室内部维修。

第一，墓室和前廊内墙抹面因受潮、雨水侵蚀、机械性损伤等，导致部分内墙灰浆抹面局部形成酥碱并脱落，出露券顶青砖，且局部有人为涂鸦墨迹，需对已酥碱部分和人为涂鸦墨迹清除后，以糯米砂浆抹面。

第二，堵砌盗洞：将墓室内部的盗洞用青砖、三合泥封堵，厚度1.5米，再以纯净黄土封堵外部盗洞穴及洞口，再以糯米砂浆对墓室内的封堵部位抹面，使缺损点得到修补。

第三，头龛归安：长期的盗墓破坏，头龛位移，需归安。

第四，归安墓室内石雕：对于破损石构件不影响观瞻的，不再进行补配，将其他位移的石构件归安。

第五，修补前廊一进门：三个墓室正前方的前廊一进门均有不同程度的破损，对断裂部位进行黏结、修补。

（2）墓体外部维修。

第一，清除封土堆上、墓围缝隙间灌木根茎、杂草等，并喷洒除草剂。

第二，墓围归安：归安青砖墓围，墓围沿用原建设形制叠涩砌法。

第三，墓体外侧防渗处理（与并排的M13-M16、M17、M18-M19做整体防渗层）：先揭去部分现存封土，在不影响墓体结构的情况下稍加压实留存封土，再在其上铺NT33 1000型膨润土垫防渗柔性卷材或100毫米厚三合土并夯打致密，回填封土并夯实，封土堆高2.2米，铺种结缕草。

第四，墓前修建排水暗沟：因墓体展示所需，封土不实行全部封闭，于M11-中前廊门前开挖0.2米宽、0.2米深的排水暗沟，连接墓道一侧的排水暗沟一起将收集来的雨水排入紫金山墓葬排水总管中。

第五，维修拜台，红砂岩条石归安，平整夯实台面，修补部分卵石面。

第六，墓道维护，墓道一侧开挖小型排水暗沟，排出雨水。

第七，加固八字墙：对断裂、破损的八字墙体进行黏结、加固。

（3）工程量统计见表三一。

表三一　M11保护工程量统计表

序号	工程项目名称	具体位置	工程量	备注
1	墓室内部酥碱、涂鸦等处理	M11	53m²	
2	封堵盗洞	M11	3个	
3	头龛归安	M11	2个	
4	归安墓室内石雕	M11	2件	
5	修补前廊一进门	M11	0.82m²	
6	清理封土堆上、墓围缝隙间灌木根茎、杂草	M11	78.5m²	
7	墓围归安	M11	17m²	
8	墓体外侧防渗处理	M11	78.5m²	
9	回填封土	M11	26m³	
10	铺种结缕草	M11封土表面	78.5m²	
11	修建排水暗沟	M11	6m	
12	维修拜台	M11	23m²	
13	墓道维护	M11	3.1m	
14	维修八字墙	M11	8m	

5. M13-M16

（1）墓室内部维修。

第一，墓室内墙抹面因受潮、雨水侵蚀、机械性损伤等，导致部分内墙石灰抹面局部形成酥碱并脱落，出露券顶青砖，需对已酥碱部分清除后，按原部位、原材料、原工艺修补，视原墙体抹面材料用石灰砂浆或糯米砂浆粉刷。

第二，封堵盗洞：将墓室内部的盗洞用青砖、三合泥封堵，厚度1.5米，再以纯净黄土封堵外部盗洞穴及洞口，再以糯米砂浆对墓室内的封堵部位抹面。

第三，头龛归安：头龛位移的，需归安；如果头龛已损毁丢失的，不再实行维修和归安。

第四，修补墓门：M13-M16为共一个封土堆的四个单室砖石墓，墓门为双层石门或一层石门外再砌堵一层青砖墓门，四个石墓门均有不同程度的损毁，主要表现为石墓门断裂、缺失等，无浮雕；青砖墓门被拆卸，需维修：将断裂的石墓门黏结修补，并归安，再用青砖、三合泥按原建设形制浆砌封堵墓门。

第五，归安棺床：M13-M15的棺床系用三块长条形青石块平铺，M16系用金砖拼铺，均稍微高出室内地面7~10厘米，由于长期的盗墓破坏，M16棺床局部金砖丢失，留存的金砖由于受渗水、潮湿的影响，滋附大量的青苔，需维修，具体做法：清洗青石块棺床板，使其上图案更清晰，如果图案损毁的，不实行恢复，保持现状；对于已丢失的金砖不再实行补配，做好现有金砖的霉菌清理、防风化、防苔藓植物滋生等工作。

（2）墓体外部维修。

第一，清除封土堆上、墓围缝隙间灌木根茎、杂草等，并喷洒除草剂。

第二，墓围归安：归安青砖墓围，墓围沿用原建设形制叠涩砌法。

第三，墓体外侧防渗处理（与并排的M11、M17、M18-M19做整体防渗层）：先揭去部分现存封土，在不影响墓体结构的情况下稍加压实留存封土，再在其上铺NT33 1000型膨润土垫防渗柔性卷材或100毫米厚三合土并夯打致密，回填封土并夯实，封土堆高2.2米，铺种结缕草。

第四，维修拜台：青砂岩条石归安，平整夯实台面。

第五，墓前修建排水暗沟：因墓体展示所需，封土不实行全部封闭，于墓体前修建排水暗沟，连接M17、M18-M19前的排水暗沟将收集来的雨水排入紫金山墓葬排水总管中。

第六，维修右侧八字墙：断裂、破损的八字墙体进行黏结、加固。

（3）工程量统计见表三二。

表三二　M13-M16保护工程量统计表

序号	工程项目名称	具体位置	工程量	备注
1	墓室内部酥碱、霉变等处理	M13-M16	68m²	
2	封堵盗洞	M13-M16	5个	
3	头龛归安	M13-M16	4个	
4	归安棺床	M13-M16	28m²	

续表

序号	工程项目名称	具体位置	工程量	备注
5	维修墓门	M13-M16	10m²	
6	清理封土堆上、墓围缝隙间灌木根茎、杂草	M13-M16	135m²	
7	墓围归安	M13-M16	21m²	
8	墓体外侧防渗处理	M13-M16	135m²	
9	回填封土	M13-M16	38m³	
10	铺种结缕草	M13-M16封土表面	135m²	
11	修建排水暗沟	M13-M16	10m	
12	维修拜台	M13-M16	40m²	
13	维修八字墙	M13-M16	4.5m	

6. M17（彭宗舜墓）

（1）墓室内部维修。

第一，墓室和前廊内墙抹面因受潮、雨水侵蚀、机械性损伤等，导致部分内墙石灰抹面局部形成酥碱并脱落，出露券顶青砖墙体，需对已酥碱部分清除后，以糯米砂浆抹面。

第二，封堵盗洞：将墓室内部的盗洞用青砖、三合泥封堵，厚度1.5米，再以纯净黄土封堵外部盗洞穴及洞口，再以糯米砂浆对墓室内的封堵部位抹面。

第三，归安头龛：由于长期的盗墓破坏，头龛位移，需归安。

第四，归安墓室内砖雕：M17内为砖雕，局部高浮雕花砖被撬走，或被机械性破坏而碎裂，留存的花砖盐化情况严重，表面着附大量白渍，墓壁基础的花砖除盐化严重外，还因墙体上部抹面由于受长期雨水侵蚀形成碳酸钙，并顺雨水流至底部花砖将花砖浮雕遮盖，归安的具体做法：清理花砖表面覆盖的碳酸钙流浆，并用物理方法将高浮雕表面的白色盐迹清除，黏结碎裂了的花砖并补配缺失的花砖。遗失的花砖按原样制模烧制，进行补配。

第五，归安棺床：棺床系用三块长条形青石块平铺，由于长期的盗墓破坏，长条形青石块棺床板断裂、移位，需黏结并归安。具体做法：先平整棺床下土垫层，将位移的青石块棺床板黏结归安，上有图案的，稍加清理，使图案更清晰，如果图案损毁的，不实行恢复，稍加清理保持现状；做好裸露土面的霉菌清理、防苔藓植物滋生等工作。

第六，修补墓门及其配件：M17为三室券顶砖室合葬墓，有二次进门，一进门为券拱式的墓洞，用青砖错缝卧砌，三合泥勾缝，封堵墓洞，现M17-左、M17-右一进门的墓洞上部有小面积受损，需加固；二进门为三块10厘米厚的青砂岩板嵌入墓门槽镶拼，三个墓室的二进墓门均有位移状况，尤其是M17-右二进墓门的三块青砂岩板全部位移，门框及墓门槽也均毁，M17-中门框和墓门槽也有损毁、两块青砂岩板墓门位移，M17-右墓门框和墓门槽保存较好，一块青砂岩板墓门位移，需归安。具体做法：补配并归安青砂岩板墓门。

第七，平整廊道地面。

第八，维修前廊青砖券顶垮塌处。

（2）墓体外部维修。

第一，清除封土堆上、墓围缝隙间灌木根茎、杂草等，并喷洒除草剂。

第二，墓围归安：归安青砖墓围，墓围沿用原建设形制叠涩砌法。

第三，墓体外侧防渗处理（与并排的M11、M13-M16、M18-M19做整体防渗层）：先揭去部分现存封土，在不影响墓体结构的情况下稍加压实留存封土，再在其上铺NT33 1000型膨润土垫防渗柔性卷材或100毫米厚三合土并夯打致密，回填封土并夯实，封土堆高2.2米，铺种结缕草。

第四，墓前修建排水暗沟：因墓体展示所需，封土不实行全部封闭，于墓体前修建排水暗沟，连接M18-M19前的排水暗沟将收集来的雨水排入紫金山墓葬区排水总管中。

第五，维修拜台：平整并夯实台面。

（3）工程量统计见表三三。

表三三　M17保护工程量统计表

序号	工程项目名称	具体位置	工程量	备注
1	墓室内墙酥碱、霉变等处理	M17	60m²	
2	封堵盗洞	M17	5个	
3	头龛归安	M17	3个	
4	归安墓室内砖雕	M17	35.5m²	
5	归安棺床	M17	23m²	
6	修补墓门及其配件	M17	4扇	
7	平整廊道地面	M17前廊地面	9m²	
8	维修前廊青砖券顶垮塌处	M17前廊券顶及M17-中墓洞券拱	1.2m²	
9	清理封土堆上、墓围缝隙间灌木根茎、杂草	M17	63m²	
10	墓围归安	M17	12.8m²	
11	墓体外侧防渗处理	M17	66m²	
12	回填封土	M17	17.6m³	
13	铺种结缕草	M17封土表面	66m²	
14	修建排水暗沟	M17	8.1m	
15	维修拜台	M17	25m²	

7. M18-M19

（1）墓室内部维修。

第一，考古发掘清理M19：M19由于暂未进行考古发掘，墓室内保护工程待考古发掘后再行制定，此次只做墓体外部维修。

第二，墓室内墙抹面因受潮、雨水侵蚀、机械性损伤等，导致部分内墙石灰抹面局部形成酥碱并脱落，出露券顶青砖，需对已酥碱部分清除后，以糯米砂浆抹面。

第三，封堵盗洞：将墓室内部的盗洞用青砖、三合泥封堵，厚1.5米，再以纯净黄土封堵外部盗洞穴及洞口，再以糯米砂浆对墓室内的封堵部位抹面。

第四，归安棺床：M18棺床系用金砖拼铺，稍微高出室内地面7~10厘米，由于长期的盗墓破坏，部分金砖丢失，留存的金砖由于受渗水、潮湿的影响，滋附大量的青苔，需维修，具体做法：对于已丢失的金砖不再实行补配，做好现有金砖的霉菌清理、防风化、防苔藓植物滋生等工作。

第五，封堵墓门洞：M18-M19为共一个封土堆的两个单室砖石墓，墓门系用青砖错缝浆砌封堵墓洞而成。两个墓室的青砖墓门被拆卸，用青砖、三合泥按原建设形制浆砌封堵墓洞。

（2）墓体外部维护。

第一，清除封土堆上、墓围缝隙间灌木根茎、杂草等，并喷洒除草剂。

第二，墓围归安：归安青砖墓围，墓围沿用原建设形制叠涩砌法。

第三，墓体外侧防渗处理（与并排的M11、M13-M16、M17做整体防渗层）：先揭去部分现存封土，在不影响墓体结构的情况下稍加压实留存封土，再在其上铺NT33 1000型膨润土垫防渗柔性卷材或100毫米厚三合土并夯打致密，回填封土并夯实，封土堆高2.2米，铺种结缕草。

第四，维修拜台：平整并夯实台面。

第五，墓前修建排水暗沟：因墓体展示所需，封土不实行全部封闭，于墓体前修建排水暗沟，连接紫金山墓葬排水总管。

第六，维修左侧八字墙：对断裂、破损的八字墙体进行黏结、加固。

（3）工程量统计见表三四。

表三四　M18-M19保护工程量统计表

序号	工程项目名称	具体位置	工程量	备注
1	墓室内墙酥碱、霉变等处理	M18	16m²	
2	封堵盗洞	M18-M19	1个	
3	归安棺床	M18	5.3m²	
4	封堵墓门洞	M18-M19	1.5m³	
5	清理封土堆上、墓围缝隙间灌木根茎、杂草	M18-M19	36m²	
6	墓围归安	M18-M19	15m²	
7	墓体外侧防渗处理	M18-M19	36m²	
8	回填封土	M18-M19	38m³	
9	铺种结缕草	M18-M19封土表面	135m²	
10	修建排水暗沟	M18-M19	6m	
11	维修拜台	M18-M19	19m²	
12	维修八字墙	M18-M19	4m	

8. M20（彭翼南墓）

（1）墓体维修。

第一，清除封土堆上、墓围缝隙间灌木根茎、杂草等，并喷洒除草剂。

第二，墓围维护：补抹下部青石块砌筑的墓围抹面，归安青砖墓围，墓围沿用原建设形制叠涩砌法。

第三，封堵盗洞：将墓室内部的盗洞用青砖、三合泥封堵，厚1.5米，再以纯净黄土封堵外部盗洞穴及洞口，再以糯米砂浆对墓室内的封堵部位抹面。

第四，墓体外侧防渗处理：稍加压实现存封土，再在其上铺NT33 1000型膨润土垫防渗柔性卷材或100厚三合土并夯打致密，回填封土并夯实，封土堆高1.7米，铺种结缕草。

第五，维修拜台：平整并夯实台面。

第六，维修八字墙：断裂、破损的八字墙体进行黏结、加固。

（2）工程量统计见表三五。

表三五　M20保护工程量统计表

序号	工程项目名称	具体位置	工程量	备注
1	清理封土堆上、墓围缝隙间灌木根茎、杂草	M20	25m^2	
2	墓围维护	M20	33m^2	
3	墓体外侧防渗处理	M20	18m^2	
4	回填封土	M20	5.4m^3	
5	铺种结缕草	M20封土表面	18m^2	
6	维修拜台	M20	14m^2	
7	维修八字墙	M20	7m	

9. M21-M22

（1）墓室内部维修。

第一，墓室内墙抹面因受潮、雨水侵蚀、机械性损伤等，导致部分内墙石灰抹面局部形成酥碱并脱落，需对已酥碱部分清除后，按原部位、原材料、原工艺修补，视原墙体抹面材料用石灰砂浆或糯米砂浆粉刷。

第二，归安棺床并做好墓室内霉菌清理、防苔藓植物滋生等工作。

第三，封堵盗洞：先用纯净黄土封堵盗洞，再按原建设形制、原材料、原工艺从墓室内修补盗洞。

第四，封堵墓门洞：M21-M22为共一个封土堆的两个单室砖石墓，墓门系用青砖错缝浆砌封堵墓洞而成。两个墓室的青砖墓门被拆卸，需用青砖、三合泥按原建设形制浆砌封堵墓洞。

（2）墓体外部维护。

第一，清除封土堆上、墓围缝隙间灌木根茎、杂草等，并喷洒除草剂。

第二，墓围归安：归安青砖墓围，墓围沿用原建设形制叠涩砌法。

第三，墓体外侧防渗处理：在将现存封土上铺NT33 1000型膨润土垫防渗柔性卷材或100厚三合土并夯打致密，回填封土并夯实，封土堆高1.7米，铺种结缕草。

（3）工程量统计见表三六。

表三六　M21-M22保护工程量统计表

序号	工程项目名称	具体位置	工程量	备注
1	墓室内墙抹面维修	M21-M22	32m²	
2	封堵盗洞	M21-M22	2个	
3	归安棺床	M21-M22	10m²	
4	封堵墓门洞	M21-M22	1.7m³	
5	清理封土堆上、墓围缝隙间灌木根茎、杂草	M21-M22	22m²	
6	墓围归安	M21-M22	7.8m²	
7	墓体外侧防渗处理	M21-M22	22m²	
8	回填封土	M21-M22	8m³	
9	铺种结缕草	M21-M22封土表面	22m²	

10. 其他墓葬

（1）墓体维修。

第一，已发掘清理的M3、M5因墓门已打开，维修内侧墙体抹面、棺床、封堵盗洞并做好防霉防菌、防苔藓植物滋生等工作后，按原建设形制封堵墓门洞。

第二，清除墓葬封土堆上、墓围缝隙间灌木根茎、杂草等。

第三，回填封土：墓葬由于年代久远，各墓葬的封土均有所下沉，视墓体的大小恢复封土堆。

第四，封土堆上铺种结缕草。

（2）工程量统计见表三七。

表三七　其他墓葬保护工程量统计表

序号	工程项目名称	具体位置	工程量	备注
1	墓室内墙酥碱、霉变等处理	M3、M5	22m²	
2	封堵盗洞	其余墓葬	10个	
3	归安棺床	M3、M5	10m²	
4	封堵墓门洞	M3、M5	1.7m³	

续表

序号	工程项目名称	具体位置	工程量	备注
5	清理封土堆上、墓围缝隙间灌木根茎、杂草	其余墓葬	420m²	
6	回填封土	其余墓葬	56m³	
7	铺种结缕草	其余墓葬	420m²	

11. 其他工程

（1）维修神道及部分平台卵石铺装：先揭取两侧神道及部分平台上的泥土堆积，素土夯实（神道为梯级状，素土夯实时要夯出梯级），铺7~10厘米厚的三合泥，以相同材质的卵石维修神道及平台卵石铺装。

（2）石像生维护及归安：清理石像生表面滋附的青苔等，黏结裂缝、断裂处。

（3）维修堡坎：用卵石、三合泥等材料对垮塌部分的堡坎进行保护性加固维修，以防止水土流失。面积78.4平方米。

（4）加装护栏：M17、M18-M19墓前因地基较低，考虑展示所需，需在拜台内侧加装护栏，以防安全事故发生。护栏为通透式，高90厘米，不影响周边环境和展示所需。

（5）工程量统计见表三八。

表三八　其他保护工程量统计表

序号	工程项目名称	具体位置	工程量	备注
1	卵石铺装	两侧神道及两级平台	613m²	
2	石像生维护及归安	神道两侧	4个	
3	维修堡坎	一级平台"花带缠腰"西侧	78.4m²	
4	加装护栏	一级平台外侧、M17、M18-M19前	85m	

12. 神道和过道

紫金山墓葬区从目前考古发掘情况来看，有南北神道为进入紫金山墓葬区的主要通道。神道下端起始连接左街，上端接过道，再由过道环紫金山墓葬区半山腰，再进入各个墓葬。南北神道分别长41、29.5米，过道长81.8米。北神道中部发现有二级红砂岩铺装而成的踏步，下端靠近左街起始处有两级残存的卵石踏步；南神道基部和中部全毁，仅顶部存三级卵石踏步。其为进入紫金山墓葬区的主要通道，损毁后露出土质地面，受雨水冲刷水土流失非常严重。

为了保存好南北神道和过道残存遗迹，同时又能达到游览通行的目的，根据考古研究成果及南北神道和过道残存现状等，缺损处采取在原址搭建木质栈道补配南北神道和过道，对于保存较好处，进行维修加固后，原址展示和利用。

1）保护工程

（1）清除南北神道和过道遗迹及周边一定区域内生长的杂草、青苔、乔灌木及其根系等。清理面积609平方米。

（2）2010年考古发掘揭露南北神道和过道后，由于无人管理和维护，周边土坎崩塌将其重新掩埋，需进一步考古清理，廓清其边界关系。考古清理面积200平方米。

（3）根据重新考古清理界定的边界和长宽尺寸，在南北神道和过道完全损毁缺失处搭建木质栈道，并与残存的南北神道踏步和过道卵石铺装衔接，以保证通行，又有可识别性。搭建木质栈道面积约500平方米。

（4）对于残存下来的南北神道踏步和过道卵石铺装，按相同材料、相同工艺维修加固。加固面积69平方米。

2）工程量统计

工程量统计见表三九。

表三九　神道和过道保护工程量统计表

序号	工程项目名称	具体位置	工程量	备注
1	清除杂草、乔灌木及其根系	南北神道和过道遗迹及周边一定区域	609m²	
2	配合考古清理	南北神道和过道	200m²	
3	搭建木质栈道	南北神道和过道	约500m²	
4	维修加固	南北神道残存卵石踏步和红砂岩踏步、过道卵石铺装	69m²	

13. 周边新增排水设施

（1）紫金山墓葬区位于紫金山山脚，东侧山体较高、坡度较陡，为防止雨季上部山体山洪雨水对墓葬封土的径流冲刷，以及墓葬被淹，减缓墓室受地下渗水影响，在东侧最后一排墓葬外10米处修建截洪水沟，水沟横截面为0.5米×0.3米，上部用特色篦子覆盖，既能让山洪水汇入沟中，又能与遗址周边环境融合。汇集来的雨洪水汇入南北居民区排水设施排放。截洪水沟长150米。

（2）工程量统计见表四〇。

表四〇　修建截洪水沟工程量统计表

序号	工程项目名称	具体位置	工程量	备注
1	修建截洪水沟	紫金山墓葬区东侧	150m	

四、祖师殿建筑区

祖师殿建筑区位于灵溪河左岸，整个遗址分布在罗汉山半山腰脚下的1~6级台地，海拔为280~300米，约呈30°倾斜坡状。遗址依山而建，包括保存较好的地面建筑（祖师殿、皇经台、过亭、玉皇阁）以及2013年考古发掘揭露的遗迹，它们共同组成了祖师殿建筑群区；整个建筑群分为前庭、一进、庭院、二进（其中祖师殿叠压于二进平台上）、皇经台、过亭、玉皇阁，L1、L2构成连接四个平台的道路中轴线，L3、L4是进入建筑群区的外围道路，建筑群配套有排水系统G1、G2、G3。

方案设计维修内容主要为2013年考古发掘揭露的遗迹，包括前庭、祖师殿区F1、庭院、道路及排水沟。从建造工艺来分，主要有卵石铺装平台、挡土墙、房屋基址、排水沟与道路几类，根据遗存现状及破损程度，保护思路归纳为以下几个方面。

（1）挡土墙的稳定性关系到整个平台的结构稳固，故对挡土墙采取功能性复原，以恢复其挡土功能。

（2）对残存的卵石铺装采取现状维修加固，缺失损毁处：考古能推测出铺装图案的，用相同材料、相同形制与工艺进行补配；如果考古和根据周边遗存已不能推测出铺装图案的，铺种草皮，这既能起到保护裸露土质地面防风化，又能抵抗雨水的冲刷。

（3）考虑到保存状态为露天保存，在遗址区的上部修建截洪水沟，防止上部山坡的雨洪水和祖师殿的屋檐水向下漫流直接冲刷遗迹；保护性维修和功能性复原加固水沟遗迹，恢复其排水功能，及时排除遗迹区内的雨积水。

（4）道路系统保存比较完整，主要以现状维修为主，L3上至前庭卵石平台段道路损毁，进行新制功能性复原，以保证其道路的可达性。

（5）房屋基址结构较简单，主要以现状维修与加固为主。

（一）F1

F1位于祖师殿遗址区一进平台上，坐东北朝西南，基址长19.09（含外回廊）、进深5.44米，现存房屋基础为素土地面，为祖师殿建筑群的第一进房屋，上部房屋已完全损毁，从残存的柱础分布来看，为三开间建筑。

F1为祖师殿建筑区发掘区域内唯一的建筑基址，遗存面积120平方米，现存土质地面、柱础、卵石平台散水、挡土墙及相关排水设施等。现考古揭露出来后，暂时露天展示，遗迹常年受雨水的冲淋、植物根茎生长造成"根劈"，极易损毁、垮塌，且现存台地地势甚为陡峭，不便搭建遮风避雨避阳的保护棚。为防止现存遗迹进一步损毁，现状维修加固房屋基础，对其残存的土质地面进行防水防风化处理，功能性维修加固和补砌外侧挡土墙，归安位移的柱础，对缺失的柱础进行补配并作标识性说明。

采取的保护工程措施主要有植物清除、保护性回填、归安、加固、防水、防风化、修补等。

1. 保护工程

第一，清除F1基址内生长的杂草、青苔、小型灌木及其根系等，维修加固后要加强日常管理、定期清除杂草和小灌木。清理面积120平方米。

第二，现状维修与加固。

（1）对F1基址内残存的卵石铺装及G1东北侧的散水平台的卵石铺装松动处或塌陷处，按原材料、相同形制与工艺揭取后重铺。重铺面积6.33平方米。

（2）整理、维修加固F1北侧挡土墙：F1西北侧有两道挡土墙，最外侧挡土墙垮塌损毁，石块散落于外侧坡度较陡的护坡上，导致内侧土体边缘因失去支护向外滑落。为此，为防止F1基址所在平台西北端土体向外垮塌损毁，整理最外侧挡土墙残存部分；对于垮塌、损毁缺失处，在原位置进行拆砌和补砌，砌至F1基址展示所需平台高度，灰浆勾缝和抹面，并做旧处理。拆砌和补砌挡土墙长8、高约2、厚约0.4米。总工程量12.4立方米。

整理F1所在平台表面的第二道挡土墙，并对上部松动石缝进行灌注灰浆勾缝，对下部石缝滴注或针管注射石灰乳进行填充。挡土墙长4、残高0.2～0.5、厚0.3米。

（3）整理、维修加固F1西侧三道挡土墙。

挡土墙对内侧F1平台起挡土固坡、维护地基稳定的作用。

其一，对第一、第二道挡土墙残存部分进行整理、松动石缝进行灌浆或针管注射石灰乳加固；需加固第一、第二道挡土墙共计65平方米，挡土墙厚0.37米。

其二，整理第三道干垒挡土墙。面积约30平方米，挡土墙厚0.4米。

其三，残存的第一道挡土墙较内侧F1素土基础部分要低矮很多，为防止雨水继续冲刷损毁平台素土基础、固土护坡，用相同材料、相同形制与工艺补砌第一道挡土墙上部垮塌损毁缺失处，直至与维修后的内侧F1平台齐平。补砌面积13平方米，挡土墙厚0.37米。

其四，对卵石散水护坡损毁缺失处，参照残存部分，用相同材料、相同形制与工艺进行补配。补配面积4平方米。

第三，平整现存土质地面。

第四，保护性回填。

F1基址平台现存5个柱础，最高的柱础顶部比平台面高出0.45米，结合考古资料和展示所需，现存土质地面并不是F1原始地面，因在后期人类破坏过程中，将原始地面铲除导致地面下降。现对其进行保护性回填，既恢复其原始地面高度，又能保护现考古揭露的原生土质地面。回填材质选用拌和有文物保护化学试剂的黏土，边回填、边逐层夯实，回填高度0.37米；上部再回填三合土，并夯实。三合土层夯实后厚度为0.08米。工程量54立方米。

第五，修补并归安柱础。

按F1三开间和一进深的格局来看，F1应有12个柱础，经考古发掘揭露，残存5个柱础，并均已位移。归安残存的5个柱础，缺失的不再进行补配，在保护性回填时，标记出柱础位置。

2. 工程量统计

工程量统计见表四一。

表四一　F1保护工程量统计表

序号	工程项目名称	具体位置	工程量	备注
1	清除杂草、乔灌木及其根系	F1所在平台	120m²	
2	松动、塌陷卵石揭取重铺	F1散水	6.33m²	
3	整理、维修加固	F1北侧挡土墙	12.4m³	
		F1西侧三道挡土墙	43.2m³	
4	卵石补配	F1西侧卵石散水护坡	4m²	
5	保护性回填	F1基址	54m³	
6	修补并归安柱础	F1柱础	5个	

（二）前庭

位于祖师殿区F1西南方向下一级平台，通过L1、L2与F1相连，长18.2、宽7.6米。

前庭卵石铺装有多种花式图案，如铜钱纹、麦穗纹、九宫格等；通过考古发掘和残存完全可以推断出其花式图案结构，基本呈左右对称。考虑其遗存的完整性和价值的重要性，为防止雨水对卵石缺损的裸露土质地面的直接冲刷造成土壤流失，以及积水而造成的卵石铺装进一步破损，对其采取加固措施：选用相同材料，采取相同形制与相同工艺补配。此平台比外侧下一级平台高2米，原为不规则形石灰岩块浆砌挡土墙固土，但废弃后受人为开垦耕地又退耕还林、植物生长等破坏，导致外侧挡土墙垮塌损毁严重，内侧平台土体暴露于外，为防止土体继续垮塌滑坡损毁残存遗迹，需整理和拆砌残存挡土墙，并采用相同材料、相同形制与工艺补砌上部垮塌损毁部分，至与遗存前庭卵石铺装同高度。

采取的保护工程措施有植物清除、维修加固等。

1. 保护工程

第一，清除平台上生长的杂草、青苔、小型灌木及其根系等。现存平台上有3个大型树根及其须根残存于卵石铺装中，先以铁锉去除树蔸、根茎，对残存于遗迹内无法清除的根系部分，滴注或灌注8%铵盐溶液或0.2%~0.6%的二氯苯氧醋酸，待其腐烂后对留下的空洞以黄土夯实后，在其上再补配卵石铺装；加强日常管理、定期清除杂草和小灌木。清理面积143平方米。

第二，维修与加固。

（1）维修补配：对于平台上卵石铺装中卵石松动处或因塌陷严重而形成的空洞或面临破损的卵石铺装，先回填塌陷形成的空洞，再按相同材料、相同形制与工艺进行补配，补配面积

1平方米；塌陷空洞一处，洞口直径0.6、深0.3米，呈锅底状。

（2）归安铺装：对于因地基沉降，造成卵石铺装移位的，揭取后按原材料、相同形制与工艺进行归安铺装，面积1平方米。

（3）整理和维修加固前庭平台西侧、北侧挡土墙：对残存部分进行整理和灌浆勾缝，西侧挡土墙长19.2、残高0.3、厚0.3米；北侧挡土墙残长0.6、高0.3、厚0.3米。

（4）为稳固前庭平台残存土基础，选用相同材料、按相同形制与工艺补砌西侧、北侧挡土墙垮塌损毁处至与前庭现存平台同高。西侧挡土墙需补砌：长19.2、高1.8、厚0.3米；北侧挡土墙需补砌：长7.8、高1.5~1.8、厚0.3米。

（5）整理和维修加固挡土墙外侧用卵石铺装而成的散水护坡残存部分，并按相同材料、相同形制与工艺补配缺失损毁处，达到固土护坡的目的，补配的要做可识别性标记。补配面积18平方米。

（6）夯实平台南侧、北侧边坡疏松土体；待挡土墙勾缝灰浆凝固后，素土回填挡土墙与现存土体之间形成的缺口，并逐层夯实，回填至与前庭现存平台同高，需回填土方48.4立方米。

（7）前庭平台南侧卵石铺装部分由于被上部土体堆压，配合考古清理，廓清边界关系，并根据发掘情况加固卵石铺装边缘。

（8）对西侧、北侧补砌挡土墙进行加固处理。面积54平方米。

第三，采用相同材料、相同形制与工艺补配平台上卵石铺装损毁缺失处，维修方法：铺装前先夯实素土基础，其上再铺黏土混合少量石灰拌制的三合土垫层（素土：石灰的混合比例大致为7:3），垫层厚10~15厘米，人工夯压使其紧实，垫层上再依据残存的卵石铺装花式图案铺筑，用作面层，卵石之间相互抵实，石缝再以细土扫缝填实。补配面积45平方米。

2. 工程量统计

工程量统计见表四二。

表四二 前庭保护工程量统计表

序号	工程项目名称	具体位置	工程量	备注
1	清除杂草、乔灌木及其根系	前庭平台	143m²	
2	纯净素土回填塌陷空洞	前庭平台	0.2m³	
3	松动、塌陷卵石揭取重铺、补配、归安	前庭平台	2m²	
4	整理、维修加固	前庭平台西侧、北侧挡土墙	2m³	
5	功能性补砌	前庭平台西侧、北侧挡土墙	15.12m²	
6	补配散水护坡缺失的卵石铺装	前庭西侧的卵石散水护坡	18m²	
7	保护性回填	挡土墙与现存土体之间形成的缺口	48.4m³	
8	加固处理	西侧、北侧补砌挡土墙裸露面	54m²	

（三）庭院

位于祖师殿区F1东北方向的上一级平台，被L2b段分割成左右完全对称的两处，每处长6.5、宽6米。2013年3月考古发掘揭露。

庭院平台损毁较为严重，仅在平台内侧挡土墙基部残存极少的卵石铺装。从残存卵石铺装来看，两侧分别为用卵石拼铺出方形边框内套铜钱纹花式图案，平台表面满铺卵石；随着外侧挡土墙垮塌损毁，内侧土体陡坡失去支护，受雨水冲淋垮塌流失，卵石铺装也随之损毁。庭院平台西南外侧基部为F1保存较好的卵石铺装散水平台，考虑到祖师殿建筑群区今后展示的需要，以及确保残存遗迹结构的稳定性，防止其受日晒和雨淋等的综合影响，加速遗迹的损毁，对庭院平台及其相关挡土墙采取保护性维修。

采取的保护工程措施主要有加固、保护性维修、挡土墙拆砌和补砌等。

1. 保护工程

（1）清除植物根系。

清除平台上生长的杂草、青苔、小型灌木及其根系；清除平台表面龟裂、风化形成的虚土层；清理面积78平方米。

（2）维修与加固。

第一，整理平台西外侧（F1卵石散水平台内侧）残存挡土墙，并对松动石缝进行灌浆加固，面积1.8平方米。

第二，因固土护坡需要，对西外侧挡土墙垮塌损毁处采用相同材料、相同形制与工艺进行补砌，需补砌长13、高1.1、厚0.3～0.4米。

第三，因自然和人为的破坏，导致平台卵石铺装连同素土基础一起损毁缺失，等外侧挡土墙勾缝灰浆凝固后，保护性回填平台缺失的素土基础，并逐层夯实，回填至与现存卵石铺装齐高。需回填土方16立方米。

第四，采用相同材料、相同形制与工艺补配窄型平台上卵石铺装损毁缺失处，维修方法：同对前庭平台卵石铺装的建造工艺：铺装前先夯实素土基础，其上再铺黏土混合少量石灰拌制的三合土垫层（素土：石灰的混合比例大致为7：3），垫层厚10～15厘米，人工夯压使其紧实，垫层上再依据残存的卵石铺装花式图案铺筑，用作面层，卵石之间相互抵实，石缝再以细土扫缝填实。补配面积19平方米。

第五，对残存的卵石铺装进行干灰扫缝加固，面积23平方米。

第六，整理和灌浆加固庭院平台内侧和窄型平台内侧的两道挡土墙残存部分。面积40平方米。

第七，对于庭院平台内侧和窄型平台内侧的两道挡土墙的外鼓突出部位，采取机械或人为扶正，扶正后对石缝进行灌浆加固；需扶正挡土墙长9、高0.4～1.1、厚0.3米。

第八，拆砌和补砌庭院平台内侧挡土墙上部垮塌损毁处，灰浆勾缝，达到挡土固坡的目的；两道挡土墙共需补砌长25、高1.5、厚0.3米。

（3）护草种植。

对于庭院平台上卵石铺装损毁处，因保存较少，根据残存遗迹，已无法推测出卵石铺装图案，采用护草种植，既能固土防风化，又能防止雨水冲刷卵石铺装损毁缺失处裸露的素土基础。铺种面积50平方米，铺种草种可选择结缕草、狗牙根等。

2. 工程量统计

工程量统计见表四三。

表四三 庭院保护工程量统计表

序号	工程项目名称	具体位置	工程量	备注
1	清除杂草、乔灌木及其根系	平台及内侧窄型平台	78m²	
2	整理并灌浆加固	西外侧残存挡土墙	1.8m²	
		内侧和窄型平台内侧的两道挡土墙	40m²	
3	功能性补砌	西外侧挡土墙	6m³	
4	素土填补垮塌土基础	平台	16m³	
5	松动、塌陷卵石揭取重铺、补配	窄型平台	19m²	
6	干灰扫缝	窄型平台和庭院平台残存卵石铺装	23m²	
7	扶正歪闪挡土墙并加固	窄型平台内侧挡土墙	9.9m²	
8	拆砌和补砌挡土墙上部垮塌、损毁处	内侧和窄型平台内侧的挡土墙	约12m³	
9	卵石铺装损毁缺失处裸露的土质地面护草种植	平台	50m²	

（四）道路

祖师殿发掘区域共有4条道路，路面均用卵石铺装而成。4条道路路面铺装均有不同程度的损毁缺失，露出下侧素土基础。土体的耐崩解性能极差，再加之南方雨水多，土体常年被雨水冲蚀，从而破坏残存遗迹。

1. 保护工程

1）L1

L1为踏步型道路，踏面和踢面均用卵石铺砌而成，斜长7、宽3.8米；踏步踏面宽3.2、进深0.4米，踢面高0.2米；踏步两侧垂带墙宽0.2～0.3米。

（1）清除植物根系。

清除L1区域内生长的杂草、青苔、小型灌木及其根系；L1北侧垂带墙现有一直径约28厘米的树根，因此，在保护工程中，为防止其根系继续膨胀生长，破坏遗迹，需对其进行彻底清除：先以铁锉去除树蔸、根茎，对残存于遗迹内无法清除的根系部分，滴注或灌注8%铵盐溶液或0.2%~0.6%的二氯苯氧醋酸，待其腐烂后对留下的空洞以黄土夯实后，在其上再补砌垂带墙；加强日常管理、定期清除生长出来的杂草和小灌木。清理面积27平方米。

（2）维修与加固。

第一，对保存下来的卵石铺装中松动的卵石、严重塌陷处，按原材料、相同形制与工艺进行揭取后重铺。面积2平方米。

第二，L1左侧部分损毁缺失，直接裸露下层L2a的素土层，为避免雨水冲刷对残存进一步破坏，参照残存卵石踏步，对左侧缺损部位按相同材料、相同形制与工艺进行保护性维修。维修方法：铺装前先夯实素土基础，其上再铺黏土混合少量石灰拌制的三合土垫层（素土：石灰的混合比例大致为7:3），垫层厚10~15厘米，人工夯压使其紧实；踏步踢面基部用一排青砖侧向顺砌，上部改用两排卵石横向错缝叠砌，卵石大小为均匀的长10~15、宽3~5、厚5~8厘米的长扁形暗红色卵石，踏步踏面用大小较均匀的长10~15、宽3~5、厚5~8厘米的长扁形暗红色卵石横向错缝侧铺嵌入垫层中；卵石之间相互抵实，石缝再以细土扫缝填实。维修面积17平方米。

第三，整理和灌浆加固L1两侧残存的垂带墙，对于要起稳固内侧踏步作用的缺失垂带墙采取相同材料、相同形制与工艺进行补配。补配面积1.3平方米，垂带墙厚0.3米。

2) L2a段

L2a段为踏步型道路，斜长4、宽4.6米；踏步踏面宽4、进深0.4米，踢面高0.24~0.42米；踏步两侧垂带墙宽0.2米。叠压于L1之下，L1南侧垂带墙直接建于L2a段的南侧垂带墙之上，L1宽3.8米，故L2a段仅北侧出露0.8米宽（含北侧垂带墙），其余被L1叠压。但出露部分砌筑踏面和踢面的卵石全部损毁缺失，露出下侧素土基础，可见踏步式样。对L2a出露处进行保护性维修，防止雨水进一步冲淋损毁素土基础。

（1）清除植物根系。

清除L2a踏步及两侧垂带墙生长的杂草、青苔、小型灌木及其根系。面积19平方米。

（2）维修与加固。

第一，参照L2b段残存卵石踏步，对L2a段出露处按相同材料、相同形制与工艺进行保护性维修补配。维修方法：铺装前先夯实素土基础，其上再铺黏土混合少量石灰拌制的三合土垫层（素土：石灰的混合比例大致为7:3），垫层厚10~15厘米，人工夯压使其紧实；踏步踢面基部用一排青砖侧向顺砌，上部改用两排卵石横向错缝叠砌，卵石大小为均匀的长10~15、宽3~5、厚5~8厘米的长扁形暗红色卵石，踏步踏面用大小较均匀的长10~15、宽3~5、厚5~8厘米的长扁形暗红色卵石横向错缝侧铺嵌入垫层中；卵石之间相互抵实，石缝再以细土扫缝填实。维修面积3.6平方米。

第二，整理和灌浆加固L2a段北侧残存垂带墙，并对要起稳固内侧踏步作用的缺失垂带墙采取相同材料、相同形制与工艺进行补配。补配面积1.5平方米，垂带墙厚0.2米。

3）L2b段

L2b段为踏步型道路，斜长6、宽4米；踏步踏面宽3.5、进深0.55、踢面高0.18～0.26米；踏步两侧垂带墙宽0.12～0.25米。连接F1与庭院平台，此段踏步塌陷、卵石松动严重，局部因卵石铺装损毁缺失，露出素土基础，两侧垂带墙垮塌损毁。考虑到南方多雨和植物繁殖生长快，为防止对残存遗迹进一步破坏，对其进行保护性维修加固。

（1）清除植物根系。

清除L2b踏步及两侧垂带墙生长的杂草、青苔、小型灌木及其根系。面积30平方米。

（2）维修与加固。

第一，对保存下来的卵石铺装中松动的卵石、严重塌陷处，按原材料、相同形制与工艺进行揭取后重铺。面积2平方米。

第二，对于卵石踏步损毁缺失处，因其裸露出下侧素土层，为避免雨水冲刷损毁素土基础而扩展破坏周边残存遗迹，参照残存卵石踏步，对损毁缺失处按相同材料、相同形制与工艺进行保护性维修。维修方式方法：铺装前先夯实素土基础，其上再铺黏土混合少量石灰拌制的三合土垫层（素土：石灰的混合比例大致为7:3），垫层厚10～15厘米，人工夯压使其紧实；踏步踢面基部用一排青砖侧向顺砌，上部改用两排卵石横向错缝叠砌，卵石大小为均匀的长10～15、宽3～5、厚5～8厘米的长扁形暗红色卵石，踏步踏面用大小较均匀的长10～15、宽3～5、厚5～8厘米的长扁形暗红色卵石横向错缝侧铺嵌入垫层中；卵石之间相互抵实，石缝再以细土扫缝填实。维修面积8平方米。

第三，整理和灌浆加固L1两侧残存的垂带墙，整理和加固面积1.2平方米；对于要起稳固内侧踏步作用的缺失垂带墙采取相同材料、相同形制与工艺进行补配。补配面积2.3平方米，垂带墙厚0.3米。

4）L3

L3总长58、宽2.4米，为进入原祖师殿建筑群的主要道路，含卵石铺装而成的水平路面和卵石踏步，但南端沿斜坡向上连接前庭右侧平台的卵石踏步已完全损毁，仅存少量由卵石铺装而成的水平路面，残长37米，残存面积67.74平方米。为保存其现状残存与恢复其道路功能的完整性，拟对L3采取保护性维修加固与功能性维修。

（1）清除植物根系。

清除L3路面上生长的杂草、青苔、小型灌木及其根系；面积118.14平方米。

（2）维修与加固。

第一，对保存下来的卵石铺装中松动的卵石、严重塌陷处，按原材料、相同形制与工艺进行揭取后重铺。面积6平方米。

第二，对L3南端沿斜坡向上连接前庭右侧平台的路段，因卵石踏步多损毁缺失，素土基础暴露在外，做加固维修。面积51平方米。

第三，参照遗存垂带墙，采用相同材料、相同形制与工艺修建道路两侧对卵石踏步起稳固作用的垂带墙。面积12.6平方米，垂带墙厚0.3米。

5）L4

清除植物根系，面积7平方米。

2. 工程量统计

工程量统计见表四四。

表四四　道路保护工程量统计表

序号	工程项目名称	具体位置	工程量	备注
1	清除杂草、乔灌木及其根系	L1、L2、L3、L4	201m²	
2	松动卵石加固	L1、L2b段、L3	10m²	
3	补砌卵石踏步	L1、L2、L3	80m³	
4	整理和灌浆加固踏步垂带墙	L1、L2	4m²	
5	功能性补砌缺失的踏步两侧垂带墙	L1、L2、L3	7.16m³	
6	干灰扫缝	L1、L2、L3	163m²	

（五）排水沟

目前祖师殿区的考古发掘区域内共发现三条排水沟，G1位于F1所在平台的内侧，兼F1的屋檐滴水沟，南北走向；G2位于庭院平台北侧，东西走向；G3位于F1所在平台南侧，与G1相连通，东西走向。三条排水沟均有不同程度的损毁破坏。G2、G3原本连通祖师殿南北两侧的屋檐滴水沟，因后期废弃填埋，局部被进入现祖师殿的道路及地坪叠压，现揭露的G2、G3仅为其一部分，而现祖师殿两侧的排水系统改变了原来的流向，排入下一级地坪后任其漫流。G1出露较完整，但沟底局部卵石铺装和沟壁砌筑石块损毁缺失。

（1）祖师殿建筑群遗址位于灵溪河左岸的半山腰，考古发掘后露天保存和展示，必然常年受雨水及山上汇集洪水的直接冲刷，应在建筑群东侧的山坡上以及考古发掘区两侧20米外修建拦截山洪水的排水沟，防止雨洪水对遗址的冲刷破坏。

（2）维修加固G1、G2、G3残存沟壁和沟底，对损毁缺失处参照残存部分采用相同材料、相同形制与工艺进行补配和补砌，恢复其排水功能，承担起发掘区域内雨洪水的排除功能。

1. 保护工程

1）G1

南北向明沟，位于F1所在平台内侧，南端与东西走向的G3相连接，排水沟残长17.3、宽

0.3~0.4、深0.3~0.45米。部分沟段直接利用基岩开凿成凹槽成为沟底和沟壁，而基础是素土的水沟段部分沟底用长扁形卵石平铺或侧铺，石缝间用细土扫缝填充，两侧沟壁用长扁形卵石叠砌，灰浆勾缝。

（1）清除沟底及两侧沟壁石缝和土面上生长的杂草、青苔、小型灌木及植物根系，清除沟内松散土粒。面积25平方米。

（2）干灰扫缝加固沟底残存卵石铺装。面积1平方米。

（3）对于沟底卵石铺装损毁缺失而暴露出的素土层，因其仍要承担起排水功能，而素土本身抗水耐崩解性能是极差的，无法抵抗流水的冲刷，故参照残存沟底卵石铺装采用相同材料、相同形制与工艺进行补配，以供排水使用。补配方式方法：铺装前先夯实素土基础，其上再铺黏土混合少量石灰拌制的三合土垫层（素土：石灰的混合比例大致为7:3），垫层厚10~15厘米，人工夯压使其紧实，垫层上再依据残存的卵石铺装以长8~12、宽5~7、厚2~4厘米的扁长形卵石平铺补配，卵石之间相互抵实，石缝再以细黏土扫缝填实。面积3平方米。

（4）维修和灌浆加固两侧卵石砌筑的沟壁，面积3平方米。

（5）参照残存的沟壁，采用相同材料、相同形制与工艺补砌沟壁损毁缺失处：以卵石横向叠砌，卵石大小为长10~16、宽10~20、厚3~5厘米，灰浆勾缝。面积5.5平方米。

2）G2

东西向明沟，位于庭院平台北侧，原应为连接现祖师殿北侧屋檐滴水沟，因晚期祖师殿区建筑格局的改变，G2被废弃填埋，现考古揭露沟长7.2、沟底宽0.35~0.6、深0.28~1.2米，用扁长形卵石平铺或侧铺，石缝间用细黏土扫缝填充；两侧沟壁厚分别为0.2米和0.3米，用扁长形卵石横向叠砌，灰浆勾缝。

（1）清除沟底及两侧沟壁石缝和土面上生长的杂草、青苔、小型灌木及植物根系，清除沟内松散土粒。面积11.4平方米。

（2）干灰扫缝加固沟底残存卵石铺装。面积1平方米。

（3）为恢复G2的排水功能，参照残存沟底卵石铺装采用相同材料、相同形制与工艺进行补配，以供排水使用。补配面积3平方米。

（4）维修和灌浆加固两侧卵石砌筑的沟壁，面积5平方米。

（5）参照残存的沟壁，采用相同材料、相同形制与工艺补砌损毁缺失处：北侧沟壁以卵石横向叠砌，卵石大小为长10~16、宽10~20、厚3~5厘米；南侧沟壁以卵石与岩石浆砌，石块相互抵实，灰浆勾缝，石块大小为长16、宽10、厚6厘米左右，靠近沟底及排水沟尾端与平台挡土墙连接部位石块较大，大小为长20、宽23、厚13厘米左右。补砌面积2平方米。

3）G3

东西向明沟，位于F1所在平台南侧，与G1相连通，原应为连接现祖师殿南侧屋檐滴水沟，因晚期祖师殿区建筑格局的改变，G3被废弃填埋，现考古揭露沟长8.5、沟底宽0.5、深0.8

米。部分沟段直接利用基岩开凿成凹槽成为沟底和沟壁,而基础是素土的水沟段部分沟底用扁长形卵石平铺或侧铺,石缝间用细黏土扫缝填充;两侧沟壁用扁长形卵石横向叠砌,灰浆勾缝。但因废弃后垮塌、后期人类开垦农田破坏,沟底卵石铺装、沟壁损毁缺失较为严重。由于其仍需承担排水功能,需对其进行保护性维修加固。

（1）清除沟底及两侧沟壁石缝和土面上生长的杂草、青苔、小型灌木及植物根系,清除沟内松散土粒。面积18平方米。

（2）干灰扫缝加固沟底残存卵石铺装。面积1平方米。

（3）为恢复G3的排水功能,参照残存沟底卵石铺装采用相同材料、相同形制与工艺进行补配,以供排水使用。补配面积2平方米。

（4）参照残存的沟壁,采用相同材料、相同形制与工艺补砌损毁缺失处:以卵石横向叠砌,卵石大小为长10~15、宽8~10、厚4~8厘米,灰浆勾缝。补砌面积2平方米。

（5）在G3西端下侧设置一小型集水井,上部铺盖特色箅子,流至此处的雨水漏至下部集水井中,再通过旁侧横向埋置的水管将G3汇集来的雨水及时排放至南侧的截洪水沟中。

（6）周边新增排水设施。

为防止发掘区域免受所在山体上部山洪雨水的冲刷,在祖师殿下侧地坪上以及考古发掘区南北两侧20米外修建拦截山洪水的排水沟,上部用特色箅子覆盖,既能让山洪水汇入沟中,又不破坏遗址区环境。祖师殿下侧地坪上的截洪水沟紧贴内侧挡土墙修建,建筑组群的屋檐滴水也汇入此沟中排除,宽0.5、深0.5米,为了与周边环境形成统一性,沟底和沟壁选用长扁形卵石砌筑,水沟长80米。南北两侧20米外拦截山洪水的排水暗沟依山坡地势而建,宽0.5、深0.5米,采用与东侧排水沟相同材料、相同形制与工艺修建,南北两侧截洪水沟分别长200米。

2. 工程量统计

工程量统计见表四五。

表四五　排水沟保护工程量统计表

序号	工程项目名称	具体位置	工程量	备注
1	清除杂草、乔灌木及根系	G1、G2、G3	54.4m²	
2	干灰扫缝	G1、G2、G3	3m²	
3	卵石补铺	G1、G2和G3的沟底	8m²	
4	维修和灌浆加固两侧卵石砌筑的沟壁	G1、G2	8m²	
5	补砌两侧沟壁损毁缺失处	G1、G2、G3	9.5m²	
6	小型集水井	G3	1个	
7	截洪水沟	祖师殿下侧地坪和发掘区南北两侧20米外	480m	水沟横截面: 0.5m×0.5m

五、中心遗址区其他遗迹

（一）道路遗迹

包括河街HJ6段（分A、B、C、D、E、F小段）、纸棚街、生活区东L2、北门上。对纳入保护方案的道路采取加固和局部功能性复原的方式。尽量对遗存施以最小干预。对于街道两侧的挡土墙，考虑到行人的安全性，以及对路面卵石残存的保护，对保存下来的歪闪原始挡土墙进行墙体扶正、松动处进行灌浆和补砌等。

实时监测和加强日常管理工作，定期对文物保存现状进行检查，及时清除遗迹上生长出来的杂草、青苔、小灌木等植物。

1. 河街6段

河街HJ1~5段已于2010年由中国文化遗产研究院在《湖南省永顺县老司城遗址文物抢救性保护工程（第一期）》中做出详细保护方案，HJ6段由于当时未进行考古发掘，具体保存状况难以明了，故纳入到现在的保护方案中。

根据残存状况，河街分为A、B、C、D、E、F共6段，总长122、宽1.5米左右。内侧仅存一小段原始挡土墙，其余部分为干垒的现代挡土墙，外部下侧护坡型挡土墙（兼河道驳岸功效）因受河水冲击影响，除基岩保存下来外，挡土墙几乎损毁殆尽，留下因土体滑坡形成的斜土坡，现斜坡上杂草丛生。

河街HJ6段因需做参观游道和居民生活通行的道路使用，采取维修加固和功能性复原相结合的方式实施。

（1）清除路面、挡土墙植物根系。

清除河街路面、内侧挡土墙石缝生长的杂草、青苔、小型灌木及植物根系等。面积427平方米。

（2）疏除斜土坡及基岩植物根系。

对河街外部下侧斜土坡和基岩缝隙生长的古树、乔灌木、草类、藤类等植物进行清理，疏除枯枝病树、杂草，使其既能构成自然植被景观又能起到固土护坡的功效。面积为500平方米。

（3）河街外侧挡土墙维修加固。

第一，河街外部下侧现存的斜土坡结构极不稳定，下部泥土掏蚀后，导致上部河街产生新的滑坡，需在河街外侧砌筑坚固的挡土墙。平整基础、开挖基槽，以较大卵石和不规则形石块浆砌基础和墙体，砌筑高度与残存河街路面齐平，并向内侧收分2%~4%，墙内素土填实。需砌筑挡土墙长87、高1~2.7、厚约0.4米。

第二，河街外部下侧护坡上其余部分为基岩，暂不对其进行任何干预措施，加强日常检查工作，发现裂缝及时上报相关文物管理部门。

（4）河街6段路面维修。

第一，河街6段相对于河街其他段来说，保存较完整，小面积范围内铺装用的卵石损毁缺失或松动，需加固和补配。维修面积78平方米。

第二，路沿加固：对由于路面边坡路基崩解垮塌而造成路沿薄弱、疏松的部位，实施加固，面积47平方米。

第三，河街HJ6段局部因垮塌、滑坡，使得路面完全缺失或仅存0.3～0.4米宽，以及G30与河街相交的券拱桥残损严重，仅存几排券拱青砖，在其上部采用防腐木材搭建与河街同宽度的木栈道，宽约1.5米，木栈道外侧架设护栏，护栏高1.1米；尽量避免安装木栈道基础时损毁破坏遗存，或通过转接将木栈道基础设置于无遗迹区域。需搭设木栈道面积7.5平方米。

（5）挡墙维修加固。

对河街6段的C、D小段路面外侧残存挡墙进行整理和维修加固。经观察和检测分析，挡土墙采用石块干垒，未见灰浆勾缝，对内外石皮上部松动石块，拆除编号后，用70%黏土+30%石灰浆+水制作而成的与土色比较接近的三合泥浆勾缝，原位砌筑；内芯填土夯实并找平。挡墙长37、宽0.6、高0.15～0.55米。并树立保护标识牌，防止人为对其踢踏。

（6）内侧挡土墙维修。

第一，人力或机械扶正向外侧歪闪的原始挡土墙，需扶正墙体3平方米。

第二，整理现代干垒挡土墙，剔除青砖（整砖或断裂青砖）、红砂岩碎块、青砂岩碎块等，保留卵石和不规则形石灰岩块。整理面积132平方米。

第三，对结构极其不稳定、即将垮塌的现代干垒挡土墙，进行功能性拆砌。拆砌挡土墙长43、高1.8、厚0.4米。

第四，对浆砌的原始挡土墙或干垒的现代挡土墙上部垮塌损毁缺失处，参照周边挡土墙，用相同材料、相同形制与工艺进行功能性补砌，保持整段墙体的结构性完整，支护后侧土体，防止土体受雨水冲淋崩塌流失。需补砌长97、高0.9、厚0.4米。

（7）工程量统计见表四六。

表四六　河街6段保护工程量统计表

序号	工程项目名称	具体位置	工程量	备注
1	清除杂草、乔灌木及根系	河街6段路面、内侧挡土墙	427m²	
2	疏除病树枯枝	河街6段外部下侧斜土坡和基岩缝隙	500m²	
3	砌筑挡土墙	河街6段外侧护坡	约94m³	
4	松动卵石揭取重铺和小面积缺失补铺	河街6段路面	78m²	
5	路面边缘加固和补铺	河街6段路面边缘	47m²	
6	木质栈道	河街6段严重垮塌损毁处	27m²	
7	整理和加固	河街6段C、D小段路面外侧残存挡墙	约12.2m³	
8	扶正歪闪的原始挡土墙	河街6段内侧	3m²	
9	整理现代干垒挡土墙	河街6段内侧	132m²	

续表

序号	工程项目名称	具体位置	工程量	备注
10	拆砌	河街6段内侧现代干垒挡土墙	31m³	
11	加固	河街6段内侧原始挡土墙和现代干垒挡土墙上部	35m³	

2. 纸棚街

纸棚街包括卵石铺装踏步和两侧挡土墙，踏步斜长26、宽2.2~3.6米，挡土墙高1.4、厚0.2~0.3米。

1）保护工程

（1）现状清理。

第一，清除纸棚街路面和两侧挡土墙石缝生长的杂草、青苔、小型灌木及植物根系，清除路面淤积泥土、乱石。清理面积180平方米。

第二，现场测量路面宽2.2~3.6米，应为两侧后期干垒的挡土墙占压了部分道路，对其进行考古工作。面积27平方米。

第三，拆除纸棚街北侧现代修建的用水泥浆勾缝砌筑的挡土墙。需拆除11立方米。

（2）踏步的修补。

第一，对小型平台、踏步踢面与踏面松动卵石或塌陷严重而造成积水或面临破损处，揭取卵石后，按原材料、相同形制与工艺补铺，防止其在使用过程中加剧病害扩延而导致周边卵石松动，修补面积42.3平方米。

第二，纸棚街上达正街，下接河街。降雨之时，衙署区与正街路面雨水通过纸棚街流入灵溪河，因水沟堵塞，雨水形成漫流。踏步遭受冲击破坏，街道南侧较低处的踏步卵石冲毁，露出土质地面，形成冲沟。故对此部分冲沟进行素土回填并夯实呈踏步形式，上部再铺黏土混合少量石灰拌制的三合土垫层（素土：石灰的混合比例大致为7：3），垫层厚10~15厘米，人工夯压使其紧实；踢面用卵石横向错缝叠砌，一般为三排卵石；踏面用均匀卵石错缝横向侧铺，卵石大小根据残存来取材；卵石之间相互抵实，石缝再以细黏土扫缝填实。维修面积45平方米。

第三，对于因卵石铺装损毁缺失而裸露出的零散小面积土质地面，回填素土，修筑出踏步式样，并铺10~15厘米的三合土垫层并夯实，参照周边保存较好的卵石砌筑的踏步，踢面用卵石横向错缝叠砌，一般为三排卵石；踏面用均匀卵石错缝横向侧铺，卵石大小根据残存来取材；卵石之间相互抵实，石缝再以细黏土扫缝填实。维修面积35平方米。

（3）挡土墙的维修加固。

第一，清理纸棚街两侧的现代干垒挡土墙，面积78平方米，墙体厚0.2~0.3米。

第二，两侧现代干垒挡土墙上部垮塌损毁缺失，使得后侧土体失去支护，受雨水冲淋崩解垮塌。对此部分损毁缺失的墙体，以较大卵石和不规则形石块进行补砌，砌筑时石块要对缝卡紧，70%黏土+30%石灰浆+水制作而成的与土色比较接近的三合泥浆充分填实石缝进行勾缝，并稍向内侧收分1%~3%，砌筑高度与后侧平台齐平，以支护后侧土体，防止其受雨水冲淋崩塌垮塌。需补砌长52、高1.1、厚0.4米。

2）工程量统计

工程量统计见表四七。

表四七　纸棚街保护工程量统计表

序号	工程项目名称	具体位置	工程量	备注
1	清除杂草、青苔、小灌木及其根系	纸棚街路面及两侧挡土墙	180m²	
2	配合考古清理	纸棚街路面及两侧	27m²	
3	拆除现代修建的水泥墙	纸棚街北侧	11m³	
4	松动卵石加固	纸棚街踏步	42.3m²	
5	回填冲沟并补铺上部损毁缺失的卵石踏步	纸棚街南侧	45m²	
6	补砌卵石踏步	纸棚街零散小面积卵石铺装损毁缺失处	35m²	
7	整理和维修加固现代干垒挡土墙	纸棚街两侧挡土墙	23.4m³	
8	加固	纸棚街两侧挡土墙	23.4m³	
9	补砌	纸棚街两侧挡土墙上部	23m³	

3. 生活区东L2

生活区东L2残长约110、宽1.11~3.66米，西侧紧依生活区东段城墙，东内侧为单面石皮挡土墙。包括有卵石踏步、卵石路面。L2踏步段长19.5米，保存较好的有6级，踏步宽2.5、踏面进深0.4米，踢面高0.12~0.18米，基部用一排青砖侧向顺砌，上部改用两排扁长形卵石横向错缝叠砌，再转为踏面用大小较均匀的扁长形卵石错缝横向侧铺；其余损毁踏步在每一级的边侧可见残存少量的踏面和踢面，宽0.2~0.3米。卵石路面残长90.5米，用扁长形卵石横向或纵向侧铺，宽1.11~3.66米，局部因基础下沉导致路面塌陷，凹凸不平，部分因卵石铺装损毁缺失露出土质地面。

生活区东L2建于福石山山腰，位于生活区顶部东段城墙外侧，此处可俯视整个生活区。L2还可起排除山洪水的作用，福石山山坡较陡，雨天沿坡漫流，生活区东部城墙阻挡山坡雨水直接流入至生活区内部，而L2自然起到了平时为路、雨时为沟的作用。雨水顺L2向北流入灵溪河，向南流入G10。故对L2采取加固维修是当务之急。

1）保护工程

（1）清除植物根系。

清除生活区东L2卵石路面、卵石踏步、东侧挡土墙石缝生长的杂草、青苔、小型灌木及植物根系，清除路面淤积泥土、乱石。清理面积400平方米。

（2）L2生活区东段城墙。

L2西侧的生活区东段城墙于2010年由中国文化遗产研究院在《湖南省永顺县老司城遗址文物抢救性保护工程（第一期）》中做出详细保护方案，具体维修加固在此不再重复设计和计算工程量。

（3）L2踏步段的维修加固。

第一，对残存的6级踏步的踢面与踏面松动卵石或塌陷严重而造成积水或面临破损处，揭取卵石后，按原材料、相同形制与工艺重铺，防止其因今后展示过程中露天情况下日晒雨淋、干缩交替影响，加剧此病害扩延，导致周边卵石松动。修补面积5平方米。

第二，对残存卵石踏步踢面和踏面的卵石铺装用干灰扫缝。面积10平方米。

第三，对损毁的其他踏步，进行素土回填，修筑出踏步式样，并铺贴10～15厘米厚的三合土垫层（素土：石灰的混合比例大致为7：3），人工夯压使其紧实；上部铺装参照残存的卵石踏步，踢面基部用一排青砖侧向顺砌，踢面上部改用两排卵石横向错缝叠砌，再转为踏面用大小较均匀的扁长形卵石错缝横向侧铺。卵石大小根据残存来取材；卵石之间相互抵实，石缝再以细黏土扫缝填实。需补配面积33.75平方米。

（4）L2卵石路面加固。

第一，对卵石路面松动卵石或塌陷严重而造成积水或面临破损处，按原材料、相同形制与工艺加固和补铺，防止病害扩延。面积68平方米。

第二，对因卵石铺装损毁缺失露出的土质地面，参照遗存卵石路面，按相同材料、相同形制与工艺进行补铺。面积133.67平方米。

第三，对残存卵石铺装用干灰扫缝加固。面积124.13平方米。

（5）东内侧挡土墙维修加固。

第一，L2东内侧的挡土墙受内侧土体挤压、人为开垦田地等因素影响，垮塌损毁，仅在中段发现一小段用不规则形石块浆砌的挡土墙，灰浆勾缝，未抹面。且考古发掘时，路面上堆积大量黏附灰浆的石块和泥土，应为东内侧挡土墙受土体挤压垮塌所致。L2东内侧现为直立土壁，高0.25～1.87米，暂用塑料薄膜覆盖，为防止山体雨水向下漫流冲刷而造成土壁崩解滑入L2路面，故在L2东内侧参照遗存挡土墙，用相同材料、相同形制与工艺进行功能性补砌，直至与内侧现存土壁顶部齐平，从而对内侧土体起固土护坡作用。需砌筑挡土墙长87、高1.2～1.87、厚0.4米，计65.1立方米。

第二，对上部山体西侧进行景观改造，种植根系较发达的灌木、地被植物，适当点缀少量本地花灌木，以达到固土护坡、减缓地表径流，减少山体滑坡对L2及生活区内遗迹的结构稳定性的破坏和覆盖，既进行了环境整治，又丰富了景观。本保护措施属于展示方案中的环境整治，但对下部遗迹本体防山洪水冲刷又是行之有效的方法，其工程量计入展示方案部分，在此不再重复计算工程量。

2）工程量统计

工程量统计见表四八。

表四八　生活区东L2保护工程量统计表

序号	工程项目名称	具体位置	工程量	备注
1	清除杂草、青苔、小灌木及其根系	生活区东L2卵石路面、卵石踏步、东侧挡土墙石缝	400m²	
2	松动卵石揭取重铺	L2踏步段	5m²	
		L2卵石路面	68m²	
3	干灰扫缝	L2踏步段残存卵石踏步的踏面和踢面	10m²	
		L2路面残存的卵石铺装	124.13m²	
4	砌筑卵石踏步	L2踏步段损毁处	33.75m²	
5	功能性补砌	L2东内侧挡土墙	65.1m³	

4. 北门上

北门上遗迹位于生活区北部外侧最靠近悬崖边的平台上，与生活区北门相距52.8米，考古发掘134平方米。受发掘面积的限制，周边遗迹关系尚不清楚，暂定名为北门上。发掘区域内有卵石铺装平台、卵石砌筑的踏步、由卵石砌筑的水沟、原始挡土墙等。卵石铺装工艺精湛，选用的卵石大小较均匀。但其由于位居悬崖边，外侧未砌筑挡土墙，土体直接暴露在外，地基滑坡或沉降，导致卵石铺装外侧部分向下沉降而脱离原位，形成一定的高差。

针对北门上遗迹，在目前暂未弄清楚其与周边遗迹关系的前提下，拟对其仅进行加固，维持现状。在卵石铺装外侧补砌临时性挡土墙，防止卵石铺装因边缘脆弱而继续向内损毁破坏；对北门上南侧裸露出来的土坎，紧贴土坎外侧砌筑挡土墙，防止上一级平台的土体滑坡覆盖北门上已揭露出来的卵石铺装，并在上一级平台的边缘设置木质防护栏，仅允许负责此区域遗迹日常管理工作的人员进入日常维护和相关考古工作。

1）保护工程

（1）清除北门上卵石平台、卵石踏步、南侧挡土墙、南侧土坎等及周边一定区域内生长的杂草、青苔、小型灌木及植物根系。清理面积134平方米。

（2）对松动卵石或塌陷严重而造成积水或面临破损处，进行加固处理。面积20平方米。

（3）对因卵石铺装损毁缺失裸露出的土质地面，进行硬化处理和夯实加固。面积15平方米。

（4）紧靠北门上卵石铺装南侧裸露出来的土坎外侧用不规则形石块浆砌临时性挡土墙以稳固土坎，防止其垮塌，砌筑时石块要对缝卡紧，三合泥浆勾缝。需砌筑挡土墙长20、高1.8、厚0.3米，共10.8立方米。

（5）对北门上遗迹区域北侧用卵石和不规则形石块砌筑双面石皮临时性挡土墙，砌筑时石块要对缝卡紧，勾缝灰浆要充分填实石缝，内芯素土填实。砌筑挡土墙长20、高0.5、厚约0.6米，共6立方米。

2）工程量统计

工程量统计见表四九。

表四九　北门上保护工程量统计表

序号	工程项目名称	具体位置	工程量	备注
1	清除杂草、青苔、小灌木及其根系	北门上及周边一定区域内	134m²	
2	松动卵石揭取重铺	北门上卵石铺装	20m²	
3	硬化处理和夯实加固	北门上卵石铺装损毁缺失处	15m²	
4	砌筑临时性挡土墙	北门上南侧土坎外侧	10.8m³	
		北门上遗迹区域北侧	6m³	

5. G30

位于生活区西部外侧，明沟，现存两侧沟壁和沟底，由于损毁破坏，大多残缺不全。遗存分为a、b、c、d四段，c段全毁，仅存素土基础。从遗存现状来看，两侧沟壁应经过多番修葺，其中有断续几段早期墙体，其余因早期墙体垮塌损毁，后人用大小不一的不同材质石块干垒而成，做法粗糙，局部向沟中心鼓突；沟底铺装卵石系凿平基岩而成。

G30系G10的连接沟，将G10中汇集来的水流通过G30排放至灵溪河中，沟体穿过正街和河街，与道路相交处修建青砖券拱桥，券拱上再铺装卵石路面。

1）保护工程

（1）清除植物根系。

清除沟底及两侧沟壁石缝和土面上生长的杂草、青苔、小型灌木及植物根系，清除沟内松散土粒。面积223平方米。

（2）配合考古清理。

G30从正街往上至G10段（含穿过正街的部分）、d段部分沟底已考古发掘至原始底面，但局部因沟内的淤土要对两侧鼓突沟壁起临时支撑保护作用，未清至原始沟底，待两侧沟壁实施保护工程后，确保其不至垮塌再考古清理至原始地面。面积150平方米。

（3）维修加固两侧沟壁。

第一，渗透加固：采用针管注射或吊瓶式滴注石灰乳至早期沟壁墙体，让乳液慢慢渗入到石缝中已酥碱的勾缝灰浆或表面酥碱的抹面灰浆的孔隙中，直至逐步填充。此方法需选用优质生石灰，粉碎后用较小目的筛网过筛，配制的石灰乳水灰比要适宜，具有较好的流动性，以保证注射或滴注时不堵塞管道，进入石缝中后能较快渗入到周边一定范围内的孔隙中。此法选用的修补材料为传统材料，符合文物维修准则，缺点就是维修施工比较麻烦、耗费工时。墙体立面面积60平方米。

第二，对保存较好的、直立的后期干垒沟壁墙体，由下至上逐步清除其石缝中的泥土，边清除边低压灌注灰浆对其勾缝。需加固墙体立面面积67.2平方米。

第三，对向沟中心严重鼓突的后期干垒沟壁墙体（因其沟壁墙体较高，约4.2米，后侧土平台较沟壁顶部又高出0.8米，共计5米高。因此施予沟壁墙体的土压力较大，以至于挤压墙体使其鼓突、歪闪），需进行拆除重砌：用大小为（15~30）厘米×（10~18）厘米×30厘米左右的不规则形石灰岩块或卵石砌筑，砌筑时石块要对缝卡紧，勾缝灰浆要充分填实石缝，并稍做收分2%~3%。需砌筑沟壁长12、高4.2、厚0.4米。共21.6立方米。

第四，采用与遗存沟壁相同材料、相同形制与工艺功能性补砌两侧沟壁顶部垮塌损毁缺失处。两侧沟壁共需砌筑19.8立方米。

（4）沟底的维修加固。

第一，勘探调查得知，G30部分段沟底直接利用原生土质地面夯实后排水；部分段素土层上铺垫三合土垫层，垫层上平铺或侧铺卵石形成沟底用以排水。对于本身就是利用原生土质地面进行排水的段落，其原始沟底已被冲刷成凹槽形（中间低两侧稍高），为防止日后排水过程中经常性的冲刷，将沟底泥土带走而导致沟底越来越深，影响两侧沟壁的稳定性，故对原生土质地面喷洒土壤固化剂溶液，在溶液渗透未干时，在其上铺垫10~15厘米厚的改性土（土壤固化剂溶液+黏土+石灰制成，颜色尽可能接近沟底原生土）并夯压致实，使修补后的沟底与两侧沟壁基础齐平。需回填土方12立方米。

第二，对于沟底为卵石铺装的段落，维修补配沟底卵石铺装：于卵石铺装缺失裸露的土质地面上铺垫黏土混合少量石灰拌制的三合土垫层（素土：石灰的混合比例大致为7：3），垫层厚10~15厘米，人工夯压使其紧实，垫层上再依据残存的卵石铺装以长8~12、宽5~7、厚2~4厘米的扁长形卵石平铺或侧铺进行补配，卵石之间相互抵实，石缝再以细黏土扫缝填实，以供排水。补配卵石铺装面积25.3平方米。

（5）加固c段两侧沟壁。

对完全损毁的c段，如果不功能性复原此段，在此会形成缺口，水流到此后会任意漫流，故功能性复原c段，引导水流排入d段后再排放至灵溪河中。

参照遗存沟壁，选用大小（15~30）厘米×（10~18）厘米×30厘米的不规则形石灰岩块和卵石砌筑两侧沟壁，砌筑时石块要对缝卡紧，勾缝灰浆要充分填实石缝；两侧沟壁分别长3.2、高0.25、厚0.3米，共0.24立方米。

2）工程量统计

工程量统计见表五〇。

表五〇　G30保护工程量统计表

序号	工程项目名称	具体位置	工程量	备注
1	清除杂草、青苔、小灌木及其根系	G30及周边一定区域内	223m²	
2	配合考古清理	G30从正街往上至G10段（含穿过正街的部分）	150m²	
3	渗透加固	早期沟壁墙体	60m²	
4	低压灌浆、勾缝加固	两侧保存较好的后期干垒沟壁墙体	67.2m²	
5	拆除重砌	向沟中心严重鼓突的后期干垒沟壁	21.6m³	
6	补砌	两侧沟壁顶部垮塌损毁缺失处	19.8m³	
7	修补土质地面沟底	G30直接利用原生土质地面作为沟底的段落	12m³	
8	补配沟底卵石铺装	G30局部沟底	25.3m²	
9	加固c段两侧沟壁	G30c段	0.24m³	

6. 堂坊包

堂坊包位于生活区外侧西北角台地上，为房屋建筑及其相关附属设施遗迹，遗存面积716平方米，包括两栋房屋、多条道路、挡土墙、多条排水沟以及多处平台遗迹。从目前考古揭露状况来看，遗迹保存较差，损毁较严重。在对其实施保护工程设计过程中，严格遵守世界文化遗产和相关文物保护行业标准，只对影响到残存遗迹结构稳定的，进行加固，消除不稳定性因素。同时，做好相关残存遗迹的防雨保护措施。加强日常管理，及时消除生物病害。

1）保护工程

（1）清除堂坊包遗存区域及周边一定范围内生长的杂草、青苔、小型灌木及植物根系；清理面积716平方米。

（2）用防腐木柱或经防锈处理的铸铁管支护东南面歪闪、倾斜的墙基，防止其继续歪闪而导致垮塌，并加强对其重点观察，建立日志，发现问题和安全隐患，应及时采取保护措施。

（3）整理和低压灌浆勾缝，加固遗存区域内原始挡土墙上部松动石块，面积34.7平方米。

（4）对于F29、F30所在平台四周挡土墙及G32东北侧挡土墙上部垮塌缺失处及G32西侧沟壁，补砌至与平台面齐高，灰浆勾缝，为保持可识别性，不进行抹面处理，使其对平台素土起稳固挡土的作用。需补砌12.8立方米。

（5）对东南平台残存的多处卵石铺装边缘处进行素土回填，稳固铺装边缘处卵石，防止其松动脱落，需回填土方3.1立方米。

（6）G32的基岩段不予干预，保持现状。未有基岩处，补铺灰色土并夯实。补砌西侧沟壁4.7立方米。

（7）L15包括卵石路面和卵石踏步，路面部分长7.3、残宽2.4米，西侧连同铺作中轴线的卵石一并损毁缺失，露出下侧素土，且低于卵石路面0.2～0.3米，为稳固残存的卵石铺装边缘处卵石，防止其进一步垮塌破坏残存的卵石铺装，在西外侧先素土回填并人工夯实至与残存卵石铺装下素土基础同高，上部以老司城遗址区原卵石铺装做法，夯铺7～10厘米厚的灰色杂土层，略低于卵石路面。需土方4.5立方米。

（8）揭露的F29、F30所在平台，除基岩地面外，大面积的土质地面均因受雨水影响，产生多处冲沟，冲沟深3～5厘米。需素土回填冲沟后，再实施表层硬化，面积13.8立方米。

2）工程量统计

工程量统计见表五一。

表五一　堂坊包保护工程量统计表

序号	工程项目名称	具体位置	工程量	备注
1	清除杂草、青苔、乔灌木及其根系	堂坊包遗存区域及周边一定区域	716m²	
2	整理并低压灌浆勾缝加固	堂坊包原始挡土墙	34.7m²	
3	补砌	F29、F30所在平台四周挡土墙、G32东北侧挡土墙上部垮塌缺失处、G32西侧沟壁	12.8m³	
4	素土回填	东南平台残存的多处卵石铺装边缘处、L15西外侧	3.1m³	
5	夯铺灰色杂土	G32	4.7m³	
6	夯铺灰色杂土	L15西外侧	4.5m³	
7	回填灰杂土	F29、F30所在平台土质地面	13.8m³	

六、其他保护工程

1. 废弃堆积物处理工程

废弃物堆积处理工程包括生活区、衙署区、紫金山墓葬区。主要是堡坎垮塌废弃堆积物的处理、考古工程土石方堆积物的处理、民房拆迁废弃堆积物的处理、种植物的清理等。这些堆积物也是考古发掘、文物保护和老司城遗址对外展示需要解决的问题之一。

老司城遗址区石多泥少，地面环境由山顶向河床呈较大的坡度倾斜，极易导致水土流失，自然垮塌的墙体以及考古发掘后部分不再回填的大量砂石泥土等需要有放置的地段，然而，相对狭窄的地理环境很难有适合放置堆积物的场所，这是影响堆积物整治的主要问题。

经过对周边地势的调查，将砂石泥土运送至紫金山墓葬区与衙署区左侧交界处的山凹，是较为可行的办法。将较大的卵石、石灰岩等干垒或砌筑，较小的砂石填于下部，泥土堆填于上部，在表层种植植物。这样既保护了水土不流失，同时对生态环境也不构成影响。

1）堡坎垮塌、垦荒废弃堆积

老司城自建成后，经历近600年历史，长期的建设使其堡坎增添许多，然而，岁月的流逝和老司城的废弃，加上20世纪50年代以来村民开田建房取材所需，部分堡坎自然或人为垮塌，出于开垦需要，许多垮塌部位临时干垒成型，遗留下的其他废料则四处堆积，如未清理，会影响老司城遗址的观瞻。以上废弃堆积共1283立方米。

2）考古工程土石方堆积

考古发掘后，部分出露遗迹不进行回填，以供观瞻，所发掘的泥土目前一部分堆积在生活区西南部北部的城墙下，会随着山雨流失到灵溪河，对环境造成影响；另一部分直接堆放在生活区内，直接影响着展示和后期的考古调查勘探、发掘工作。以上需清理的考古工程堆积土石方共2964.7立方米。

3）民房拆迁废弃堆积

为了老司城遗址保护的需要，一些现代民房实行搬迁工程，这些民房拆除后，需清除水泥，平整地面，面积为230立方米。

4）种植物清理

对村民栽种的橘树及其他树木等，进行迁栽或砍伐，平整土地，依照规划要求进行清理，清理面积为8200平方米。

2. 文物本体区参观栈道工程

为了切实保护好文物遗产资源，经考古发掘后出露并展示的遗迹，部分地段在游人参观时需从所铺设的木质栈道上通过，以免踩踏破坏遗址区内的遗迹与植被。木质栈道的铺设将随着考古发掘后能展示的遗迹点延伸，游人可以直接通过栈道游览。栈道长共609米。

3. 遗址区地表排水工程

遗址区地表排水系统的建立对展示区和遗址区长期维护而言至关重要，根据《湖南省永顺县老司城遗址保护规划》的总体要求，在重点保护区沿地段周边设置排水系统，组织地表径流，防止洪水对遗存的随意冲刷。

重点保护区排水系统：将主要利用考古发掘后展示所需的地形地貌特点并结合围墙外侧设置排水暗沟，于衙署区道路两侧根据现有的排水明沟，按其建设形制、尺寸将水沟延至衙署区西门，将两侧平地收集来的雨水汇入下侧雨水井，然后通过雨水井汇入排水总管。

于生活区东部城墙外侧修建排水暗沟，排水暗沟沟顶较维修后的东部城墙矮0.7~1米，暗沟深0.4米，埋设直径50厘米的混凝土管，适当距离设置雨水井，主要收集凤凰山头因降雨形成地表径流的雨水，往北将雨水汇入灵溪河，生活区内的雨水一部分利用土壤的渗透作用吸收，一部分利用遗迹中的小型排水沟，如G4、G12等将雨水汇入G10中排出。

于衙署区东部和南部围墙外侧设置排水暗沟，排水暗沟建设同生活区东部城墙外侧排水暗沟，南部围墙外侧的排水暗沟根据地势高低埋设，沿南部围墙外侧一直延伸至正街，将收集来的雨水汇入公园排水总管中，衙署区内的雨水一部分利用土壤的渗透作用吸收，一部分利用道路两侧的排水明沟排走，排水明沟建设形制、尺寸同现土王祠前的排水明沟。

墓葬区的遗迹几乎为地下式或半地下式埋藏，于墓体顶部做好防渗层，将防渗层一直延续至墓体底部设置的排水暗沟，排水暗沟主要设置于M11、M13-M16、M17、M18-M19东侧以及神道两侧，连通紫金街旁的公园排水总管，将雨水排出。暗沟埋设直径40厘米的管道，适当距离设置雨水井。场地排水沟总长1980米。

4. 遗址区绿化工程

整个重点保护区内场地绿化将以草本和灌木为主，对于场地内现有大型乔木（主要是衙署区内土王祠前的柏木、柚子树、竹子）在不影响遗址长期保护的前提下尽量保留。拟采用的主要植被类型和种植区域如下（以下植被类型为当地常用的绿化植被种类）。

（1）生活区：在这一区域内，分布着大量遗存，在绿化时，严格遵守《中国文物古迹保护准则》第三十四条，对于考古发掘的地段，先以草皮覆盖，草种主要为结缕草、马鞭草等，并用根系浅的低矮灌木如金叶女贞、金边黄杨、红花继木、变叶木、水栀子、紫鸭趾草布置成绿篱形式，栽出房屋、水沟遗迹边界，进行植物造景标识展示，既能让观众看明白，又对地下遗迹进行了保护（G16、G17、F7、F8遗迹，维修加固后，覆土回填，上做植物标识展示）。

（2）衙署区：衙署区内的文物遗存主要有土王祠及凉洞（已探明），凉洞以北部分现已考古发掘，对于该段需要展示部分加以保护工程处理后进行展示，不种植任何植被，其余地段由于暂未进行考古发掘，先以草皮覆盖，草种主要为马蹄金、酢浆草等；保留现存的高大柏木，对已探明的对遗迹有破坏作用的其他乔木进行移植或砍伐。

（3）墓葬区：墓葬区又分为紫金山墓葬区、雅草坪墓葬区。紫金山墓葬区已局部发掘，对已探明的区域，原则上保留现有树木，适当疏剪枯枝，使其树形较为美观。台地外侧堡坎内侧种植迎春花，山体两侧无遗迹的空地种植楠竹，保留现有柚子树和橘树，其余地段及封土堆上以草皮覆盖，草种主要为结缕草、马鞭草等。M13-M19后侧的耕地绿化做成疏林草坪，配置的树木有马尾松、桂花、银杏、楠木、紫薇、紫荆、茶花、棕榈、红枫等，铺种结缕草。墓葬区与现居民区以楠竹、杜英防护林隔开。植物栽植方式采用自然式种植，乔、灌、草结合，并适当配置开花乔灌木，给游客营造一种轻松又不失肃穆的气氛。雅草坪墓葬区由于暂未进行考古发掘，原则上保留现状。

遗址区绿化面积63000平方米。

第八节　主要工艺、材料设计的工程技术说明

一、主要材料

1. 条形红砂岩块

主要分布于宫殿区西部城墙墙体和进入城门的阶沿石（踏步），以及其他城门的入口处。为润雅采石场出产。

2. 卵石

整个老司城遗址多以大小不一的卵石组成，大型卵石用于砌垒城墙、堡坎等，小型卵石多用于道路、房屋建筑、阶梯、墓葬等。主要采自老司城旁的灵溪河岸。

3. 山石

主要为不同几何形状的石灰岩岩石，取自于当地山体，主要用于堡坎的砌垒。

4. 墙体灰浆材料

石灰粉：CaO含量80%左右，细度≤40目。
石灰浆用石灰粉加水浸泡成浆，并搅拌均匀。
灰浆材料分两类：一为纯石灰浆，作为普通墙体使用，G16、G17、G18沟壁墙体勾缝和抹面都是用的纯石灰浆；二为石灰+糯米浆，其黏结性和表面附着性均佳，主要用于高一级墙体的填缝及抹面。
糯米浆：以糯米磨成粉后，加热熬成粥状。
棉花：将棉花均匀撕拉成细丝状。
三合土：由石灰、黏土和细砂组成，实际配比视情况而定，不同的地区有不同的三合土。但其中熟石灰不可或缺，熟石灰一般占30%。三合土中的熟化石灰颗粒、粒径不得大于5毫米，黏土和沙中不得含有草根等有机物质，石灰为消石灰。

二、回填材料质量技术要求

回填土选用黄色黏土，黏粒含量宜为15%~30%，塑性指数宜为10~20，且不得含植物根茎、碎瓦垃圾等杂质；填筑土料含水量与最优含水率的偏差为3%以内。黏性土的填筑标准用压实干密度来确定，压实度不应小于0.9。土料的碾压采用人工夯填，分层夯填厚度不得超过20厘米，通过减少土体中空气所占空隙率，增大地基土的密实度，提高地基的承载能力。

进行应用时，需先行测试。

1. 沟壁墙体的加固处理

沟壁墙体主要用山石、卵石浆砌，发生病变原因主要是墙基直接建于碎砖瓦砾堆积层上，且碎砖瓦砾基础松动。20世纪70年代，因覆土回填后在遗址上部开垦耕地进行农作，填埋土体的挤压和农耕的影响，使地基发生沉降，沟壁墙体均受到不同程度的损毁。沟壁墙体存在的病害主要有歪闪、垮塌、裂缝、基础损毁。需先做好基础加固，再修补、加固墙体。

2. 歪闪沟壁墙体的加固

歪闪、断裂而前倾的墙体，先纠偏、规正，然后依基础结构采取不同处理方式。对于直接建立在砖瓦土石废弃堆积上的墙体，每隔1米分段挖掘清理不稳定基础，夯实基底，以山石、卵石材料浆砌，并灌浆挤密。待完全固化后，将紧邻的另外基础依样处理，保证墙体的荷载能力。灰浆以石灰、糯米、水三合而成。

对沟壁墙体外侧进行考古发掘，视遗迹的位置及重要性决定发掘的深度与保留的面积。将墙体歪闪、位移部分以物支撑，防止垮塌；在墙体外侧挖一沟槽，其深度延及歪闪部分下侧，以外力使墙体整体扶正，达到纠偏的目的；在其基础下衬垫石块，击打斜桩，与机械工具相配合，使下垂的墙体前端抬升，裂缝自然合拢或缩小；将基础灌浆挤密，固化后去除支撑物，墙体复原，裂缝也自然合拢或缩小；回填平整墙体外侧所开挖的沟槽。

歪闪墙体上部损毁部分不再修复。

3. 沟壁垮塌、损毁缺失处沟壁的加固

沟壁垮塌、连同基础损毁缺失的，应先对垮塌部位和基础处进行清理，平整并夯实下侧素土基础，然后用与两侧沟壁相同的材料进行补砌。局部垮塌，两侧仍存一定高度的沟壁，要补砌至与两侧沟壁等高，以保证沟壁的完整性；对于沟壁全部损毁处，补砌一定的高度，要保证特大暴雨天气时排除沟内降水。

三、墙体的加固处理

墙体主要为山石、卵石浆砌，发生病变原因主要是墙基直接建于碎砖瓦砾堆积层上，且碎砖瓦砾基础松动。20世纪70年代，因覆土回填后在遗址上部开垦耕地进行农作，填埋土体的挤压和农耕的影响，使地基发生沉降，墙体均受到不同程度的损毁。墙体存在的病害主要有歪闪、垮塌、裂缝、基础损毁。在做好基础加固的基础上，对于必须提供挡土作用的挡土墙，需进行必要的修补加固。

1. 严重歪闪倾斜、鼓突墙体的加固

在保存下来的严重歪闪的原始挡土墙后侧开挖宽度、深度适宜的探沟，探沟内贴近墙体内侧放置1~3厘米厚的钢板，留出墙体归安原位的空间，钢板后设铁支架，防止外侧扶正墙体过程中向内侧垮塌（湖南省文物考古研究所在老司城文物抢救性保护（第一期）试验工程施工过程中扶正过歪闪的挡土墙，基本扶正到原始位置，未发生扶正过程中向内侧垮塌的情况，放置铁板和设铁支架适用于扶正面积较大较高的墙体）；利用人力或人力+机械对歪闪、鼓突的墙体进行推压扶正，并在其基础下衬垫石块，击打斜桩，与机械工具相配合，使下垂的墙体前端抬升，裂缝自然合拢或缩小，将基础灌浆挤密。扶正后对松动石缝进行低压灌注石灰浆或针管注射石灰乳加固，待石灰浆或石灰乳干结硬化后，在外侧紧贴墙面架设支护保护模板，选用纯净素土回填后侧的探沟并逐层夯实，夯筑过程中要注意均匀用力和用力方向，防止夯打时挤压外侧扶正墙体又导致其变形。

严重歪闪、断裂而前倾的墙体，先行扶正、纠偏，然后依基础结构采取不同的处理方式。对于直接建立在砖瓦土石废弃堆积上的墙体，每隔1米分段挖掘清理不稳定基础，夯实基底，以山石、卵石材料浆砌，并灌浆挤密。待完全固化后，将紧邻的其他基础依样处理，保证墙体的荷载能力。灰浆以石灰、糯米、水按照原有材料的配比进行。

2. 轻度歪闪倾斜、鼓突墙体的加固

对于轻度歪闪倾斜、鼓突的墙体，利用现代技术手段，用经过防锈处理的钢丝网和钢柱对其进行支撑保护，防止其继续加剧病害而垮塌损毁。所用钢丝网网目和钢丝大小视具体支护的墙体体量及材料而定。

3. 墙体有裂缝，未歪闪或倾斜墙体的加固

暂不维修干预，做好顶部防雨保护措施，并于裂缝处布设在线式位移计传感器对文物本体位移进行实时监测。

4. 墙体垮塌、损毁缺失处的加固

分两种情况实施保护：①墙体垮塌、连同基础损毁缺失的，应先对垮塌部位和基础进行清理，平整并夯实下侧素土基础，然后用与残存墙体相同材料进行补砌。局部垮塌，两侧仍存一定高度的墙体，要补砌至与两侧墙体等高，以保证墙体的完整性。②墙体早期垮塌后又不影响现挡土墙加固的，只做原则性的现状加固，不做补砌。

5. 踏步两侧的垂带墙或挡土墙的加固

因踏步对道路边缘起到稳固的作用，且考虑到行人通行时的安全性，对保存下来歪闪的原始挡土墙进行墙体扶正、并灌浆加固裂缝处和松动石缝；对因原始挡土墙垮塌损毁，后人为了挡土固坡需要，在原始挡土墙垮塌损毁处原址利用垮塌下来的带有石灰浆的石块、青砖（整砖或断裂青砖）、卵石、红砂岩碎块、青砂岩碎块等干垒，任其后侧土壤溢满石缝，显得比较杂乱，针对此类干垒挡土墙，因老司城原始挡土墙经考古解剖探得基本用不规则形石灰岩块、卵石、转角处用砂岩块浆砌，未杂有其他材料，为恢复其历史统一性、并保持与周边遗迹和环境的协调性，对结构不稳定、遇雨随时可能垮塌砸到行人的干垒挡土墙进行整理并剔除青砖（整砖或断裂青砖）、红砂岩碎块、青砂岩碎块等；对于干垒挡土墙上部垮塌损毁缺失处，暴露出后侧土坎，受雨水冲淋随时都可能崩解垮塌。对此部分损毁缺失的墙体，参照周边的干垒挡土墙，以卵石和不规则形石块进行补砌，砌筑时石块要对缝卡紧，用与土色接近的三合泥浆充分填实石缝进行勾缝，并稍作收分，砌筑高度与后侧平台齐平，以支护后侧土体，防止其受雨水冲淋崩塌而覆盖路面或砸伤行人。

6. 墙体中灌木的清除

墙体中生长的植物根系，随着根系的生长，将使墙体裂缝不断扩张，造成严重的机械破坏，称为"根劈"，这种根劈对文物本体的墙体造成的破坏较大。

对于枝干较小、根系较浅的植物，采用人工直接拔除的方式加以清除。将植物根系清除干净并喷洒除草剂；枝干较大、根系较深的植物，砍去树干，以铁锉去除树蔸、根茎；对于生长在墙体裂缝中的灌木，且根茎致使部分墙体遭受损坏的，可拆除需维修的砖石，并做出标识记号，将灌木根茎清除后，依样维修破裂面。

四、沟壁裂缝的修补处理

1. 沟壁开裂的主要原因

（1）外侧土体挤压以及上部农耕的影响，使得墙体向沟内歪闪，致使墙体不在一个平面上，从而形成裂缝。

（2）沟壁端部建于悬崖上，由于风化和土体滑坡，导致墙体悬空，从而使得墙体无基础支撑而向外和向下歪闪，形成较大裂缝。

2. 加固技术说明

材料配比：生石灰：水=6：4。

材料控制标准：石灰粉CaO含量80%左右，细度≤40目。

裂缝保护处理施工工艺：清理裂缝内浮土；较大的裂缝，利用石灰加水搅拌成灰浆，进行填补；较小的裂缝采取黏合技术使之整体复原，此种加固技术以压力灌浆黏接的效果较好。使墙体表面平整，没有任何开裂和孔洞。常用107胶（聚乙烯醇缩甲醛）聚合三合泥作黏合剂。灌浆压力控制在0~0.5MPa，利用设备的压力，将修补浆料压入裂缝。浆液中的水分由于会被周边物体吸收，浆液在固化过程中会收缩，因此过10分钟左右应将孔口用泥土封住（留出补浆口即可），然后向裂缝内补充浆液，如此反复，直到裂缝内充满浆液。

灌浆的工艺依以下顺序进行：

清理裂缝—黏灌浆嘴子—封闭裂缝—检查封闭程度（封缝处涂肥皂水然后用1kg/cm³）压缩空气试验—灌浆—养护及清理现场，一般是分段，每段自上向下灌注。

进行应用时，需先行测试和试验。

五、道路的加固处理

道路在老司城遗址纵横交错，大量分布，由于遗址本体区在明代经过数次较大的建设，前期道路或遗弃或部分被后期道路所叠压，有的则现今仍在使用，较为复杂；老司城在清朝雍正二年（1724年）搬迁至颗砂后，即已废弃，长期以来村民的耕种取土、建房取石，破坏更为严重，经过考古发掘出来的道路，多已残缺不全，需要进行加固处理。

道路的组成分为两种，一为红砂岩条石做成踏步，一为扁条形卵石做成道路路面和踏步。道路保护措施为：

（1）平整地面，素土垫层夯实，对于路面损毁处不再进行修复，仅对损毁缺失处出露的素土层做硬化、防风化处理和日常控草维护。

（2）踏步两侧有挡土墙的，对于挡土墙损毁、垮塌、歪闪的，因其承担挡土的作用，需进行墙体扶正、适当的补强及渗透加固处理。

六、砖、石质文物的维修

本次维修的皆为青砖类和砂岩类，如砖雕、石刻、石雕等。石刻石雕为砂岩，受损的主要原因为盗墓时遭机械破坏，石像生因人为因素，造成缺失和残损、开裂和断裂。青砖吸水性较强，受自然因素和人为因素影响，形成表面沉积、缺失、断裂和破碎、酥碱等现象。

（1）清洗：在不对砖、石表面造成任何伤害的前提下，去除砖、石文物表面的污染物质。以水洗为主，机械和化学清洗为辅，对藻类、苔藓类等进行特殊清洗。

（2）加固：对于石质文物联结强度要求较高的断裂部分，如石像生的残断加固，使用销钉加黏结技术可以使其达到稳定，销钉的强度要能抵抗该部位的最大拉应力和支撑力，并能抵抗一定外力的作用。销钉的安装需尽量减少维修文物上的开孔尺寸，且销钉的热膨胀系数应与石材接近，防止温差应力对文物的破坏。随后进行黏结。

实施黏结技术，可依据材质的不同而使用不同的黏结剂。砖雕的黏结剂与石质文物黏结剂的强度应有所不同，砂石材料的黏结首先以香蕉水或丙酮溶剂将15%的丙烯酸树脂（ParaloidB-72）溶解涂于各断裂面表面，包括孔穴，目的是依照可逆性原则形成环氧树脂与石材之间的隔离层，以便再次维修时可以无损拆解。然后将EurostacEP-IN2501液态环氧树脂与Indarente K-2502慢速固化剂按照1：4的比例混合，加入适量硅粉调匀成无法流动的黏稠状，涂于黏结面，插入销钉，将断裂面合拢，24小时完成固化。砖雕断损处的黏结所用环氧树脂材料可适当缩小比例。

破损严重的砖、石，可置换相同的旧材料。

（3）补全：补全的目的是使缺失的文物在外观形式上趋于完整统一和协调，补全部分与文物原始部分在美学上达到平衡，要以客观真实的态度对待，缺乏依据，如果没有足够的史料来证实，从艺术角度也无法确定，而仅根据臆想来补全，是违背真实性原则的错误做法，将不做补全。

彭世麒墓葬八字墙损毁较大，很难进行整体维修，但是，这一墙体的高浮雕砖雕具有较高的艺术价值，缺失部分对文物整体造成了较为强烈的视觉冲击，其可读性降低。考虑各种因素，可以对此进行部分补全，这样也有利于残余部分得到良好的保存。部分有明确原物的花边砖雕，可按原样制模烧制，进行补配，外观上协调，但要有所差别，避免造成混淆，并做出明确说明。

（4）封护：对少数风化严重的石质和砖雕文物实施封护，其余不严重的砖、石质文物不实施封护这一干预。选择的材料具有可逆性、耐老化、透气、憎水、耐酸碱、黏度小、透气性好等特征。将15%的ParaloidB-72溶解后薄涂于文物表面，做可逆性防护。使用毛刷或喷枪喷涂，局部可用滴渗法加固。另外，共聚丙烯酸树脂与BTA混合液（Incralac）具有可逆和透明性，用于石质封护也是一种可行的选择。

进行施工时，需先行测试和试验。

七、防风化加固处理

据保护原则及保护材料的要求，土质遗迹与砖构表面加固可采用有机硅化学加固方法（浙江杭州市化工研究院和上海触媒电气有限公司文化遗产保护中心研制），对遗址表层土壤进行原样化学加固——使现存土质的强度得以提高，同时加固后的土质必须具备耐雨水、耐潮湿、抗风化和抗紫外线老化等性能，以此来解决遗址目前不断出现的粉化病残现象。该技术方案在不改变现遗址土质的颜色、外观、质地的前提下，可将其土质的强度提高5～8倍，并且保护的土层具有优异的疏水、耐潮、防风化、耐紫外线老化等功能。

1. 材料的性能指标

以硅酮为主剂的加固材料内含固化剂、防老剂、防霉剂、渗透剂、紫外光吸收剂等，其理化指标为：外观为无透明液体；固含量为90%～95%（1g/135℃1小时）；黏度：15～20 MPa·s（23℃）；适用期24小时。

2. 抗压强度

硅酮树脂在配方中的不同用量对泥土的加固强度对比如表五二。

表五二　加固强度对比表

硅酮树脂用量/%	0	35	45	55	65
抗压强度/MPa	0～0.35	1.5～2.3	2.6～3.4	2.9～4	3.5～4.6

3. 疏水性对比

经化学加固和未经化学处理的土块疏水性对比，显示经化学处理加固的土样疏水性极佳，水不能渗入，以最大接触角呈滴珠状。

4. 内聚强度对比

经化学处理加固后的土块内聚强度好，保持原样不松塌散落，试验检测浸泡3个月也不散落，而未经化学加固处理的土块浸入水中30秒就开始松塌散落，1分钟后就全部散塌。

5. 吸水性对比

硅酮树脂在配方中的不同用量对土块加固处理的吸水率的影响如表五三。

表五三 配方中硅酮树脂用量与吸水率关系表

硅酮树脂用量/%	0	35	45	55	65
吸水率/%	56	0.075	0.084	0.016	0.028

采用以有机硅酮材料为主剂的化学配方材料对土块进行有机硅化学加固，可以有效加固，并且具有很好的疏水以及抗风化、防紫外线老化的功效。

6. 外观色泽的影响

经化学加固处理后土样上的各种颜色保持清晰不变，国内目前已有这方面的成熟技术。

该方法对土质文物的加固已成功地应用在浙江省重点文物保护单位平湖市乍浦炮台的保护中，经试验确认，采用该技术加固的土质文物在得到充分保护的同时，又不改变文物外貌、不破坏历史信息，做到了文物保护"修旧如旧"的原则。

砖构遗迹可利用此配方材料直接喷涂，以此对砖体进行封护处理。

在对老司城遗址进行保护实施前，必须先行试验，避免对文物造成不同程度的破坏。

八、遗址生物病害灭杀及其抑制

1. 遗址表面植物灭杀

老司城遗址发掘揭露区域内除了一年生杂草外，还有大量的乔灌木根系。植株多次萌发，在其生长和拔除过程中也会对遗址构成极大损伤，故建议启动药物一次性扑杀的方式予以杀灭，避免因多次拔除导致遗址不必要的损伤。采用除草剂和化学抑制剂，抑制和防止杂草等植物体的生长，再人工清理植物体及遗址土内根系，减少对遗址的破坏，并加强遗址的日常维护和管理。

1）材料

除草剂草甘膦（41%）是一种灭生性慢性内吸除草剂，通过植物体茎叶吸收并传导全株，使杂草等植物枯死，并在土壤中迅速分解。经茎叶给药处理，对1年生杂草和多年生宿根植物等均有效。毒性：对人畜低毒。

2）清理工艺

（1）不急于拔除新萌芽植株，通过叶面喷洒，茎秆注射的方法使药物进入植株内部，杀灭植株与根系。

（2）使用方法：对较小杂草等植物体喷5%～10%的草甘膦除草剂进行叶面喷施处理；灌

木及其宿根植物配合叶面喷施的同时采用茎秆注射10%～15%的药剂进行彻底杀灭植株与根体。待杂草等植物体杀死腐烂后，人工机械清理其根系以尽量减少对遗址的破坏。

（3）对深入遗址土内的乔木粗大根系及不宜刨出的较深根系，除新萌芽枝条采用第（2）条中提及的方法杀灭外，为避免形成新的破坏，可采用8%的铵盐溶液或0.2%～0.6%的二氯苯氧醋酸化学制剂注射的方法促其腐烂，之后再按照孔洞灌浆方式将其填实。注射以根系为主要目标，可采用吊瓶方式进行，尽量避免污染遗址本体。

（4）加强对遗址日常维护和管理。

备注：该方法在西安汉代遗址保护中的应用效果良好。

2. 低等植物病害防治

1）物理灭活

老司城遗址墙体、砖面普遍存在苔藓、霉菌侵蚀的现象，为了避免不必要的污染，保护环境，不建议采用药剂进行大面积杀灭处理。考虑到遗址类型均属于无机材质，对紫外线辐照具有较好耐受能力，故建议采用紫外线辐照的方式进行遗址本体统一菌体辐照灭活处理。辐照以紫外灯组辐照的方式进行，照射可多次进行。依照以往经验，辐照距离应控制在0.5米左右，单次辐照时间控制在5小时以上即可起到良好的杀灭效果。辐照过程中应做好人员防护工作，佩戴防护眼镜等。必要时可采用铝膜隔离，以避免紫外线伤害其他辅助设备。

2）生物病害抑制

对于生物病害集中爆发区域，除采用物理灭活外，可根据实际情况采用局部喷洒化学生物抑制剂以增强抑制效果。

3）材料

（1）防苔藓剂（Antimousses）：烷基二甲基氯化铵的混合物。对苔藓、地衣和藻类等具有优良的生物杀伤作用。无色，浅黄到草黄色液体，略带气味。完全溶解于水、低碳醇、酮和丙醇。防苔藓剂是一种能够提供持续性的有效预防保护剂。预防性体现在药剂的活性部分会停留于受处理的基材来持续地预防苔藓和藻类等其他寄生物的生长；治疗性体现在药剂能杀灭所有苔藓和藻类等寄生植物，死亡的生物体靠雨水自然冲刷或人工刷拭清洁即可。药剂不会改变基材的颜色。

（2）防霉剂（MV）：无色液体，在见光、pH=2～9和低于60℃条件下，可保持较好的稳定性。主要成分为异噻唑啉酮衍生物，具有较强生物杀灭活性，急性口服毒性：$LD_{50} \geq 4,400mg/Kgs$（鼠）。

4）施工工艺

（1）对遗址表面杂物进行清理，尽量使地面干燥，方便药剂的吸收。

（2）苔藓等低等植物化学防治，主要采取药剂喷雾处理。

化学药剂的配制：防苔藓剂Antimousses的使用应根据保护对象的含水率进行稀释，含水率高时不需要稀释，较干燥时用水稀释至1∶2。防霉剂：MV∶水=1∶3。混合均匀。实施工艺以表面均匀喷洒一到两遍。

（3）药剂本身由于有一定的毒副作用，因此施工时必须做好防护工作。对砖体进行施工时，要保证文物安全，不得直接踩踏在文物表面，对文物表面要设保护垫层。喷涂要均匀。对一些喷雾喷不到的地方，用毛刷进行涂刷。喷涂的液压要把握好，不得使土体表面喷离（该方法应在局部进行）。

总体而言，老司城遗址生物病害表现极为活跃，从其表现形式来看可以简单分为土遗址残留植株根系及其草本植物类，加上菌类（霉菌、真菌等）。在其治理过程中依照湖南省文物局的专家意见，应尽量减少化学药剂的使用，其治理分为两个环节，首先是植物活体的扑灭，对于草本及其植株类采用茎秆注射为主体配合叶面局部喷施的方式继续杀灭。而对菌类微生物的治理以物理辐照的方法为主体，以减少药剂残留对环境的影响为目标。对于遗址生物抑制药剂的使用，采取观测的态度，在针注和物理辐照的基础上展开长期观察，如果针注及其物理辐照的方式可以取得预期效果，喷洒生物抑制剂的方法可以不实施或延缓实施。

3. 动物灭杀

在遗迹区域内如果发现蚂蚁、螳螂、老鼠、土蜂等动物穴洞，要及时进行诱杀并封堵洞穴。

在实施药物杀灭方法前，必须先做试验，避免对文物造成其他方面的损害。

第五章　施工管理

老司城遗址占地面积广，遗迹类型多样，施工范围有限，时间紧任务重。伴随着考古发掘的进行，许多新发掘的遗迹需要进行及时有效的保护，因此文物保护工程施工单位必须充分了解老司城遗址的整体格局、历年发掘工作和遗址保护工作中的具体实际，对老司城遗址有深入的了解和研究，特别是对老司城遗址申遗的工作计划有清晰的时间把握和对理念与工艺的前瞻研究。基于这种考虑，湖南省文物考古研究所作为老司城遗址考古发掘的主导单位，同时也是老司城遗址文物本体保护工程二、三、四期设计方案的编制单位，承担老司城遗址文物本体保护工程的具体施工具有一定的优势。因此，通过公开招标，湖南省文物考古研究所成功竞选为老司城遗址文物保护工程施工单位。为规范施工流程、确保工程质量，老司城遗址管理处派遣专门人员进行全程配合与协调，同时委托辽宁文博古建工程有限公司为工程的监理单位，对施工全部过程采取监督、工序质量验收、项目经理负责的管理措施，以确保工程质量的合格。考古发掘与工程施工中，国家文物局原局长单霁翔、励小捷，国家文物局原副局长童明康，以及张忠培、李伯谦、赵辉等考古学家和陈同滨等文物保护专家到现场进行指导，确保文物保护工程符合世界文化遗产的标准。

一、施工执行标准

（一）国际公约

《关于历史性纪念物修复的雅典宪章》，历史纪念物建筑师及技师国际会议第一届会议，雅典，1931年。

《保护世界文化和自然遗产公约》，联合国教育、科学及文化组织大会，巴黎，1972年11月16日。

《佛罗伦萨宪章》，国际古迹遗址理事会国际历史园林委员会，佛罗伦萨，1982年12月15日。

《考古遗产保护与管理宪章》，国际古迹遗址理事会全体大会第九届会议，洛桑，1990年10月1日。

《奈良真实性文件》，与世界遗产公约相关的奈良真实性会议，奈良，1994年11月1日。

《巴拉宪章》，国际古迹遗址理事会澳大利亚国家委员会，巴拉，1999年11月26日。

《西安宣言——关于古建筑、古遗址和历史区域周边环境的保护》，国际古迹遗址理事会第15届大会，西安，2005年10月17日至21日。

《会安草案——亚洲最佳保护范例》，联合国教育、科学及文化组织，会安，2005年12月30日。

《关于东亚地区文物建筑保护与修复（北京文件）》，东亚地区文物建筑保护理念与实践国际研讨会，北京，2007年5月24日。

（二）国内相关法律法规

《中华人民共和国文物保护法》（2013）。

《中华人民共和国文物保护法实施细则》（2013）。

《湖南省文物保护条例》（2005）。

（三）相关技术规范及行业标准

《中国文物古迹保护准则》（2004）。

《中国文物古迹保护准则案例阐释》（2005）。

《文物保护工程管理办法》（2003）。

《既有建筑地基基础加固技术规范》（JGJ123-2012）。

《建筑边坡工程技术规范》（GB50330-2013）。

《文物保护工程文件归档整理规范》（WW/T 0024-2010）浙江省古建筑设计研究院。

《砂岩质文物防风化材料保护效果评估方法》（WW/T 0028-2010）陕西省文物保护研究院。

《土遗址保护试验技术规范》（WW/T 0039-2012）敦煌研究院。

《土遗址保护工程勘察规范》（WW/T 0040-2012）敦煌研究院。

《文物建筑维修基本材料 青砖》（WW/T 0049-2014）故宫博物院。

《文物建筑维修基本材料 石材》（WW/T 0052-2014）故宫博物院。

二、施工总体思路

（1）遵循国际国内保护世界文化遗产的宪章、相关准则、法律法规，从保护遗址的真实性和完整性出发，严格按照文化遗产保护的最低限度干预原则、可逆性原则对老司城遗址施工保护。

（2）秉持"保护为主、抢救第一、合理利用、加强管理"的文物工作方针，严格遵守《湖南省永顺县老司城遗址保护规划》中提出的相关工程保护措施及国家文物局对此规划的批复中的相关意见，以考古发掘资料为基础，对遗址现场进行认真勘察，利用现代分析检测手段对遗产的本体材质、建造工艺、病害情况、周边环境状况等进行分析与研究，以此为依据，科学地进行工程施工。

（3）老司城遗址为露天保存，沿山体的半山腰分布，需做好防洪措施，充分利用生活区东侧城墙与卵石道路，做好山坡雨水的拦截和疏导，防止春季雨水直接冲刷而造成遗迹损毁、破坏。

（4）疏通生活区、衙署区内的原有大型排水沟渠，做好保护加固，恢复与沿用其功能，做到遗迹展示和利用的有机结合。

（5）加强生物病害防治，及时解决对遗址构成破坏的动植物、微生物病害。

（6）对于房屋建筑遗迹，在考古完全弄清楚其布局、边界关系、地面铺装材质、柱础等基础上，对其进行建造形制与工艺的分析研究。对严重影响到结构稳定性的房屋基础损毁、缺失的残存部分，进行保护性维修加固，做好防雨、排水保护措施，并于周边布设防护栏杆，树立警示牌，严禁游客出入踩踏。

（7）对于严重歪闪、倾斜、外鼓的老司城遗存的原始挡土墙和沟壁墙体，进行人工扶正，并灌浆加固裂缝处和松动石缝；对于轻度歪闪、倾斜，经检测土壤常态含水量情况下的后侧土压力和承载力暂时达到平衡的墙体，采用木棍、钢柱、护网等进行支护；对于墙体上有裂缝，但还未歪闪或倾斜的，暂不维修干预，布设在线式位移计传感器对文物本体位移进行实时监测。

（8）老司城的道路遗迹，对结构稳定性较好、能承受行人通行荷载的道路段，保持现状，不进行任何维修干预；对因道路边坡垮塌导致路面边缘缺损、卵石松脱，考古廓清边界关系，加固边坡并补配路面铺装；对道路卵石铺装或踏步损毁缺失而暴露出的土质基础，由于土体的耐崩解性能极差，常年被雨水击溅和冲蚀流走，导致素土基础越来越低，缺失越来越广，最终残存卵石铺装下的素土基础也将被水掏蚀而失稳坍塌，从而破坏残存遗迹，故对损毁缺失的卵石铺装和踏步进行补配，在可识别性的前提下，对遗存道路施以最小的干预。

（9）对于道路两侧的垂带墙或挡土墙，考虑到行人通行时的安全，对保存下来的歪闪原始挡土墙进行墙体扶正，并灌浆加固裂缝处和松动石缝。

（10）老司城遗址中墓葬除M31-M36-M37为共用一个封土堆的独立三室砖墓外，其余均为单室砖墓。对于规格较高的墓葬进行保护性维修加固后对外开放展示，其余的墓葬均采取现状维修加固后回填保护方式，并恢复考古发掘前的残存封土，其上铺种结缕草或狗牙根。

（11）对未揭露和露天保存的遗迹本体外侧铺种结缕草、狗牙根等。

（12）加强实时监测和日常维护工作，定期对文物保存现状进行检查，并建立日志，撰写监测评价报告，发现问题和安全隐患，及时报告或处理。

三、施工总体要求

（1）施工前，根据现场实际情况做好文物保护措施，做好文物的登记与保护，确保维修范围内一切文物的安全；施工中要充分做好施工记录和档案工作，主要内容应当包括施工前后遗址的变化、加固效果、特殊工艺和施工方法的记录。记录形式除文字描述外还应当有照片或录像等直观形式。最终向管理方提供完整的施工档案记录。必要时可进行1~3年的长期跟踪检测，以确保工程质量。

（2）严格按照设计要求、国家现行有关施工及施工验收规范进行施工；发现新情况或发现与设计不符的情况，需及时与业主单位取得联系，并由业主单位与设计单位联系方案调整或变更事宜。

（3）工程施工过程中，必须自始至终有考古工作人员参与，以确保工程不破坏遗存及遗址。

（4）本工程所涉及的工作内容技术含量高，人员和操作程序复杂，在实施过程中必须进行全程、全方位的科学管理和严格的技术控制。文物考古、现场监理、施工、文物保护、技术支撑等相关专业人员必须到位，工作界面科学组合，统筹调度。对工作的各环节、步骤实施技术、质量监督，以保证整个工作按计划保质保量地顺利进行。

（5）强化安全管理，确保人身安全和文物安全。

四、施工单位组织机构设置

为保证老司城遗址文物保护工程的顺利实施，湖南省文物考古研究所抽调专业技术人员组成老司城遗址文物本体保护工程项目部，对工程实施严密的项目管理制度。在狠抓管理的同时，严格把控施工质量，切实将老司城遗址文物本体保护工程从细节到整体做到科学与规范。

施工组织机构如下：

项目总负责人：项目实施过程中所有工作的总负责人，负责项目组织、管理、协调、沟通和处理与建设单位、监理单位、各分包单位和本公司各职能部门的关系。及时解决施工中出现的问题，保证工程质量、合同工期、安全和文明施工。

技术总负责人：项目实施过程中对各专业技术总体协调管理，关键技术措施把关，解决施工中出现的重要技术问题，通过各技术环节的控制，对项目总负责人负责，实现保证工程质量，合同工期、安全和文明施工目标，负责解决施工中深化设计任务。

考古工程负责人：施工过程中，负责对施工过程中所有涉及的考古工作进行技术指导、现场施工管理及安全监督工作。

文物保护工程负责人：施工过程中，负责对老司城遗址文物保护工程进行技术指导、现场施工管理及质量与安全监督工作。

检测试验负责人：施工过程中，负责工程前期的相关检测试验工作的技术指导、分析要求与质量监督工作。

施工员：施工过程中，现场施工专业负责人负责工程现场的材料、器械、人员管理，保证分项工程的施工质量、进度和安全，配合各专业施工，与技术负责人做好衔接工作。

安全员：施工过程中，各专业的现场安全督导负责人，负责工程现场的材料、器械、人员安全监督管理，保证各分项工程的安全施工质量、进度和安全，配合各专业施工，与项目负责人做好衔接工作。负责现场施工安全生产，落实各项安全制度，定时检查现场施工安全情况。贯彻安全事故报告制度，进行调查分析，提出处理意见。

资料员：施工过程中，组织协调相关人员办理有关进场手续，根据施工进程安排针对本工程进场的有关材料的检验，资料的收集整理归档，进行有关材料的保验。参加对质量事故的调查分析，做好记录并检查落实整改情况。

质检员：项目实施过程中，组织协调技术人员，监督项目部现场工作，根据施工进度安排针对本工程各专业的深入质检、监督、检查工程实施过程中的情况，对工程质量进行监控。

五、施工进度安排

为了更好地保护好老司城遗址的相关遗迹，使方案具体能落到实处，结合展示所需、配合申遗工作，对遗迹实施分期保护。对影响其结构稳定性的、遗迹已受到较为严重破坏的、边坡失稳危及遗迹保存的，将先期实行保护；对于影响结构稳定性较轻微但必须采取保护加固措施的，将在后期保护工程项目中实施。

在前期调查勘探的基础上，考虑到遗迹区文物保护工程进度与工地具体实际，最终决定将老司城文物本体保护工程分为两期来完成：第一期主要致力于危重部分遗迹的保护与修复，主要维修工程包括生活区东部城墙（GQ5~GQ11）维修、L2及东侧护坡维修加固、墙体空洞维修处理（含生活区BK-17一处、生活区GQ2一处和生活区GQ4两处，共计四处）、歪闪墙体维修加固（生活区BK-2、生活区BK-3、衙署区南部歪闪城墙YQ-6，共计三处）、G10西南侧垮塌处维修、G30维修加固、河街外侧驳岸维修、生活区BK-21维修。将这部分作为危重部分进行先期的文物保护工程，首先是出于对老司城整体格局的考虑，这些遗迹多属于大型的基础工程遗迹，对整体把握遗址格局和内涵具有重要的具象作用，对其实施修复和保护工程可以改变老司城遗址的整体风貌，提升遗址历史代入感。其次，这些遗迹多在老司城废弃后仍被当地居民使用，长时间地过度使用导致遗迹病害日趋严重，为防止遗迹状况进一步恶化，必须对其进行及时的抢救性保护，消弭病害的同时也为对其他遗迹病害处理节约时间和提供经验。由是，在2013年下半年至2014年上半年，将危重部分的保护维修作为重中之重。

在启动危重部分保护工程的同时，也先期准备第二期文物保护工程的施工准备工作，第二期文物本体保护涉及的遗迹较多，主要内容如表五四。

表五四 第二期老司城文物本体保护工程项目表

区域	遗迹名称
生活区	F10维修，F31回填保护，大西门北侧建筑基址维修，F7、F8回填保护，F28回填保护，西城门及城门楼F17维修，F25、F26、F27维修，F13维修，南部建筑群回填保护，BK-4、BE-7、BE-8、BE-10、BE-11、BE-12、BE-14、BE-15、BE-16、BE-18、BE-19、BE-20维修加固，北部城墙维修，G16维修，G17维修，G26、G31维修，G27、G28维修，一号台基维修加固，L13维修，L14维修，原始堡坎、干垒石墙维修
衙署区	第一平台（F21~F24）维修及展示，第三台平台维修及展示，凉洞内外部维修加固及展示
生活区以下至河街区域	F18回填保护，G18维修，L6、L7、西南环城路、北门上回填保护，堂坊包建筑基址维修及回填保护，纸棚街维修，河街A、B、C、D、E段维修
紫金山墓葬区	紫金山墓地道路系统，墓葬本体，紫金山墓葬区整体环境整治
祖师殿建筑区	祖师殿建筑区现状清理与环境整治，前庭平台维修加固及展示，山门建筑基址、庭院平台、窄型平台维修加固及展示，L1、L2维修，L3、L4维修，G1维修，G2维修，G3维修
其他区域	遗址区内所有探沟回填保护（包括生活区、紫金山墓葬区、生活区以下至河街区域），右街（小西门至西城门下），正街，河街（小西门以北残存段），五铜街，M12前挡土墙及拜台，G16，G24（正街至河街段），G30（正街至G10西段），F18东侧踏步，L14西南侧堡坎，北门遗迹，南门遗迹，小德政碑的前坪卵石铺装地面

第六章 工程施工

老司城遗址整体格局以面积约 19 公顷的中心城址为核心，中心城址依照自然山势的多层平台、随形就势自由分布的格局分布。生活区、衙署区、紫金山墓地等土司专属功能区的围合内向、序列关系、中轴对称等礼制文化格局特征保存现状一般。因长期废弃，受到一定程度的人为干扰，整个遗址区基本成为开发过的山区梯田状，仅生活区城墙和少量挡土墙还勉强可以看到。经数年的考古发掘工作，部分遗迹外露，整体格局逐渐清晰。

本工程目的清晰明了，即通过一系列的科学合理的文物保护手段，保护好老司城遗址原有的外露遗存和经考古发掘后外露的遗存，为展示提供一定的文物资源，同时为申报世界文化遗产提供服务。

第一节 工程实施流程

在第一期准备老司城遗址危重部分抢救性保护工程施工设计的基础上，老司城遗址本体保护工程的施工设计与计划组织施工也在短期内得以完成，两部分工程分别于2014年4月和5月正式开始施工。具体施工流程如下（表五五）。

表五五 老司城遗址文物本体保护工程施工流程表

施工图设计	聘请监理单位	施工前准备工作	工程施工阶段	预验收	竣工验收
施工图设计招投标 / 编制施工图图纸 / 施工图评审	聘请监理单位	施工单位招投标 / 成立项目部 / 技术交底 / 组建文物保护专家组 / 编写施工组织设计 / 编写施工方案 / 准备工程材料和工具	文物保护工程施工 / 隐蔽工程验收 / 工程质量自检	预验收	竣工验收

第六章 工程施工

一、施工图设计招投标

基于《中华人民共和国招标投标法》第三条规定"在中华人民共和国境内进行下列工程建设项目包括项目的勘察、设计、施工、监理以及与工程建设有关的重要设备、材料等的采购，必须进行招标……全部或者部分使用国有资金投资或者国家融资的项目"的考虑，同时为了保证施工图纸的全面性和科学性，永顺县老司城遗址管理处委托招投标管理机构对全国具有文物保护工程勘察设计甲级资质的单位发出邀请，邀请参加永顺县老司城遗址施工图详细设计投标。而湖南省文物考古研究所作为《永顺老司城国家考古遗址公园文物保护工程设计方案（第二期）》《永顺老司城国家考古遗址公园文物抢救性保护工程三期方案》《永顺老司城遗址文物本体保护工程设计方案（第四期）》的编制单位，同时也是老司城遗址历年考古发掘工作的主要单位，通过多年的考古发掘与保护方案编制，对老司城遗址的文化内涵和具体保存现状有着极为深入的了解，同时也是老司城遗址申遗工作的重要推动者，因此，国家文物局、申遗专家组、湖南省文物局、永顺县委及县人民政府、老司城遗址管理处等经过反复论证，同意由湖南省文物考古研究所作为施工单位对老司城遗址实施切实可行的保护。在经过正常的招投标程序后，签订相应合同。

二、施工图设计

为配合永顺县老司城遗址的保护、展示工作，同时深化推进老司城申遗工作，湖南省文物考古研究所在第二、三、四期老司城遗址抢救性保护工程设计方案通过国家文物局审批后，开始启动老司城遗址本体危重部分的抢救性保护工程的施工图设计工作。为确保老司城文物保护工程在施工理念和具体细节上能遵循设计方案的科学思路，也为确保老司城遗址文物保护工程的施工质量，施工图纸的设计全程严格按照国家文物局批复的意见和相关文物保护方案的规定进行，详细的施工图纸经多次组织专家进行图纸研讨、会审，并反复修改，力求在科学性、可行性的基础上有效地对老司城遗址进行保护。最终，老司城遗址施工设计施工图纸得到各方专家的评审通过（图版四七~图版九八）。

（一）施工图详细设计

考虑到老司城申遗工作的紧迫性和施工图纸绘制工作的实际需要，湖南省文物考古研究所抽调文化遗产保护与利用中心所有文物保护工程师组成老司城遗址文物本体保护工程施工图纸设计项目组，专门负责整个施工图纸的设计。在前期调查和方案设计的基础上，项目组反复仔细研读和分析四期保护方案及其批复意见，并参照国内外土石遗址的保护工程先进理念和工程技术，按遗迹类型不同进行了专门研究。在充分把握保护与展示的关系和遗址特性后对遗迹类型进行施工图的绘制。在绘制图纸的过程中，经过无数次的内部讨论、现场勘察、学习研讨，再经过项目组多轮图纸的逐张审核，最终完成定稿。

施工图纸分两期绘制，第一期施工图为《永顺老司城遗址本体危重部分抢救性保护工程施工图设计》，包括设计说明和施工图纸，根据老司城遗址遗迹病害危重程度，将病害情况严重、结构失稳、亟需维修的遗迹纳入第一期施工图纸绘制对象，作为第一期维修工程。第二期施工图为《老司城遗址文物本体保护施工图设计》，包括设计说明和施工图纸，图纸几乎囊括老司城所有遗迹的维修和保护。

（二）施工图设计评审

两期施工图纸均按要求装订成册交由永顺县老司城遗址管理处，再由其上报湖南省文物局。湖南省文物局立即组织专家对图纸进行了评审，形成专家评审意见，由湖南省文物局复函永顺县老司城遗址管理处，同意按照提交的施工图进行施工。

三、监理单位进入

永顺县老司城遗址管理处在进行施工图设计单位招标工作的同时，也于同期开展了老司城遗址文物保护工程监理单位的招投标工作。中标方为辽宁文博古建工程有限公司，作为国内较为知名的文物保护工程的监理单位，承担过沈阳故宫保护工程、北京周口店遗址保护工程、辽宁北镇庙古建筑群维修工程等相关工程的监理工作。负责本项工程的监理工程师牛宁，为三峡工程文物保护项目的总监理工程师，主持编制了我国第一部《古建筑保护工程施工监理规范》，在文物古迹保护监理方面具有丰富的经验，同时也参与了老司城遗址文物保护工程施工图纸的会审，对老司城遗址有着细致而深入的了解。

四、施工前准备工作

（一）成立项目部和场地布置

老司城遗址文物保护工程施工项目是由国家文物局批准、湖南省文物局实施监督、永顺县老司城遗址管理处负责管理、辽宁文博古建工程有限公司进行监理、湖南省文物考古研究所承担的一项本体保护工程，在具体施工过程中需严格按照文物保护工程施工的相关规定流程进行。

湖南省文物考古研究所召开老司城遗址文物保护工程的专项会议，集中讨论了老司城遗址文物保护施工的前瞻性方向和具体细节的把握，决定组建老司城遗址文物保护工程项目部，抽调相关人员组成项目管理组和施工组进驻老司城。

为方便对工程进度和质量的直接控制，也为了便于对工程和人员的管理，老司城遗址文物保护工程项目部设置在遗址内的村民聚居区域，挂牌成立项目部，布置工程办公场所，设置材料储存仓库，各人员按岗位设置，各司其职。项目部悬挂"工程概况牌""安全生产牌""管理人员名单及监督电话牌""文明施工牌""消防保卫牌"等。施工场区设置相关维修遗迹标识牌、警示牌等，并设置围挡。为严格把握文物保护工程的特殊性，也为确保在施工当中切实以遗址保护为中心，在保护工程开工之前，统一对管理人员和相关施工工人进行开工前的文物保护相关知识、施工生产、安全（文物安全和人员安全）培训。在统一培训后，施工人员以区域为中心组成班组，各班组管理人员负责在施工前对班组内施工人员进行相关技术交底及保护工程施工过程的全程管理。

（二）技术交底

1. 技术交底概念与分类

技术交底是指在某一单位工程开工前，或一个分项工程施工前，由相关专业技术人员向参与施工的人员进行的技术性交代，其目的是使施工人员对工程特点、技术质量要求、施工方法与措施和安全等方面有一个较详细的了解，以便于科学地组织施工，避免技术质量差等事故的发生。各项技术交底记录也是工程技术档案资料中不可缺少的部分。技术交底又分为设计交底和施工设计交底。

设计交底，即设计图纸交底。这是在建设单位主持下，由设计单位向各施工单位（土建施工单位与各专业施工单位）进行的交底，主要对图纸进行解说，包括保护思路、设计意图、施工要求、采取的相关关键性保护技术和在施工过程中应注意的各个事项，以及对施工单位提出的疑问进行解答等。

施工设计交底。一般由施工单位组织，在管理单位专业工程师的指导下，主要介绍施工中遇到的问题和经常性犯错误的部位，要使施工人员明白该怎么做，规范上是如何规定的等。

2. 两期保护工程技术交底

老司城遗址保护方案的设计由湖南省文物考古研究所完成，由此，各细节部分项目组都了熟于心，项目组及时组织施工队伍进场，基于对文物保护的虔诚，项目组再次与管理方、监理方协同，进行技术交底。交底的形式通过召集会议形式进行，并形成会议纪要归档；施工方案通过召集会议形式和现场授课形式进行技术交底；各专业技术管理人员通过书面形式配以现场口头讲授的方式对施工人员进行技术交底。阐释施工范围、工程量和施工进度要求；对施工图纸、施工关键性保护技术措施和操作工艺、世界文化遗产质量验收标准逐一进行解说，并提出保证文物和施工人员安全的要求。

（三）成立专家组

文物保护工程施工过程中考虑到文物保护工程的特殊性，必须在严格遵守文物保护工作方针和文物施工技术操作规程的同时，采用现代建设工程完善的工程实施流程和管理模式，并以科学的保护方法和严谨的工作态度来实施老司城遗址的本体保护工作。由于老司城遗址当时正在申请加入世界文化遗产，再加之老司城遗迹多，类型多样，遗址范围面积广，湖南省文物考古研究所深知此次施工任务艰巨，且时间紧迫，在文物保护工程中，虽然严格按照意大利专家布兰迪提出的文物修复三原则：可逆性原则、可识别原则和最低干预原则来实施，但担心最低干预原则的"度"难以把握而影响老司城申遗以及后续保护，为此，专门聘请国内文物保护行业知名专家成立专家组，定期到施工现场检查和指导工作、座谈讨论施工过程中遇到的疑难。

（四）编写施工组织设计和施工方案

在科学安排并充分进行前期工作之后，工程进入到施工前期准备的最后阶段，即施工组织设计和施工方案的制定。老司城遗址的文物本体保护工程的相关方案和报告都由项目工程部相关人员进行编写，主要包括开工报告、施工组织设计和施工方案。在报告和方案编写完毕后交由项目负责人进行审查、签字，同时报监理单位审查，最后统一存档。

1. 开工报告

老司城遗址文物保护工程开工报告包括图纸会审、技术交底纪要、五牌一图、安全生产许可证书及五大员个人资质认证证明、项目负责人资格证书、施工合同复印件等部分，在报告通过监理单位审查后进行存档。

2. 施工组织设计

施工组织设计是用来指导施工项目全过程各项活动的技术、经济和组织的综合性文件，是施工技术与施工项目管理有机结合的产物，它能保证工程开工后施工活动有序、高效、科学合理地进行。一般包括五项基本内容：工程概况、施工部署、施工进度计划、施工平面图、主要技术经济指标等。

3. 施工方案

施工方案是根据一个施工项目指定的实施方案。其中包括组织机构方案（各职能机构的构成、各自职责、相互关系等）、人员组成方案（项目负责人、各机构负责人、各专业负责人等）、技术方案（进度安排、关键技术预案、重大施工步骤预案等）、安全方案（安全总体要求、施工危险因素分析、安全措施、重大施工步骤安全预案等）、材料供应方案（材料供应流程、接保检流程、临时（急发）材料采购流程等），此外，根据项目大小还有现场保卫方案、后勤保障方案等。基于老司城遗址文物保护工程的紧迫性和工程对象的多样性、复杂性，老司城遗址施工方案的编制也严格按照工程项目分期进行，对危重部分和本体部分进行分别设计，以确保保护工程施工的有序性和针对性。

（五）准备工程材料和施工工具

1. 工程材料

在选取文物保护工程修补材料上，项目负责人亲自严格把关，由材料部负责采购，项目负责人和监理工程师负责进场质量验收，仓储部负责材料出入库登记。为严格遵循老司城遗址建造过程中的原材料和原工艺，工程的部分材料由于年代和地理条件的限制已无法通过采购获取，对此项目负责人组织人员进行走访并考察自然采集地后，由材料部选取人员按照要求进行采集，此部分材料的进场质量验收和出入库登记与购买的工程材料相同。

第一步，根据工程进度要求，按照施工图和施工预算列出需要采购的工程材料及数量。

第二步，大量主体材料——卵石，组织民工对废弃在乱石堆的原有材料进行收集归拢，拣选分类。

第三步，项目负责人和材料部人员考察材料生产厂家和供应商产品，多方对比，在权衡材料质量和保护工程特殊性之后，选择最优的工程材料。

第四步，对于无法通过采购获取的部分材料，由项目负责人率领材料部人员走访考察自然采集地，并征得土地所在村集体和土地所有人的同意，按照《土地管理法》予以适当的补偿后，选派人员按照相关的标准进行采集，并运送至施工现场。

文物保护修护的重要原则是可识别性，这一点在《威尼斯宪章》中有明确的记载："修复过程是一个高度专业性的工作，其目的旨在保存和展示古迹的美学与历史价值，并以尊重原始材料和确凿文献为依据。一旦出现臆测，必须立即予以停止。此外，即使如此，任何不可避免的添加都必须与该建筑的构成有所区别，并且必须要有现代标记。"[1]《中国文物古迹保护准则》第22条也重点论述："独特的传统工艺技术必须进行保留。所有的新材料和新工艺都必须经过前期试验和研究，证明是最有效的，对文物古迹是无害的，才可以使用。"[2]因此，保护材料的成分应尽可能与土遗址土体成分相近。因此，在老司城遗址保护工程的工程材料选取上严格按照材料的标准执行，从而从源头上保证保护材料和工艺对遗迹的持续保护。

2. 施工工具

老司城遗址保护工程属于特殊工程，基于文物保护的理念，不能使用大型机械，同时也严格限制使用小型器械。按照老司城原有建造工艺来选用施工工具。但由于年代久远，且工程建造工艺的日新月异，部分工具已经在市面上难以觅踪，或在当时修建的时候使用的工具就是自制的。故在施工工具上，通过采购、自制或作坊加工制作来获取，并入库管理，相关施工人员需要使用时，由负责的施工员到库房领取（图四二六～图四二八）。

图四二六　制作施工工具

图四二七　用小型工具取样

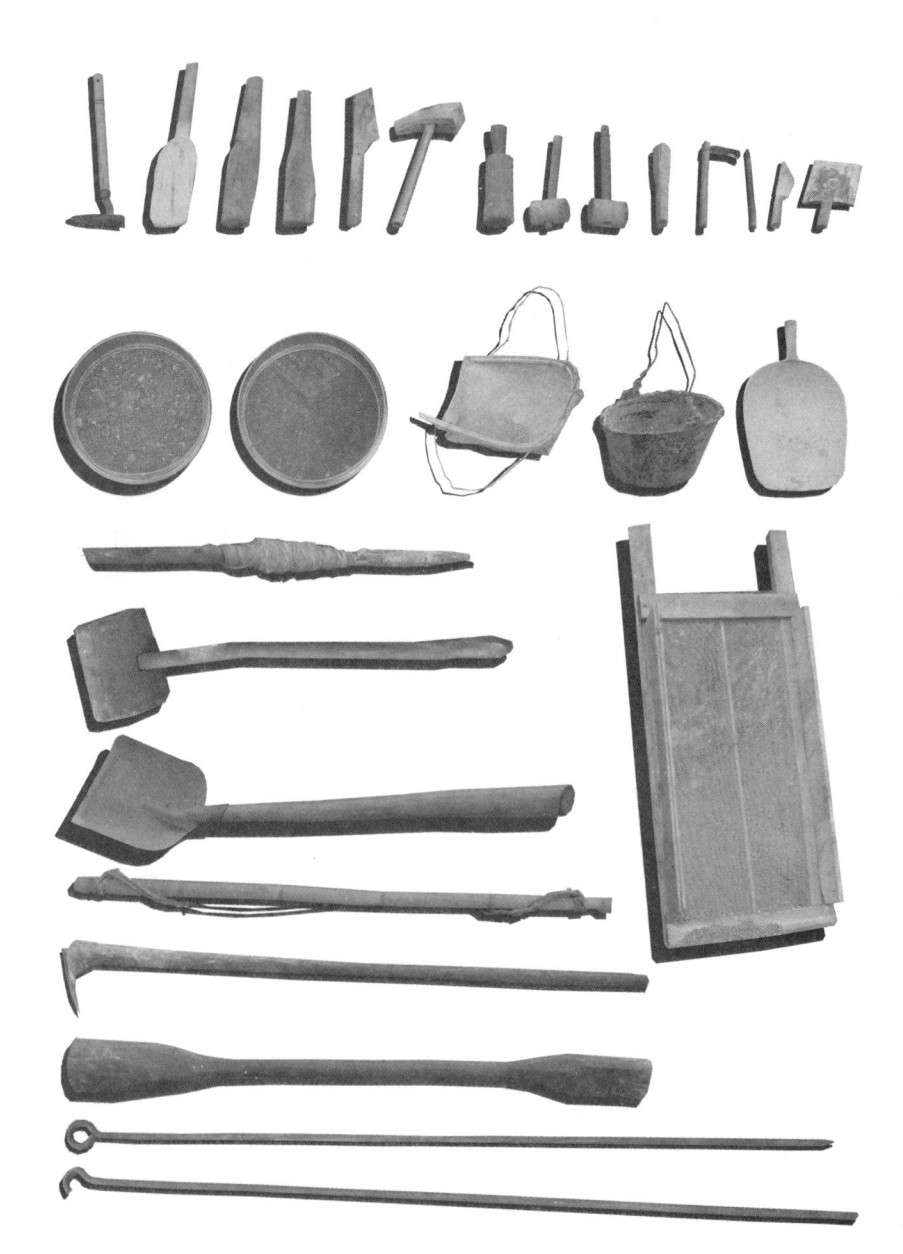

图四二八　施工工具合集

第二节 工程施工

一、施工前的再观察

施工前的最后阶段，工程方对整个工程区域的本体、环境以及需要做的工作再次进行总结分析，做到心中有数，心有全局。

（1）生活区的遗存分布最为密集，大部分遗存均留存了较大规模，并依形就势分布在多级台地之上，反映的遗存信息较为丰富。其中以生活区城墙墙体（SQ1~SQ16）、大西门遗址（SM1）、北部大型建筑基址（F25~F27）、中部建筑基址（F9~F11）、环城道路（L2、L6）、大型排水沟渠（G10、G30）等遗存留存现状最好。

围合的城墙、主要城门大西门、主要道路、大型排水设施、大型建筑基址等反映生活区价值特征的遗存类型价值代表性较高。该区域内遗存主要面临自然影响因素的破坏，包括雨水长期冲刷引起水土流失导致的垮塌、损毁，以及长期暴露于地表受风化侵蚀引起的剥落和坍塌。此外，该地区茂密的植被生长对遗存稳定性造成威胁，破坏趋势较快。其中以大西门遗址、南部建筑群遗址、多处堡坎的破坏趋势较为迅速。

（2）衙署区的遗存分布较为密集，整体留存现状较好，依形就势分布在多级台地之上，反映的遗存信息较为丰富。该区域内仍留存了地面木构建筑土王祠、文昌阁，以及砖砌构筑物凉热洞，此外还有已考古揭露的外衙建筑基址（F23）留存现状较好；围合的城墙、主要城门大西门、中轴线主要道路、大型排水设施、外衙建筑基址、木构建筑遗存等反映衙署区价值特征的遗存类型价值代表性较高。该区域内遗存主要面临的自然影响因素同生活区，包括雨水冲刷、风化侵蚀、植被生长等。但该区域自然地形坡度较生活区平缓，另外，考古揭露遗存规模较小，地面建筑较多，其破坏趋势较生活区缓慢。

（3）墓葬区仅紫金山墓地进行了考古发掘，发现了多座土司墓葬，价值代表性较高，但留存现状一般。紫金山墓地的墓垣地表基本无存，仅存局部低矮卵石垒砌墙体，南北神道及两侧石刻仍存少量遗迹，神道之间的照壁地表无存，各单体墓葬在考古发掘之前基本都遭过盗掘，但墓室形制结构仍留存较好。墓葬区遗存主要面临自然因素和一定程度的人为因素的影响，自然因素主要包括雨水冲刷、雨水浸泡、风化侵蚀、植被生长等；人为因素主要包括人为盗掘、管线埋地等。现状多表现为墓葬垮塌、盗洞纵横交错、墓垣损毁、封土移平、道路缺失、墓室外露等。

（4）其他区域的遗存主要包括道路遗存、建筑基址、码头、石牌坊、碑刻等类型，地下遗存部分面临破坏因素较少，考古揭露部分已采取一定的人为干预措施，破坏趋势缓慢。其中道路遗存以正街、右街、L7等留存现状较好，价值代表性较高，左街、紫金街等被现代旅游步道占压，留存现状不明；建筑基址仅堂坊包建筑基址（F29、F30）经考古发掘，其余多未进行考古发掘，留存现状不明；南门码头遗址被旅游开发修复的码头占压，留存现状不明；"子孙永享"牌坊和大、小德政碑为石质遗存，留存现状较好，大、小德政碑的碑文已有一定程度风化，辨识不清。

二、工 程 施 工

场地布置和施工前各项准备工作就绪后，项目负责人按照遗迹类型对老司城遗址中需要维修的遗迹进行分类，并结合遗迹病害危重程度和施工组织设计中制定的施工进度计划安排，对维修的遗迹进行总的部署，按类将维修遗迹分配给相关施工管理人员，在具体某个遗迹维修前仔细研读针对该遗迹的保护工程方案和施工图纸，安排好施工人员，并要求按文物保护工程的要求做好施工记录和施工统计，收集有关文物资料。

老司城遗址地处河谷地区，属亚热带山地湿润季风气候，热量充足，雨量充沛，水热同步，温暖湿润；夏无酷暑，冬少严寒，垂直差异悬殊，立体气候特征明显，小气候效应显著。而老司城遗址保护工程工期时间恰好在老司城遗址降水最为充分的时间段内，因此对保护工程的实施带来了巨大的阻碍。一方面由于短时集中降水导致土体含水量加大，同时外部的雨水冲刷导致某些本身稳定性较差的堡坎遗迹还未进行保护工程就出现部分坍塌，严重影响了老司城遗址保护工程的总体进度。另一方面由于连续的降水导致户外作业与施工难以进行，这对于如期完成老司城遗址申遗工作带来了巨大的变数。考虑到老司城遗址遗迹保护的迫切需要，同时也为加快推进老司城遗址申遗工作进度，项目部在多次进行实地考察的基础上，决定对垮塌的堡坎先期进行保护工程，以防止因堡坎垮塌导致其他遗迹出现结构性次生病害。而在具体施工过程中，也开始架设雨棚加班加点对老司城遗址遗迹进行保护工程的施工工作，如紫金山墓区左神道的保护施工就是在雨天架设雨棚进行施工而完成的。正是由于施工团队这种加班加点的工作，老司城遗址遗迹得到了切实有效的保护，同时也为提前完成保护工程提供了条件。

（一）清理后期堆积物、植物等

老司城遗址废弃后，当地村民的生产生活活动导致大量的后期废弃物无序堆积，洞穴密布，蛇鼠横行，昆虫肆掠，受老司城遗址的地理条件影响，依附在遗址表面的植物繁密，常年不断地生长，从乔木、灌木植物到草本植物，从藤本植物到苔藓、地衣等，无所不生长，其根基对遗址的破坏相当明显，同时，也严重影响了遗址的整体展示效果。为此，清理展示区后期废弃物的堆积、植物等，成为保护工程的第一步。

清理和平整遗址区内因农田建设堆积在周边的废弃物，拣选有用的卵石、红砂岩块等。清除对墙体、建筑基址、道路、墓葬等地表遗存造成较大结构性破坏的植物或微生物生长。清理面积囊括遗址区需要保护和展示的区域，包括生活区、衙署区、墓葬区，以及中心遗址区外侧至灵溪河左岸的河街、正街、左街、右街、堂坊包、北门上等区域。

1. 实施废弃物堆积的清除工程

对于影响保护和展示的废弃物堆积，进行人工清除，平整表面，对遗址和游客参观暂不构成破坏和影响的，不予处理（图四二九~图四三二）。

对于考古过程中保留用来支撑歪闪倾斜的遗迹，以防止其垮塌的堆积，在文物保护实施过程中，在做好遗迹的支撑后，对堆积进行清理，为遗址的加固做好前期准备。

图四二九　清理后期堆积

图四三〇　原考古发掘堆积土

图四三一　组装运土机械

图四三二　搬运后期堆积土

2. 大型具有根劈影响的植物清除

对粗大乔木根系或不宜剔除的较深根系，人工清除新萌芽枝条外，为避免形成新的破坏，采用8%铵盐溶液或0.2%~0.6%二氯苯氧醋酸化学制剂注射的方法促其腐烂。采用吊瓶方式注射，尽量避免污染遗址本体（图四三三、图四三四）。

3. 小型灌木、草本植物的清除

对考古发掘揭露遗迹区域内生长的杂乱小灌木、野草等采取人工拔除、灭杀和抑制预防相结合的方式。以叶面喷洒给药的方式对较小杂草等植物体喷5%～10%的草甘膦除草剂；灌木及其宿根植物在叶面喷洒的同时采用茎秆注10%～15%的药剂彻底灭杀植株与根体。待杂草等植物体杀死腐烂后，人工、机械清理其根系以尽量减少对遗址的破坏。部分区域施行人工直接清除（图四三五、图四三六）。

图四三三　配制药剂

图四三四　药水清除树根

图四三五　清除小型灌木、竹类植物

图四三六　遗址上生长的芭茅

4. 苔藓、霉菌的清除

对于苔藓、霉菌等低等植物，采用紫外线辐照的方式进行辐照灭活处理。照射多次进行，辐照距离应控制在0.5米左右，单次辐照时间控制在5小时以上即起到良好的灭杀效果。对于一些重要且较多依附苔藓的区域，如墓葬区等，根据实际情况采取局部喷洒防苔藓剂、防霉剂等增强抑制效果（图四三七、图四三八）。

（二）实施排水沟渠保护工程

包括大型排水沟渠，如L2墙体兼排水沟、G10、G16、G17、G18、G26、G27、G28、G30、G31的维修，衙署区的两侧排水沟、生活区以下至河街区域如纸棚街排水沟及祖师殿建

图四三七　墓葬内的青苔　　　　　　　　　图四三八　碑刻表面的青苔

筑区的G1、G2、G3的维修，以及其他区域的G24等。在疏通大型排水沟的基础上，做好保护加固，充分利用生活区城墙与卵石道路，做好拦截和疏导山坡雨水漫流，阻止雨水直接冲刷而造成遗迹损毁、破坏，做到遗迹的展示和利用有机结合。

对墓葬区的排水工作，一是根据地形的变化组织地表雨水的排出，二是对于个别需要展示的墓葬设置暗管排水。

由于南方雨水多且大，雨季又长，雨水降落到地面后，先渗漏入地下土壤孔隙中，但当土体水分达到饱和后，雨水就会在地表形成山洪水到处漫流。为防止山洪水任意漫流冲毁生活区内遗迹，需引导山洪水排入一定的沟体中，然后通过沟体将水及时排放至灵溪河，且生活区内到处是遗迹，若修建新的排水沟，势必会挖除破坏其他遗迹；而这些遗存排水沟原本就是用来排除生活区内流水的，故对遗存水沟遗迹进行维修加固后，利用其排除现生活区内山洪水，恢复其排水功能。所采取的保护工程措施主要是补配沟底铺装、支护、拆砌和补砌等。

（1）L2排水沟：位于生活区顶部东段城墙外侧，主要担负生活区东部的道路和排水双重作用。雨天山洪水沿坡漫流，L2在此位置形成凹槽，刚好可起到截留山洪水的作用，山洪水向南可沿卵石踏步汇入G10排放至灵溪河，向北可沿路面排放至悬崖外。残长约110、宽1.11~3.66米，西侧紧依生活区东段城墙，东内侧为单面石皮挡土墙，包括卵石踏步、卵石路面。L2踏步段长19.5米，保存较好的有6级，踏步宽2.5、踏面进深0.4、踢面高0.12~0.18米，基部用一排青砖侧向顺砌，上部改用两排扁长形卵石横向错缝叠砌，再转为踏面用大小较均匀的扁长形卵石错缝横向侧铺；其余损毁踏步在每一级的边侧可见残存少量的踏面和踢面，宽0.2~0.3米。卵石路面残长90.5米，用扁长形卵石横向或纵向侧铺，宽1.11~3.66米，局部因基础下沉导致路面塌陷，凹凸不平；部分因卵石铺装损毁缺失露出土质地面（图四三九~图四四四）。

对卵石路面和踏步按原材料、相同形制与工艺补铺，防止其因今后展示过程中露天情况下日晒雨淋、干缩交替的影响加剧此病害扩延，导致周边卵石松动。

（2）G10：指生活区南部的大型排水沟渠设施，沟渠的内、外壁有的直接共用部分生活区的墙体、堡坎。整个生活区的排水有相当部分流入此沟，该沟在生活区内外承担着主要的排

图四三九 维修前状况

图四四〇 维修后状况

图四四一 兼用的排水踏步维修中

图四四二 维修后状况

图四四三 L2排水沟维修

图四四四 维修后的排水沟

水作用。因雨水的大量冲刷和老司城废弃后无人管理，导致该排水沟部分基础下陷、垮塌、损毁，部分沟壁墙体外鼓或缺失。经过考古发掘后，此沟完好与缺失部位都已全部暴露出来，由于老司城考古遗址公园展示的需要，该沟将被重新利用，随着雨季的到来，山坡与宫殿区内大量的流水将汇入G10，需对这一大型排水沟进行保护性与功能性维修工程，即对歪闪、空洞、酥碱等墙体做适当的保护性维修；对已垮塌、缺失的部分沟壁和基础进行必要的功能性维修；

图四四五　沟底部分缺失

图四四六　补铺的沟底

图四四七　考古发掘的探沟

图四四八　复原后的现状

对沟底缺失的卵石面进行补铺，使其能经受住雨水的冲刷，以达到保护、展示和利用的共赢（图四四五~图四四八）。

从东段最高点至西段最低点，共长132米，高程23.42米。因长期排放的水体较大，且流速过快，导致排水沟壁面冲刷严重，所铺卵石多处冲毁，沟壁基础部分形成空洞，面积达46平方米。由于西南段排水沟与宫殿区城墙互为一体，而城墙又多处垮塌，故需在此处对总垮塌长61.5米的墙体进行功能性维修，以卵石、三合泥等材料补足垮塌的沟体基础，维修已失的沟壁，对空洞部位进行补砌；对排水沟需维修的68米内壁，进行保护性维修，清除有块状根茎的植物，归安和加固歪闪部位，对空鼓及裂缝进行灌浆处理。

排水沟水流对排水沟两侧的冲蚀致使沟体两侧抹面完全失去，并深入墙体内部，形成空洞。同时，长期快速的冲击导致沟底铺砌的砾石大量缺失。依据相同沟底卵石修补完整。

（3）G16、G17、G18：为生活区内较大型的排水沟，横贯生活区中部、北部。沟底深，部分直接利用基岩稍凿平做沟底，出水口直接面向灵溪河，为宫殿区中部、北部的主要排水沟。由于南方雨水较多，且生活区内遗迹分布密集，如重新修建新的排水沟，对遗址的整体布局和其他遗迹的破坏比较大。因此，对G16、G17、G18按原址和原制进行加固和结构补强，恢复其排水功能，既能满足展示所需，又延续利用了水沟遗迹的本体功能（图四四九~图四五二）。

图四四九　G16墙体扶正　　　　　　　　　图四五〇　补铺的G16沟底

图四五一　G17清理堆积　　　　　　　　　图四五二　加固的G17沟底

扶正已经歪闪的沟壁，并低压灌浆胶结因歪闪而形成的纵向裂缝。拆除G16南端东壁和G17北侧沟壁上部山石干垒墙体歪闪、外鼓部分，扶正、维修加固下侧被挤压脱离原位而尚未垮塌的青砖券顶。对遗存的G16、G17其余沟壁实施渗透性加固，增强勾缝和抹面灰浆的黏结性，保持现状，不进行修复。维修加固沟顶小型构筑体，加固青砖券顶上部的小型构筑体的北侧青砖墙体，胶结地面碎裂方砖。沟底实施硬化、加固，对沟底铺装缺失，露出素土垫层的，仅对沟底素土进行夯实、硬化处理，不再补铺。对残存的卵石铺装进行现状加固，以增强其稳定性（图四五三、图四五四）。

（4）G26：位于L9北侧、G17南侧，残长7米，沟底宽0.7米，沟深0.8米。考古推测G26原呈90°转角连接G31，后废弃，且G26端部垮塌损毁，后期将其填埋，并在其北侧修建了G17，G31中汇集来的上部平台的水汇入G17中排出。用不规则形石灰岩块和卵石补砌G26南侧沟壁的外侧石皮垮塌缺失处，石灰浆勾缝。素土回填G26南侧沟壁两面石皮之间内芯并夯实。卵石浆砌封堵G26与G31相通处，以便使G31的水汇入主排水沟G17中排出（图四五五、图四五六）。

（5）G27：位于F26、F28、F31东侧，为两栋房屋的东侧屋檐滴水沟，明沟和暗沟相结合，残长54.3米，南北走向，北端接G18-内，沟底宽0.5～1米，沟深0.3～2.3米。G27原始挡土墙长期受土体挤压和上部耕种影响，现行机械扶正内侧歪闪倾斜的墙体。用不规则形石灰岩块

图四五三　G18现状

图四五四　G18垮塌墙体补砌

图四五五　G26现状

图四五六　G26现状

图四五七　加固沟底

图四五八　G27维修后

砌筑单面石皮至内侧清理的原始遗迹面同高，用以稳固内侧土质平台归安其砌筑体，并灰浆勾缝；南段沟底用方砖铺装而成，东段与中段相接处通过一个青砖券拱砌筑的暗沟相连，不影响到沟体结构稳定性的，不实行修复，对于残存的塌陷的青砖券拱，对其灌浆勾缝和适当补砌，解除不稳定性因素（图四五七、图四五八）。

（6）G30：位于生活区西部下侧，明沟，现存两侧沟壁和沟底，损毁较严重，两侧沟壁经过多番修葺，其中有断续几堵早期的墙体，其余因早期墙体垮塌损毁，后人用大小不一的不同材质的石块干垒，土壤溢满石缝，做法极为粗糙，局部向沟中心鼓突；沟底铺装卵石或凿平基岩而成（图四五九）。与道路相交处修建青砖券拱，券拱上再铺装卵石路面（图四六〇）。维修加固两侧沟壁和沟底，恢复其排水功能（图四六一）。

局部因沟内的淤土要对两侧鼓突沟壁起临时支撑保护作用，未清至原始沟底，待两侧沟壁实施保护工程后，确保其不至于垮塌再考古清理至原始地面以低压灌浆方式将糯米灰浆渗入到石缝中已酥碱的勾缝灰浆或表面酥碱的抹面灰浆的孔隙中，直至填满（图四六二）。对向沟中心严重鼓突的后期干垒沟壁墙体，利用现代技术手段，用经过防锈处理的钢丝网和钢柱采取网铺的方式，对其进行支撑保护，防止其病害加剧而垮塌损毁（图四六三、图四六四）。

图四五九　G30现状

图四六〇　G30现状

图四六一　G30沟壁与沟底现状

图四六二　沟壁保护

（7）G31：位于L8西侧，紧贴L8西侧垂带墙而建，南北走向，明沟，现考古揭露长8.3米，沟底宽0.7米，西沟壁残高0.3～0.4米。部分沟段直接利用基岩凿成凹槽形使用，没有基岩的段落，沟壁用不规则形石块、卵石砌筑单面石皮，石灰浆勾缝；沟底则用长扁形卵石纵向侧铺，嵌入下侧垫层土中（图四六五、图四六六）。

图四六三　钢网加固

图四六四　G31修复后状况

图四六五　G31沟底

图四六六　G31现状

图四六七　G34修复后

图四六八　G34修复后

（8）G34：位于西门PT1南侧，东西走向，明沟，残长8.5米，沟底宽0.6~2.5米，深0.7~0.9米，与G16呈90°角连通；呈喇叭状，靠近G16端窄，西端则逐渐增宽。两侧沟壁用不规则形石块、卵石浆砌，石灰浆勾缝。沟底浮土参照沟底遗存的三合土厚度，对损毁缺失处铺垫三合土并充分夯实。对沟壁采取低压灌浆勾缝和针管注射石灰乳渗透加固墙体裂缝和石缝间酥碱灰浆（图四六七、图四六八）。

（9）G35：位于西门PT2西侧，南北走向，明沟，全长11米，沟底宽0.36米，东侧沟壁用青砖顺向侧砌，高出沟底面0.06米，西侧沟壁直接利用城墙，高0.4米；沟底用大小为（7~11）厘米×（3~5）厘米×（5~7）厘米的长扁形卵石纵向侧铺（图四六九、四七〇）。

图四六九　G35修复前

图四七〇　G35修复后

图四七一　G1、G2现状（横为G1）

图四七二　G1、G3现状（横为G3）

（10）祖师殿区排水沟：共3条，G1位于F1所在平台的内侧，兼为F1的屋檐滴水沟，南北走向；G2位于庭院平台北侧，东西走向；G3位于F1所在平台南侧，与G1相连通，东西走向（图四七一、图四七二）。

部分沟段直接利用基岩开凿成凹槽成为沟底和沟壁，而基础是素土的水沟段部分沟底用长扁形卵石平铺或侧铺，石缝间用细土扫缝填充，两侧沟壁用长扁形卵石叠砌，灰浆勾缝。对于沟底卵石铺装损毁缺失而暴露出的素土层，参照残存沟底卵石铺装采用相同材料、相同形制与工艺进行补配，以供排水使用。维修和灌浆加固两侧卵石砌筑的沟壁。为使发掘区域免受所在山体上部山洪雨水的冲刷，在祖师殿下侧地坪上以及考古发掘区南北两侧20米外修建拦截山洪水的排水沟，上部用特色笆子覆盖，既能让山洪水汇入沟中，又不破坏遗址区环境。

（11）纸棚街排水沟：上接正街，下连河街。原来设计认为，正街内侧平台和正街路面雨水汇集后，部分通过纸棚街流入灵溪河，由此，途经纸棚街的水流对踏步形成一定的冲击破坏，将街道南侧较低处的踏步卵石冲毁，露出土质地面，形成冲沟。故对此部分冲沟进行素土回填并夯实，修筑出踏步式样，以供排水。在维修清理时，发现本区域原来有排水沟，只是废弃后已回填。故重新变更设计图纸，在清理原有排水沟后，对缺失的卵石进行了修复（图四七三、图四七四）。

图四七三　沟壁加固

图四七四　沟底加固

（三）实施道路保护工程

卵石铺装路面是老司城遗址道路的一大特色。路面与踏步踏面一般选用长扁形暗红色卵石横向侧铺，踏步踢面选用与踏面相同材料横向叠砌。

道路保护主要包括河街、左街、右街、纸棚街、L2、L6、L7、生活区内道路（L8、L9、L13、L14）、衙署区道路、墓葬区内道路及神道等。由于道路多为河卵石铺砌，受自然因素与人为因素影响，许多卵石已经缺失，部分路面破坏严重，考古发掘后，道路的病害主要表现为冲蚀、坍塌、踏步缺失、路基结构失稳等。考虑到大多数道路需要继续使用，为此，在保证畅通的基础上，卵石铺作道路缺损不多的部分，维持原状。对垮塌、大量卵石路面损毁严重部位进行适当维修，使其基本保持原状，以突出岁月的沧桑，有历史的陈旧感。同时，充分利用与道路紧邻的具有稳定性功能的城墙、挡土墙、堡坎、排水系统等，做好拦截和疏导山坡雨水的漫流，使道路更加牢固。所采取的保护工程措施主要是路面卵石补配、路面夯实、归安、路基加固、搭建木栈道等。

1. 河街、纸棚街

河街、纸棚街的道路系统一方面为老司城残存遗迹，另一方面还发挥着老司城现居民生活和劳作通行的功用，在工程中，采取现状维修加固、保护性维修加固、局部必要的功能性复原，尽量对遗存道路施以最小的干预。对于街道两侧的挡土墙，考虑到行人的安全性，以及保护路面卵石残存，对保存下来的歪闪的原始挡土墙进行墙体扶正、松动处进行整理并灌浆或针管注射石灰乳加固、功能性拆砌和补砌等；对因原始挡土墙垮塌损毁，后人为了挡土固坡需要垒砌的现代挡土墙进行整理、拆砌、补砌等，同时拆除用水泥材料勾缝的挡土墙（图四七五~图四七八）。

图四七五　河街维修　　　　　　　　　　　　图四七六　路面夯实

图四七七　修补卵石路面　　　　　　　　　　图四七八　维修完成的卵石路面

2. 左街、右街

因长期经受人畜踩踏，临时修补较多，大部分早期卵石路面与踏步已经被埋在现代路面下，考古发掘后，已经出露的部分较为完整的路面。清除现代临时路面后，对于破损的卵石台阶和卵石铺装平台，在其上铺设灰土，再行夯实，将选取的与原踏步中卵石颜色、大小相近的扁长形暗红色卵石横向或竖向（与原建设形制保持一致）嵌入泥中，使其与原台阶面基本保持水平，并以清晰的界线将早期遗存部分与后来维修部分进行区分。现存的红砂岩阶梯，夯实加固基础后，做归安处理。对于右街原残损踏步和垂带墙，进行部分补全，位移的进行归安（图四七九、图四八〇）。

3. L2

卵石铺装路面，局部有损毁，下部踏步卵石铺装面及其基础损毁较大，为了免遭雨水侵蚀地表，造成水土流失而进一步损毁残存部分，该遗迹的维修工程应在加固基础后，对地表卵石面进行保护性维修。具体做法：夯实踏步基础，在基础上的残损部位铺6~7厘米厚的三合泥，

第六章 工程施工

图四七九 石缝填实

图四八〇 维修后的右街踏步

按照残存的踏步形制，以相同大小的卵石修补残损部分，使其能承受住宫墙外山坡上的雨水泥石冲刷（图四八一、图四八二）。

图四八一 墙顶处理

图四八二 维修后的L2

4. L6、L7

L6东南侧为生活区，紧邻北部城墙而建，南端与L7相连，呈"L"形，是通往生活区北门的必经之路。对L6、L7实行保护性维修，硬化和夯实裸露的土质基础，损毁部分不再补铺卵石。

对后期墙体垮塌部分进行清理并扶正，在不改变其原状的前提下使其整洁、有序、美观并能展示。对后期墙体因勾缝灰浆黏结性丧失，松动部分进行加固及填芯泥土进行硬化处理。加固与硬化面积86.4平方米。

对卵石路面缺失部分不再进行补铺，仅作夯实、硬化处理，防止雨水、冰雪等侵蚀。对L6后期墙体堆积叠压部分以外仍在路面区域的地段进行边界补铺，廓清道路边界，以增加原始路面的可识别性。维修并加固L6、L7外侧路肩（图四八三、图四八四）。

图四八三　L6、L7考古后路面　　　　　　　图四八四　维修后的L6、L7

5. 生活区内道路

考虑到文物遗存的珍贵性和土遗址的脆弱性，生活区内道路尽可能的不再承担通行功能，仅对道路两侧起结构稳定作用的挡土墙进行维修加固，包括歪闪墙体扶正、灌浆加固裂缝处和松动石缝、功能性拆砌和补砌等。补配道路上残损的卵石铺装，选取与原铺装中颜色、大小相近的扁长形暗红色卵石横向或竖向嵌入泥中，与原铺装面基本保持水平。

（1）一号台基。位于生活区中部，是进入一号主殿的踏步通道，南侧紧邻G17的明沟部分，对台基南侧干垒毛山石墙体的垮塌、外鼓处进行结构补强。对北侧青砖墙体外露土层表面实施加固，保持其原状，不进行修复。对塌陷的卵石踏步进行加固维修，以保持其路面的压实度，卵石路面缺失部分不再进行重新铺砌，仅作路面硬化处理。并对下部G17的券拱青砖进行加固。对残存但已塌陷的上部5级踏步和两侧挡土墙做加固处理（图四八五、图四八六）。

图四八五　一号台基原状　　　　　　　图四八六　修复时的台基

（2）L8、L9。维修加固内外两侧挡土墙，以保证道路结构稳定。

因南部下侧挡土墙垮塌，道路外侧卵石铺装因素土基础垮塌而损毁缺失，致使路面狭窄，补砌外侧挡土墙，并抹面做旧。红砂岩块砌筑的墙体缺失，用条形红砂岩块砌筑修补内侧挡土墙与平台齐高，并素土回填平台与新砌挡土墙之间形成的缺口。扶正挡土墙歪闪、鼓突处，对其灌浆勾缝加固。维修路面及踏步时,补配路面损毁缺失处,并修补砌筑踏步缺损处(图四八七、图四八八)。

图四八七 L8、L9维修中

图四八八 L8、L9维修完成

（3）L13。对松动卵石或塌陷严重而造成积水或面临破损处,揭取卵石后重铺,防止周边卵石松动。对于路面铺装中卵石已缺失、暴露出素土地面处,采用土壤固化剂溶液+黏土拌制的改性土铺贴并找平夯实,直至与周边残存卵石铺装齐平。

（4）L14。路面松动卵石,补土加固。对因卵石铺装损毁缺失裸露出的土质地面,进行硬化处理和夯实,北段方砖铺装地面因地基沉降、内侧土体挤压导致路面鼓突和沉降,揭取后进行黏结修补,并平整路基,按原位铺贴,扶正L14内外侧被土体严重挤压歪闪移位的浆砌挡土墙至原位,对L14内侧风化的基岩墙体进行加固和封护处理(图四八九、图四九〇)。

图四八九 L14维修中

图四九〇 L14维修后

6. 衙署区道路

中轴线道路仅存少量台阶。此处大部未曾进行考古发掘,仅铺设木栈道用于行人通行。

L16叠压于L17之上,为第二级台地进入F33的道路,含踏步段和细砂岩板铺装而成的平坦路面段。L16细砂岩板铺装而成的平坦路面段边缘处细砂岩块缺失,暴露出下侧素土基础,故平整土质地面后,铺2~3厘米厚灰浆垫层,上部用相同尺寸大小的细砂岩板补配(图四九一、图四九二)。

图四九一　L16维修中　　　　　　　　　图四九二　维修后的L17

7. 墓葬神道

神道为进入紫金山墓葬区的主要通道，下端起始连接左街，上端接过道，再由过道环紫金山墓葬区半山腰，再进入各个墓葬。神道中部发现有2级红砂岩铺装而成的踏步，下端靠近左街起始处有2级保存不是很完整的卵石踏步；南神道基部和中部全毁，仅顶部存3级卵石踏步。

维修神道及部分平台卵石铺装。揭取两侧神道及部分平台上泥土堆积，素土夯实（神道为梯级状，素土夯实时夯出梯级），以相同材质的卵石维修神道及平台卵石铺装（图四九三、图四九四）。

图四九三　加固踏步　　　　　　　　　图四九四　维修后的神道

清理石像生表面滋附的青苔等，黏结裂缝、断裂处，对石像生进行归安并黏结。以卵石、三合泥等材料对垮塌部分的堡坎进行保护性加固维修，以防止水土流失。

（四）实施其他保护工程

1. 房屋建筑遗迹

主要包括生活区的F10、F26、F27、F28、F31，衙署区的F21～F24、F32、F33，祖师殿建筑区的F1、前庭平台、庭院平台，堂坊包区的F29、F30。

房屋建筑保护主要包括三种形式，一是保护棚保护，二是覆土回填，三是原址保护。

（1）保护棚保护：F10、F26、F27采取保护棚保护的方式，采用四周通透、顶部设置屋顶的方式加盖保护棚，防止建筑地面、基址不被雨水、冰雪直接侵害（图四九五、图四九六）。

在对其实行保护工程过程中，严格遵守世界文化遗产和相关文物保护行业标准，损毁缺失处尽量不补配，但影响到残存遗迹结构稳定的，进行保护性维修加固，消除不稳定性因素。

（2）覆土回填：包括两种形式，一是对遗迹实施覆土回填后，在表面铺沙，增加视觉差，如F28、F31，祖师殿区的F1、前庭平台、庭院平台，衙署区的F21～F24、F32、F33等采取此类方法，仅在原址面上添加一层约5厘米厚的河沙，以提高展示效果（图四九七）。

二是覆土回填后，在表土层上部种植三叶草，如西门上的房屋建筑，这样不但降低了建筑地面风化的速度，也对展示起到了较为醒目的作用（图四九八）。

图四九五　保护棚保护（F10）

图四九六　保护棚保护（F26、F27）

图四九七　覆土回填，表层铺沙

图四九八　覆土回填，表层植草（西门上）

（3）原址保护：主要对卵石铺面的庭院、天井采取的一种保护措施，如西门上房屋建筑的地坪、衙署区第一平台的天井等，卵石质地坚硬，既不会影响保护的需要，参观时也能达到原物展示的目的（图四九九、图五〇〇）。

图四九九　原址保护与植草对比　　　　　　　　图五〇〇　原址保护

2. 西城门址

为生活区主要入口，周边遗迹分布密集，下部是进入生活区的过道平台遗迹，由卵石拼装和红砂岩铺装而成，两侧是较高的红砂岩挡土墙遗迹，延续使用时间较长。考虑到后期展示和游客参观，对西城门址采取保护性维修，对原址进行基础加固，对部分因垮塌、卵石面失散而造成雨水冲蚀的区域进行适度维修。

为防止北侧歪闪红砂岩墙体垮塌，对其进行扶正。补砌两侧红砂岩挡土墙中上部，石灰浆勾缝，使其重新发挥挡墙的作用，防止泥土受雨水侵蚀导致土体倒塌并冲毁路面（图五〇一~图五〇四）。

3. 堡坎与挡土墙

生活区与衙署区内原始砌筑的堡坎与挡土墙共计45道。因垮塌损毁后而临时干垒的墙体不包括在内。非原始堡坎因未进行考古发掘，只做暂时的加固；原始堡坎的保护采取基础加固、裂隙合缝、灌浆、歪闪归正等保护性维修方法处理。最大限度地保留墙体原始抹面，垮塌部分只作适当性的加固维修；因担负阻挡泥土具有"挡墙"性质的堡坎，兼担防止水土流失的重任，上部墙体垮塌而导致泥土塌方的，需进行必要的功能性维修，新的维修部位用明显的小型卵石界线与原堡坎相区别。

对于酥碱、鼓胀、粉化、风化或土质流失等形成的地基松动、松散等，去除已酥碱、粉化、鼓胀部分，压实土基，然后进行补砌和灌浆处理。

原始挡土墙补砌方法：平整场地或适当挖取基槽后，就近取材选用本地较大卵石或不规则

图五〇一　加固后的西城门址遗迹

图五〇二　维修后的过道平台

图五〇三　维修后的踏步

图五〇四　隐藏的排水沟渠

形石块砌筑单面或双面石皮，石灰浆或糯米棉花灰浆勾缝，考虑到可识别性，墙体外露面不做灰浆抹面，待勾缝灰浆干结硬化后，单面石皮后侧或双面石皮内芯再用纯净素土分层填筑并夯实。

用70%黏土+30%石灰浆+水制作而成的与土色比较接近的三合泥浆勾缝，但由于这种泥浆黏结性不强，后侧平台越高，施给墙体的土压力就越大，故此对墙体的厚度和砌筑工艺均要求比较高，砌筑时石块要对缝卡紧，并稍向内侧收分2%~4%。

对于因裸露掏空的地基，清理干净裸露面，以与墙体相同的卵石或条石材料进行补砌，属于岩质地基的，以补砌部分将其包裹在内。与墙体相接触的砌石应楔入缝隙内，与原墙体楔紧，同时，将砂浆挤压至缝隙内，保证砂浆收缩后对墙体无影响。

部分墙体因受内、外营力的作用，形成歪闪，严重者仅以木柱临时支撑，随时会垮塌，对此采取了扶正、加固的措施。

歪闪墙体扶正步骤为：清理石缝浮土和杂草、青苔—歪闪、倾斜、鼓突原始挡土墙外侧架设支护保护模板—原始挡土墙后侧开挖宽度、深度适宜的探沟，探沟内贴近墙体内侧放置1厘米厚的钢板，留出墙体归安原位的空间，钢板后再设铁支架（适用于扶正面积较大较高的墙体，小面积的或低矮墙体的扶正可不设）—通过机械或人力逐步使墙体回归原位，同时对因抬升墙体导致下部或基础处形成的缝隙进行填补—对扶正过程中松动的石缝进行低压灌浆或针管注射石灰乳加固—移除后侧探沟内钢板和铁支架，纯净素土回填内侧探沟并逐层夯实—逐步拆除墙体外侧支护保护模板（图五〇五~图五一二）。

图五〇五　补砌挡土墙之一

图五〇六　补砌挡土墙之二

图五〇七　挡土墙灌浆

图五〇八　挡土墙扶正

图五〇九　挡土墙加固（空洞）

图五一〇　挡土墙加固（修补）

图五一一　挡土墙加固（作色）　　　　　图五一二　挡土墙加固（做旧）

4. 墓葬

主要对紫金山墓葬区的M1、M2、M4、M6、M7、M8、M9、M10、M12、M23～M37进行维修加固。

实行覆土回填，归安尚存的石像生，对展示的墓葬进行防渗处理，其他墓葬对封土堆塌陷处填充素土。对水流冲毁的平台以及道路卵石图案进行保护性维修。

对于断裂、破损的石质文物和砖雕的黏结遵循最小干预和可逆性的原则，干预手段简单易行、精确可靠。

墓室和前廊内墙抹面因受潮、雨水侵蚀、机械性损伤等，导致部分内墙灰浆抹面局部形成酥碱并脱落，露出券顶青砖，且局部有人为涂鸦墨迹，对已酥碱部分和人为涂鸦墨迹清除后，以糯米砂浆抹面。

堵砌盗洞。将墓室内部的盗洞用青砖、三合泥封堵，厚度1.5米，以纯净黄土封堵外部盗洞洞穴及洞口，再以糯米砂浆对墓室内的封堵部位抹面，使缺损点得到修补。

归安青砖墓围，墓围沿用原建设形制叠涩砌法。由于长期的盗墓破坏，头龛位移，工程中使其归安。

对于破损石构件不影响观瞻的，不再进行补配，将其他位移的石构件归安。

将M11、M13-M16、M17、M18-M19墓体外侧做整体防渗层，揭去部分现存封土，在不影响墓体结构的情况下稍加压实留存封土，再以三合土夯打致密，回填封土并夯实，其上铺种结缕草。

墓前修建排水暗沟，于M11-中前廊门前开挖0.2米宽、0.2米深的排水暗沟，连接墓道一侧的排水暗沟将收集来的雨水排入紫金山墓葬排水总管中。维修拜台，红砂岩条石归安，平整夯实台面，修补部分卵石面。对断裂、破损的八字墙体进行黏结、加固（图五一三～图五二四）。

图五一三　踏步加固

图五一四　神道维修

图五一五　神道完工现状

图五一六　墓葬加固（除表土）

图五一七　墓葬加固（防渗）

图五一八　墓葬加固（维修排水沟）

第六章　工程施工

图五一九　墓葬加固（固土夯实）

图五二〇　墓葬加固（撒播草种）

图五二一　墓葬加固（草本生长）

图五二二　重做的踏步（保持可识别性）

图五二三　石像生归安

图五二四　标识的左侧神道

5. 桥梁

包括生活区东南部与衙署区相连的排水沟上拱桥（Q2）和南城门拱桥（Q1）。对于断裂、垮塌、基础失稳等现状，进行维修。Q2仅存券拱与一侧过河撞券，桥面已拆毁，由于不知其具体铺设状况，故不再恢复桥面，仅做券拱维修。

归安下塌的青砖券拱，以石灰糯米砂浆灌注青砖缝隙，加强其稳定性；对于已经失去的券拱，以相同青砖进行补砌。

抬升过河撞券，清理裂缝中的杂土，归安歪闪部分，以糯米石灰砂浆灌注缝隙，加大其稳定性。同时，因桥底需经受水流冲刷，对桥底卵石实施了结构补强（图五二五～图五三〇）。

图五二五　桥底排水沟加固

图五二六　桥壁基础加固

图五二七　桥壁加固

图五二八　增设新桥，保留原桥体

图五二九　桥面加固

图五三〇　券拱加固

6. 凉洞

凉洞是衙署区仅存的两栋地面建筑之一，上部建筑已无，下部洞室保存良好，基础结构较牢，但大型券拱顶部有下沉的迹象，双层砖体相互剥离约1厘米。其原因是外侧墙体已部分垮塌造成承重墙失稳，从而使其内部结构的稳定度减小，券拱因外张而下沉。对洞室和上部建筑基址部分进行加固、防渗等保护性维修。

工程实施中，以卵石、青石、三合泥填充，加固维修外侧墙体，避免券拱进一步外张。凉洞顶部原有木构建筑，后倒塌废弃，致使洞顶直接暴露于地表，雨水向洞内形成渗透，部分洞内顶部抹面脱落，清理洞顶券拱砖体上的泥土，出露洞顶砖体和缝隙，对缝隙以糯米石灰砂浆灌注进行防渗处理（图五三一～图五三四）。

图五三一　凉洞内部现状

图五三二　修复后的台阶

图五三三　洞顶防渗之一

图五三四　洞顶防渗之二

三、工程措施

（一）铺网加固

G30与河街相交处的沟渠两壁高约4米，全为卵石砌垒，受水流长期冲刷和两侧土压力的影响，部分墙体出现外鼓，为了保持其原有形态，不予拆除再重新浆砌，而是将外鼓处归位后，加以低压灌浆，再在基岩上施以锚杆，以钢网加固，使其既能抵抗土压力，又能经受洪水冲击（图五三五、图五三六）。

图五三五　铺网加固

图五三六　锚杆拉结

（二）结构加固

对生活区南部的垮塌墙体、残损的排水沟壁、大西门内的垮塌堡坎、北部大型建筑基址、东北侧垮塌的堡坎、祖师殿建筑群垮塌护坡等实施结构加固，并以糯米棉花石灰为浆料，实施低压灌浆，提高墙体的稳定性（图五三七~图五四〇）。

图五三七　墙体基础加固

图五三八　城墙基础形成空洞

图五三九　城墙空洞处锚杆加固

图五四〇　城墙体外侧保护

（三）夯筑加固

对生活区东部城墙、大西门内侧墙体、个别道路遗存、墓葬区各封土堆等实施素土回填，或施以三合土填充，进行夯筑，保证墙体、路面的稳定性（图五四一～图五四四）。

图五四一　人工打夯路面

图五四二　人工打夯路面

图五四三　回填三合土垫层

图五四四　人工局部打夯

（四）归安

生活区F28内侧红砂岩条石挡土墙、东部城墙外坡垮塌青砖墙体、墓葬区墓室内部石构建、石像生等位移部分，按照原有位置进行归安，保证其原真性（图五四五~图五四八）。

图五四五　石块编号

图五四六　搬运石块

图五四七　石块归安后

图五四八　糯米灰浆勾缝

（五）歪闪扶正

对于道路两侧的垂带墙或挡土墙，考虑到行人通行时的安全性，对保存下来的歪闪的原始挡土墙进行墙体扶正，并灌浆加固裂缝处和松动石缝。

生活区、衙署区内部分原始糯米灰浆抹面的墙体，因土压力的影响，部分歪闪、倾斜，工程实施中，对此做了扶正处理，保证了它的稳定性（图五四九~图五五二）。

（六）修补与修复

G10为生活区最大的排水沟，然而，因废弃和农田水利建设，G10两壁大部分歪闪、垮塌，为保存遗址的需要，需要恢复其排水的功能，故对G10进行修复（图五五三~图五五六）。

对局部存在残损但仍然继续使用的右街、正街、河街、纸棚街、L8、鱼肚街以及环城道路

图五四九　倒塌的墙体

图五五〇　青砖编号

图五五一　逐块取出排列

图五五二　浆砌归安

图五五三　G10基础加固

图五五四　G10沟壁修复

L2、L6等主要道路遗存进行清理,按照道路遗存的传统铺砌工艺和卵石铺砌图案进行局部修复,修复效果达到整体和谐但局部可识别(图五五七)。

生活区堡坎墙底因地势及基础原因,已形成空洞,随时会坍塌(图五五八)。

对大西门前的平台遗存F17、衙署区第一平台建筑基址的卵石铺砌传统图案的局部残损进行修复,修复效果达到整体和谐但局部可识别。

图五五五　G10外壁抹面

图五五六　G10做旧处理

图五五七　正在修补的L8路基

图五五八　需要修补的堡坎

图五五九　神道原状

图五六〇　神道修复

拆除遗址区内现代旅游步道，按照考古发掘探明的原有道路保存状况和原有工艺修复原有路面。

修复墓葬区北侧神道，根据考古发掘的遗存原状，恢复原有的卵石踏步道路（图五五九、图五六〇）。

对结构稳定性较好、能承受行人通行荷载的道路遗迹，保持现状，不进行任何干预；对路面边缘缺损、卵石松脱处，进行考古工作以廓清边界关系，加固边坡并补配路面铺装；土体由于耐崩解性能极差，常年被雨水击溅和冲蚀而流失，导致土质基础越来越低，缺失面积越来越广，最终残存卵石铺装下的土质基础也被水掏蚀而失稳坍塌，从而破坏残存遗迹，为此，在可识别性的前提下，对遗存道路施以最小干预的加固。因道路卵石铺装或墙体顶部损毁缺失而暴露出的土质基础，冬天易遭受冰冻的侵害，需对这些部位进行防冻融保护（图五六一、图五六二）。

图五六一　铺设和加盖细土层 　　　　　　图五六二　将细土层加固，预防冻融

（七）覆土回填

主要针对经过考古发掘后，目前不能或无需立即展示的遗迹，主要包括对生活区大西门外的F18、大西门内南侧的建筑基址、F7、F8、南部建筑群（F1～F6、F13、F15、F16）等建筑基址实施覆土回填保护（图五六三、图五六四）；对衙署区内部的建筑基址F33实施回填保护；对生活区、衙署区内排水系统中无法发挥排水作用的排水沟渠遗存实施覆土回填；对生活区、衙署区内道路系统中不作为道路展示的道路遗存实施覆土回填。除对紫金山墓地的M11、M13-M16等重点展示的墓葬外，其他已考古发掘的墓葬实施覆土回填保护。

图五六三　南部建筑群覆土回填 　　　　　　图五六四　覆土回填后植被标识

（八）防渗

对留存状况较好的生活区西北部墙体、衙署区东北部墙体、凉洞顶部，区域内部的堡坎等遗存顶部，以及紫金山墓地墓葬封土堆进行防渗水处理，培育固土植被，防止填充物流失（图五六五、图五六六）。

图五六五　墓葬防渗处理

图五六六　凉洞顶部防渗处理

（九）做旧

对于个别经过修复的墙体、卵石路面、建筑基址、护坡等，考虑到展示的需要，需进行做旧，以达到既视觉和谐，又具可识别性。例如，G10中段、生活区大西门南侧城墙等（图五六七~图五七〇）。

（十）覆土植草

生活区、衙署区内处城墙、道路、排水沟渠、露明展示的建筑基址等区域之外的各级台地，以及祖师殿建筑群西南部遗址区域的露土部分，进行覆土植草，提高水土保持能力，防止水土流失，减少水流冲刷对遗址的破坏。覆土植草的区域、种植方式结合考古遗址回填、遗存地表植被标识等工作开展，植草种类以固土能力强的本地草种为主，兼顾遗址展示的景观需求。工程实施后，凡需植草进行标识展示的区域，建筑基址皆铺种三叶草，其他区域铺种狗牙根（图五七一、图五七二）。

图五六七　砌筑墙体

图五六八　外墙抹面

图五六九　墙体做旧

图五七〇　做旧后现状

图五七一　三叶草标识建筑址

图五七二　狗牙根固土

第三节　工程质量

一、工程自检

为保证老司城遗址保护工程的质量，在施工过程中，项目负责人和质检员每天定时到现场对工程进行质量检查，涉及隐蔽的部分及时通知建设单位、监理单位共同到现场检验并做好记录。

离老司城申遗越来越近，留给保护工程施工的时间也越来越少。相关配套的非遗迹区域绿化工程、供展示参观的栈道工程都需及时完成，展示工程的施工也需要保护工程工期上的协调，因此老司城遗址保护工程项目部在狠抓质量的同时加班加点地进行文物保护工程的施工。对已完成保护工程的遗迹则立即召集建设单位、监理单位与施工方项目负责人进行检查。在这种一边施工一边集中检查的工作模式下，老司城遗址工程进度快速推进，最终按期完成了全部保护工程，为后期的展示工程和申遗工作的顺利开展奠定了基础。

二、工程验收

根据《老司城遗址本体保护方案》《老司城遗址展示方案》和国家文物局对老司城遗址其他相关批复的要求，并按照湖南省文物考古研究所已经编制设计的施工图纸，对老司城遗址本体实施整体保护和展示工程。包括老司城遗址的生活区、衙署区、紫金山墓葬区、祖师殿区以及城墙外围至灵溪河区域的所有文物保护和展示工程，面积约50000平方米，老司城遗址完整地得到展现（图版二二~图版四六）。

老司城遗址文物保护工程的施工分为两期工程完成，一期为危重部分保护工程，此部分工程于2013年10月启动，2014年4月1日开始入场实施工程项目，至2014年4月30日竣工；二期为老司城遗址本体保护工程，此部分工程于2013年10月启动，2014年5月18日开始入场实施工程项目，至2014年7月6日竣工。两期工程均由湖南省文物考古研究所负责设计与施工，为确保老司城遗址文物保护工程的工程质量，同时为确保老司城在内的中国土司遗产顺利完成申遗的任务，湖南省文物考古研究所会同永顺县老司城遗址管理处、永顺县文物局等多家单位多次邀请国内考古与文物保护的专家考察老司城遗址文物保护工程，专家对老司城遗址的文物保护工程和老司城申遗的事项提出了切实可行的建议，确保了老司城遗址文物保护工程的技术要求符合国际标准。同时，为确保工程质量管理与工期安排，全程配合监理单位辽宁文博古建工程有限公司对工程的施工监管。

在各方的大力合作下，历经数月，于2014年7月6日圆满完成保护工程。2014年9月，联合国教科文组织世界文化遗产专家及国家文物局相关领导正式检查了老司城遗址的保护工作，获得一致好评。

2014年10月28日至11月1日，受国家文物局委托，由湖南省文物局主持，组织中国建筑设计研究院建筑历史研究所、中国文化遗产研究院、湖南省住房和城乡建设厅、湖南师范大学等相关专家，对老司城遗址文物本体保护工程进行竣工验收。甲方代表、验收专家组、设计方、监理方、施工方组成专家组在遗址区就文物本体保护工程进行现场检查、核实，施工方项目和技术负责人随后就专家提出的问题进行一一解答和说明，在验收会上，专家组认为施工方能严格遵守文物保护工作方针和文物施工技术操作规程，有严谨的工作态度，始终贯穿文物保护的完整性和真实性原则，不改变文物原状。经专家组成员验收，认定老司城遗址文物保护工程合格，一致予以验收通过。

2015年11月6日，湖南永顺县老司城遗址文物本体保护工程获第二届（2014年度）"全国十佳文物保护工程"荣誉称号。

注　释

[1]　《保护文物建筑及历史地段的国际宪章》（又称《威尼斯宪章》），历史文物建筑工作的建筑师和技术员国际会议第二次会议，威尼斯，1964年5月31日。
[2]　《中国文物古迹保护准则》，国际古迹遗址理事会中国国家委员会，2000年。

第七章　老司城遗址文物保护工程的思考

　　老司城遗址的保护，从前期的考古历程算起，到后来遗址的保护方案勘察设计，直至保护工程的最终实施和验收，经历了十余年，这其中的每一步，莫不浸润着诸多人员的艰辛努力，也见证了诸多人员沐风栉雨逐渐成长的过程。纵观老司城遗址的申遗之路，没有哪一个节点是纯粹靠运气完成的，在推进老司城遗址保护工作的历程中，各级领导、诸多专家、考古工作者、文物保护人员、工程施工人员都费尽心血，殚精竭虑。湖南省文物考古研究所工作人员和其他相关单位人员一起，在保护工程设计与施工过程中潜心思考，充分把握住遗址特点、价值内涵和申遗目标，在实践中不断提升和改进自身的文物保护、利用的思路与方法。老司城遗址申遗工作已然结束，但老司城遗址的保护与利用工作刚刚起步。回顾老司城遗址考古、文物保护工作的历程，几点感悟仍在脑海中萦绕。

一、考古工作的前瞻性

　　对于遗址类的不可移动文物来说，考古工作一直是文物保护工作的主要基础和重要依据，是文物保护与展示工作的前提与支撑，仔细而全面的考古调查和发掘工作是遗址内涵凸显的重要指标和关键工作。张忠培先生曾就考古学在大遗址保护工作的职能有如下论述："考古学在其中的作用主要集中于价值评估、结构与布局和保护范围的确定及对保护和展示的建设性意见。"[1]傅清远先生也提到大遗址保护中的问题："考古发掘与发掘过程中及发掘过程后的保护脱节，造成了大遗址的破坏，较多的历史信息随着时间的变化而逐渐失去。"[2]《威尼斯宪章》中亦明确提出："无论在任何情况下，修复之前及之后必须对古迹进行考古及历史研究。"[3]《洛桑宪章》也提出："对考古资源进行全面的勘察是考古遗产保护与管理的一项基本义务。"[4]这一要求也被写进了《中国文物古迹保护准则》[5]和《文物保护工程设计文件编制深度要求》[6]当中，考古在文物保护工程的前期基础性作用可见一斑，这也是我们注重其作用的原因之一。老司城遗址保护工程的顺利实施，就是得益于自1995年以来的历次考古勘探和发掘所积累的真实、全面的考古资料。

　　老司城遗址南部建筑群的发现就是典型。起初，在文物保护与考古同时进行的过程中，按照展示方案的要求，需重点发掘生活区的中心位置。按照一般的建筑理念，城中心位置必定是重要建筑的理想位置点，这种理念出自《周礼·考工记》中"以中为贵"的建筑理念，并且一直被历代建筑布局所沿用与恪守，更成为汉文化的历史印记。老司城虽地处西隅，但仍深受汉文化的影响，这一点从衙署区布局规整且建筑以中轴线分布的特点便可看出端倪。故从展示方案来看，此处的发掘应是十分必要的，但前期的考古勘探表明，中部区域因垦荒造田等活动的影响，已被严重破坏，不具备发掘条件。考虑到现实原因，最终将发掘重点放在南部建筑群，并发掘出多座建筑遗迹（F25、F26、F27、F28）。由此可见。考古在前期工作中对文物保护与展示侧重点的选定具有重要的作用。

老司城遗址的格局和范围的不断完善与展露依靠的是持续进行的考古调查和考古发掘。早在1983年，老司城遗址紫金山墓区和祖师殿就被湖南省人民政府公布为省级文物保护单位。1995年湖南省文物考古研究所会同湘西州文物局又对老司城紫金山墓区和生活区进行了局部发掘，弥补了老司城遗址考古工作的不足，随后进行的老司城外围遗址的调查也明确了老司城遗址和周边遗址的相互关系。1998年的考古发掘在宫殿区和衙署区共清理出房屋遗迹11座、排水沟渠9条，这次发现明确了老司城作为永顺土司司治的性质，也进一步阐释了其所承载的土家族土司制度的人文内涵。依据此前考古工作的成果及在此基础上对其历史、文化、科学价值的深入阐释，老司城遗址于2001年被国务院公布为第五批全国重点文物保护单位。2011～2012年的考古发掘和调查再次深化了对老司城遗址范围、遗迹分区、外围遗迹分布的认识，这为老司城遗址保护规划的编制和老司城遗址申遗工作奠定了坚实的基础。从这一点来说，老司城遗址的申遗之路正是建立在不断深化的考古工作基础之上的，这是老司城遗址相对于其他土司遗址所具有的巨大优势。

正是前期充足的考古工作，为老司城遗址的保护与展示打下了良好的基础，但同时也存在考古工作与文物保护展示工作的结构性矛盾。例如，杜金鹏先生所说的"遗址空洞化"问题。"遗址空洞化"即包括对遗址主要文化层的发掘中，将位于其上的文化层移除，对主要文化层亦因发掘的需要进行大规模的清理，从而导致的"部分空洞化"，同时也包括对墓葬发掘中墓葬遗迹完全掏空的"完全空洞化"[7]。这种"空洞化"对遗址保护与利用是毁灭性的打击，既不能满足遗址展示的需要，也将遗址所蕴含的内涵与价值消磨殆尽。为避免出现此类问题，老司城遗址所采取的方法是"考古、文物保护同步协调"的工作思路与运行机制，即保护工程以考古为依托，保护工程的设计和施工充分考虑考古工作者的工作思路，在尽可能满足遗迹保护的基础上推进保护工作的进行。而考古工作为保护工程做铺垫，对遗迹的发掘进度与发掘深度、清理效果等都充分参考文物保护工作者的意见，防止在发掘过程中形成的破坏或者因发掘造成的结构性破坏，这从F25和G25的处理方式可以明晰。

F25坐东北朝西南，发掘结果表明，F25是在F27废弃以后重新修建而成的。F25宽约24.5、进深约5米，但因现代取土破坏等因素，F25的开间结构已难以厘清。在F25中部和北部分别有2处火塘遗迹，中部的火塘为南北并列的2个，均以长方形砖侧铺形成方形火塘，火塘内仍有大量草木灰等灰烬。火塘东侧有一片火塘灰烬倾倒堆积，火塘的西侧有一组残砖斜立组合而成的椭圆形浅坑，底部为方砖地面，从各种迹象来看，这极有可能是与火塘有关的堆薪之所。北部火塘形制与中部相同，东侧亦有一片火塘灰烬倾倒堆积。F25废弃堆积中出土了清康熙时期瓷器碎片和清晚期钱币等。据此推测，F25的废弃年代约在清晚期，此时已是改土归流之后，彭氏土司已迁往他处，居住此处的是普通百姓，这应是房屋建造得异常简陋的原因。F25是叠压在F26和F27之上的，因此其下面叠压F26和F27建筑基址，也就是说如果按照以往的发掘模式来进行发掘的话，应是将F25保存情况进行详细记录后完全毁掉，再发掘F26与F27。这样的结果将使整个F25的建筑遗迹和重要的火塘遗迹直接毁灭。因此，在考虑到文物展示的需要后，在揭露F25之后并未继续向下进行发掘，保留了F25及叠压其下的F26和F27建筑基址，在满足现阶段展示需要的同时，也为以后的考古工作预留了空间。

衙署区晚期阶段亦延用早期的排水沟（G25），并在每一级平台上又修建新的明沟，F32房屋周边的排水沟即是平台上的明沟。F32周边排水沟分为两条，纵向沟长11、宽0.75米，水沟稍倾斜，两壁均为毛山石砌成，靠PT3一侧沟壁高约0.3米，另一侧为0.4米，沟底为卵石铺砌。横向水沟长12.3米，暂未发掘，早期水沟宽0.9米，沟壁一侧为第四平台堡坎，另一侧系毛山石砌就，残高约0.15米，部分沟壁已损毁。因建筑基础不稳定，排水沟高低不平，在考古发掘中，对第三平台的发掘亦仅至遗迹面，其下的夯土层并不进行发掘，因为一旦实施了考古发掘，势必会捣毁道路卵石铺面或是破坏沟底（G25）石板垫层。因此对其进行考古清理的同时，还对其进行相应的加固处理，从而确保长时间内杜绝损害的发生。

考古工作的前瞻性，既体现在对文物遗迹、遗存的前瞻性考古调查工作，也体现在考古工作过程中保护利用的前瞻性。老司城遗址的考古与文物保护工作核心在于配合以老司城遗址为代表的西南土司遗址的申遗工作，因此在具体处理老司城遗址的考古工作中不能单一地按照以往考古工作的研究思路来进行，而应在考古研究和文物保护两者权衡之间更多地向保护工程倾斜。但从长远来看，这种倾斜是前瞻性和科学性的。毕竟，考古工作并非只在文物保护工作前期能起到作用，相反，充分规划中的考古预留区也能在保护工程后期为考古工作与相关研究提供必要的工作区域和考古资料。

二、设计工作的全面性

设计工作的全面性主要体现在对遗址全面的勘察设计和对遗迹形制及材料的全面分析之上，同时在保护方案的设计当中还需要对以后的展示工作做出方向性的思考与安排，对遗迹的展示区域、展示路线需要在设计方案中做先期的考虑，给后期的展示利用方案提供方向上的思路。

老司城遗址依赖前期翔实的考古资料，在保护工程设计工作开展之时即安排设计人员进行实地调查与勘探，这种在考古发掘基础之上进行的仔细而认真的调查工作给前期调查和方案的设计提供了极大的便利，使得设计人员可以及时反馈和修改因遗址遗迹的实际变化而做出的变更。老司城遗址第二、三、四期文物保护工程设计方案设计的遗迹类型达6大类18小类，共188处遗迹，这些遗迹的病害类型多种多样，集中反映了以老司城为代表的西南土司遗址的主要病害种类。对于每一处遗迹的保存现状、病害类型及成因、病害程度都在调查过程中拍摄了细致的照片并绘制了翔实的图纸。针对遗迹的保存现状，集中探讨和分析各类遗迹的病害治理，做出各遗迹点的具体工程设计方案。出于遗址保护的考虑，对保存条件差或保存难度较大的不具备展示条件的遗迹，抑或是类型重复的遗迹，多采取保护性回填或标识展示。同时，出于遗址展示的考虑，在系统梳理老司城遗址庞杂的排水系统及道路系统之后，将主要道路及排水沟渠进行系统展示，并配套展示了其他类型的遗迹，老司城的全局风貌与局部细节得以兼容并蓄地展现。

对老司城遗址设计工作的全面性考察还体现在对老司城进行的监测和研究之上。为了对老司城遗址的保护和修复提供科学可靠的基础数据和资料，根据取样检测实验分析结果，依据传统工艺制备了修缮浆料，有序地指导遗址本体保护工程的实施。

湖南省文物考古研究所联合中南大学地球科学与信息物理学院材料检测实验室对老司城遗址123处遗迹的土样、灰浆进行取样。采用了扫描电镜能谱仪（SEM-EDX）、X射线荧光光谱仪（XRF）、X射线衍射仪（XRD）、傅里叶变换红外光谱分析仪（FT-IR）、光学显微镜、偏光显微镜、离子色谱仪、激光拉曼光谱仪等分析仪器，并结合筛分、碘－淀粉显色实验等实验方法，分析了灰浆的主要成分、微观结构、所含有机物情况，土样的成分、颗粒分布等。证实老司城遗址建筑所使用的灰浆成分中的所添加的物质为棉花。老司城遗址送检灰浆的主要成分均以O、Ca、C、Mg为主，部分灰浆中还含有少量的Si，这些少量的Si元素可能是灰浆长期与周围环境中的土壤及碎石残片等接触引入的。由此分析可得出老司城遗址建筑所采用的主要是糯米灰浆和纯石灰浆，部分灰浆添加棉花纤维。在科学分析的基础上，对老司城遗址的维修材料也按照传统工艺制备，在最终的施工当中取得了较好的效果。

展示工程是对考古工作和文物保护工作做阐释性的外观展现，重要考古工作成果的教育功能和保护工程的实践效果都需要展示工程来进行实现和检验。早在1976年的《内罗毕建议》就提出："保护和修复工作应与振兴活动齐头并进。"[8]而文物保护与展示利用的关系应是"兼则两利，偏则俱废"。保护工程所需构建的可持续保护的大环境要通过展示来提供保障，而展示利用亦需要通过考古与文物保护工作来进行价值叠加，从而实现持续发展，这也是方案设计全面性的重要考量要素。在通盘考虑老司城遗址的保存现状和老司城申遗工作的同时，经过无数次研讨，反复验证和修改，最终将老司城遗址的展示重心放在生活区、衙署区的道路系统和排水系统之上，同时遴选F10、F25、M11等重要遗迹配套展示，这种处理方式完整地体现了老司城遗址的整体结构和空间格局，同时为以后的考古与文物保护工作预留了充足的空间，最终展示方案在思路与参观路线上与保护设计方案保持一致。

三、保护工作的专业性

保护工作的专业性，主要体现在保护工程实施过程的专业性和后期管理的专业性上。就保护原则来说，对于回填性保护的遗址多注重其可逆性，对于维修加固的遗迹多注重其原真性，对于需要复原的个别遗迹则重点关注其可识别性。而后期管理对文物保护工程实施后遗址的存续具有决定性作用，这种管理在体制和实践上都需要专业人员的参与。保护工程中的原真性、可逆性、可识别性原则在老司城遗址保护实践当中得到了良好的遵循。

1. 原真性的坚持

《马丘比丘宪章》中提出："历史遗址和古迹要继承一般的文化传统，其中一切有价值的说明社会和民族特性的文物必须保护起来。"[9]《威尼斯宪章》中也提到："各个时代为一古迹之建筑物所做的正当贡献必须予以尊重，因为修复的目的不是追求风格的统一。当一座建筑物含有不同时期的重叠作品时，揭示底层只有在特殊情况下，在被去掉的东西价值甚微，而被显示的东西具有很高的历史、考古或美学价值，并且保存完好足以说明这么做的理由时才能证明其具有正当理由。评估由此涉及的各部分的重要性以及决定毁掉什么内容不能仅仅依赖于负责此项工作的个人。"[10]这也就说明，一般来说，对于时间跨度很大的遗址与遗迹在考古发掘揭露与保护展示的过程中要尽量保存与体现这种时间关系上的延续性。如何既体现出对历史真实的尊重与严谨，又尽量保存人类文化活动的印记，这本来就不应是一个因循守旧的固定思维。

南越王宫署处于广州市中心地段，各时期历史地层相互叠压、打破。基于此种情况，南越王宫博物馆设计南越国宫署的处理并未通盘还原到最初的形态，也没有只保留最近年代的遗迹，而是将整个遗址分而处理，通过博物馆立体空间的构筑来体现时间序列的完整。据设计方案，在博物馆的底层，将呈现出曲流石渠遗址；在博物馆顶层，将模拟出南越国御花园的大致景观；在地下空间，将可以参观到元代的宫衙遗迹、宋代的房基遗迹、南汉国的宫殿遗迹等[11]。这种创新性思路在于，在充分留取考古发掘各时期实物的前提下，通过各种展示手段再现历史阶段遗迹与工艺，既提高了遗址的可观赏性，又在以后的保护工程中具有较大的弹性调整空间。

借由上述保护理念与方法，老司城遗址文物保护工作中针对生活区、衙署区的文物保护工程就重点遵循了原真性和延续性原则，实施各时期遗迹的合理保护和展示。

土王祠位于老司城遗址衙署区东部的第五级台地上，为中轴线上的主体建筑，明代万历十九年（1591年）第24代土司彭元锦任宣慰使时所建，清顺治四年（1647年）被兵焚毁。现存的土王祠建于清同治九年（1870年），包括正厅和厢房。土王祠建筑开间16、进深17.8米，面积539平方米。建筑大门两侧有大石鼓一对，宽0.34、高1.34米，由基座与鼓身两部分组成，雕刻有卷云纹和狮子图案[12]。后殿高9米，共18根柱子，供奉历代土司塑像，1986年曾对其进行了局部维修。两侧砖结构为1955年该区区政府修建，砌筑使用的青砖由热洞及土王祠后的歇洞拆毁而得到，包括土王祠左侧的厨房（一层）和右侧的宿舍楼（两层），新建建筑物严重影响了遗迹本体风貌，应予以拆除，将青砖用于热洞和歇洞维修。考虑到上述因素，对土王祠1955年改建的厨房与宿舍楼进行了拆除，从而保留了土王祠的真实面貌，也为热洞和歇洞的保护与修复提供了原始材料。

关帝庙亦为彭元锦所建，但已残毁。文昌阁居于关帝庙前殿，道光年间由"南夫子"向嘉会所倡建，1951年移往衙署区第二平台西侧。该建筑保存了原建筑风格，为典型的土家族民族风格的吊脚楼式三层建筑，歇山顶，三面加披，面阔三间，通面阔11.6米，进深两间加后披，共12.1米，高11.3米，面积201平方米，共12个柱子。现建筑基础不实，柱础多样，建筑构件拼凑现象明显。根据原真性原则，将文昌阁迁移回雅草坪关帝庙前殿位置[13]。关帝庙虽已经损毁，但文昌阁古建筑与关帝庙遗址位置的原真性恢复仍能对关帝庙的整体范围有较为直观的感受。

2. 可识别性原则的遵守

在老司城遗址的保护过程中，一般不实施复原展示，只有个别遗迹，为了恢复其原有功能，在迫不得已的情况下进行复原，这种复原是在检测、试验的基础上，充分把握其原有格局、了解其材料组成的过程中，根据可识别性原则进行的。可识别性原则在《威尼斯宪章》中有明确的表述："修复过程是一个高度专业性的工作，其目的旨在保存和展示古迹的美学与历史价值，并以尊重原始材料和确凿文献为依据。一旦出现臆测，必须立即予以停止。此外，即使如此，任何不可避免的添加都必须与该建筑的构成有所区别，并且必须要有现代标记。"[14]《中国文物古迹保护准则》第21条提出："一切对古迹的保护技术措施应当不妨碍再次对原物进行保护处理；经过处理的部分要和原物或前一次处理的部分既相协调，又可识别。"第22条也重点论述："独特的传统工艺技术必须进行保留。所有的新材料和新工艺都必须经过前期试验和研究，证明是最有效的，对文物古迹是无害的，才可以使用。"[15]这充分说明，在文物保护与修护过程中不仅需要以原材料与原工艺进行，而且要体现出可识别性的原则，这在雅典卫城与故宫博物院的修复工作中皆有所体现。

雅典卫城的保护与修复工作只局限于历史上有过修复经验的部分，而且利用原始的建筑构件来进行复位。其全程使用及遵守的都是古代建筑师使用的建筑材料与建筑工艺。

故宫各大殿的琉璃瓦的修复工作，则根据清《奏销档》记载的技术工艺进行回窑挂釉复烧的办法进行，前提是琉璃瓦和琉璃构件没有破碎、胎体完好但已脱釉70%以上[16]。因此，在老司城遗址的文物保护与修复工程中也严格遵守这一原则，采用原建筑材料与建筑工艺。

为了恢复G10的排水功能，对其中段的部分沟壁采取复原方式。G10内壁和沟底有3处被后期建设打破和叠压，导致其内沟壁和水沟底部局部损毁，第1段损毁长度为6.2米，局部可见残存的内沟壁基础，基础残宽0.2~0.5、高0.2米。第2段被后期卵石路面叠压，叠压长度为2.8米，内沟壁基础全毁。第3段被后期建筑废物堆积叠压，内沟壁损毁，水沟残宽1.15~1.4米，堆积叠压的建筑废弃堆积长7、宽1.3、高0.8米，体积7.28立方米。该段沟卵石沟底有一处纵向裂隙，长度为7.2米，裂隙处外侧沟底整体产生沉降，下陷宽0.8、深0.15米，局部卵石已无。排水沟中段外侧沟壁倾斜、坍塌，坍塌长度为36米，局部残留基础，内侧抹面酥松并滋附青苔。

在充分分析G10的建筑形制和材料工艺后，对部分建筑材料进行检测、试验，考虑到G10作为老司城遗址生活区中规模最大、长度最长的排水沟渠，又位于生活区的主要位置，其坍塌已导致遗址区其他遗迹遭受流水侵蚀，同时考虑到对G10进行完整性保护，复原这段沟壁可恢复生活区主要排水系统的功能，经科学论证，最终决定对G10南段坍塌部分进行复原，沟底部分补铺卵石并加固。在沟内、外壁以原有工艺的糯米棉花石灰浆料抹面，为了达到视觉上的和谐，对墙体抹面颜色以素土进行处理，使得经过处理的墙体部分和G10原有墙体在视觉上既相协调，又可识别。

四、后期管理的重要性

遗址保护工程的实施，只是遗址得以长久保存的第一步。老司城遗址作为土遗址，其保护工程的实施尽管能杜绝部分病害，维持考古发掘后的原状，却不能从根本上使遗址永远不受损害。因此对遗址的保护不能仅仅依靠一次性的文物保护工程就一劳永逸，而应该是一个长期化的保护管理过程，必须发挥长效的保护管理机制。《威尼斯宪章》强调要对古迹遗址进行专门性的照管，同时提出古迹保护至关重要的一点便是其日常的维护工作[17]。一般来说，越是复杂的遗址，其后期维护的难度也越高；越是范围大的遗址，其后期维护亦越烦琐。但复杂和遗存范围大的遗址相对于单一、小范围的遗址而言，在研究和后续发展上更具潜力。

老司城遗址管理部门改善管理人员构成、引进专业知识人才、优化管理人员内部结构、提升遗产保护管理水平，已是当务之急。遗址的管理依仗于专业化的人才团队，而现有工作人员很难担此大任，体现在具备相应的考古学或文物保护专业的知识储备和知识结构的遗址管理者过于稀少，尚缺乏大遗址保护、管理和维修的能力，其专业知识技术的培训也未得到普及与重视。因此，遗址管理的改善重点在于管理人员的专业化进程，这也就需要管理部门引进专业化人才，优化管理部门人员结构，提升遗址保护的管理水平。

与此同时，加强老司城遗址室外不可移动文物的日常维护是重中之重。老司城遗址范围大，尽管大部分遗迹已经回填保护，但由于遗址区局部气候并未发生改变，河谷气候显著，植物生长旺盛，生活区、衙署区、墓葬区、祖师殿区的主要平台、道路、排水沟渠等多有植物生长，其根系不仅不利于遗迹的保护，而且遗迹的展示也将受到一定程度的影响。因此，日复一日、持之以恒的维护管理是永远不变的硬道理。

注　释

[１] 张忠培：《中国大遗址保护的问题》，《考古》2008年第1期。
[２] 傅清远：《大遗址考古发掘与保护的几个问题》，《考古》2008年第1期。
[３] 《保护文物建筑及历史地段的国际宪章》（又称《威尼斯宪章》），历史文物建筑工作的建筑师和技术员国际会议第二次会议，威尼斯，1964年5月31日。
[４] 《考古遗址保护与管理宪章》（又称《洛桑宪章》），国际古迹遗址理事会全体大会第九届会议，洛桑，1990年10月。
[５] 2015年修改的《中国文物古迹保护准则》第17条规定：调查：包括普查、复查和重点调查。一切历史遗迹和有关的文献，以及周边环境都应当列为调查对象。遗址应进行考古勘察，确定遗址范围和保存状况。
[６] 2013年颁布的《文物保护工程设计文件编制深度要求》第4.2.3款规定：收集考古资料，查明与遗址保护工程相关的地下遗存规模、范围边界、主要构成特点和考古学价值评估，为保护工程提供设计依据。

[7]　杜金鹏：《试论考古与遗址保护》，《考古》2008年第1期。

[8]　《关于历史地区的保护及其当代作用的建议》（又称《内毕罗建议》），联合国教育、科学及文化组织大会第十九届会议，内毕罗，1976年11月。

[9]　《马丘比丘宪章》，现代建筑国际会议（CIAM），利马，1977年12月。

[10]　《保护文物建筑及历史地段的国际宪章》（又称《威尼斯宪章》），从事历史文物建筑工作的建筑师和技术人员国际议会第二次会议，威尼斯，1964年5月31日。

[11]　单霁翔：《实现考古遗址保护与展示的遗址博物馆》，《博物馆研究》2011年第1期（总第113期）。

[12]　参见2010年11月中国文化遗产研究院编制的《湖南省永顺县老司城遗址文物抢救性保护工程方案（第一期）》。

[13]　参见2010年11月中国文化遗产研究院编制的《湖南省永顺县老司城遗址文物抢救性保护工程方案（第一期）》。

[14]　《保护文物建筑及历史地段的国际宪章》（又称《威尼斯宪章》），从事历史文物建筑工作的建筑师和技术人员国际议会第二次会议，威尼斯，1964年5月31日。

[15]　《中国文物古迹保护准则》，国际古迹遗址理事会中国国家委员会，2000年。

[16]　付灿华：《在保护与修复之路上寻找被遗忘的信息与技艺——雅典卫城与北京故宫修复工程的启示》，《中国建设报》2008年7月8日第002版。

[17]　《保护文物建筑及历史地段的国际宪章》（又称《威尼斯宪章》），从事历史文物建筑工作的建筑师和技术人员国际议会第二次会议，威尼斯，1964年5月31日。

老司城遗址文物保护
工程报告
（下册）

湖南省文物考古研究所　编著

科学出版社
北　京

内 容 简 介

老司城遗址文物保护工程是老司城遗址成功申报世界文化遗产的重要前提保证。本书共七章，全面系统地介绍了世界文化遗产地——老司城遗址在实施文物保护过程中所做的实际工作。第一章主要从老司城遗址的地理位置、遗址概况、历史沿革、价值概述、工程地质条件、考古与保护方面进行了简要介绍。第二章为现状调查与病害评估，全面介绍了遗址现状调查的意义、对象及目的和遗迹分布总况，对生活区、衙署区、墓葬区、中心区其他遗存及祖师殿区域的遗迹保存现状、形制特点及病害情况进行了详细的分析，就调查结论实施了科学评估。第三章为多维信息采集与试验工程，获取的各项科学数据与试验结果为保护工程方向的正确提供了支撑。第四章为保护工程设计，系统介绍了保护方案设计对象、性质和目的，设计原则，设计依据，总体思路，施工总体要求，主要保护工程措施和实施流程，专项技术设计与工程量统计，以及主要工艺、材料设计的工程技术说明等。第五章为施工管理。第六章为工程施工，也是全书的重点部分之一。第七章为老司城遗址文物保护工程的思考，通过考古工作的前瞻性、设计工作的全面性、保护工作的专业性、后期管理的重要性对老司城遗址的整个工作过程做了全面的阐述，具有现实意义。

本书可供从事古文化遗址、古墓葬保护规划、设计、施工的单位，以及科研人员和大专院校考古、文化遗产保护、文物保护专业的师生参考、阅读。

图书在版编目（CIP）数据

老司城遗址文物保护工程报告：全2册／湖南省文物考古研究所编著. —北京：科学出版社，2018.11

ISBN 978-7-03-059339-9

Ⅰ. ①老… Ⅱ. ①湖… Ⅲ. ①土司-古城遗址（考古）-文物保护-研究-永顺县 Ⅳ. ①K878.34

中国版本图书馆CIP数据核字（2018）第248920号

责任编辑：雷 英／责任校对：邹慧卿

责任印制：肖 兴／封面设计：金舵手世纪

科 学 出 版 社 出版
北京东黄城根北街16号
邮政编码：100717
http://www.sciencep.com

中国科学院印刷厂 印刷
科学出版社发行 各地新华书店经销

*

2018年11月第 一 版　　开本：889×1194　1/16
2018年11月第一次印刷　　印张：32 1/2　插页：50
字数：936 000
定价：398.00元（全二册）
（如有印装质量问题，我社负责调换）

目　　录

附录一　老司城遗址建造材料及其风化产物分析检测报告……………（315）

附录二　老司城遗址岩石薄片、土样检测报告……………………………（384）

附录三　老司城遗址出土纤维材料鉴定报告………………………………（456）

附录四　关于老司城遗址文物保护工程设计方案的批复…………………（459）

附录五　关于老司城遗址抢救性保护工程三期方案的批复………………（461）

附录六　关于老司城遗址抢救性保护工程四期方案的批复………………（463）

附录七　老司城遗址本体危重部分抢救性保护工程竣工报告……………（465）

附录八　老司城遗址文物本体保护工程竣工报告…………………………（473）

后记……………………………………………………………………………（478）

图版目录

图版一　老司城环境
图版二　老司城环境
图版三　老司城环境
图版四　老司城环境
图版五　老司城环境
图版六　老司城环境
图版七　老司城环境
图版八　老司城环境
图版九　领导考察与工作会议
图版一〇　领导考察与工作会议
图版一一　领导考察与工作会议
图版一二　领导考察与工作会议
图版一三　病害
图版一四　病害
图版一五　病害
图版一六　病害
图版一七　试验与信息采集
图版一八　试验
图版一九　试验
图版二〇　试验
图版二一　试验
图版二二　老司城全景
图版二三　工程维修对比
图版二四　工程维修对比
图版二五　工程维修对比
图版二六　工程维修对比
图版二七　工程维修对比
图版二八　工程维修对比
图版二九　工程维修对比
图版三〇　工程维修对比
图版三一　工程维修对比

图版三二　工程维修对比
图版三三　工程维修对比
图版三四　工程维修对比
图版三五　工程维修对比
图版三六　工程维修对比
图版三七　工程维修对比
图版三八　维修后遗迹
图版三九　维修后遗迹
图版四〇　维修后遗迹
图版四一　维修后遗迹
图版四二　维修后遗迹
图版四三　维修后遗迹
图版四四　维修后遗迹
图版四五　维修后遗迹
图版四六　维修后遗迹
图版四七　老司城遗址空间分布图
图版四八　生活区（原宫殿区）现状勘测图
图版四九　衙署区现状勘测图
图版五〇　紫金山墓葬区现状勘测图
图版五一　祖师殿区前庭卵石平台现状勘测图
图版五二　堂坊包F29、F30现状勘测图
图版五三　南部建筑群现状勘测图
图版五四　F25、F26、F27现状勘测总平面图（F26）
图版五五　F25、F26、F27现状勘测平面图（F25、F27）
图版五六　F32、F33现状勘测图
图版五七　衙署区F21～F24考古发掘现状图
图版五八　衙署区F21～F24现状病害分析图（一）
图版五九　衙署区F21～F24现状病害分析图（二）
图版六〇　衙署区F21～F24现状病害分析图（三）
图版六一　G17现状测绘图（一）
图版六二　G17现状勘测图（二）
图版六三　G18现状勘测图（一）
图版六四　G18现状勘测图（二）
图版六五　G18现状勘测图（三）
图版六六　西城门东侧台阶现状勘测图（一）
图版六七　西城门东侧台阶现状勘测图（二）

图版目录

图版六八	L8、L9现状勘测图
图版六九	G30a、b、c段现状勘测图（一）
图版七〇	G30a、b、c段现状勘测图（二）
图版七一	G30d段现状勘测图
图版七二	紫金山M1现状病害分析图（一）
图版七三	紫金山M1现状病害分析图（二）
图版七四	北门上现状勘测图
图版七五	祖师殿建筑区现状清理与环境整治总平面图
图版七六	祖师殿区前庭卵石平台维修设计图（一）
图版七七	祖师殿区前庭卵石平台维修设计图（二）
图版七八	祖师殿区第一进卵石平台、庭院平台、窄型平台维修设计图
图版七九	堂坊包F29、F30维修设计图
图版八〇	南部建筑群维修设计图
图版八一	F25、F26、F27维修设计图
图版八二	F32、F33维修设计图
图版八三	衙署区F21~F24维修设计图（一）
图版八四	衙署区F21~F24维修设计图（二）
图版八五	衙署区F21~F24维修设计图（三）
图版八六	衙署区F21~F24维修设计图（四）
图版八七	G17维修设计图（一）
图版八八	G17维修设计图（二）
图版八九	G18维修设计图（一）
图版九〇	G18维修设计图（二）
图版九一	西城门东侧台阶维修设计图（一）
图版九二	西城门东侧台阶维修设计图（二）
图版九三	L8、L9维修设计图
图版九四	G30维修设计图（一）
图版九五	G30维修设计图（二）
图版九六	G30维修设计图（三）
图版九七	紫金山M1维修设计平面图（一）
图版九八	紫金山M1维修设计平面图（二）

附录一　老司城遗址建造材料及其风化产物分析检测报告

一、引　言

为阐明湖南老司城遗址城墙、道路、墓葬及其出土文物的建造工艺、建造材料及风化状况，为老司城遗址的保护和修复提供可靠的基础数据和资料，本研究利用现代分析测试仪器对老司城遗址城墙、道路、墓葬及其出土文物的本体材质、风化产物、周边环境状况等进行了分析测试与研究。具体内容包括以下四方面。

（1）分析测试了老司城遗址城墙建筑灰浆的成分、性能及其风化产物，探讨了城墙灰浆中发现的部分特殊物质形成的原因。

（2）分析测试了老司城遗址道路、墓葬及其出土文物的本体材质、建造工艺及其风化状况。

（3）分析测试了小德政碑本体材质及其表面风化产物。

（4）分析测试了古栈道石质及石榴口摩崖石刻本体材质、表面风化产物及周边环境物质。

二、研究方案及步骤

1. 采样信息

老司城遗址地形复杂、建造材料种类较多、风化情况各具特殊性，针对这种情况，我们进行了较为系统和全面的取样工作。具体取样信息如表一所示。

表一　检测样品登记表

样品编号	样品名称	取样位置	样品描述
LSC-C1	基础扰土	宫殿区西城墙基础	杂填土，灰黄色，夹杂少量瓦质残片，紧密
LSC-C2	基础扰土	G10外墙基础（宫殿区南城墙）	杂填土，浅灰黑色，土质紧密

续表

样品编号	样品名称	取样位置	样品描述
LSC-C3	勾缝灰浆	宫殿区西城墙下部基石间	因基础掏蚀，下层砌石外侧抹面已无，灰浆呈灰白色，坚硬，夹杂有瓦质残片
LSC-C4	抹面灰浆	宫殿区西城墙表面	坚硬，起翘，较薄
LSC-C5	勾缝灰浆	F10西部外侧墙体	外层灰浆厚1~2cm，因风化脱落，露内层已酥碱的白色灰浆，质地松软
LSC-C6	抹面灰浆	F10西部外侧墙体表面	表面色显黄，坚硬，较薄
LSC-C7	抹面灰浆	衙署区西城墙表面	表面色显黄，坚硬
LSC-C8	抹面灰浆	正街外侧已搬迁民居废弃的民国孤立残墙	色灰白，发涩，较酥松，无光泽，较薄
LSC-C9	抹面灰浆	吴着坪耕地处墙体表面	色显黄，坚硬，较薄
LSC-C10	砌墙石块	宫殿区南城墙墙体	灰色，石质
LSC-C11	抹面灰浆	西门城墙外挡土墙灰浆	坚硬，白色，较厚，内含纤维
LSC-C12	抹面灰浆	西门城墙外G16右侧10m处	坚硬，较薄，外有显红色层
LSC-C13	表面附着物	西城墙墙面灰浆表面	坚硬，呈颗粒状，牢固附着在灰浆表面
LSC-C14	苔藓	西城墙表面滋生苔藓	绿色，大块状生长于墙体表面
LSC-C15	表面析出物	西城墙墙体灰浆表面	白色析出物，质地酥松，极易脱落
LSC-C16	抹面灰浆	西城墙表面	坚硬，表面受周围环境污染严重，较厚
LSC-C17	抹面灰浆	北门内挡土墙表面	坚硬，表面存在一层透明质感的致密层
LSC-C18	抹面灰浆	G10外墙表面	较硬，质地较轻
LSC-Z1	抹面灰浆	祖师殿建筑群区一进平台外侧第一期挡土墙	块状白色灰浆，较厚，质地松软
LSC-Z2	勾缝灰浆	祖师殿建筑群区一进平台外侧第一期挡土墙	块状白色灰浆，质地松软
LSC-Z3	路面垫层土	祖师殿L3	红色泥土，松软
LSC-D1	卵石	宫殿区外正街	卵石，坚硬，表面部分区域显红色
LSC-D2	红色基岩	宫殿区西部道路	用于铺筑宫殿区道路，红色
LSC-D3	地面垫层土	L7卵石地面	黑色黏土，内含碎石及砖块残片
LSC-D4	踏步垫层土	西门早期卵石踏步	黏土，粒度较均匀，较细、含少量灰浆残样
LSC-D5	原生土	右街左侧河街以上的第二级台地	红色黏土，粒度较均匀
LSC-D6	基岩	墓葬区右侧神道上段	大块状，黄色，坚硬，风化较严重
LSC-D7	墓葬青砖	紫金山M11	坚硬，砖体较薄
LSC-D8	墓葬石质	紫金山M11外侧香炉	黄褐色砂岩，强度较低
LSC-D9	墓葬填土	紫金山M11填土	块状黏土，内含植物根系及少量灰浆残样
LSC-D10	石像生（马）	墓葬区左侧神道	表面略带绿色，内部呈紫色，强度较低
LSC-B1	石碑本体	小德政碑后侧本体材质	坚硬，青石，表面有颗粒感

续表

样品编号	样品名称	取样位置	样品描述
LSC-B2	石碑表层	小德政碑表层物质	表面光滑，已成片状脱落
LSC-B3	粉状剥落	小德政碑右侧	显白色，附着在石碑表面，呈粉状剥落
LSC-B4	白色附着物	小德政碑字体缝隙内	呈白色，质地松软，附着在石碑刻字缝隙内
LSC-K1	石质	古栈道附近岩石	石质致密，坚硬，强度高
LSC-K2	石质	石榴口摩崖石刻附近	石质致密，坚硬，呈灰白色
LSC-K3	白色附着物	石榴口摩崖石刻右侧小石刻表面	白色附着物，呈颗粒状附着在石刻表面
LSC-K4	土样	石榴口摩崖石刻附近	呈灰黑色，颗粒粒度较为均匀

注：LSC.老司城，C.城墙，Z.祖师殿，D.道路及墓葬，B.小德政碑，K.古栈道及摩崖石刻

2. 分析测试方法

为了得到所采样品成分、结构、性能等方面的信息，本研究采用了扫描电镜能谱仪（SEM-EDX）、X射线荧光光谱仪（XRF）、X射线衍射仪（XRD）、傅里叶变换红外光谱分析仪（FT-IR）、光学显微镜、偏光显微镜、离子色谱仪、激光拉曼光谱仪等分析仪器，并结合筛分、碘-淀粉显色实验等实验方法，分析了灰浆的主要成分、微观结构、所含有机物情况，土样的成分、颗粒分布，石质样品的岩相、成分及微观结构，以及风化产物的主要化学成分和来源等。

具体分析测试方法包括：用SEM-EDX观察试样的微观结构并进行化学成分的初步分析；用XRD结合XRF对试样的物相组成及其化学成分进行定性分析及半定量分析；用FT-IR分析灰浆中有机物的种类；用光学显微镜得到样品剖面层位情况及灰浆中所含纤维的鉴定；用偏光显微镜分析鉴定石质样品的矿物组成及微观结构，并鉴定石质的种类；用离子色谱仪分析风化产物中可溶盐成分及其含量；用激光拉曼光谱分析灰浆表面的显色物质；用筛分得到土样的颗粒级配情况；用碘-淀粉显色实验快速鉴定灰浆是否为传统的糯米灰浆。

3. 仪器设备及其型号

本研究主要采用的仪器设备及其型号如下。

（1）TM3000扫描电子显微镜（日本日立）及Quantax 70能谱仪（德国布鲁克）。

（2）Axios-Advanced波长色散型X射线荧光光谱仪（荷兰帕纳科）。

（3）Rigaku D/max 2500PC型X射线衍射仪（日本理学）。

（4）Nicolet380型傅里叶红外变换光谱分析仪（美国热电）。

（5）KEYENCE VHX-100系列数码显微（日本基恩士）。

（6）Nikon E400 pol岩相显微镜（日本尼康）。

（7）Ics5000型离子色谱仪（美国戴安）。

（8）LabRAM Aramis型激光拉曼光谱仪（法国HORIBA）。

三、分析结果及讨论

（一）遗址城墙

老司城遗址城墙基本情况及部分取样照片如图一所示。

图一 遗址城墙基本现状及取样照片
1. 宫殿区西城墙 2. 宫殿区南城墙 3. F10西部外侧墙体 4. G10外墙基础 5. 正街外侧废弃的民国孤立残墙
6. 西门城墙外G16右侧抹面灰浆

1. XRF测试

XRF利用不同元素的X射线荧光具有各自特征的波长值来测定元素的种类。实际应用中，X射线荧光分析主要用途是做定量分析，由于其具有分析速度快、重现性好、准确度高、分析范围广、试样制备简单、测量不损坏试样等优点，在文物材料研究方面具有广泛的应用。

本研究采用XRF对老司城墙体基础扰土（LSC-C1、LSC-C2）进行了成分分析测试，为之后的用XRD进行物相分析奠定基础。分析结果如表二所示。

表二　老司城墙体基础扰土XRF分析结果

试样编号	氧化物含量 / %											
	SiO_2	Al_2O_3	Fe_2O_3	MgO	CaO	K_2O	P_2O_5	Na_2O	MnO	TiO_2	SO_3	其他
LSC-C1	65.850	17.552	5.556	3.865	2.558	2.058	1.090	0.401	0.114	0.735	0.061	0.160
LSC-C2	61.637	21.349	7.627	3.440	1.799	1.930	0.544	0.274	0.181	0.798	0.042	0.379

注：LSC-C1为宫殿区西城墙基础扰土，LSC-C2为G10外墙基础扰土

根据测试结果可知，宫殿区西城墙和G10外墙基础扰土的化学成分组成基本相同，均以Si、Al为主，含有一定量的Fn、Mg、Ca和K，以及微量的P、Na、Mn、Ti、S。

2. 碘-淀粉显色实验

我国传统的糯米灰浆由于强度大、韧性强、防渗性能好等优点，在我国古代建筑中有着广泛的应用。碘与淀粉的显色反应非常灵敏，直链淀粉遇碘形成蓝色的络合物，支链淀粉遇碘则呈紫红色，糯米的主要成分即为支链淀粉。为了检验老司城遗址建筑灰浆样品是否为传统的糯米灰浆，本研究用糯米粉和纯碳酸钙（$CaCO_3$）作为对比，向糯米粉、碳酸钙及其各灰浆样品中滴加碘酒溶液，实验结果见图二所示。

根据实验结果可知，糯米粉滴加碘酒后，立即呈现出深紫色，而碳酸钙滴加碘酒后呈橘黄色，即保留碘酒的原始颜色不变。根据显色结果可知，其中衙署区西城墙抹面灰浆（LSC-C7）、吴着坪耕地处墙体抹面灰浆（LSC-C9）、西门城墙外挡土墙抹面灰浆（LSC-C11）和西门城墙外G16右侧抹面灰浆（LSC-C12）、西城墙表面抹面灰浆（LSC-C16）和G10外墙壁抹面灰浆（LSC-C18）显色明显，可以推断其灰浆中含有淀粉类有机物；而宫殿区西城墙下部基石间勾缝灰浆（LSC-C3）、废弃民国孤立城墙抹面灰浆（LSC-C8）、北门内挡土墙抹面灰浆（LSC-C17）、祖师殿区第一期挡土墙抹面灰浆（LSC-Z1）和勾缝灰浆（LSC-Z2）滴加碘酒后呈橘黄色，表明这几种灰浆中不含有淀粉类的有机物；其他灰浆样品滴加碘酒溶液后显色反应不明显，还有待借助更为精确的FT-IR测试结果来进行分析。

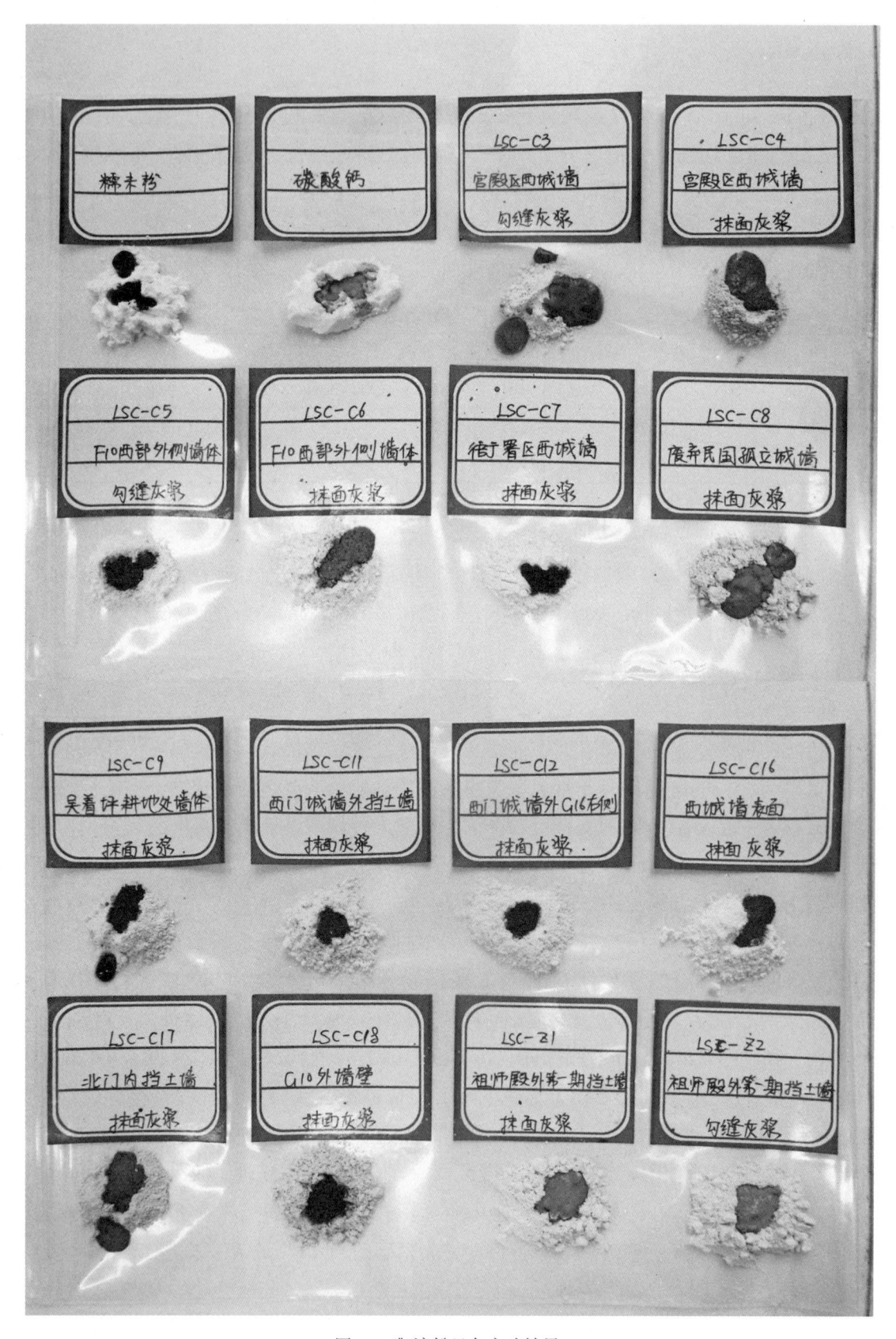

图二　碘-淀粉显色实验结果

3. SEM-EDX分析

扫描电子显微镜利用细聚焦电子束在样品表面逐点扫描，与样品相互作用，产生各种物理信号，这些物理信号经检测器接受、放大并转化为调制信号，最后在荧光屏上显示反应样品表面各种特征的图像，从而成为研究样品表面形貌的有效分析工具。配合EDX还可以在观察样品表面形貌的同时，测定特定区域的化学成分。

本研究采用SEM-EDX对城墙建筑灰浆（LSC-C3～LSC-C9、LSC-C11、LSC-C12、LSC-C16～LSC-C18、LSC-Z1、LSC-Z2）及砌墙石块（LSC-C10）的微观形貌和主要成分进行了分析测试。测试结果如图三A～图三F和表三所示。

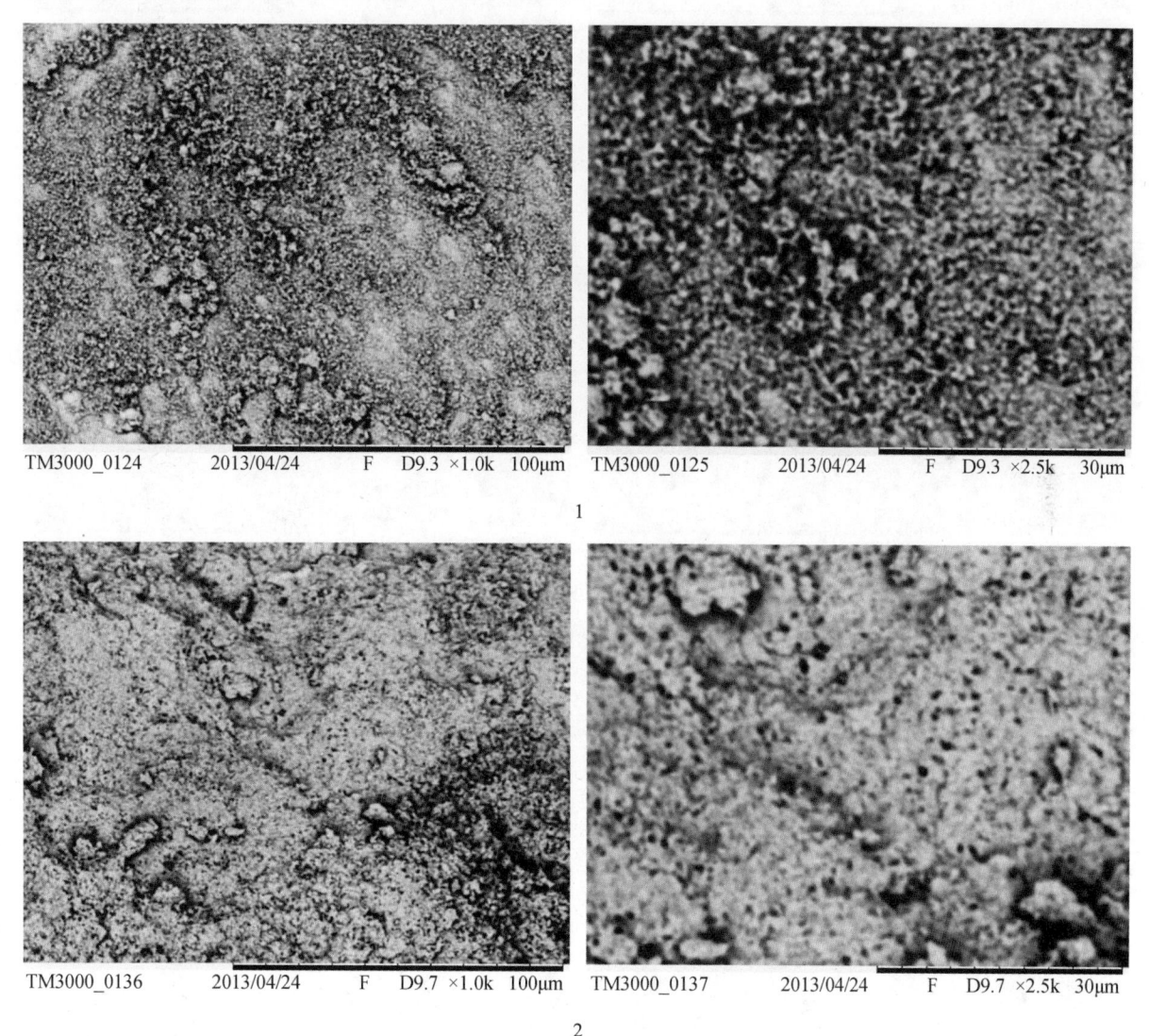

图三A 遗址城墙建筑灰浆及砌墙石块SEM-EDX测试结果
1. 宫殿区西城墙勾缝灰浆（LSC-C3） 2. 宫殿区西城墙抹面灰浆（LSC-C4）

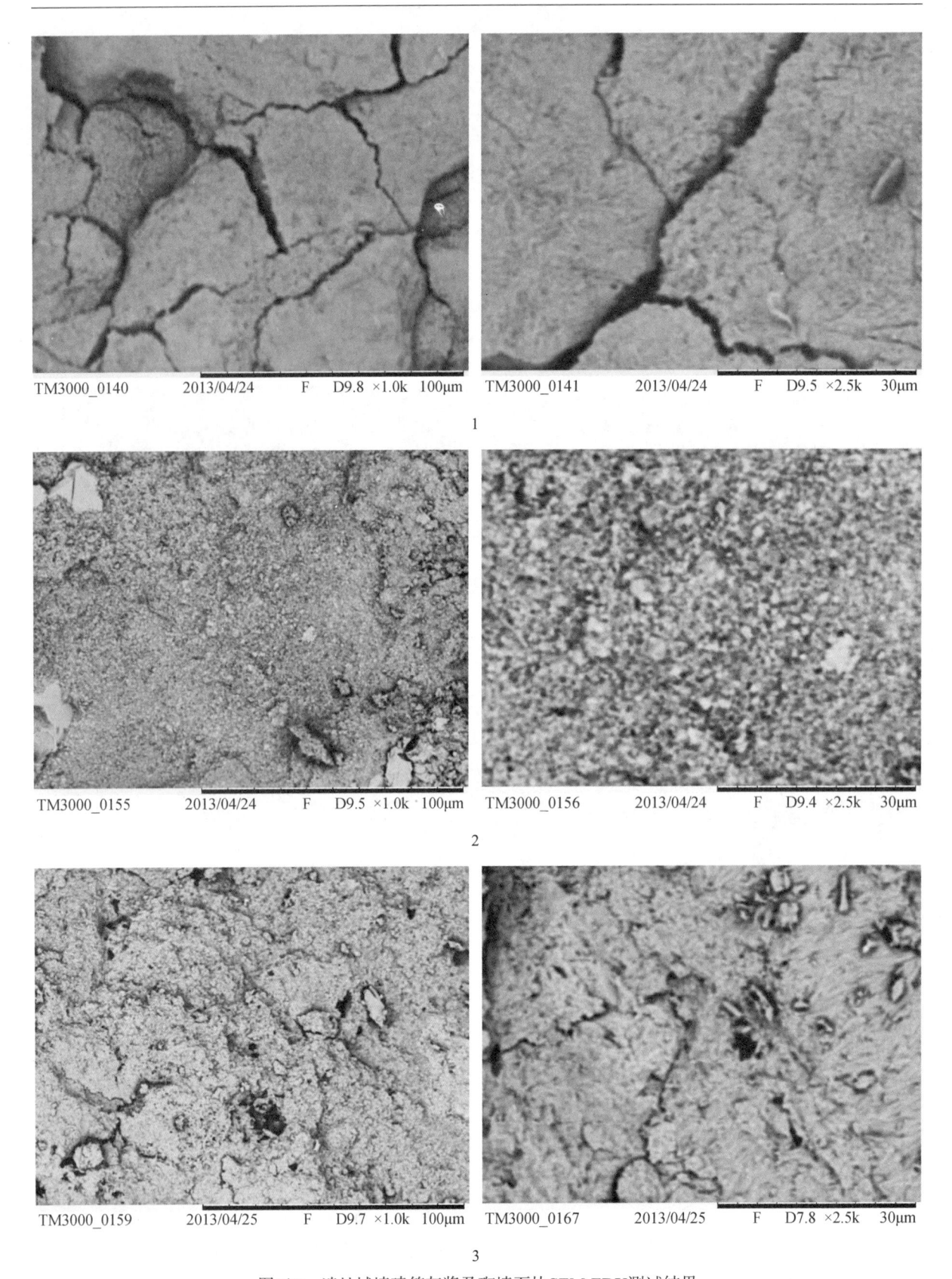

图三B 遗址城墙建筑灰浆及砌墙石块SEM-EDX测试结果

1. F10西部外侧墙体勾缝灰浆（LSC-C5）　2. F10西部外侧墙体抹面灰浆（LSC-C6）　3. 衙署区西城墙抹面灰浆（LSC-C7）

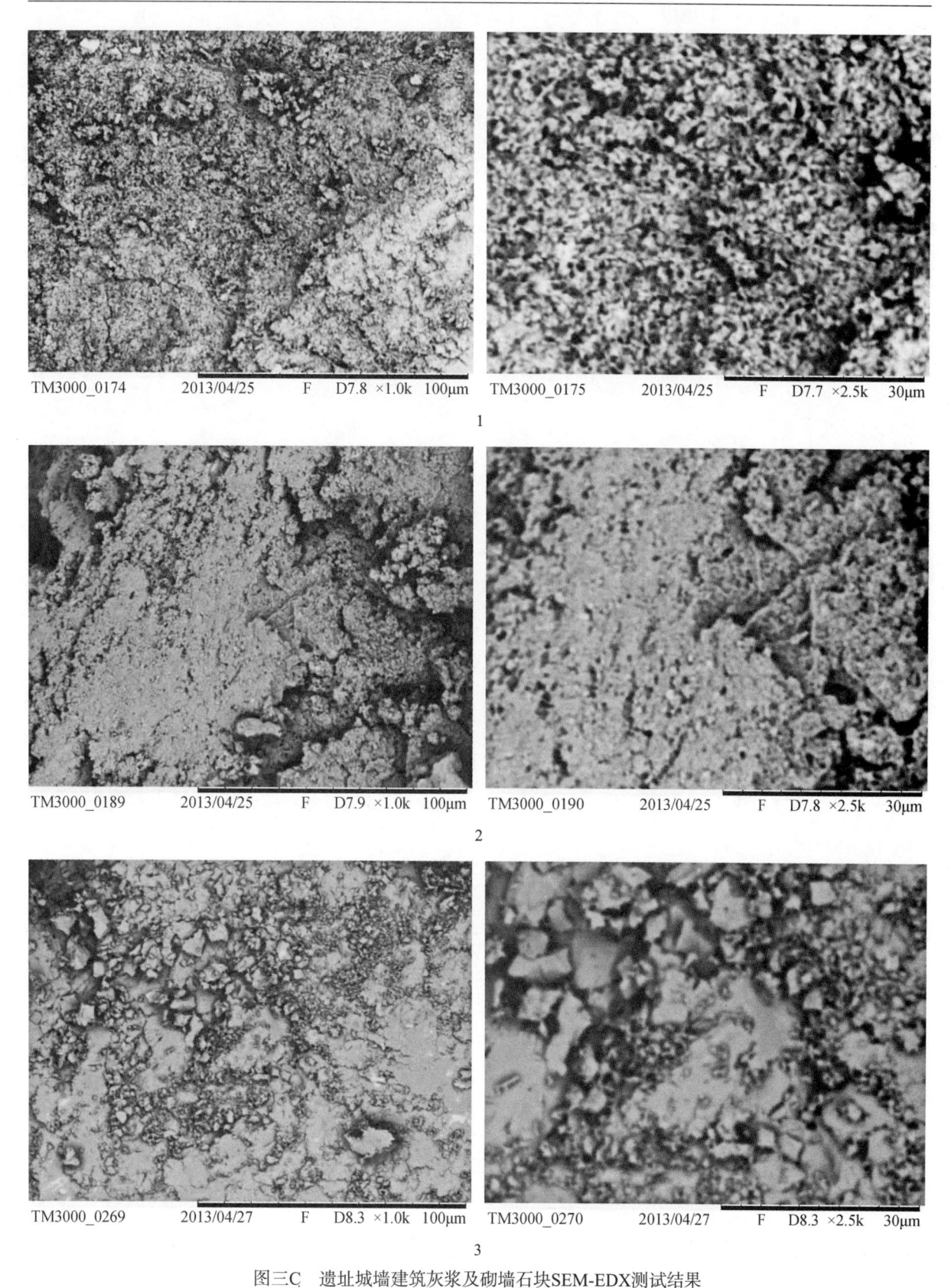

图三C 遗址城墙建筑灰浆及砌墙石块SEM-EDX测试结果
1. 正街外民国孤立残墙抹面灰浆（LSC-C8） 2. 吴着坪耕地处墙体抹面灰浆（LSC-C9） 3. 宫殿区南城墙墙体砌墙石块（LSC-C10）

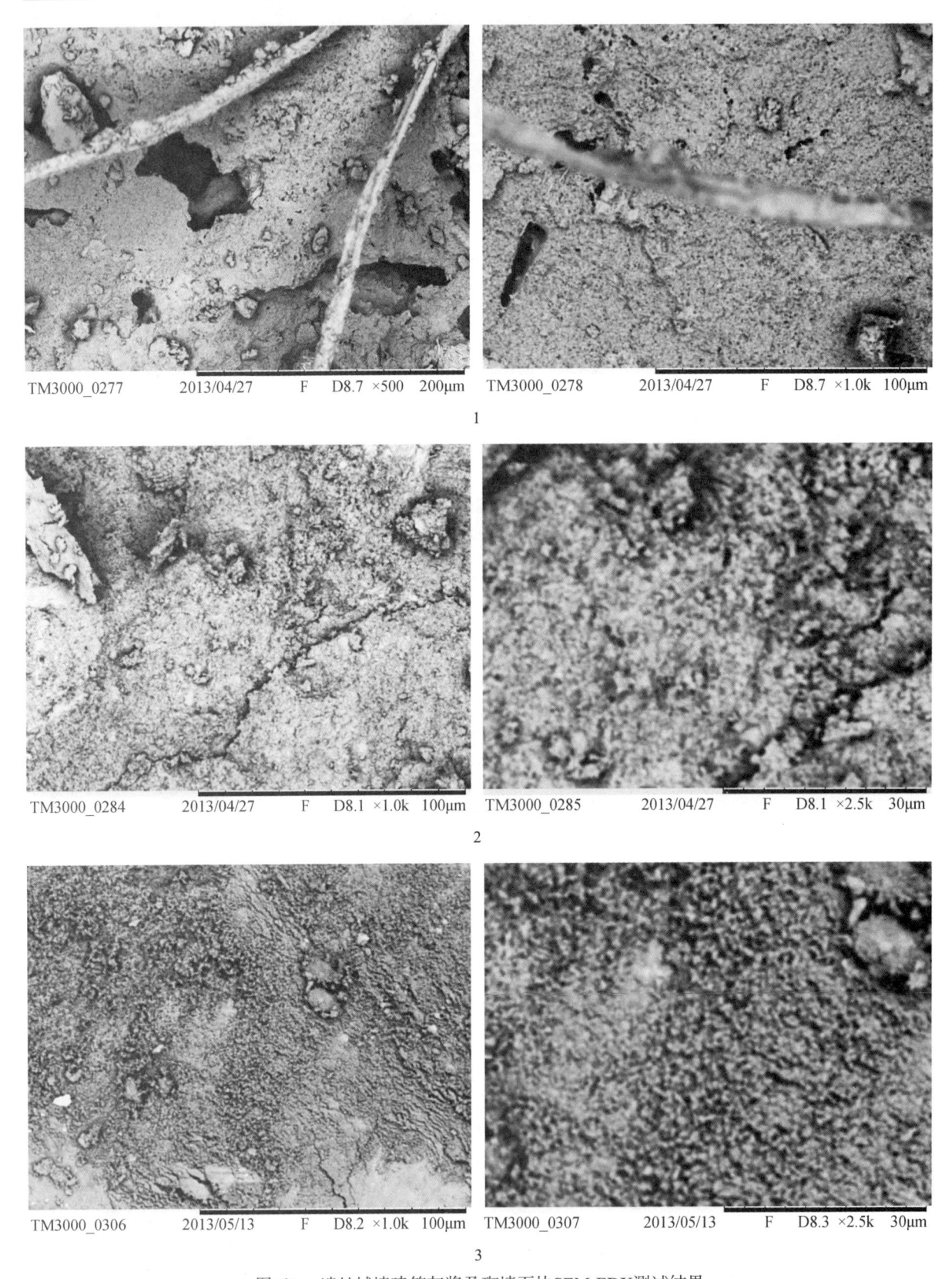

图三D 遗址城墙建筑灰浆及砌墙石块SEM-EDX测试结果
1. 西门城墙外挡土墙抹面灰浆（LSC-C11） 2. 西门城墙外G16右侧抹面灰浆（LSC-C12） 3. 西城墙表面抹面灰浆（LSC-C16）

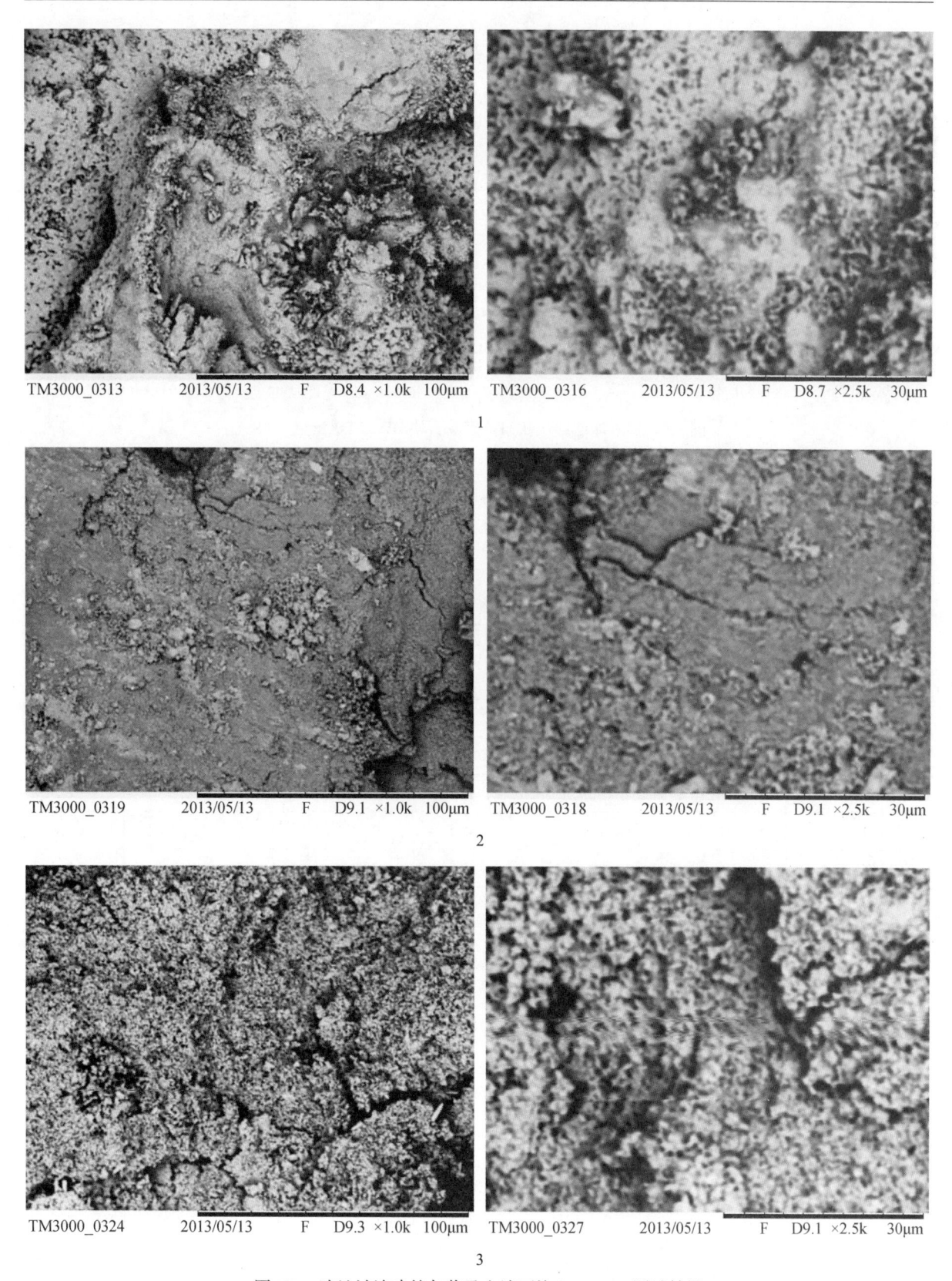

图三E 遗址城墙建筑灰浆及砌墙石块SEM-EDX测试结果
1. 北门内挡土墙抹面灰浆（LSC-C17） 2. G10外墙抹面灰浆（LSC-C18）
3. 祖师殿建筑群区一进平台外侧第一期挡土墙抹面灰浆（LSC-Z1）

图三F 遗址城墙建筑灰浆及砌墙石块SEM-EDX测试结果
祖师殿建筑群区一进平台外侧第一期挡土墙勾缝灰浆（LSC-Z2）

在进行EDX测试时，为保证测试的准确性，每个试样均随机选取5个不同点进行能谱分析，统计其平均值如表三所示。

表三 老司城遗址城墙灰浆及砌墙石块EDX测试结果统计表

样品编号	样品名称	所含主要元素质量百分比 / %					
		O	Ca	C	Mg	Si
LSC-C3	宫殿区西城墙勾缝灰浆	43.3	35.4	11.2	5.8	4.3
LSC-C4	宫殿区西城墙抹面灰浆	46.5	40.7	5.2	7.6	—
LSC-C5	F10西部外侧墙体勾缝灰浆	47.6	36.9	3.0	12.6	—
LSC-C6	F10西部外侧墙体抹面灰浆	49.5	32.3	5.1	13.1	—
LSC-C7	衙署区西城墙抹面灰浆	47.5	28.9	5.4	12.5	5.8
LSC-C8	正街外民国孤立残墙抹面灰浆	47.3	34.4	5.9	12.3	—
LSC-C9	吴着坪耕地处墙体抹面灰浆	44.7	26.6	6.9	16.5	5.3
LSC-C10	宫殿区南城墙墙体砌墙石块	46.6	30.6	12.2	10.7	—
LSC-C11	西门城墙外挡土墙抹面灰浆	45.4	26.3	8.5	14.5	5.3
LSC-C12	西门城墙外G16右侧灰浆内部灰浆层	49.3	35.1	9.2	4.2	1.8
LSC-C16	西城墙墙体抹面灰浆	49.1	32.6	6.3	12.0	—
LSC-C17	北门内挡土墙抹面灰浆	47.9	40.0	8.4	3.8	—
LSC-C18	G10外墙壁抹面灰浆	51.5	19.8	5.3	16.8	6.7
LSC-Z1	祖师殿建筑群区一进平台外侧第一期挡土墙抹面灰浆	42.2	38.9	11.2	5.5	—
LSC-Z2	祖师殿建筑群区一进平台外侧第一期挡土墙勾缝灰浆	45.7	38.6	3.2	10.9	1.6

根据SEM-EDX分析结果可知，老司城遗址城墙建筑灰浆的主要成分均以O、Ca、C、Mg为主，部分灰浆中还含有少量的Si（LSC-C3、LSC-C7、LSC-C9、LSC-C11、LSC-C12、LSC-Z2），这些少量的Si元素可能是灰浆长期与周围环境中的土壤及碎石残片等接触引入的。

其中，宫殿区西城墙勾缝灰浆（LSC-C3）和其抹面灰浆（LSC-C4）主要成分相同，且抹面灰浆内部结构比勾缝灰浆更为致密。F10西部外侧墙体勾缝灰浆（LSC-C5）虽与其抹面灰浆（LSC-C6）化学成分基本相同，但从微观结构看，其勾缝灰浆中含有明显的裂纹，而其抹面灰浆内部结构致密，无裂纹存在。衙署区西城墙抹面灰浆（LSC-C7）与吴着坪耕地处墙体抹面灰浆（LSC-C9）化学成分相同，且具有相似的微观结构。正街外民国孤立残墙抹面灰浆（LSC-C8）化学成分与遗址城墙建筑灰浆相似，但内部结构疏松多孔。西门城墙外挡土墙抹面灰浆（LSC-C11）内部结构致密，但存在空洞和纤维物质。祖师殿建筑群区一进平台外侧第一期挡土墙抹面灰浆（LSC-Z1）和勾缝灰浆（LSC-Z2）化学成分与遗址城墙灰浆无太大区别，但内部结构疏松多孔，从微观结构上评价，其建造质量不如遗址城墙灰浆。

此外，还可以看出，宫殿区西城墙勾缝灰浆（LSC-C3）、正街外民国孤立残墙抹面灰浆（LSC-C8）、祖师殿建筑群区一进平台外侧第一期挡土墙抹面灰浆（LSC-Z1）和勾缝灰浆（LSC-Z2）微观结构相似，均为疏松多孔的状态，其致密度不及其他部位的灰浆。

4. XRD分析

物质的性质、材料的性能决定于他们的组成和微观结构。对于晶体，其特定的晶体结构在一定波长的X射线照射下，会形成自己特有的衍射峰图谱。每种晶体物质和本身的衍射峰图谱都是一一对应的，多相试样的衍射峰则是由它所含物质的衍射峰机械叠加而成的。因此，根据试样的衍射峰图谱，对照标准图谱，我们可以得到组成试样的物相。

本研究在XRF和SEM-EDX对试样进行化学成分测定的基础上，采用XRD对老司城墙体基础扰土（LSC-C1、LSC-C2）、城墙建筑灰浆（LSC-C3～LSC-C9、LSC-C11、LSC-C12、LSC-C16～LSC-C18、LSC-Z1、LSC-Z2）进行了物相分析，分析结果如图四A～图四G所示。

根据XRD分析结果可知，宫殿区西城墙（LSC-C1）与G10外墙（LSC-C2）基础扰土，其矿物组成基本相同，主要有石英（SiO_2）、白云石[$CaMg(CO_3)_2$]、云母[$KAl_2(AlSi_3O_{10})(OH)_2$]和少量的赤铁矿（$Fe_2O_3$）。而灰浆的矿物成分主要为方解石（$CaCO_3$）、氢氧钙石[$Ca(OH)_2$]、氢氧镁石[$Mg(OH)_2$]、菱镁矿（$MgCO_3$）、五水碳镁石（$MgCO_3 \cdot 5H_2O$）及石英（$SiO_2$）组成，不同部位的灰浆组成情况有一定的差异。其中，除废弃民国孤立残墙灰浆（LSC-C8）、北门内挡土墙抹面灰浆（LSC-C17）及祖师殿建筑群区一进平台外侧第一期挡土墙建筑灰浆（LSC-Z1、LSC-Z2）主要物相均为碳酸钙、碳酸镁及其碳酸镁的水合物外，其他灰浆中均含有少量的氢氧化钙、氢氧化镁及氧化钙（CaO）等，表明不同灰浆碳酸化程度不一样。此外，部分灰浆样品中还发现了少量的草酸钙及草酸镁水合物等，这些物质可能是灰浆表面生物矿化[1]作用形成的。

由老司城遗址城墙灰浆的主要成分可知，遗址城墙建筑灰浆所采用的生石灰中除氧化钙

图四A　XRD分析结果

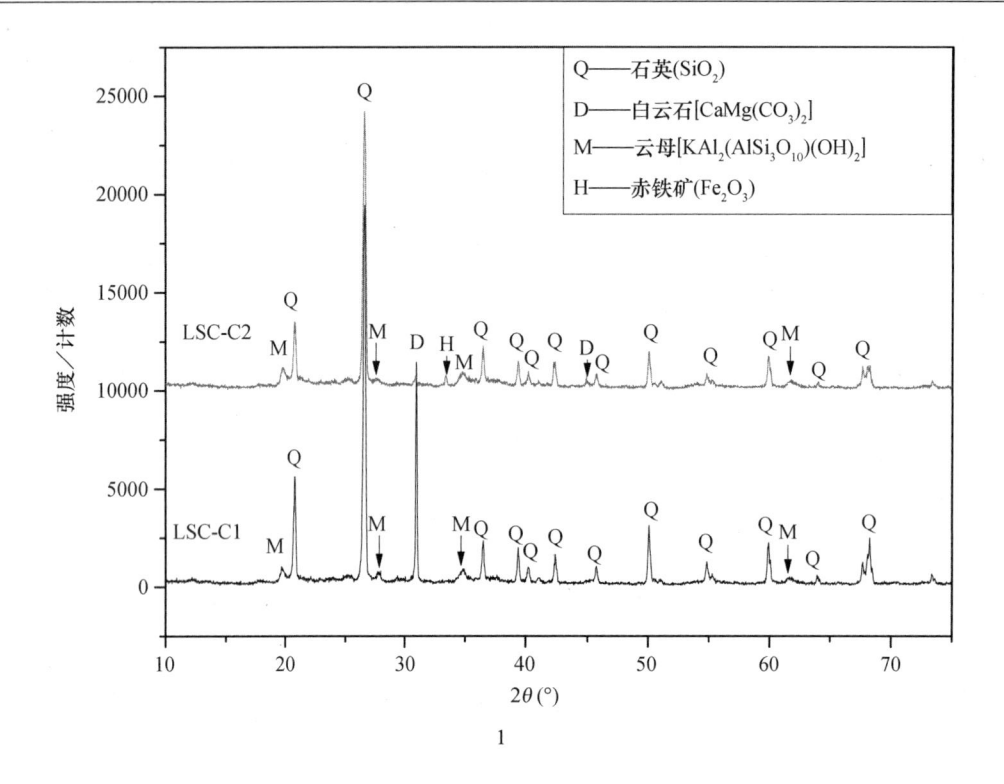

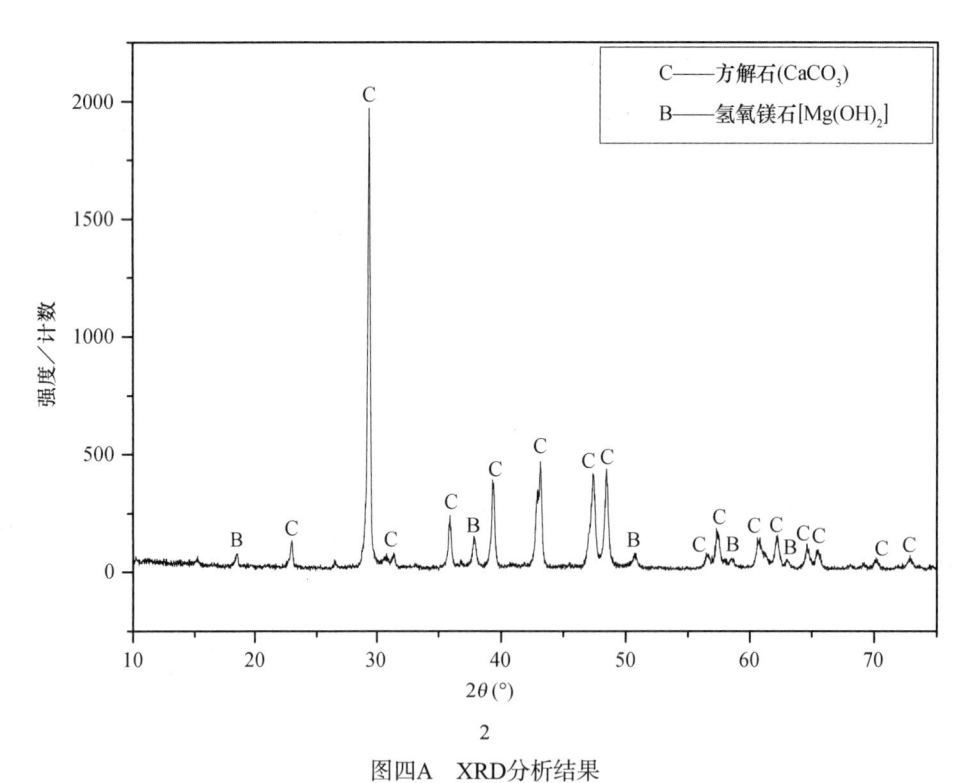

1. 宫殿区西城墙（LSC-C1）与G10外墙（LSC-C2）基础扰土　2. 宫殿区西城墙勾缝灰浆（LSC-C3）

图四B　XRD分析结果

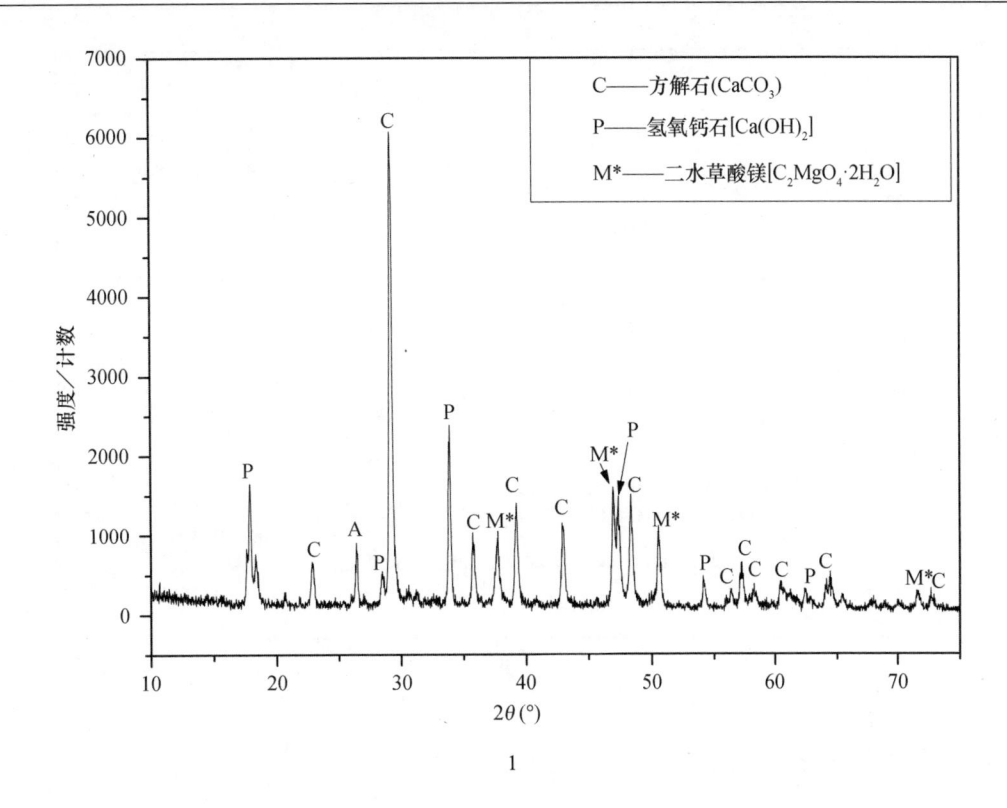

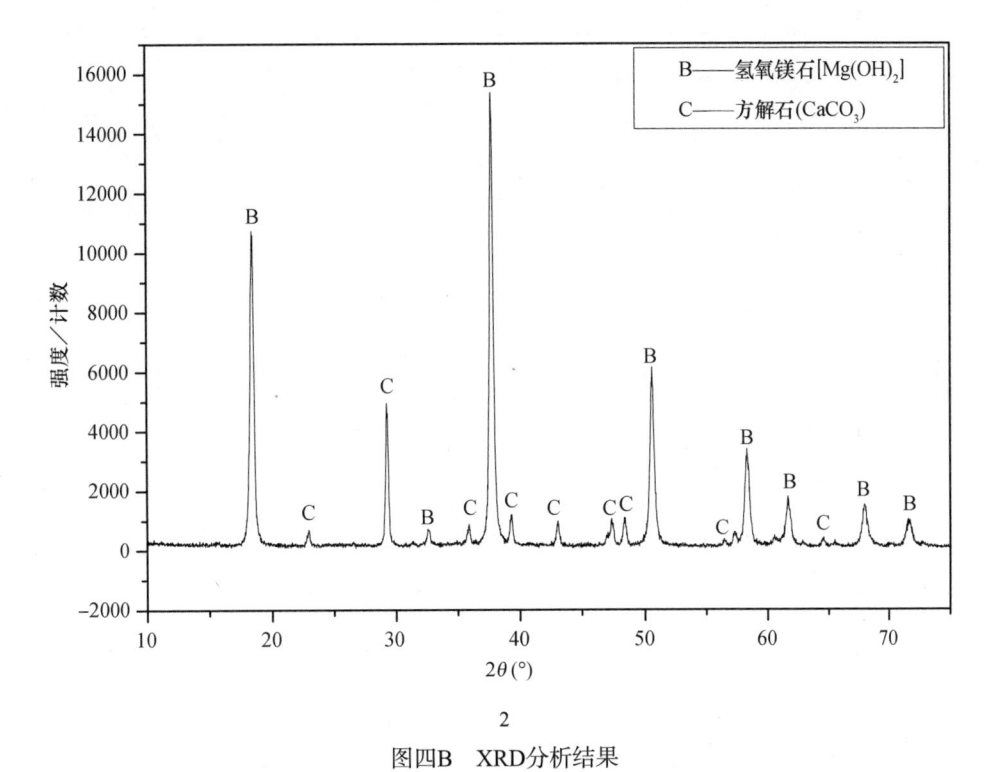

1. 宫殿区西城墙抹面灰浆（LSC-C4）　2. F10西部外侧墙体勾缝灰浆（LSC-C5）

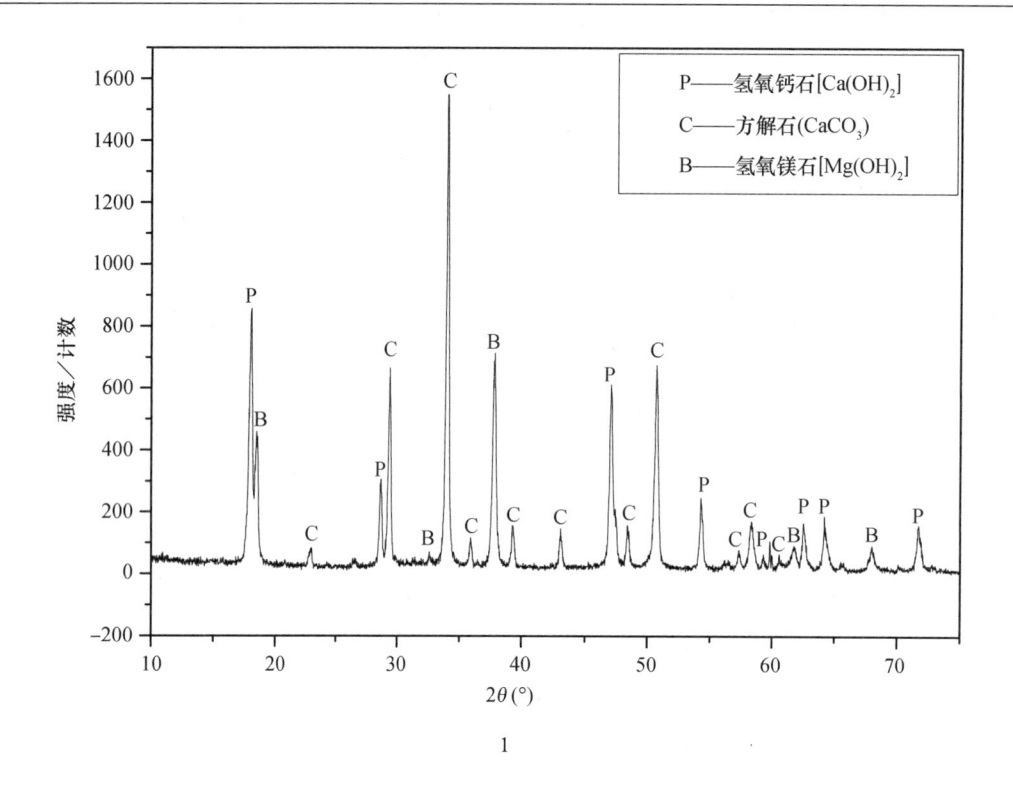

图四C XRD分析结果

1. F10西部外侧墙体抹面灰浆（LSC-C6） 2. 衙署区西城墙抹面灰浆（LSC-C7）

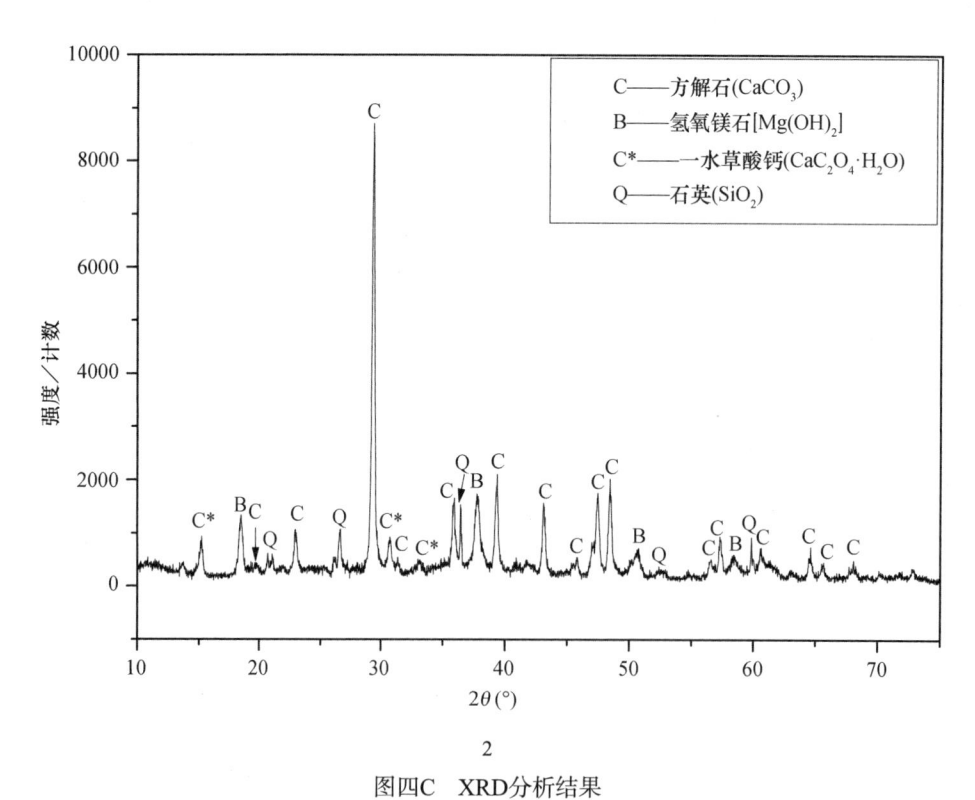

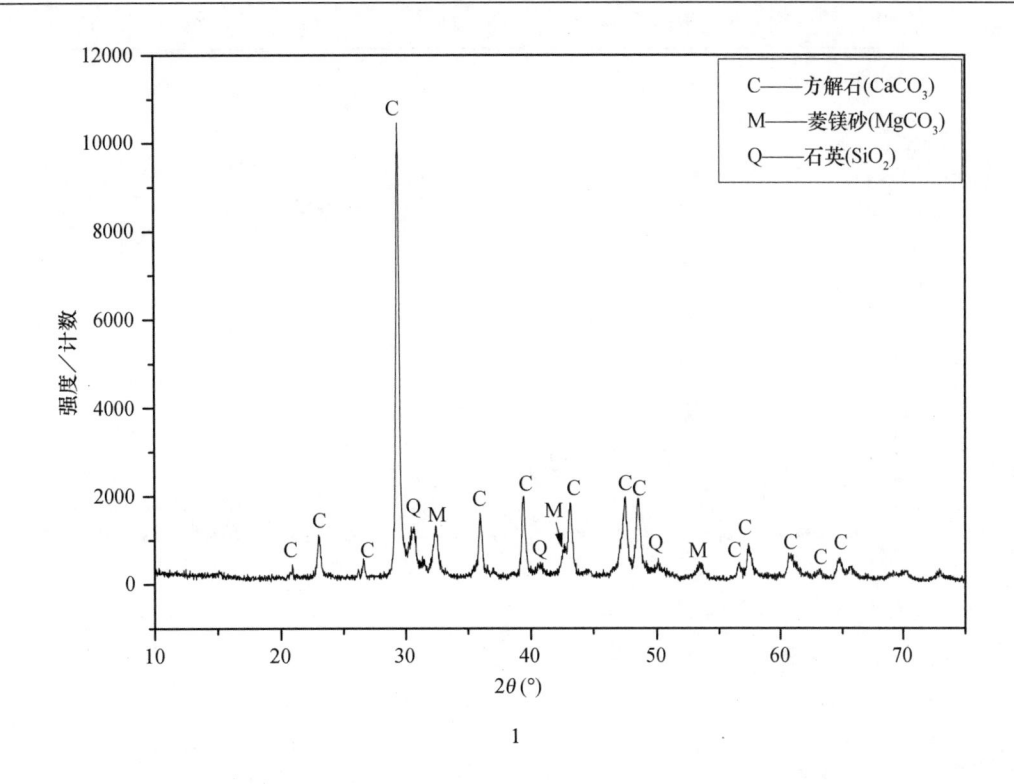

图四D　XRD分析结果

1. 废弃民国孤立残墙抹面灰浆（LSC-C8）　2. 吴着坪耕地处墙体抹面灰浆（LSC-C9）

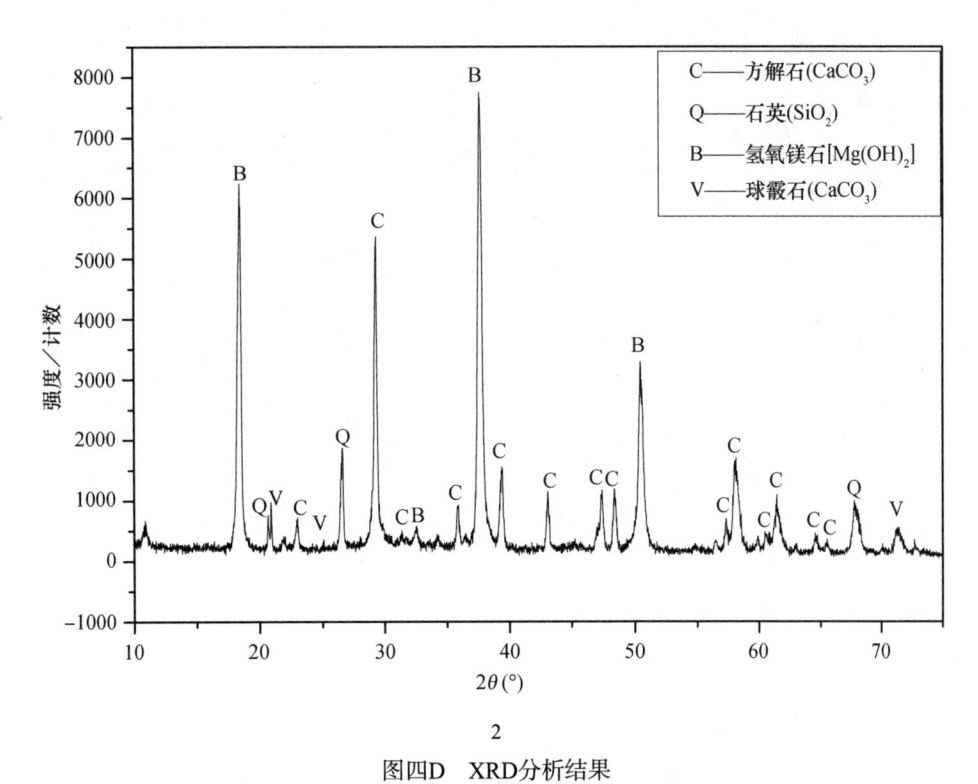

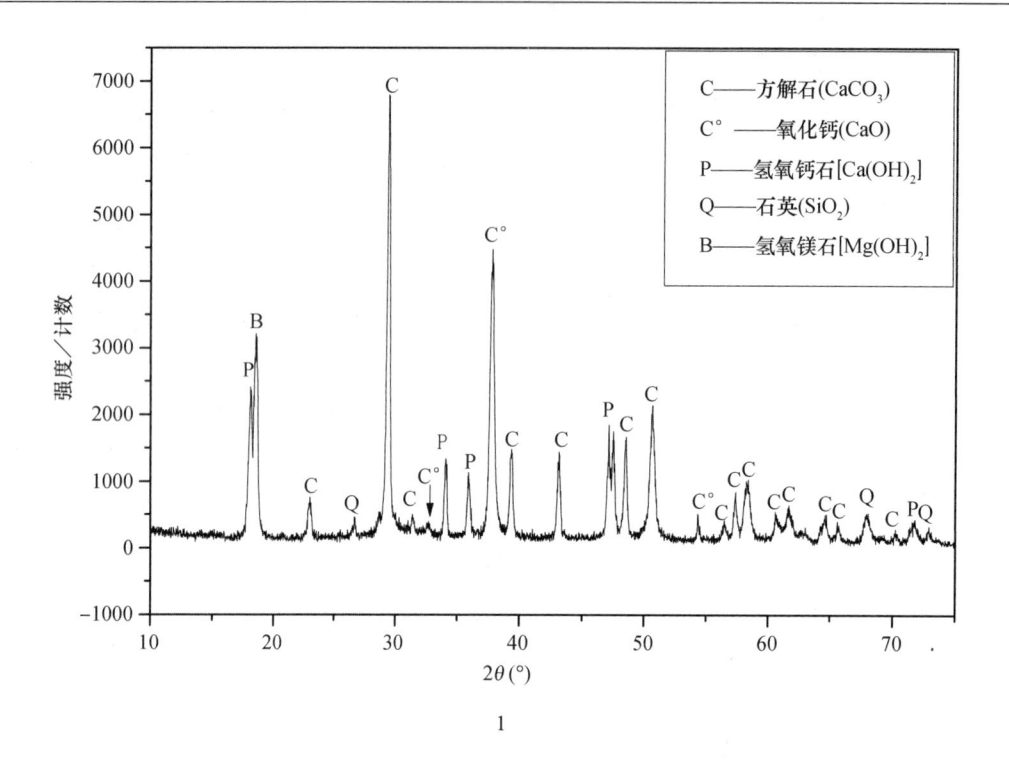

图四E　XRD分析结果

1. 西门城墙外挡土墙抹面灰浆（LSC-C11）　2. 西门城墙外G16右侧墙体抹面灰浆（LSC-C12）

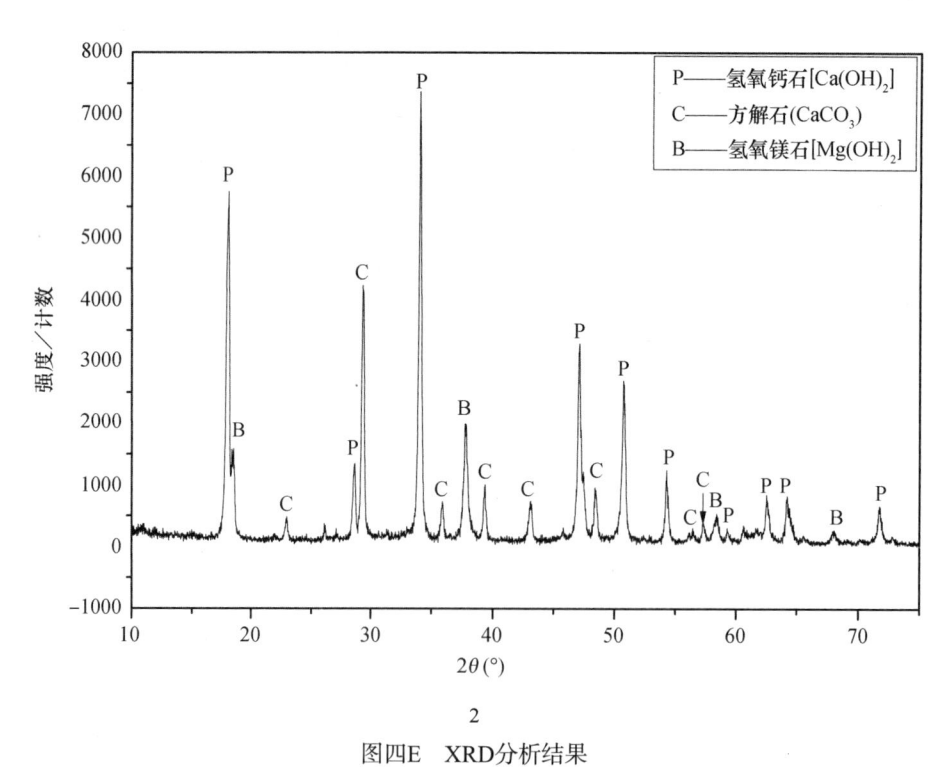

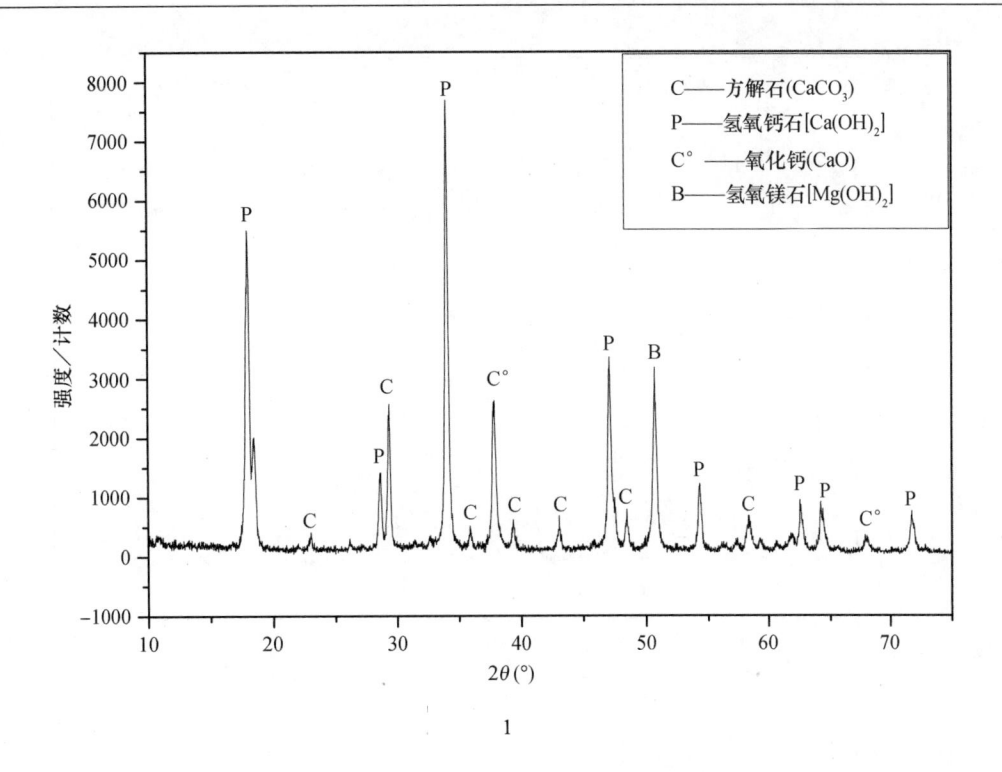

图四F XRD分析结果

1. 西城墙抹面灰浆（LSC-C16）　2. 北门内挡土墙抹面灰浆（LSC-C17）

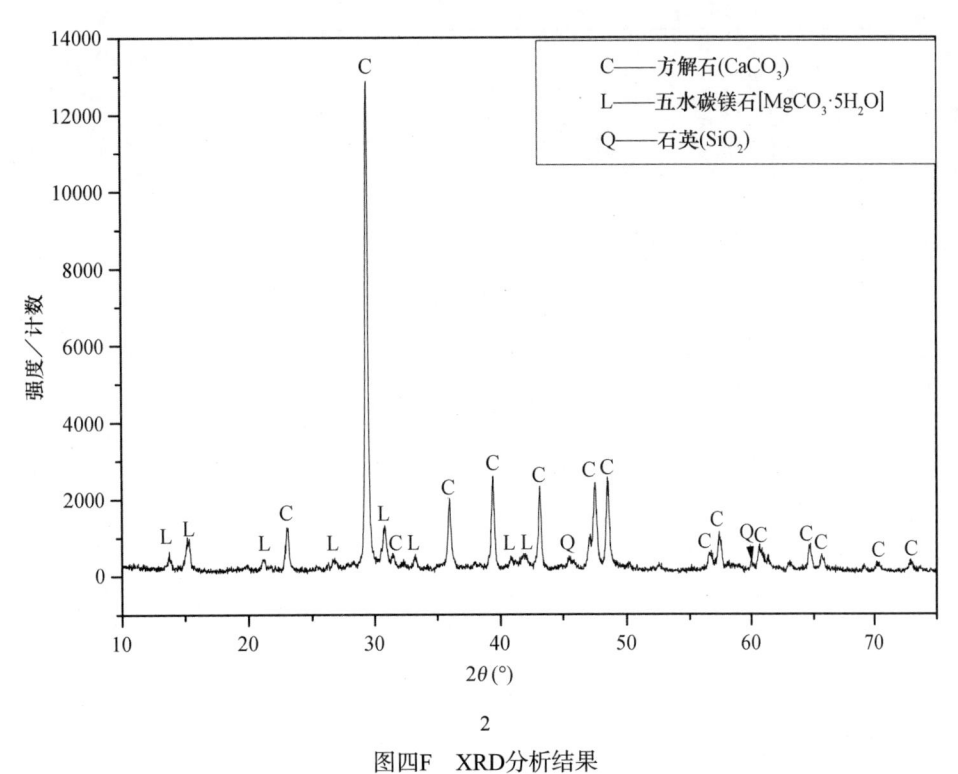

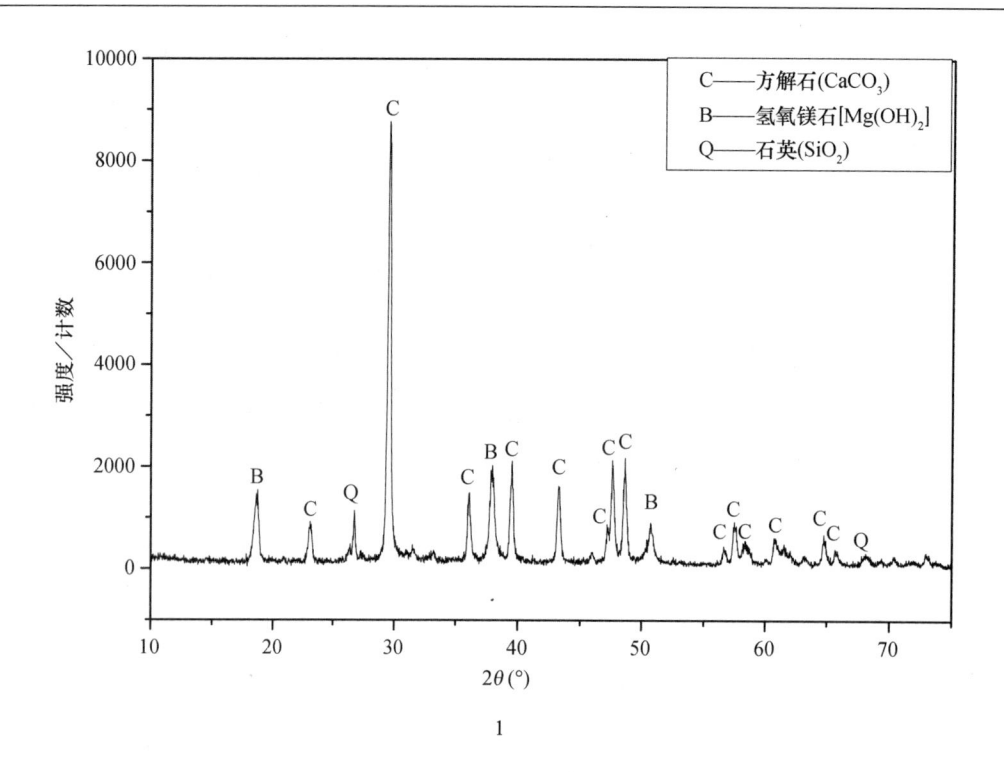

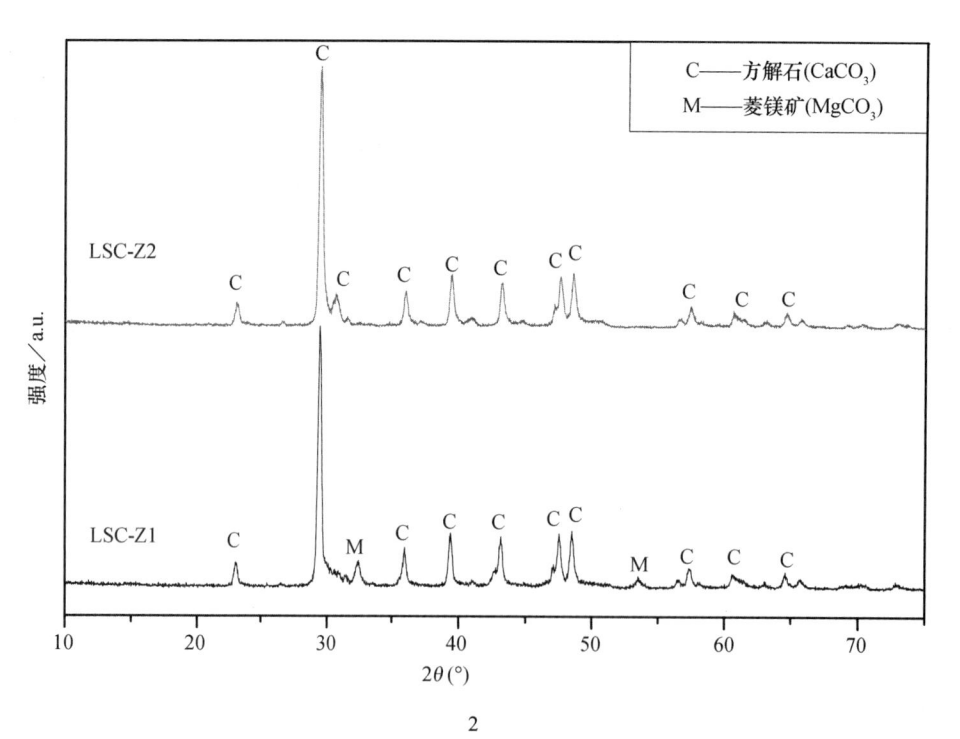

图四G　XRD分析结果
1. G10外墙抹面灰浆（LSC-C18）
2. 祖师殿建筑群区一进平台外侧第一期挡土墙建筑灰浆（LSC-21、LSC-22）

（CaO）外，还含有少量的氧化镁（MgO）。这些CaO和MgO在溶于水后会发生下列反应：

$$CaO+H_2O \rightarrow Ca(OH)_2 \qquad (1)$$

$$MgO+H_2O \rightarrow Mg(OH)_2 \qquad (2)$$

生成的Ca（OH）$_2$和Mg（OH）$_2$进一步与空气中的二氧化碳（CO_2）发生如下化学反应：

$$Ca(OH)_2 + CO_2 \rightarrow CaCO_3 + H_2O \qquad (3)$$

$$Mg(OH)_2 + CO_2 \rightarrow MgCO_3 + H_2O \qquad (4)$$

转化为碳酸钙（$CaCO_3$）和碳酸镁（$MgCO_3$），这个过程称作石灰的碳酸化过程。碳酸化过程是一个长期的过程，该过程的进行与CO_2渗入灰浆的量有关。随着石灰碳酸化过程的进行，灰浆逐渐固化，灰浆的强度逐渐增大，表面生成的碳酸钙层会阻碍CO_2渗入灰浆内部，导致内部Ca（OH）$_2$和Mg（OH）$_2$不能完全转化为碳酸钙（$CaCO_3$）和碳酸镁（$MgCO_3$）。

结合碘-淀粉显色实验结果和SEM-EDX分析结果可知，糯米灰浆的内部结构致密，CO_2的渗入量受到限制，因此，很难完全转化为碳酸钙（$CaCO_3$）和碳酸镁（$MgCO_3$）。这一结果也使得糯米灰浆长期保持在较强的碱性环境下，抑制了细菌和植物的生长，对糯米灰浆的保存具有重要的意义。此外，糯米浆的存在，除了调控灰浆的碳酸化过程外，还可以作为生物矿化过程的模板剂，约束和调控无机物离子在结晶过程中形成的结晶颗粒的大小、形状和晶型[2]，如吴着坪耕地处墙体抹面灰浆（LSC-C9）中的球霰石型碳酸钙。

5. 岩相薄片鉴定

为了解遗址城墙砌墙石块（LSC-C10）的矿物组成、结构及构造等信息，采用偏光显微镜对岩石薄片的光性特征进行了鉴定，并按照GB/T 17412.2—1998《沉积岩岩石分类和命名方案》对岩石进行了分类和命名。鉴定结果如附表所示。

6. FT-IR分析

当样品受到频率连续变化的红外光照射时，分子会吸收某些频率的辐射，发生分子的振动和转动，引起偶极矩的变化并发生能级的跃迁，使相应于这些吸收区域的透射光强度减弱，因此，红外光谱图可以通过分析分子的振动转动信息，从而了解分子的结构及样品的成分。

传统糯米灰浆中添加的糯米浆等有机物，其分子结构中含有的有机基团具有较大的红外活性，采用傅里叶红外光谱可以精确地分析灰浆的分子结构信息，从而了解灰浆中有机物的添加情况，分析结果如图五A所示：

灰浆的主要成分碳酸钙和糯米粉的红外光谱图存在明显的区别。碳酸钙的红外光谱吸收峰分布较为分散，在3494cm^{-1}和1423cm^{-1}附近存在两个宽峰，在2977cm^{-1}、2858cm^{-1}、2507cm^{-1}、2330cm^{-1}、1805cm^{-1}、871cm^{-1}、706cm^{-1}附近存在锐锋。而糯米粉的红外吸收光谱则主要分布在500cm^{-1}～2000cm^{-1}，在3417cm^{-1}附近存在一个宽峰，为分子间O—H键的伸缩振动吸收峰；2927cm^{-1}和1461cm^{-1}附近的锐锋分别为—CH$_2$—中C—H键的伸缩振动吸收峰和弯曲振动吸收峰；1658cm^{-1}附近处的锐锋为C=C键的伸缩振动吸收峰；在1100cm^{-1}附近存在一个多个锐锋

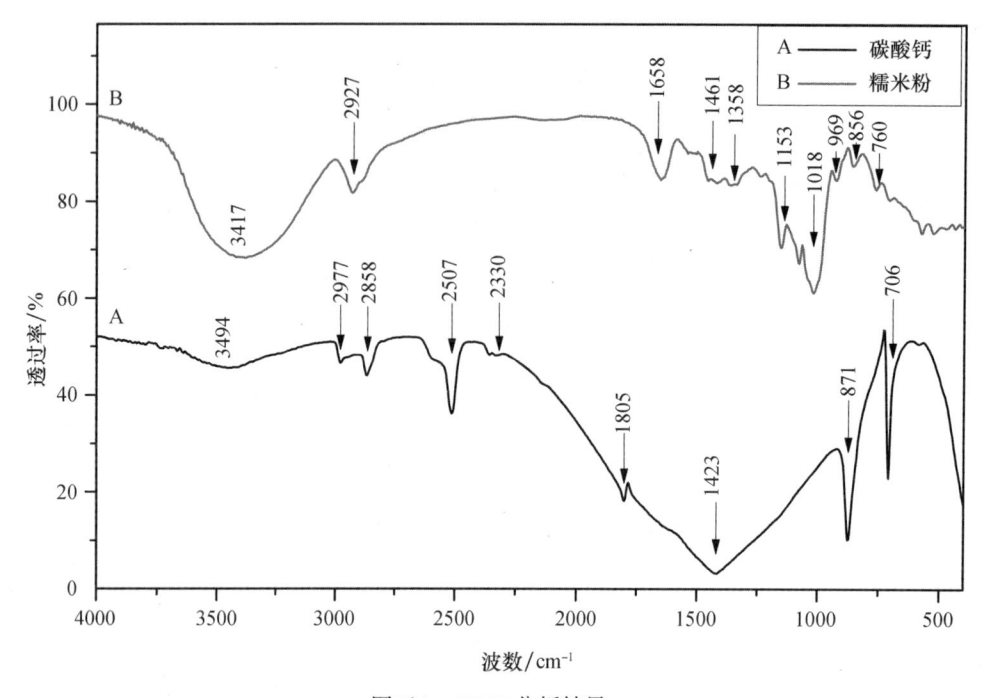

图五A FT-IR分析结果
碳酸钙与糯米粉红外吸收光谱图

组成的宽峰，为C—O键的伸缩振动吸收峰。而在400cm^{-1}和800cm^{-1}之间，存在多个较弱的有机官能团吸收峰。

为了了解遗址城墙灰浆中有机物的添加情况，结合XRD测试结果，将灰浆中常见的无机矿物质的红外光谱图图谱整理如图五B-1所示：

氢氧镁石和氢氧钙石分别在3687cm^{-1}和3642 cm^{-1}处存在一个锐锋，为自由羟基O—H的伸缩振动吸收峰；菱镁矿的吸收峰主要存在于1430cm^{-1}、883cm^{-1}、746cm^{-1}、611cm^{-1}附近；石英的吸收峰则主要存在于1054cm^{-1}、779cm^{-1}、696cm^{-1}、516cm^{-1}和455 cm^{-1}附近。

由图五B-2可知，宫殿区西城墙勾缝灰浆（LSC-C3）红外吸收光谱图中，3692cm^{-1}附近的吸收峰为氢氧镁石中羟基的吸收峰；3452cm^{-1}、2985cm^{-1}、2873cm^{-1}、2510cm^{-1}、1797cm^{-1}、1430cm^{-1}、875cm^{-1}、713cm^{-1}附近的吸收峰归结于方解石；794cm^{-1}附近的吸收峰则归结于石英；而1010cm^{-1}附近出现的较宽吸收峰为方解石中CO_3^{2-}的C—O键伸缩振动吸收峰；在1658 cm^{-1}附近未见糯米浆中C=C键的特征吸收峰。在抹面灰浆（LSC-C4）的红外吸收光谱图中，除了氢氧镁石、氢氧钙石、方解石的红外吸收峰外，在1658cm^{-1}和1025cm^{-1}附近还出现了淀粉中有机基团的红外吸收峰。表明宫殿区西城墙勾缝灰浆（LSC-C3）为普通石灰灰浆，而抹面灰浆（LSC-C4）均为传统的糯米灰浆，且根据峰值的强度，表明其中淀粉含量很少。

由图五C-1可知，F10西部外侧墙体勾缝灰浆（LSC-C5）和抹面灰浆（LSC-C6）红外吸收光谱图中，均在1631cm^{-1}、1010cm^{-1}附近出现了淀粉中C—C键和C—O键的伸缩振动吸收峰，表明这两处灰浆均为传统的糯米灰浆。

据图五C-2分析可知，衙署区西城墙抹面灰浆（LSC-C7）FT-IR谱图中，3692cm^{-1}和3650 cm^{-1}

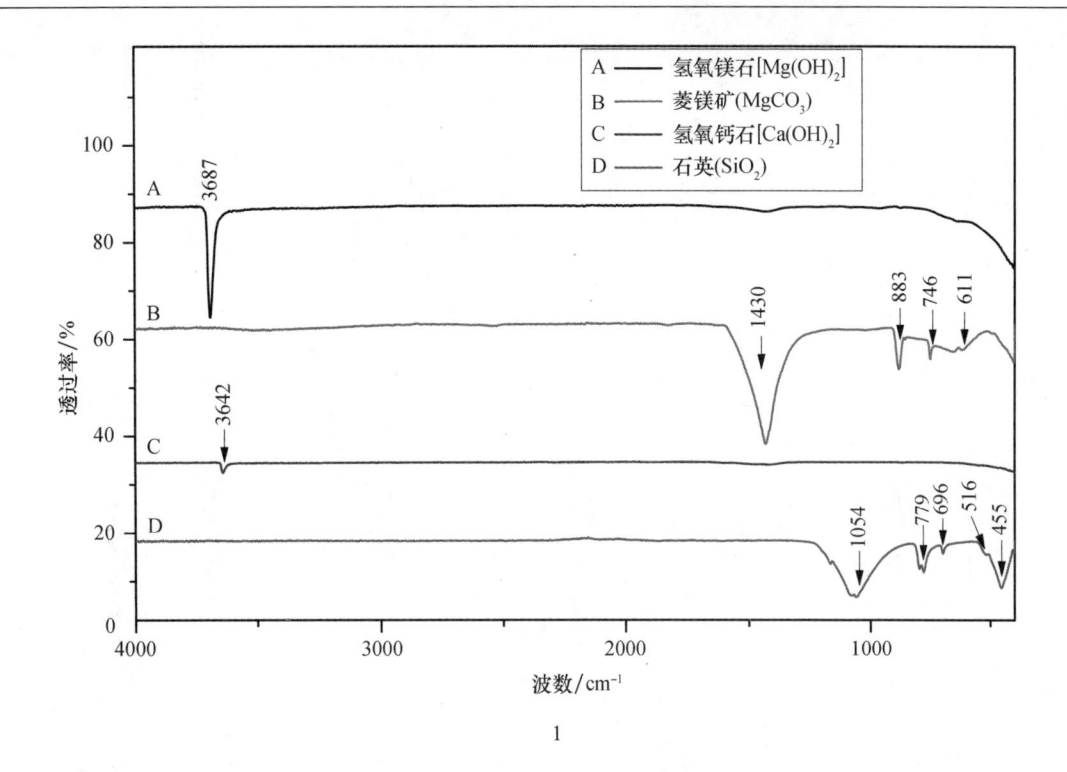

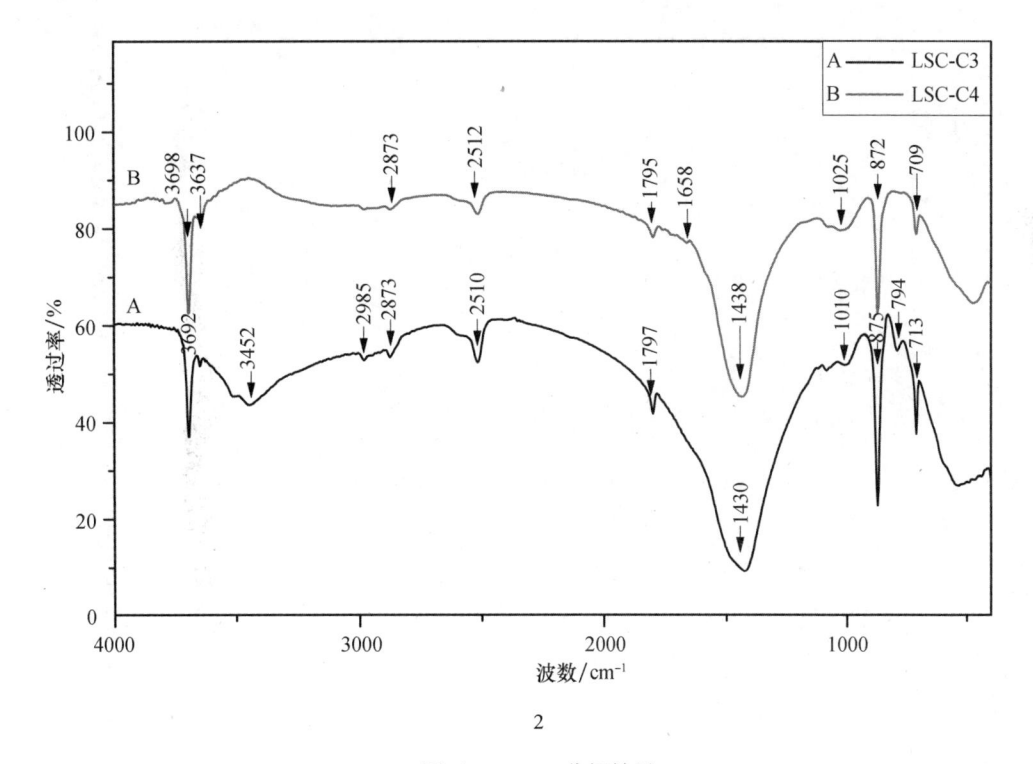

图五B　FT-IR分析结果

1. 几种参比物质的红外光谱图[3]　2. 宫殿区西城墙勾缝灰浆（LSC-C3）和抹面灰浆（LSC-C4）

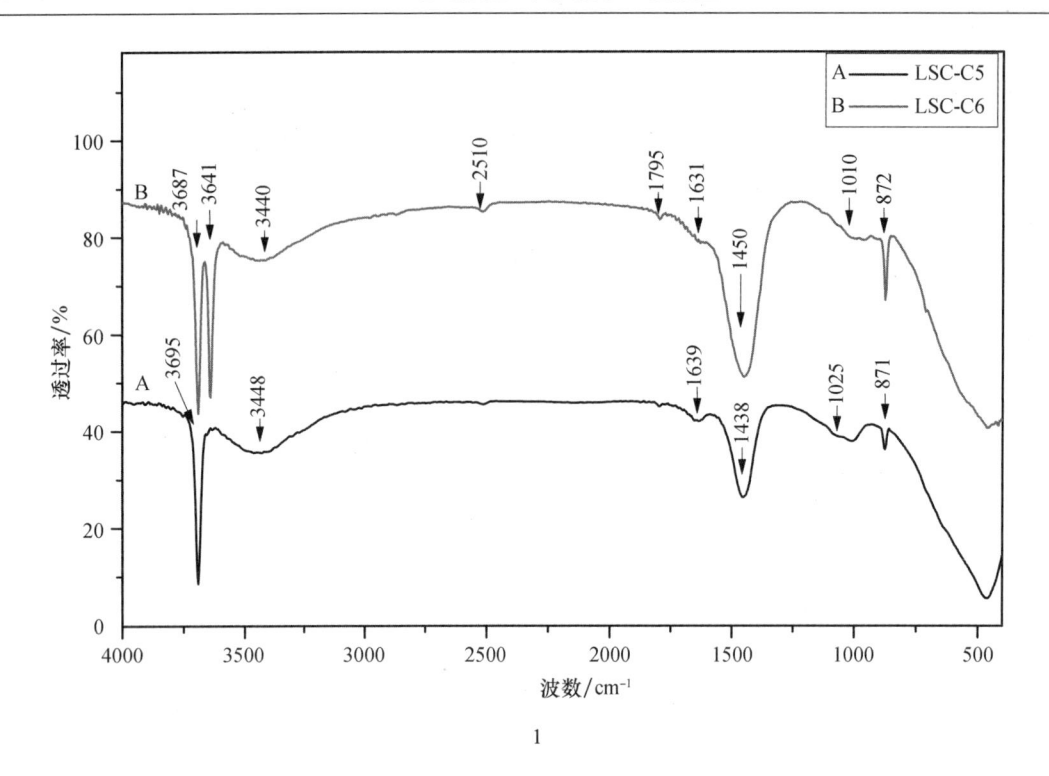

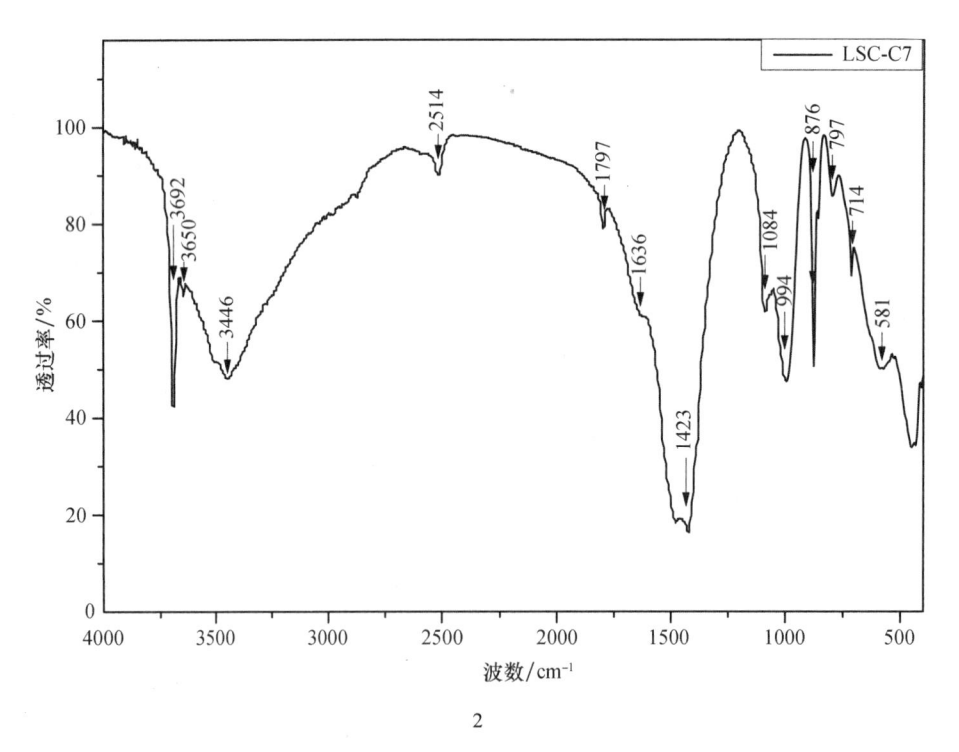

图五C　FT-IR分析结果

1. F10西部外侧墙体勾缝灰浆（LSC-C5）和抹面灰浆（LSC-C6）　2. 衙署区西城墙抹面灰浆（LSC-C7）

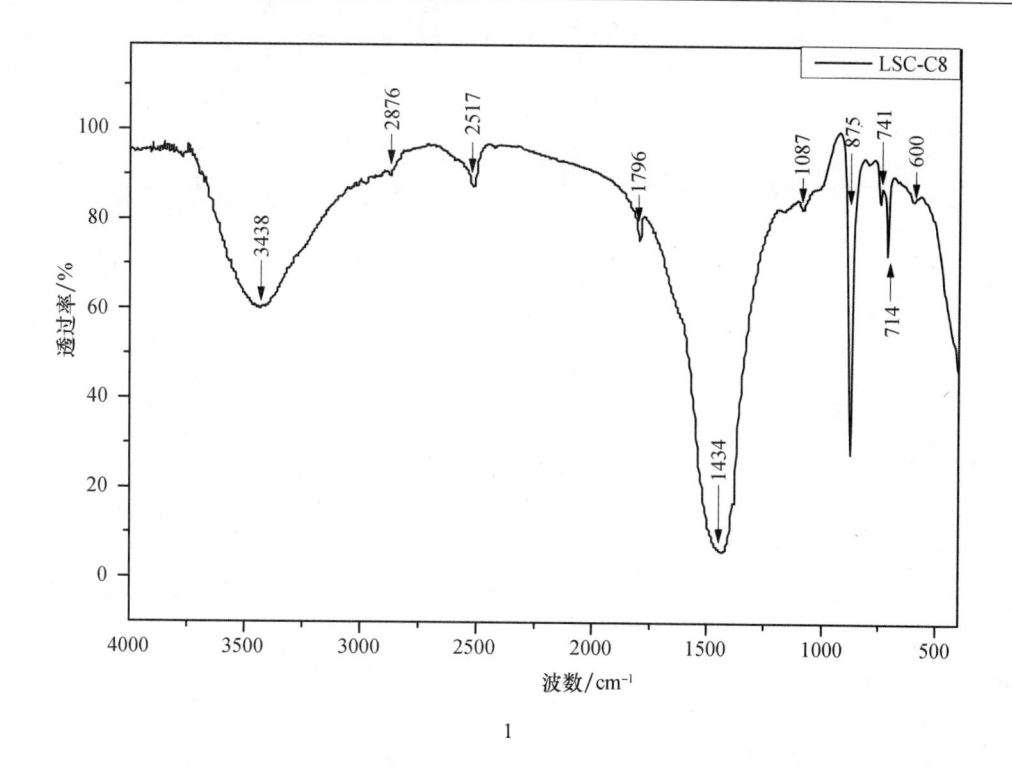

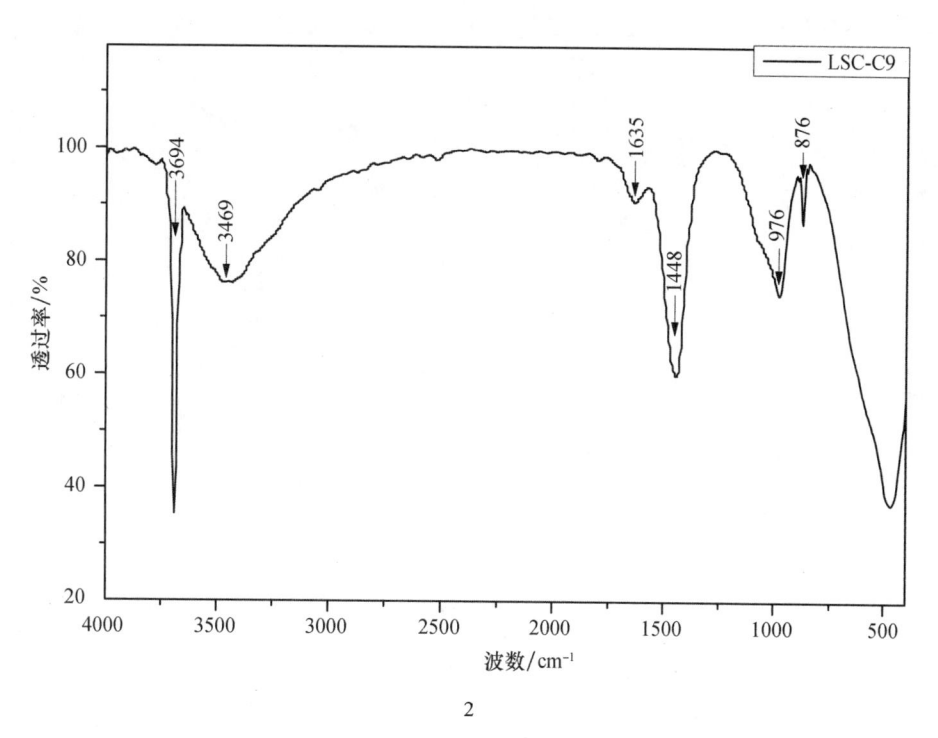

图五D　FT-IR分析结果

1. 废弃民国孤立残墙抹面灰浆（LSC-C8）　2. 吴着坪耕地处墙体抹面灰浆（LSC-C9）

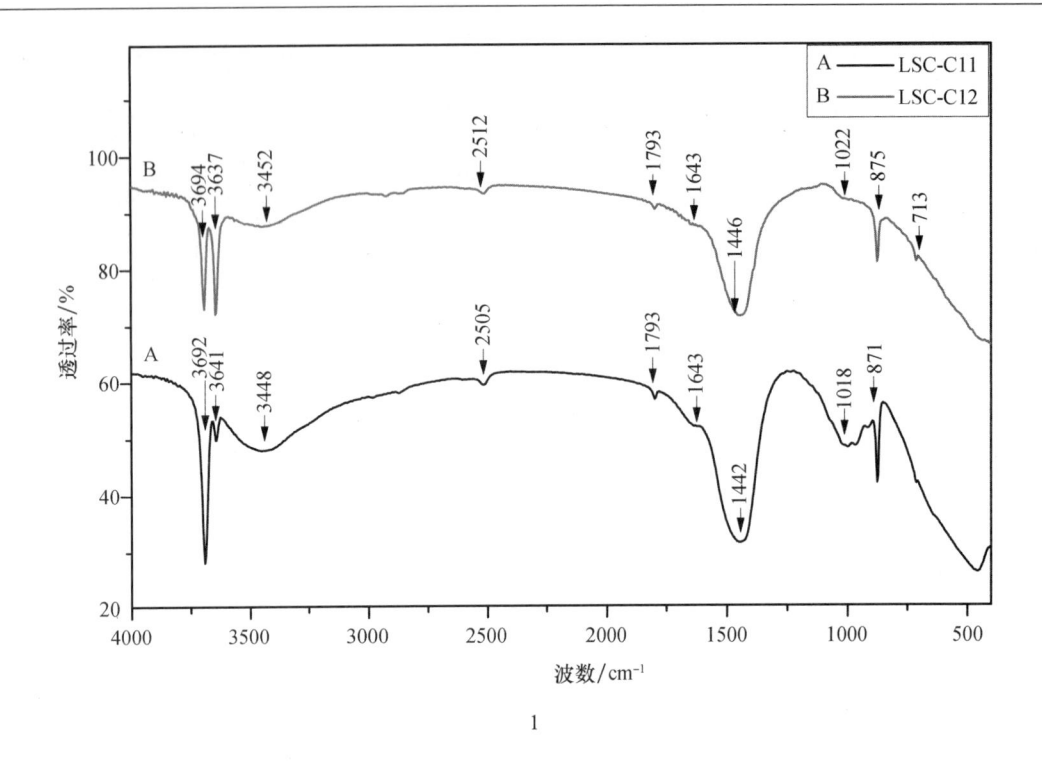

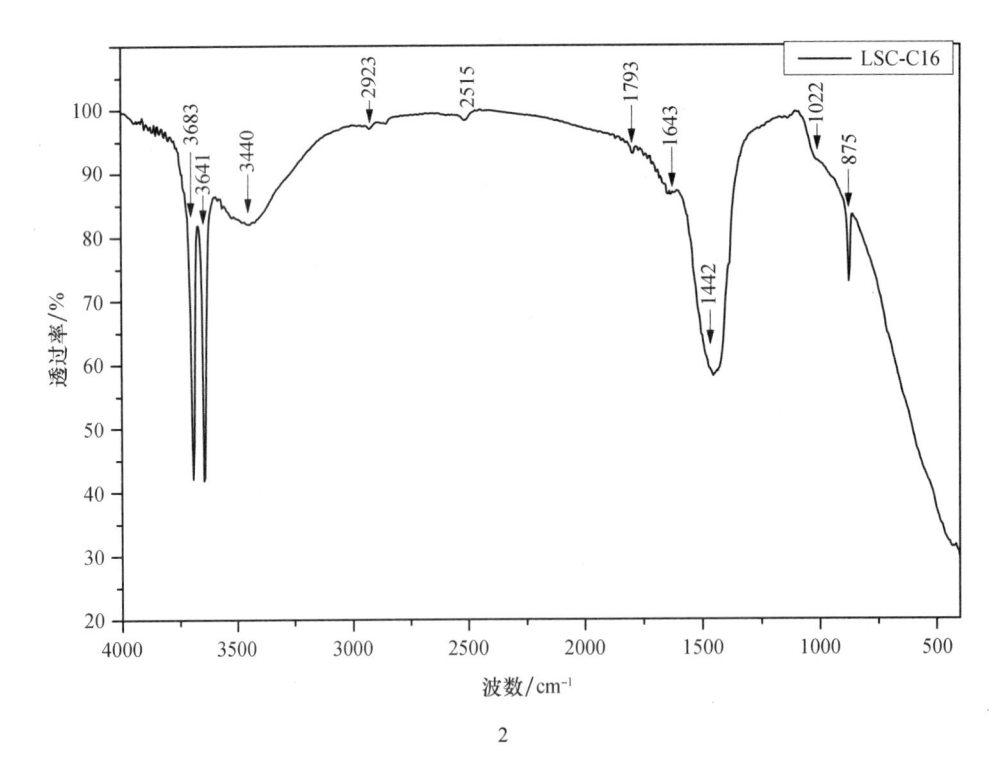

图五E FT-IR分析结果

1. 西门城墙外挡土墙抹面灰浆（LSC-C11）与G16右侧墙体抹面灰浆（LSC-C12） 2. 西城墙抹面灰浆（LSC-C16）

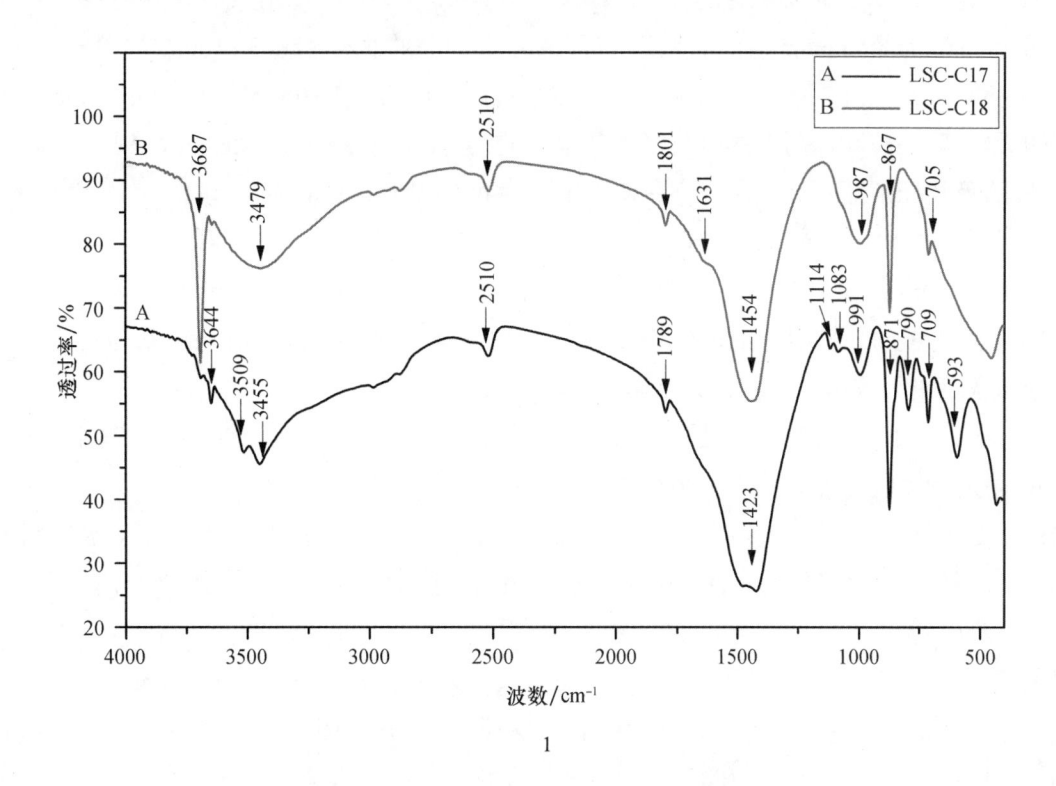

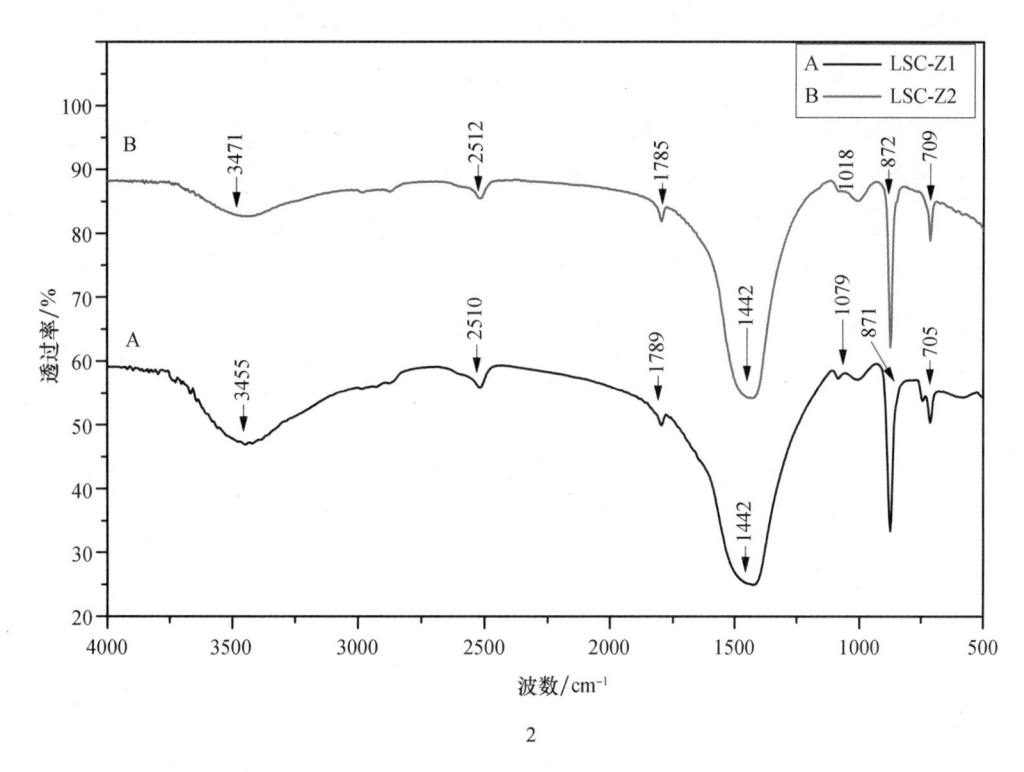

图五F　FT-IR分析结果

1. 北门内挡土墙（LSC-C17）与G10外墙抹面灰浆（LSC-C18）
2. 祖师殿建筑群区一进平台外侧第一期挡土墙建筑灰浆（LSC-21、LSC-22）

的锐锋分别归结为氢氧镁石和氢氧钙石中自由羟基的吸收振动峰；3446cm^{-1}、2514cm^{-1}、1797cm^{-1}、1423cm^{-1}、876cm^{-1}处的吸收峰为方解石的吸收峰；1084cm^{-1}、797cm^{-1}处的吸收峰为石英的吸收峰；581cm^{-1}附近的吸收峰为一水草酸钙（CaC$_2$O$_4$·H$_2$O）的吸收峰；1636cm^{-1}、994cm^{-1}处的吸收峰则证明该灰浆中存在糯米浆，为我国传统的糯米灰浆。

废弃民国孤立残墙灰浆（LSC-C8）红外谱图如图五D-1所示，分析可知，其红外谱图在3438cm^{-1}、2876cm^{-1}、2517cm^{-1}、1796cm^{-1}、1434cm^{-1}、875cm^{-1}、714cm^{-1}处为方解石的吸收峰；在741cm^{-1}、600cm^{-1}附近的弱峰为菱镁石的吸收峰；而1087cm^{-1}的弱峰则为石英的吸收峰。证明该灰浆中无糯米浆存在，为普通的石灰灰浆。

据图五D-2可知，吴着坪耕地处墙体抹面灰浆（LSC-C9）为传统的糯米灰浆，其中1635cm^{-1}和976cm^{-1}附近的吸收峰即为糯米浆存在的证据。

据图五E-1可知，西门城墙外挡土墙抹面灰浆（LSC-C11）和G10右侧墙体抹面灰浆（LSC-C12）均为糯米灰浆，两者FT-IR图谱基本相同，且均在1643cm^{-1}和1022cm^{-1}附近存在糯米浆的红外吸收峰。

据图五E-2可知，西城墙抹面灰浆（LSC-C16）红外吸收光谱图中，3683cm^{-1}和3641cm^{-1}附近的红外吸收峰分别为氢氧镁石和氢氧钙石中自由羟基—OH的吸收峰；3440cm^{-1}、2923cm^{-1}、2515cm^{-1}、1793cm^{-1}、1442cm^{-1}和875cm^{-1}附近的吸收峰归结为方解石；而1643cm^{-1}和1022cm^{-1}附近的吸收峰则证明灰浆中存在糯米浆。由此可见，西城墙抹面灰浆（LSC-C16）为传统的糯米灰浆。

根据图五F-1的红外分析结果可知，北门内挡土墙灰浆（LSC-C17）的红外吸收光谱中，3644cm^{-1}附近的吸收峰为氢氧钙石中—OH的特征吸收峰；3509cm^{-1}附近的吸收峰为结晶水的吸收峰；而3455cm^{-1}、2510cm^{-1}、1789cm^{-1}、1423cm^{-1}、871cm^{-1}、709cm^{-1}附近的吸收峰归结于方解石；1083cm^{-1}、790cm^{-1}附近的吸收峰归结于石英；593cm^{-1}附近的吸收峰归结于五水碳镁石；而1114cm^{-1}和991cm^{-1}附近的吸收峰则证明灰浆中存在糯米浆。G10外墙抹面灰浆（LSC-C18）的红外吸收谱中，3687cm^{-1}附近吸收峰为氢氧镁石中羟基的吸收峰，3479cm^{-1}、2510cm^{-1}、1801cm^{-1}、1454cm^{-1}、867cm^{-1}、705cm^{-1}附近的吸收峰归结于方解石；而在1631cm^{-1}和987cm^{-1}附近的吸收峰则来源于淀粉中的有机基团。由此可见，北门内挡土墙抹面灰浆（LSC-C17）和G10外墙抹面灰浆（LSC-C18）均为传统的糯米灰浆。

祖师殿建筑群区一进平台外侧第一期挡土墙抹面灰浆（LSC-Z1）和勾缝灰浆（LSC-Z2）红外吸收光谱图如图五F-2所示。两处灰浆的红外光谱图基本相同，其吸收峰均可归结于方解石，且未发现淀粉中有机基团的特征吸收峰，表明祖师殿建筑群一进平台外侧第一期挡土墙建筑灰浆均为普通的石灰灰浆，未添加糯米浆等有机物。

根据以上分析结果可知，老司城遗址建筑灰浆中除正街外侧已搬迁民居废弃的民国孤立残墙（LSC-C8）和祖师殿建筑群区一进平台外侧第一期挡土墙建筑灰浆（LSC-21、LSC-22）外，其他部位的建筑灰浆均为传统的糯米灰浆。

7. 其他问题探讨

1）部分灰浆表面半透明致密层探讨

整理老司城遗址城墙灰浆的时候，在部分灰浆表面发现了一层较薄的半透明致密层，如图六所示。为了探讨该物质的成分及形成原因等，进行了SEM-EDX及XRD分析。

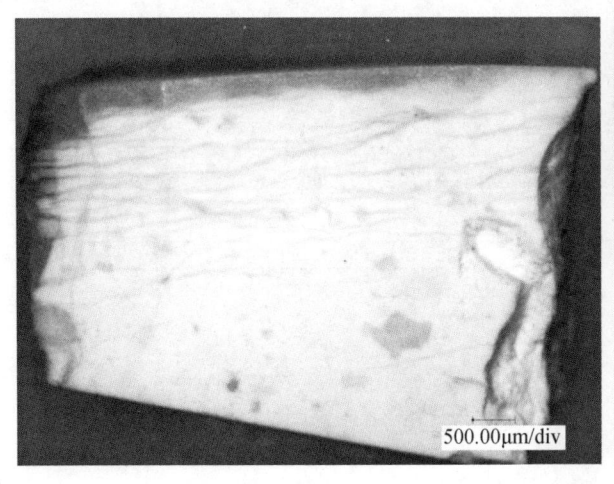

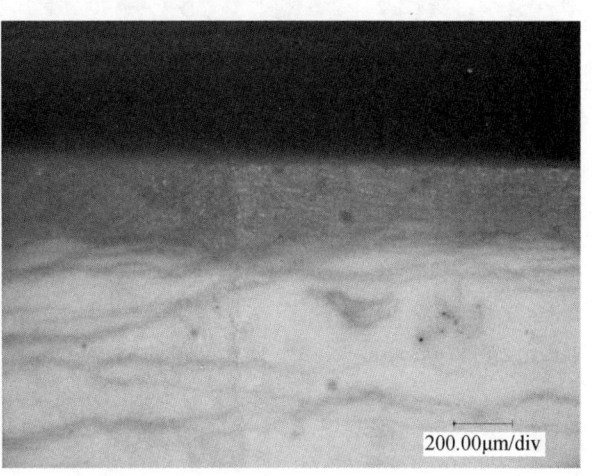

图六　灰浆表面致密层光学显微图

根据光学显微分析结果可以看出，表面半透明致密层的厚度较为均匀，平均厚度约250μm，且在灰浆内部接近表面层的位置出现一些类似于表面半透明致密层物质的丝状纹物质。

根据SEM-EDX分析结果可知（图七A、图七B），灰浆表面半透明致密层的化学元素组成基本相同，均为O、Ca、Mg、C，但从微观结构来看，表面半透明致密层较灰浆内部结构更为致密，颗粒度更小。

根据XRD分析结果（图八）可知，灰浆表面半透明致密层主要物相组成为方解石，且含有少量的氢氧钙石和氢氧镁石；而内部灰浆层中，主要物相为氢氧钙石和氢氧镁石，方解石的含量则明显少于表面半透明致密层。表面层可能是方解石与周围环境中的气体、水及微生物等相互作用，发生生物矿化作用形成的半透明致密层。这种表层结构致密，阻挡了空气中二氧化碳的渗入，因此，内部灰浆的碳化程度较低，主要成分仍为氢氧钙石和氢氧镁石。此外，这种半透明致密层可以阻挡可溶性盐的自由扩散和有害物质的侵入，在灰浆表面起到一种保护膜的作用，使得灰浆不易被外在的环境因素所破坏，可以对灰浆起到较好的保护作用。

2）表面显色层探讨

老司城遗址城墙灰浆表面部分部位存在一层红色的显色层（见图一，6），该显色层的存在可能受周围环境中土壤成分的影响，也可能是人为涂覆的表面颜料层。为了了解这一表面显色层的形成原因，本研究结合光学数码显微镜、SEM-EDX、XRD及激光拉曼光谱进行了相关

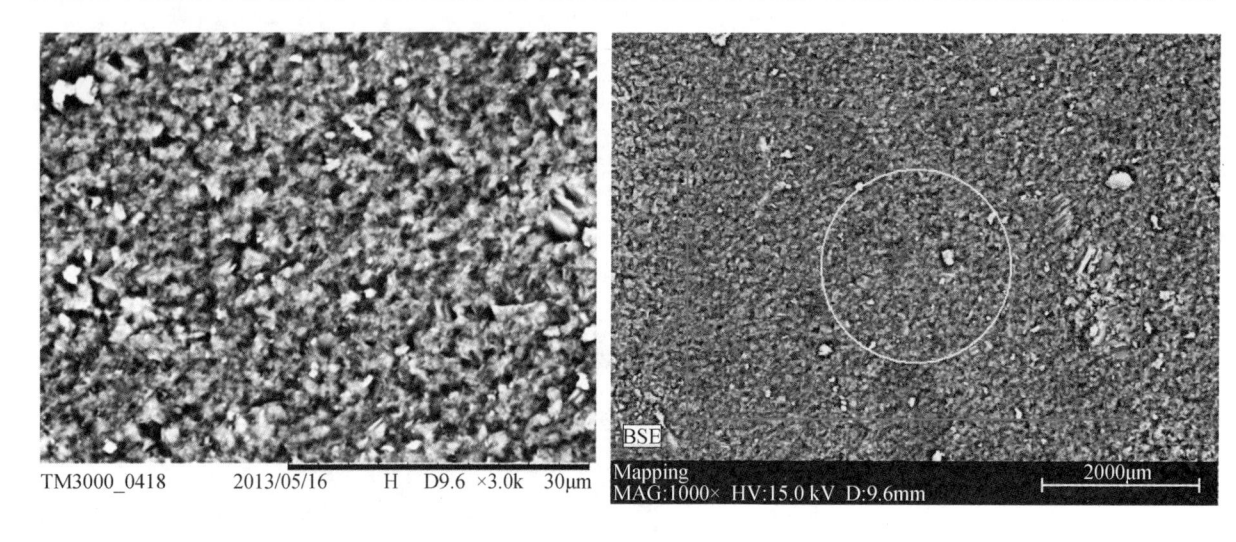

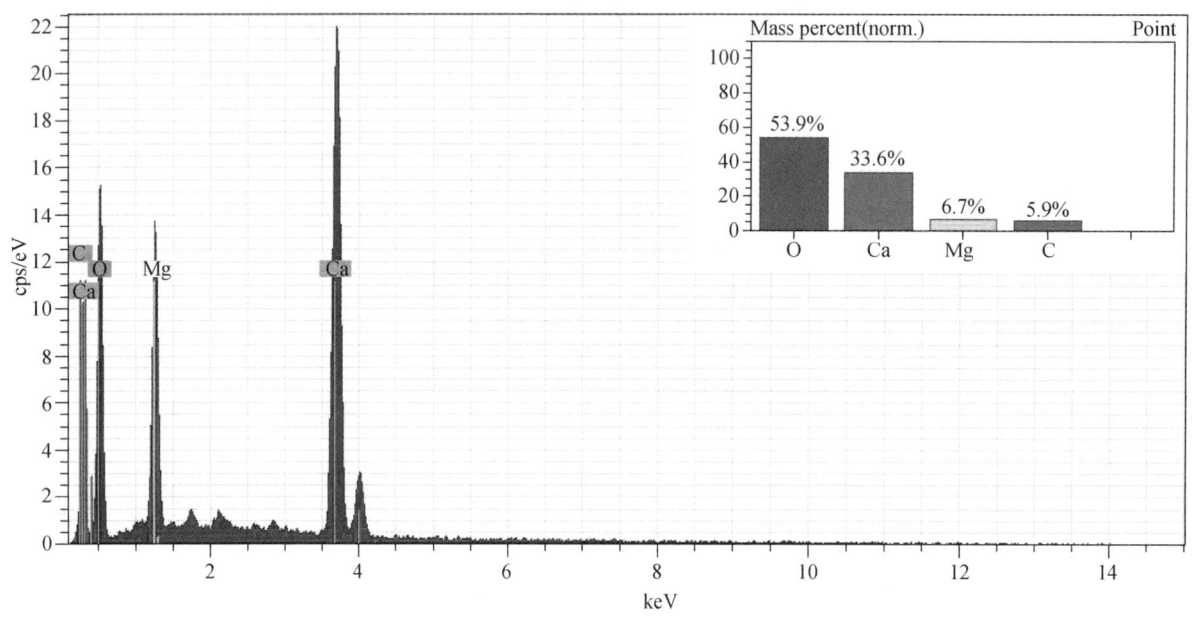

图七A　灰浆SEM-EDX分析结果
表面半透明致密层

分析。实验分析用样品取自西门城墙外G16右侧灰浆（LSC-C12）表面。

图九为表面显色层的光学显微分析。从左侧剖面图上可以看出，表面红色层连续性较好，且厚度较为均匀，平均厚度约为200μm。从右侧的表面显微照片可以看出，该红色层颜色分布较为均匀，表面未见明显的颗粒状。可以初步推测，该红色层为人为涂覆的颜料层。

根据表面红色层的SEM-EDX分析结果（图一〇B），与内部灰浆（图一〇A）对比分析可知，其表面显色层中C含量明显提高，Si和Al的含量也有一定提高。此外，在红色层部分还发现一些杂质（图一〇C），能谱分析显示，该杂质的主要化学成分为C和O，可能为有机物。从颜料的角度分析，传统红色矿物颜料一般为铁红、朱丹等，但该红色层中Fe含量并未提高，未见这些常见的红色颜料物质。因此，红色层显色的原因可能为表面涂覆有植物颜料。

图一一为表面红色层显色物质XRD分析结果。根据分析结果可知，表面红色层中主要无机

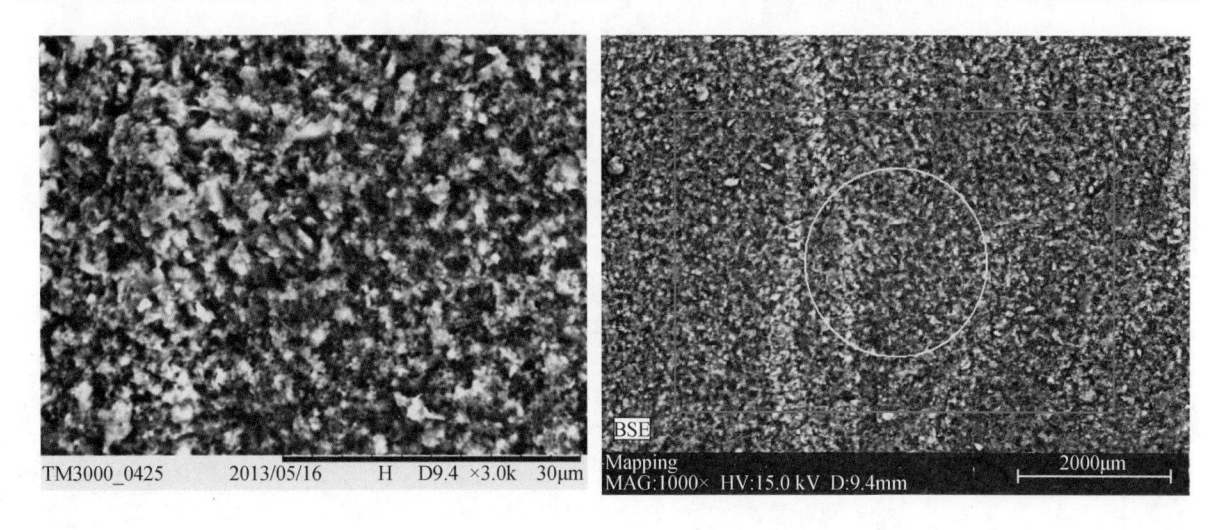

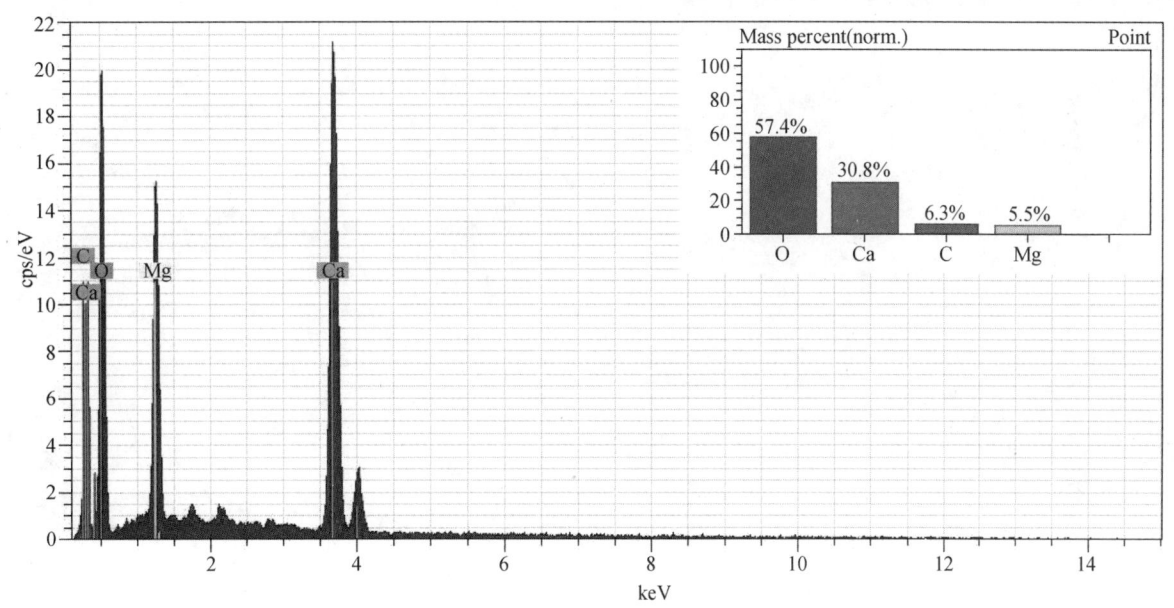

附录一　老司城遗址建造材料及其风化产物分析检测报告　　·345·

图七 B　灰浆SEM-EDX分析结果
内部

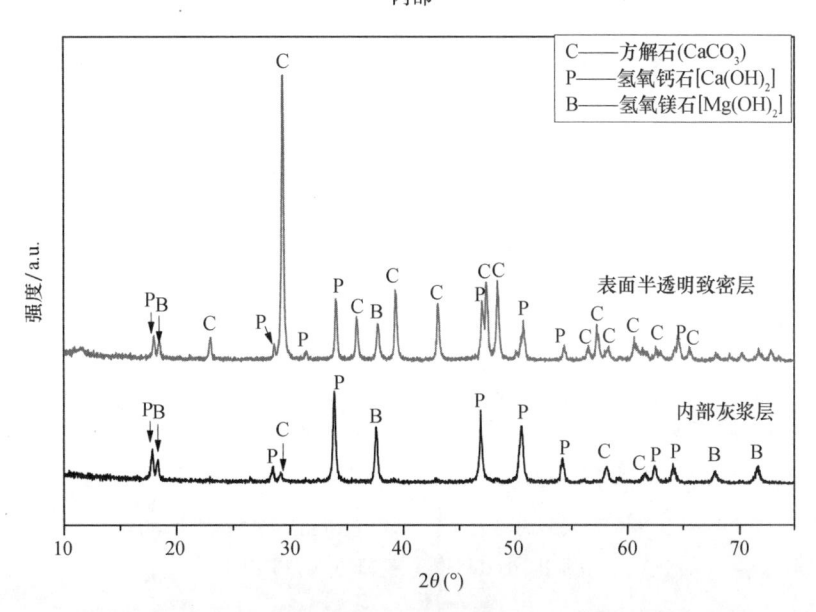

图八　灰浆表面半透明致密层及灰浆内部成分对比XRD分析结果

图九　表面显色层剖面（左侧）及表面（右侧）显微分析

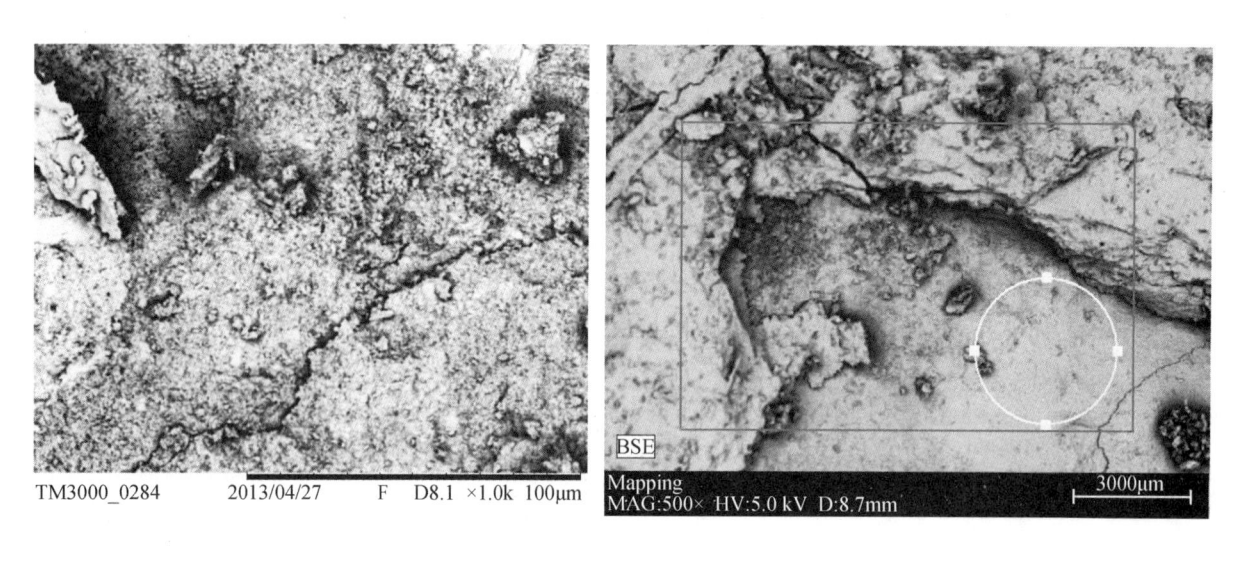

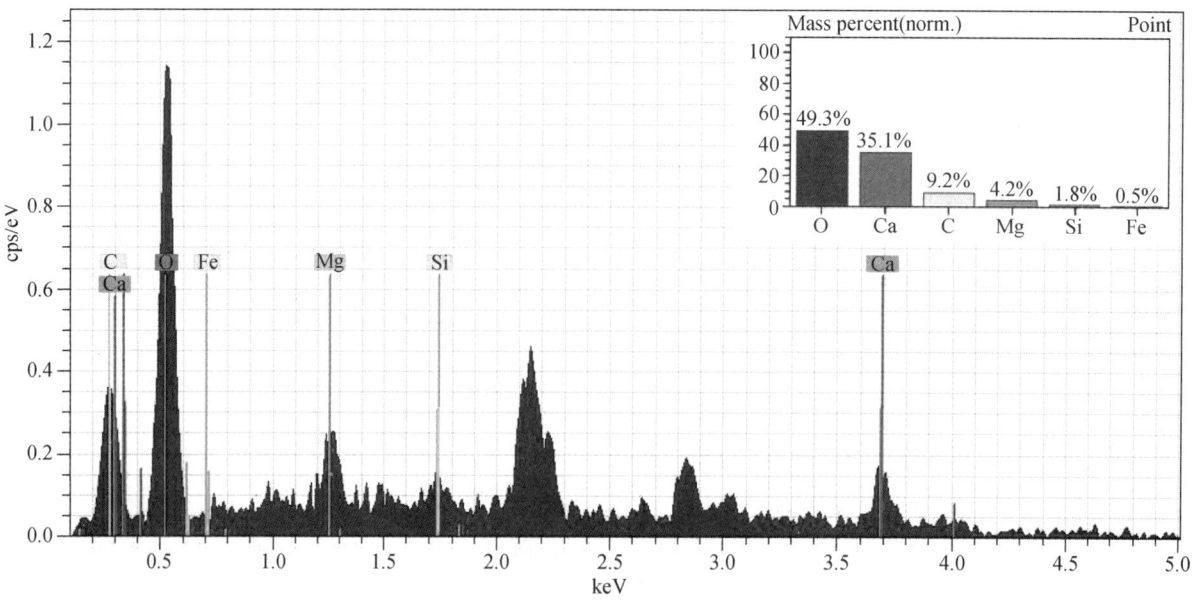

图一〇A　灰浆表面显色层SEM-EDX分析结果
西门城墙外G16右侧灰浆（LSC-C12）内部

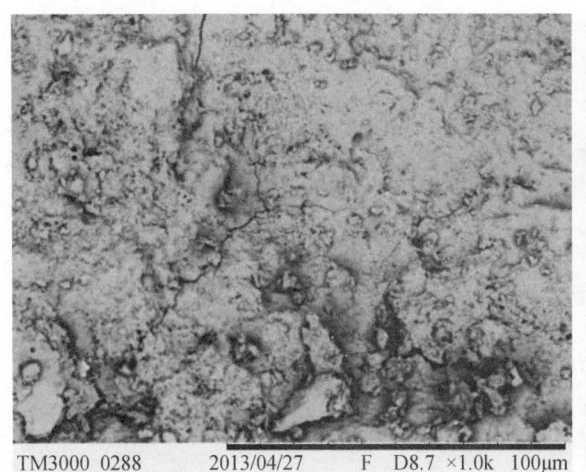

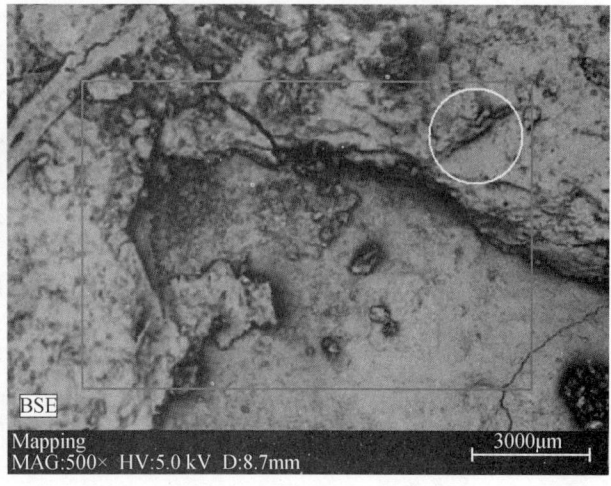

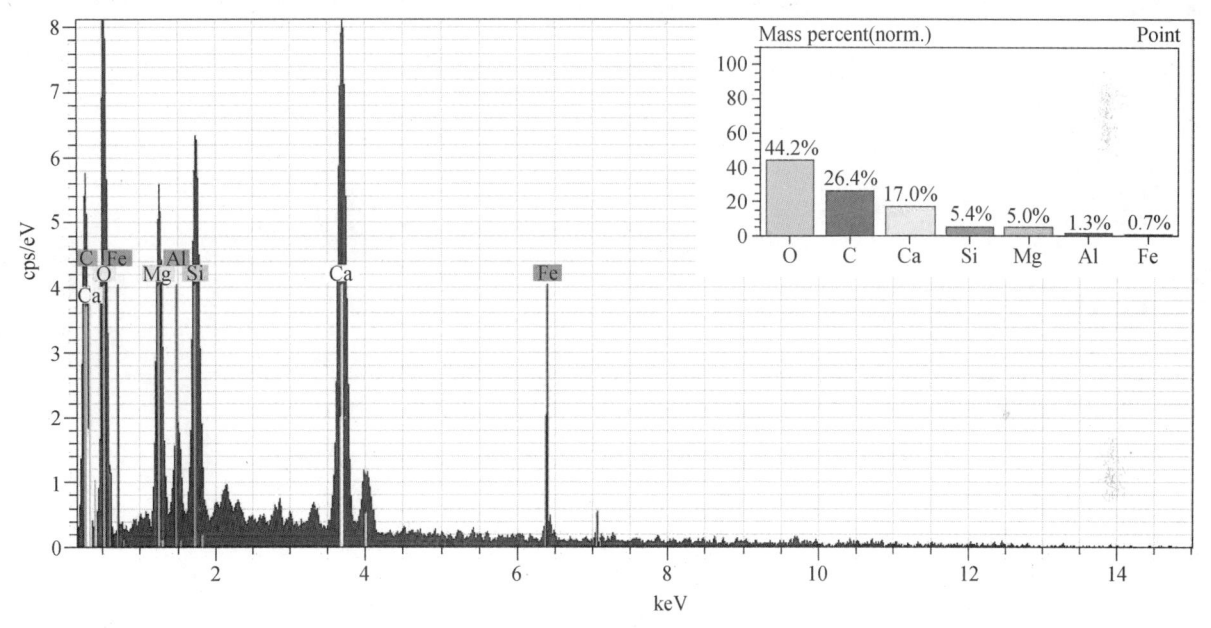

图一〇B 灰浆表面显色层SEM-EDX分析结果
西门城墙外G16右侧灰浆（LSC-C12）表面

物物相为方解石、石英及球霰石。但其衍射峰中背底峰较为杂乱，表明红色层中还含有其他结晶性较差的物质。进一步可推测，该红色显色原因可能是表面涂覆了一层桐油。

3）西城墙表面附着物

取样时发现城墙抹面灰浆表面存在较多的颗粒状附着物（LSC-C13）（图一二），为了探讨该附着物是否为有害风化产物，结合SEM-EDX和XRD对其进行了相关的分析。

西城墙墙体抹面灰浆表面附着物（LSC-C13）微观结构致密，其基本化学元素组成与灰浆成分相同，主要为O、Ca、Mg、C。而且结合其XRD分析结果（图一三）可知，该附着物的主要物相组成为氢氧钙石、方解石及氢氧镁石，与灰浆的主要成分相同，可能是在灰浆涂刷的过程中涂刷面不平整，导致表面灰浆呈颗粒状结晶形成的。

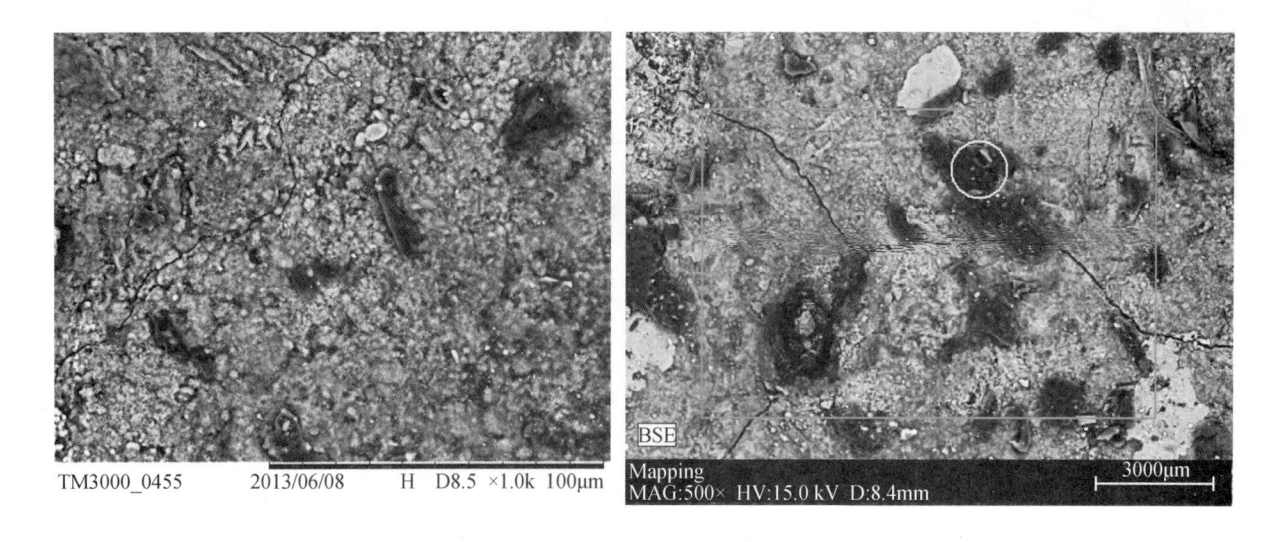

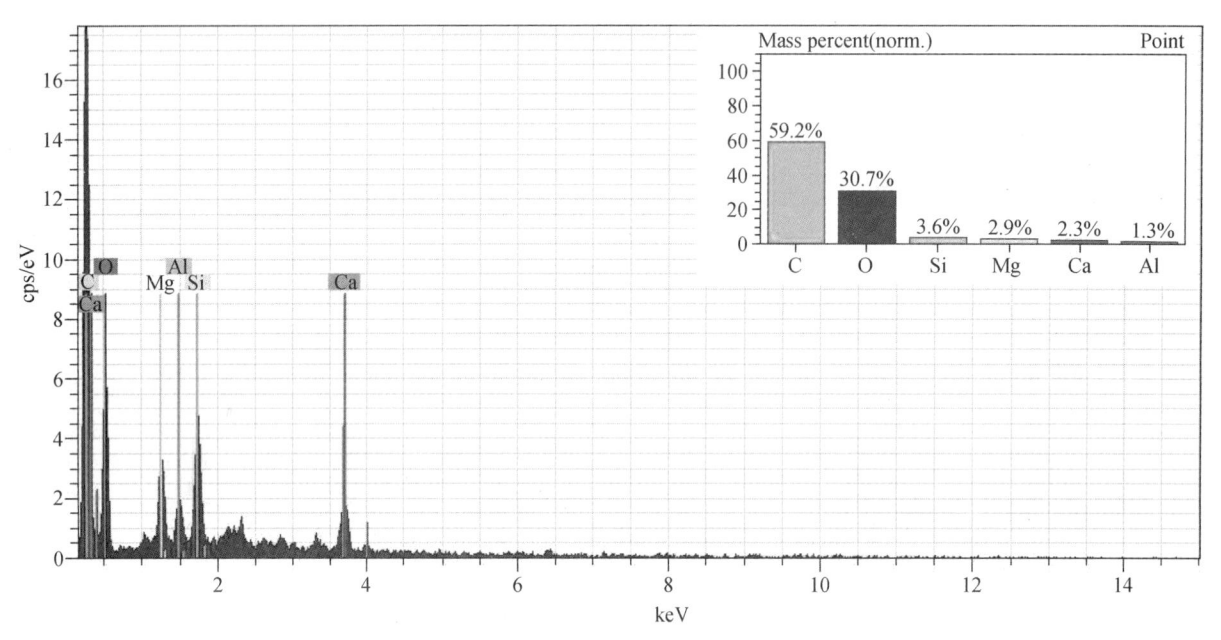

图一〇C 灰浆表面显色层SEM-EDX分析结果

表层红色层中的杂质

4）西城墙表面析出物

在对灰浆的调查中发现，部分城墙灰浆表面出现了析出物。该析出物质地酥松，结构强度弱，用手轻轻触碰就会粉化脱落。为了了解该析出物的形成原因，本研究结合SEM-EDX和XRD对该析出物进行了相应的分析，其分析结果如图一四A、图一四B所示。

根据以上分析结果可知，西城墙墙体表面析出物（LSC-C15）主要成分为Ca、O、C，且从微观结构可以看出，析出物呈明显的晶体结晶状，由六方晶型颗粒状物质和团絮状物质组成。结合XRD分析结果可知（图一五），析出物与灰浆本体成分不同，由六方晶型方解石和斜方晶系文石组成，与SEM-EDX的结果相对应。因此，可推测该析出物应该是微溶碳酸钙在水的长期作用下发生溶解再结晶形成的析出产物，并非某种有害盐类。该析出产物内部结构疏

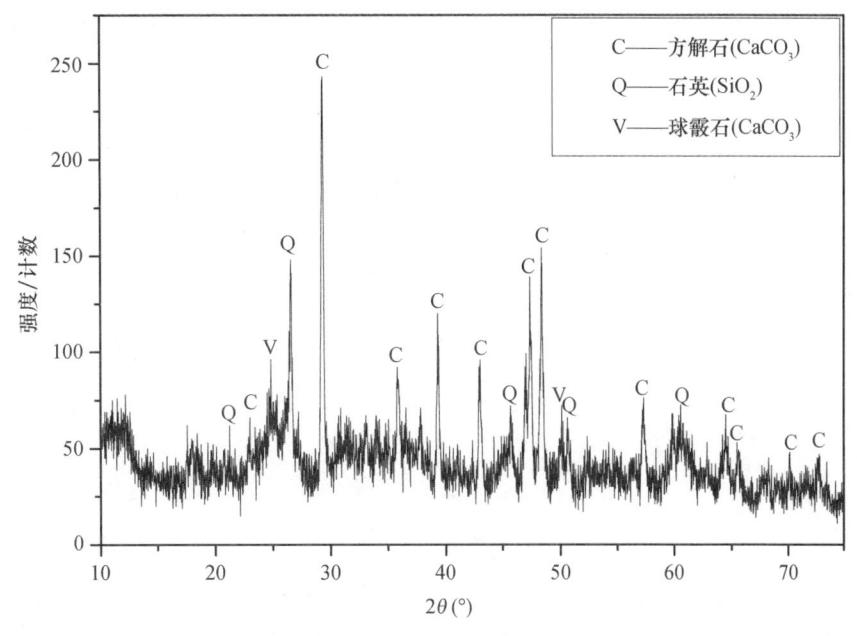

图一一　表面红色层显色物质XRD分析结果

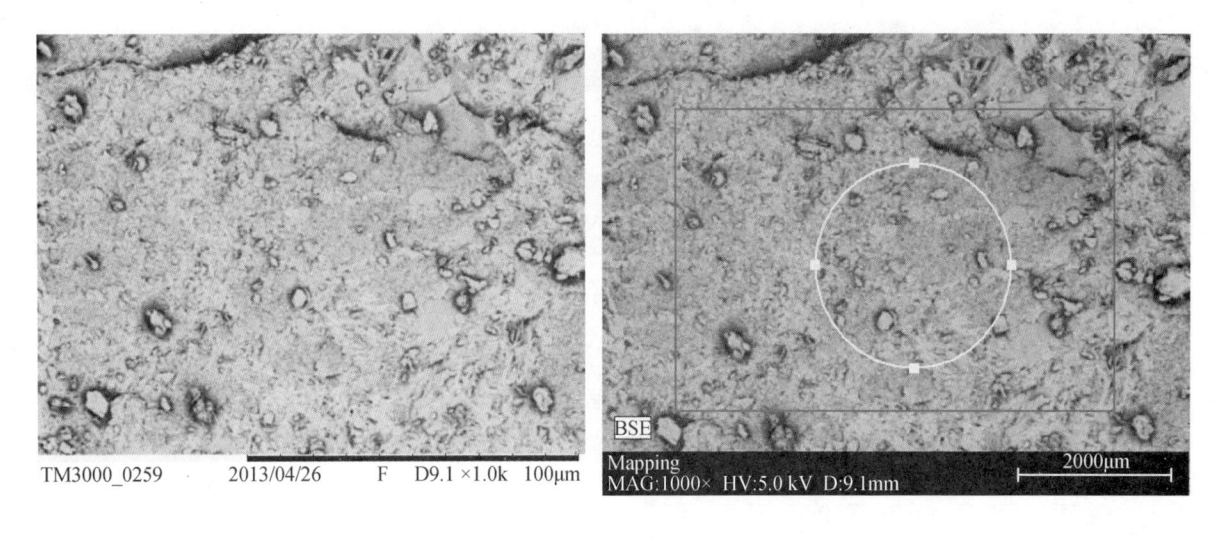

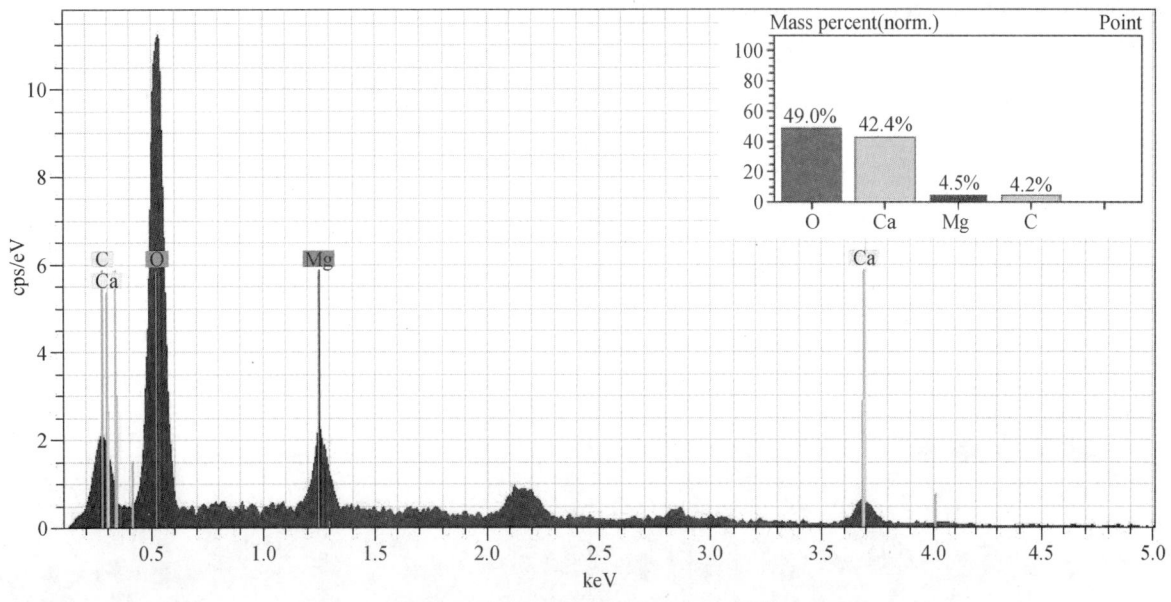

图一二　西城墙抹面灰浆表面颗粒状附着物（LSC-C13）

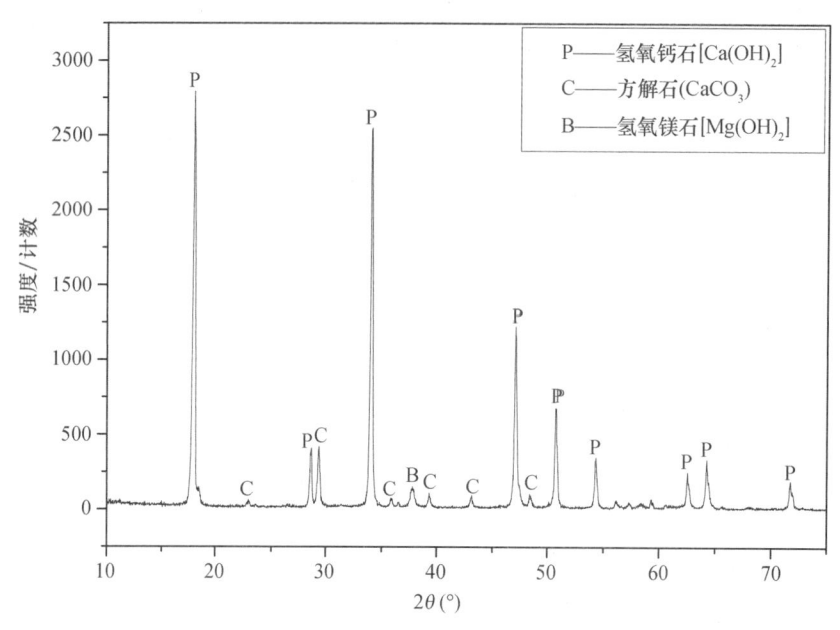

图一三　表面附着物XRD分析结果

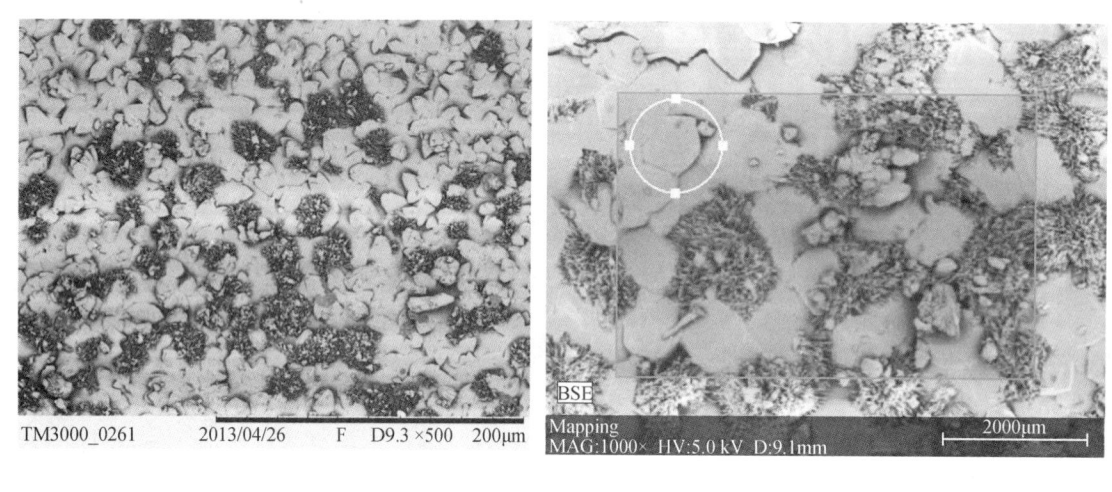

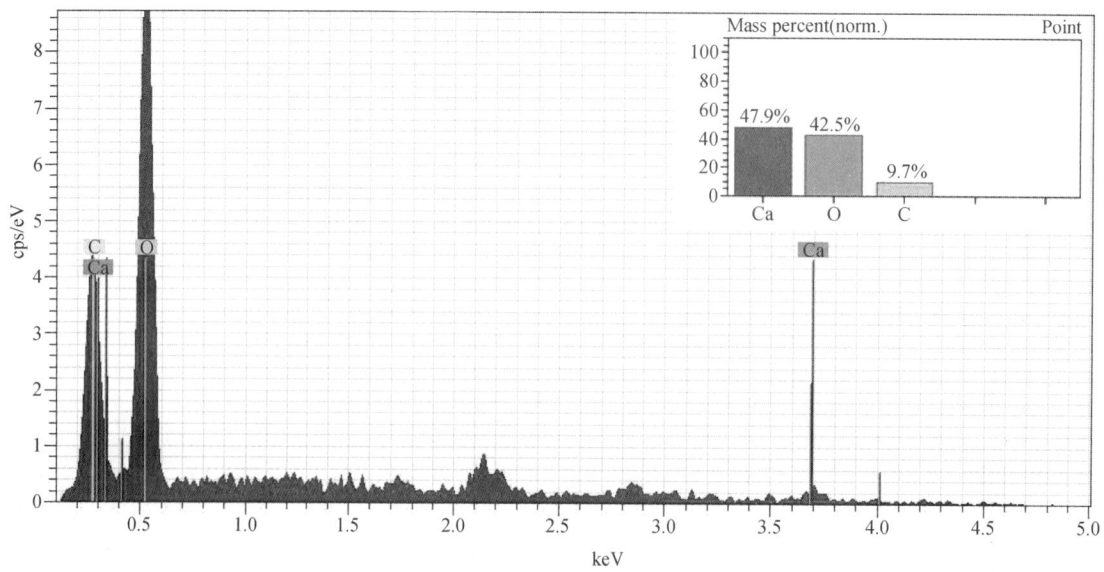

图一四A　西城墙墙体灰浆表面析出物（LSC-C15）SEM-EDX分析结果
颗粒状物质

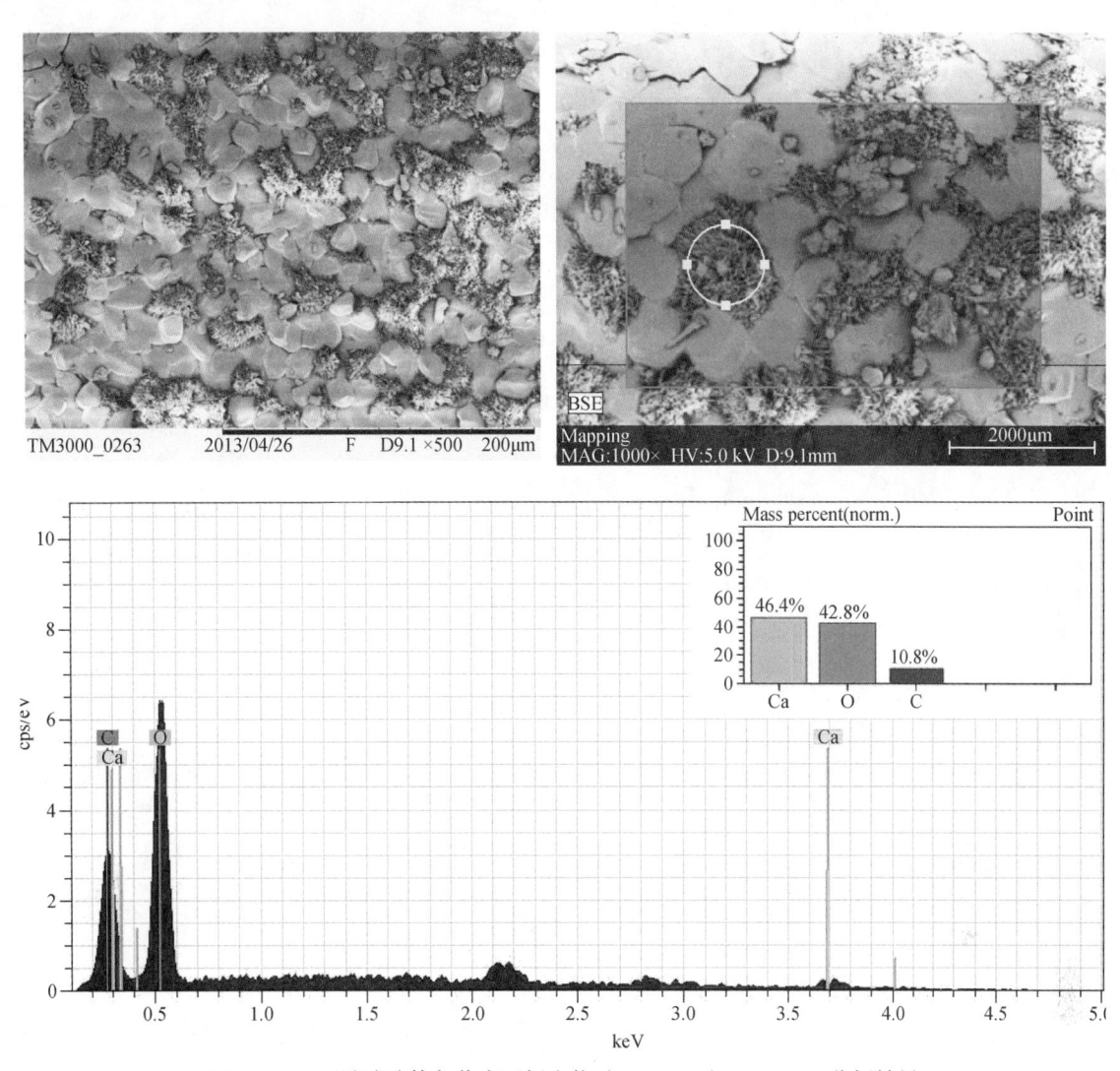

图一四B　西城墙墙体灰浆表面析出物（LSC-C15）SEM-EDX分析结果
团絮状物质

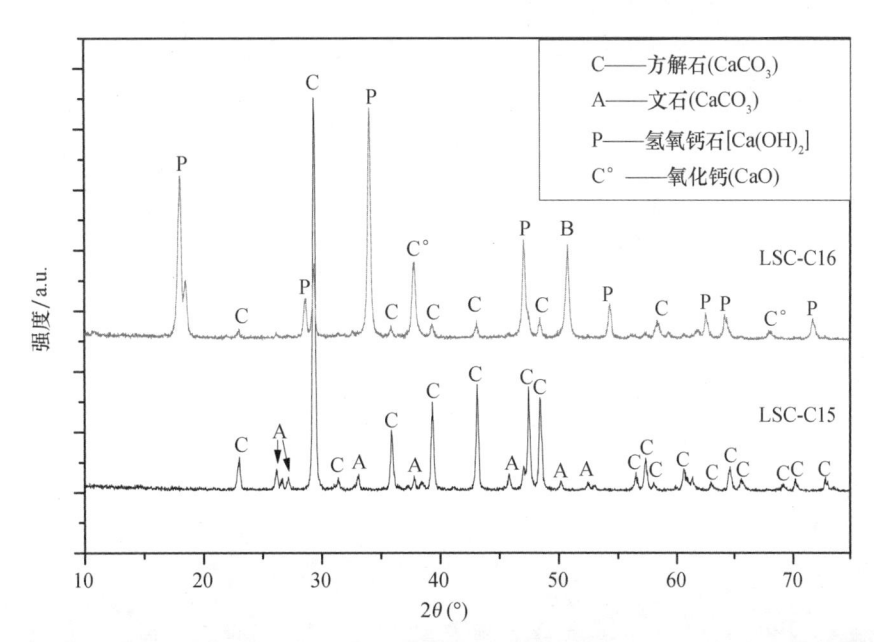

图一五　西城墙墙体表面析出物（LSC-C15）与西城墙抹面灰浆（LSC-C16）XRD分析结果

松，六方晶体与团絮状晶体间无连接作用，导致析出产物无结构强度，表现为酥松易脱落。

5）内含纤维的鉴定

老司城遗址考古发掘时，在建筑物的黏合材料——石灰中发现了许多纤维物质（图三D-1；图一六），为了清楚地了解古代黏合材料的配方，特对这些物质进行了显微观察及对比分析，以确定其物质的种类。

纤维的种类有天然纤维、化学纤维、矿物纤维，考虑到古人选材的可能性，此次用于比对的三种纤维材料主要是现代天然的棉花、猪毛、狗毛。

显微观察结果如图一七A、图一七B所示。

狗毛纤维（现代）：表面具有光泽，呈半透明状长条状，纵向纤维较为平直，截面椭圆形，纤维宽度64~80μm（图一七A，1）。

猪毛纤维（现代）：表面具有光泽，不透明，纵向纤维平直不卷曲，截面圆或椭圆形，纤维宽度126~176μm（图一七A，2）。

棉花纤维（现代）：表面具有光泽，呈半透明长条状，纵向沿纤维长度螺旋形扭曲，截面扁平，纤维宽度10~40μm（图一七A，3）。

老司城遗址出土纤维：表面具有光泽，呈半透明状长条状，纵向沿纤维长度螺旋形扭曲，截面扁平，纤维宽度15~26μm（图一七B，1）。

将老司城遗址出土纤维与现代棉花、猪毛、狗毛纤维进行对比，可以清楚地发现老司城遗址出土纤维的形态与现代棉花的极其相似（图一七B，2），因此老司城遗址出土纤维物质暂定为棉花。

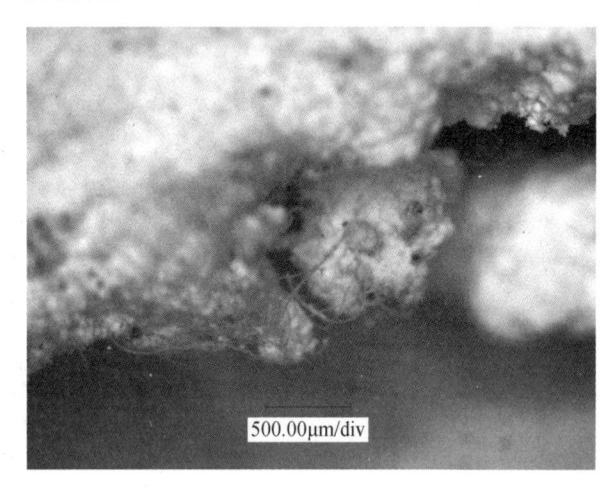

图一六 石灰中掺和的纤维物质

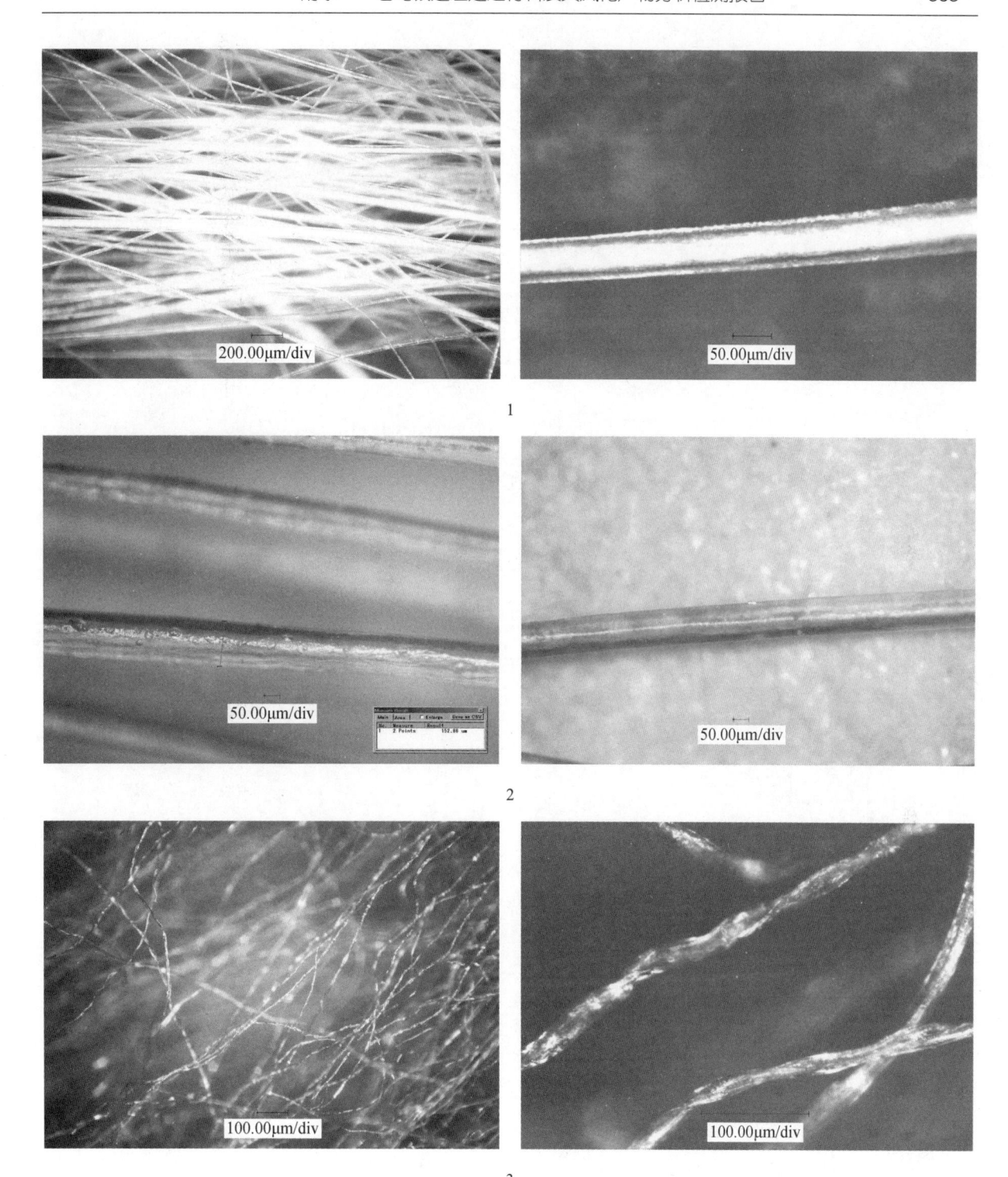

图一七A　现代纤维材料与老司城灰浆中所含纤维的鉴定
1. 狗毛纤维（现代）　2. 猪毛纤维（现代）　3. 棉花纤维（现代）

图一七B　现代纤维材料与老司城灰浆中所含纤维的鉴定
1. 老司城遗址出土纤维　2. 对比图：棉花纤维（现代）（左）与老司城遗址出土纤维（右）

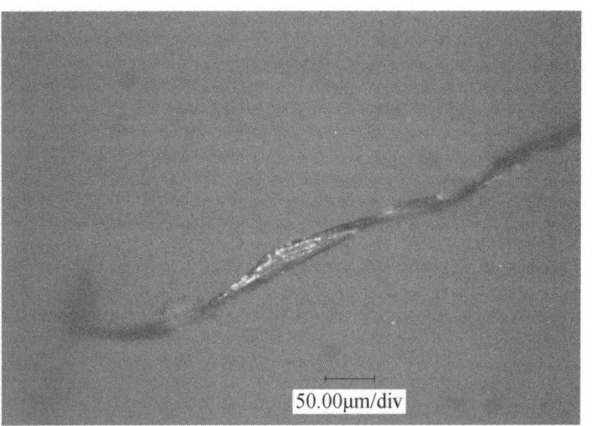

8. 小结

根据以上分析结果，将老司城遗址城墙建筑材料的样品分析结果进行统计，如表四所示。

表四　老司城遗址城墙建筑材料基本信息统计表

样品编号	样品名称	内含无机物	其他补充说明
LSC-C1	宫殿区西城墙基础扰土	石英、白云石、云母	—
LSC-C2	G10外墙基础扰土	石英、白云石、云母、赤铁矿	—
LSC-C3	宫殿区西城墙勾缝灰浆	方解石、氢氧镁石	普通石灰灰浆，无糯米浆等添加物

续表

样品编号	样品名称	内含无机物	其他补充说明
LSC-C4	宫殿区西城墙抹面灰浆	方解石、氢氧钙石、二水草酸镁	糯米灰浆
LSC-C5	F10西部外侧墙体勾缝灰浆	氢氧镁石、方解石	糯米灰浆
LSC-C6	F10西部外侧墙体抹面灰浆	氢氧钙石、方解石、氢氧镁石	糯米灰浆
LSC-C7	衙署区西城墙抹面灰浆	方解石、氢氧镁石、一水草酸钙、石英	糯米灰浆
LSC-C8	民国孤立残墙抹面灰浆	方解石、菱镁石、石英	普通石灰灰浆，无糯米浆等添加物
LSC-C9	吴着坪耕地处墙体抹面灰浆	方解石、石英、氢氧化镁、球霰石	糯米灰浆
LSC-C10	宫殿区南城墙砌墙石块	白云石、石英	中细晶白云岩
LSC-C11	西门城墙外挡土墙抹面灰浆	方解石、氧化钙、氢氧钙石，氢氧镁石、石英	糯米灰浆，内含棉花纤维
LSC-C12	西门城墙外G16墙体抹面灰浆	氢氧钙石、方解石、氢氧镁石	糯米灰浆
LSC-C13	西城墙抹面灰浆表面附着物	氢氧钙石、方解石、氢氧镁石	与灰浆本体成分相同，并非病害及风化产物
LSC-C14	西城墙表面滋生苔藓	—	
LSC-C15	西城墙墙体灰浆表面析出物	方解石、文石	灰浆中碳酸钙溶解析出再结晶产物，由水的作用引起
LSC-C16	西城墙抹面灰浆	方解石、氢氧钙石、氧化钙	糯米灰浆
LSC-C17	北门内挡土墙抹面灰浆	方解石、五水碳镁石、石英	糯米灰浆
LSC-C18	G10外墙壁抹面灰浆	方解石、氢氧镁石、石英	糯米灰浆
LSC-Z1	祖师殿建筑群区一进平台外侧第一期挡土墙抹面灰浆	方解石、菱镁矿	普通石灰灰浆，无糯米浆等添加物
LSC-Z2	祖师殿建筑群区一进平台外侧第一期挡土墙勾缝灰浆	方解石	普通石灰灰浆，无糯米浆等添加物

（二）道路及墓葬

1. XRF分析

采用X射线荧光光谱仪（XRF）对老司城道路及墓葬土样（LSC-Z3、LSC-D3～LSC-D5、LSC-D9）、墓葬内石质（LSC-D8）（图一八）及石像生（马）（LSC-D10）进行了成分分析测试，为之后的XRD进行物相分析奠定基础。分析结果如表五所示。

图一八 老司城道路及墓葬
1. 西门早期卵石踏步 2. 宫殿区西部道路红色基岩

表五 老司城道路及墓葬土样、石质样品XRF分析结果

样品编号	氧化物含量 / %											
	SiO_2	Al_2O_3	Fe_2O_3	MgO	CaO	K_2O	P_2O_5	Na_2O	MnO	TiO_2	SO_3	ZnO	其他
LSC-Z3	63.279	23.087	8.416	1.678	0.319	1.579	0.111	0.162	0.175	0.918	0.043	—	0.233
LSC-D3	66.568	16.893	6.143	2.514	3.329	1.761	1.151	0.323	0.160	0.784	0.086	0.145	0.143
LSC-D4	58.508	15.740	5.305	5.759	10.417	1.382	0.529	—	0.174	0.760	0.050	1.256	0.120
LSC-D5	68.909	18.220	5.533	2.092	0.399	2.849	0.326	0.504	0.149	0.747	0.028	0.128	0.116
LSC-D8	69.184	14.632	4.003	5.296	2.673	1.909	0.170	1.100	0.088	0.580	0.233	—	0.132
LSC-D9	52.762	25.674	7.876	4.918	6.185	1.220	0.150	0.208	0.104	0.780	0.071	—	0.052
LSC-D10	67.996	14.469	6.230	2.997	2.173	1.215	0.612	2.059	0.070	0.841	1.224	—	0.144

注：LSC-Z3为祖师殿L3地面垫层土，LSC-D3为卵石地面垫层土，LSC-D4为卵石踏步垫层土，LSC-D5为原生土，LSC-D8为墓葬内石质材料，LSC-D9为墓葬填土，LSC-D10为石像生（马）石质材料

由XRF分析结果（表五）可知，几种土样的化学成分组成基本相同，但钙含量相差较大，其中祖师殿L3地面垫层土和原生土中钙含量最低，卵石踏步垫层土中钙含量最高，多于卵石地面垫层土，且墓葬填土中铝含量明显多于其他土样。墓葬内石质材料和石像生（马）所用的石质材料基本成分相似，均以Si、Al为主，含有少量的Fe、Mg、Ca、K。

2. SEM-EDX分析

采用SEM-EDX对老司城道路及墓葬的石质样品（LSC-D1、LSC-D2、LSC-D6、LSC-D7、LSC-D8、LSC-D10）的微观形貌和主要成分进行了分析测试。分析结果见图一九A～图一九B和表六。

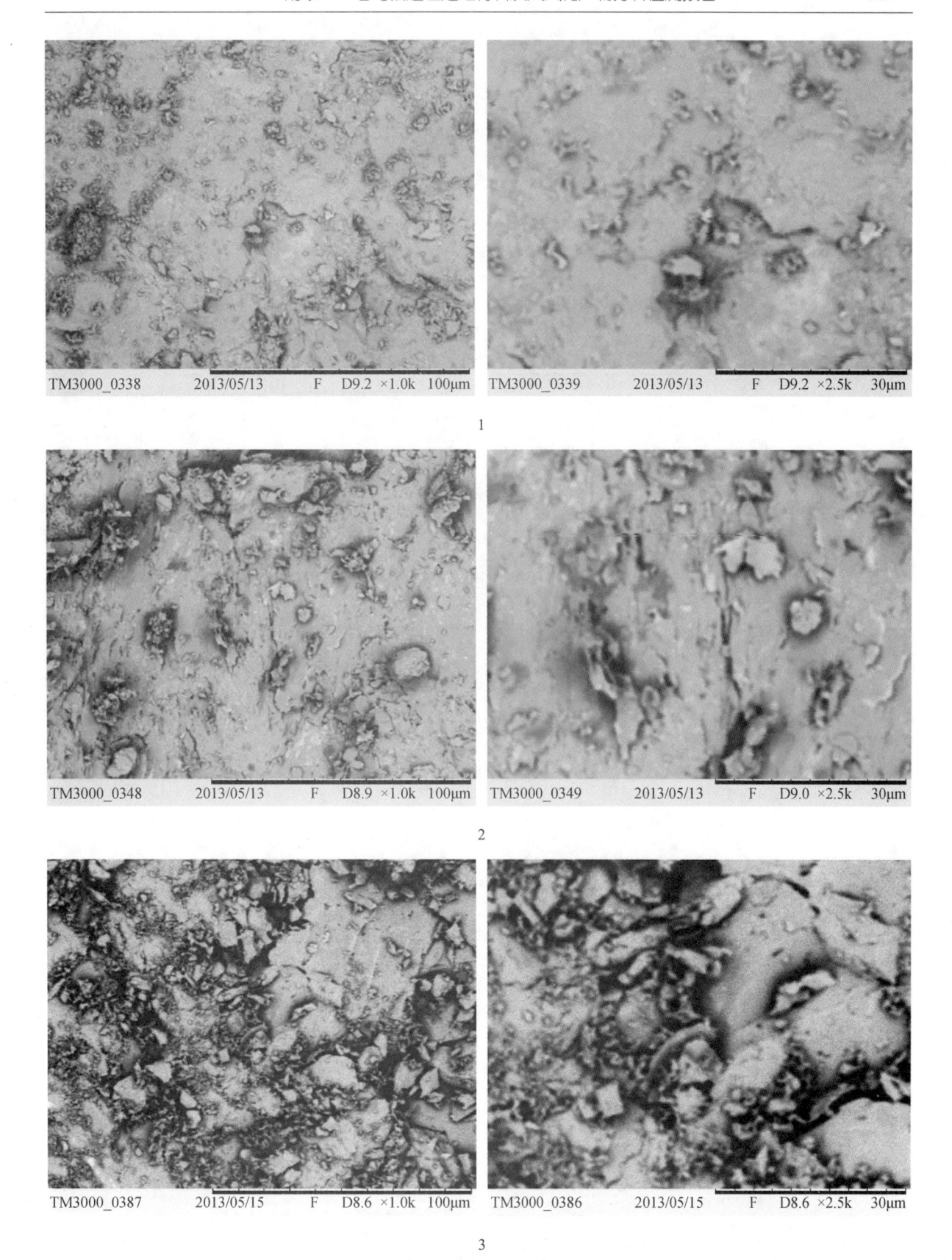

图一九A 道路及墓葬石质样品SEM测试结果
1. 宫殿外正街卵石（LSC-D1） 2. 宫殿区西部道路红色基岩（LSC-D2） 3. 墓葬区右侧神道上段基岩（LSC-D6）

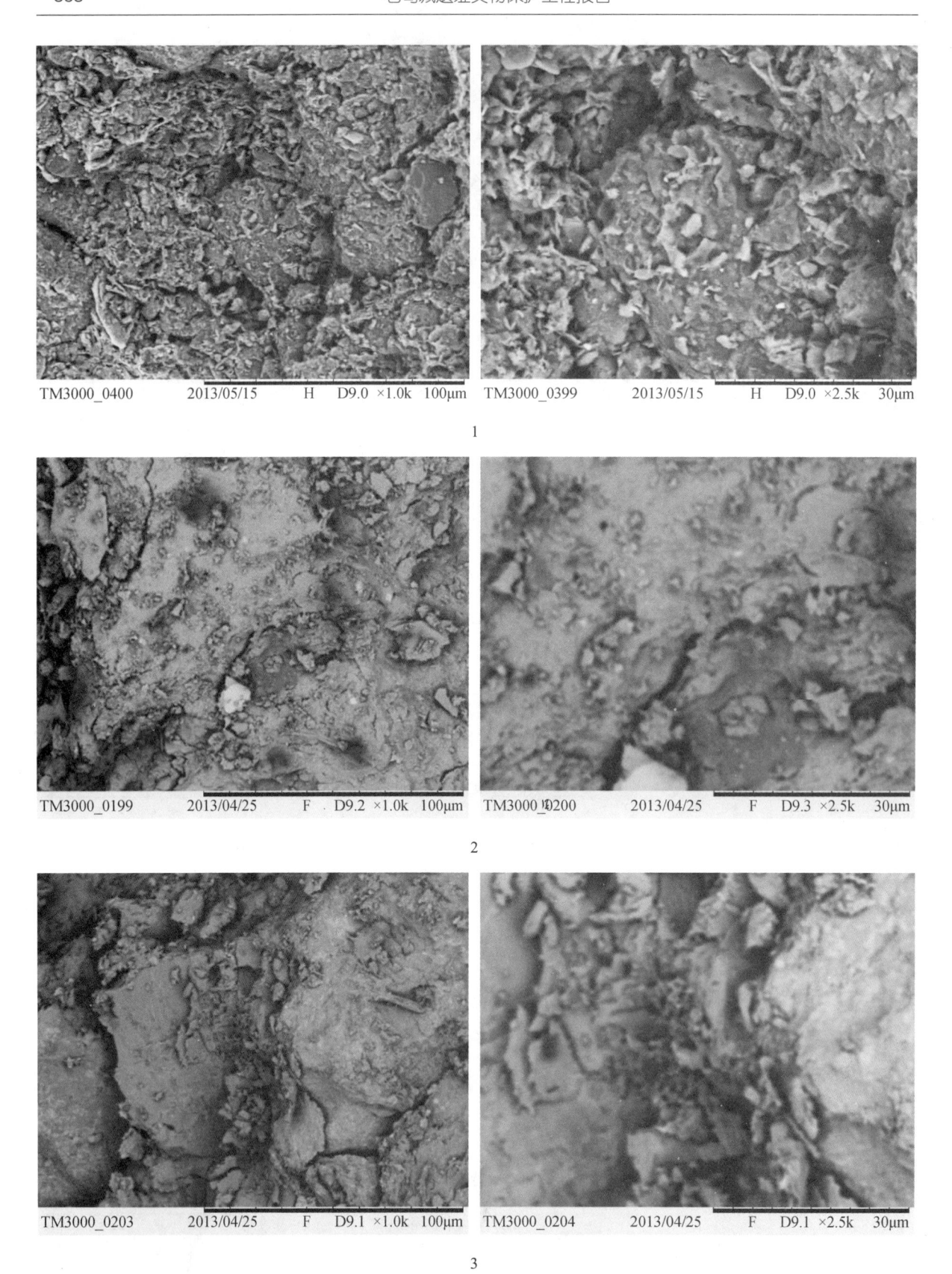

图一九B 道路及墓葬石质样品SEM测试结果

1. 墓葬青砖（LSC-D7） 2. 墓葬内石质材料（LSC-D8） 3. 墓葬区左侧神道石像生（马）（LSC-D10）

样品的EDX测试结果平均值统计如表六所示。根据SEM-EDX测试结果可知，宫殿外正街卵石（LSC-D1）的主要成分为硅铝酸盐，且内部结构致密，未见风化状颗粒物质。宫殿区西部道路红色基岩（LSC-D2）的主要成分应为碳酸钙及硅铝酸盐，且含有一定含量的Fe，其内部可能含有赤铁矿，因此显示出红色。从内部微观结构来看，该红色基岩结构较为致密，但内部可见层片状的风化产物，已发生一定程度的风化。墓葬区右侧神道上段基岩（LSC-D6）主要由钙和镁的碳酸盐组成，且内部微观结构呈颗粒状及碎屑状。紫金山M11墓葬青砖（LSC-D7）主要化学成分为O、Si、Al，且含有一定量的Fe，其内部结构呈碎屑状，颗粒间较为疏松，风化较为严重。墓葬内石质材料（LSC-D8）和墓葬区左侧神道石像生（马）（LSC-D10）在化学成分及内部微观结构上基本相同，均为胶结态，且存在一定的碎屑状风化产物，但墓葬区左侧神道石像生（马）（LSC-D10）的石材中Fe含量较高。

表六　老司城道路及墓葬石质样品EDX结果统计

样品编号	样品名称	O	Ca	Si	C	Al	Mg	Fe	K
LSC-D1	宫殿外正街卵石	49.2	—	28.1	8.6	3.2	0.9	10.0	—
LSC-D2	宫殿区西部道路红色基岩	40.3	25.8	16.4	3.8	4.7	1.1	4.9	3.0
LSC-D6	墓葬区右侧神道上段基岩	51.5	25.4	—	12.1	—	11.0	—	—
LSC-D7	紫金山M11墓葬青砖	50.5	—	30.4	—	9.3	1.4	5.9	2.4
LSC-D8	墓葬内石质材料	36.8	26.6	16.4	10.2	5.7	1.0	3.4	—
LSC-D10	墓葬区左侧神道石像生（马）	40.5	25.4	12.1	7.0	3.7	2.0	9.2	—

（表头：所含主要元素质量百分比 / %）

3. XRD分析

为了了解老司城墓葬及道路中土样与石质样品的矿物物相组成，本研究结合SEM-EDX的分析结果，采用XRD和岩相薄片鉴定对样品进行了物相分析。

其中，利用XRD对道路和墓葬土样（LSC-Z3、LSC-D3~LSC-D5、LSC-D9）及部分样品较少、取样量受限制的石质样品（LSC-D7、LSC-D8、LSC-D10）进行了物相分析，分析结果如图二〇A~图二〇D所示。

根据XRD分析结果可知，祖师殿路面垫层土的主要矿物质为石英及少量的云母；卵石地面垫层土和卵石踏步垫层土的矿物组成基本相同，均为石英、白云石和硅钙石，但卵石踏步垫层土中白云石的含量较高；原生土则主要为石英，且含少量的硅钙石，未见白云石的衍射峰；墓葬填土基本组成与卵石踏步垫层土较为接近，但其衍射峰中除石英、白云石和硅钙石外，还含有少量的氢氧化钙；紫金山M11墓葬青砖的主要矿物为石英及少量的微斜长石；墓葬内石质材料和墓葬区左侧神道石像生（马）的矿物组成基本相同，主要为石英及少量的方解石、云母和钠长石。

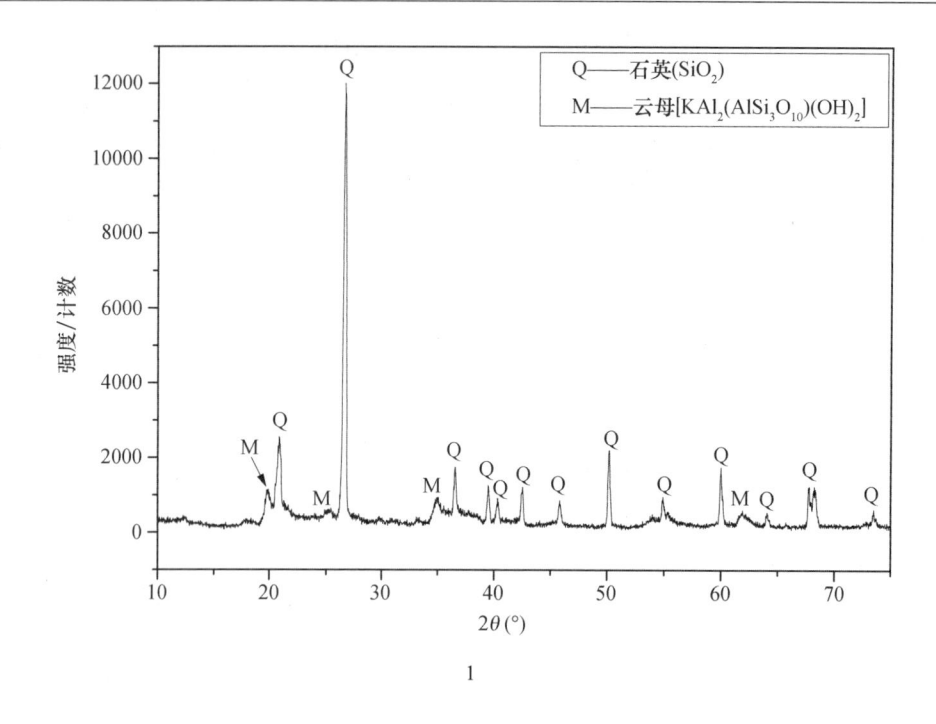

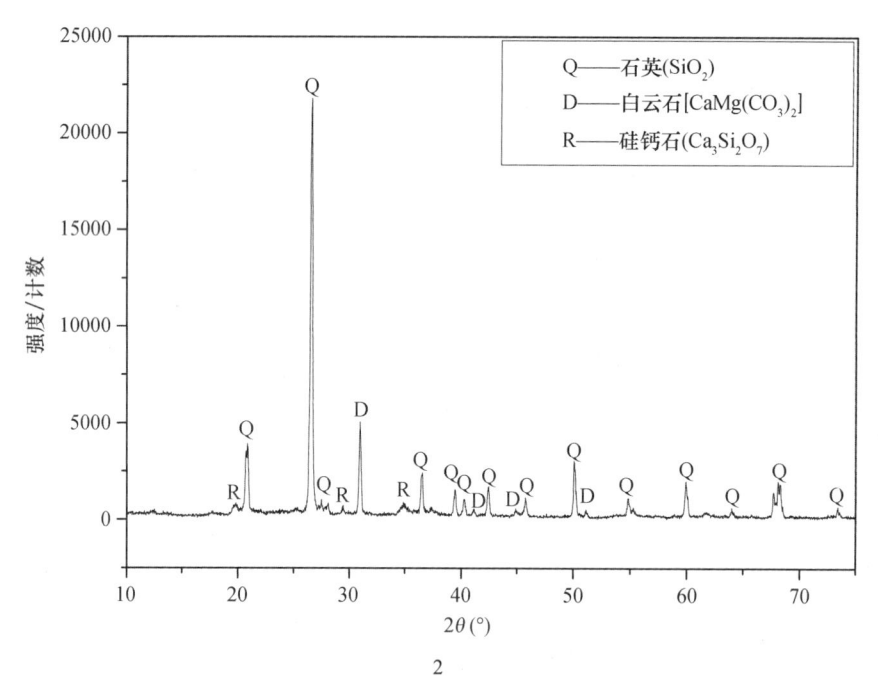

图二〇A　道路及墓葬土样和部分石质样品XRD分析结果
1. 祖师殿L3地面垫层土（LSC-Z3）　2. 卵石地面垫层土（LSC-D3）

4. 岩相薄片鉴定

为了解道路及墓葬所用石质建造材料的矿物组成、结构及构造等信息，采用偏光显微镜对岩石薄片的光性特征进行了鉴定。其中鉴定的试样包括宫殿区外正街卵石（LSC-D1）、宫殿区西部道路红色基岩（LSC-D2）及墓葬区右侧神道上段基岩（LSC-D6），其他石质试样由于

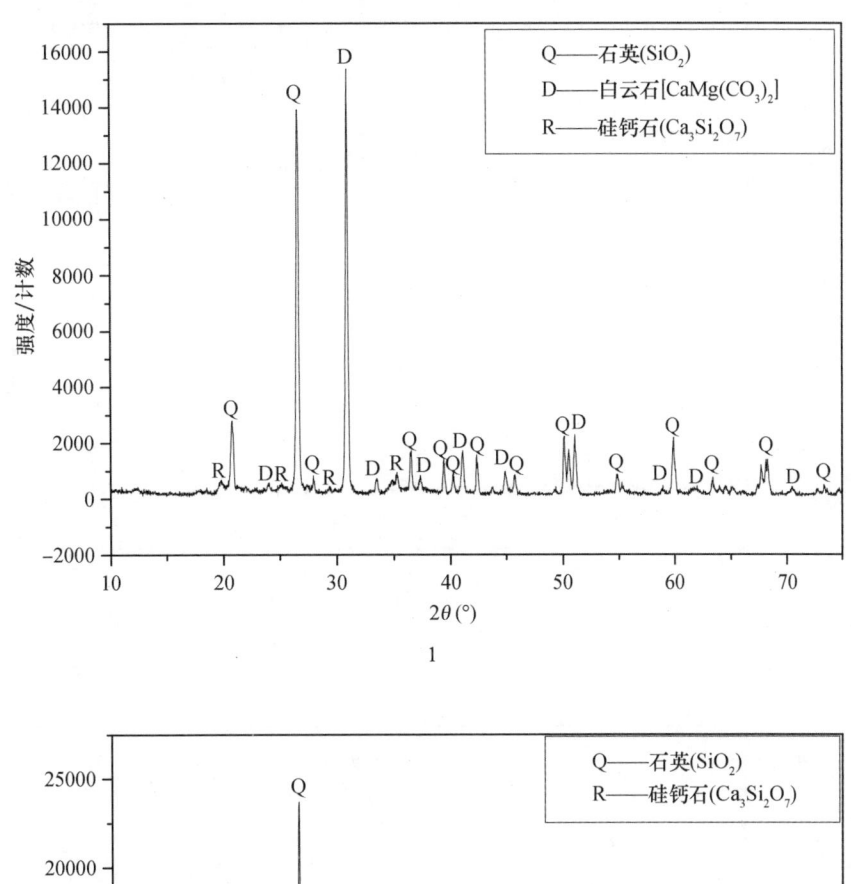

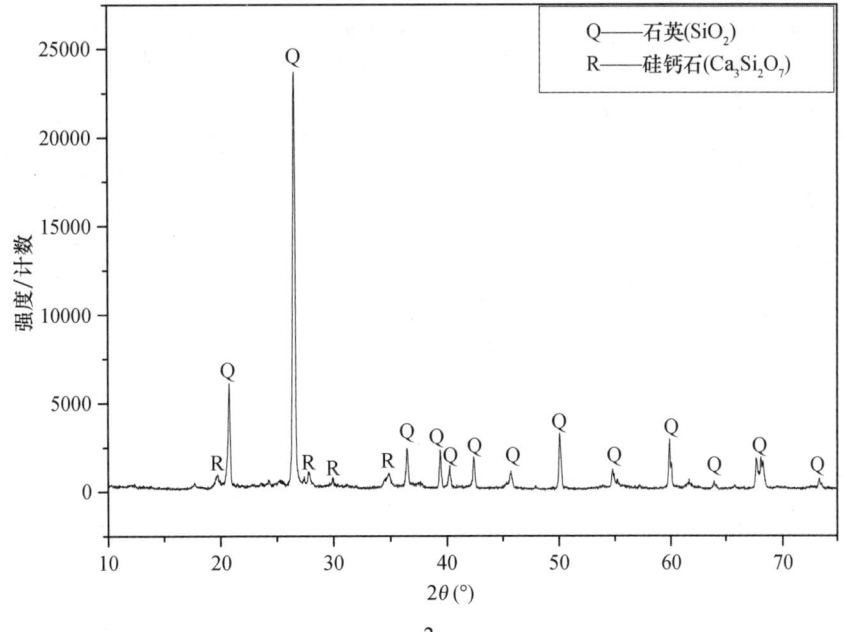

图二〇B 道路及墓葬土样和部分石质样品XRD分析结果
1. 卵石踏步垫层土（LSC-D4） 2. 原生土（LSC-D5）

取样量受限制，无法进行岩相薄片鉴定。按照GB/T 17412.2—1998《沉积岩岩石分类和命名方案》对岩石进行了分类和命名。

根据岩相薄片鉴定结果附表可知，宫殿区外正街卵石（LSC-D1）为石英细砂岩，主要矿物质以石英为主，且具粉砂结构，因此，该石质具有较好的抗风化性能。宫殿区西部道路红色基岩（LSC-D2）经鉴定为泥晶生物屑灰岩，其内部主要由方解石构成。其中，红色显色是因

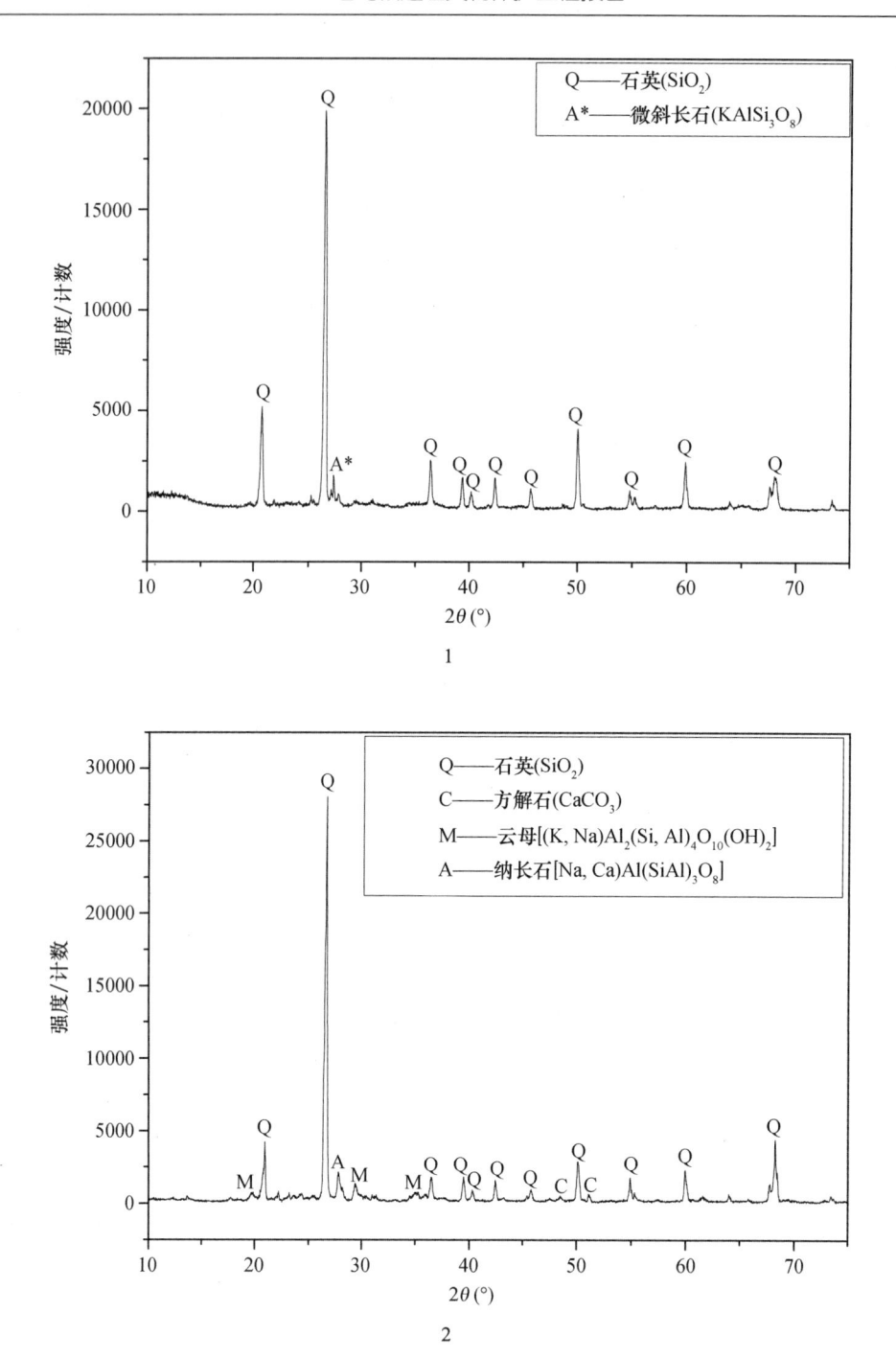

图二〇C 道路及墓葬土样和部分石质样品XRD分析结果
1. 紫金山M11墓葬青砖（LSC-D7） 2. 墓葬内石质材料（LSC-D8）

为该类岩石中含有一定量的铁质胶结物。墓葬区右侧神道上段基岩（LSC-D6）经鉴定为细晶白云岩，其矿物组成主要为白云岩。从抗风化能力来看，方解石、白云岩属于碳酸盐，其抗风化能力不及石英，因此，宫殿区西部道路红色基岩（LSC-D2）和墓葬区右侧神道上段基岩（LSC-D6）的抗风能力不及宫殿区外正街卵石（LSC-D1）。

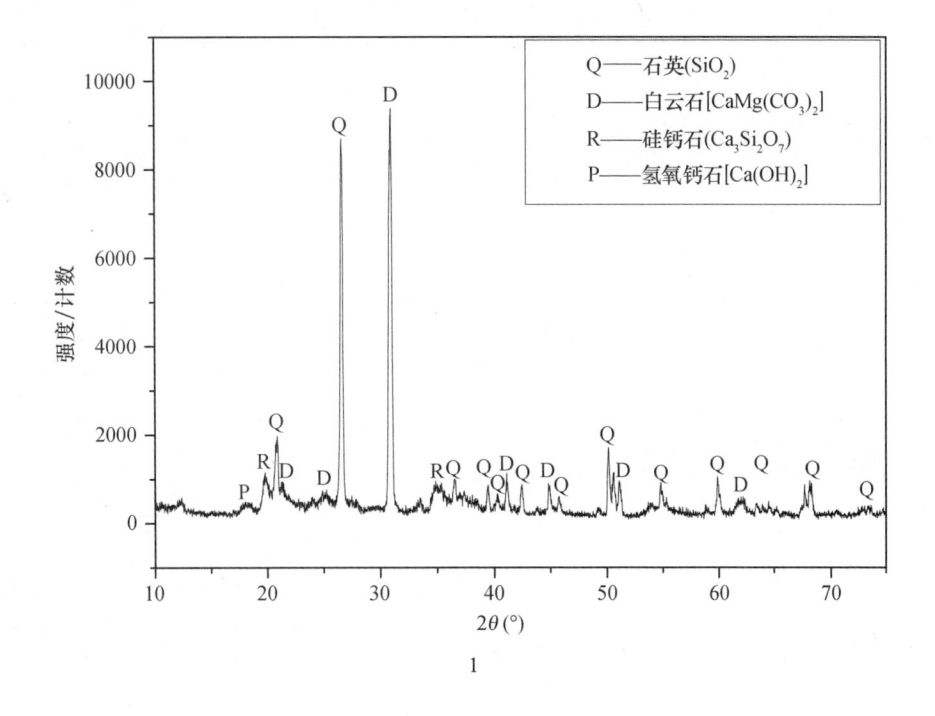

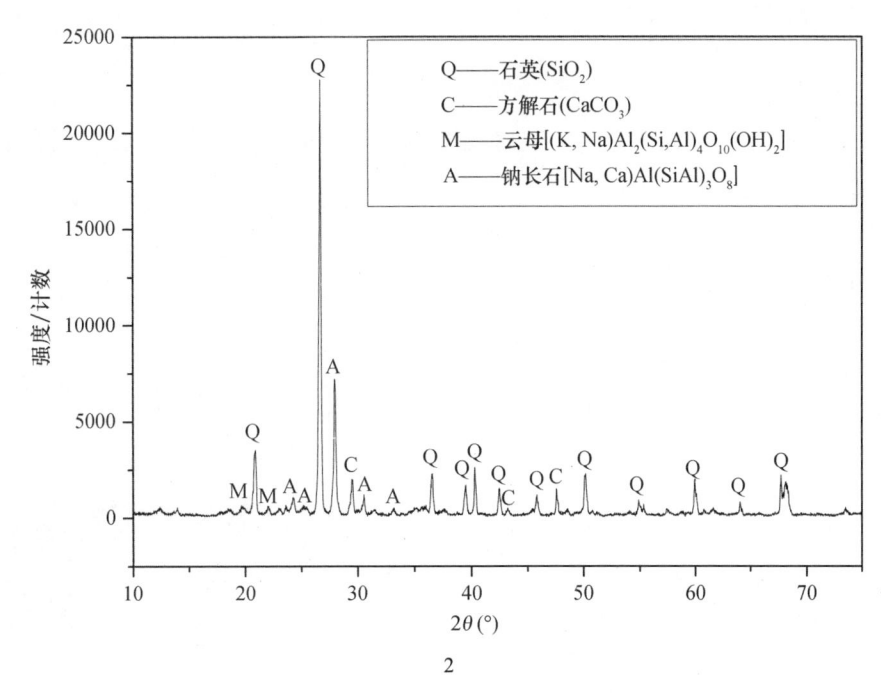

图二〇D　道路及墓葬土样和部分石质样品XRD分析结果
1. 墓葬填土（LSC-D9）　2. 墓葬区左侧神道石像生（马）（LSC-D10）

5. 小结

根据以上分析测试结果，将老司城遗址道路与墓葬部分样品测试结果统计如表七所示。

表七　道路及墓葬系统所用石质材料主要成分小结

样品编号	样品名称	矿物组成	其他补充说明
LSC-Z3	路面垫层土	石英、云母	石英质黏土
LSC-D1	卵石	石英、长石、各类云母、锆石、电气石及不透明矿物	石英细砂岩
LSC-D2	红色基岩	方解石、石英、白云石及铁质物	泥晶生物屑灰岩
LSC-D3	地面垫层土	石英、白云石、硅钙石	石英质黏土
LSC-D4	踏步垫层土	石英、白云石、硅钙石	石英质黏土
LSC-D5	原生土	石英、硅钙石	石英质黏土
LSC-D6	基岩	白云石、方解石	细晶白云岩
LSC-D7	墓葬青砖	石英、微斜长石	—
LSC-D8	墓葬石质	石英、方解石、云母、钠长石	石英砂岩
LSC-D9	墓葬填土	石英、白云石、硅钙石、氢氧钙石	石英质黏土
LSC-D10	石像生（马）	石英、方解石、云母、钠长石	石英砂岩

（三）小德政碑

小德政碑保存现状及其主要病害情况如图二一A、图二一B所示。

从小德政碑的保存状况来看，基本保存状况较差，表层出现严重的层片状剥落和粉状剥落，且字体间隙存在较多的白色污染物。

1. SEM-EDX测试结果分析

采用SEM-EDX对小德政碑后侧本体材质（LSC-B1）、表层物质（LSC-B2）、右侧粉状剥落（LSC-B3）、字迹缝隙内白色附着物（LSC-B4）进行了微观结构和基本化学元素组成分析，分析结果如图二二A～图二二F所示。

图二一A　小德政碑保存现状及主要病害情况

1. 小德政碑整体情况　2. 表面层片状剥落

附录一　老司城遗址建造材料及其风化产物分析检测报告 ·365·

图二一B　小德政碑保存现状及主要病害情况
1. 表面粉状剥落　2. 字迹间白色物质

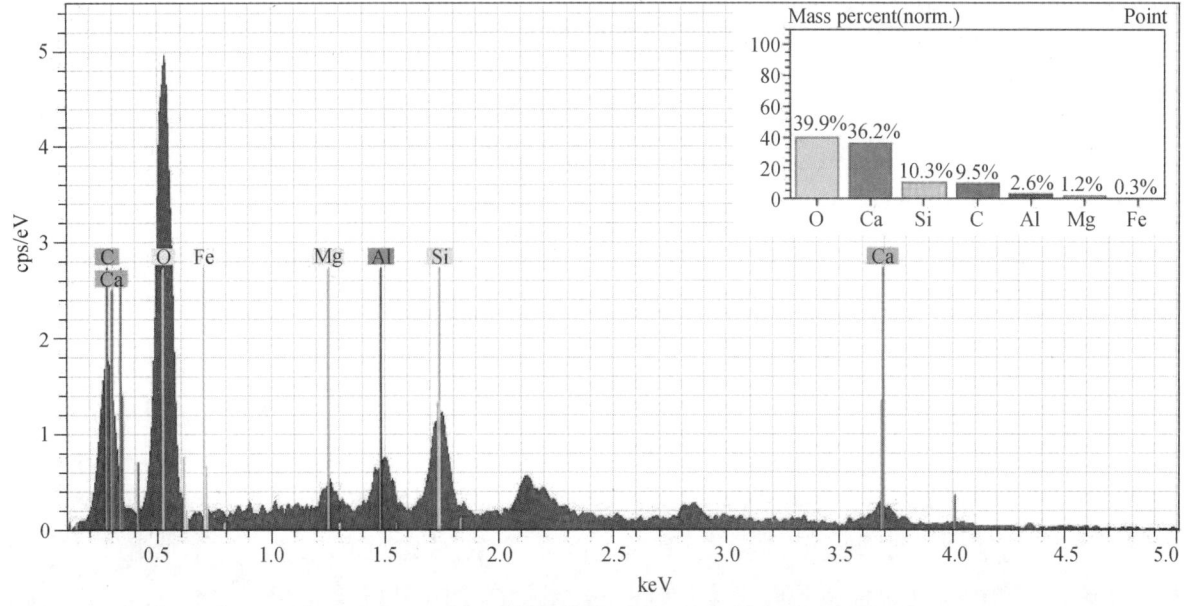

图二二A　小德政碑部分样品SEM-EDX分析结果
本体材质LSC-B1

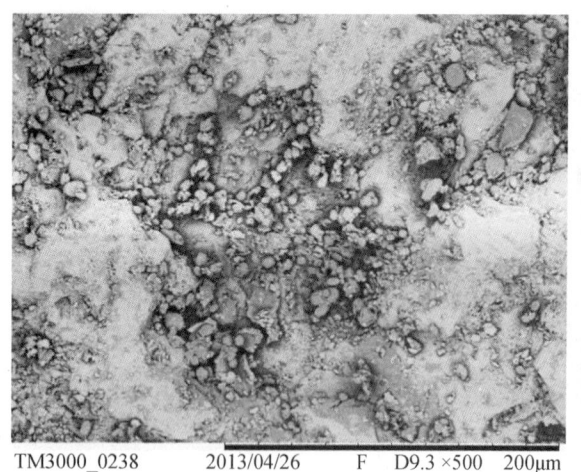

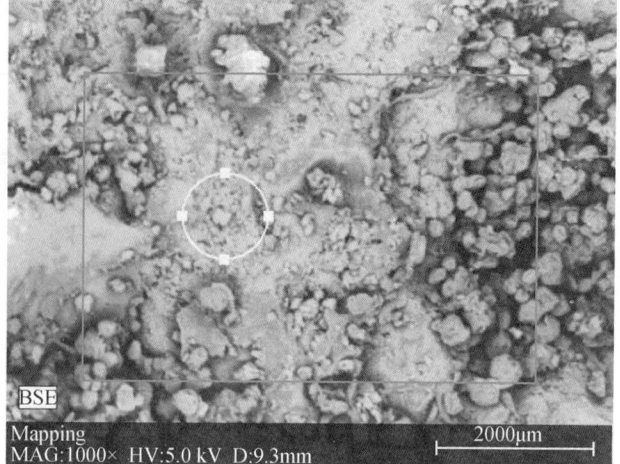

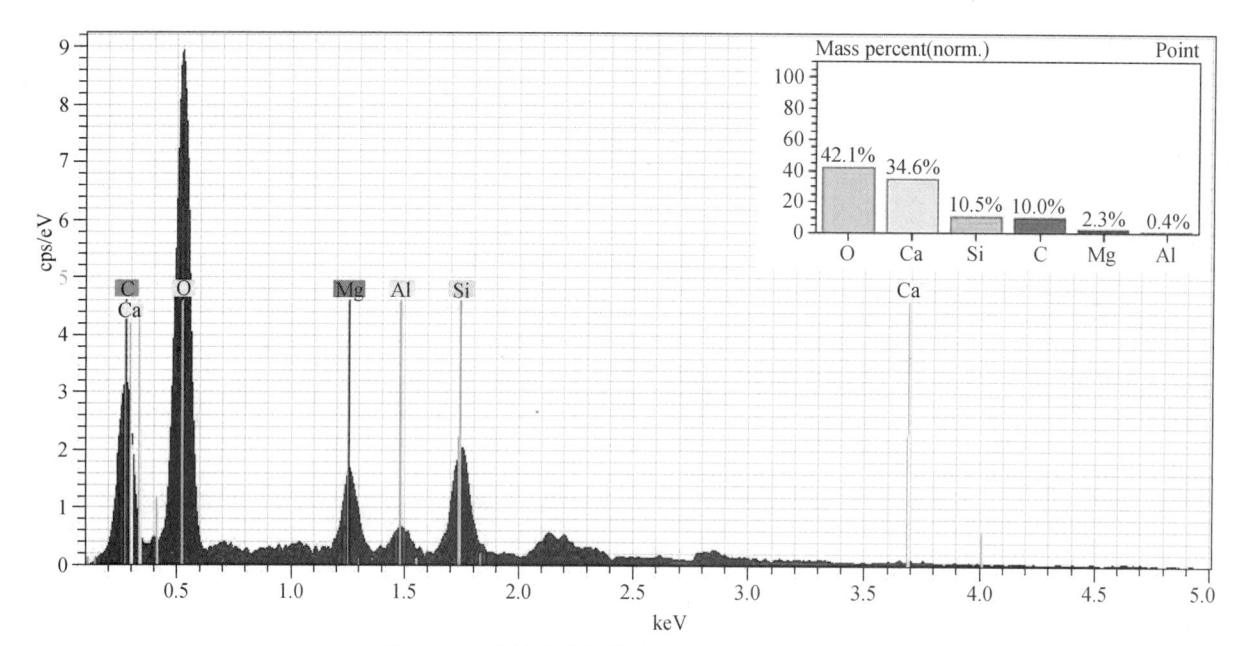

图二二B 小德政碑部分样品SEM-EDX分析结果
表层物质LSC-B2（基体物质）

根据以上分析结果可知，小德政碑本体材质（LSC-B1）（图二二A）主要成分为O、Ca、Si、C，含少量的Al和Mg等，呈碎屑结构。碑体表层材质（LSC-B2）与碑体本体材质（LSC-B1）明显不同，主要由内部结构致密的基体物质（图二二B）和分布不均匀的颗粒状物质（图二二C）组成。其中，基体物质与碑体本体材质基本成分相似，而颗粒状物质的主要成分应为钙盐，且主要分布在表面凹陷处。可推测，小德政碑的表层并非本体石材经过简单的打磨后而得到的较为光滑的表层，可能经过一定的人为处理，如在表面涂刷了一层含石灰的浆料。小德政碑表面右侧粉状剥落物质（LSC-B3）（图二二D）内部结构疏松，与石碑本体材质（LSC-B2）结构相比，其主要化学成分中含有很高的S，可能为硫酸盐，该粉状剥落应该为可溶盐的长期作用引起的。小德政碑表层字迹间白色物质（LSC-B4）（图二二E、F）则由纤维状和颗粒状两种形貌的物质组成，其主要成分均为Ca、O、C，但纤维状物质中含C量明显高于颗粒

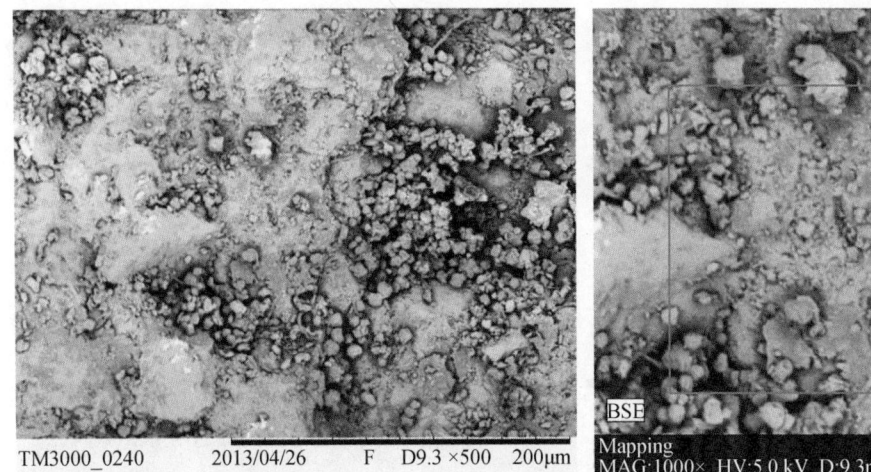

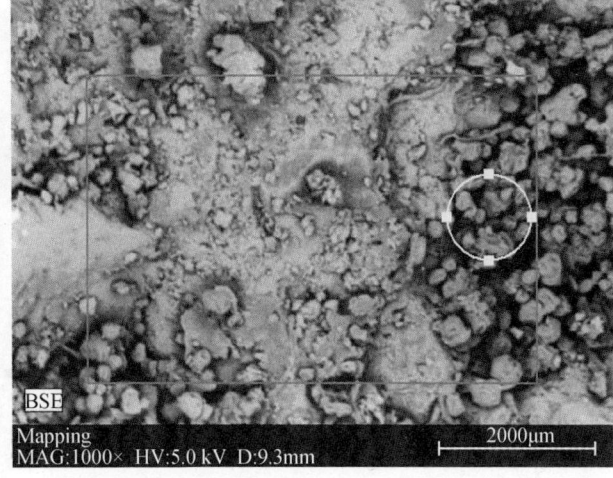

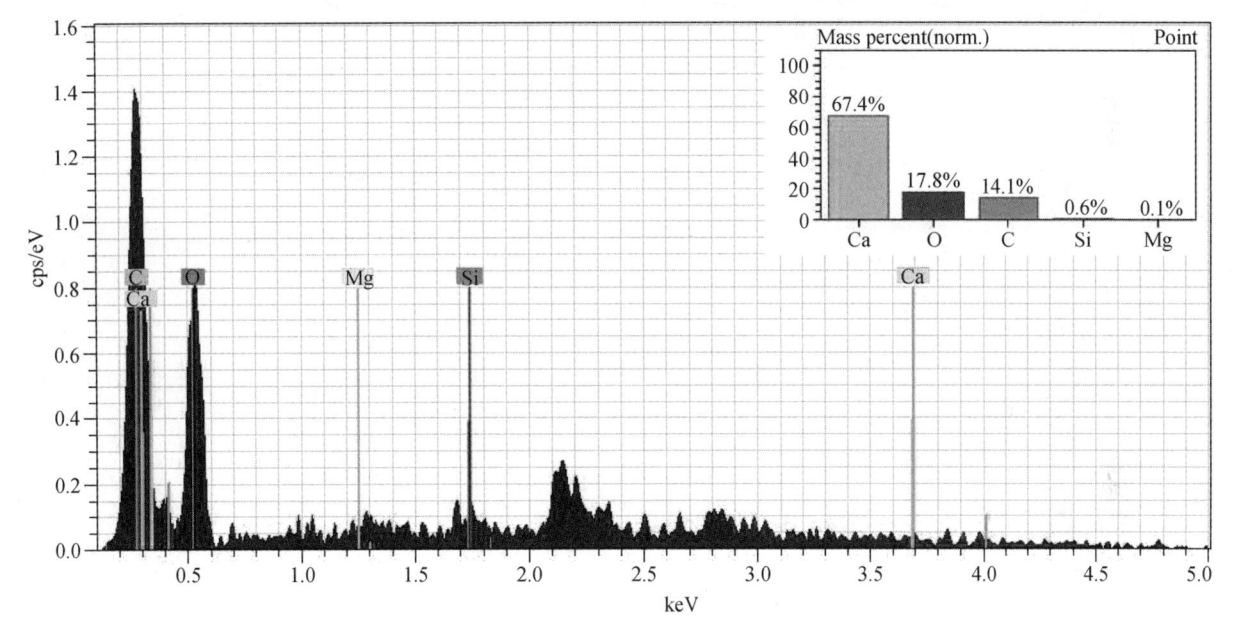

图二二C 小德政碑部分样品SEM-EDX分析结果

表层材质（LSC-B2）（不均匀颗粒状物质）

状物质，且含N量较高，可推测该纤维状物质可能为有机物。因此，白色物质可能为细菌或者生物生活痕迹。

2. XRD分析结果

为了进一步了解小德政碑的材质及其风化物质，采用XRD对小德政碑后侧本体材质（LSC-B1）、小德政碑表层物质（LSC-B2）和小德政碑表面粉状剥落（LSC-B3）进行了物相分析。而小德政碑字迹间白色附着物由于样品较小，无法进行XRD分析。其分析结果如图二三A、图二三B所示。

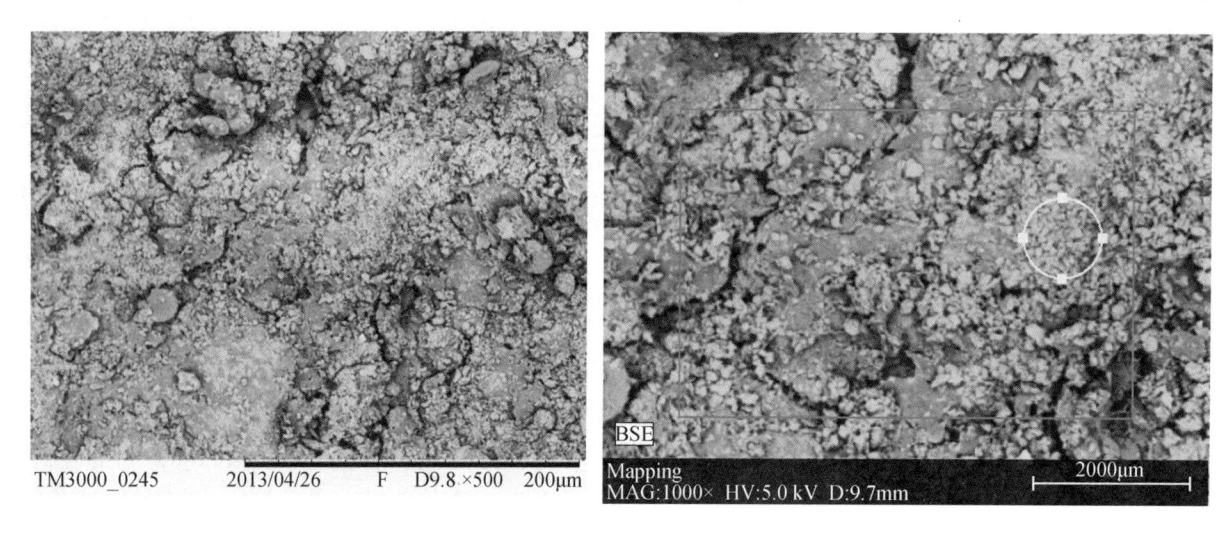

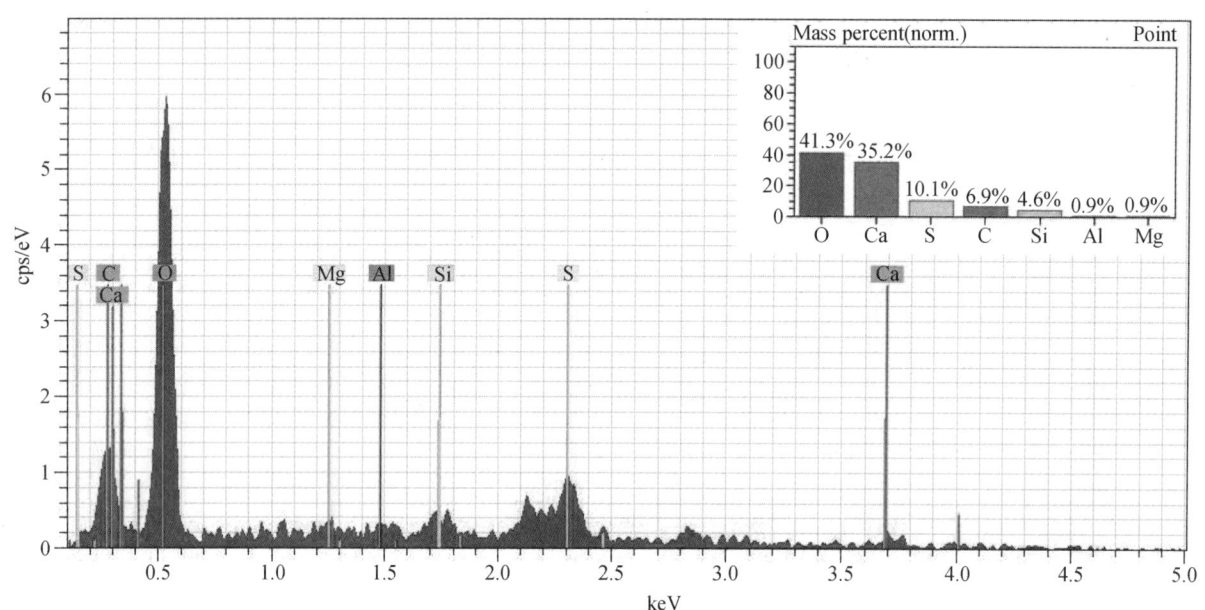

图二二D　小德政碑部分样品SEM-EDX分析结果
表面右侧粉状剥落（LSC-B3）

根据XRD分析结果可知，小德政碑本体材质（LSC-B1）主要为石英，还有极少量的硅钙石和钠长石。而在其表层材质（LSC-B2）中除石英、云母和钠长石外，还有少量的方解石。表面粉状剥落（LSC-B3）中同样发现有方解石存在。

本体材质中无方解石，表明表层物质中的颗粒状钙盐并非本体材质中溶解析出，而是人为加入的结果。因此，进一步验证了之前SEM-EDX的分析结果。但表面粉状剥落物中未发现可溶盐的物相衍射峰，可能是因为可溶盐含量较少，还需借助离子色谱仪来进行可溶盐的分析。

3. 可溶盐离子色谱分析

采用离子色谱仪对小德政碑右侧粉状剥落（LSC-B3）和表层物质（LSC-B2）进行了可溶

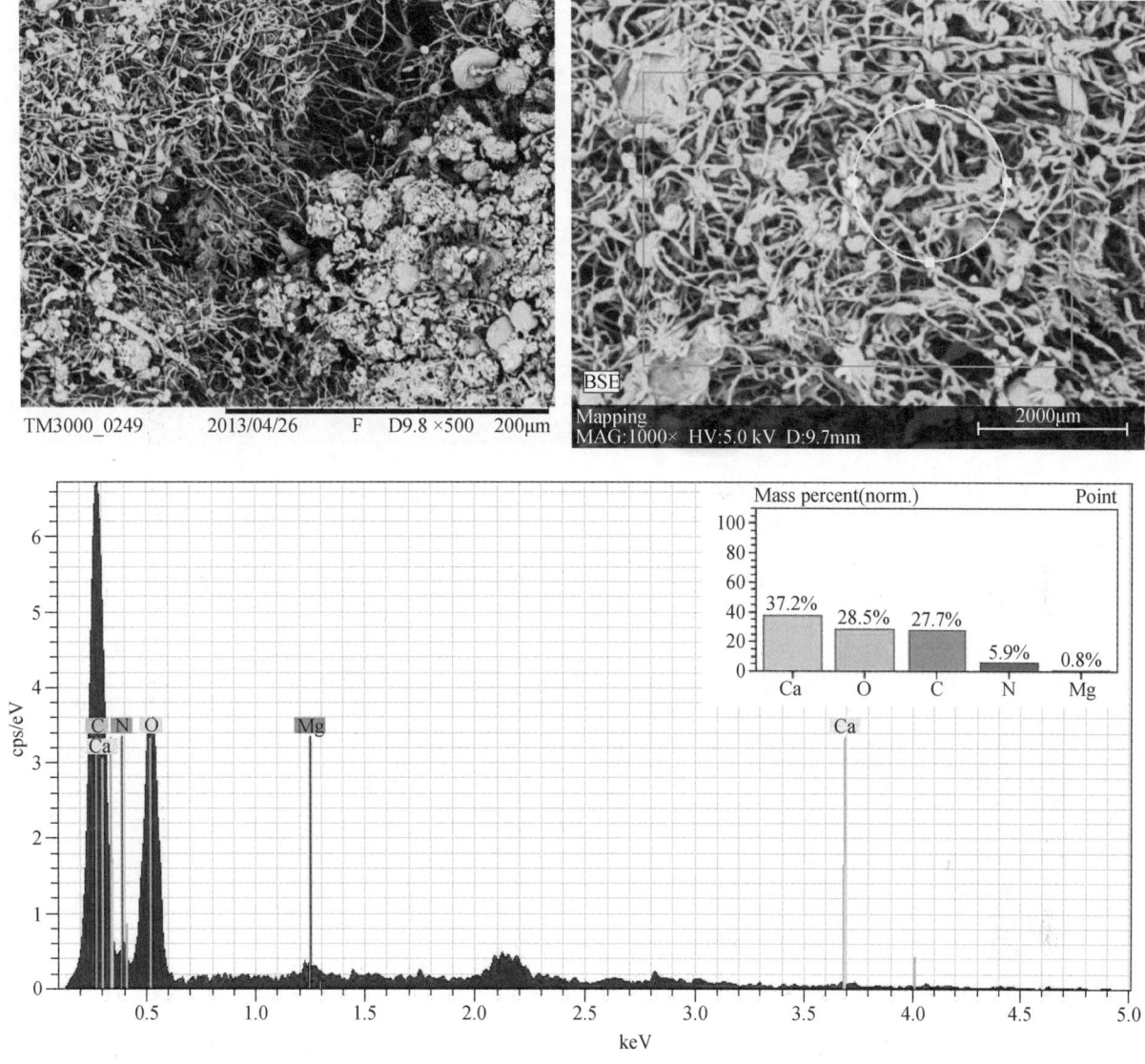

图二二E　小德政碑部分样品SEM-EDX分析结果

表面字迹间白色物质（LSC-B4）（纤维状物质）

盐种类及其含量的测定。

具体实验方法为：将采集的土样浸泡在超纯水中24h；24h后，取一定体积的溶液，用超纯水稀释一定的倍数；经精过滤后，抽取样本溶液装入进样管中进行测试。测试结果如下。

表八　小德政碑表层物质（LSC-B2）及其右侧粉状剥落（LSC-B3）可溶盐测定结果

试样编号	试样名称	离子类别及其含量／（mg/g）						
		阳离子				阴离子		
		Ca^{2+}	K^+	Na^+	Mg^{2+}	SO_4^{2-}	NO_3^-	Cl^-
LSC-B2	表层物质	0.80	0.09	0.04	0.47	2.41	0.71	0.29
LSC-B3	粉状剥落	1.66	0.42	0.05	0.32	4.69	0.15	0.10

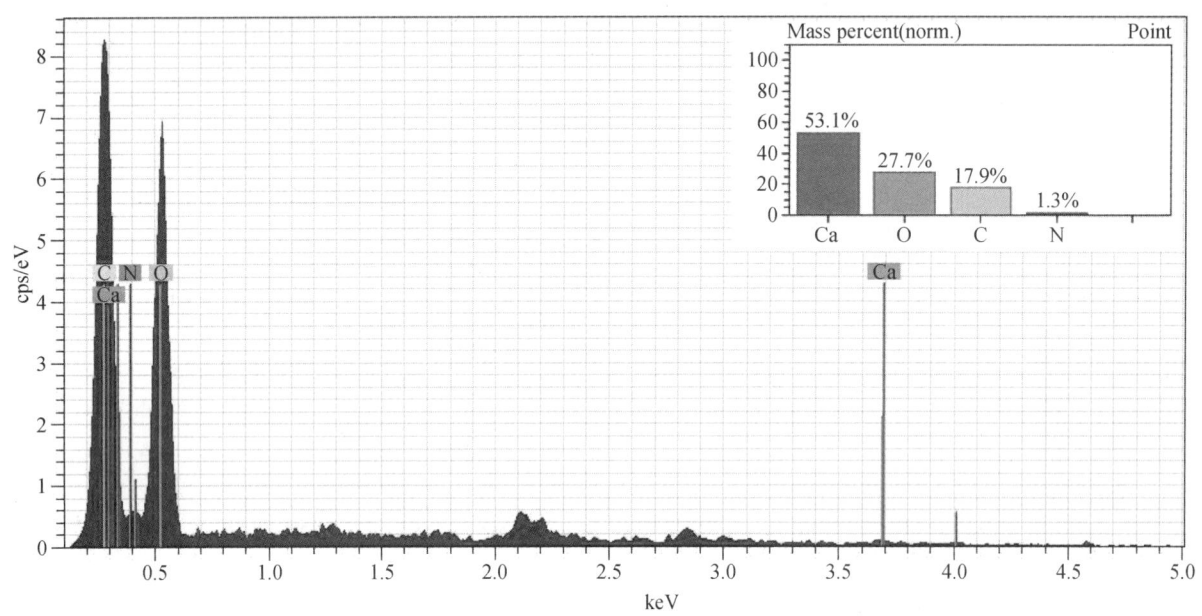

图二二F 小德政碑部分样品SEM-EDX分析结果
表层字迹间白色物质（LSC-B4）（颗粒状物质）

根据结果（表八）可知，与小德政碑表层物质（LSC-B2）相比，粉状剥落（LSC-B3）中可溶盐含量较高，且主要以硫酸盐为主，阳离子中Ca^{2+}含量最高，阴离子中含量最高的为SO_4^{2-}。

4. 小结

根据以上分析测试结果，我们可以得出以下信息。

（1）小德政碑本体材质的主要矿物质组成为石英、少量的云母和钠长石，按岩性来分，应该属于花岗岩。

（2）小德政碑表层材质SEM-EDX结果显示，其表层凹陷部位存在颗粒状碳酸盐，经XRD

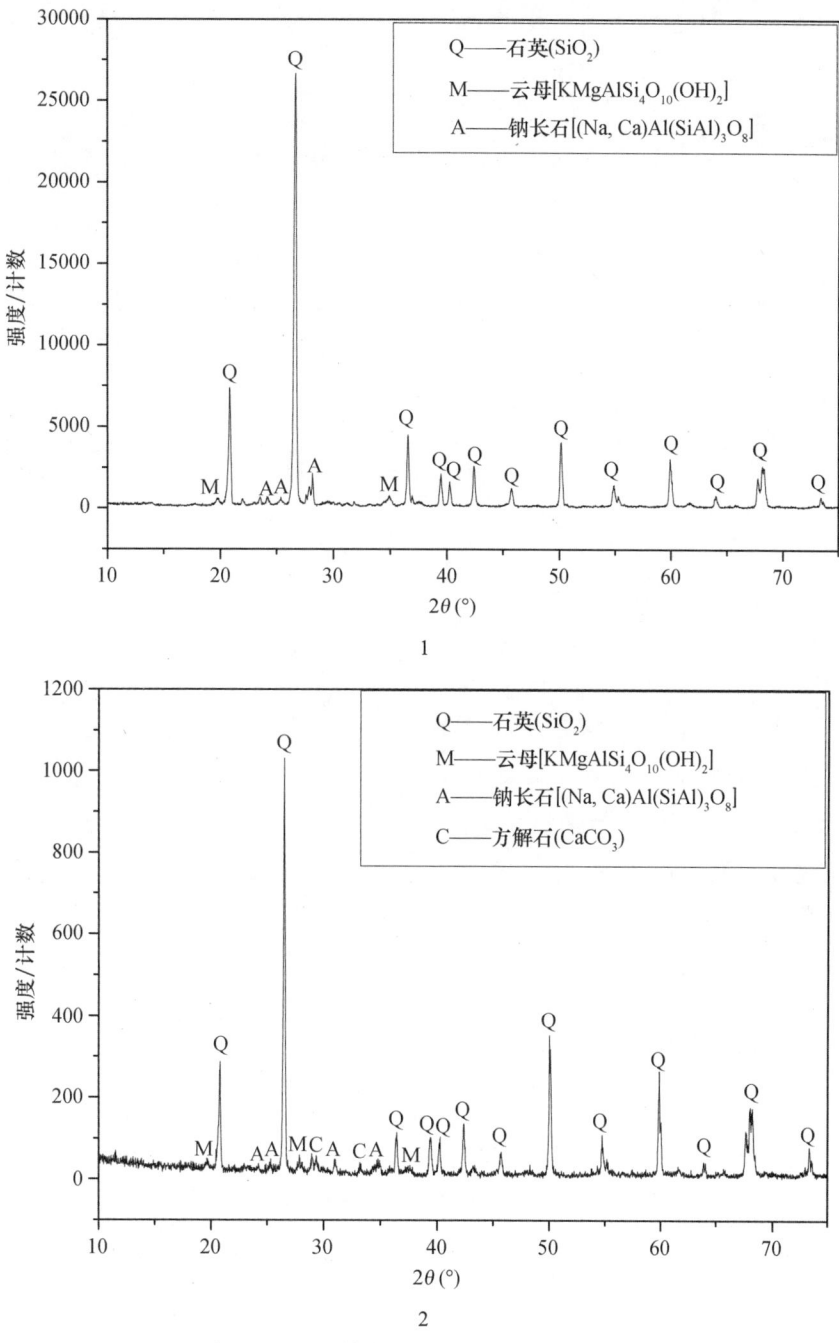

图二三 A　小德政碑部分样品XRD分析结果
1. 后侧本体材质（LSC-B1）　2. 表层物质（LSC-B2）

结果证实为碳酸钙。因此，可推测该石碑表层并非简单的打磨成型，而很有可能在表层涂覆了一层较薄的浆料。此外，结合小德政碑的病害情况分析可知，其左上角部位表层存在较为严重的层片状脱落，很有可能是由于表层材质与石碑本体材质的差异性，导致二者热膨胀系数及吸水系数不同，长期的冷热交替及干湿交替导致结合面分离。

（3）小德政碑表层的粉状剥落应为硫酸盐。发生粉状剥落的部位主要在右下角部分，结

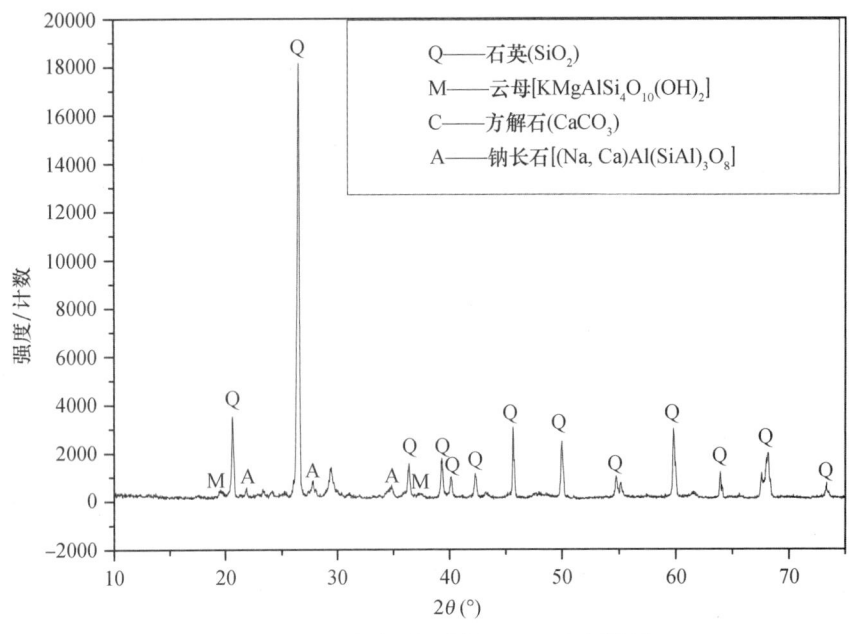

图二三 B　小德政碑部分样品XRD分析结果
表面粉状剥落（LSC-B3）

合小德政碑周边的环境可知，该部分长期与石碑下方及后方的土壤接触，长期的水盐作用及冷热交替作用使得表层结构疏松，导致粉状剥落。

（4）小德政碑表面字迹间白色附着物主要为纤维状物质和颗粒状物质，其主要成分均为Ca、O、C，其中纤维状物质含C量明显较高，且含一定量的N，分析推测，该白色附着物应该为细菌或者生物生活的痕迹。

（四）古栈道及摩崖石刻

1. SEM-EDX

采用扫描电镜能谱对古栈道及石榴口摩崖石刻石质材料（LSC-K1、LSC-K2）、石榴口摩崖石刻右侧小石刻表面白色附着物（LSC-K3）进行了微观形貌观察及化学成分测试。分析测试结果如图二四A～图二四D所示。

根据分析结果可知，古栈道石质材料（LSC-K1）（图二四A）的主要化学成分为O、Ca、C、Mg，且含有少量的Si，呈碎屑结构。石榴口摩崖石刻石质材料（LSC-K2）（图二四B）与古栈道石质材料（LSC-K1）基本成分相似，但Si含量明显增多，且微观结构呈晶粒构造。石榴口摩崖石刻右侧小石刻表面白色附着物（LSC-K3）（图二四C）与石刻本体材质相比，其微观结构和主要成分均不同。白色附着物主要由不同粒径的椭圆形颗粒状钙盐（图二四C）和层片碎屑状物质（图二四D）组成。其中，层片碎屑状物质的主要成分与石刻本体材质成分的主要化学元素相同，但Ca含量更高，可能为含钙盐较多的本体材料。由于样品量较少，取样困难，无法进行XRD等分析，推测其可能是由于石质本体材料碳酸盐在长期的雨水、内部毛细水等作

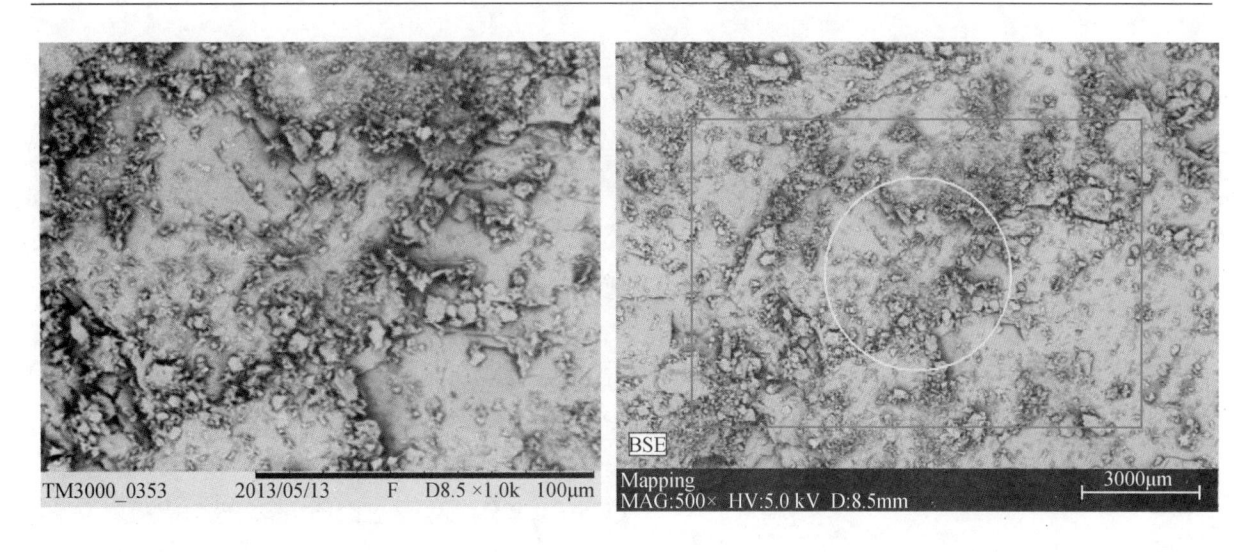

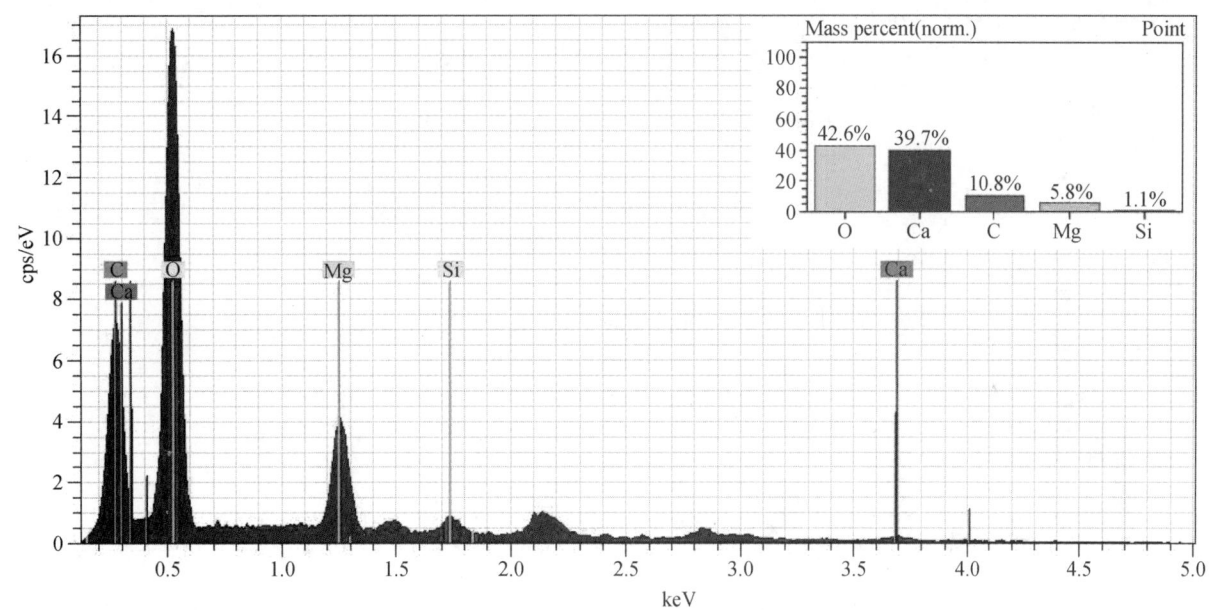

图二四A　古栈道及摩崖石刻部分石质材料SEM-EDX分析结果

古栈道（LSC-K1）

用下，溶解析出重结晶形成的碳酸钙，也有可能是石刻表面与周围环境相互作用形成的草酸钙类物质。

2. 岩相薄片鉴定

为了解古栈道及摩崖石刻的矿物组成、结构及构造等信息，采用偏光显微镜对岩石薄片的光性特征进行了鉴定，并按照GB/T 17412.2—1998《沉积岩岩石分类和命名方案》对岩石进行了分类和命名。

根据鉴定结果附表，古栈道石质材料（LSC-K1）和石榴口摩崖石刻石质材料（LSC-K2）在矿物成分上基本相同，均为白云石和微量的石英，但内部构造存在较大的区别。其中，古栈道石质为中细晶白云岩，而石榴口摩崖石刻石质为鲕状微晶白云岩。

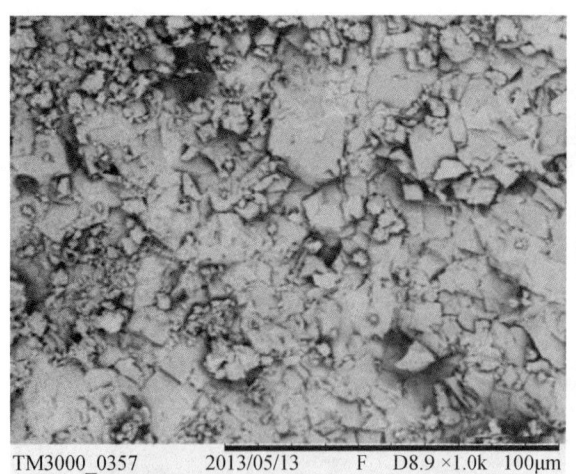

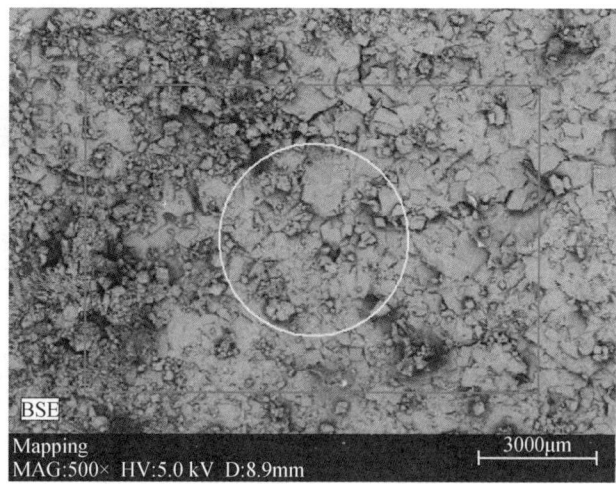

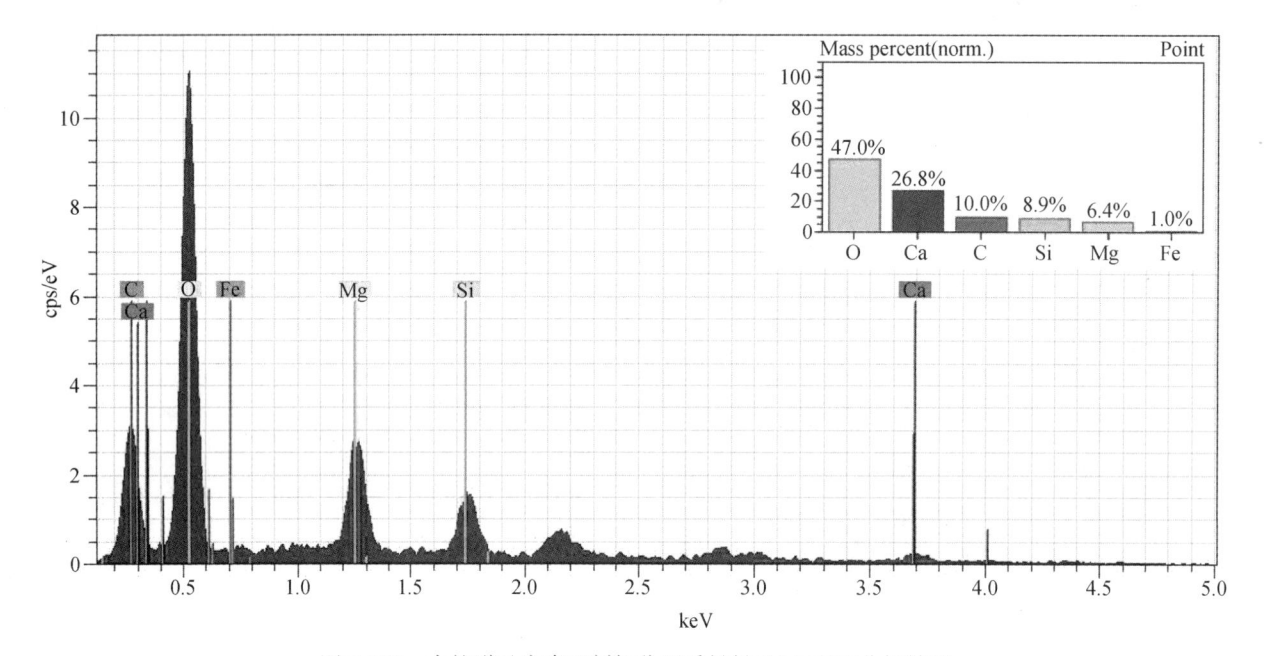

图二四B 古栈道及摩崖石刻部分石质材料SEM-EDX分析结果
石榴口摩崖石刻（LSC-K2）

3. 筛分

为了了解石榴口摩崖石刻附近砂土对石刻的影响，在摩崖石刻附近取砂土样品（LSC-K4）进行颗粒级配的分析。分析结果如表九所示：

表九 摩崖石刻附近土样颗粒（LSC-K4）级配分析

粒度大小 / mm	>2.00	2.00~1.43	1.43~1.00	1.00~0.50	0.50~0.30	0.30~0.20	<0.20
砂土1（含量wt.%）	33.98	16.54	22.35	17.47	5.54	0.24	3.88
砂土2（含量wt.%）	0.96	2.55	11.15	30.97	28.01	5.10	21.26

注：砂土1取自石刻下方，砂土2取自石刻左方3m处

由筛分结果可知，摩崖石刻附近砂土样品的颗粒分配较为集中。其中，砂土1粒度普遍较

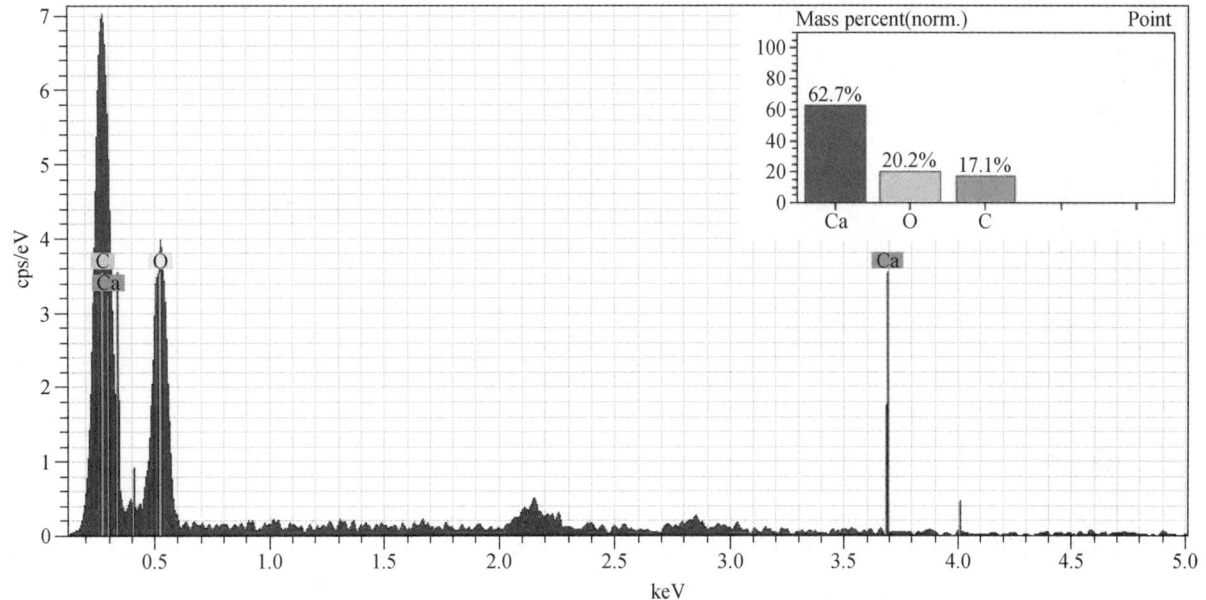

图二四C 古栈道及摩崖石刻部分石质材料SEM-EDX分析结果
石榴口摩崖石刻右侧小石刻表面白色附着物（LSC-K3）（颗粒状）

粗，主要分布在0.5mm以上，砂土2粒度较细，主要分布在0.3~1.43mm，为河水长期冲刷的结果。

4. 可溶盐分析测试

采用离子色谱仪对摩崖石刻附近土样进行了可溶盐种类及其含量的测定，以探讨可溶盐对摩崖石刻的影响，其结果如表一〇所示。

表一〇 石榴口摩崖石刻附近土样可溶盐测定结果

样品编号	试样名称	离子类别及其含量/（mg/g）						
		Ca^{2+}	K^+	Na^+	Mg^{2+}	SO_4^{2-}	NO_3^-	Cl^-
LSC-K4	石榴口摩崖石刻附近土样	0.056	0.014	0.004	0.016	0.046	0.014	0.034

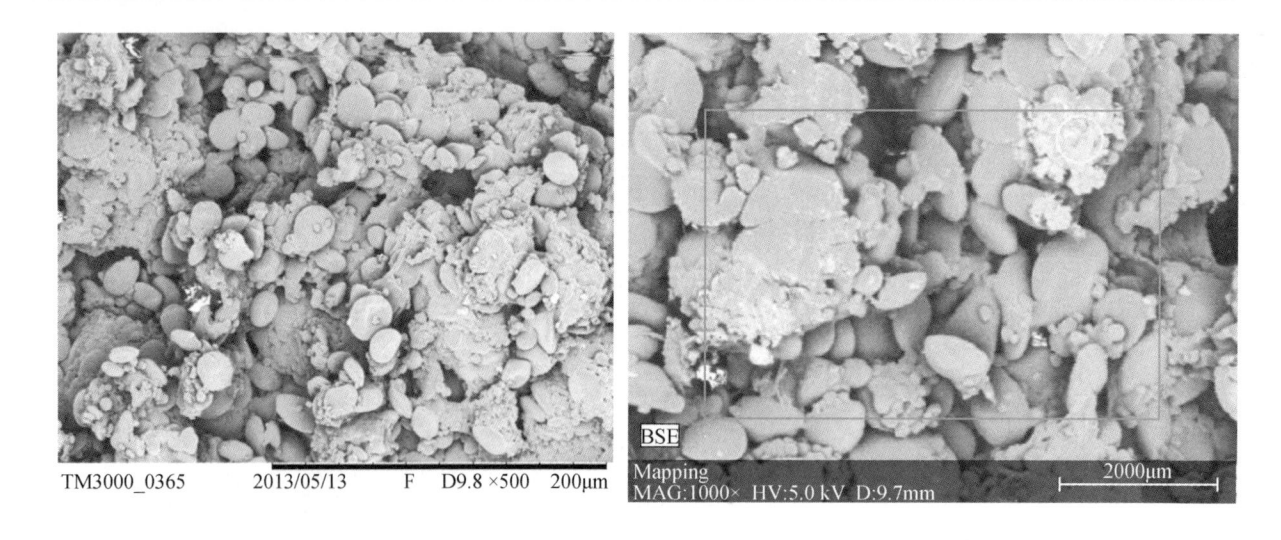

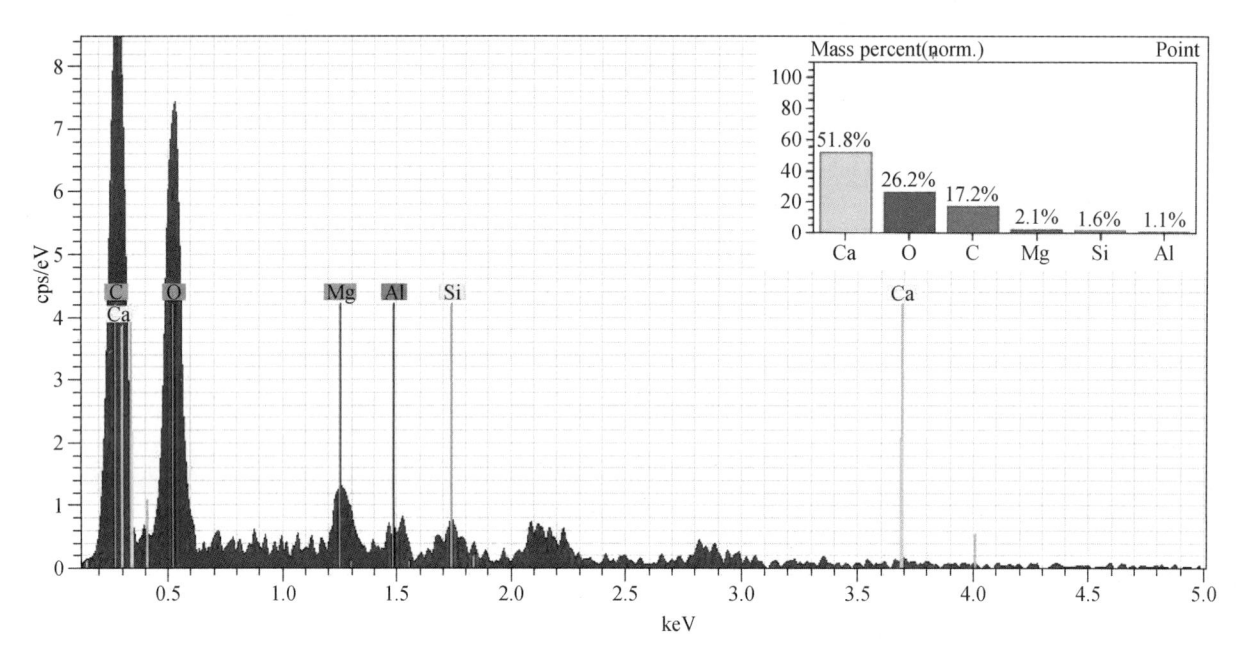

图二四D　古栈道及摩崖石刻部分石质材料SEM-EDX分析结果
石榴口摩崖石刻右侧小石刻表面白色附着物（LSC-K3）（层片碎屑状）

离子色谱分析结果表明，摩崖石刻附近土样中可溶盐含量很低，基本上不会对摩崖石刻造成危害。

5. 小结

（1）古栈道石质主要矿物成分为白云石及微量的石英，经鉴定为中细晶白云岩。晶粒细小，呈基底式胶结，内部结构致密，具有较好的抗风化能力。

（2）石榴口摩崖石刻主要矿物成分与古栈道相同，为白云石及微量的石英，但内部构造不同，其晶粒更为细小，为鲕状微晶白云岩。其中，该摩崖石刻右侧小石刻表面白色附着物，经分析推测可能是由于石质本体材料碳酸盐在长期的雨水、内部毛细水等作用下，溶解析出重结晶形成的碳酸钙，也有可能是石刻表面与周围环境相互作用形成的草酸钙类物质，对摩崖石刻的危害作用不大。此外，通过分析可知，摩崖石刻附近土样中含盐量较低，但颗粒分布较为集中，为长期河水冲刷带来的砂土。因此，对摩崖石刻破坏作用较大的应该是长期的干湿交替、河水及砂石的冲刷作用，可溶盐危害不大。

注　释

[1] 张秉坚、卢焕明、尹海燕等：《石质文物古迹表面的天然保护膜研究》，《杭州电子科技大学学报》2000年第3期，第32~34页。

[2] 杨富巍、张秉坚、潘昌初等：《以糯米灰浆为代表的传统灰浆——中国古代的重大发明之一》，《中国科学（E辑：技术科学）》2009年第1期，第1~7页。

[3] 几种参比物质的红外光谱图数据来源于http://minerals.gps.caltech.edu/files/raman/。

附　表

附表一　中南大学地球科学与信息物理学院岩矿薄片鉴定报告

送样号	LSC-C10	报告编号	13-4-5
送样单位	湖南省文物考古研究所	检验号	Z13-4-5
采样日期	2013-1-16	采样地点	宫殿区南城墙墙体
产状		野外定名	砌墙石块
鉴定要求	矿物成分及含量百分比，结构、构造及岩石定名			
肉眼观察	灰白色，见亮晶白云石团状局部分布，矿物颗粒太细，无法辨认，具亮晶结构，块状构造			

显微镜观察：

岩石由白云石（含量100%）、石英（微量）组成。

岩石具中细晶结构、亮晶结构、鲕状结构、粒屑结构、碎屑结构、块状构造。粒屑（含量2%）为鲕粒，鲕粒由数层同心层状微晶白云石构成，大多数为浑圆状，见个别椭圆形鲕粒，鲕粒粒径0.5~1mm，局部集中，不均匀分布。碎屑（含量10%）为岩石碎屑、矿物碎屑，岩石碎屑为白云岩岩屑，由粉晶白云石及小部分晶型更好的细晶白云石构成，岩石碎屑粒径0.75~2.8mm，主要为磨圆状，个别局部破碎，边界残缺；矿物碎屑为石英，次棱角状。胶结物（含量88%）为细晶白云石。胶结类型为基底式胶结。

白云石：分为两种，第一种为胶结物，半自形晶，粒状，粒径0.06~0.5mm，个别达1.5mm，其中结晶程度较好且粒径较大的白云石呈颗粒镶嵌条带状集合体分布；第二种分布在鲕粒及白云岩岩屑中，它形晶，粒状，岩屑中白云石粒径0.03~0.15mm，鲕粒中白云石粒径小于0.03mm。

石英：为碎屑，次棱角状，粒径小于0.05mm，呈星点状均匀分布。

岩石经茜素红染色实验

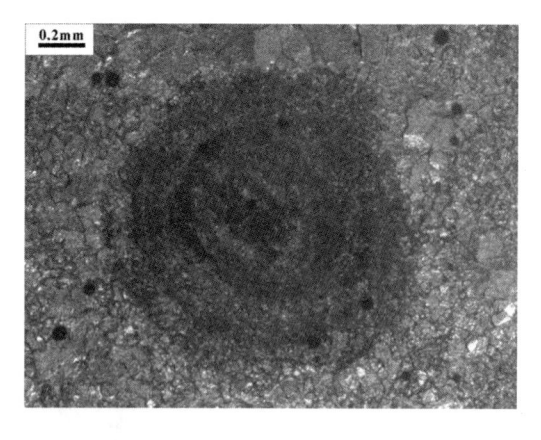

显微照片

照相光线条件	左为单偏光，右为正交偏光			
显微镜鉴定岩石定名	中细晶白云岩			
鉴定人	谢燕霄	审核人	吴堑虹	鉴定日期	2013年5月20日

附表二 中南大学地球科学与信息物理学院岩矿薄片鉴定报告

送 样 号	LSC-D1	报告编号	13-4-1
送样单位	湖南省文物考古研究所	检 验 号	Z13-4-1
采样日期	2013-1-16	采样地点	宫殿区外正街
产　　状		野外定名	卵石
鉴定要求	矿物成分及含量百分比，结构、构造及岩石定名		
肉眼观察	灰白色，矿物颗粒太细，无法辨认，具块状构造		

显微镜观察：

岩石由石英（含量约95%）、长石（含量2%）、绢云母（含量2%）、黑云母（微量）、白云母（几片）、锆石（微量）、电气石（几粒）及不透明矿物（含量1%）组成。

岩石具粉砂结构，块状构造。碎屑含量92%，组分为石英、长石、黑云母、白云母、锆石、电气石；填隙物含量8%，由石英、绢云母、不透明矿物组成。胶结类型为接触式胶结。

石英：分为两种，一种为碎屑，次棱角状，粒径0.05~0.15mm，大部分粒径约0.1mm，发育波状消光，大部分颗粒呈镶嵌状，部分颗粒空隙间见填隙物分布；另一种为填隙物，粒径小于0.03mm，构成集合体或与绢云母交织分布。

长石：为碎屑，包括钾长石、斜长石，次棱角状，粒径0.04~0.08mm，均匀分布。

绢云母：为填隙物，细小鳞片状，大小小于0.02mm，大部分呈星点状，其余与石英交织分布。

黑云母：为碎屑，次棱角片状，大小0.05~0.16mm，均匀散布。

白云母：偶见几片，为碎屑，次棱角片状，大小0.07~0.1mm。

锆石：为碎屑，次磨圆状，粒径0.02~0.06mm，均匀分布。

电气石：偶见几粒，为碎屑，次磨圆状，粒径0.04~0.08mm。

不透明矿物：为填隙物，不规则粒状，粒径0.01~0.07mm

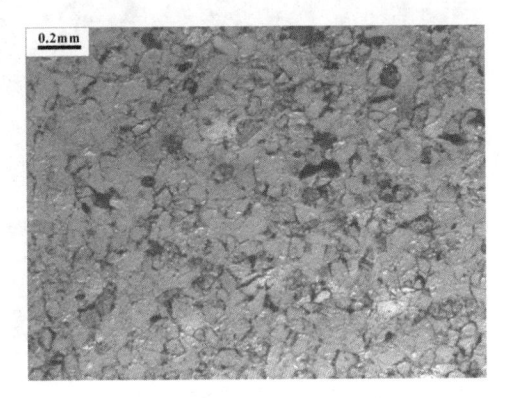

显微照片

照相光线条件	左为单偏光，右为正交偏光			
显微镜鉴定岩石定名		石英细砂岩		
鉴 定 人	谢燕霄	审核人	吴堃虹	鉴定日期	2013年5月20日

附表三　中南大学地球科学与信息物理学院岩矿薄片鉴定报告

送 样 号	LSC-D2	报告编号	13-4-3
送样单位	湖南省文物考古研究所	检 验 号	Z13-4-3
采样日期	2013-1-16	采样地点	宫殿区西部道路
产　　状		野外定名	红色基岩
鉴定要求	矿物成分及含量百分比，结构、构造及岩石定名		
肉眼观察	红褐色，矿物见方解石，具亮晶结构，块状构造		

显微镜观察：

岩石由方解石（含量94%）、石英（含量1%）、白云石（含量1%）及铁质物（含量4%）组成。

岩石具泥晶结构、亮晶结构、粒屑结构、碎屑结构、块状构造。粒屑（含量28%）为生物碎屑，生物碎屑为泥晶或亮晶集合体，集合体呈不规则状、条带状、椭圆状等，有的保留了生物的原始形态，大小0.3~1.2mm，其矿物成分主要为方解石及少量白云石；碎屑（含量2%）为矿物碎屑，包括石英、方解石。胶结物（含量70%）组分为方解石、白云石、铁质物。胶结类型为基底式胶结。

方解石：分为三种，第一种为方解石矿物碎屑，次棱角—次磨圆状，粒径0.06~0.65mm，个别达1.1mm；第二种为亮晶方解石，半自形晶，粒径0.04~0.1mm，部分与白云石、泥晶方解石构成生物碎屑，部分为胶结物；第三种为泥晶方解石，它形晶，部分被铁质物染成呈铁褐色，粒径约0.01mm，部分分布在生物碎屑中，部分为胶结物。

石英：为碎屑，次棱角状，粒径0.01~0.05mm，均匀分布。

白云石：部分为胶结物，其余分布在生物碎屑中，半自形它形晶，粒径0.02~0.06mm。

铁质物：为胶结物，不规则状，呈星点状或构成不规则条带状集合体分布在碎屑间，粒径0.01~0.06mm。

岩石经茜素红染色实验

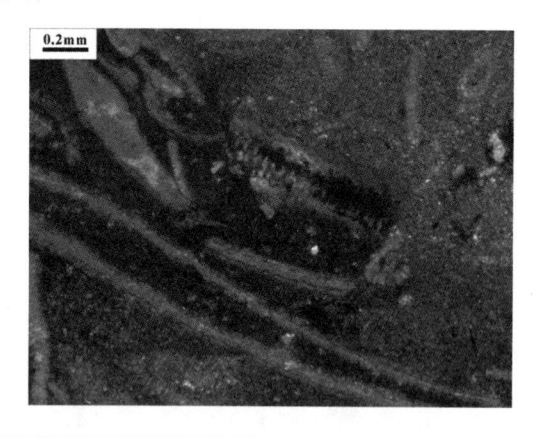

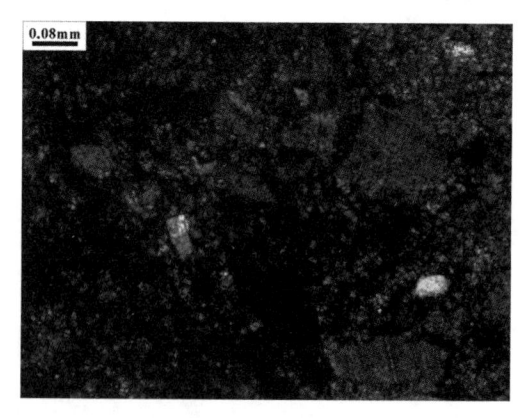

显微照片

照相光线条件	左为单偏光，右为正交偏光			
显微镜鉴定岩石定名		泥晶生物屑灰岩		
鉴定人	谢燕霄	审核人	吴堃虹	鉴定日期 2013年5月20日

附表四　中南大学地球科学与信息物理学院岩矿薄片鉴定报告

送样号	LSC-D6	报告编号	13-4-4
送样单位	湖南省文物考古研究所	检验号	Z13-4-4
采样日期	2013-1-16	采样地点	墓葬区右侧神道上段
产　状		野外定名	基岩
鉴定要求	矿物成分及含量百分比，结构、构造及岩石定名		
肉眼观察	灰白色，矿物颗粒太细，无法辨认，具块状构造		

显微镜观察：

岩石由白云石（含量约100%）、方解石（微量）组成。

岩石具细晶结构、亮晶结构、块状构造。

白云石：分为两种，第一种为亮晶白云石，半自形晶，粒状，粒径0.06~0.35mm，其中结晶程度较好且粒径较大的白云石呈镶嵌状局部集中分布，其余均匀分布；第二种为微晶白云石，它形晶，粒状，粒径小于0.03mm。

方解石：它形晶，粒状，粒径小于0.03mm，呈星点状不均匀分布。

岩石经茜素红染色实验

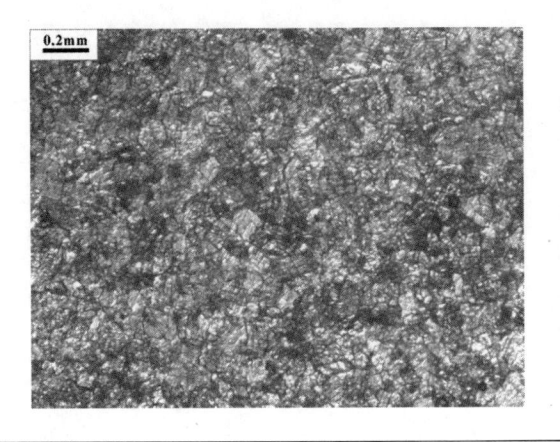

显微照片

照相光线条件	左为单偏光，右为正交偏光			
显微镜鉴定岩石定名		细晶白云岩		
鉴定人	谢燕霄	审核人	吴堃虹	鉴定日期	2013年5月20日

附表五　中南大学地球科学与信息物理学院岩矿薄片鉴定报告

送 样 号	LSC-K1	报告编号	13-4-6
送样单位	中南大学粉冶研究院	检 验 号	Z13-4-6
采样日期		采样地点	
产　　状		野外定名	古栈道石质
鉴定要求	矿物成分及含量百分比，结构、构造及岩石定名		
肉眼观察	灰白色，矿物颗粒太细，无法辨认，具块状构造		

显微镜观察：

岩石由白云石（含量约100%）、石英（微量）组成。

岩石具中细晶结构、亮晶结构、块状构造。碎屑（微量）为石英，胶结物（含量约100%）为白云石。胶结类型为基底式胶结。

白云石：为胶结物，半自形晶，粒状，粒径0.07~0.5mm，大多数粒径约0.22mm，颗粒呈边界较平直镶嵌状分布，其中结晶程度较好且粒径较大的白云石呈不规则状、条带状集合体分布。

石英：为碎屑，次棱角状，粒径小于0.05mm，呈星点状均匀分布。

岩石经茜素红染色实验

显微照片

照相光线条件	左为单偏光，右为正交偏光			
显微镜鉴定岩石定名		中细晶白云岩		
鉴定人	谢燕霄	审核人	吴堃虹	鉴定日期	2013年5月20日

附表六　中南大学地球科学与信息物理学院岩矿薄片鉴定报告

送样号	LSC-K2	报告编号	13-4-7
送样单位	中南大学粉冶研究院	检验号	Z13-4-7
采样日期		采样地点	
产　状		野外定名	石榴口摩崖石刻石质
鉴定要求	矿物成分及含量百分比，结构、构造及岩石定名		
肉眼观察	灰白色，见鲕粒，矿物颗粒太细，无法辨认，具鲕粒结构，块状构造		

显微镜观察：

岩石由白云石（含量约100%）、石英（微量）组成。

岩石具微晶结构、鲕粒结构、粒屑结构、碎屑结构、块状构造。粒屑（含量20%），包括鲕粒及内碎屑，鲕粒大部分呈浑圆状，部分呈椭圆状，大小0.3~1.8mm，由数层同心圆集合体状微晶白云石组成，可见不完整的半环状复鲕，部分鲕粒脱水发育不规则裂纹，裂纹中充填石英；内碎屑为白云石。碎屑（微量）为石英。胶结物（含量80%），由白云石组成。胶结类型为基底式胶结。

白云石：第一种为内碎屑，次棱角状，粒径0.06~0.28mm，分布在离鲕粒较远的鲕粒间隙中；第二种构成鲕粒，粒径小于0.03mm，为同心圆状集合体，颜色较胶结物深；第三种为胶结物，半自形-它形晶，粒径小于0.05mm，其中结晶较好、颗粒较粗的白云石分布在鲕粒构成的不规则状空隙中心部位，与鲕粒距离由近到远白云石呈结晶变好、粒径变大的趋势。

石英：为碎屑，次棱角状，粒径0.04~0.1mm，发育波状消光，大部分分布在内碎屑附近，其余充填在鲕粒裂隙中。

岩石经茜素红染色实验

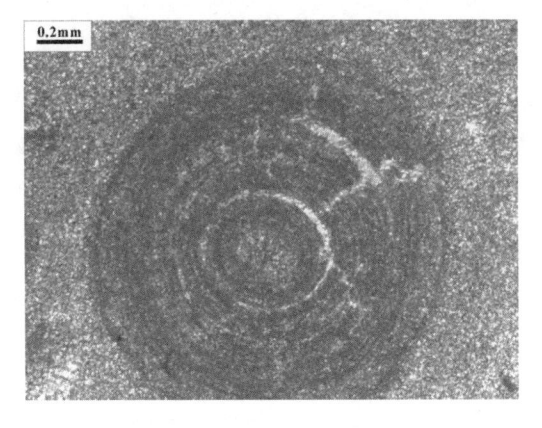

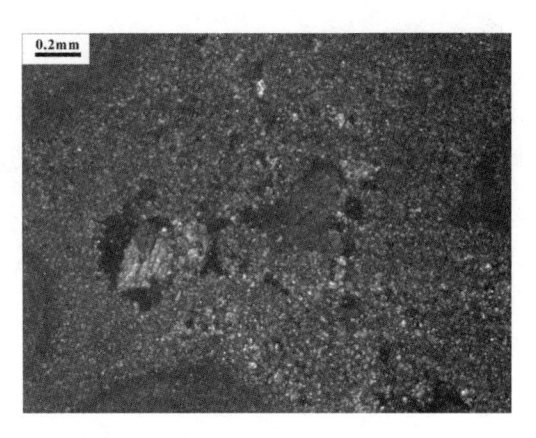

显微照片

照相光线条件	左为单偏光，右为正交偏光			
显微镜鉴定岩石定名		鲕状微晶白云岩		
鉴定人	谢燕霄	审核人	吴堑虹	鉴定日期	2013年5月20日

附录二　老司城遗址岩石薄片、土样检测报告

一、引　　言

本研究利用现代分析测试仪器，如X射线荧光光谱仪（XRF）、X射线衍射仪（XRD）、傅里叶变换红外光谱仪（FT-IR）、热重分析仪（TD-DSC）、显微共聚焦激光拉曼光谱仪，对老司城遗址生活区、生活区以下至河街区、衙署区、紫金山墓葬区、祖师殿区的遗址土样、建筑勾缝灰浆、抹面灰浆、不同深度的梯度土样、建筑勾缝黏结材料、勾缝泥浆及大西门北侧建筑基址墙体抹面壁画颜料的主要化学元素组成、微观结构、物相组成进行了分析与研究，为老司城遗址的保护和修复提供科学的基础信息资料。

二、研究方案及步骤

（一）采样信息

本次所取样品主要取自于遗址生活区、生活区以下至河街区域、衙署区、紫金山墓葬区和祖师殿区5个重要的遗址保护区域。所取样品以遗址土样、灰浆、不同深度的梯度土样、青砖、墓葬封土、岩石等为主，具体采样信息见表一所示。

表一　采样信息登记表

遗址区域	序号	样品编号	取样地点	送检样品	数量
生活区	1	LSC-S1	F7、F8房屋基址遗迹面	土样	1
	2	LSC-S2	南部建筑群遗迹面	土样	1
	3	LSC-S3	F18房基遗迹面	土样	1
	4	LSC-S4	F31房屋遗迹面	土样	1
	5	LSC-S5	大西门北侧建筑基址遗迹面	土样	1
	6	LSC-S6	大西门北侧建筑基址两向墙体	勾缝灰浆	2
	7	LSC-S7	大西门北侧建筑基址两向墙体	抹面灰浆	2
	8	LSC-S8	大西门北侧建筑基址墙体抹面壁画	壁画颜料	1
	9	LSC-S9	BK-14、BK-15、BK-16	勾缝灰浆	3

续表

遗址区域	序号	样品编号	取样地点	送检样品	数量
生活区	10	LSC-S10	BK-14、BK-15、BK-16	抹面灰浆	3
	11	LSC-S11	G16青砖券拱	长条形青砖	1
	12	LSC-S12	G16青砖券拱	勾缝灰浆	
	13	LSC-S13	G16沟底	梯度土样：>10cm、10~20cm、20~30cm	3
	14	LSC-S14	G17两侧沟壁	勾缝灰浆	2
	15	LSC-S15	G17两侧沟壁	抹面灰浆	2
	16	LSC-S16	G17沟底	梯度土样：>10cm、10~20cm、20~30cm	3
	17	LSC-S17	L6卵石铺装缺失露土处	梯度土样：>10cm、10~20cm、20~30cm	3
	18	LSC-S18	L6周边残存挡土墙	勾缝灰浆	1
	19	LSC-S19	L7卵石铺装缺失露土处	梯度土样：>10cm、10~20cm、20~30cm	3
	20	LSC-S20	一号台基裸露素土处	梯度土样：>10cm、10~20cm、20~30cm	3
	21	LSC-S21	一号台基残存松动卵石下	梯度土样：>10cm、10~20cm、20~30cm	3
	22	LSC-S22	西城门及城门楼F17卵石铺装缺失露土处	梯度土样：>10cm、10~20cm、20~30cm	3
	23	LSC-S23	西城门及城门楼F17残存松动卵石下	梯度土样：>10cm、10~20cm、20~30cm	3
	24	LSC-S24	G18两侧沟壁	勾缝灰浆	1
	25	LSC-S25	G18两侧沟壁	抹面灰浆	1
	26	LSC-S26	G18	沟底基岩石	1
	27	LSC-S27	西南环城路东西侧挡土墙	勾缝灰浆	1
	28	LSC-S28	西南环城路东西侧挡土墙	抹面灰浆	1
	29	LSC-S29	西南环城路卵石铺装缺失处	梯度土样：>10cm、10~20cm、20~30cm	3
	30	LSC-S30	西南环城路松动卵石下	梯度土样：>10cm、10~20cm、20~30cm	3
	31	LSC-S31	BK-7、BK-8	勾缝灰浆	1
	32	LSC-S32	BK-7、BK-8	抹面灰浆	1
	33	LSC-S33	BK-10、BK-11	勾缝灰浆	2
	34	LSC-S34	BK-10、BK-11	抹面灰浆	2

续表

遗址区域	序号	样品编号	取样地点	送检样品	数量
生活区	35	LSC-S35	BK-18、BK-19	勾缝灰浆	1
	36	LSC-S36	BK-18、BK-19	抹面灰浆	1
	37	LSC-S37	G26、G31	梯度土样：>10cm、10~20cm、20~30cm	3
	38	LSC-S38	F13房屋基址遗迹面	土样	1
	39	LSC-S39	F13周侧挡土墙	勾缝灰浆	2
	40	LSC-S40	F13周侧挡土墙	抹面灰浆	2
	41	LSC-S41	F13廊道	310mm×310mm×50mm方形青砖	1
	42	LSC-S42	F13廊道两端红砂岩踏步	红砂岩石块	2
	43	LSC-S43	F13廊道两端红砂岩踏步	梯度土样：>10cm、10~20cm、20~30cm	3
	44	LSC-S44	BK-20	勾缝灰浆	1
	45	LSC-S45	BK-20	抹面灰浆	1
	46	LSC-S46	L14方形青砖	310mm×310mm×50mm方形青砖	1
	47	LSC-S47	L14挡土墙	勾缝、抹面灰浆	2
	48	LSC-S48	L14卵石铺装缺失露土处	梯度土样：>10cm、10~20cm、20~30cm	3
	49	LSC-S49	L14卵石铺装松动卵石下	梯度土样：>10cm、10~20cm、20~30cm	3
	50	LSC-S50	L13卵石铺装缺失露土处	梯度土样：>10cm、10~20cm、20~30cm	3
	51	LSC-S51	L13卵石铺装松动卵石下	梯度土样：>10cm、10~20cm、20~30cm	3
	52	LSC-S52	北部城墙	勾缝、抹面灰浆	2
	53	LSC-S53	G27两侧沟壁	勾缝、抹面灰浆	4
	54	LSC-S54	G27沟底卵石铺装缺失露土处	梯度土样：>10cm、10~20cm、20~30cm	3
	55	LSC-S55	G27沟底卵石铺装松动卵石下	梯度土样：>10cm、10~20cm、20~30cm	3
	56	LSC-S56	G28两侧沟壁	勾缝、抹面灰浆	4
	57	LSC-S57	G28沟底卵石铺装缺失露土处	梯度土样：>10cm、10~20cm、20~30cm	3

续表

遗址区域	序号	样品编号	取样地点	送检样品	数量
生活区	58	LSC-S58	G28沟底卵石铺装松动卵石下	梯度土样：>10cm、10~20cm、20~30cm	3
	59	LSC-S59	F10房屋基址遗迹面	310mm×310mm×50mm方形青砖	1
	60	LSC-S60	F10房屋基址遗迹面	土样	1
	61	LSC-S61	F10四周墙基	勾缝、抹面灰浆	8
	62	LSC-S62	F10火膛	上方红砂岩块	1
	63	LSC-S63	F10火膛	土样	1
	64	LSC-S64	F28房屋基址遗迹面	城墙砖	1
	65	LSC-S65	F28房屋基址遗迹面	土样	1
	66	LSC-S66	F25、F26、F27房屋基址遗迹面	土样	1
	67	LSC-S67	F25、F26、F27房屋基址青砖铺地	310mm×310mm×50mm方形青砖	1
	68	LSC-S68	F25、F26、F27房屋基址卵石铺装缺失露土处	梯度土样：>10cm、1~20cm、20~30cm	3
	69	LSC-S69	F25、F26、F27房屋基址卵石铺装松动卵石下	梯度土样：>10cm、10~20cm、20~30cm	3
生活区以下至河街区域	70	LSC-J1	堂坊包建筑基址	310mm×310mm×50mm方形青砖	1
	71	LSC-J2	堂坊包建筑基址遗迹面	土样	1
	72	LSC-J3	堂坊包建筑基址两向墙体	勾缝灰浆	2
	73	LSC-J4	堂坊包建筑基址两向墙体	抹面灰浆	2
	74	LSC-J5	北门上卵石铺装缺失露土处	梯度土样：>10cm、10~20cm、20~30cm	3
	75	LSC-J6	北门上残存挡土墙	勾缝灰浆	1
	76	LSC-J7	河街内侧挡土墙	勾缝灰浆	1
	77	LSC-J8	河街卵石铺装缺失露土处	梯度土样：>10cm、10~20cm、20~30cm	3
	78	LSC-J9	河街卵石铺装松动卵石下	梯度土样：>10cm、10~20cm、20~30cm	3
衙署区	79	LSC-Y1	凉洞室内地面靠墙基处	梯度土样：>10cm、10~20cm、20~30cm	3
	80	LSC-Y2	凉洞室内地面正中间	梯度土样：>10cm、10~20cm、20~30cm	3

续表

遗址区域	序号	样品编号	取样地点	送检样品	数量
衙署区	81	LSC-Y3	凉洞券拱	勾缝灰浆	1
	82	LSC-Y4	凉洞东南面挡土墙	勾缝灰浆	1
	83	LSC-Y5	凉洞东南面挡土墙	抹面灰浆	1
	84	LSC-Y6	凉洞西北侧挡土墙	勾缝灰浆	1
	85	LSC-Y7	凉洞西北侧挡土墙	抹面灰浆	1
	86	LSC-Y8	衙署区第一平台房屋基址遗迹面	土样（南北厢房、南北走廊）	4
	87	LSC-Y9	衙署区第一平台周侧挡土墙	勾缝灰浆、抹面灰浆	4
	88	LSC-Y10	衙署区第三平台房屋基址遗迹面	土样	1
	89	LSC-Y11	衙署区第三平台周侧挡土墙	勾缝灰浆、抹面灰浆	4
紫金山墓葬区	90	LSC-M1	墓葬（M1~M12、M23~M30、M32~M35）封土	土样	25
	91	LSC-M2	墓葬（M1~M12、M23~M30、M32~M35）砌筑各墓室用青砖	青砖	25
	92	LSC-M3	墓葬（M1~M12、M23~M30、M32~M35）墓室	勾缝灰浆	25
	93	LSC-M4	墓葬（M1~M12、M23~M30、M32~M35）各墓室	抹面灰浆	25
	94	LSC-M5	（M1、M11~M19、M23~M28）墓围	勾缝黏结材料	12
	95	LSC-M6	M1、M11墓前拜台地面	土样	1
	96	LSC-M7	M1外周挡土墙	勾缝泥土土样	1
	97	LSC-M8	M1周围卵石铺装缺失露土处	梯度土样：>10cm、10~20cm、20~30cm	3
	98	LSC-M9	M11周围卵石铺装中松动卵石下	梯度土样：>10cm、10~20cm、20~30cm	3
	99	LSC-M10	M11、M13~M19前平台卵石铺装中松动卵石下	梯度土样：>10cm、10~20cm、20~30cm	3
	100	LSC-M11	M11、M13~M19前平台卵石铺装缺失露土处	梯度土样：>10cm、10~20cm、20~30cm	3
	101	LSC-M12	紫金山残存挡土墙	勾缝灰浆	3
	102	LSC-M13	紫金山残存挡土墙	抹面灰浆	3
	103	LSC-M14	北神道卵石铺装松动卵石下	梯度土样：>10cm、10~20cm、20~30cm	3

续表

遗址区域	序号	样品编号	取样地点	送检样品	数量
祖师殿区	104	LSC-Z3	祖师殿建筑区前庭平台卵石铺装缺失露土处	梯度土样：>10cm、10~20cm、20~30cm	3
	105	LSC-Z4	祖师殿建筑区前庭平台卵石铺装松动卵石下	梯度土样：>10cm、10~20cm、20~30cm	3
	106	LSC-Z5	祖师殿建筑区挡土墙	勾缝灰浆	5
	107	LSC-Z6	祖师殿建筑区挡土墙	抹面灰浆	5
	108	LSC-Z7	祖师殿建筑区山门平台、庭院平台、窄型平台卵石铺装缺失露土处	梯度土样：>10cm、10~20cm、20~30cm	9
	109	LSC-Z8	祖师殿建筑区山门平台、庭院平台、窄型平台卵石铺装松动卵石下	梯度土样：>10cm、10~20cm、20~30cm	9
	110	LSC-Z9	祖师殿建筑区L2垂带墙	勾缝灰浆	2
	111	LSC-Z10	祖师殿建筑区L2垂带墙	抹面灰浆	2
	112	LSC-Z11	祖师殿建筑区L2卵石铺装缺失露土处	梯度土样：>10cm、10~20cm、20~30cm	3
	113	LSC-Z12	祖师殿建筑区L2卵石铺装松动卵石下	梯度土样：>10cm、10~20cm、20~30cm	3
	114	LSC-Z13	祖师殿建筑区L3、L4卵石铺装缺失露土处	梯度土样：>10cm、10-20cm、20-30cm	3
	115	LSC-Z14	祖师殿建筑区L3、L4卵石铺装松动卵石下	梯度土样：>10cm、10~20cm、20~30cm	3
	116	LSC-Z15	祖师殿建筑G1两侧沟壁	勾缝泥浆	2
	117	LSC-Z16	祖师殿建筑区G1沟底近沟壁处	梯度土样：>10cm、10~20cm、20~30cm	3
	118	LSC-Z17	祖师殿建筑区G1沟底正中	梯度土样：>10cm、10~20cm、20~30cm	3
	119	LSC-Z18	祖师殿建筑区G2两侧沟壁	勾缝泥浆	2
	120	LSC-Z19	祖师殿建筑区G2沟底卵石铺装缺失露土处	梯度土样：>10cm、10~20cm、20~30cm	3
	121	LSC-Z20	祖师殿建筑区G2沟底卵石铺装松动卵石下	梯度土样：>10cm、10~20cm、20~30cm	3
	122	LSC-Z21	祖师殿建筑区G3沟底	梯度土样：>10cm、10~20cm、20~30cm	3
综合	123	LSC-Z22	干垒挡土墙	毛山石块	5

注：LSC.老司城，S.生活区，J.生活区以下至河街区域，Y.衙署区，M.紫荆山墓葬区，Z.祖师殿区。

（二）分析测试方法

为了得到所取样品成分、结构、性能等方面的信息，本工作采用了扫描电镜能谱仪（SEM-EDX）、X射线荧光光谱仪（XRF）、X射线衍射仪（XRD）、傅里叶变换红外光谱分析仪（FT-IR）、光学显微镜、偏光显微镜、激光拉曼光谱仪等分析仪器，分析了灰浆的主要成分、微观结构、所含有机物情况，土样成分、主要物相组成，石质样品的岩相、成分及微观结构，以及风化产物的主要化学成分和来源等。

具体分析测试方法为：用SEM-EDX观察试样的微观结构并进行化学成分的初步分析；用XRD结合XRF对试样的物相组成及其化学成分进行定性分析及半定量分析；用FT-IR分析灰浆中有机物的种类；用光学显微镜得到样品剖面层位情况及灰浆中所含纤维的鉴定；用偏光显微镜分析鉴定石质样品的矿物组成及微观结构，并鉴定石质的种类；用激光拉曼光谱分析样品表面的显色物质。

（三）仪器设备及其测试条件

本工作主要采用的仪器设备及其型号如下。

（1）TM3000扫描电子显微镜（日本日立）及Quantax 70能谱仪（德国布鲁克），样品为块状或粉末状，直接用导电胶粘在样品台上放入样品仓进行检测，部分样品测试前需进行喷金。

（2）Axios-Advanced波长色散型X射线荧光光谱仪（荷兰帕纳科），样品为粉末状或块状。

（3）Rigaku D/max 2500PC型X射线衍射仪（日本理学），样品为粉末状，测试电压40kV，电流40mA，步长0.02，狭缝10mm，测试速度为5°／分钟。

（4）Nicolet380型傅里叶红外变换光谱分析仪（美国热电），KBr压片法。

（5）KEYENCE VHX-100系列数码显微（日本基恩士）。

（6）Nikon E400 pol岩相显微镜（日本尼康），岩石样品磨成薄片。

（7）德国耐驰STA 449C TG-DSC同步热分析仪，测试气氛为Ar，加热温度为室温至1000℃。

（8）法国JY公司LabRAM Aramis型显微共聚焦激光拉曼光谱仪，所选激光器波长为532nm，曝光时间10s，Hole（小孔）100μm，光栅刻度1800gr/mm，功率10MW（Filter D0.3）。

三、分析结果及讨论

（一）生活区

1. XRF分析

采用X射线荧光光谱仪（XRF）对老司城遗址生活区所取样品进行了成分分析测试，为之后用XRD进行物相分析奠定了基础。分析结果如表二所示。

表二　老司城遗址生活区样品XRF分析结果

样品编号	氧化物含量 / wt.%											
	SiO_2	Al_2O_3	Fe_2O_3	MgO	CaO	K_2O	P_2O_5	Na_2O	MnO	TiO_2	SO_3	其他
LSC-S1	64.241	17.546	6.235	3.486	3.692	2.047	1.241	0.285	0.125	0.628	0.087	0.387
LSC-S2	63.568	18.213	5.761	3.275	4.351	2.417	0.872	0.346	0.137	0.589	0.075	0.396
LSC-S3	65.485	18.764	4.528	2.867	3.285	1.986	1.213	0.358	0.067	0.436	0.102	0.909
LSC-S4	63.876	18.695	5.432	2.895	4.264	2.153	1.024	0.301	0.113	0.524	0.102	0.621
LSC-S5	62.643	17.254	5.241	3.421	6.475	2.107	0.896	0.342	0.124	0.475	0.094	0.928
LSC-S11	68.786	21.132	2.862	0.564	0.207	3.796	0.04	0.654	0.876	0.23	0.315	0.538
LSC-S13-10	36.023	9.951	4.752	7.473	38.285	1.422	0.054	0.127	0.679	0.153	0.268	0.813
LSC-S13-20	64.562	16.789	5.832	3.279	6.287	1.276	0.564	0.148	0.254	0.213	0.089	0.707
LSC-S13-30	63.567	18.734	4.564	3.549	3.876	2.987	0.945	0.214	0.326	0.431	0.179	0.628
LSC-S16-10	34.237	10.146	5.274	8.67	37.762	2.218	0.079	0.216	0.587	0.174	0.235	0.402
LSC-S16-20	62.148	17.76	5.374	4.125	7.246	2.03	0.084	0.127	0.264	0.24	0.183	0.419
LSC-S16-30	65.653	19.247	4.25	2.876	3.425	2.03	0.249	0.157	0.36	0.271	0.872	0.61
LSC-S17-10	40.203	12.09	4.165	6.139	34.08	2.017	0.148	0.114	0.37	0.362	0.279	0.033
LSC-S17-20	62.373	17.246	4.328	4.279	8.41	2.293	0.107	0.145	0.218	0.429	0.147	0.025
LSC-S17-30	63.796	18.583	4.289	3.524	4.678	3.076	0.348	0.272	0.163	0.35	0.154	0.767
LSC-S19-10	37.58	13.429	3.563	6.89	33.954	2.741	0.676	0.421	0.264	0.38	0.092	0.01
LSC-S19-20	62.743	16.352	3.894	5.273	7.94	2.839	0.27	0.147	0.16	0.203	0.16	0.019
LSC-S19-30	67.038	17.253	5.87	2.602	3.735	2.108	0.204	0.28	0.154	0.397	0.24	0.119
LSC-S20-10	65.27	18.394	4.683	3.026	4.147	2.16	1.265	0.301	0.217	0.286	0.083	0.168
LSC-S20-20	64.082	17.357	6.04	3.289	4.37	2.072	1.036	0.418	0.276	0.095	0.137	0.828
LSC-S20-30	66.794	17.035	5.602	3.417	3.026	2.42	0.903	0.36	0.163	0.097	0.074	0.109
LSC-S21-10	38.046	12.75	3.704	7.641	33.84	2.093	0.854	0.28	0.215	0.107	0.084	0.386
LSC-S21-20	63.48	16.734	4.027	4.618	6.59	2.106	1.047	0.239	0.185	0.392	0.16	0.422
LSC-S21-30	67.253	16.006	3.924	3.702	4.617	2.07	0.862	0.326	0.28	0.203	0.091	0.666
LSC-S22-10	65.807	16.903	4.337	3.805	5.006	2.174	0.902	0.387	0.196	0.245	0.074	0.164
LSC-S22-20	64.27	18.083	4.218	4.03	4.829	2.08	0.874	0.246	0.187	0.302	0.104	0.777

续表

样品编号	氧化物含量 / wt.%											
	SiO_2	Al_2O_3	Fe_2O_3	MgO	CaO	K_2O	P_2O_5	Na_2O	MnO	TiO_2	SO_3	其他
LSC-S22-30	65.009	17.592	4.783	4.602	4.024	2.204	0.702	0.273	0.173	0.192	0.093	0.353
LSC-S23-10	36.93	14.065	3.051	8.104	33.927	2.006	0.824	0.275	0.201	0.216	0.137	0.264
LSC-S23-20	63.873	16.035	3.715	5.281	6.32	3.002	0.728	0.203	0.193	0.271	0.283	0.096
LSC-S23-30	64.021	17.842	4.071	4.36	5.25	2.873	0.62	0.217	0.197	0.218	0.193	0.138
LSC-S26	66.923	15.347	6.014	2.978	2.164	1.357	0.614	2.087	0.08	0.641	1.226	0.569
LSC-S29-10	63.091	18.037	4.283	5.004	4.92	2.329	0.71	0.231	0.104	0.391	0.311	0.589
LSC-S29-20	66.128	16.003	4.39	4.928	3.974	2.083	0.82	0.193	0.184	0.327	0.28	0.69
LSC-S29-30	67.013	16.31	4.24	4.284	4.028	2.005	0.914	0.18	0.107	0.382	0.237	0.3
LSC-S30-10	38.028	12.839	3.482	8.04	33.104	2.317	0.738	0.291	0.193	0.308	0.313	0.347
LSC-S30-20	64.927	14.038	4.183	5.028	7.302	3.008	0.382	0.302	0.097	0.329	0.294	0.11
LSC-S30-30	65.232	17.027	4.004	4.2	5.02	2.018	0.84	0.327	0.104	0.405	0.175	0.648
LSC-S37-10	36.93	11.034	3.289	9.028	34.718	2.29	0.832	0.281	0.16	0.484	0.28	0.674
LSC-S37-20	62.01	15.824	4.018	5.74	7.293	3.016	0.805	0.274	0.172	0.508	0.164	0.176
LSC-S37-30	63.194	16.927	3.902	4.813	5.027	2.701	0.637	0.828	0.286	0.727	0.284	0.674
LSC-S38	66.243	17.243	6.148	2.754	3.387	1.457	1.171	0.323	0.157	0.765	0.084	0.268
LSC-S41	65.247	15.436	6.725	3.457	2.259	1.475	0.783	2.426	0.079	0.543	1.347	0.223
LSC-S43-10	34.952	10.03	3.872	10.97	36.003	2.083	0.836	0.301	0.183	0.502	0.212	0.056
LSC-S43-20	63.087	14.93	3.028	5.92	7.833	2.19	0.904	0.472	0.204	0.572	0.193	0.667
LSC-S43-30	66.127	17.801	4.03	3.815	3.4	2.008	0.927	0.391	0.186	0.477	0.204	0.634
LSC-S46	66.784	14.965	5.763	3.042	2.435	1.457	0.543	2.231	0.076	0.644	1.346	0.714
LSC-S48-10	65.082	16.38	3.903	4.92	3.724	2.63	0.382	0.837	0.114	0.739	1.26	0.029
LSC-S48-20	66.93	16.004	4.927	4.203	3.028	2.01	0.385	0.72	0.175	0.68	0.917	0.021
LSC-S48-30	65.632	17.94	4.028	3.65	4.002	2.26	0.472	0.637	0.158	0.291	0.84	0.09
LSC-S49-10	42.018	10.24	4.019	8.827	29.973	2.019	0.38	0.805	0.273	0.937	0.461	0.048
LSC-S49-20	62.063	16.847	3.02	4.943	8.52	2.07	0.404	0.776	0.172	0.673	0.425	0.087
LSC-S49-30	64.028	17.93	3.725	4.004	4.827	2.701	0.387	0.736	0.18	0.691	0.736	0.055
LSC-S50-10	65.74	16.383	4.27	3.377	4.271	2.047	0.259	0.627	0.732	0.772	0.653	0.869
LSC-S50-20	66.715	17.73	3.124	4.022	4.003	2.162	0.301	0.44	0.266	0.68	0.54	0.017
LSC-S50-30	64.92	16.961	3.662	4.601	4.722	2.005	0.42	0.635	0.372	0.75	0.623	0.329
LSC-S51-10	42.022	10.87	3.292	7.928	30.893	1.937	0.663	0.462	0.093	0.652	0.674	0.514
LSC-S51-20	65.07	14.736	4.726	3.827	5.83	2.646	0.761	0.37	0.275	0.733	0.736	0.29
LSC-S51-30	67.647	15.26	3.977	3.02	4.653	2.074	0.686	0.6	0.542	0.651	0.53	0.36
LSC-S54-10	65.083	15.937	4.033	3.564	4.836	2.46	0.763	0.741	0.73	0.862	0.647	0.344
LSC-S54-20	63.927	16.793	4.005	3.74	4.38	3.027	0.752	0.466	0.821	0.983	0.728	0.378
LSC-S54-30	64.274	16.826	4.092	4.028	4.862	2.014	0.743	0.423	0.742	0.847	0.623	0.526
LSC-S55-10	42.863	9.875	3.904	8.482	29.046	2.048	0.676	0.357	0.763	0.922	0.663	0.401
LSC-S55-20	63.028	15.982	4.027	5.438	6.037	2.185	0.86	0.732	0.65	0.625	0.331	0.105

续表

样品编号	氧化物含量 / wt.%											
	SiO_2	Al_2O_3	Fe_2O_3	MgO	CaO	K_2O	P_2O_5	Na_2O	MnO	TiO_2	SO_3	其他
LSC-S55-30	64.902	17.037	4.002	3.27	4.826	2.018	0.416	0.635	0.758	0.736	0.552	0.848
LSC-S57-10	67.073	15.93	3.926	3.762	4.282	2.005	0.52	0.724	0.672	0.728	0.274	0.104
LSC-S57-20	66.09	16.365	3.75	3.625	4.026	2.147	0.621	0.635	0.726	0.665	0.625	0.725
LSC-S57-30	64.837	15.73	3.921	3.927	4.603	2.746	0.836	0.624	0.826	0.733	0.736	0.481
LSC-S58-10	45.972	9.037	3.645	6.722	28.026	2.624	0.725	0.682	0.738	0.624	0.625	0.58
LSC-S58-20	64.62	16.073	3.836	3.824	4.836	2.843	0.82	0.534	0.84	0.65	0.56	0.564
LSC-S58-30	65.863	17.038	3.28	3.264	4.274	2.81	0.635	0.528	0.753	0.617	0.746	0.192
LSC-S59	67.96	21.123	3.82	0.583	0.286	3.802	0.062	0.682	0.903	0.202	0.362	0.215
LSC-S60	64.207	16.546	6.846	3.403	3.446	2.094	1.436	0.943	0.138	0.694	0.072	0.175
LSC-S63	63.624	14.937	4.927	1.284	6.937	3.72	1.837	0.826	0.273	0.826	0.28	0.529
LSC-S64	66.93	21.928	3.634	0.57	0.272	3.921	0.08	0.693	0.927	0.224	0.372	0.449
LSC-S65	65.826	19.37	3.726	2.83	2.633	2.62	0.637	0.865	0.267	0.208	0.262	0.756
LSC-S66	66.64	17.93	4.284	2.047	2.271	3.885	0.627	0.643	0.352	0.264	0.273	0.784
LSC-S67	68.032	20.994	3.745	0.57	0.284	4.022	0.073	0.674	1.003	0.21	0.312	0.081
LSC-S68-10	65.247	15.374	3.872	3.947	4.226	2.824	0.782	0.73	0.726	0.892	0.826	0.554
LSC-S68-20	64.927	16.028	4.136	3.837	4.183	3.04	0.718	0.51	0.903	0.916	0.527	0.275
LSC-S68-30	63.952	17.374	4.028	4.927	3.736	2.281	0.73	0.725	0.628	0.812	0.451	0.356
LSC-S69-10	38.027	9.836	3.038	9.09	33.924	2.72	0.625	0.372	0.721	0.887	0.624	0.136
LSC-S69-20	63.183	14.927	3.96	5.336	5.982	2.927	0.826	0.74	0.616	0.622	0.364	0.517
LSC-S69-30	64.082	18.732	3.928	3.211	4.003	2.13	0.462	0.731	0.735	0.728	0.624	0.634

注：样品具体编号及信息见表一，其中-10、-20、-30分别表示梯度土样中<10cm、10～20cm、20～30cm处对应的土样

根据XRF分析结果可知，生活区土样中，主要化学元素组成为Si、Al，并含有少量的Fe、Mg、Ca、K和微量的P、Na、Mn、Ti、S及其他元素。其中生活区房屋基址遗迹面土样SiO_2含量在62%～66%，Al_2O_3含量在17%～21%，P_2O_5含量也较其他遗址土样含量稍高。部分区域梯度土样（LSC-S13、LSC-S16、LSC-S17、LSC-S19、LSC-S21、LSC-S23、LSC-S30、LSC-S37、LSC-S43、LSC-S49、LSC-S51、LSC-S55、LSC-S58、LSC-S69），其<10cm深度内的土样中含有较高含量的石灰，CaO的含量明显高于深度在20～30cm和>30cm的土样，MgO的含量也有一定程度的提高。对于青砖样品（LSC-S11、LSC-S59、LSC-S67），SiO_2和Al_2O_3的含量明显高于土样，其次，K_2O和MnO的含量也高于土样，而CaO和MgO的含量则低于土样。

2. SEM-EDX分析

由于部分样品均采自遗址本体结构上，其样品量受到限制，故采用扫描电镜能谱（SEM-EDX）对微量样品的微观结构及主要元素组成进行测试。灰浆的微观结构在一定程度上反映了灰浆的强度等物理性能，所得结果如图一A～图一E所示。

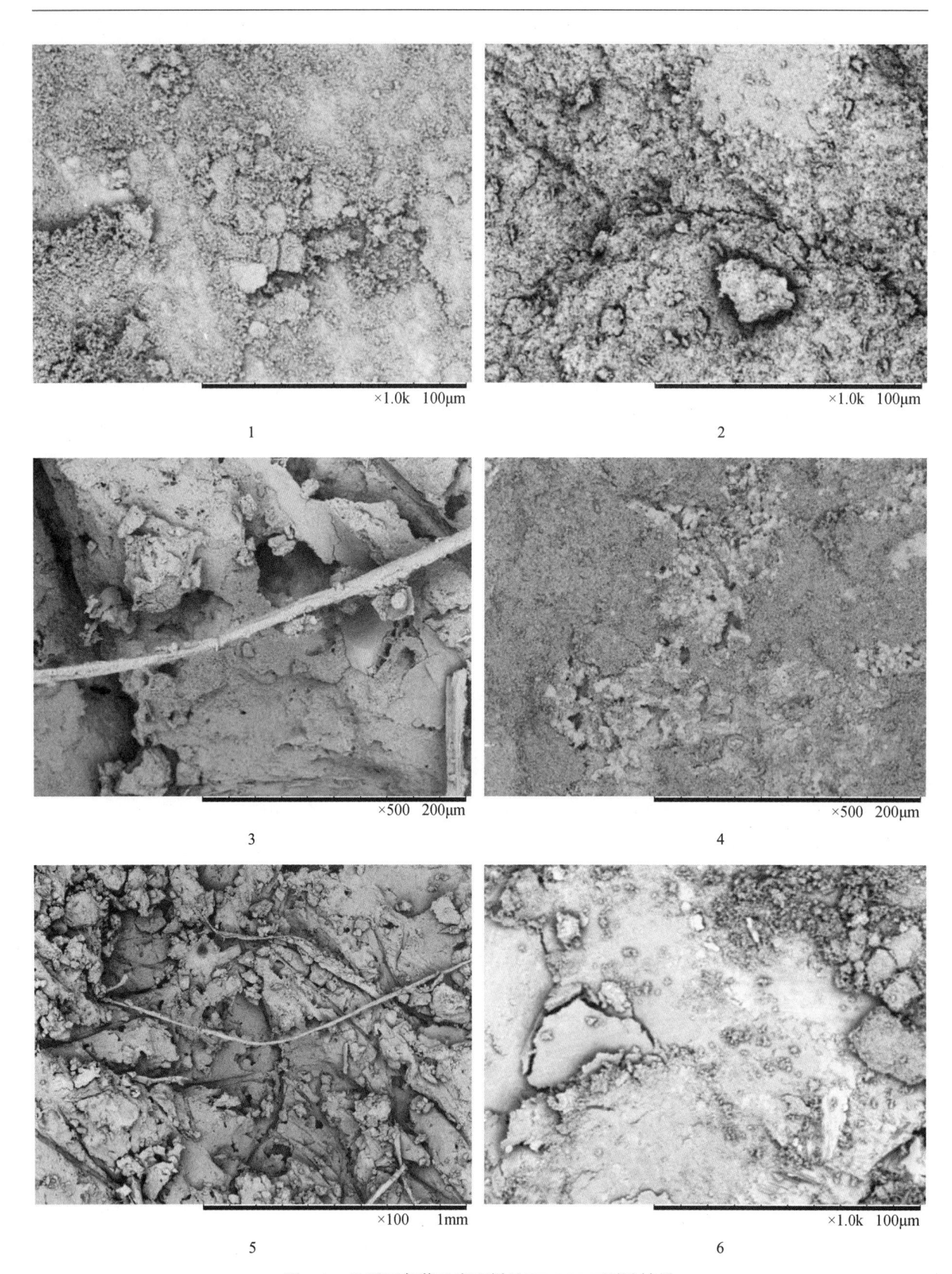

图一A 生活区灰浆及岩石样品SEM-EDX测试结果

1. 大西门北侧建筑墙体勾缝灰浆（LSC-S6） 2. 大西门北侧建筑墙体抹面灰浆（LSC-S7） 3. BK-14勾缝灰浆（LSC-S9-14）
4. BK-14抹面灰浆（LSC-S10-14） 5. G16青砖券拱勾缝灰浆（LSC-S12） 6. G17两侧沟壁勾缝灰浆（LSC-S14-1）

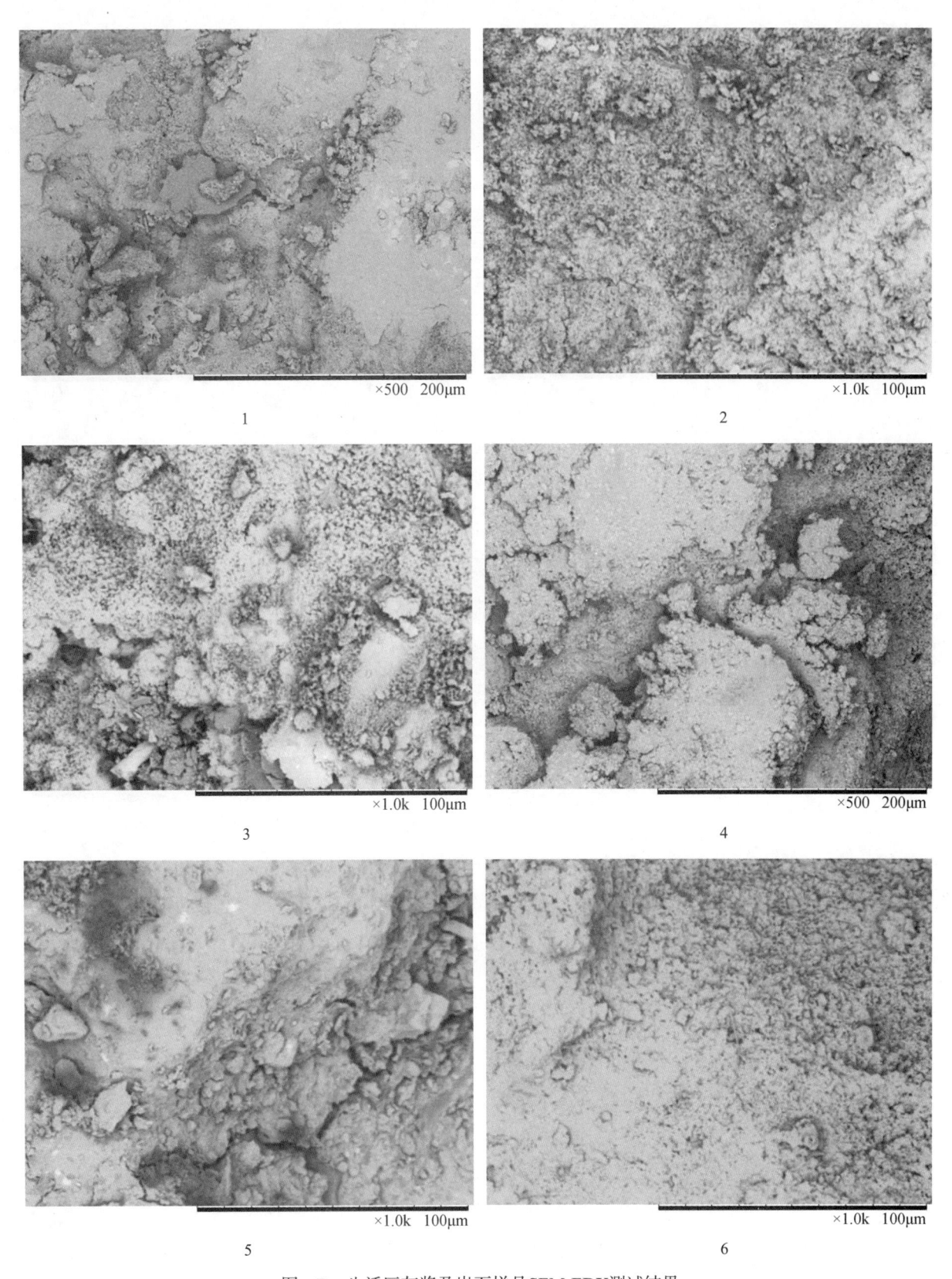

图一-B 生活区灰浆及岩石样品SEM-EDX测试结果

1. G17两侧沟壁抹面灰浆（LSC-S15-1） 2. L6周边残存挡土墙勾缝灰浆（LSC-S18） 3. G18两侧沟壁勾缝灰浆（LSC-S24）
4. G18两侧沟壁抹面灰浆（LSC-S25） 5. 西南环城路东西侧挡土墙勾缝灰浆（LSC-S27） 6. 西南环城路东西侧
挡土墙抹面灰浆（LSC-S28）

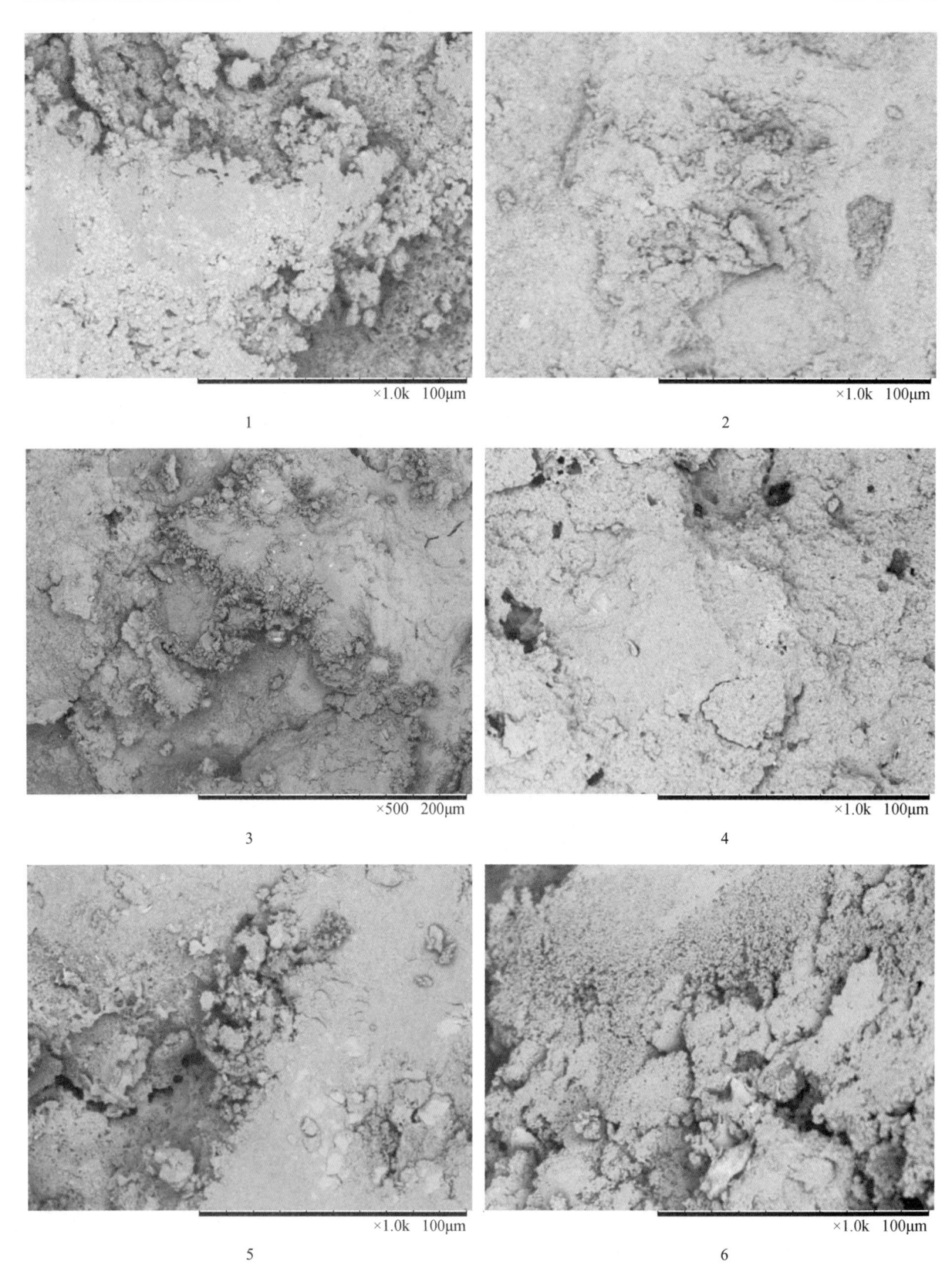

图一-C 生活区灰浆及岩石样品SEM-EDX测试结果

1. BK-7勾缝灰浆（LSC-S31） 2. BK-7抹面灰浆（LSC-S32） 3. BK-10勾缝灰浆（LSC-S33）
4. BK-10抹面灰浆（LSC-S34） 5. BK-18勾缝灰浆（LSC-S35） 6. BK-18抹面灰浆（LSC-S36）

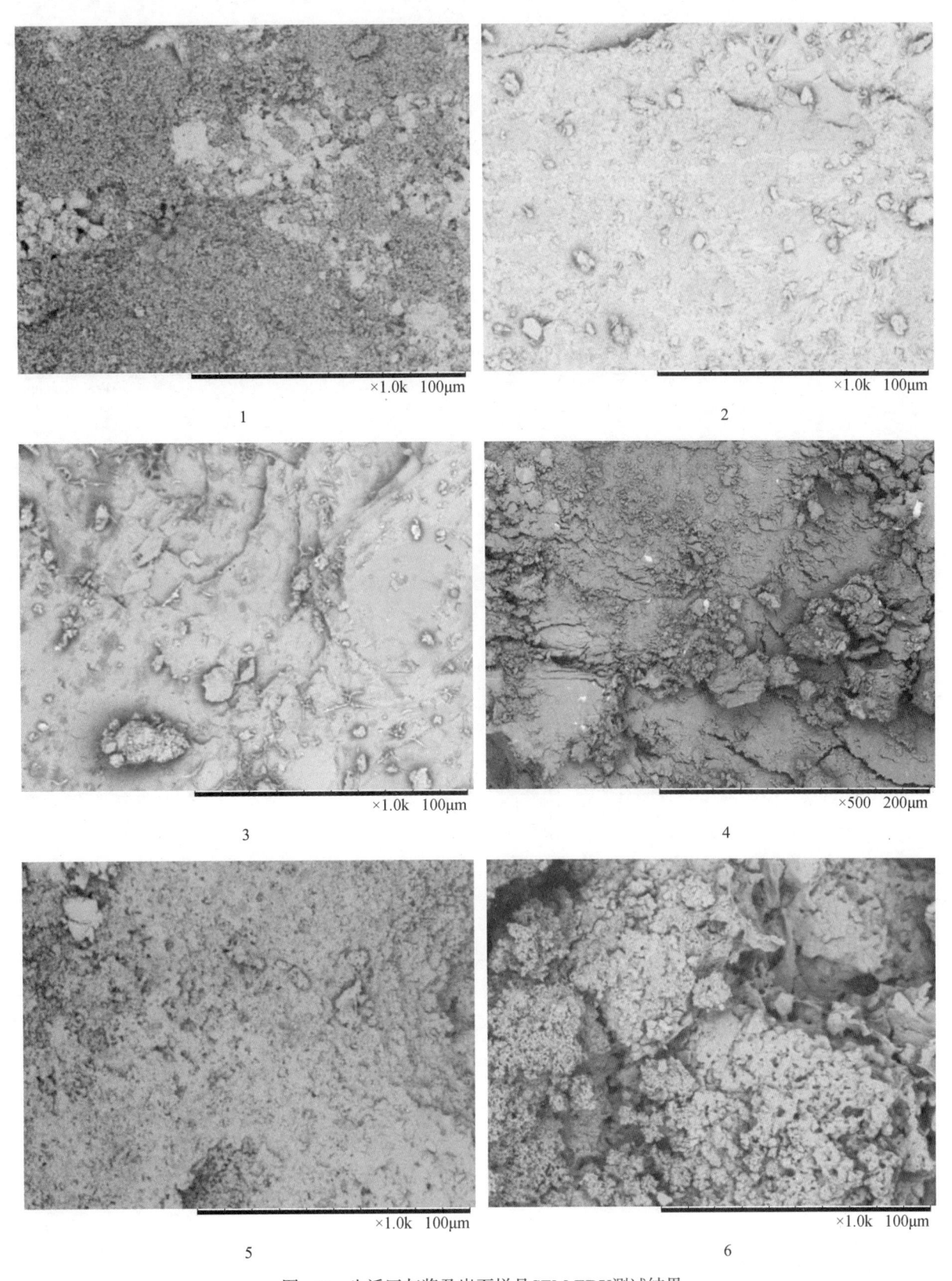

图一D 生活区灰浆及岩石样品SEM-EDX测试结果

1. F13周侧挡土墙勾缝灰浆（LSC-S39） 2. F13周侧挡土墙抹面灰浆（LSC-S40） 3. F13廊道两端红砂岩踏步（LSC-S42）
4. BK-20勾缝灰浆（LSC-S44） 5. BK-20抹面灰浆（LSC-S45） 6. L14挡土墙勾缝灰浆（LSC-S47-1）

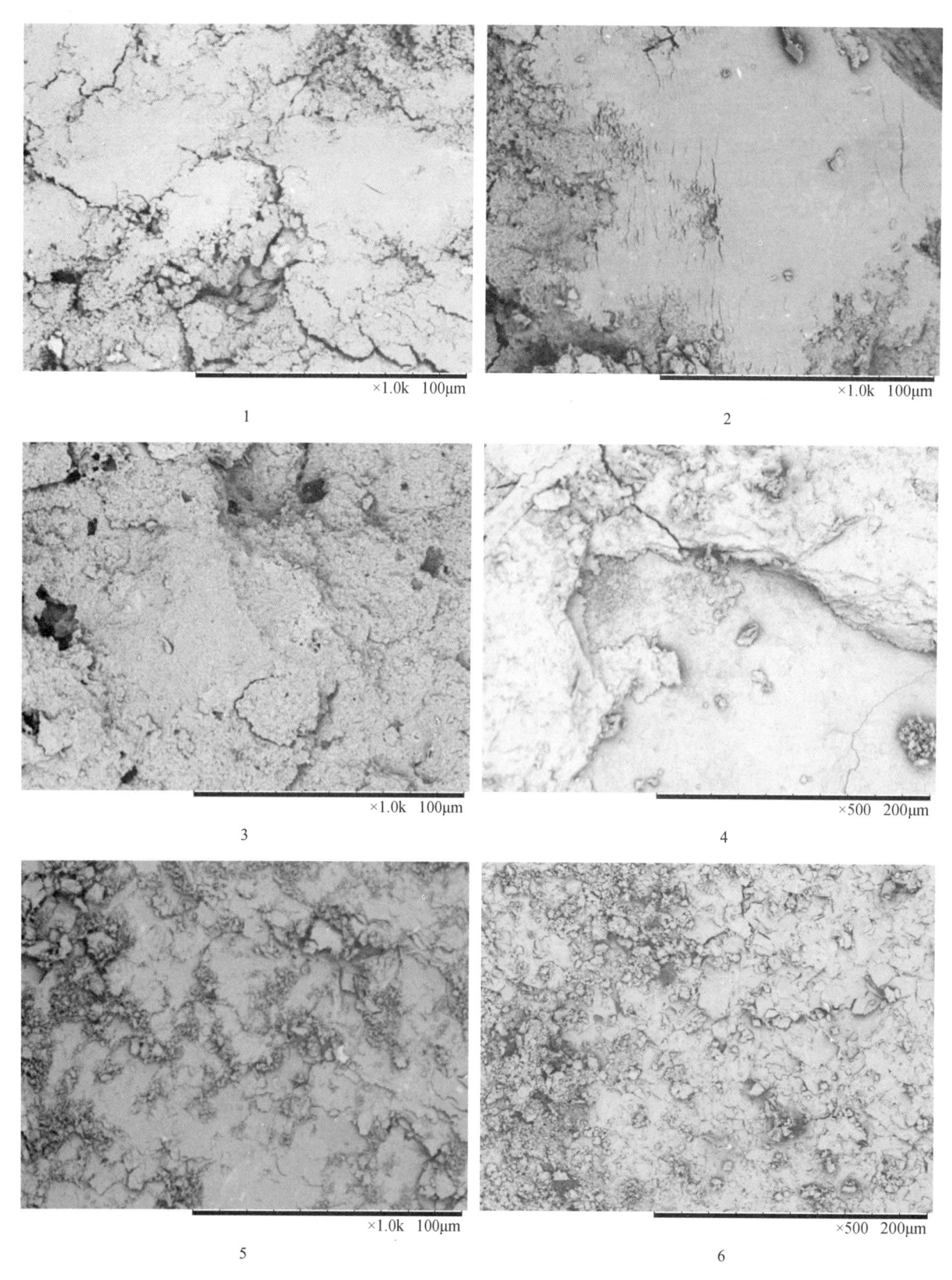

图一E 生活区灰浆及岩石样品SEM-EDX测试结果
1. L14挡土墙抹面灰浆（LSC-S47-2） 2. 北部城墙抹面灰浆（LSC-S52-2） 3. G27两侧沟壁抹面灰浆（LSC-S53-2）
4. G28两侧沟壁抹面灰浆（LSC-S56-2） 5. F10四周墙基抹面灰浆（LSC-S61-2） 6. F10火塘上方红砂岩块（LSC-S62）

根据SEM-EDX测试结果可知，老司城遗址生活区灰浆多保留较致密的结构，灰浆中空隙较小，表明灰浆仍保留较好的强度，未发生严重的风化侵蚀现象。在BK-14勾缝灰浆（LSC-S9-14）和G16青砖券拱勾缝灰浆（LSC-S12）中还发现纤维存在，应该是人为添加用以增强灰浆强度的。此外，F13廊道两端红砂岩踏步（LSC-S42）和F10火膛上方红砂岩块（LSC-S62）微观结构也很致密，砂岩颗粒极小，未见明显孔隙，可见砂岩风化程度也较低。

为进一步了解灰浆及岩石样品的化学元素组成情况，选用微量样品进行了EDX分析。在进行EDX测试时，为保证测试的准确性，每个试样均随机选取5个不同点进行能谱分析，统计其平均值如表三所示。

表三　老司城遗址生活区灰浆及石质样品EDX测试结果统计表

样品编号	样品名称	所含主要元素质量百分比 / wt.%						
		O	Ca	C	Mg	Si	Al	Fe
LSC-S6	勾缝灰浆	41.5	36.2	10.6	5.5	4.6	1.6	—
LSC-S7	抹面灰浆	43.2	34.3	9.4	4.7	6.3	2.1	—
LSC-S9	勾缝灰浆	39.1	38.4	10.8	5.9	4.3	1.5	—
LSC-S10	抹面灰浆	43.7	34.1	9.7	4.3	5.8	2.4	—
LSC-S12	勾缝灰浆	42.6	36.3	9	10.8	1.3	0	—
LSC-S14	勾缝灰浆	45.4	32.4	7.6	11.3	2.5	0.8	—
LSC-S15	抹面灰浆	48.1	33.6	7.1	10.4	0.8	—	—
LSC-S18	勾缝灰浆	46.7	34.9	3.6	12.8	1.4	0.6	—
LSC-S24	勾缝灰浆	44.9	33.7	6.8	11.4	2.3	0.9	—
LSC-S25	抹面灰浆	45.3	36.8	7.4	9.6	0.9	—	—
LSC-S31	勾缝灰浆	43.3	34.6	9.8	10.4	1.2	0.7	—
LSC-S32	抹面灰浆	47.1	29.3	8.4	11.6	2.7	0.9	—
LSC-S33	勾缝灰浆	44.2	35.4	5.9	9.7	3.5	1.3	—
LSC-S34	抹面灰浆	42.4	34.6	9.3	8.4	3.9	1.4	—
LSC-S35	勾缝灰浆	45.7	34.2	8.2	9.6	1.7	0.6	—
LSC-S36	抹面灰浆	44.8	37.6	5.7	10.5	1.4	—	—
LSC-S39	勾缝灰浆	46.7	38.3	6.9	6.4	1.3	0.4	—
LSC-S40	抹面灰浆	44.1	37.4	7.6	9.3	1.1	0.5	—
LSC-S42	红砂岩踏步	41.3	25.7	3.9	2.1	16.8	4.9	5.3
LSC-S44	勾缝灰浆	45.3	36.2	6.6	8.4	2.4	1.1	—
LSC-S45	抹面灰浆	44.5	38.1	5.4	6.8	3.5	1.7	—
LSC-S47-1	勾缝灰浆	44.9	35.6	7.7	8.3	2.7	0.8	—
LSC-S47-2	抹面灰浆	46.2	35.4	9.4	6.8	1.6	0.6	—
LSC-S52-1	勾缝灰浆	44.6	36.4	7.6	9.7	1.7	0	—
LSC-S52-2	抹面灰浆	45.8	35.3	8.9	5.4	3.4	1.2	—

续表

样品编号	样品名称	所含主要元素质量百分比 / wt.%						
		O	Ca	C	Mg	Si	Al	Fe
LSC-S53-1	勾缝灰浆	42.7	35.7	10.4	7.3	2.8	1.1	—
LSC-S53-2	抹面灰浆	43.4	34.1	9.5	8.3	3.2	1.5	—
LSC-S56-1	勾缝灰浆	46.2	32.8	10.3	6.2	2.8	1.7	—
LSC-S56-2	抹面灰浆	45.1	33.6	8.7	6.3	3.4	2.1	0.8
LSC-S61-1	勾缝灰浆	43.1	34.3	10.6	6.7	3.5	1.8	—
LSC-S61-2	抹面灰浆	47.6	30.5	9.8	7.4	3.2	1.5	—
LSC-S62	红砂岩块	40.7	26.4	4.1	2.4	16.9	3.9	5.6

根据EDX测试分析结果（表三）可知，老司城遗址生活区灰浆的主要成分为Ca和O，还含有一定量的C和Mg，以及少量的Si和Al。根据灰浆中Mg含量可知，老司城遗址生活区建筑所用灰浆原料为镁质石灰，用以烧制石灰的岩矿为白云质石灰岩。

3. XRD分析

采用X射线衍射仪（XRD）对老司城生活区土样、灰浆等样品进行了主要矿物质物相分析，部分典型样品的分析结果如图二A～图二G所示。

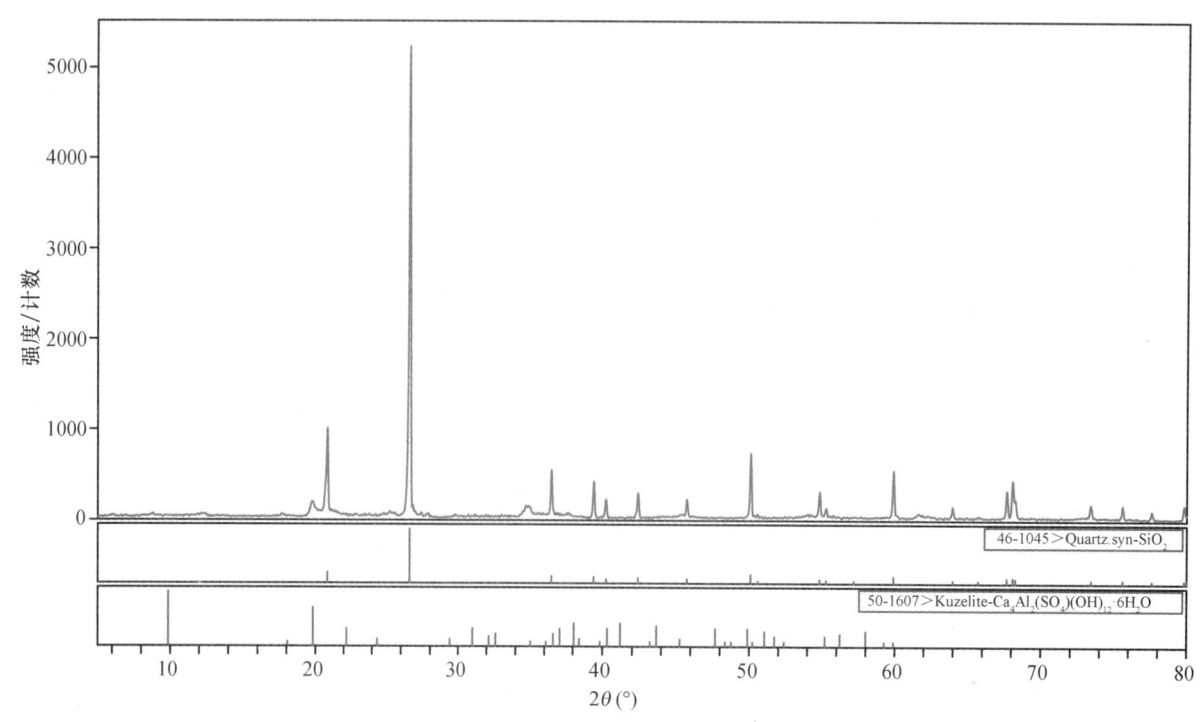

图二A 生活区部分样品XRD分析结果
F7、F8房屋基址遗迹面土样（LSC-S1）

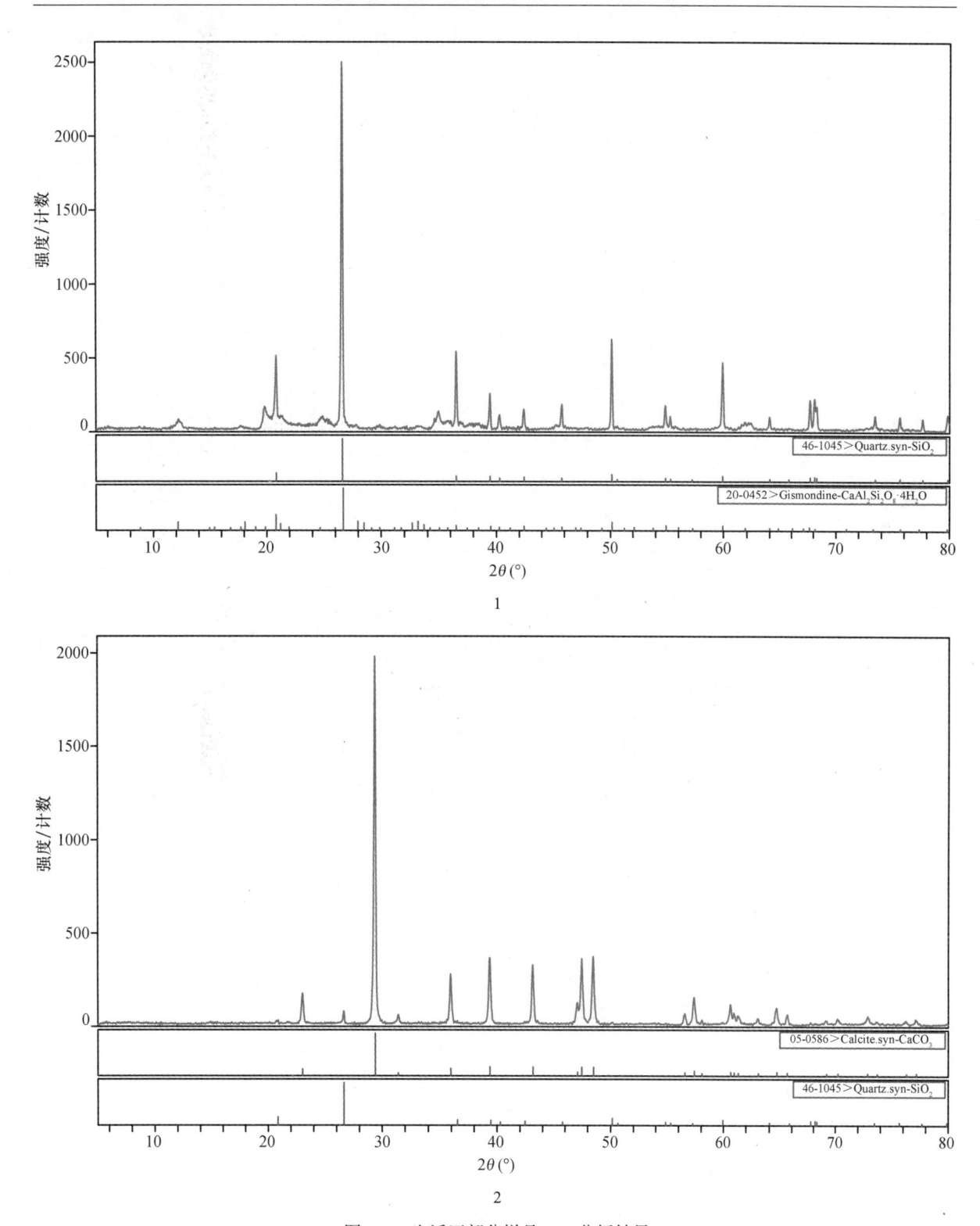

图二B 生活区部分样品XRD分析结果

1. F18房基遗迹面土样（LSC-S3） 2. 大西门北侧建筑基址两向墙体勾缝灰浆（LSC-S6）

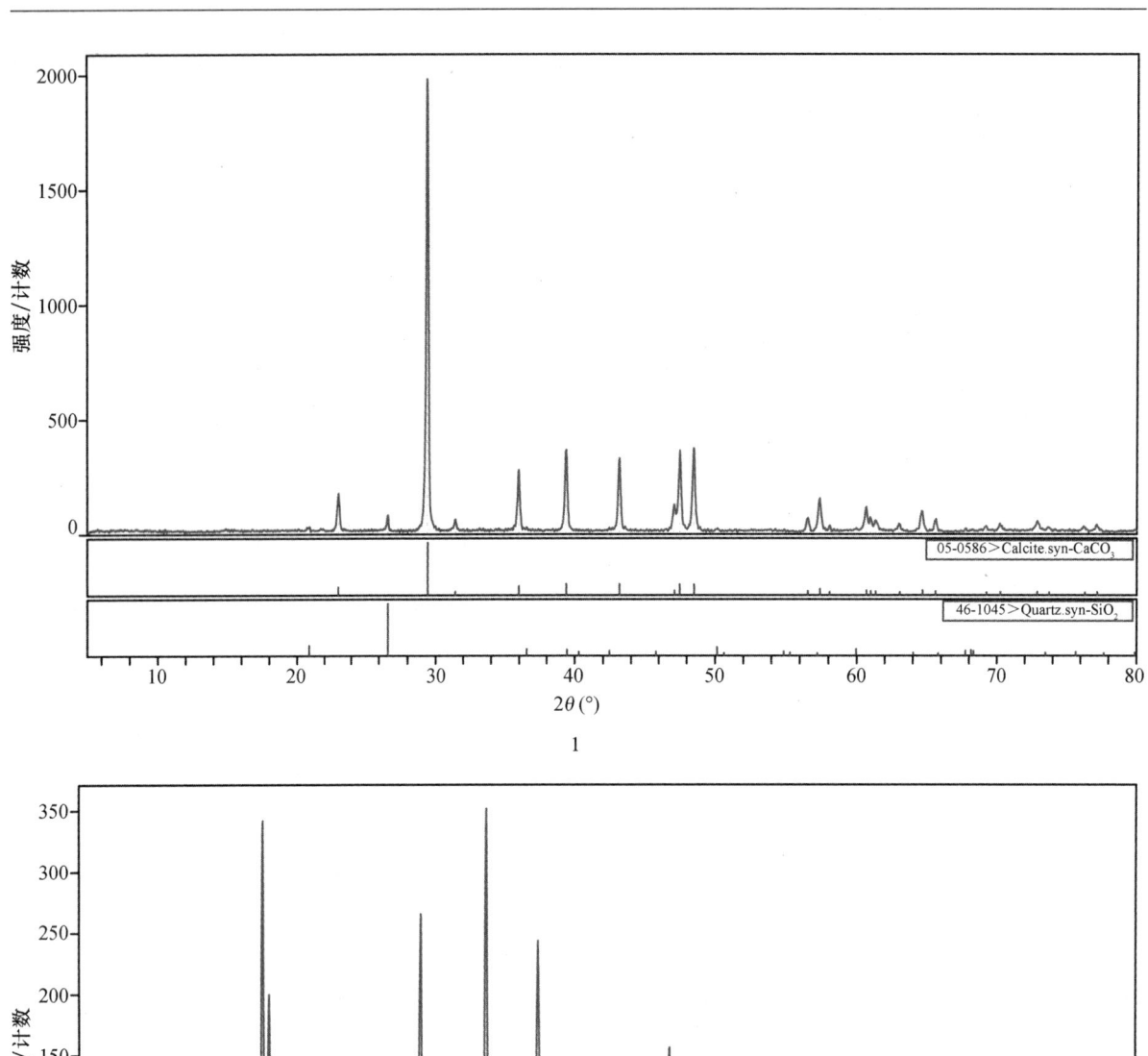

图二C 生活区部分样品XRD分析结果

1. 大西门北侧建筑基址两向墙体抹面灰浆（LSC-S7） 2. BK-14勾缝灰浆（LSC-S9）

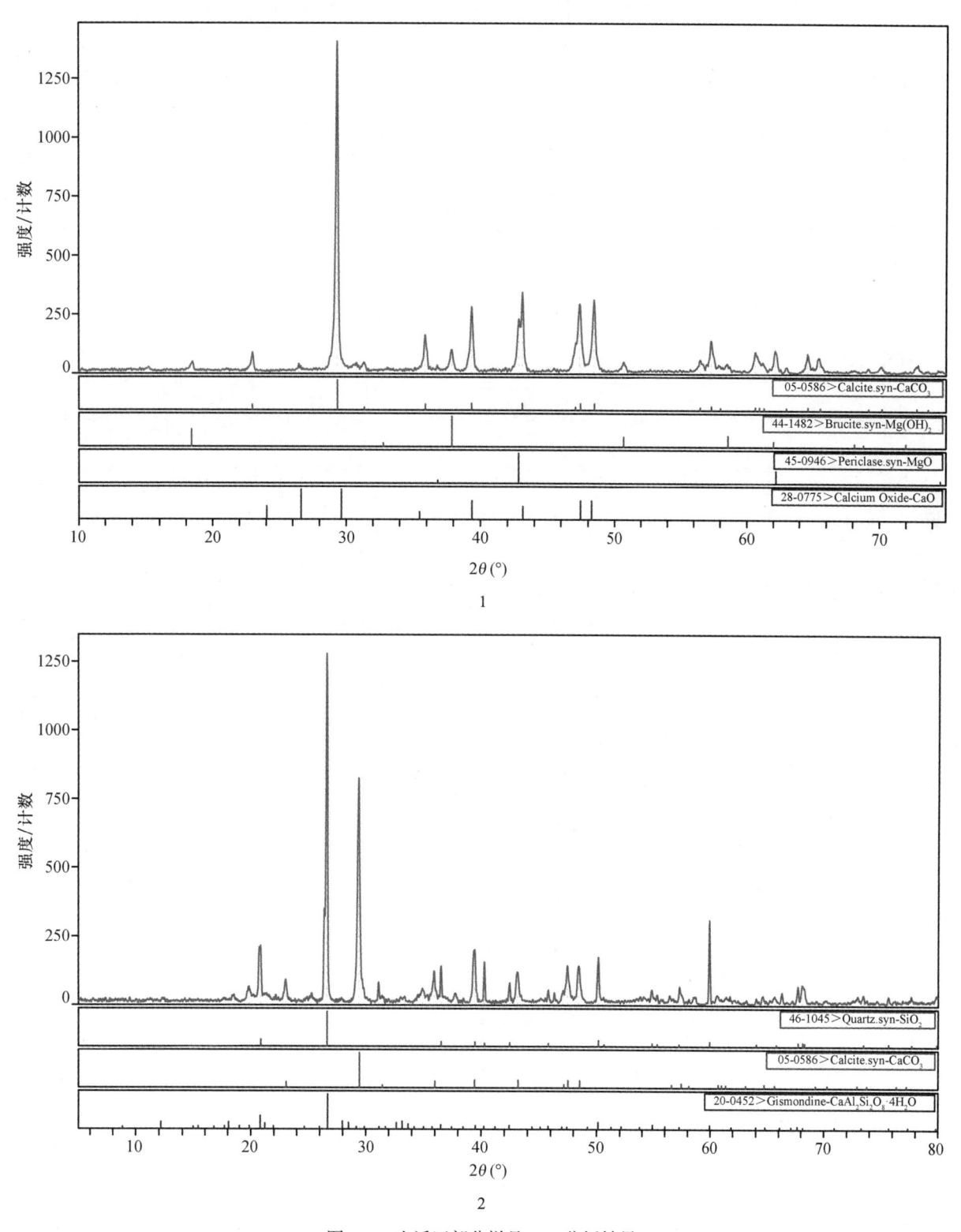

图二D 生活区部分样品XRD分析结果
1. BK-14抹面灰浆（LSC-S10） 2. G16沟底梯度土样（LSC-S13-10）

图二E 生活区部分样品XRD分析结果

1. G16沟底梯度土样（LSC-S13-20） 2. G18两侧沟壁勾缝灰浆（LSC-S24）

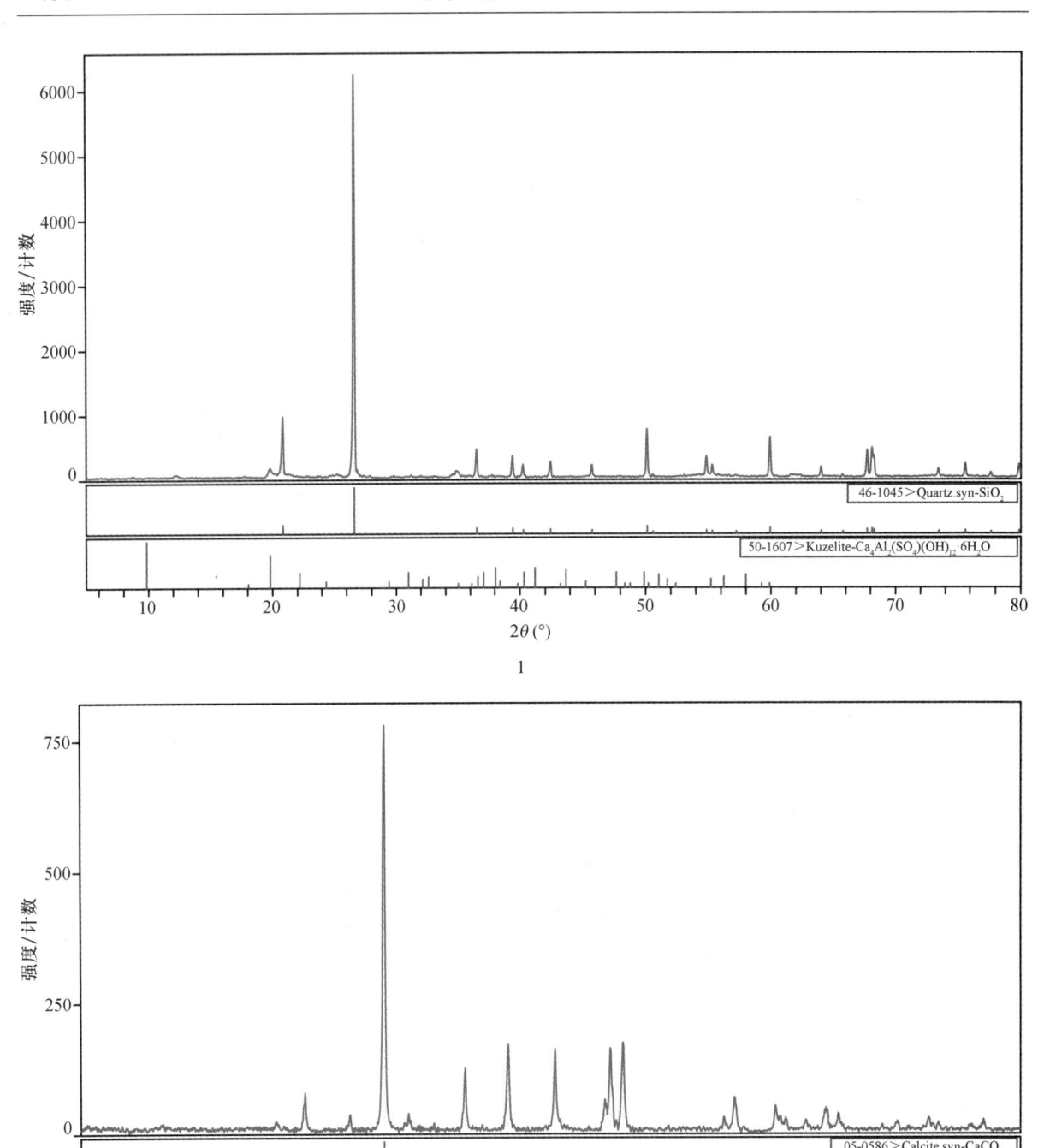

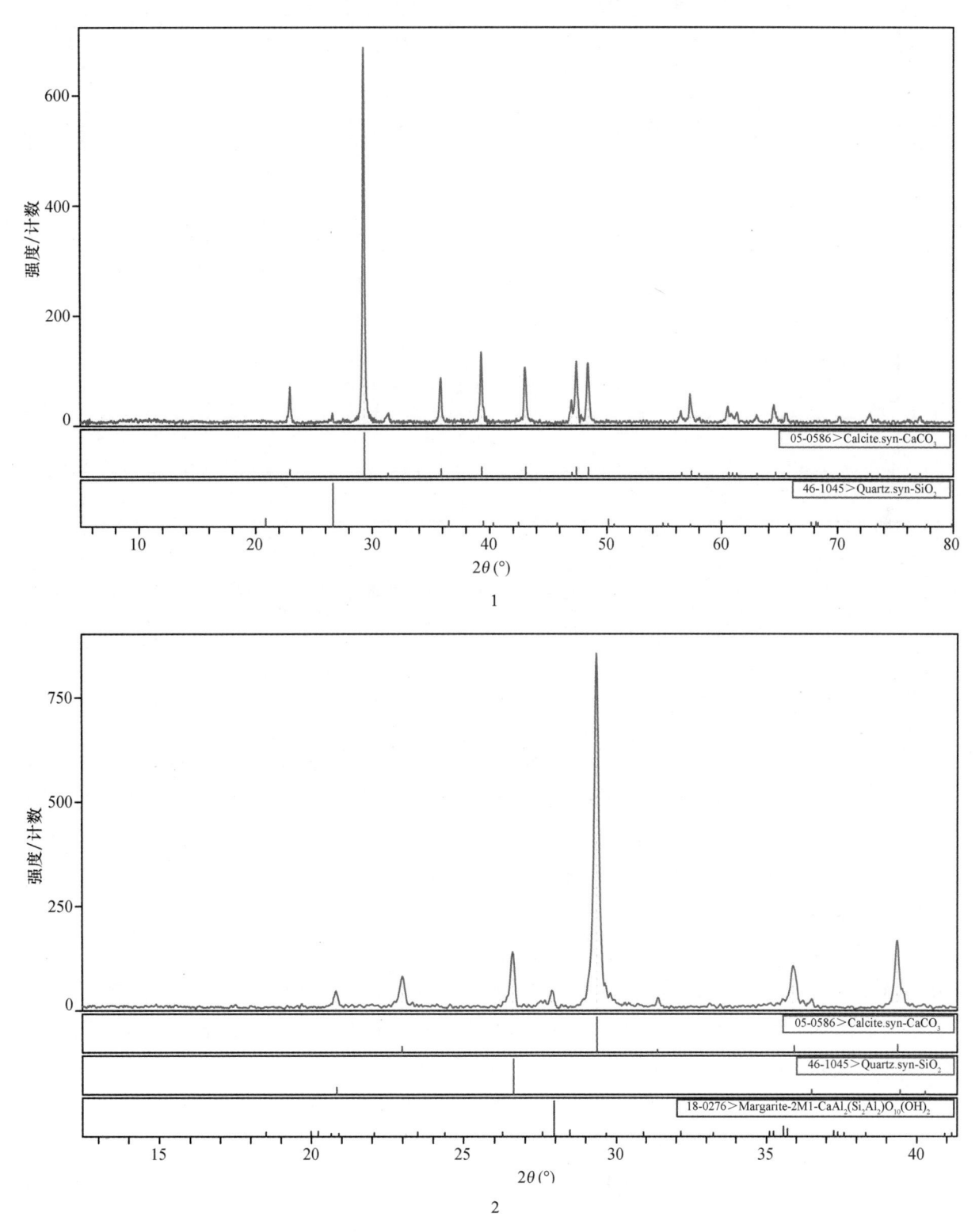

图二F 生活区部分样品XRD分析结果

1. G18两侧沟壁抹面灰浆（LSC-S25） 2. 西南环城路松动卵石下梯度土样（LSC-S30-10）

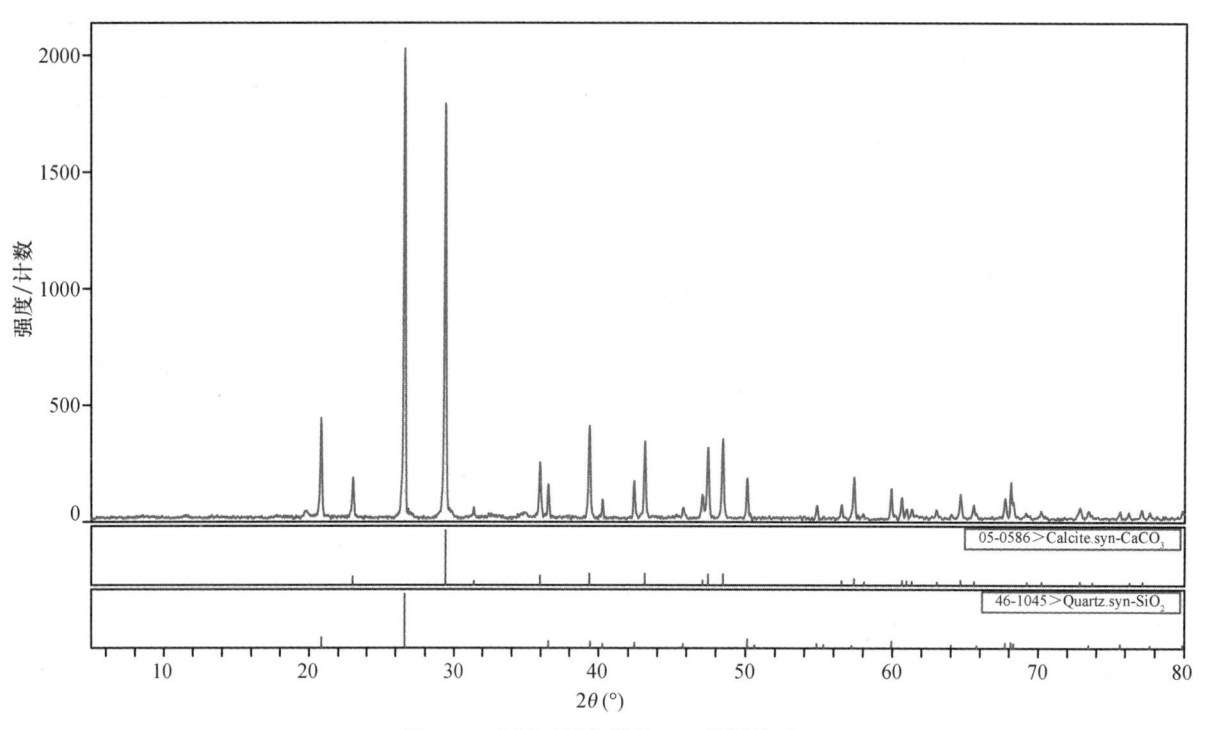

图二G 生活区部分样品XRD分析结果
G26梯度土样（LSC-S37-10）

4. FT-IR分析

为了提高建筑的强度、韧性、防渗水性能，我国古代建筑中的三合土中通常添加有糯米浆、桐油、杨桃藤汁、蓼叶汁、白芨浆、蛋清和动物血等有机物。为了进一步检测老司城遗址生活区建筑灰浆样品中是否存在糯米浆等有机添加物，本研究进一步采用傅里叶变换红外光谱仪（FT-IR）对老司城生活区所取灰浆样品进行分子结构分析，从而了解灰浆中有机物的添加情况，部分样品的分析结果如图三所示。

根据FT-IR分析结果（图三）可知，大西门北侧建筑基址两向墙体勾缝灰浆（LSC-S6）的FT-IR图（图三，1）中，其714cm^{-1}、876cm^{-1}、1446cm^{-1}、2512cm^{-1}、3431cm^{-1}附近的吸收振动峰都归结为方解石[1]（$CaCO_3$）的吸收振动峰，1083cm^{-1}、746cm^{-1}处为球霰石[2]（$CaCO_3$）的特征吸收峰。由此可见，该分析结果与XRD一致，表明灰浆主要成分为方解石和石英（SiO_2）。而且由FT-IR分析结果可以看出，其谱图上并未发现组成淀粉的支链烷烃及其他有机基团存在的痕迹，因此，可以推断该灰浆中不含糯米浆等有机物。

而由图三-2中BK-14、BK-15、BK-16勾缝灰浆（LSC-S9-14）的红外光谱图可知，其波数在714cm^{-1}、874cm^{-1}、1440cm^{-1}、1740cm^{-1}、2210cm^{-1}、3370cm^{-1}、3640cm^{-1}处的吸收峰对应方解石的特征吸收峰。此外，在波数为1110cm^{-1}和1600cm^{-1}处的吸收峰与纯糯米浆的吸收峰相对应。可见，该勾缝灰浆中的无机物为方解石，可能添加有机物糯米浆，为明代建筑中较为常见的一种糯米灰浆。这种灰浆耐久性好、自身强度和黏结强度高、韧性强、防渗性能好等优良特性，是使得该古城墙保留至今的重要原因之一。

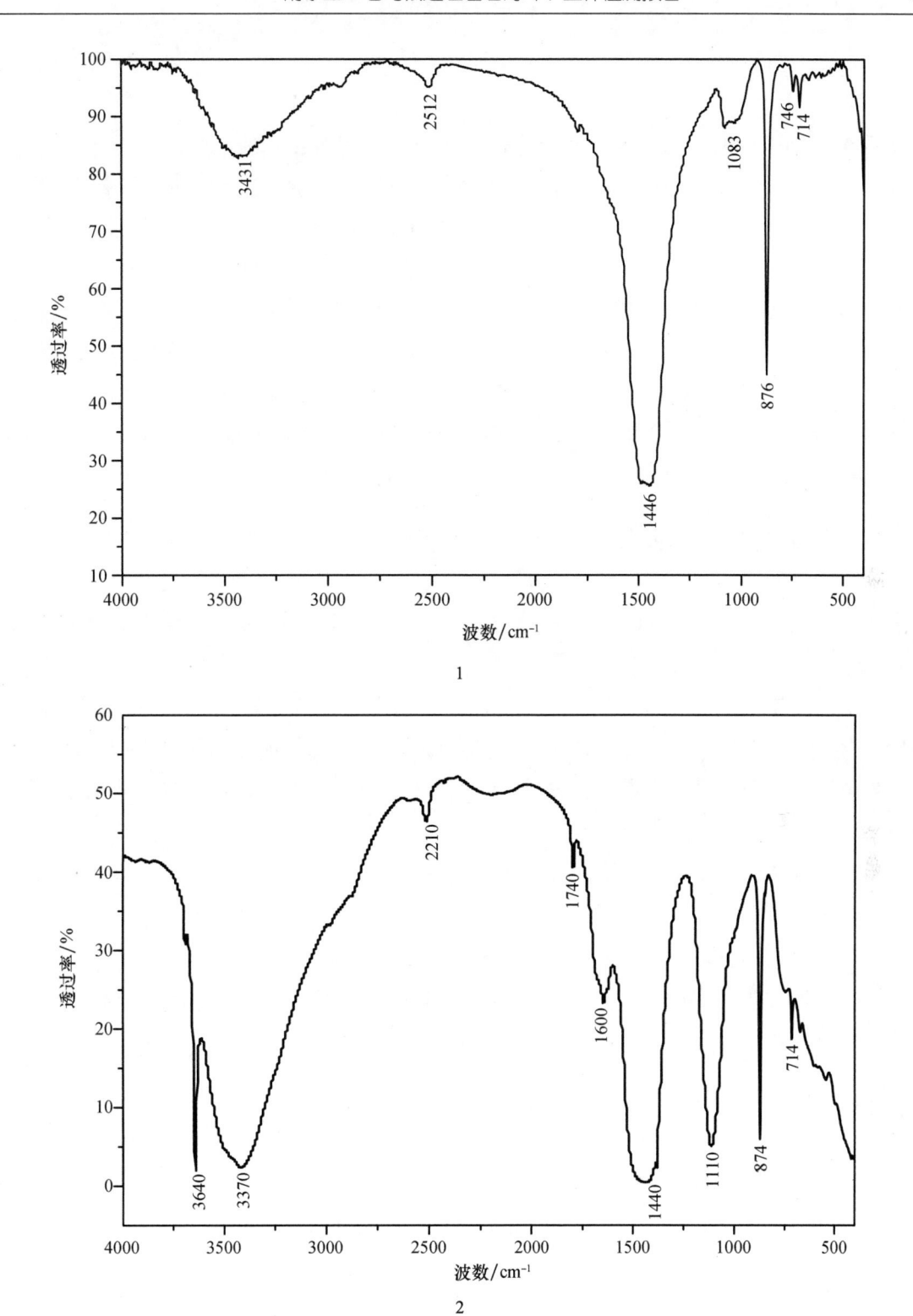

图三　生活区部分灰浆FT-IR分析结果

1. 大西门北侧建筑基址两向墙体勾缝灰浆（LSC-S6）　2. BK-14、BK-15、BK-16勾缝灰浆（LSC-S9-14）

5. TG-DSC分析

物质在受热过程中,会发生脱附、熔化、化合、分解等物理或化学变化,伴随着会有热量和质量的改变。测定这一过程中质量和热量的变化值,可定性和定量地来研究物质的构成。采用热失重-差式扫描量热法(TG-DSC)研究了老司城遗址生活区灰浆样品的组成,结果如图四所示。由图四-1可知,大西门北侧建筑基址两向墙体勾缝灰浆(LSC-S6)的DSC曲线在95℃、400℃和733℃处出现了三个吸热峰,分别对应着灰浆中水分子脱附、氢氧镁石分解[$Mg(OH)_2 \longrightarrow MgO + H_2O$]和方解石分解($CaCO_3 \longrightarrow CaO + CO_2$)的吸热峰。而图四-2中BK-14、BK-15、BK-16勾缝灰浆(LSC-S9-14)的DSC曲线上在249℃和550℃附近出现了另外两个吸热峰,其中,550℃附近的吸热峰对应着氢氧钙石的热分解[$Ca(OH)_2 \longrightarrow CaO + H_2O$]吸热峰,而249℃附近的吸热峰则进一步验证了有机物的存在。

6. 壁画颜料显色物质分析

采用扫描SEM-EDX、XRD及拉曼光谱分析,对大西门北侧建筑基址墙体抹面壁画的黑色颜料和赭色颜料进行了分析(图五~图八)。

由SEM-EDX分析结果(图五、图六)可知,大西门北侧建筑基址墙体抹面壁画黑色颜料(LSC-S8-1)中C含量较高,达到26.4%,除此之外,未见其他黑色显色矿物的化学元素存在,黑色颜料可能为常见的炭黑。大西门北侧建筑基址墙体抹面壁画赭色颜料(LSC-S8-2)中含较高的Fe,达13.6%,推测赭色颜料可能为赤铁矿(Fe_2O_3)。

为进一步确认壁画颜料的显色物质,分别采用拉曼光谱和XRD对黑色颜料和赭色颜料进行了分析(图七、图八)。结果表明,黑色颜料的拉曼谱图在1389cm^{-1}、1550cm^{-1}处存在两个较宽的拉曼频移峰,与炭黑的拉曼频移峰位相对应,可知,该黑色颜料为炭黑(C)。赭色颜料的衍射峰中,除石英和方解石外,还有赤铁矿,与SEM-EDX分析结果一致,表明赭色颜料为赤铁矿。

7. 小结

结合以上XRF、SEM-EDX、XRD、FT-IR、TG-DSC及拉曼光谱等分析,将老司城遗址生活区各区域土壤、灰浆、岩石、壁画等样品的分析结果统计如表四所示。

(二)生活区以下至河街区域

1. XRF分析

采用X射线荧光光谱仪(XRF)对老司城遗址生活区以下至河街区所取样品进行了成分分析测试,为之后用的XRD进行物相分析奠定基础。分析结果如表五所示。

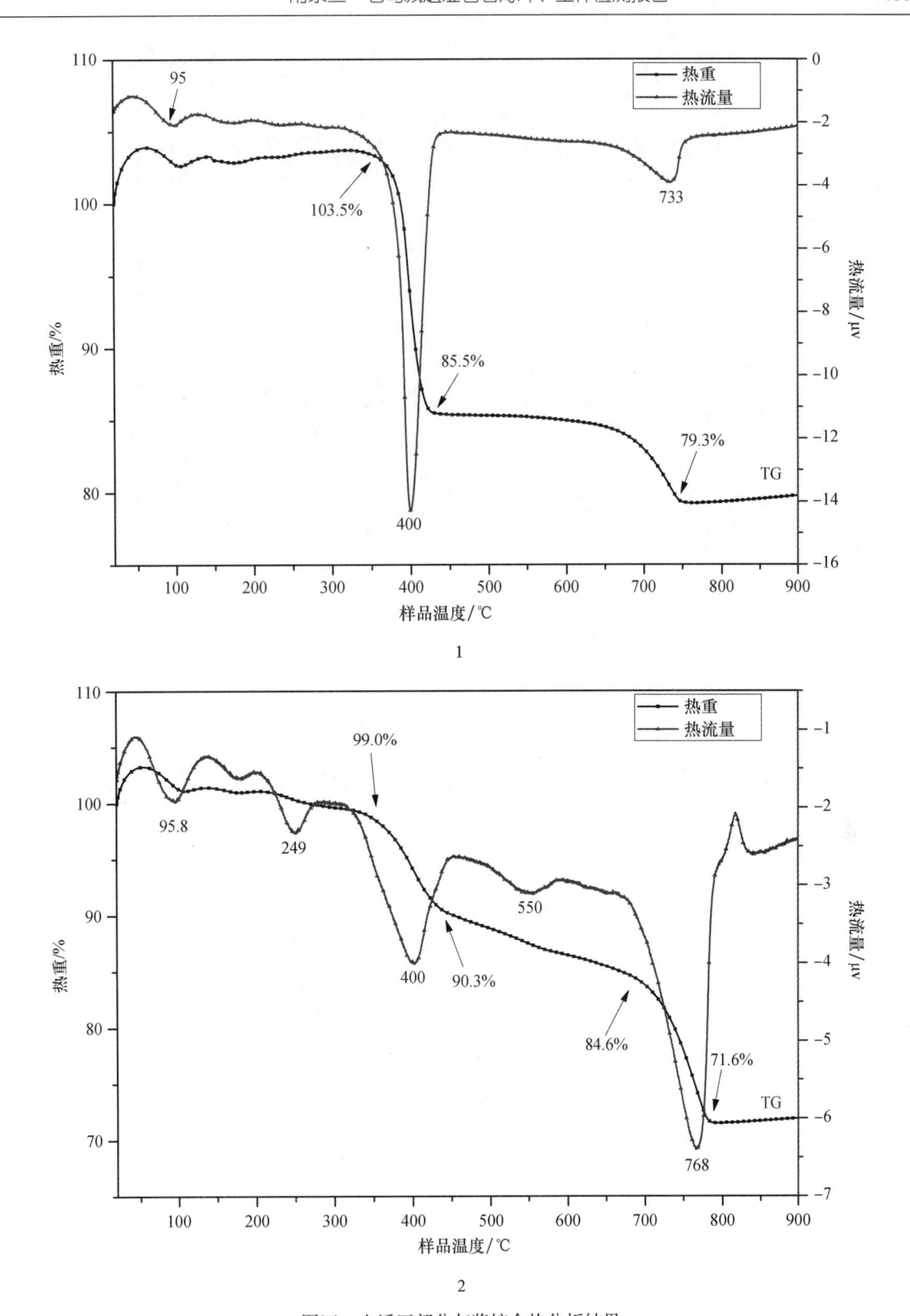

图四 生活区部分灰浆综合热分析结果

1. 大西门北侧建筑基址两向墙体勾缝灰浆（LSC-S6） 2. BK-14、BK-15、BK-16勾缝灰浆（LSC-S9-14）

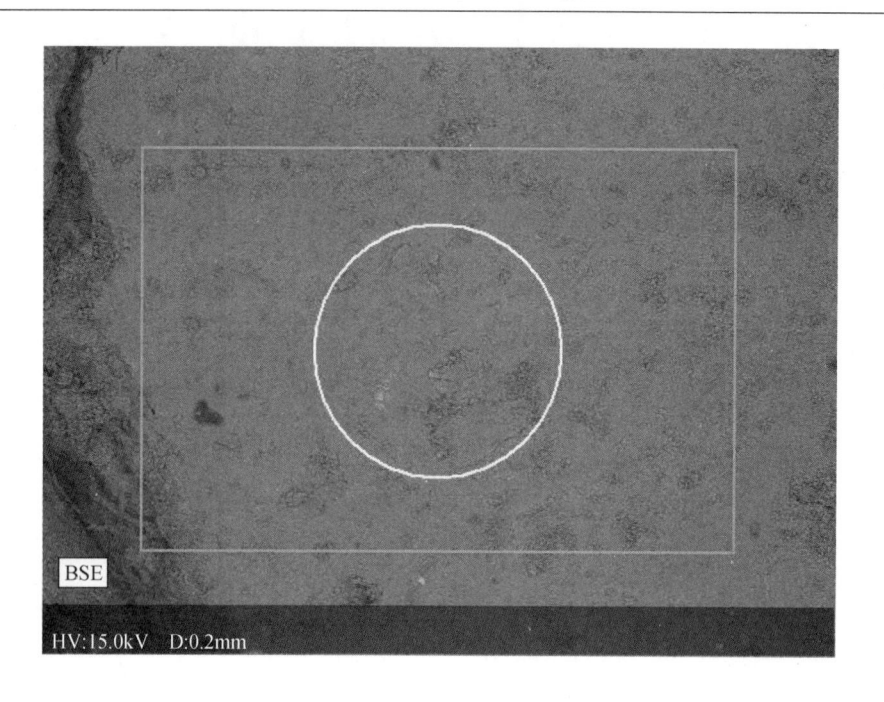

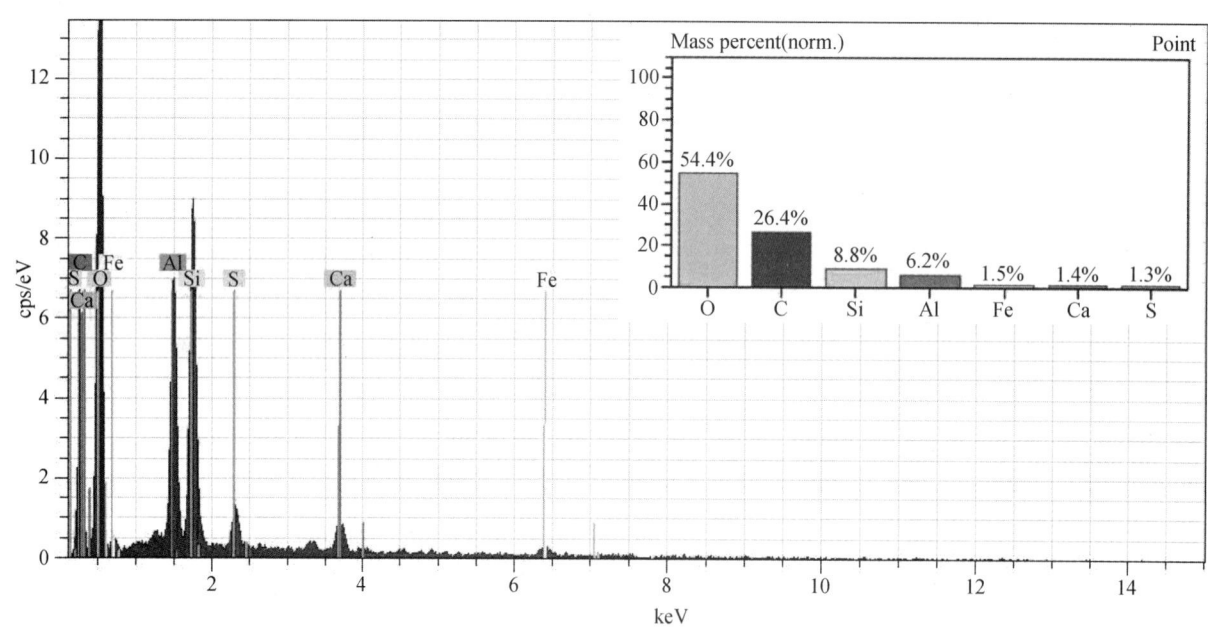

图五　大西门北侧建筑基址墙体抹面壁画黑色颜料（LSC-S8-1）SEM-EDX分析结果

根据XRF分析结果（表五）可知，生活区以下至河街区域土样中，主要化学元素组成与生活区相似，均为Si、Al，并含有少量的Fe、Mg、Ca、K和微量的P、Na、Mn、Ti、S及其他元素。其中，北门上卵石铺装缺失露土处梯度土样（LSC-J5）和河街卵石铺装松动卵石下梯度土样（LSC-J9）<10cm深度内的土样中含有较高含量的石灰，CaO的含量明显高于深度在20~30cm和>30cm的土样，MgO的含量也有一定程度的提高。堂坊包建筑基址方形青砖（LSC-J1）SiO_2和Al_2O_3的含量明显高于土样，其次，K_2O和MnO的含量也高于土样，而CaO和MgO的含量则低于土样。

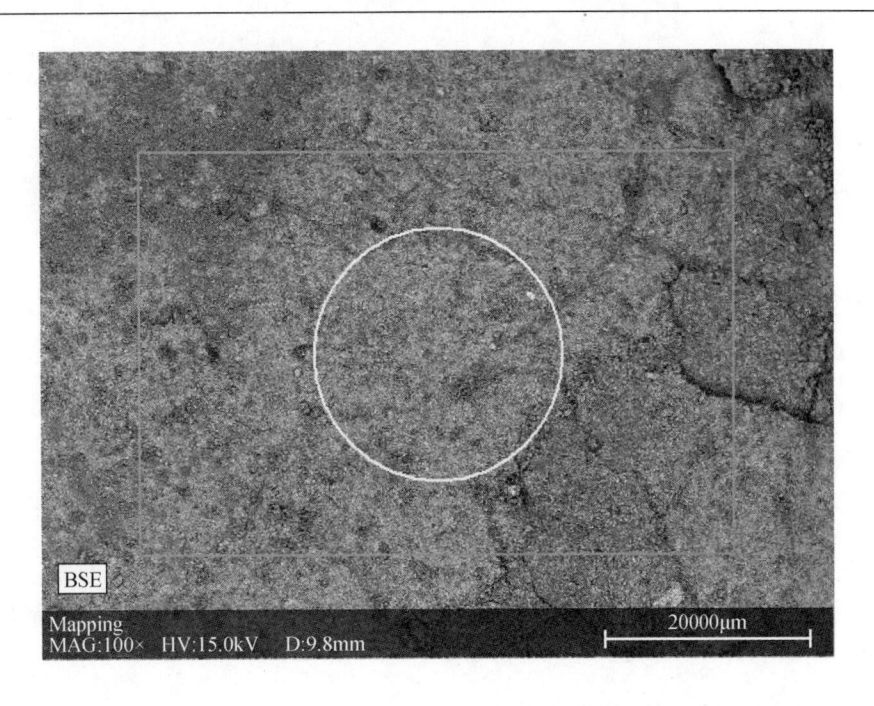

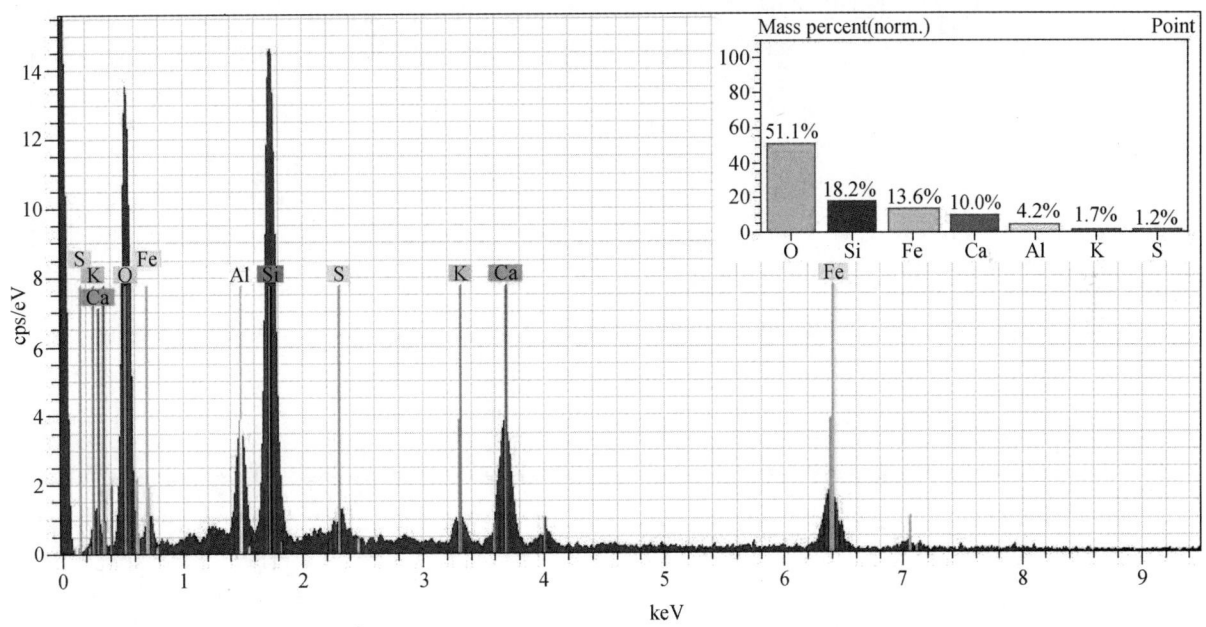

图六　大西门北侧建筑基址墙体抹面壁画赭色颜料（LSC-S8-2）SEM-EDX分析结果

2. SEM-EDX分析

采用扫描电镜能谱（SEM-EDX）对微量灰浆样品的微观结构及主要元素组成进行了测试，测试结果如图九和表六所示。

根据SEM-EDX分析结果（图九）可知，老司城遗址生活区以下至河街区域灰浆样品微观结构较为疏松，样品内部结构破坏严重，存在较多孔隙，表明该部分灰浆样品保存状态较差，相应表现出的强度也会较差。

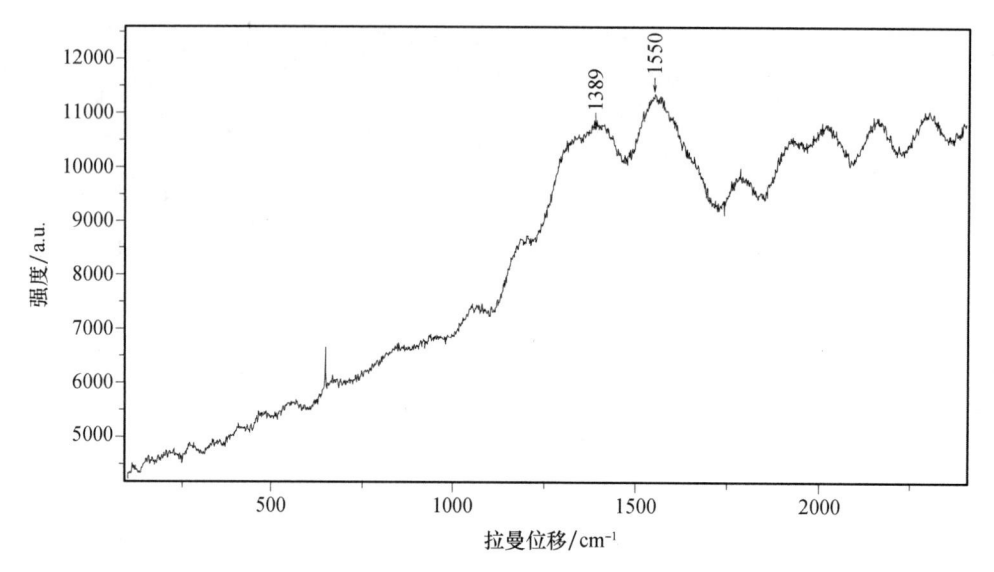

图七　大西门北侧建筑基址墙体抹面壁画黑色颜料（LSC-S8-1）拉曼光谱分析结果

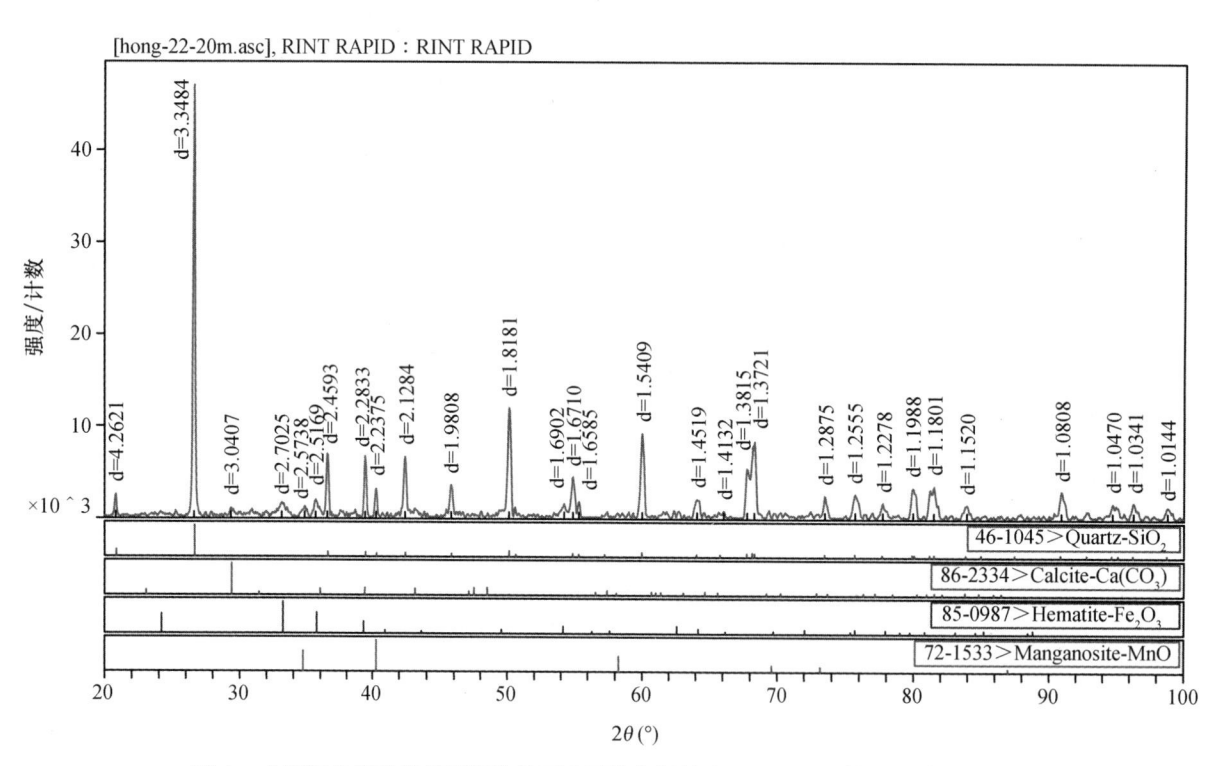

图八　大西门北侧建筑基址墙体抹面壁画赭色颜料（LSC-S8-2）拉曼光谱分析结果

为进一步了解灰浆样品的化学元素组成情况，先用微量样品进行了EDX分析。在进行EDX测试时，为保证测试的准确性，每个试样均随机选取5个不同点进行能谱分析，统计其平均值如表六所示。

表四　老司城遗址生活区样品分析结果统计

样品编号	取样地点	送检样品	分析结果
LSC-S1	F7、F8房屋基址遗迹面	土样	石英、黏土矿物
LSC-S2	南部建筑群遗迹面	土样	石英、黏土矿物
LSC-S3	F18房基遗迹面	土样	石英、黏土矿物
LSC-S4	F31房屋遗迹面	土样	石英、黏土矿物
LSC-S5	大西门北侧建筑基址遗迹面	土样	石英、黏土矿物
LSC-S6	大西门北侧建筑基址两向墙体	勾缝灰浆	方解石、石英、普通石灰灰浆
LSC-S7	大西门北侧建筑基址两向墙体	抹面灰浆	方解石、石英、普通石灰灰浆
LSC-S8	大西门北侧建筑基址墙体抹面壁画	壁画颜料	黑色颜料为炭黑、赭色颜料为赤铁矿
LSC-S9	BK-14、BK-15、BK-16	勾缝灰浆	方解石、氢氧钙石、氢氧镁石、含棉纤维的糯米灰浆
LSC-S10	BK-14、BK-15、BK-16	抹面灰浆	方解石、氢氧镁石、氧化镁、氧化钙、含棉纤维的糯米灰浆
LSC-S11	G16青砖券拱	长条形青砖	—
LSC-S12	G16青砖券拱	勾缝灰浆	方解石、氢氧钙石、石英、棉花糯米灰浆
LSC-S13	G16沟底	梯度土样	石英、黏土矿物、10cm以内梯度土含方解石
LSC-S14	G17两侧沟壁	勾缝灰浆	方解石、石英、普通石灰灰浆
LSC-S15	G17两侧沟壁	抹面灰浆	方解石、石英、普通石灰灰浆
LSC-S16	G17沟底	梯度土样	石英、黏土矿物、10cm梯度土内含方解石
LSC-S17	L6卵石铺装缺失露土处	梯度土样	石英、黏土矿物、10cm梯度土内含方解石
LSC-S18	L6周边残存挡土墙	勾缝灰浆	石英、方解石、普通石灰灰浆
LSC-S19	L7卵石铺装缺失露土处	梯度土样	石英、黏土矿物、10cm梯度土内含方解石
LSC-S20	一号台基裸露素土处	梯度土样	石英、黏土矿物
LSC-S21	一号台基残存松动卵石下	梯度土样	石英、黏土矿物、10cm梯度土内含方解石
LSC-S22	西城门及城门楼F17卵石铺装缺失露土处	梯度土样	石英、黏土矿物
LSC-S23	西城门及城门楼F17残存松动卵石下	梯度土样	石英、黏土矿物、10cm梯度土内含方解石
LSC-S24	G18两侧沟壁	勾缝灰浆	方解石、石英、普通石灰灰浆
LSC-S25	G18两侧沟壁	抹面灰浆	方解石、石英、普通石灰灰浆
LSC-S26	G18	沟底基岩石	
LSC-S27	西南环城路东西侧挡土墙	勾缝灰浆	方解石、石英、普通石灰灰浆
LSC-S28	西南环城路东西侧挡土墙	抹面灰浆	方解石、石英、普通石灰灰浆
LSC-S29	西南环城路卵石铺装缺失处	梯度土样	石英、黏土矿物
LSC-S30	西南环城路松动卵石下	梯度土样	石英、黏土矿物、10cm梯度土内含方解石
LSC-S31	BK-7、BK-8	勾缝灰浆	方解石、石英、普通石灰灰浆
LSC-S32	BK-7、BK-8	抹面灰浆	方解石、石英、普通石灰灰浆

续表

样品编号	取样地点	送检样品	分析结果
LSC-S33	BK-10、BK-11	勾缝灰浆	方解石、石英、普通石灰灰浆
LSC-S34	BK-10、BK-11	抹面灰浆	方解石、石英、普通石灰灰浆
LSC-S35	BK-18、BK-19	勾缝灰浆	方解石、石英、普通石灰灰浆
LSC-S36	BK-18、BK-19	抹面灰浆	方解石、石英、普通石灰灰浆
LSC-S37	G26、G31	梯度土样	石英、黏土矿物、10cm梯度土内含方解石
LSC-S38	F13房屋基址遗迹面	土样	石英、黏土矿物
LSC-S39	F13周侧挡土墙	勾缝灰浆	方解石、氢氧钙石、氢氧镁石、糯米灰浆
LSC-S40	F13周侧挡土墙	抹面灰浆	方解石、氢氧钙石、氢氧镁石、糯米灰浆
LSC-S41	F13廊道	310mm×310mm×50mm方形青砖	—
LSC-S42	F13廊道两端红砂岩踏步	红砂岩石块	—
LSC-S43	F13廊道两端红砂岩踏步	梯度土样	石英、黏土矿物、10cm梯度土内含方解石
LSC-S44	BK-20	勾缝灰浆	方解石、石英、普通石灰灰浆
LSC-S45	BK-20	抹面灰浆	方解石、石英、普通石灰灰浆
LSC-S46	L14方形青砖	310mm×310mm×50mm方形青砖	—
LSC-S47	L14挡土墙	勾缝、抹面灰浆	方解石、石英、普通石灰灰浆
LSC-S48	L14卵石铺装缺失露土处	梯度土样	石英、黏土矿物
LSC-S49	L14卵石铺装松动卵石下	梯度土样	石英、黏土矿物、10cm梯度土内含方解石
LSC-S50	L13卵石铺装缺失露土处	梯度土样	石英、黏土矿物
LSC-S51	L13卵石铺装松动卵石下	梯度土样	石英、黏土矿物、10cm梯度土内含方解石
LSC-S52	北部城墙	勾缝、抹面灰浆	方解石、石英、普通石灰灰浆
LSC-S53	G27两侧沟壁	勾缝、抹面灰浆	方解石、石英、普通石灰灰浆
LSC-S54	G27沟底卵石铺装缺失露土处	梯度土样	石英、黏土矿物
LSC-S55	G27沟底卵石铺装松动卵石下	梯度土样	石英、黏土矿物、10cm梯度土内含方解石
LSC-S56	G28两侧沟壁	勾缝、抹面灰浆	方解石、石英、普通石灰灰浆
LSC-S57	G28沟底卵石铺装缺失露土处	梯度土样	石英、黏土矿物
LSC-S58	G28沟底卵石铺装松动卵石下	梯度土样	石英、黏土矿物、10cm梯度土内含方解石
LSC-S59	F10房屋基址遗迹面	310mm×310mm×50mm方形青砖	—

续表

样品编号	取样地点	送检样品	分析结果
LSC-S60	F10房屋基址遗迹面	土样	石英、黏土矿物
LSC-S61	F10四周墙基	勾缝、抹面灰浆	方解石、石英、普通石灰灰浆
LSC-S62	F10火膛	上方红砂岩块	—
LSC-S63	F10火膛	土样	石英、黏土矿物
LSC-S64	F28房屋基址遗迹面	城墙砖	—
LSC-S65	F28房屋基址遗迹面	土样	石英、黏土矿物
LSC-S66	F25、F26、F27房屋基址遗迹面	土样	石英、黏土矿物
LSC-S67	F25、F26、F27房屋基址青砖铺地	310mm×310mm×50mm 方形青砖	—
LSC-S68	F25、F26、F27房屋基址卵石铺装缺失露土处	梯度土样	石英、黏土矿物
LSC-S69	F25、F26、F27房屋基址卵石铺装松动卵石下	梯度土样	石英、黏土矿物、10cm梯度土内含方解石

表五 老司城遗址生活区以下至河街区样品XRF分析结果

样品编号	SiO_2	Al_2O_3	Fe_2O_3	MgO	CaO	K_2O	P_2O_5	Na_2O	MnO	TiO_2	SO_3	其他
LSC-J1	68.465	20.574	3.356	0.496	0.311	4.653	0.065	0.349	1.003	0.202	0.31	0.216
LSC-J2	64.657	18.542	5.761	2.998	3.862	1.354	0.995	0.346	0.174	0.589	0.12	0.602
LSC-J5-10	39.748	12.052	4.254	6.539	33.645	1.896	0.354	0.238	0.521	0.213	0.028	0.512
LSC-J5-20	60.628	16.846	5.235	5.629	8.156	1.001	0.441	0.546	0.223	0.659	0.295	0.341
LSC-J5-30	64.795	17.621	5.549	4.597	2.985	1.625	0.543	0.286	0.445	0.742	0.235	0.577
LSC-J8-10	63.594	16.594	5.995	4.315	3.854	2.548	0.756	0.303	0.302	0.695	0.341	0.703
LSC-J8-20	63.954	18.065	6.632	3.912	3.899	2.156	0.487	0.275	0.128	0.354	0.089	0.049
LSC-J8-30	64.623	17.548	6.601	3.548	3.015	2.396	0.765	0.254	0.215	0.398	0.076	0.561
LSC-J9-10	37.871	11.351	4.286	6.575	35.878	2.396	0.372	0.331	0.347	0.412	0.034	0.147
LSC-J9-20	62.004	16.457	6.612	4.548	6.015	1.998	0.245	0.455	0.386	0.41	0.035	0.835
LSC-J9-30	64.512	16.998	6.601	3.847	4.215	1.745	0.645	0.254	0.342	0.397	0.021	0.423

注：样品具体编号及信息见表一，其中-10、-20、-30分别表示梯度土样中<10cm、10~20cm、20~30cm处对应的土样

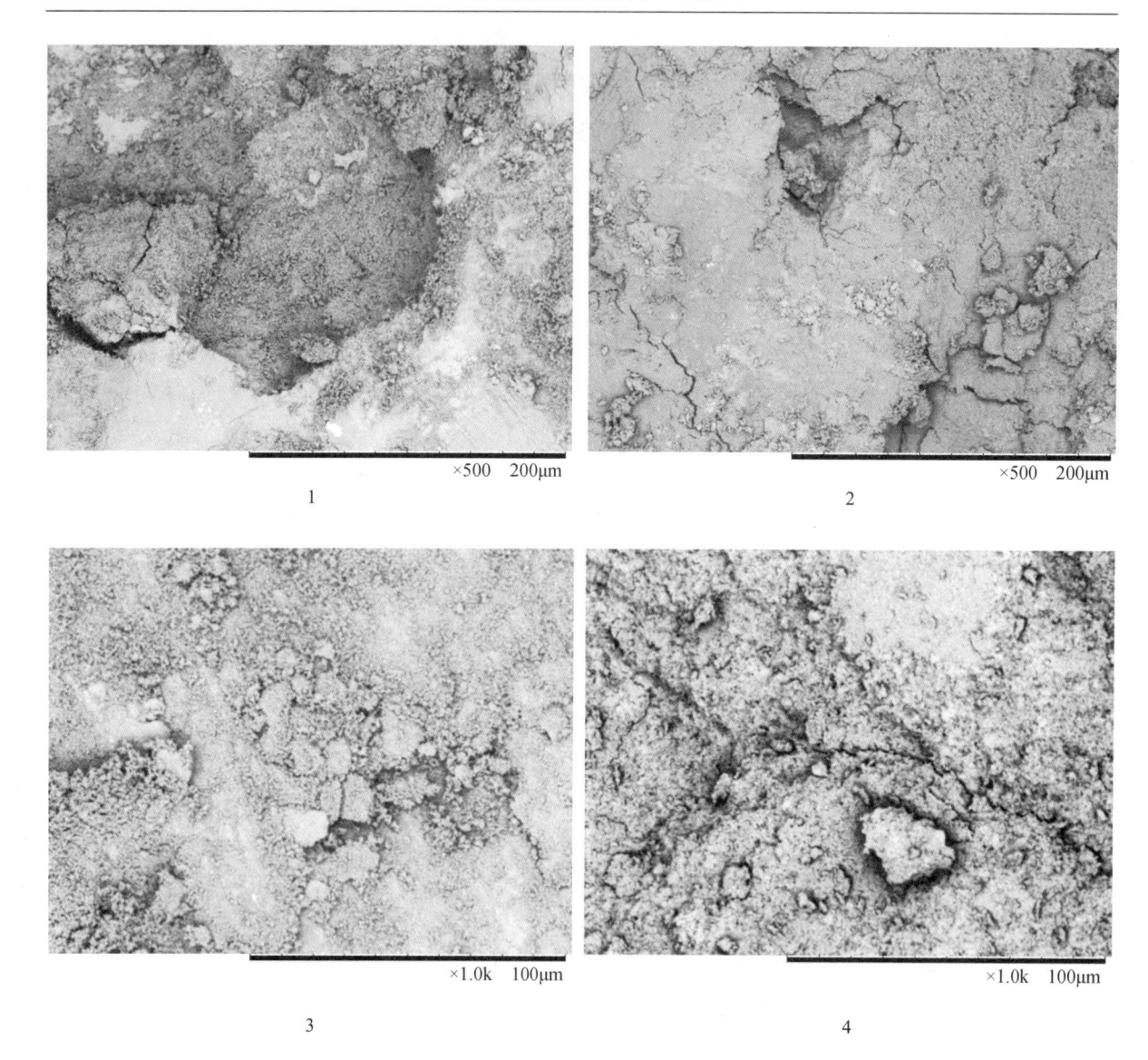

图九　老司城遗址生活区以下至河街区域部分灰浆样品SEM-EDX分析结果

1. 堂坊包建筑基址两向墙体勾缝灰浆（LSC-J3）　2. 堂坊包建筑基址两向墙体抹面灰浆（LSC-J4）
3. 北门上残存挡土墙勾缝灰浆（LSC-J6）　4. 河街内侧挡土墙勾缝灰浆（LSC-J7）

表六　老司城遗址生活区以下至河街区域灰浆及石质样品EDX测试结果统计表

样品编号	样品名称	所含主要元素质量百分比／wt.%					
		O	Ca	C	Mg	Si	Al
LSC-J3-1	勾缝灰浆	43.5	33.1	10.7	6.1	5.3	1.3
LSC-J3-2	勾缝灰浆	45.1	32.3	9.4	6.8	4.9	1.5
LSC-J4-1	抹面灰浆	42.7	34.8	8.3	7	5.1	2.1
LSC-J4-2	抹面灰浆	44.6	35.2	8	7.2	4.1	0.9
LSC-J6	勾缝灰浆	45.4	37.3	7.5	8.1	1.3	0.4
LSC-J7	勾缝灰浆	44.8	34.5	6.3	9.9	3.9	0.6

3. XRD分析

进一步采用XRD对老司城遗址生活区以下至河街区域土样、灰浆等样品进行了主要矿物质物相分析，部分典型样品的分析结果如图一〇A～图一〇C所示。

1

2

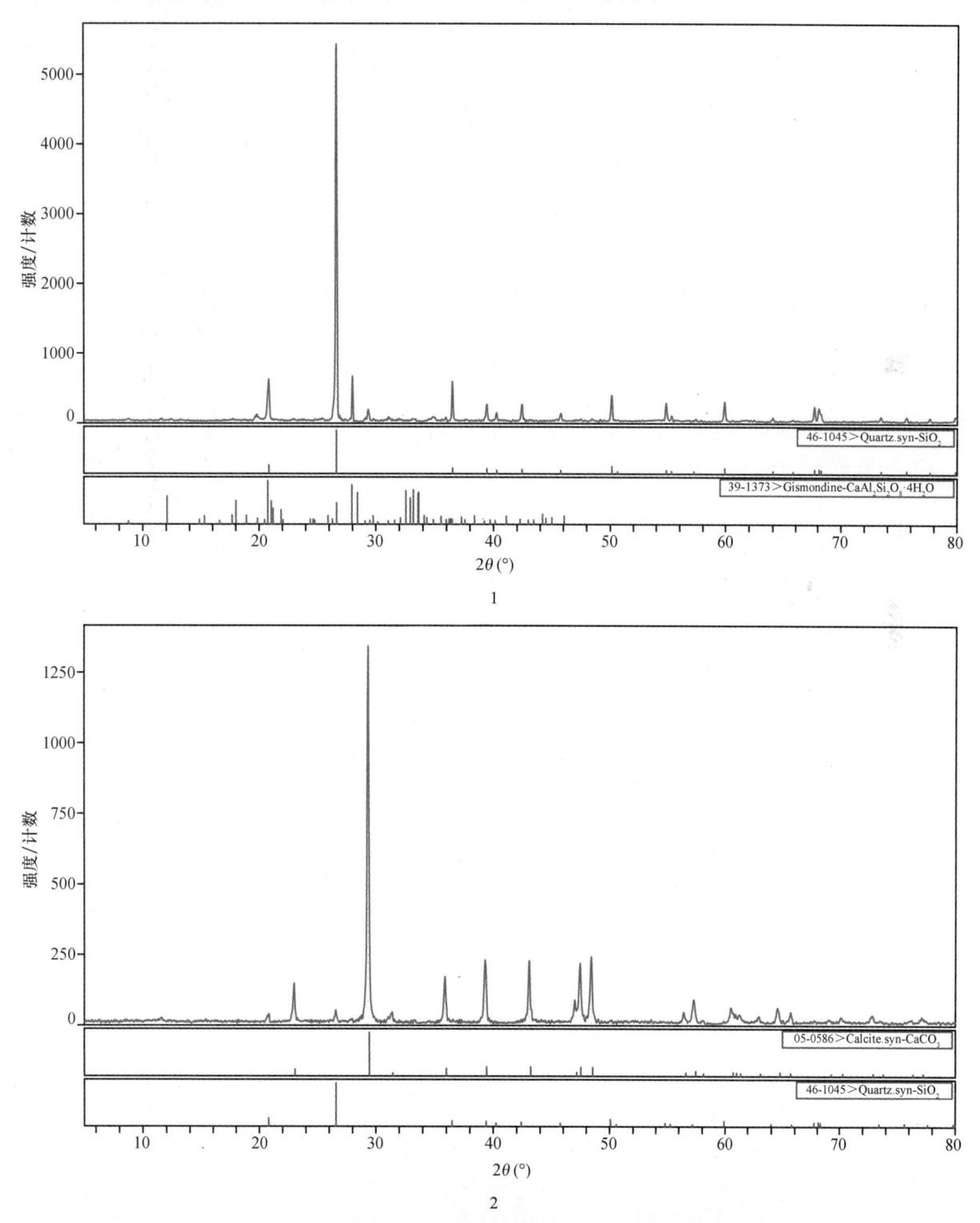

图一〇A 生活区以下至河街区域部分样品XRD分析结果

1.堂坊包建筑基址遗迹面土样（LSC-J2） 2.堂坊包建筑基址两向墙体勾缝灰浆（LSC-J3）

图一〇B 生活区以下至河街区域部分样品XRD分析结果
1. 堂坊包建筑基址两向墙体抹面灰浆（LSC-J4） 2. 北门上卵石铺装缺失露土处梯度土样（LSC-J5-10）

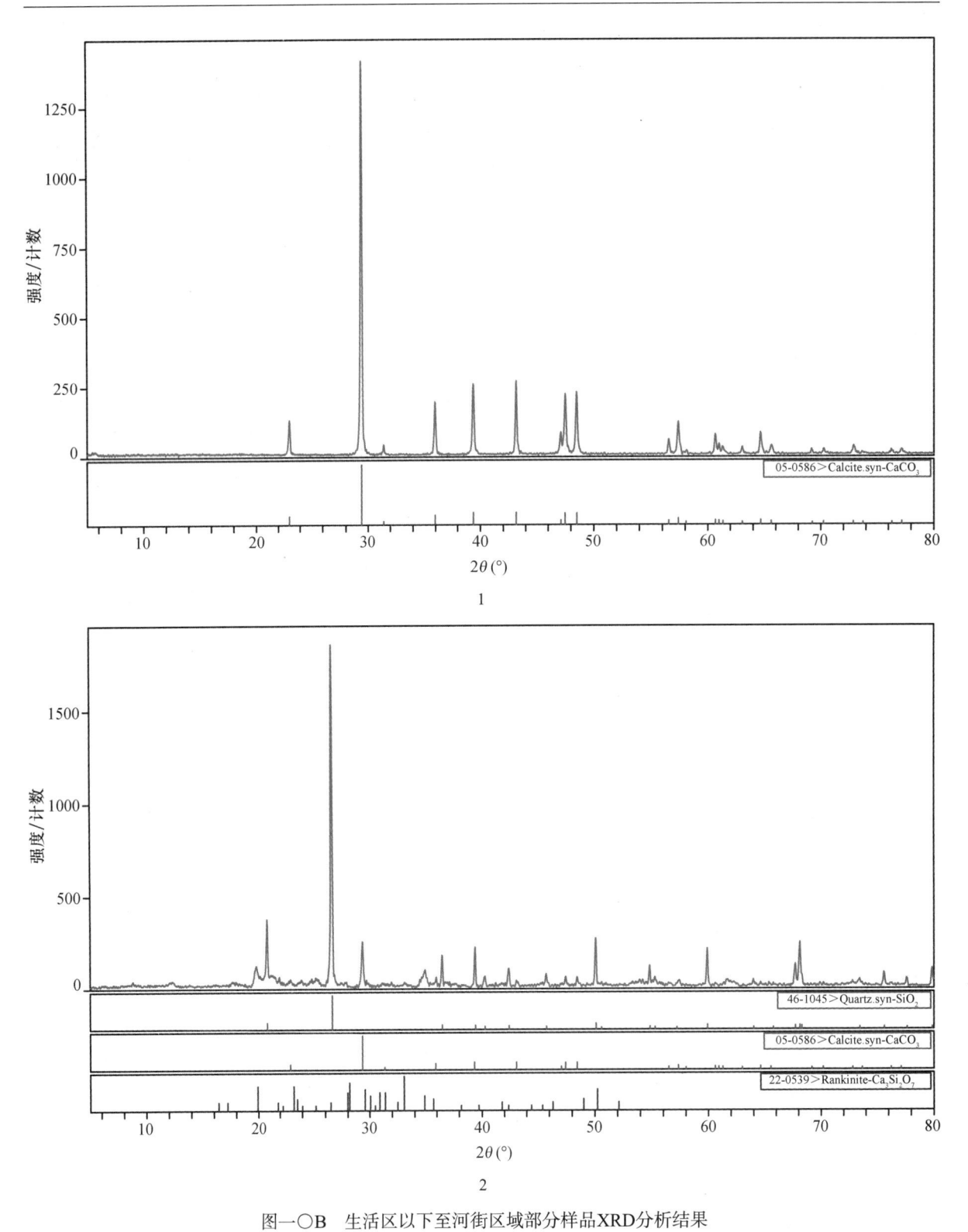

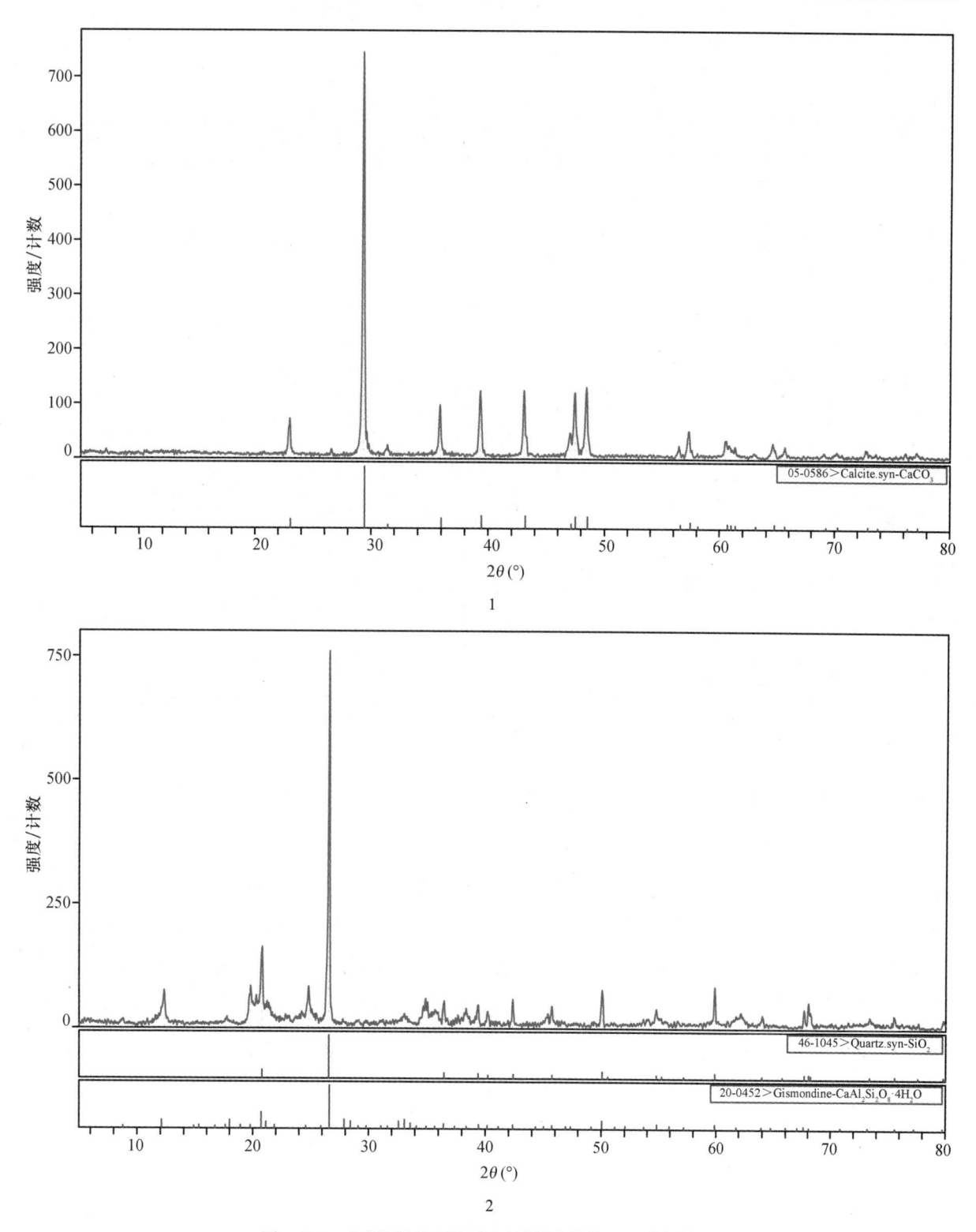

图一〇C 生活区以下至河街区域部分样品XRD分析结果

1. 北门上残存挡土墙勾缝灰浆（LSC-J6） 2. 河街卵石铺装缺失露土处梯度土样（LSC-J8-10）

4. FT-IR分析

进一步采用FT-IR对老司城遗址生活区以下至河街区域所取灰浆样品进行分子结构分析，从而了解灰浆中有机物的添加情况，部分样品的分析结果如图一一所示。

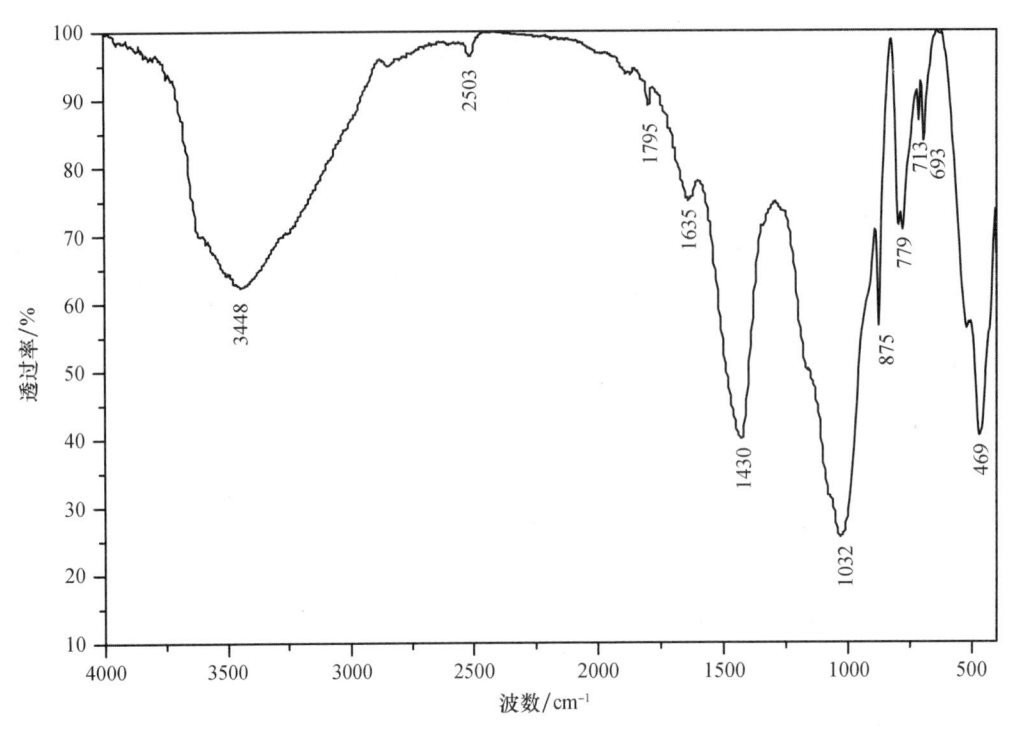

图一一 河街内侧挡土墙勾缝灰浆（LSC-J7）FT-IR分析

由图一一可见，1032cm^{-1}附近的较强峰为SiO$_2$中Si—O—Si的反对称伸缩振动峰，而779cm^{-1}和469cm^{-1}附近的峰则为Si—O对称伸缩振动峰。相比较，713cm^{-1}、875cm^{-1}、1430cm^{-1}、1795cm^{-1}、2503cm^{-1}和3448cm^{-1}附近的吸收振动峰对应方解石的吸收振动峰，1635cm^{-1}附近的较弱峰则为水分子的H—O—H键的弯曲振动峰。与XRD结果一致，老司城遗址河街内侧挡土墙勾缝灰浆（LSC-J7）的主要成分为石英和方解石。由于FT-IR分析没有发现组成淀粉的支链烷烃及其他有机基团的谱线，可初步判定该灰浆样品没有添加糯米浆等有机物组分。由此方法亦可得到生活区以下至河街区域其他灰浆样品的组成情况。

5. 小结

结合以上XRF、SEM-EDX、XRD及FT-IR等分析，将老司城遗址生活区以下至河街区域土壤、灰浆等样品的分析结果统计如表七所示。

表七　老司城遗址生活区以下至河街区域分析结果统计

样品编号	取样地点	送检样品	分析结果
LSC-J1	堂坊包建筑基址	310mm×310mm×50mm方形青砖	—
LSC-J2	堂坊包建筑基址遗迹面	土样	石英、黏土矿物
LSC-J3	堂坊包建筑基址两向墙体	勾缝灰浆	方解石、石英、普通石灰灰浆
LSC-J4	堂坊包建筑基址两向墙体	抹面灰浆	方解石、普通石灰灰浆
LSC-J5	北门上卵石铺装缺失露土处	梯度土样：>10cm，10~20cm，20~30cm	石英、黏土矿物、10cm梯度土内含方解石
LSC-J6	北门上残存挡土墙	勾缝灰浆	方解石、普通石灰灰浆
LSC-J7	河街内侧挡土墙	勾缝灰浆	方解石、石英、普通石灰灰浆
LSC-J8	河街卵石铺装缺失露土处	梯度土样：>10cm，10~20cm，20~30cm	石英、黏土矿物
LSC-J9	河街卵石铺装松动卵石下	梯度土样：>10cm，10~20cm，20~30cm	石英、黏土矿物、10cm梯度土内含方解石

（三）衙署区

1. XRF分析

采用XRF对老司城遗址衙署区所取样品进行了成分分析测试，为之后的物相分析奠定基础。分析结果如表八所示。

表八　老司城遗址衙署区样品XRF分析结果

试样编号	氧化物含量/%											
	SiO_2	Al_2O_3	Fe_2O_3	MgO	CaO	K_2O	P_2O_5	Na_2O	MnO	TiO_2	SO_3	其他
LSC-Y1-10	36.351	10.023	4.962	7.473	37.6	1.421	0.065	0.201	0.679	0.187	0.276	0.766
LSC-Y1-20	63.765	16.548	5.952	4.056	7.326	1.045	0.364	0.105	0.249	0.205	0.021	0.364
LSC-Y1-30	63.215	18.548	4.565	3.829	5.065	1.854	0.765	0.259	0.433	0.542	0.312	0.613
LSC-Y2-10	64.856	19.531	3.857	2.986	4.352	1.754	0.527	0.313	0.561	0.678	0.006	0.579
LSC-Y2-20	64.143	20.648	4.248	3.268	4.775	1.248	0.471	0.165	0.395	0.261	0.065	0.313
LSC-Y2-30	63.241	18.868	3.285	3.985	6.264	2.014	0.396	0.288	0.487	0.335	0.223	0.614
LSC-Y8-1	60.963	19.251	3.987	5.646	5.875	1.992	0.256	0.226	0.562	0.553	0.169	0.52
LSC-Y8-2	64.302	17.106	3.745	4.132	6.487	1.765	0.696	0.301	0.489	0.497	0.098	0.382
LSC-Y8-3	63.663	17.723	4.365	4.447	4.851	1.857	1.032	0.334	0.298	0.359	0.232	0.839
LSC-Y8-4	64.395	18.157	2.985	5.241	5.148	1.668	0.557	0.354	0.385	0.369	0.187	0.554
LSC-Y10	63.575	16.523	4.654	5.102	6.345	1.654	0.339	0.218	0.396	0.541	0.032	0.621

注：样品具体编号及信息见表一，其中-10、-20、-30分别表示梯度土样中<10cm、10~20cm、20~30cm处对应的土样

根据XRF分析结果（表八）可知，老司城遗址衙署区土样中主要化学元素组成为Si、Al，并含有少量的Fe、Mg、Ca、K和微量的P、Na、Mn、Ti、S及其他元素。其中，凉洞室内地面靠墙基处梯度土样（LSC-Y1），其<10cm深度内的土样中CaO的含量明显高于深度在20~30cm和>30cm的土样，MgO的含量也有一定程度的提高，表明土样在10cm深度内含有较高含量的石灰。

2. SEM-EDX分析

采用SEM-EDX对微量灰浆样品的微观结构及主要元素组成进行了测试，测试结果如图一二和表九所示。

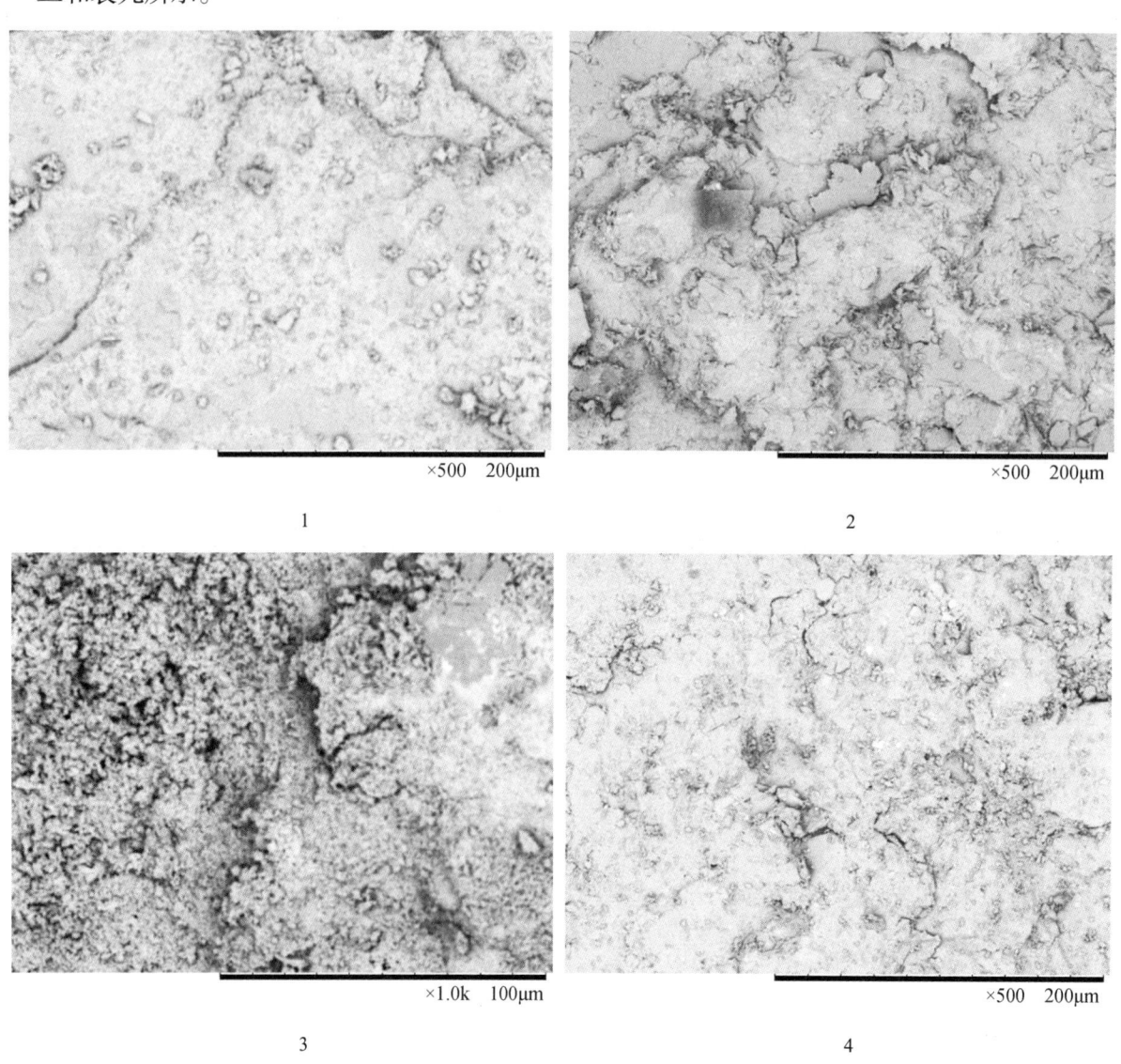

图一二　衙署区部分灰浆样品SEM-EDX分析结果
1. 凉洞券拱勾缝灰浆（LSC-Y3）　2. 凉洞东南面挡土墙勾缝灰浆（LSC-Y4）　3. 凉洞西北侧挡土墙勾缝灰浆（LSC-Y6）
4. 衙署区第一平台周侧挡土墙勾缝灰浆（LSC-Y9-1）

根据SEM-EDX所得的衙署区勾缝灰浆和抹面灰浆的分析结果（图一二）可知，老司城衙署区灰浆样品微观结构相对于生活区及生活区以下至河街区域的灰浆样品更为致密，样品内部结构未见明显孔隙，表明该部分灰浆样品保存状态较好。

为进一步了解老司城衙署区灰浆样品的化学元素组成情况，选用微量样品进行了EDX分析。在进行EDX测试时，为保证测试的准确性，每个试样均随机选取5个不同点进行能谱分析，统计其平均值如表九所示。

表九　老司城遗址衙署区灰浆样品EDX测试结果统计表

样品编号	样品名称	所含主要元素质量百分比 / wt.%					
		O	Ca	C	Mg	Si	Al
LSC-Y3	勾缝灰浆	43.3	32.9	10.5	6.5	5	1.8
LSC-Y4	勾缝灰浆	46.4	31.6	9.7	5.9	4.8	1.6
LSC-Y5	抹面灰浆	44.8	29.9	10.5	7.4	3.6	2.1
LSC-Y6	勾缝灰浆	45.2	36.3	7.3	6.2	4.1	0.9
LSC-Y7	抹面灰浆	44.9	34.1	12.1	5.9	1.3	1.7
LSC-Y9-1	勾缝灰浆	42.3	33.6	10.1	4.7	2.7	1.4
LSC-Y9-2	抹面灰浆	46.2	33.4	8.1	5.4	6.2	0.7
LSC-Y9-3	勾缝灰浆	43.5	32.4	9.4	8.9	4.5	1.3
LSC-Y9-4	抹面灰浆	45.7	31.9	9.9	9.3	1.4	1.8
LSC-Y11-1	勾缝灰浆	45.8	30.3	8.6	7.3	5.9	2.1
LSC-Y11-2	抹面灰浆	41.1	29.3	5.9	10.6	8.1	0.6
LSC-Y11-3	勾缝灰浆	42.9	32.2	11.3	8.9	3.4	1.3
LSC-Y11-4	抹面灰浆	46.3	33.7	7.5	9.4	2.3	0.8

3. XRD分析

进一步采用XRD对老司城衙署区土样、灰浆等样品进行了主要矿物质物相分析，部分典型样品的分析结果如图一三A～图一三C所示。

4. FT-IR分析

进一步采用FT-IR对老司城遗址衙署区所取灰浆样品进行了分子结构分析，从而了解灰浆中有机物的添加情况，部分样品的分析结果如图一四所示。

由老司城遗址衙署区凉洞东南面挡土墙勾缝灰浆（LSC-Y4）的FT-IR分析结果（图一四）可知，其1034cm^{-1}附近较强的峰为SiO_2中Si—O—Si的反对称伸缩振动峰，778cm^{-1}和468cm^{-1}附近为Si—O对称伸缩振动峰。而715cm^{-1}、875cm^{-1}、1426cm^{-1}、1795cm^{-1}、2509cm^{-1}和3455cm^{-1}附近的吸收振动峰都归结为方解石的吸收振动峰。由此可见，该分析结果与XRD一致，表明灰浆主要成分为石英和方解石。而且由FT-IR分析结果可以看出，其谱图上并未发现组成淀粉的

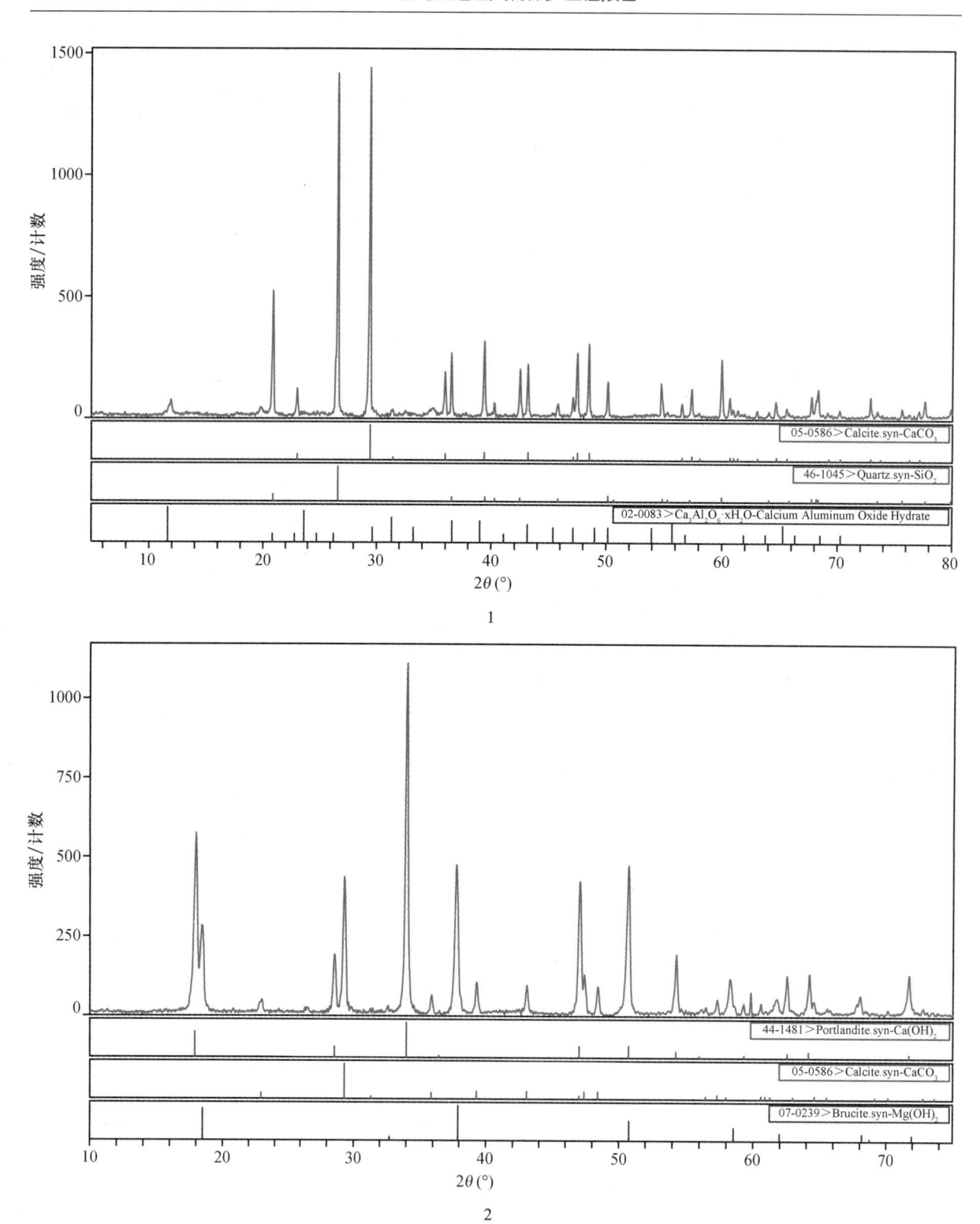

图一三A 衙署区部分样品XRD分析结果
1. 凉洞室内地面靠墙基处梯度土样（LSC-Y1-10） 2. 凉洞券拱勾缝灰浆（LSC-Y3）

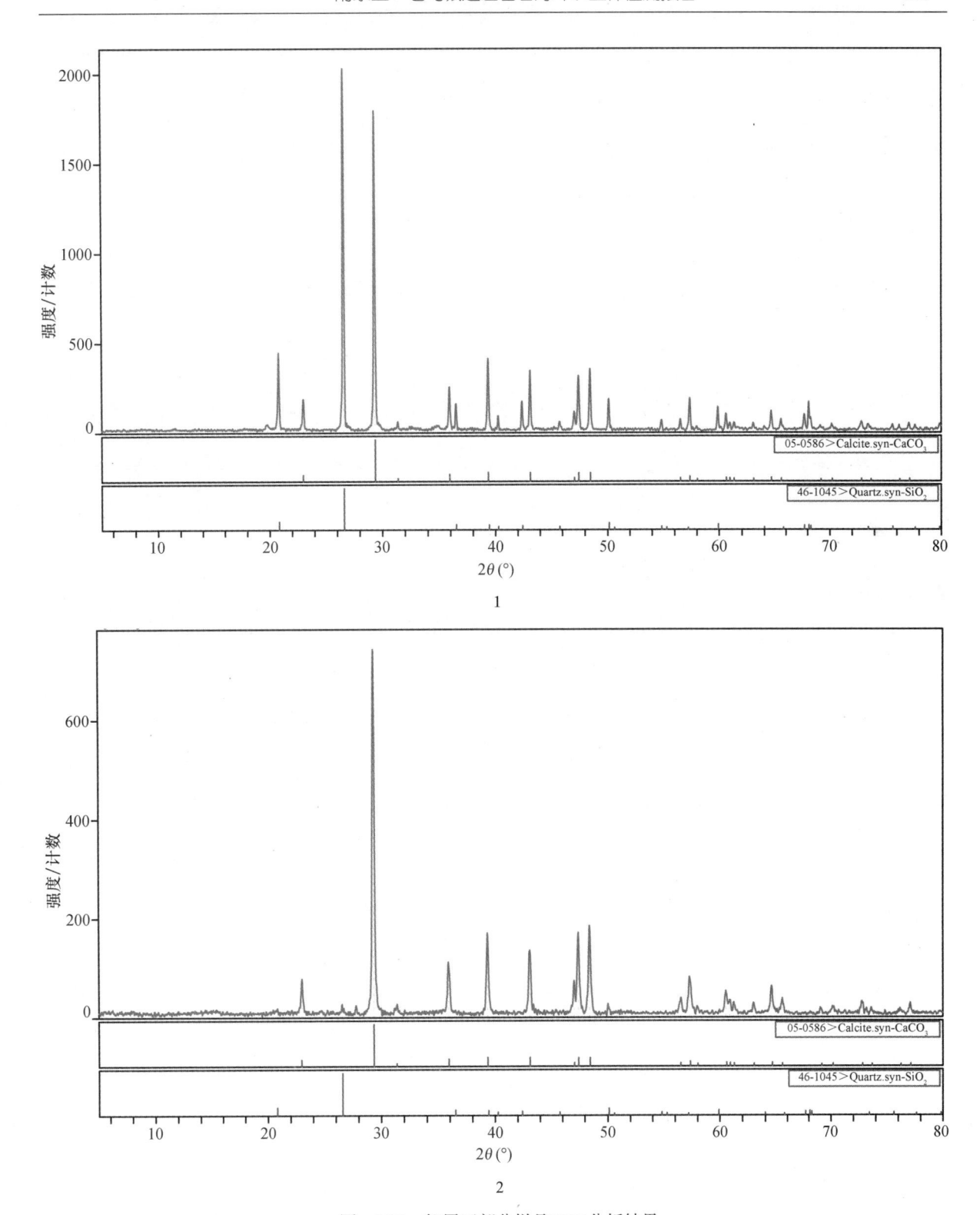

图一三B 衙署区部分样品XRD分析结果

1. 凉洞东南面挡土墙勾缝灰浆（LSC-Y4） 2. 凉洞东南面挡土墙抹面灰浆（LSC-Y5）

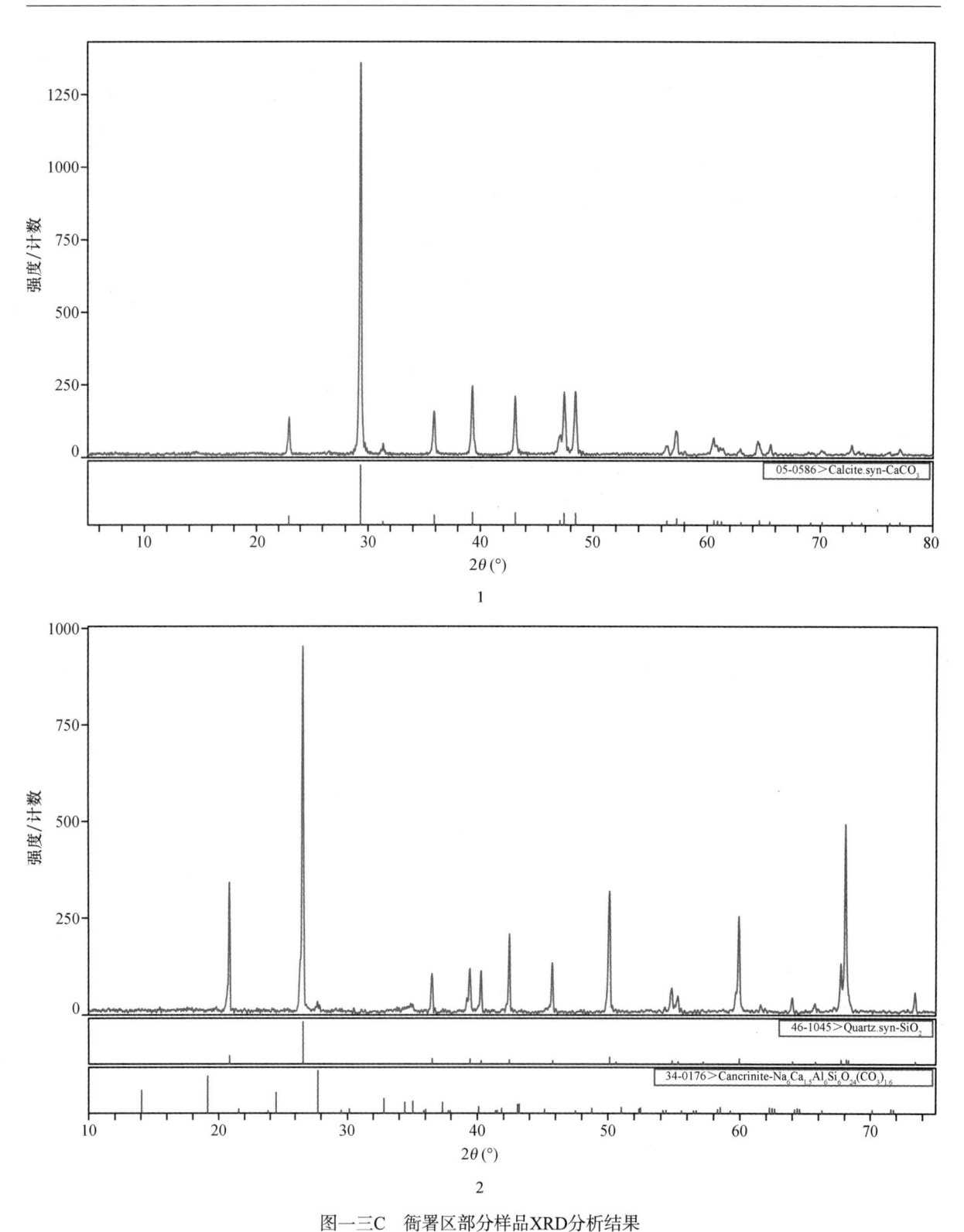

图一三C 衙署区部分样品XRD分析结果

1. 凉洞西北侧挡土墙抹面灰浆（LSC-Y7） 2. 衙署区第三平台房屋基址遗迹面土样（LSC-Y10）

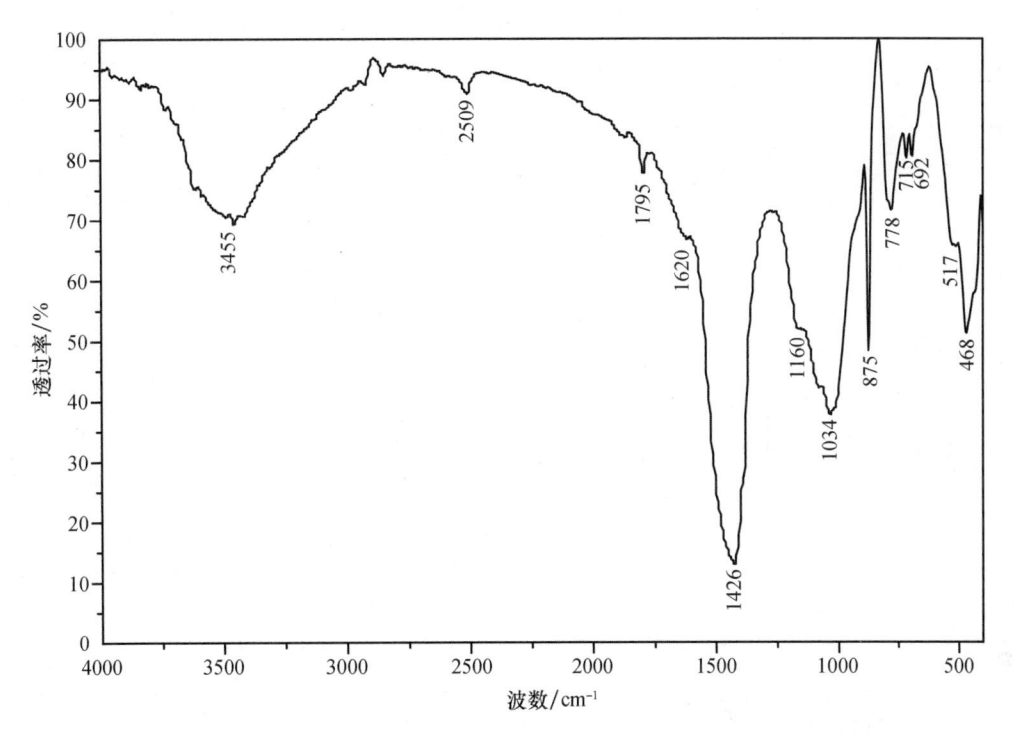

图一四　衙署区凉洞东南面挡土墙勾缝灰浆（LSC-Y4）FT-IR分析结果

支链烷烃及其他有机基团存在的痕迹。因此，可以初步推断该灰浆中不含糯米浆等有机物。

5. 小结

结合以上XRF、SEM-EDX、XRD及FT-IR等分析，将老司城遗址衙署区土壤、灰浆等样品的分析结果统计如表一〇所示。

表一〇　老司城遗址衙署区样品分析结果统计

样品编号	取样地点	送检样品	分析结果
LSC-Y1	凉洞室内地面靠墙基处	梯度土样：>10cm、10~20cm、20~30cm	石英、黏土矿物、10cm梯度土内含方解石
LSC-Y2	凉洞室内地面正中间	梯度土样：>10cm、10~20cm、20~30cm	石英、黏土矿物
LSC-Y3	凉洞券拱	勾缝灰浆	方解石、氢氧钙石、氢氧镁石、糯米灰浆
LSC-Y4	凉洞东南面挡土墙	勾缝灰浆	方解石、石英、普通石灰灰浆
LSC-Y5	凉洞东南面挡土墙	抹面灰浆	方解石、普通石灰灰浆
LSC-Y6	凉洞西北侧挡土墙	勾缝灰浆	方解石、石英、普通石灰灰浆
LSC-Y7	凉洞西北侧挡土墙	抹面灰浆	方解石、普通石灰灰浆
LSC-Y8	衙署区第一平台房屋基址遗迹面	土样（南北厢房、南北走廊）	石英、黏土矿物
LSC-Y9	衙署区第一平台周侧挡土墙	勾缝、抹面灰浆	方解石、少量石英、普通石灰灰浆

样品编号	取样地点	送检样品	分析结果
LSC-Y10	衙署区第三平台房屋基址遗迹面	土样	石英、黏土矿物
LSC-Y11	衙署区第三平台周侧挡土墙	勾缝、抹面灰浆	方解石、石英、普通石灰灰浆

（四）紫金山墓葬区

1. XRF分析

采用XRF对老司城遗址紫金山墓葬区所取样品进行了成分分析测试，为之后的物相分析奠定基础。分析结果如表一一所示。

表一一　老司城遗址衙署区样品XRF分析结果

样品编号	氧化物含量 / %											
	SiO_2	Al_2O_3	Fe_2O_3	MgO	CaO	K_2O	P_2O_5	Na_2O	MnO	TiO_2	SO_3	其他
LSC-M1-1	61.896	19.245	5.682	3.576	4.879	2.135	0.981	0.552	0.231	0.496	0.069	0.258
LSC-M1-2	63.176	17.662	4.992	2.983	5.338	2.834	0.654	0.328	0.154	0.769	0.132	0.978
LSC-M1-3	62.584	17.355	5.413	3.372	4.983	3.924	0.771	0.426	0.335	0.267	0.097	0.473
LSC-M1-4	65.154	16.887	3.635	3.198	6.002	1.999	0.821	0.615	0.401	0.354	0.251	0.683
LSC-M1-5	62.876	17.327	4.659	4.483	5.254	2.534	1.012	0.583	0.229	0.487	0.185	0.371
LSC-M1-6	63.246	15.764	6.635	3.382	3.972	3.943	0.894	0.332	0.311	0.543	0.054	0.924
LSC-M1-7	63.768	16.983	3.754	4.475	5.389	2.426	0.935	0.745	0.098	0.652	0.223	0.552
LSC-M1-8	61.526	19.165	5.693	3.539	4.573	2.984	0.637	0.327	0.165	0.564	0.175	0.652
LSC-M1-9	63.298	18.372	2.683	3.735	5.125	4.435	0.328	0.547	0.222	0.365	0.064	0.826
LSC-M1-10	61.998	18.292	5.695	3.804	5.395	2.398	0.532	0.847	0.362	0.448	0.028	0.201
LSC-M1-11	62.774	17.225	4.283	4.221	4.649	3.752	0.274	1.124	0.392	0.523	0.361	0.422
LSC-M1-12	65.001	15.433	6.02	3.931	4.914	2.433	0.487	0.621	0.299	0.483	0.164	0.214
LSC-M1-13	64.998	16.962	2.398	3.783	6.342	2.999	0.573	0.535	0.374	0.493	0.043	0.5
LSC-M1-14	62.112	14.876	4.219	5.254	7.551	3.483	0.567	0.487	0.552	0.511	0.066	0.322
LSC-M1-15	65.213	18.439	3.332	4.734	4.323	1.435	0.012	0.554	0.479	0.623	0.083	0.773
LSC-M1-16	62.128	17.372	5.21	5.382	5.993	2.439	0.059	0.439	0.323	0.338	0.222	0.095
LSC-M1-17	62.283	17.548	4.684	5.743	4.732	2.558	0.739	0.332	0.247	0.434	0.198	0.502
LSC-M1-18	63.134	15.129	4.349	4.885	6.294	3.327	1.034	0.738	0.447	0.248	0.315	0.1
LSC-M1-19	62.168	16.238	6.097	4.288	5.784	2.754	0.373	0.573	0.194	0.485	0.234	0.812
LSC-M1-20	62.982	17.532	5.538	3.982	4.849	2.342	0.898	0.632	0.352	0.553	0.178	0.162
LSC-M1-21	63.678	17.913	4.392	3.982	4.483	3.125	0.738	0.359	0.225	0.521	0.194	0.39

续表

样品编号	氧化物含量 / %											
	SiO_2	Al_2O_3	Fe_2O_3	MgO	CaO	K_2O	P_2O_5	Na_2O	MnO	TiO_2	SO_3	其他
LSC-M1-22	62.357	18.053	5.421	3.433	5.483	2.853	0.473	0.537	0.364	0.589	0.087	0.35
LSC-M1-23	61.988	17.513	5.726	5.293	4.245	2.883	0.647	0.397	0.258	0.632	0.231	0.187
LSC-M1-24	61.344	18.003	5.342	4.897	6.035	1.989	0.827	0.425	0.456	0.423	0.199	0.06
LSC-M1-25	64.392	15.439	3.254	4.989	7.289	2.561	0.643	0.336	0.651	0.392	0.023	0.031
LSC-M2-1	68.799	21.043	2.892	0.515	0.235	3.891	0.051	0.661	0.826	0.203	0.306	0.578
LSC-M2-2	69.736	20.886	2.764	0.789	0.411	2.484	0.132	0.646	0.698	0.321	0.431	0.702
LSC-M2-3	67.432	20.324	4.013	0.638	0.583	4.418	0.098	0.489	0.777	0.254	0.398	0.576
LSC-M2-4	65.463	19.84	5.125	0.892	0.962	3.992	0.023	0.732	0.724	0.442	0.987	0.818
LSC-M2-5	69.394	20.782	2.253	0.932	0.532	3.385	0.243	0.582	0.853	0.339	0.287	0.418
LSC-M2-6	68.327	22.654	2.174	0.314	0.375	3.437	0.167	1.123	0.241	0.427	0.638	0.123
LSC-M2-7	68.527	22.375	3.692	0.643	0.427	2.188	0.327	0.436	0.366	0.527	0.419	0.073
LSC-M2-8	69.755	20.832	3.624	0.467	0.464	2.564	0.078	0.784	0.446	0.427	0.444	0.115
LSC-M2-9	68.628	21.219	3.246	0.542	0.246	3.217	0.278	0.563	0.477	0.753	0.532	0.299
LSC-M2-10	68.175	21.346	5.168	0.379	0.331	2.078	0.325	0.542	0.287	0.375	0.689	0.305
LSC-M2-11	67.538	19.594	5.381	0.783	0.386	3.941	0.321	0.267	0.653	0.552	0.376	0.208
LSC-M2-12	68.842	22.754	1.467	0.378	0.421	3.145	0.532	0.317	0.423	0.672	0.214	0.835
LSC-M2-13	68.328	21.749	2.463	0.524	0.523	4.314	0.054	0.578	0.462	0.421	0.543	0.041
LSC-M2-14	69.121	20.332	3.19	0.478	0.482	3.78	0.532	0.217	0.572	0.427	0.413	0.456
LSC-M2-15	67.346	21.433	3.283	0.853	0.186	3.89	0.731	0.467	0.217	0.327	0.696	0.571
LSC-M2-16	67.631	20.435	4.462	0.634	0.326	3.903	0.426	0.284	0.374	0.578	0.531	0.416
LSC-M2-17	69.361	20.042	4.473	0.361	0.423	3.131	0.532	0.538	0.467	0.428	0.097	0.147
LSC-M2-18	69.013	22.547	3.688	0.537	0.287	1.267	0.442	0.383	0.442	0.428	0.714	0.252
LSC-M2-19	68.954	21.942	3.216	0.275	0.362	3.167	0.167	0.582	0.327	0.208	0.135	0.665
LSC-M2-20	68.603	20.745	3.572	0.479	0.412	3.368	0.543	0.217	0.753	0.439	0.294	0.575
LSC-M2-21	69.936	19.832	2.835	0.366	0.375	2.878	0.368	0.963	0.542	0.504	0.543	0.858
LSC-M2-22	68.972	21.674	3.653	0.428	0.427	1.995	0.462	0.317	0.624	0.476	0.643	0.329
LSC-M2-23	66.328	21.327	4.673	0.475	0.279	4.001	0.426	0.582	0.417	0.834	0.534	0.124
LSC-M2-24	68.948	20.843	2.983	0.264	0.784	3.458	0.287	0.438	0.642	0.538	0.472	0.343
LSC-M2-25	68.717	21.548	3.789	0.531	0.694	2.267	0.743	0.589	0.316	0.246	0.357	0.203
LSC-M6	60.683	19.245	5.427	3.753	5.426	2.572	0.427	0.467	0.521	0.496	0.442	0.541
LSC-M7	61.367	20.521	4.238	4.227	4.417	2.365	0.662	0.531	0.473	0.537	0.317	0.345

续表

样品编号	氧化物含量/%											
	SiO_2	Al_2O_3	Fe_2O_3	MgO	CaO	K_2O	P_2O_5	Na_2O	MnO	TiO_2	SO_3	其他
LSC-M8-10	61.218	18.467	5.138	3.276	6.642	2.553	0.594	0.379	0.742	0.632	0.026	0.333
LSC-M8-20	62.424	19.229	5.303	3.318	5.257	2.005	0.327	0.582	0.539	0.379	0.154	0.483
LSC-M8-30	62.026	20.261	4.172	2.095	6.131	3.042	0.246	0.417	0.673	0.217	0.436	0.284
LSC-M9-10	40.035	10.293	4.548	8.327	32.78	2.032	0.547	0.327	0.209	0.324	0.216	0.359
LSC-M9-20	58.22	17.393	5.092	5.278	8.178	3.059	0.642	0.385	0.486	0.521	0.438	0.308
LSC-M9-30	61.589	19.648	4.539	4.328	5.252	1.964	0.752	0.568	0.379	0.463	0.146	0.372
LSC-M10-10	42.139	10.012	3.224	9.012	31.39	2.036	0.427	0.442	0.427	0.464	0.327	0.101
LSC-M10-20	58.249	18.249	4.357	6.536	7.308	3.563	0.553	0.136	0.257	0.215	0.258	0.319
LSC-M10-30	61.917	18.75	5.939	3.721	4.538	2.759	0.371	0.428	0.364	0.542	0.356	0.315
LSC-M11-10	60.263	19.472	5.246	4.563	4.673	3.048	0.664	0.375	0.472	0.275	0.264	0.685
LSC-M11-20	61.531	18.975	4.793	3.316	5.475	2.794	0.375	0.672	0.278	0.472	0.384	0.935
LSC-M11-30	61.975	18.427	5.425	3.684	5.147	2.689	0.563	0.573	0.371	0.562	0.153	0.431
LSC-M14-10	41.061	10.016	3.427	10.14	30.54	2.043	0.632	0.475	0.643	0.351	0.312	0.358
LSC-M14-20	58.145	16.573	5.248	6.024	8.379	3.353	0.562	0.553	0.352	0.246	0.017	0.548
LSC-M14-30	61.804	19.326	5.793	3.322	4.578	2.135	0.981	0.428	0.482	0.365	0.264	0.522

根据XRF分析结果（表一一）可知，老司城遗址紫金山墓葬区土样中，主要化学元素组成为Si、Al，并含有少量的Fe、Mg、Ca、K和微量的P、Na、Mn、Ti、S及其他元素。其中，M11周围卵石铺装中松动卵石下梯度土样（LSC-M9）和M11、M13～M19前平台卵石铺装中松动卵石下梯度土样（LSC-M10），以及北神道卵石铺装松动卵石下梯度土样（LSC-M14）中<10cm深度内的土样中氧化钙（CaO）的含量明显高于深度在20～30cm和>30cm的土样，氧化镁（MgO）的含量也有一定程度的提高，表明这几个土样在<10cm深度内含有较高含量的石灰。此外，在（M1、M11～M19、M23～M28）墓围的勾缝黏结材料中含有一定量的氧化钙，推测勾缝黏结材料中可能添加了少量的石灰。而M1外周挡土墙勾缝泥土土样中则未见明显的CaO，应该是采用黏度较好的泥土直接勾缝。具体结论还需要结合XRD分析结果。

2. SEM-EDX分析

采用SEM-EDX对紫金山墓葬区部分微量样品的微观结构及主要元素组成进行测试，测试结果如图一五和表一二所示。

为进一步了解紫金山墓葬区灰浆及勾缝黏结材料样品的化学元素组成情况，选用微量样品进行了EDX分析。在进行EDX测试时，为保证测试的准确性，每个试样均随机选取5个不同点进行能谱分析，统计其平均值如表一二所示。

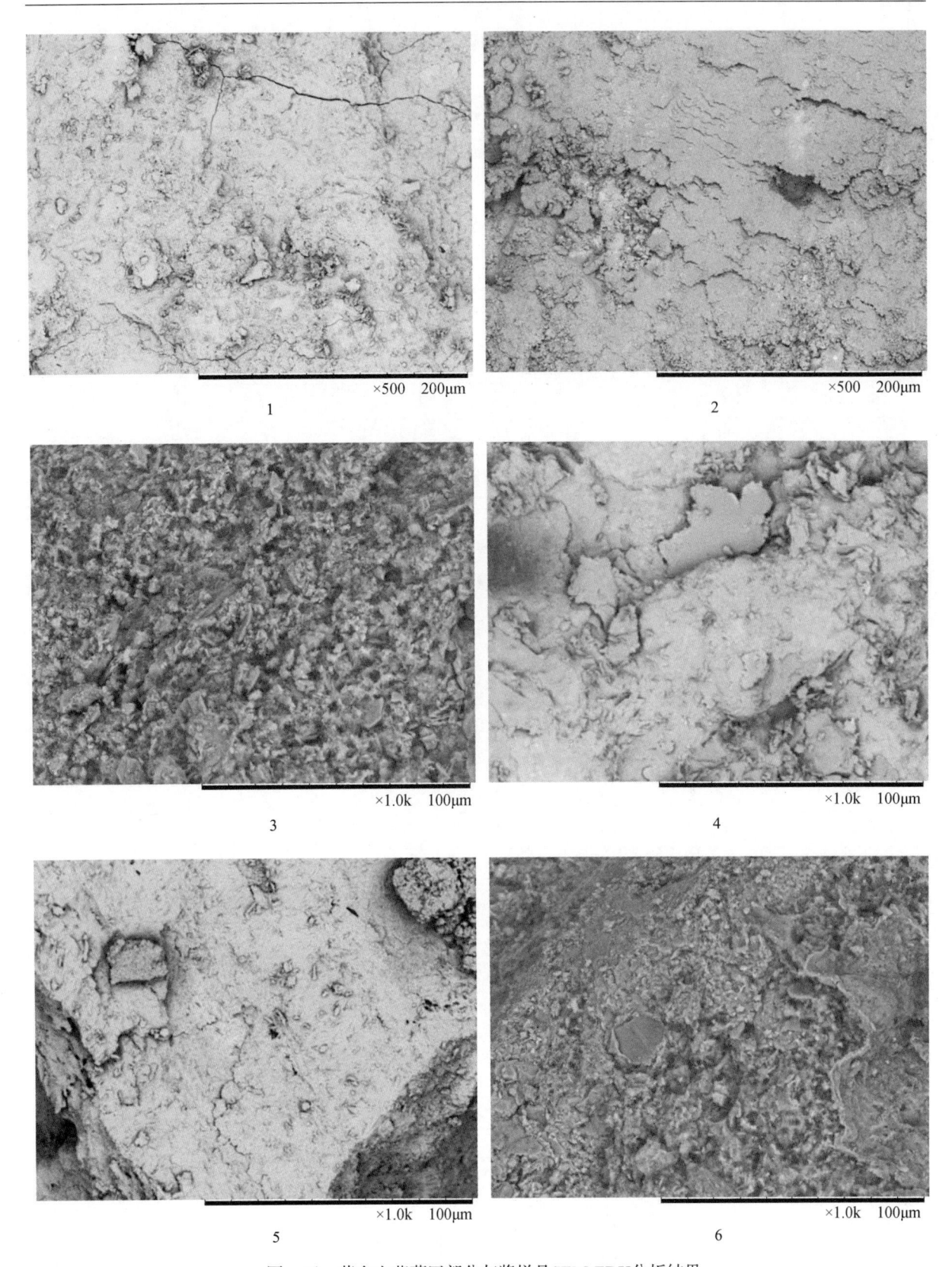

图一五 紫金山墓葬区部分灰浆样品SEM-EDX分析结果

1. 墓葬（M1~M12、M23~M30、M32~M35）墓室勾缝灰浆（LSC-M3-1） 2. 墓葬（M1~M12、M23~M30、M32~M35）各墓室抹面灰浆（LSC-M4-1） 3. （M1、M11~M19、M23~M28）墓围勾缝黏结材料（LSC-M5-1） 4. M1外周挡土墙勾缝泥土土样（LSC-M7） 5. 紫金山残存挡土墙勾缝灰浆（LSC-M12） 6. 紫金山残存挡土墙抹面灰浆（LSC-M13）

表一二 老司城遗址紫金山墓葬区样品EDX测试结果统计表

样品编号	样品名称	所含主要元素质量百分比 / %					
		O	Ca	C	Mg	Si	Al
LSC-M3-1	勾缝灰浆	45	33.6	9.3	7.3	3.5	1.3
LSC-M3-2	勾缝灰浆	47.4	34.1	7.6	5.7	3.4	1.8
LSC-M3-3	勾缝灰浆	44.6	33.9	9.8	6.1	4.1	1.5
LSC-M3-4	勾缝灰浆	49.4	34.8	6.6	5.4	2.9	0.9
LSC-M3-5	勾缝灰浆	46.9	33.6	10.2	4.9	3.7	0.7
LSC-M3-6	勾缝灰浆	41.7	33.1	8.5	8.5	2.8	1.1
LSC-M3-7	勾缝灰浆	48.3	35.1	6.3	5.6	3.9	0.8
LSC-M3-8	勾缝灰浆	46.8	35.5	7.4	4.3	4.1	1.9
LSC-M3-9	勾缝灰浆	45.4	34.9	9.3	3.5	1.9	1.2
LSC-M3-10	勾缝灰浆	46.9	36.9	5.2	6.6	2.8	1.6
LSC-M3-11	勾缝灰浆	47.5	34.5	8.5	5.1	3.6	0.8
LSC-M3-12	勾缝灰浆	45.3	36.5	8.6	5.8	3	0.8
LSC-M3-13	勾缝灰浆	46.7	36	7.3	4.7	4.4	0.9
LSC-M3-14	勾缝灰浆	45	34.3	9.5	5.9	4.3	1
LSC-M3-15	勾缝灰浆	45.9	33.4	11.3	5.2	3.5	0.7
LSC-M3-16	勾缝灰浆	47.7	36.1	8.3	3.6	2.9	1.4
LSC-M3-17	勾缝灰浆	49.4	35.7	7.5	4.8	1.7	0.9
LSC-M3-18	勾缝灰浆	47.7	38.5	5.9	4.4	2.2	1.3
LSC-M3-19	勾缝灰浆	47.5	33.9	11.4	3.7	2.3	1.2
LSC-M3-20	勾缝灰浆	46.2	34.1	7.7	7.7	2.4	1.9
LSC-M3-21	勾缝灰浆	47.3	32.8	8.9	6.4	2.8	1.8
LSC-M3-22	勾缝灰浆	46.7	35.4	8.1	4.4	1.9	0.6
LSC-M3-23	勾缝灰浆	45.8	34.3	9.3	3.9	5.1	1.6
LSC-M3-24	勾缝灰浆	45.1	36.7	8.5	4.8	3.6	1.3
LSC-M3-25	勾缝灰浆	48.1	34.8	7.1	5.9	2.9	1.2
LSC-M4-1	抹面灰浆	45.4	33.8	9.8	6.6	3.3	1.1
LSC-M4-2	抹面灰浆	42.3	31.2	8.9	5.9	4.3	0.8
LSC-M4-3	抹面灰浆	43.6	31.4	11.2	7.7	4.2	1.9
LSC-M4-4	抹面灰浆	44.3	30.3	7.6	6.8	3.9	1.7
LSC-M4-5	抹面灰浆	43.6	33.8	9.9	7.1	3.8	1.8
LSC-M4-6	抹面灰浆	46.5	32.9	8.7	7.4	2.7	1.8
LSC-M4-7	抹面灰浆	47.1	34.3	7.9	5.2	4.1	1.4
LSC-M4-8	抹面灰浆	45.2	37.9	8.3	5.9	1.9	0.8
LSC-M4-9	抹面灰浆	47.6	36.1	6.4	6.5	2.8	0.6

续表

样品编号	样品名称	所含主要元素质量百分比 / %					
		O	Ca	C	Mg	Si	Al
LSC-M4-10	抹面灰浆	44.2	37.8	5.9	7.2	3.5	1.4
LSC-M4-11	抹面灰浆	47	34.2	6.4	6.4	4.5	1.5
LSC-M4-12	抹面灰浆	41.5	33.2	6.3	8.1	4.4	1.3
LSC-M4-13	抹面灰浆	48.7	36.7	5.8	3.3	3.8	1.7
LSC-M4-14	抹面灰浆	46.5	35.2	5.9	5.9	4.7	1.8
LSC-M4-15	抹面灰浆	42.1	34.8	6.7	5.3	4.2	1.8
LSC-M4-16	抹面灰浆	47.1	35.7	6.2	5.9	3.5	1.6
LSC-M4-17	抹面灰浆	48.2	33.4	9.1	4.8	3.6	0.9
LSC-M4-18	抹面灰浆	47.7	34.9	8.5	4.5	3.4	1
LSC-M4-19	抹面灰浆	49.2	34.8	7.7	4.7	2.8	0.8
LSC-M4-20	抹面灰浆	48.9	36.3	6.8	3.8	3.1	1.1
LSC-M4-21	抹面灰浆	48.7	34.3	6.7	7.2	1.9	1.2
LSC-M4-22	抹面灰浆	46.7	33.3	8.1	6.1	4.4	1.4
LSC-M4-23	抹面灰浆	46.3	32.9	10.6	5.9	2.8	1.5
LSC-M4-24	抹面灰浆	44.9	32.9	9.7	7.1	3.5	1.9
LSC-M4-25	抹面灰浆	45.4	34.8	7.4	6.5	3.8	2.1
LSC-M5-1	勾缝黏结材料	30.1	27.8	8.3	12.1	11.9	7.5
LSC-M5-2	勾缝黏结材料	36.7	23.5	9.1	11.5	12.3	6.9
LSC-M5-3	勾缝黏结材料	35.4	24.7	8.8	10.6	12.5	8
LSC-M5-4	勾缝黏结材料	36.5	22.5	7.6	11.5	11.3	7.1
LSC-M5-5	勾缝黏结材料	38.5	25.3	6.5	10.9	10.5	8.3
LSC-M5-6	勾缝黏结材料	37.4	26.8	6.8	9.8	11.3	7.9
LSC-M5-7	勾缝黏结材料	38.8	24.1	7.3	10.8	9.9	7.8
LSC-M5-8	勾缝黏结材料	39.1	22.6	8.9	10.3	12.6	6.5
LSC-M5-9	勾缝黏结材料	37.2	23.5	9.2	11.2	11.7	7.2
LSC-M5-10	勾缝黏结材料	41.4	21.8	7.4	10.9	11.4	7.1
LSC-M5-11	勾缝黏结材料	36	26.3	6.8	12.1	10.5	8.3
LSC-M5-12	勾缝黏结材料	37.4	25.4	8.2	11.5	9.8	6.8
LSC-M12-1	勾缝灰浆	42.9	34.1	12	5.6	2.9	2.5
LSC-M12-2	勾缝灰浆	46.2	32.7	9.1	6.8	3.3	1.9
LSC-M12-3	勾缝灰浆	43.7	34.1	10.6	7.2	3.1	1.3
LSC-M13-1	抹面灰浆	44.2	34.3	9.3	6.9	3.8	1.5
LSC-M13-2	抹面灰浆	43.7	37.9	8.6	6.5	2.5	0.8
LSC-M13-3	抹面灰浆	45.7	37.3	7.3	6.2	1.9	1.6

3. XRD分析

进一步采用XRD对老司城遗址紫金山墓葬区墓葬封土、梯度土样、灰浆、勾缝黏结材料等样品进行了主要矿物质物相分析，部分典型样品的分析结果如图一六A～图一六D所示。

1

2

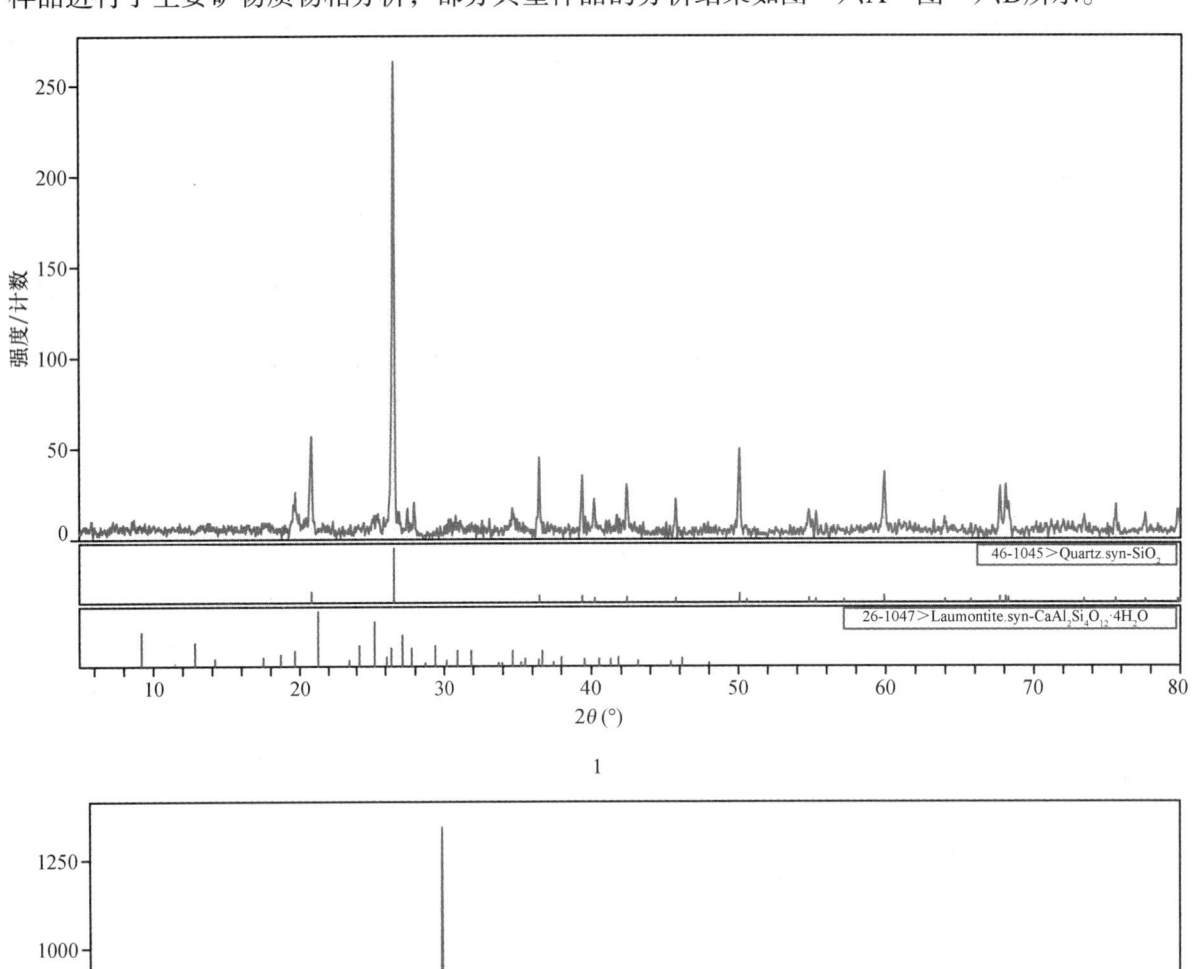

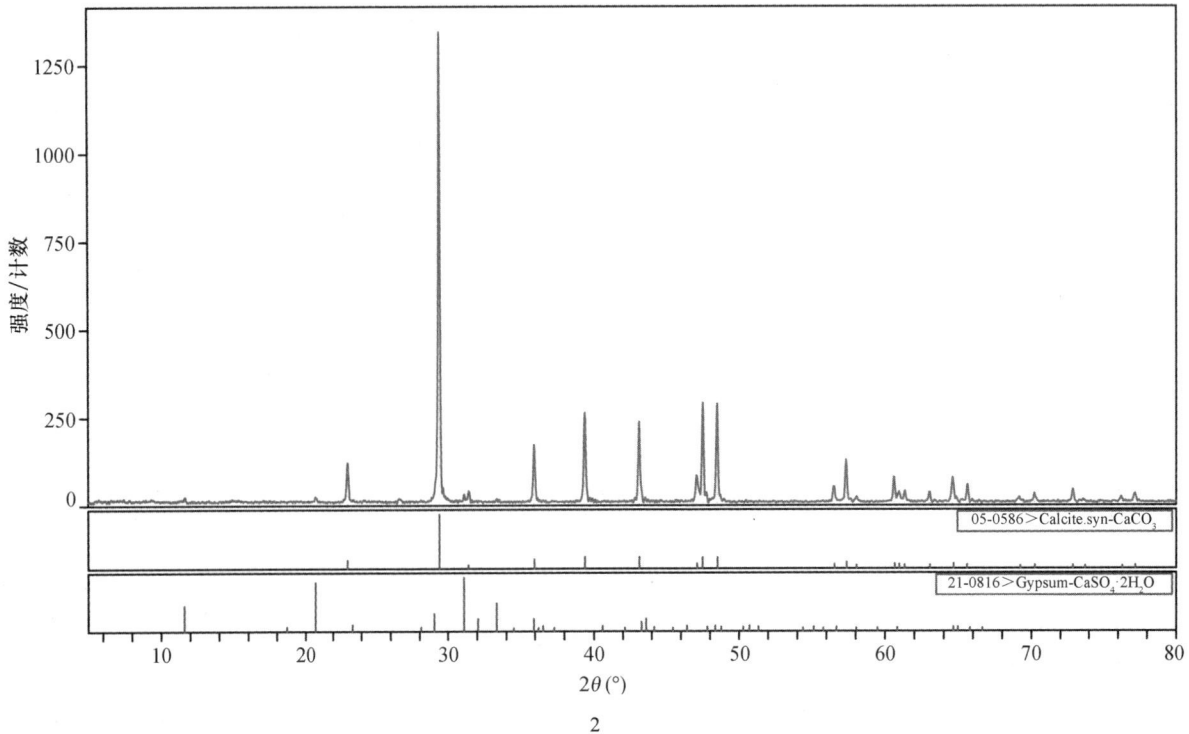

图一六A 紫金山墓葬区部分样品XRD分析结果

1. 墓葬（M1～M12、M23～M30、M32～M35）封土土样（LSC-M1） 2. 墓葬（M1～M12、M23～M30、M32～M35）墓室勾缝灰浆（LSC-M3-1）

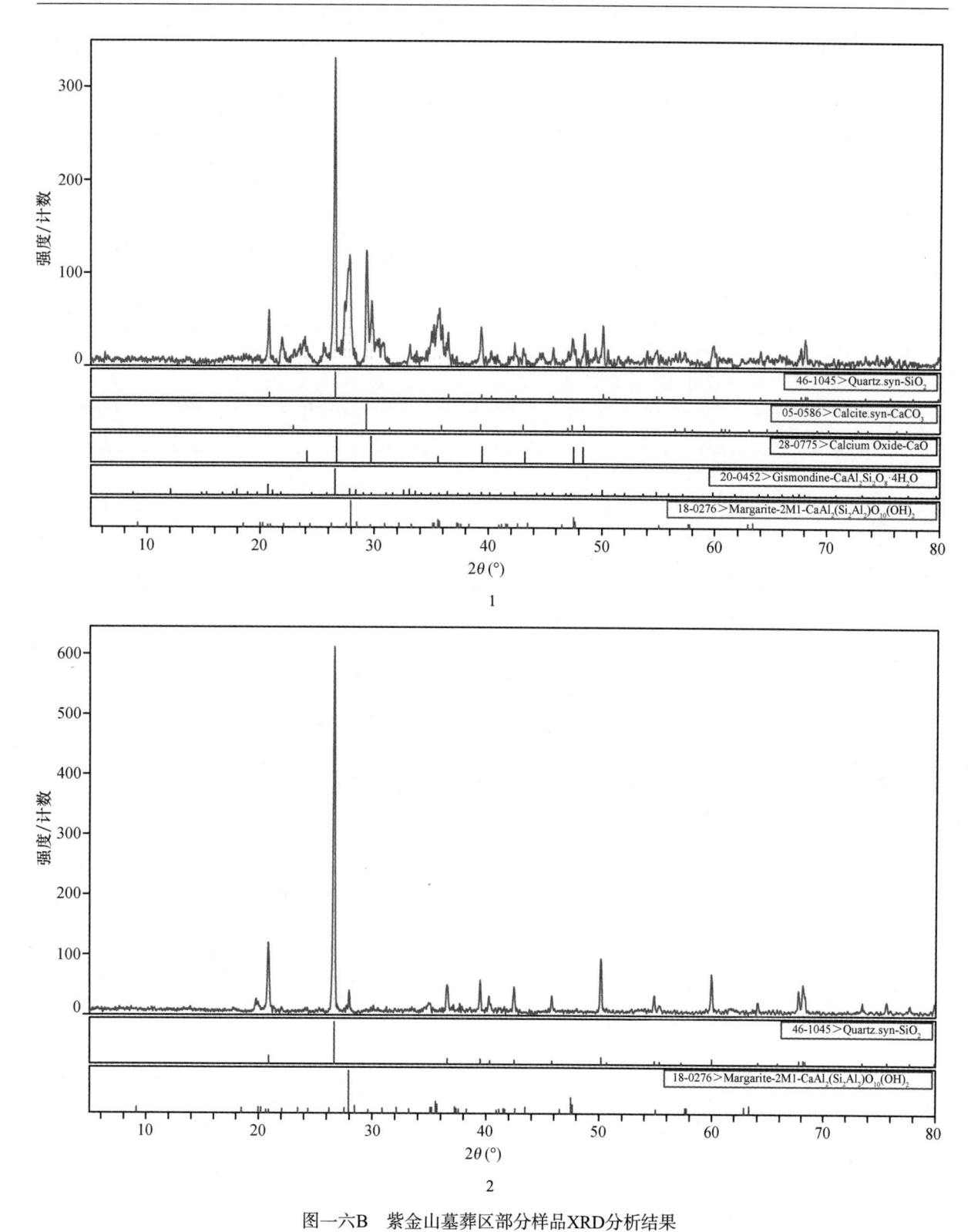

图一六B 紫金山墓葬区部分样品XRD分析结果

1. 墓葬（M1、M11～M19、M23～M28）墓围勾缝黏结材料（LSC-M5-1） 2. M1、M11墓前拜台地面土样（LSC-M6）

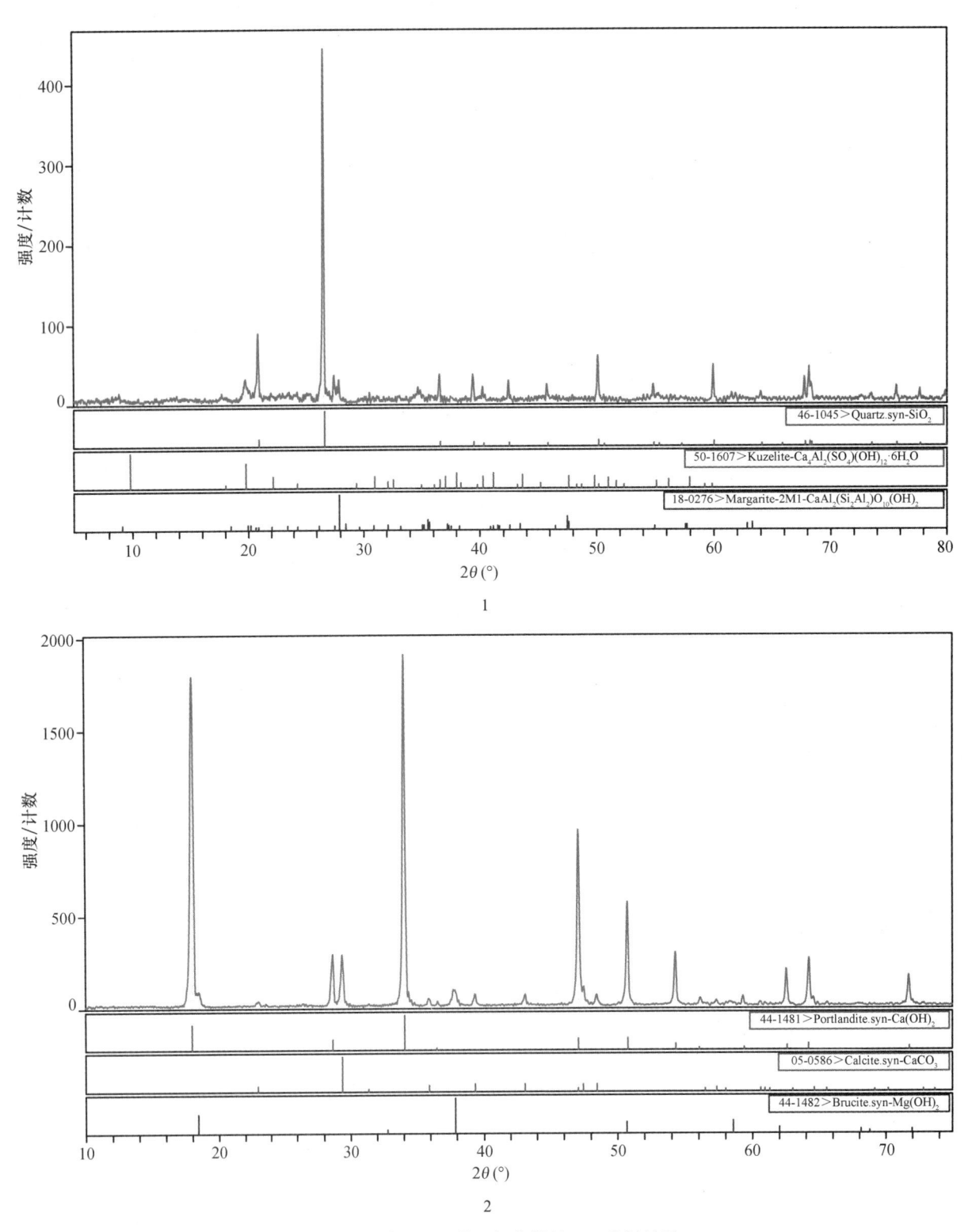

图一六C 紫金山墓葬区部分样品XRD分析结果
1. M1外周挡土墙勾缝泥土土样（LSC-M7） 2. 紫金山残存挡土墙勾缝灰浆（LSC-M12）

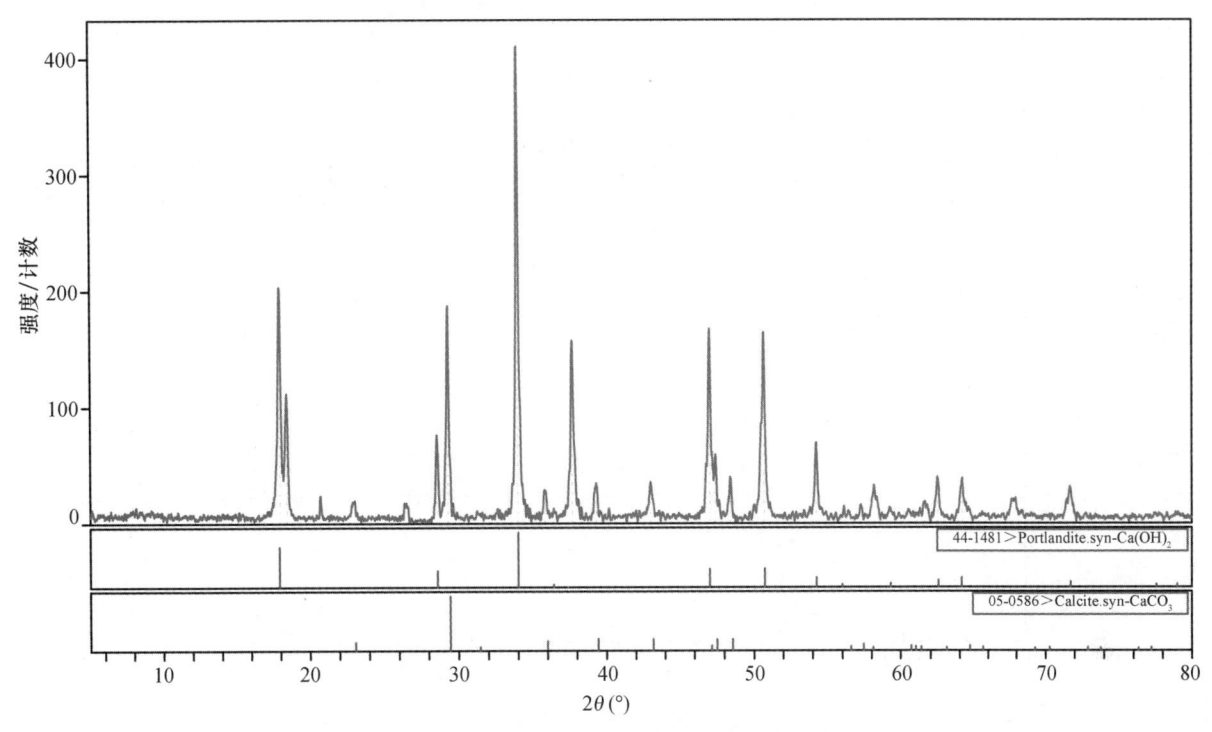

图一六D　紫金山墓葬区部分样品XRD分析结果

紫金山残存挡土墙抹面灰浆（LSC-M13）

4. FT-IR分析

进一步采用FT-IR对老司城遗址紫金山墓葬区所取灰浆样品进行了分子结构分析，从而了解灰浆中有机物的添加情况，部分样品的分析结果如图一七所示。

老司城遗址紫金山墓葬区墓葬（M1~M12、M23~M30、M32~M35）墓室勾缝灰浆（LSC-M3-1）FT-IR分析结果（图一七，1）中，其红外谱图在3436cm^{-1}、2515cm^{-1}、1796cm^{-1}、1432cm^{-1}、874cm^{-1}、714cm^{-1}处为方解石的吸收峰；1087cm^{-1}的弱峰则为石英的吸收峰，证明该灰浆中无糯米浆存在，为普通的石灰灰浆。而紫金山残存挡土墙勾缝灰浆（LSC-M12）FT-IR分析结果（图一七，2）中，3682cm^{-1}和3645cm^{-1}附近的红外吸收峰分别为氢氧镁石和氢氧钙石中自由羟基—OH的吸收峰，3438cm^{-1}、2924cm^{-1}、2517cm^{-1}、1790cm^{-1}、1442cm^{-1}、873cm^{-1}附近的吸收峰归结为方解石，1645cm^{-1}附近的吸收峰则证明灰浆中存在糯米浆。可见，紫金山残存挡土墙勾缝灰浆为传统的糯米灰浆。

5. 小结

结合以上XRF、SEM-EDX、XRD及FT-IR等分析，将老司城遗址紫金山墓葬区土壤、灰浆等样品的分析结果统计如表一三所示。

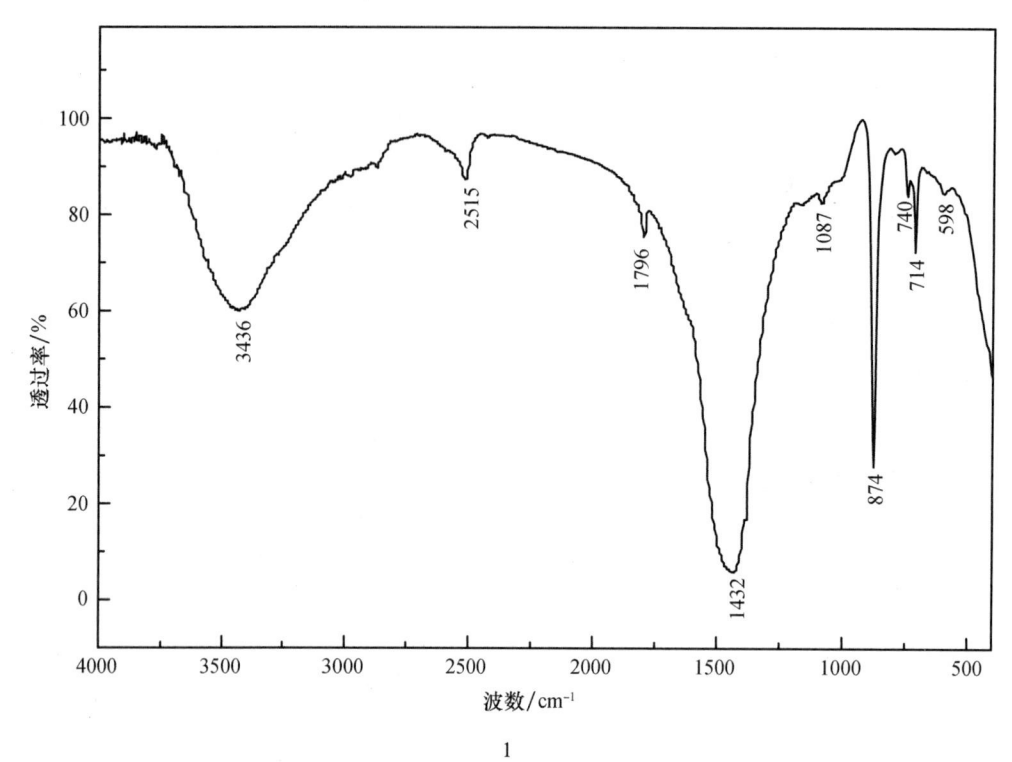

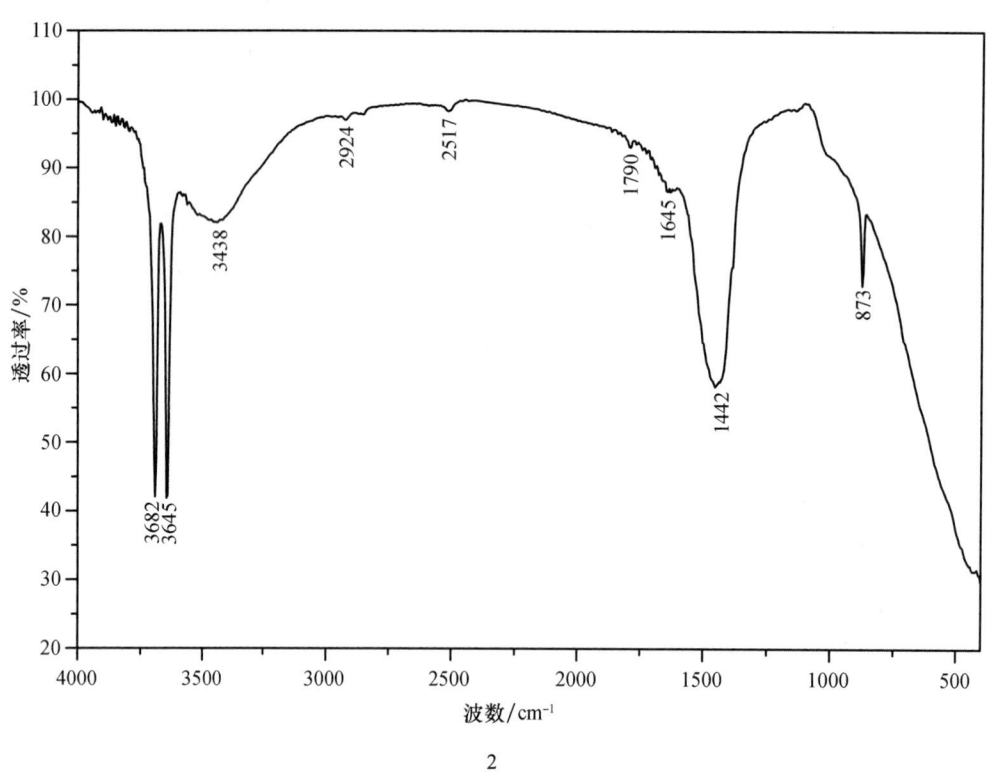

图一七 紫金山墓葬区部分灰浆FT-IR分析结果
1. 墓葬（M1~M12、M23~M30、M32~M35）墓室勾缝灰浆（LSC-M3-1） 2. 紫金山残存挡土墙勾缝灰浆（LSC-M12）

表一三　老司城遗址紫金山墓葬区样品分析结果统计

样品编号	取样地点	送检样品	分析结果
LSC-M1	墓葬（M1~M12、M23~M30、M32~M35）封土	土样	石英、黏土矿物、少量方解石
LSC-M2	墓葬（M1~M12、M23~M30、M32~M35）砌筑各墓室用青砖	青砖	—
LSC-M3	墓葬（M1~M12、M23~M30、M32~M35）墓室	勾缝灰浆	方解石、石英、普通石灰灰浆
LSC-M4	墓葬（M1~M12、M23~M30、M32~M35）各墓室	抹面灰浆	方解石、石英、普通石灰灰浆
LSC-M5	（M1、M11~M19、M23~M28）墓围	勾缝黏结材料	石英、黏土矿物、长石、云母、少量方解石
LSC-M6	M1、M11墓前拜台地面	土样	石英、黏土矿物
LSC-M7	M1外周挡土墙	勾缝泥土土样	石英、黏土矿物
LSC-M8	M1周围卵石铺装缺失露土处	梯度土样	石英、黏土矿物
LSC-M9	M11周围卵石铺装中松动卵石下	梯度土样	石英、黏土矿物、10cm梯度土内含方解石
LSC-M10	M11、M13~M19前平台卵石铺装中松动卵石下	梯度土样	石英、黏土矿物、10cm梯度土内含方解石
LSC-M11	M11、M13~M19前平台卵石铺装缺失露土处	梯度土样	石英、黏土矿物
LSC-M12	紫金山残存挡土墙	勾缝灰浆	方解石、氢氧钙石、氢氧镁石、糯米灰浆
LSC-M13	紫金山残存挡土墙	抹面灰浆	氢氧钙石、方解石、糯米灰浆
LSC-M14	北神道卵石铺装松动卵石下	梯度土样	石英、黏土矿物、10cm梯度土内含方解石

（五）祖师殿区

1. XRF分析

采用XRF对老司城遗址祖师殿区所取样品进行了成分分析测试，为之后的物相分析奠定基础。分析结果如表一四所示。

表一四　老司城遗址祖师殿区样品XRF分析结果

样品编号	氧化物含量 / %											
	SiO_2	Al_2O_3	Fe_2O_3	MgO	CaO	K_2O	P_2O_5	Na_2O	MnO	TiO_2	SO_3	其他
LSC-Z4-10	61.865	19.453	5.572	3.427	4.578	2.748	0.478	0.327	0.526	0.316	0.036	0.674
LSC-Z4-20	62.326	18.273	4.383	4.573	5.427	2.682	0.648	0.542	0.472	0.274	0.142	0.258
LSC-Z4-30	60.865	18.467	5.853	4.578	5.427	1.975	0.547	0.462	0.467	0.437	0.327	0.595
LSC-Z5-10	41.436	10.572	3.694	9.142	30.446	2.348	0.384	0.438	0.378	0.648	0.035	0.479
LSC-Z5-20	58.565	16.326	5.665	5.633	8.673	2.683	0.648	0.327	0.684	0.364	0.326	0.106
LSC-Z5-30	62.483	18.327	3.368	3.542	5.683	3.548	0.583	0.286	0.547	0.543	0.257	0.833

续表

样品编号	氧化物含量/%											
	SiO_2	Al_2O_3	Fe_2O_3	MgO	CaO	K_2O	P_2O_5	Na_2O	MnO	TiO_2	SO_3	其他
LSC-Z8-1-10	62.436	19.452	4.683	4.097	4.573	2.522	0.573	0.523	0.427	0.354	0.153	0.207
LSC-Z8-1-20	61.864	18.583	5.002	4.796	5.427	1.753	0.895	0.215	0.589	0.353	0.215	0.308
LSC-Z8-1-30	61.316	19.573	4.351	5.432	5.153	2.256	0.327	0.141	0.217	0.475	0.087	0.672
LSC-Z8-2-10	60.645	20.317	4.462	4.572	6.256	1.906	0.145	0.155	0.409	0.532	0.132	0.469
LSC-Z8-2-20	62.531	20.216	3.875	4.246	5.408	0.968	0.863	0.316	0.326	0.389	0.174	0.688
LSC-Z8-2-30	61.079	19.964	5.526	3.863	5.532	2.317	0.326	0.353	0.421	0.216	0.075	0.328
LSC-Z8-3-10	62.216	17.978	4.853	5.532	4.096	2.854	0.532	0.283	0.573	0.356	0.112	0.615
LSC-Z8-3-20	61.789	18.975	4.976	4.375	6.649	1.479	0.064	0.254	0.327	0.398	0.087	0.627
LSC-Z8-3-30	61.356	18.643	5.326	4.764	5.153	2.527	0.246	0.426	0.364	0.532	0.156	0.507
LSC-Z9-1-10	39.143	9.462	3.875	10.138	32.586	2.427	0.632	0.377	0.472	0.421	0.214	0.253
LSC-Z9-1-20	58.427	18.452	3.985	6.364	9.367	1.573	0.531	0.351	0.358	0.134	0.058	0.4
LSC-Z9-1-30	60.427	20.674	4.326	3.754	6.326	2.135	0.164	0.461	0.518	0.216	0.114	0.885
LSC-Z9-2-10	41.453	10.176	4.743	9.968	30.432	1.865	0.364	0.325	0.217	0.265	0.145	0.047
LSC-Z9-2-20	62.259	18.032	2.974	5.624	7.132	2.142	0.853	0.216	0.375	0.164	0.089	0.14
LSC-Z9-2-30	61.822	19.764	3.427	4.294	6.848	1.732	0.31	0.472	0.178	0.098	0.143	0.912
LSC-Z9-3-10	40.142	10.089	3.157	10.448	32.686	1.806	0.256	0.365	0.478	0.217	0.058	0.298
LSC-Z9-3-20	60.139	16.422	4.794	6.211	7.293	2.748	0.573	0.431	0.314	0.298	0.253	0.524
LSC-Z9-3-30	61.481	21.982	4.572	3.481	4.209	2.143	0.792	0.315	0.317	0.135	0.057	0.516
LSC-Z12-10	62.094	19.382	3.367	4.582	6.593	1.69	0.226	0.336	0.694	0.189	0.043	0.804
LSC-Z12-20	61.136	19.153	4.326	4.924	5.992	2.013	0.673	0.134	0.565	0.254	0.352	0.478
LSC-Z12-30	61.365	17.892	5.086	4.829	5.449	2.431	0.895	0.264	0.567	0.342	0.147	0.733
LSC-Z13-10	39.892	10.281	4.674	10.421	31.482	0.748	0.684	0.463	0.427	0.265	0.136	0.527
LSC-Z13-20	59.189	16.209	3.532	7.783	9.381	1.684	0.531	0.643	0.487	0.287	0.026	0.248
LSC-Z13-30	60.728	20.156	4.573	4.791	6.192	1.745	0.327	0.214	0.512	0.164	0.113	0.485
LSC-Z14-10	62.987	21.999	2.996	3.023	4.492	2.218	0.274	0.426	0.498	0.147	0.053	0.887
LSC-Z14-20	61.395	19.492	3.759	4.429	6.392	2.099	0.573	0.364	0.775	0.279	0.064	0.379
LSC-Z14-30	60.319	20.954	4.342	4.542	6.032	1.798	0.265	0.411	0.352	0.387	0.082	0.516
LSC-Z15-10	39.092	9.921	1.896	11.319	33.893	2.648	0.217	0.277	0.376	0.156	0.146	0.059
LSC-Z15-20	59.001	18.829	3.668	5.981	8.492	2.217	0.371	0.354	0.542	0.216	0.053	0.276
LSC-Z15-30	62.873	19.304	4.573	3.336	5.391	1.795	0.472	0.465	0.427	0.268	0.098	0.998
LSC-Z17-10	38.301	9.339	1.997	9.383	31.348	4.573	0.683	3.642	0.372	0.156	0.075	0.131

续表

样品编号	氧化物含量/%											
	SiO_2	Al_2O_3	Fe_2O_3	MgO	CaO	K_2O	P_2O_5	Na_2O	MnO	TiO_2	SO_3	其他
LSC-Z17-20	57.332	18.919	2.214	4.892	8.482	3.869	0.437	2.221	0.643	0.115	0.135	0.741
LSC-Z17-30	61.542	19.678	1.145	3.921	4.371	4.537	0.683	2.563	0.462	0.153	0.076	0.869
LSC-Z18-10	62.392	20.483	3.573	4.982	4.728	1.775	0.532	0.355	0.474	0.179	0.047	0.48
LSC-Z18-20	62.903	21.992	2.467	4.429	5.129	1.537	0.327	0.328	0.362	0.142	0.037	0.347
LSC-Z18-30	61.758	22.334	4.326	3.304	4.831	1.864	0.467	0.237	0.266	0.215	0.069	0.329
LSC-Z20-10	60.013	21.203	4.215	4.483	5.589	2.098	0.264	0.309	0.462	0.287	0.097	0.98
LSC-Z20-20	60.723	18.056	5.678	5.394	6.319	2.326	0.426	0.189	0.322	0.306	0.216	0.045
LSC-Z20-30	62.409	20.839	3.326	4.429	5.352	1.564	0.311	0.241	0.346	0.256	0.053	0.874
LSC-Z21-10	41.093	10.132	4.953	9.493	29.594	3.008	0.524	0.458	0.321	0.198	0.146	0.08
LSC-Z21-20	60.046	19.298	2.573	5.329	7.986	2.452	0.421	0.425	0.443	0.253	0.098	0.676
LSC-Z21-30	62.831	21.391	3.472	3.761	4.235	1.642	0.477	0.363	0.601	0.178	0.078	0.971
LSC-Z22-10	61.902	18.891	4.416	4.403	6.481	1.684	0.632	0.308	0.598	0.215	0.087	0.383
LSC-Z22-20	62.899	20.392	4.408	3.322	4.394	2.246	0.573	0.258	0.199	0.321	0.132	0.856
LSC-Z22-30	61.397	21.149	3.859	3.492	6.138	1.976	0.053	0.684	0.326	0.276	0.089	0.561

2. SEM-EDX分析

采用SEM-EDX对老司城遗址祖师殿区域所取微量灰浆样品的微观结构及主要元素组成进行测试，测试结果如图一八A、图一八B和表一五所示。

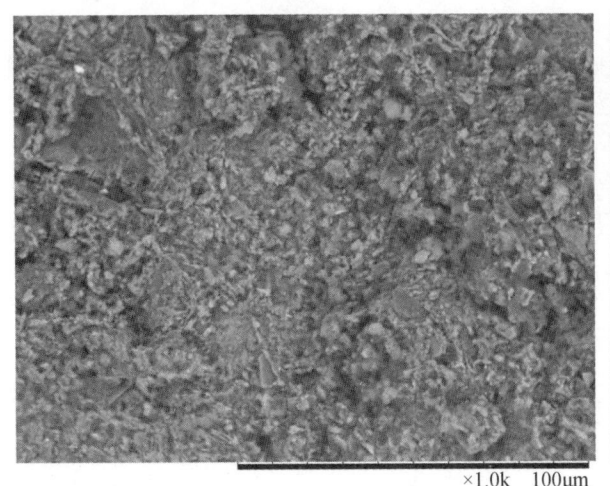

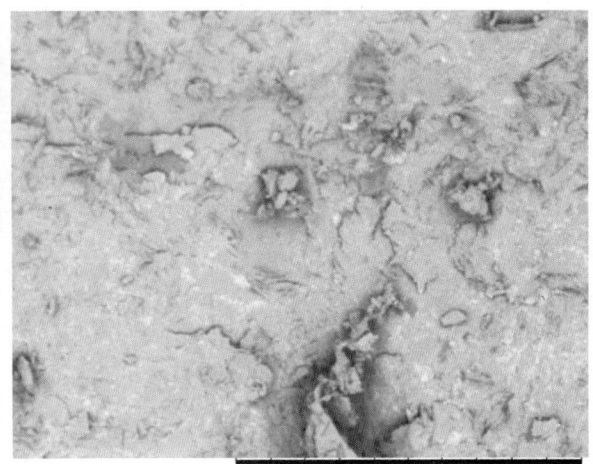

图一八A　祖师殿区部分灰浆及泥浆样品SEM-EDX分析结果
1. 挡土墙勾缝灰浆（LSC-Z5）　2. 挡土墙抹面灰浆（LSC-Z6）

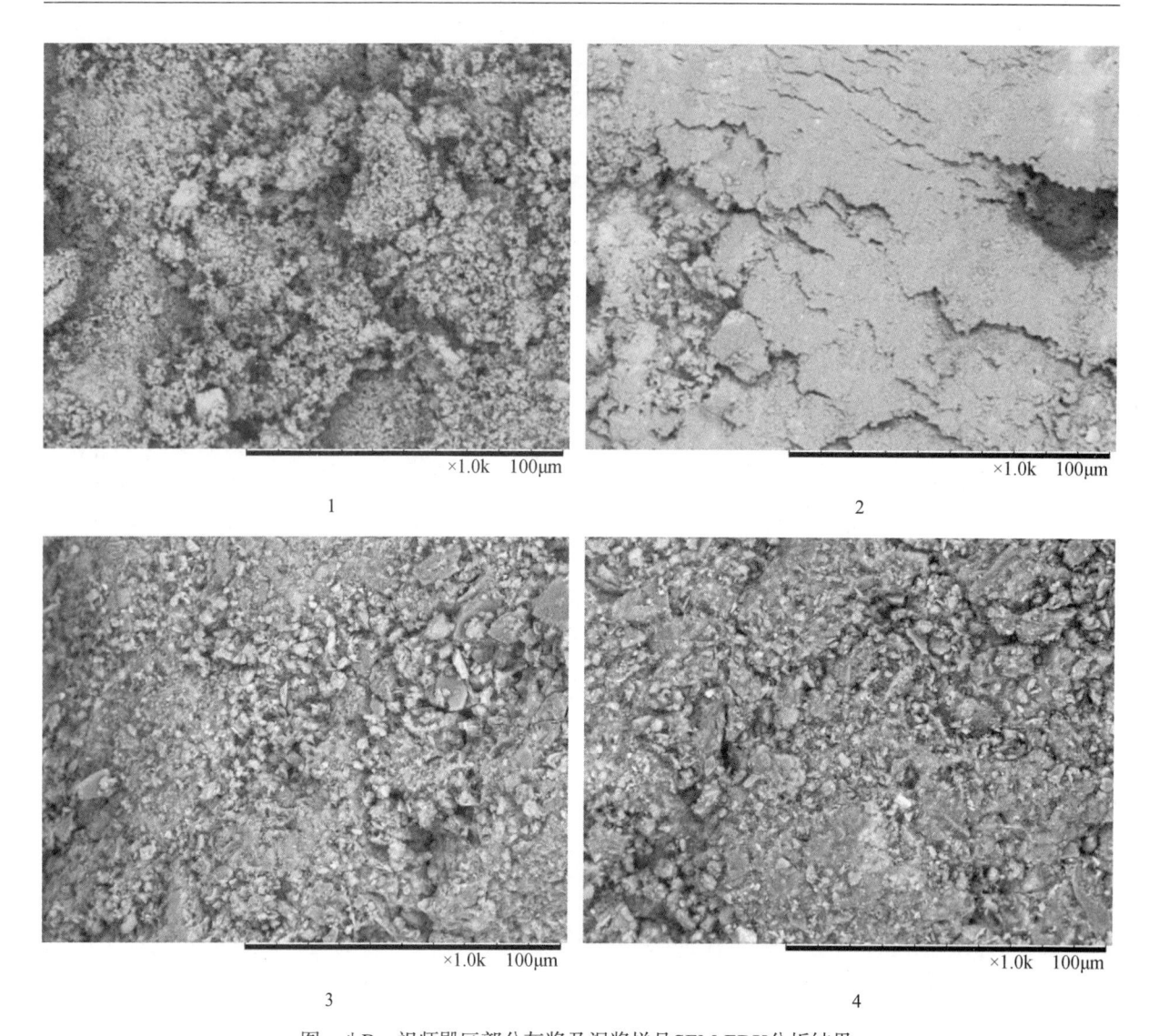

图一八B 祖师殿区部分灰浆及泥浆样品SEM-EDX分析结果

1. L2垂带墙勾缝灰浆（LSC-Z9） 2. L2垂带墙抹面灰浆（LSC-Z10） 3. G1两侧沟壁勾缝泥浆（LSC-Z15）
4. G2两侧沟壁勾缝泥浆（LSC-Z18）

表一五 祖师殿区灰浆样品EDX测试结果统计表

样品编号	样品名称	所含主要元素质量百分比 / %					
		O	Ca	C	Mg	Si	Al
LSC-Z6-1	抹面灰浆	44.8	34.2	9.1	6.9	4.1	0.9
LSC-Z6-2	抹面灰浆	43.9	33.8	9.4	7.6	3.9	1.4
LSC-Z6-3	抹面灰浆	45	32.9	9.1	6.2	4.7	1.2
LSC-Z6-4	抹面灰浆	43.8	35.1	10.1	5.3	4.3	1.4
LSC-Z6-5	抹面灰浆	42.4	33.4	9.7	7.2	5.1	2.2
LSC-Z7-1	梯度土样	44.3	31.5	9.3	6.9	6.1	1.9
LSC-Z7-2	梯度土样	44.6	33.9	8.7	6.4	5.7	0.7

续表

样品编号	样品名称	所含主要元素质量百分比 / %					
		O	Ca	C	Mg	Si	Al
LSC-Z7-3	梯度土样	42.6	33.5	9.9	6.8	5.9	1.3
LSC-Z7-4	梯度土样	44.9	34.1	10.5	5.7	4.5	0.3
LSC-Z7-5	梯度土样	43.5	32	9.6	6.5	6.1	2.3
LSC-Z10-1	抹面灰浆	42.2	34.6	8.3	8	5.2	1.7
LSC-Z10-2	抹面灰浆	41.8	31.8	9.1	7.3	7.1	1.2
LSC-Z11-1	梯度土样	43.1	32.5	9.8	6.9	5.8	1.9
LSC-Z11-2	梯度土样	43.5	33.7	9.6	6.7	4.4	2.1
LSC-Z16-1	梯度土样	45.4	28.3	11.8	4.6	6.8	3.1
LSC-Z16-2	梯度土样	45.3	29.2	10.9	4.8	6.3	3.5
LSC-Z19-1	梯度土样	45	28.6	11.2	4.2	6.9	4.1
LSC-Z19-2	梯度土样	44.9	27.4	9.9	6.9	7.1	3.8

3. XRD分析

采用XRD对老司城遗址祖师殿区部分样品进行了分析，结果见图一九A～图一九E。

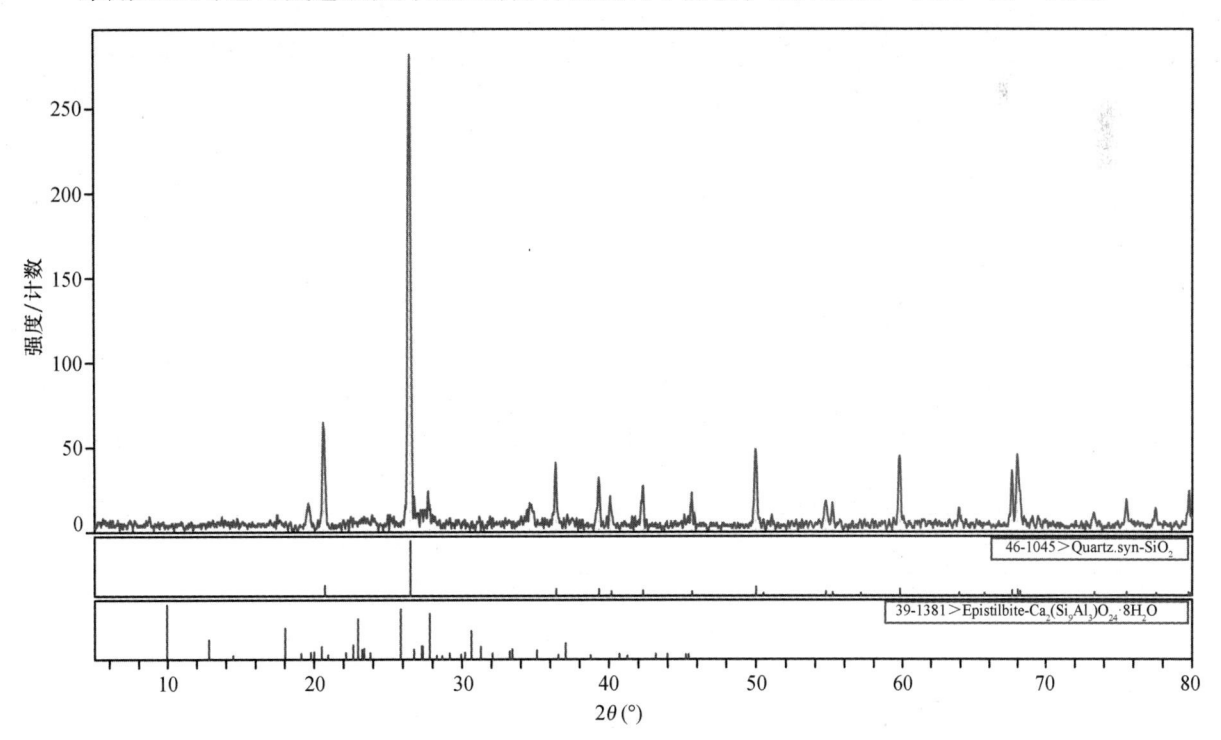

图一九A　祖师殿区部分样品XRD分析结果
前庭平台卵石铺装缺失露土处梯度土样（LSC-Z3-10）

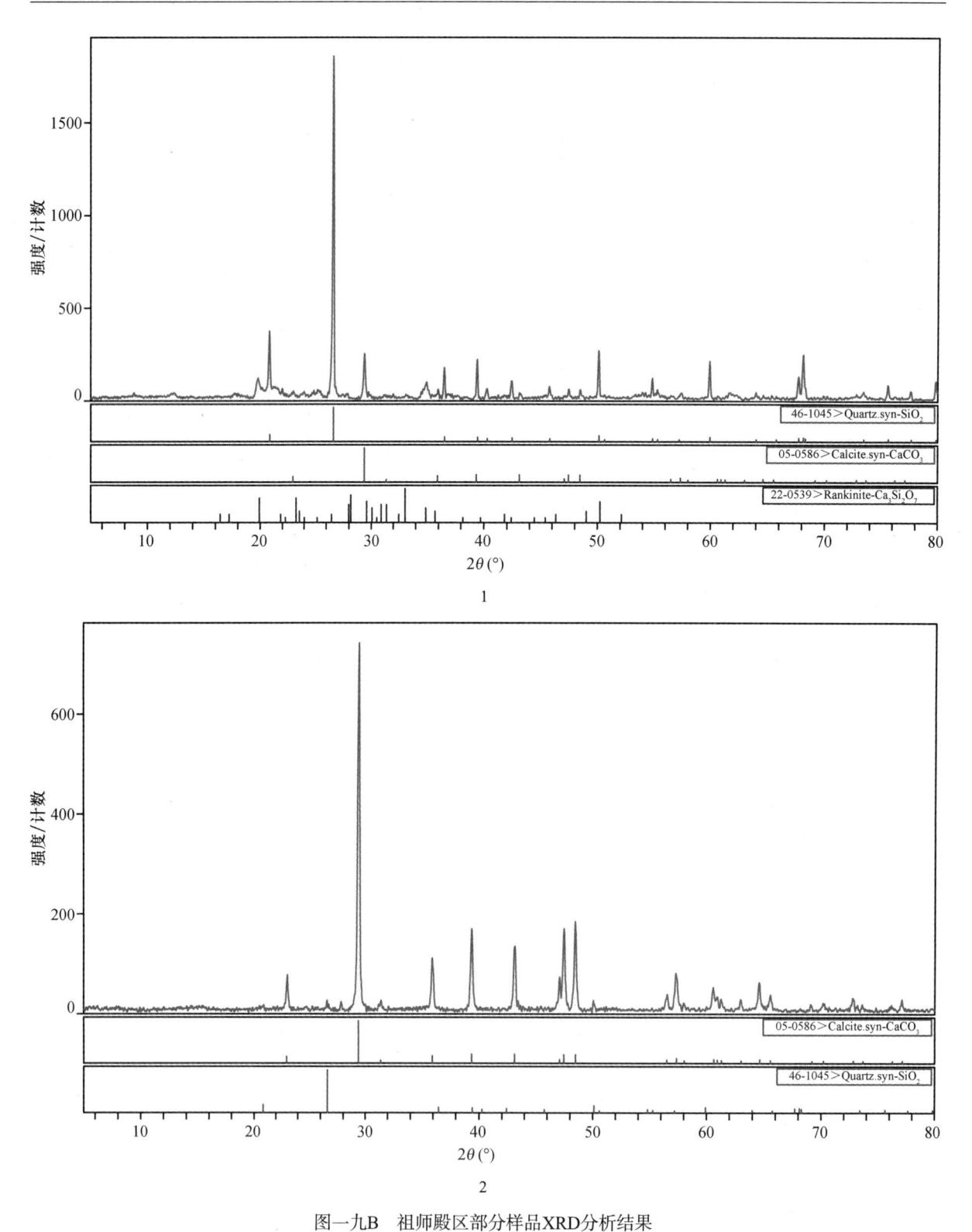

图一九B 祖师殿区部分样品XRD分析结果
1. 前庭平台卵石铺装松动卵石下梯度土样（LSC-Z4-10） 2. 挡土墙勾缝灰浆（LSC-Z5）

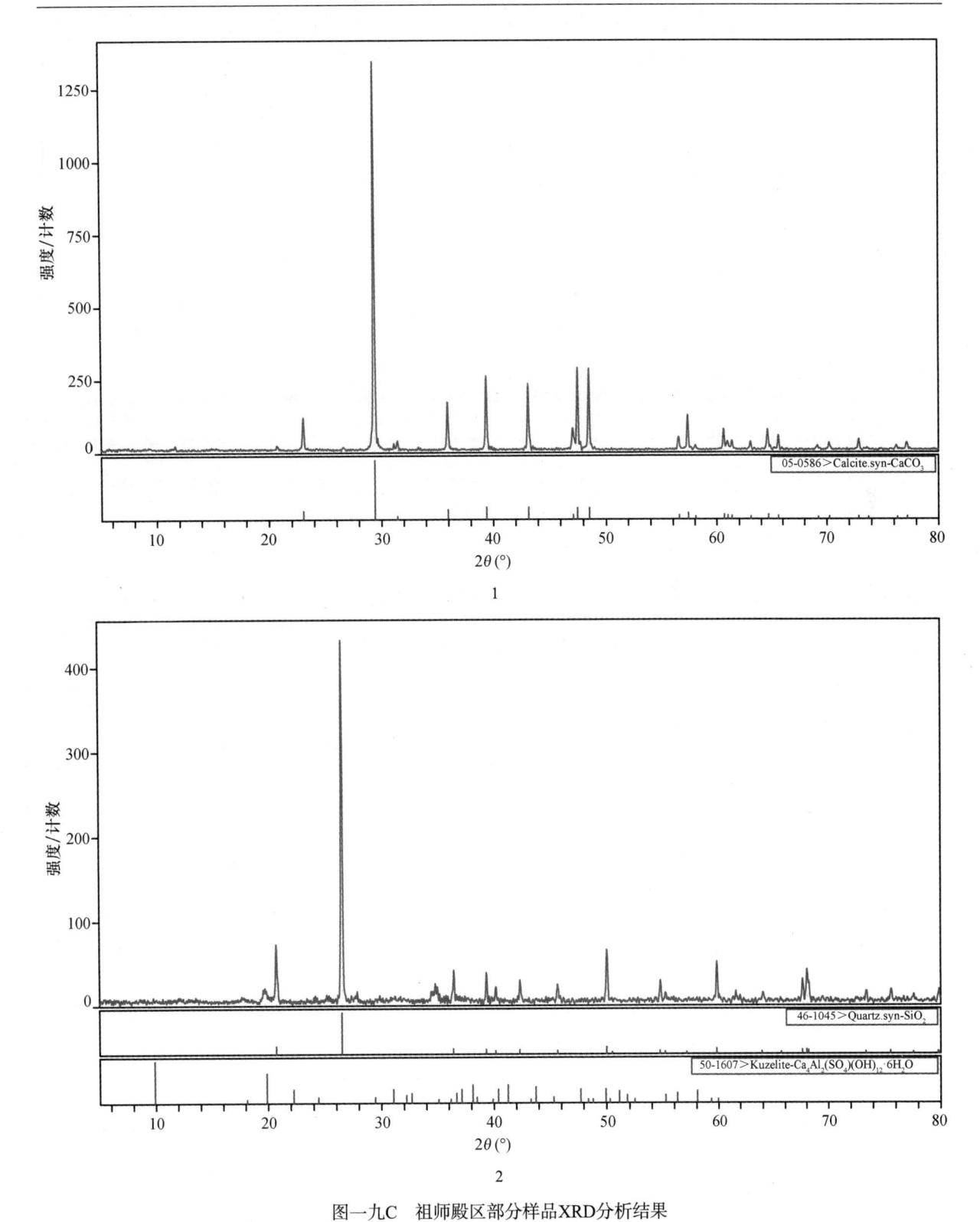

图一九C 祖师殿区部分样品XRD分析结果

1. 挡土墙抹面灰浆（LSC-Z6） 2. 山门平台、庭院平台、窄型平台卵石铺装缺失露土处梯度土样（LSC-Z7-10）

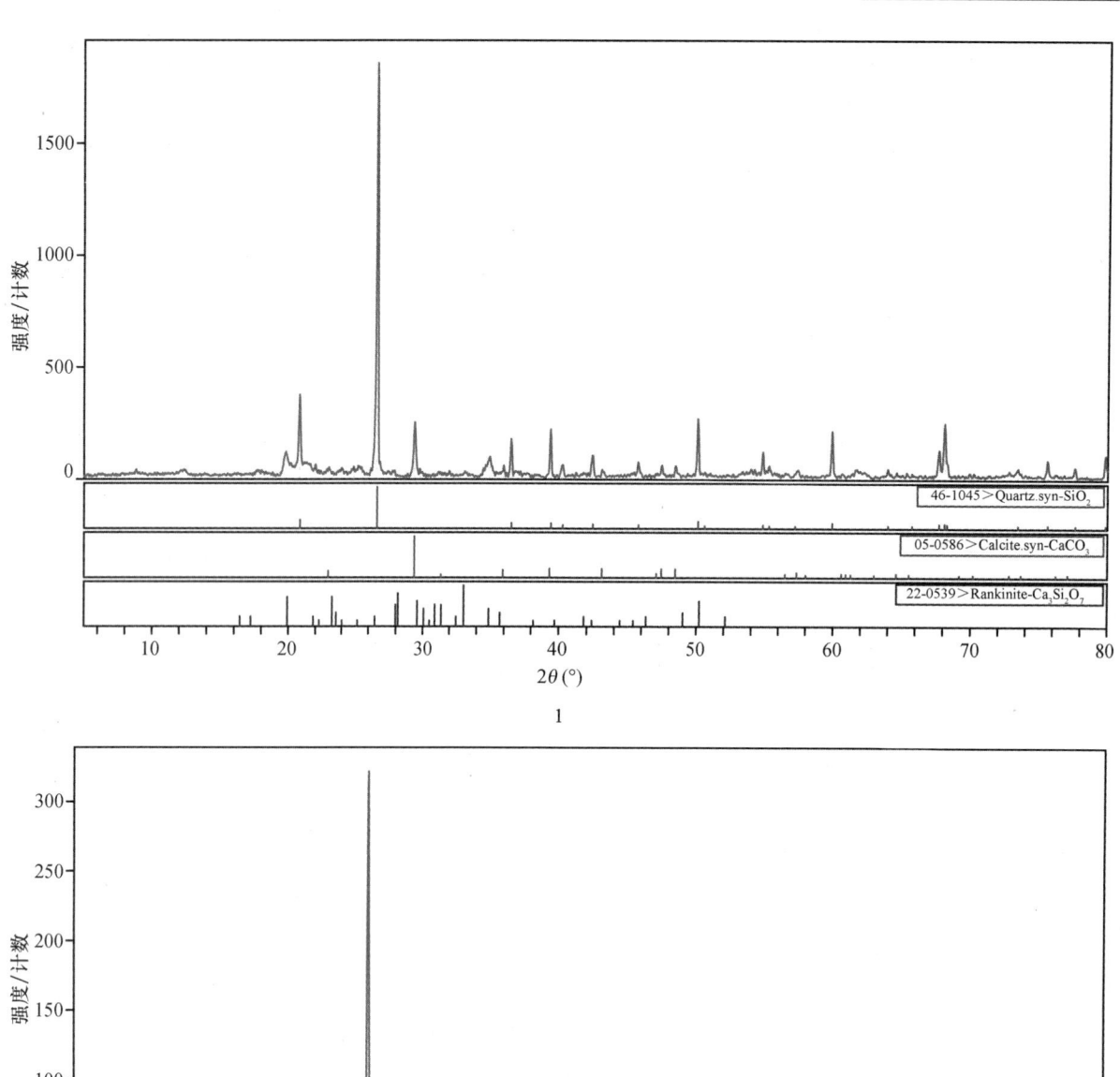

图一九D 祖师殿区部分样品XRD分析结果

1. 山门平台、庭院平台、窄型平台卵石铺装松动卵石下梯度土样（LSC-Z8-10） 2. L2卵石铺装缺失露土处梯度土样（LSC-Z11）

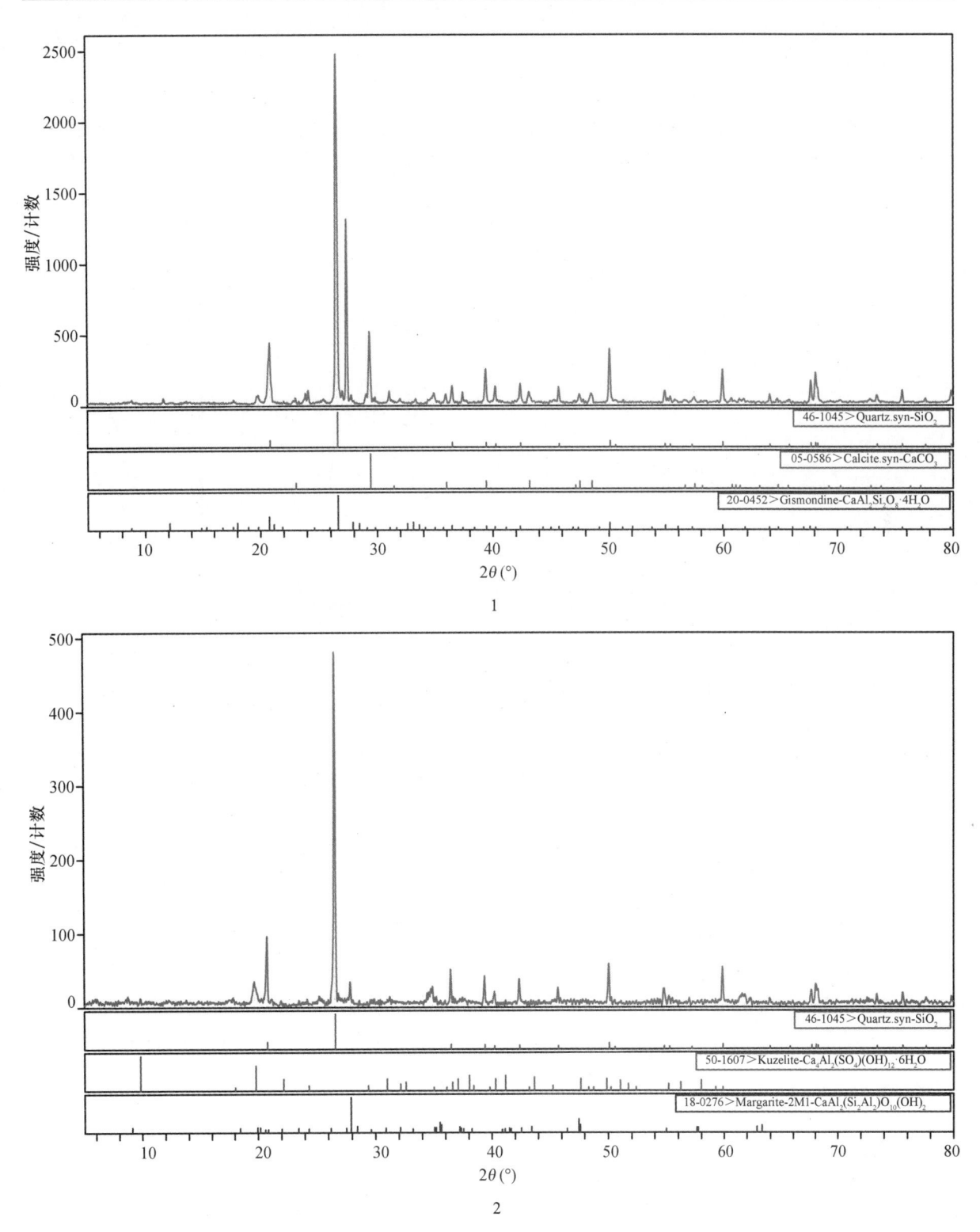

图一九E 祖师殿区部分样品XRD分析结果

1. L2卵石铺装松动卵石下梯度土样（LSC-Z12） 2. G1两侧沟壁勾缝泥浆（LSC-Z15）

4. FT-IR分析

采用FT-IR对老司城遗址祖师殿区所取灰浆样品进行了分子结构分析，从而了解灰浆中有机物的添加情况，部分样品的分析结果如图二〇所示。

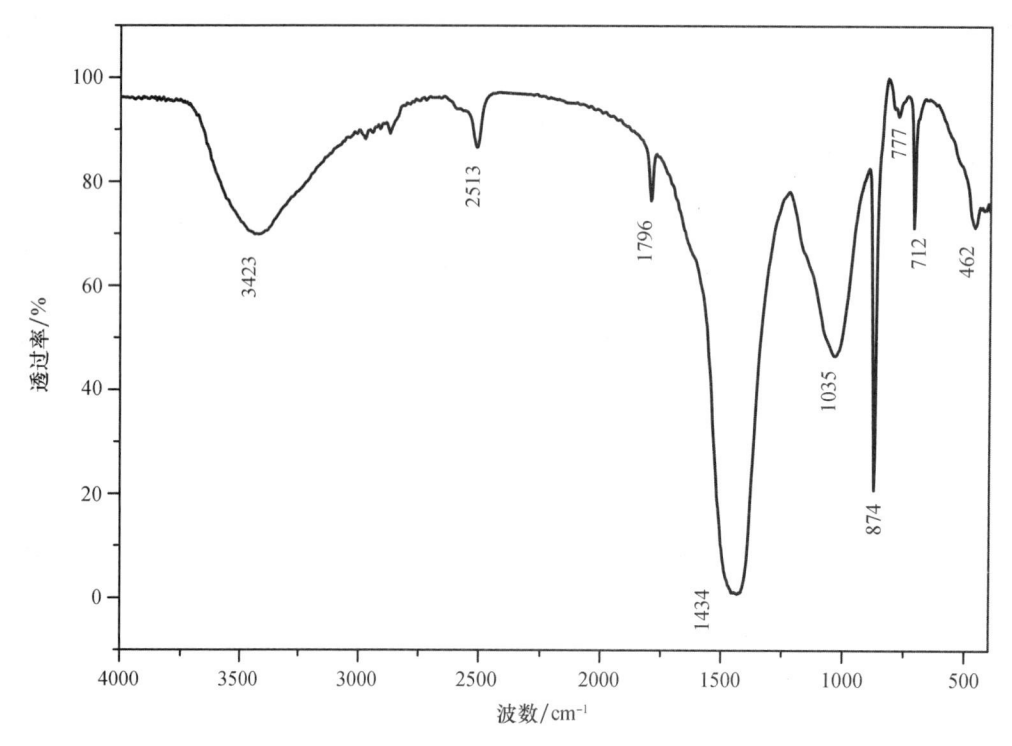

图二〇　祖师殿建筑区挡土墙勾缝灰浆（LSC-Z5）FT-IR分析结果

由图二〇可知，1035cm^{-1}附近的较强峰为SiO_2中Si—O—Si的反对称伸缩振动峰，而777cm^{-1}和462cm^{-1}附近的峰则为Si—O对称伸缩振动峰。相比较，712cm^{-1}、874cm^{-1}、1434cm^{-1}、1796cm^{-1}、2513cm^{-1}和3423cm^{-1}附近的吸收振动峰对应方解石的吸收振动峰。与XRD结果相一致，老司城遗址祖师殿建筑区挡土墙勾缝灰浆（LSC-Z5）的主要成分为石英和方解石。由于红外光谱图没有发现组成淀粉的支链烷烃及其他有机基团的谱线，可初步判定该灰浆样品没有添加糯米浆等有机物组分。祖师殿区域的其他灰浆中有机组分添加情况均可通过FT-IR分析初步得到。

5. 岩相薄片鉴定

为了解老司城祖师殿区干垒挡土墙毛山石块（LSC-Z22）的矿物组成、结构及构造等信息，采用偏光显微镜对岩石薄片的光性特征进行了鉴定，并按照GB/T 17412.2—1998《沉积岩岩石分类和命名方案》对岩石进行了分类和命名。鉴定结果如附表所示。

6. 小结

结合以上XRF、SEM-EDX、XRD、FT-IR及岩相薄片鉴定等分析，将老司城遗址祖师殿区土壤、灰浆等样品的分析结果统计如表一六所示。

表一六　老司城遗址祖师殿区样品分析结果统计

样品编号	取样地点	送检样品	数量
LSC-Z3	祖师殿建筑区前庭平台卵石铺装缺失露土处	梯度土样：>10cm、10~20cm、20~30cm	石英、黏土矿物
LSC-Z4	祖师殿建筑区前庭平台卵石铺装松动卵石下	梯度土样：>10cm、10~20cm、20~30cm	石英、黏土矿物、10cm梯度土内含方解石
LSC-Z5	祖师殿建筑区挡土墙	勾缝灰浆	方解石、石英
LSC-Z6	祖师殿建筑区挡土墙	抹面灰浆	方解石
LSC-Z7	祖师殿建筑区山门平台、庭院平台、窄型平台卵石铺装缺失露土处	梯度土样：>10cm、10~20cm、20~30cm	石英、黏土矿物
LSC-Z8	祖师殿建筑区山门平台、庭院平台、窄型平台卵石铺装松动卵石下	梯度土样：>10cm、10~20cm、20~30cm	石英、黏土矿物、10cm梯度土内含方解石
LSC-Z9	祖师殿建筑区L2垂带墙	勾缝灰浆	方解石、石英
LSC-Z10	祖师殿建筑区L2垂带墙	抹面灰浆	方解石
LSC-Z11	祖师殿建筑区L2卵石铺装缺失露土处	梯度土样：>10cm、10~20cm、20~30cm	石英、黏土矿物
LSC-Z12	祖师殿建筑区L2卵石铺装松动卵石下	梯度土样：>10cm、10~20cm、20~30cm	石英、黏土矿物、10cm梯度土内含方解石
LSC-Z13	祖师殿建筑区L3、L4卵石铺装缺失露土处	梯度土样：>10cm、10~20cm、20~30cm	石英、黏土矿物
LSC-Z14	祖师殿建筑区L3、L4卵石铺装松动卵石下	梯度土样：>10cm、10~20cm、20~30cm	石英、黏土矿物、10cm梯度土内含方解石
LSC-Z15	祖师殿建筑区G1两侧沟壁	勾缝泥浆	石英、方解石、黏土矿物
LSC-Z16	祖师殿建筑区G1沟底近沟壁处	梯度土样：>10cm、10~20cm、20~30cm	石英、黏土矿物、10cm梯度土内含方解石
LSC-Z17	祖师殿建筑区G1沟底正中	梯度土样：>10cm、10~20cm、20~30cm	石英、黏土矿物
LSC-Z18	祖师殿建筑区G2两侧沟壁	勾缝泥浆	石英、方解石、黏土矿物
LSC-Z19	祖师殿建筑区G2沟底卵石铺装缺失露土处	梯度土样：>10cm、10~20cm、20~30cm	石英、黏土矿物
LSC-Z20	祖师殿建筑区G2沟底卵石铺装松动卵石下	梯度土样：>10cm、10~20cm、20~30cm	石英、黏土矿物、10cm梯度土内含方解石

续表

样品编号	取样地点	送检样品	数量
LSC-Z21	祖师殿建筑区G3沟底	梯度土样：>10cm、10~20cm、20~30cm	石英、黏土矿物
LSC-Z22	干垒挡土墙	毛山石块	石英砂岩

注　释

[1] 杨富巍、张秉坚、潘昌初等：《以糯米灰浆为代表的传统灰浆——中国古代的重大发明之一》，《中国科学（E辑：技术科学）》2009年第1期，第1~7页。

[2] 陈银霞、纪献兵、赵改青等：《低温溶剂热法合成圆饼状球霰石碳酸钙》，《材料导报：研究篇》2010年第12期，第99~106页。

附　表

附表一　中南大学地球科学与信息物理学院岩矿薄片鉴定报告

送样号	LSC-Z22-1	报告编号	
送样单位	湖南省文物考古研究所	检验号	Z22-1
采样日期		采样地点	老司城祖师殿区
产　状		野外定名	毛山石块
鉴定要求	矿物成分及含量百分比，结构、构造及岩石定名		
肉眼观察	青黄色，见细颗粒石英，具中细砂结构，块状构造		

显微镜观察：

岩石由石英（含量约65%）、钾长石（含量15%）、斜长石（含量10%）、白云母（含量3%）、绢云母（含量3%）、泥质物（含量2%）、绿泥石（微量）及不透明矿物（含量2%）组成。

岩石具中—细砂结构，块状构造。碎屑含量约85%，矿物碎屑主要成分为石英、钾长石、斜长石、白云母；岩屑为硅质岩、片岩；填隙物含量约15%，组分为石英、绢云母、泥质物、绿泥石、不透明矿物等。胶结方式为孔隙式胶结。

石英：分为三种，第一种为碎屑，棱角—次棱角状，粒径（0.07mm×0.12mm）~（0.35mm×1.1mm），均匀分布；第二种分布在岩屑中，为变晶，不规则粒状，粒径约0.02mm；第三种为填隙物，不规则状，大小约0.02mm。三种石英大部分发育波状消光。

钾长石：为碎屑，次棱角状，板状，粒径（0.1mm×0.15mm）~（0.55mm×0.8mm），部分钾长石弱泥化、绢云母化，呈浑浊状。

斜长石：为碎屑，棱角—次棱角状，粒径（0.1mm×0.12mm）~（0.25mm×0.5mm），大部分弱绢云母化，个别几乎全为绢云母替代。

白云母：为碎屑，次棱角片状，粒径（0.03mm×0.06mm）~（0.16mm×0.35mm），大部分解理弯曲。

绢云母：部分为填隙物，部分分布在长石或岩屑中，鳞片状，大小（0.005mm×0.01mm）~（0.02mm×0.05mm）。

泥质物：为填隙物，粒径小于0.004mm。

绿泥石：为填隙物，片状，大小（0.01mm×0.02mm）~（0.02mm×0.05mm）。

不透明矿物：为填隙物，不规则粒状，粒径（0.02mm×0.03mm）~（0.25mm×0.5mm），与白云母关系密切

照相光线条件	左为单偏光，右为正交偏光			
显微镜鉴定岩石定名	中细粒长石石英砂岩			
鉴定人	谢燕霄	审核人	吴堃虹	鉴定日期	2014年4月20日

附表二　中南大学地球科学与信息物理学院岩矿薄片鉴定报告

送样号	LSC-Z22-2	报告编号	
送样单位	湖南省文物考古研究所	检验号	Z22-2
采样日期		采样地点	老司城祖师殿区
产　状		野外定名	毛山石块
鉴定要求	矿物成分及含量百分比，结构、构造及岩石定名		
肉眼观察	黄褐色，见石英颗粒，粒状变晶结构，块状构造		

显微镜观察：

岩石由石英（含量约99%）、绢云母（微量）、长石（偶见）、锡石（偶见）及不透明矿物（含量1%）组成。

岩石具粒状变晶结构、变余斑状结构，块状构造。

石英：它形晶，不规则粒状，呈边界凹凸不平镶嵌状分布，发育较强波状、带状消光，颗粒中见包裹体线状定向排布，分为三种，第一种为变余斑晶，含量8%，零星分布在变晶石英中，粒径（1mm×1.25mm）~（1.7mm×5.6mm），个别达3mm×7.5mm；第二种为变晶石英，粒径（0.1mm×0.15mm）~（0.5mm×0.8mm）；第三种为霏细状亚颗粒石英，粒径小于0.03mm，分布在变晶石英、变余斑晶边缘或间隙中。

绢云母：细小鳞片状，大小0.01~0.05mm，星点状分布在石英颗粒间。

长石：偶见，不规则状，粒径0.15~0.35mm，较强泥化，呈浑浊状。

锡石：偶见，粒状，大小0.05~0.25mm。

不透明矿物：它形，粒径0.01~0.2mm，分布在石英颗粒间隙中

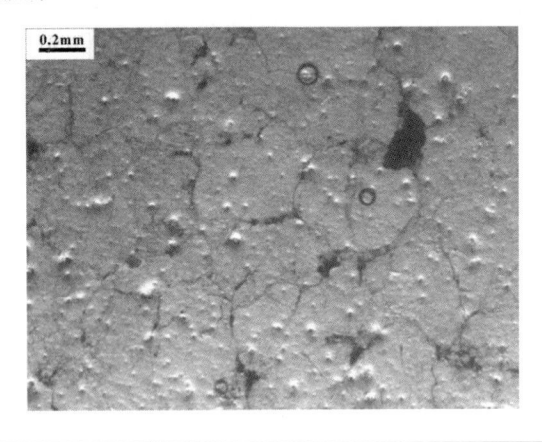

显微照片

照相光线条件	左为单偏光，右为正交偏光			
显微镜鉴定岩石定名	石英岩			
鉴定人	谢燕霄	审核人	吴堃虹	鉴定日期　2014年4月20日

附表三　中南大学地球科学与信息物理学院岩矿薄片鉴定报告

送样号	LSC-Z22-3	报告编号	
送样单位	湖南省文物考古研究所	检验号	Z22-3
采样日期		采样地点	老司城祖师殿区
产　　状		野外定名	毛山石块
鉴定要求	矿物成分及含量百分比，结构、构造及岩石定名		
肉眼观察	灰红色，矿物颗粒细小分辨不清，具块状构造		

显微镜观察：

岩石由石英（含量约70%）、方解石（含量10%）、泥质物（含量7%）、长石（含量5%）、绢云母（含量3%）、白云母（含量1%）、绿泥石（偶见）及铁质物（含量4%）组成。

岩石为细砂结构，块状构造。其中碎屑含量72%，矿物碎屑为石英、长石和白云母；岩屑由硅质岩、千枚岩组成，呈次磨圆状；填隙物28%，由石英、绢云母、方解石、绿泥石、泥质物和铁质物组成。胶结类型为基底式胶结。

石英：可分为三种，第一种为碎屑，次棱角—次磨圆状，粒径0.06~0.65mm，部分颗粒发育波状消光；第二种分布在岩屑中，为变晶颗粒，粒径0.01~0.02mm；第三种为填隙物，呈不规则粒状，分布均匀，大小0.005~0.03mm。

方解石：为填隙物，半自形晶—它形晶，粒状，粒径0.02~0.2mm，均匀分布。

泥质物：为填隙物，粒径小于0.004mm，被铁质物染色呈铁红色，均匀分布。

长石：为碎屑，次棱角状，大小0.04~0.2mm，部分颗粒见弱绢云母化。

绢云母：部分分布在岩屑或长石中，部分分布在填隙物中，细小鳞片状，大小约0.02mm。

白云母：为碎屑，次棱角片状，大小（0.15mm×0.25mm）~（0.35mm×0.1mm），部分颗粒弯曲。

绿泥石：偶见，为填隙物，片状，大小0.04~0.07mm。

铁质物：为填隙物，部分呈不规则粒状，星点状均匀分布，部分局部集中与泥质物交织分布，粒径0.01~0.22mm。

岩石经茜素红染色实验

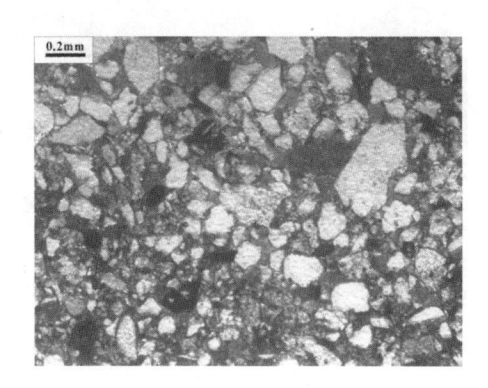

显微照片

照相光线条件	左为单偏光，右为正交偏光				
显微镜鉴定岩石定名		泥质钙质胶结石英砂岩			
鉴定人	谢燕霄	审核人	吴堑虹	鉴定日期	2014年4月20日

附表四　中南大学地球科学与信息物理学院岩矿薄片鉴定报告

送样号	LSC-Z22-4	报告编号	
送样单位	湖南省文物考古研究所	检验号	Z22-4
采样日期		采样地点	老司城祖师殿区
产　状		野外定名	毛山石块
鉴定要求		矿物成分及含量百分比，结构、构造及岩石定名
肉眼观察		灰色，矿物颗粒细小分辨不清，具块状构造

显微镜观察：

岩石由石英（含量约94%）、白云母（含量2%）、绢云母（含量2%）、泥质物（含量1%）、帘石（偶见）、锆石（偶见）及不透明矿物（含量1%）组成。

岩石具中—细砂结构，块状构造。碎屑含量95%，矿物碎屑大多数为石英，其余为白云母、帘石、锆石；岩石碎屑为硅质岩、片岩。填隙物含量5%，由绢云母、石英、泥质物、不透明矿物组成。胶结类型为接触式胶结。

石英：分为三种，第一种主要为碎屑，呈次棱角状，小部分为棱角状，粒径（0.05mm×0.06mm）~（0.4mm×0.7mm），部分发育波状消光；第二种分布在岩屑中，为变晶颗粒，粒径0.02~0.1mm；第三种为填隙物，粒径0.01~0.03mm，均匀分布。

白云母：为碎屑，次棱角片状，大小（0.02mm×0.04mm）~（0.1mm×0.3mm），部分颗粒解理弯曲。

绢云母：部分分布在岩屑中，部分为填隙物，细小鳞片状，粒径小于0.05mm。

泥质物：为填隙物，与绢云母交织分布，被铁质物染色呈铁红色。

帘石：偶见，为碎屑，不规则粒状，粒径0.03~0.08mm。

锆石：偶见，为碎屑，自形晶，粒状，粒径0.02~0.05mm。

不透明矿物：为填隙物，不规则粒状，粒径0.01~0.16mm，星点状均匀分布

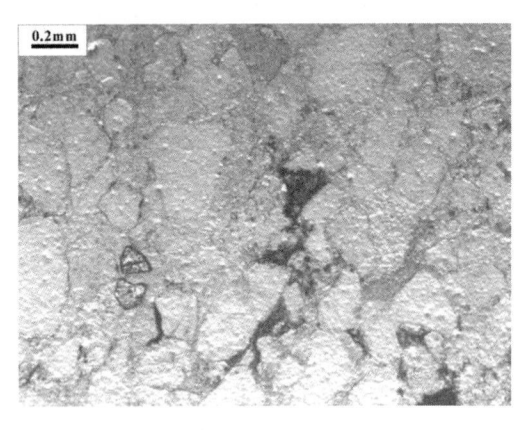

显微照片

照相光线条件	colspan="3"	左为单偏光，右为正交偏光
显微镜鉴定岩石定名	colspan="3"	中细粒石英砂岩
鉴定人	谢燕霄	审核人	吴堃虹	鉴定日期	2014年4月20日

附表五　中南大学地球科学与信息物理学院岩矿薄片鉴定报告

送样号	LSC-Z22-5	报告编号	
送样单位	湖南省文物考古研究所	检验号	Z22-5
采样日期		采样地点	老司城祖师殿区
产　状		野外定名	毛山石块
鉴定要求	矿物成分及含量百分比，结构、构造及岩石定名		
肉眼观察	红色，矿物颗粒细小分辨不清，具块状构造		

显微镜观察：

岩石由石英（含量约96%）、泥质物（含量3%）、白云母（微量）、锆石（几颗）、电气石（几粒）及铁质物（含量1%）组成。

岩石具细砂结构，块状构造。碎屑含量95%，包括矿物碎屑及岩石碎屑，矿物碎屑主要为石英、白云母、锆石、电气石；岩石碎屑为硅质岩，偶见，岩屑粒径（0.06mm×0.08mm）~（0.1mm×0.12mm），呈次棱角状；填隙物含量5%，由泥质物、石英及铁质物组成。胶结类型为接触式胶结。

石英：分为三种，第一种为碎屑，大部分呈次棱角状，部分为棱角状，粒径0.05~0.15mm，可见波状消光；第二种构成硅质岩屑，为变晶石英，不规则粒状，粒径0.01~0.03mm，波状消光；第三种为填隙物，粒径约0.01mm。

泥质物：为填隙物，不规则状，被铁质物染色。

白云母：为碎屑，大小（0.03mm×0.04mm）~（0.06mm×0.1mm）。

锆石：偶见，为碎屑，次磨圆状，粒径约0.03~0.06mm。

电气石：偶见，为碎屑，次磨圆状，粒径约0.06mm。

铁质物：为填隙物，为不规则粒状，粒径0.01~0.1mm，均匀分布

显微照片

照相光线条件	左为单偏光，右为正交偏光			
显微镜鉴定岩石定名	细粒石英砂岩			
鉴定人	谢燕霄	审核人	吴堃虹	鉴定日期 2014年4月20日

附录三　老司城遗址出土纤维材料鉴定报告

老司城遗址考古发掘时，在建筑物的黏合材料——石灰中发现了许多纤维物质（图一），为了清楚地了解古代黏合材料的配方，特对这些物质进行显微观察及对比分析，以确定其物质的种类。

纤维的种类有天然纤维、化学纤维、矿物纤维，考虑到古人选材的可能性，此次用于比对的三种纤维材料主要是现代天然的棉花、猪毛、狗毛。

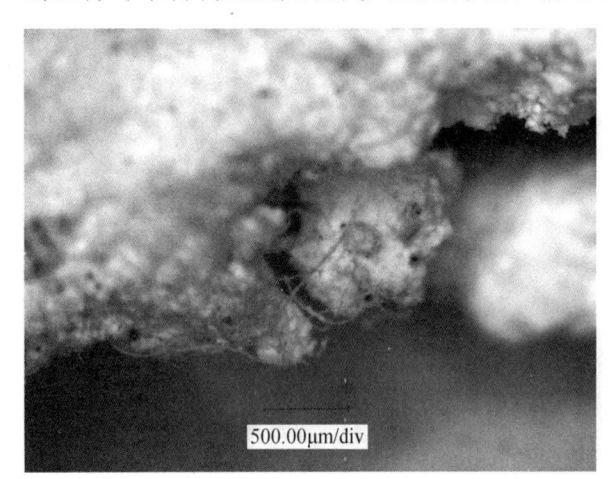

图一　石灰中掺和的纤维物质

显微观察结果描述如下。

狗毛纤维（现代）：表面具有光泽，呈半透明状长条状，纵向纤维较为平直，截面椭圆形，纤维宽度64~80μm（图二）。

猪毛纤维（现代）：表面具有光泽，不透明，纵向纤维平直不卷曲，截面圆—椭圆形，纤维宽度126~176μm（图三）。

棉花纤维（现代）：表面具有光泽，呈半透明长条状，纵向沿纤维长度螺旋形扭曲，截面扁平，纤维宽度10~40μm（图四）。

老司城遗址出土纤维：表面具有光泽，呈半透明状长条状，纵向沿纤维长度螺旋形扭曲，截面扁平，纤维宽度15~26μm（图五）。

将老司城遗址出土的纤维与现代棉花、猪毛、狗毛的纤维进行对比，可以清楚地发现老司城遗址出土纤维的形态与现代棉花极其相似（图六），因此老司城遗址出土的纤维物质暂定为棉花。

显微照片

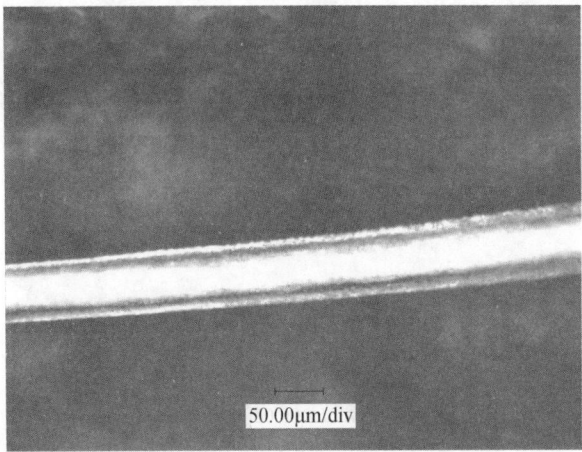

图二　狗毛纤维（现代）

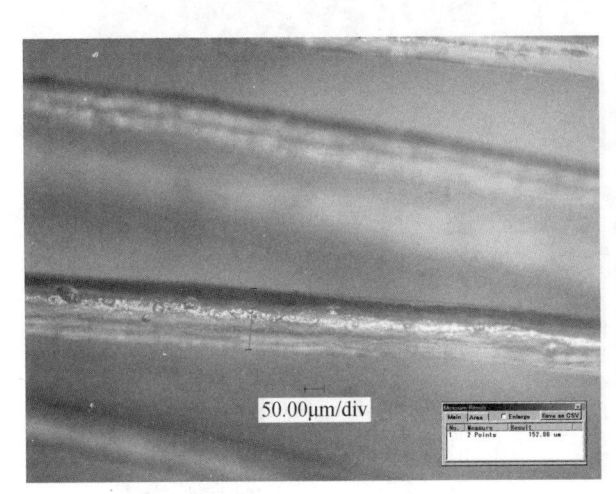

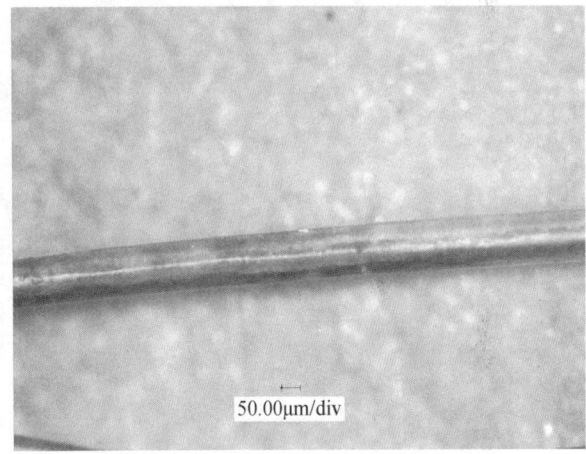

图三　猪毛纤维（现代）

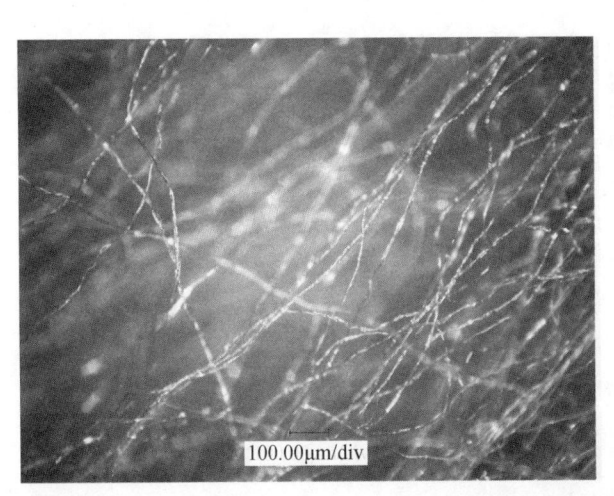

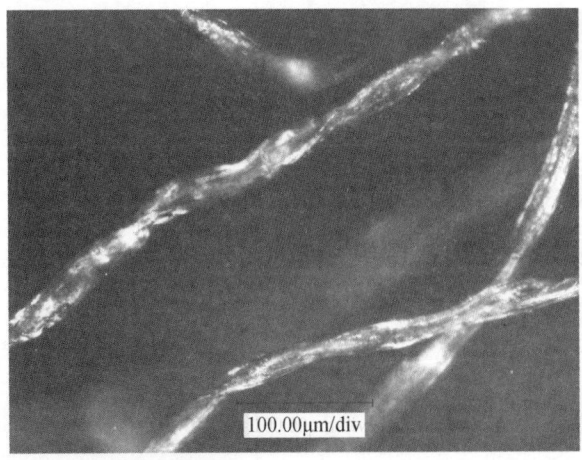

图四　棉花纤维（现代）

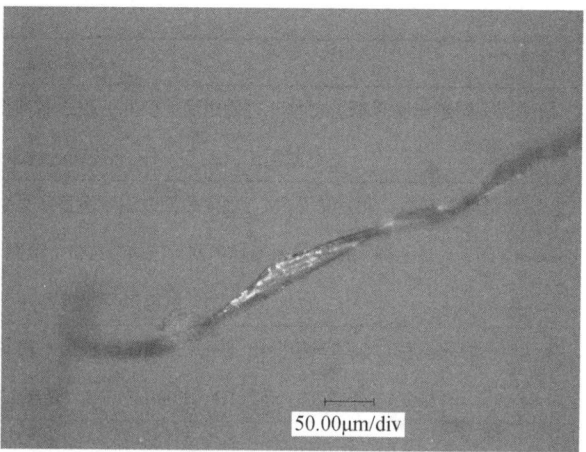

图五　老司城遗址出土纤维

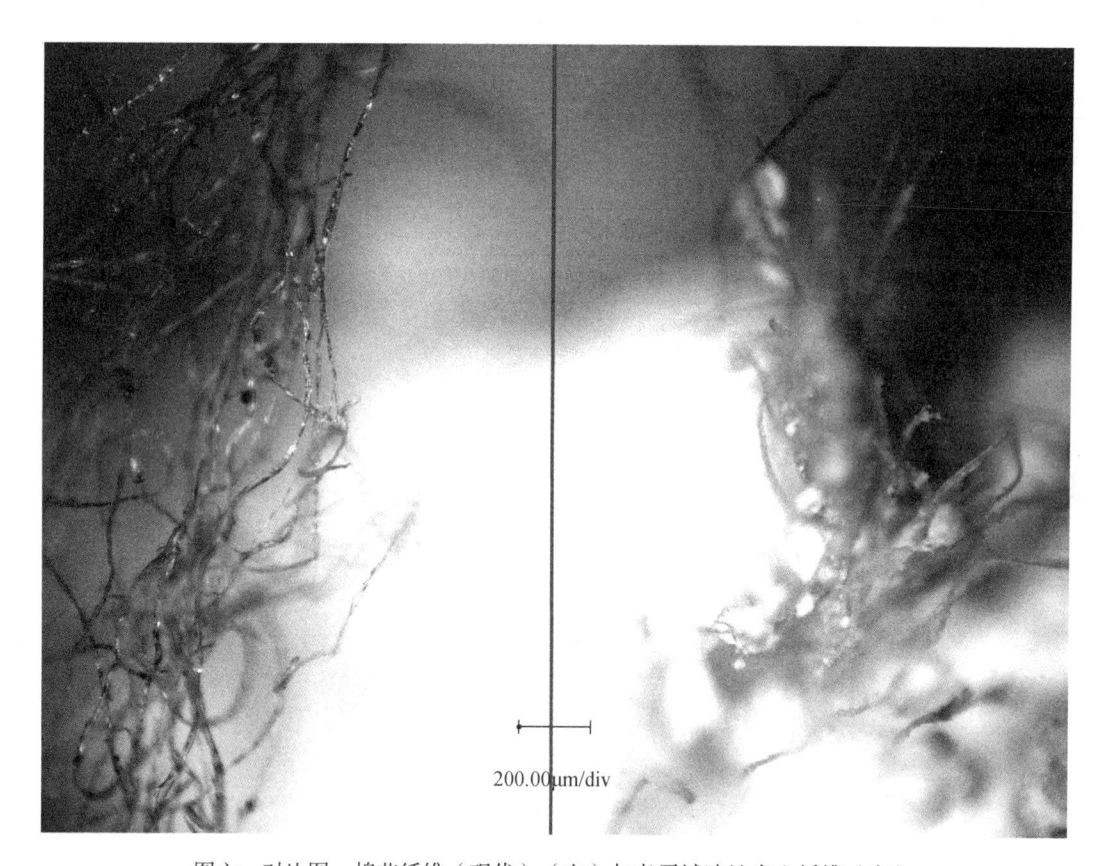

图六　对比图：棉花纤维（现代）（左）与老司城遗址出土纤维（右）

附录四　关于老司城遗址文物保护工程设计方案的批复

文物保函〔2012〕452号

湖南省文物局：

你局《关于审批〈永顺老司城国家考古遗址公园文物保护工程设计方案〉的请示》（湘文物报〔2011〕132号）收悉。经研究，我局批复如下：

一、老司城遗址的遗产构成丰富，保存现状复杂。应参照《实施保护世界文化与自然遗产公约操作指南》的有关内容调整设计思路，从保护遗址真实性和完整性的角度出发，坚持最小干预和可识别原则，统筹考虑遗址保护与展示、世界遗产申报和国家考古遗址公园建设工作。

二、应根据《老司城遗址保护规划》的有关要求，进一步明确设计原则，坚持以现状加固和结构补强为主。应慎重考虑遗址复建和功能复原问题，尽量减少美化性措施，对不存在稳定性问题的遗迹暂不干预。同时，合理确定项目安排和分期实施进度，做好与已实施保护工程的衔接。

三、应全面评估砖、石、土等建筑材料的特性和病害因素，在此基础上明确有针对性的保护方法，并在保护工程中尽量实现原有材料的原位原工艺使用。补充文物本体保护措施中所用化学试剂的名称、成分和具体操作要求，尽量控制化学试剂的使用范围。

四、宫殿区应重点做好西门、10号沟（G10）、堡坎、南部建筑遗址群和桥梁的加固保护工作，暂不实施10号房址（F10）复原展示、道路卵石补铺、除苔藓、10号沟（G10）垮塌部分修复和沟底卵石铺作等工程。具体要求如下：

（一）西门城墙应重点对残存基址进行加固保护，完全倒塌的墙体以现状保护为主。

（二）进一步完善南部建筑遗址群的病害因素分析，科学评估加固措施的有效性，及其对建筑基址和周边环境造成的影响，尽量减少对遗址本体的扰动。

（三）完善10号房址（F10）回填保护措施，建议选用透气性膜类材料进行整体覆盖后，再采用河沙回填保护。进一步论证10号房址（F10）复原展示的必要性和可行性，建议进行多方案比选，并考虑采用露明覆罩或植物标识方式的可行性。

（四）对于不影响堡坎安全的苔藓、酥碱、裂缝、歪闪等问题，应以现状监测为主，暂不宜进行大范围干预、维修。

五、衙署区应以凉洞洞室、凉洞上部建筑基址的加固防渗，堡坎的基础加固和墙体结构补强为主，对于不存在稳定性问题的堡坎应重点做好现状监测，暂不进行维修。补充台阶维修的具体措施说明。

六、紫金山墓葬区应重点做好已发掘墓葬本体保护，细化归安、加固、防渗等保护措施，尚未发掘墓葬应以原状保护为主。暂不实施"拜台"的卵石补齐、墓葬花砖和墓门补配、神道卵石铺装等工程。在科学评估苔藓等植物对遗址本体损害情况的基础上，明确苔藓植物处理的必要性，补充施工流程、使用材料等方面内容。补充墓葬封土回填、植草绿化、排水暗沟修建的设计依据。

七、应在考古和研究工作的基础上，进一步评估利用遗址原有道路和排水系统的可行性和安全性，建议在确保文物安全的前提下，尽量减少对原有道路和排水系统的大范围修缮，并研究另行设计独立的道路和排水系统的可能性。

八、请你局指导方案编制单位联合专业考古研究单位，根据上述意见对方案进行必要修改完善，补充大样图等图纸资料，进一步核定工程预算。修改后的方案经你局核准后实施，并报我局备案。参观栈道工程、地表排水工程、绿化工程、10号房址（F10）展示工程等应另行编制方案报批。

九、请你局切实加强对老司城遗址保护工程和国家考古遗址公园建设工作的指导和监督。防风化封护处理、酥碱处理、大孔径钻孔灌注桩基、植筋锚固等文物本体保护措施应慎重，需在现场试验的基础上，获得经验和科学检测数据，经论证安全有效后再分期实施。施工前应开展必要的考古工作，施工过程中应有专业考古人员参加。请加强工程监管，切实保证工程质量和人员、文物安全。

此复。

国家文物局
二〇一二年三月二十六日

附录五 关于老司城遗址抢救性保护工程三期方案的批复

文物保函〔2013〕959号

湖南省文物局：

你局《关于审批〈永顺老司城国家考古遗址公园文物抢救性保护工程三期方案〉的请示》（湘文物报〔2013〕24号）收悉。经研究，我局批复如下：

一、原则同意老司城遗址抢救性保护工程三期方案和你局意见。

二、所报方案尚需进行以下修改和完善：

（一）老司城遗址遗产构成丰富，保存现状复杂。应参照《实施保护世界文化与自然遗产公约的操作指南》的有关内容调整设计思路，从保护遗址真实性和完整性的角度出发，坚持最小干预和可识别原则，统筹考虑遗址保护与展示、世界遗产申报和国家考古遗址公园建设工作。

（二）应根据《老司城遗址保护规划》的有关要求，进一步明确设计原则，坚持以现状加固和结构补强为主，无稳定性问题和未进行考古发掘的遗迹暂不干预。

（三）加强遗址本体稳定性等保存状况监测，进一步总结、评估已实施文物保护工程的实际效果，科学分析、论证相关保护措施的有效性，并在此基础上细化保护方案，做好与已实施保护工程的衔接。补充《老司城遗址保护规划》相关内容、已实施保护工程情况和评估说明。

（四）16号、17号、18号沟（G16、G17、G18）应以现状加固为主，严格控制人工干预量。应进一步评估利用遗址原有排水系统的可行性，尽量减少对原有排水系统的大范围修缮；应充分考虑脚手架支护对遗址景观风貌的影响，研提其他比选方案；暂不同意铁支柱和铸铁板加固崖体，应进一步科学论证设计思路，补充相关设计依据、工艺流程和试验数据说明。

（五）7号路（L7）未发掘部分暂不进行考古发掘和保护工作。

（六）应结合遗址本体稳定性评估结论，补充西城门址区域歪闪墙体扶正、踏步素土基础硬化，以及北门门址区域城墙维修和宫城墙维修的具体做法、设计依据。

（七）墙体灌木、青苔和菌类生物去除措施应慎重，充分考虑植物的水土保持功能，避免造成新的安全隐患。

（八）暂不同意防风化加固措施。应严格控制化学试剂的使用范围和用量，注意试剂安全性和稳定性问题，避免对文物本体和周边环境造成化学污染。补充化学试剂的成分、具体操作要求和现场试验及监测数据等。

（九）暂不同意木栈道修建。应明确木栈道建设的必要性，以及修建方法、规模、材质、设计依据等内容。

（十）根据工程量合理编制经费预算，补充不可预见费内容说明。

（十一）进一步规范文字、图纸。补充历次文物保护工程区域图。

三、请你局指导方案编制单位联合专业考古研究单位，根据上述意见对方案进行必要修改完善。修改后的方案经你局核准后实施，并报我局备案。施工前应开展必要考古工作，施工过程中应有专业考古人员参加，切实保证工程质量和人员、文物安全。

此复。

国家文物局

2013年6月14日

附录六　关于老司城遗址抢救性保护工程四期方案的批复

文物保函〔2014〕698号

湖南省文物局：

你局《关于审批〈永顺老司城遗址文物本体保护工程设计方案（第四期）〉的请示》（湘文物报〔2013〕234号）收悉。经研究，我局批复如下：

一、原则同意所报老司城遗址文物本体保护工程四期方案。

二、所报方案尚需进行以下修改和完善：

（一）应从保护遗址真实性和完整性的角度出发，坚持最小干预和可识别原则，参照《实施保护世界文化与自然遗产公约的操作指南》的有关内容调整设计思路，统筹考虑遗址考古、保护与展示工作。

（二）进一步加强现状勘察，评估边坡和台基剖面、砖地面、鹅卵石铺地、石砌护坡的安全性，为科学确定保护措施提供依据。补充老司城遗址周边环境的勘察说明。

（三）应综合考虑考古工作开展的实际情况、施工周期和申遗工作总体时间进度要求，研提具有针对性和可操作性的保护措施。建议现阶段以抢险加固为主、维修维护为辅，暂不实施新的考古发掘项目。

（四）墙体、沟壁保护工程施工时，应在砌墙皮前加入横向加固桩，避免发生滑坡、垮塌等灾害。使用化学加固措施应慎重，先进行小面积实验，验证有效后方可扩大施工面积。

（五）遗址保护应以遗迹和遗物归安为主，严格控制地面铺装、补砌范围，不同意揭取原有卵石地面重砌维修的设计思路。墙基、排水沟壁等结构性失稳部位，可按照传统砌筑工艺、利用周边石材进行加固保护，并适当标识；道路、铺地遗存以相同颜色细砂砾石进行地表标识即可，不宜采用卵石复原。

（六）应做好保护与展示工程的衔接，不同意剪影展示思路。北门、29-30号房址、33号房址等应回填保护；23号房址南北厢房和门厅等室内部分应回填保护，地面仅出露柱础石，室外裸露卵石地面，并以适当措施加固；防护围栏应与展示设施相协调。

（七）应在充分研究墓葬形制的基础上进一步完善墓葬保护措施，尽可能减少干预。墓葬回填保护应采取必要的隔离措施，尽量以发掘土方作为回填土；应考虑墓葬展示效果和安全问题，重点做好封闭性保护，严格控制开放数量。补充墓葬外形复原依据。

（八）应妥善处理场地排水问题，科学评估原有排水系统的稳定性和适用性，研提场地排水的具体措施。应在对原有的排水系统进行保护、确保遗址安全的前提下，慎重使用原有排水系统。

（九）进一步核对工程量，补充工程造价预算。

（十）完善文本、图纸。应加强现状勘查及设计图纸的技术表达，增加地面标高，明确边界标高与遗址区标高关系，加强竖向设计概念。补充总平面图和勘察剖面图。

三、请你局指导方案编制单位联合专业考古研究单位，根据上述意见对方案进行必要修改完善。修改后的方案经你局核准后实施，并报我局备案。施工前应开展必要考古工作，施工过程中应有专业考古人员参加，切实保证工程质量和人员、文物安全。

此复。

国家文物局
2014年5月15日

附录七　老司城遗址本体危重部分抢救性保护工程竣工报告

　　为配合永顺县老司城遗址的保护、展示工作，以及世界文化遗产的申报，永顺县老司城遗址本体危重部分抢救性保护工程施工项目经由国家文物局批准，湖南省文物局监督实施，永顺县老司城遗址管理处直接指导，并由湖南省文物考古研究所施工。这是一处国家级重点保护工程。在施工过程中承蒙各级领导和部门的大力支持，本单位在施工过程中严格遵守文物保护工作方针，以科学的保护方法和严谨的工作态度来实施永顺县老司城遗址本体危重部分抢救性保护工程。

　　永顺县老司城遗址本体危重部分抢救性保护工程施工项目，根据合同约定从2014年5月1日开始入场实施，至2014年4月30日全部结束，其间历时30天。按照合同约定条款，以及工程项目设计方的技术指标要求，工程业主单位据实情况变更指令，我方已完成永顺县老司城遗址本体危重部分抢救性保护工程施工项目的全部规定维修工程数量与质量。整个施工过程，始终贯穿《中华人民共和国文物保护法》所规定的文物维修不改变文物原状的原则，坚持以现状加固和结构补强为主。

　　在保护工程施工过程中，我们严格遵守文物施工技术操作规程，以人为本，高度重视人身安全，并确保文物安全，工程质量第一，严密组织，精心施工。工程施工从始至终，无一人为工伤责任事故发生，无一处文物本体因人为干预不当而损害；人员安全、文物安全、质量保证齐头并进，通过全程、全方位的科学管理和严格的技术控制，工作界面科学组合，统筹调度，以及工作中的各环节、步骤实施技术、质量监督，保证了整个工作按计划保质保量地顺利完成，为申报世界文化遗产尽一份微薄之力；以此为宗旨，贯彻到全体管理人员、工作技匠的思想中，形成人人保护遗产，爱护遗产的共识。

　　以下就所做的工作内容概述如下，请予以评估认定。

一、工程项目内容

具体工程项目内容如下表。

施工项目统计表

区域		遗迹名称
中心遗址区	合同内	生活区东部城墙（GQ5~GQ11）维修、 L2及东侧护坡维修加固、 墙体空洞维修处理（含生活区BK-17一处、生活区GQ2一处和生活区GQ4两处，共计四处）、 歪闪墙体维修加固（生活区BK-2、生活区BK-3、衙署区南部歪闪城墙YQ-6，共计三处）、 G10西南侧垮塌处维修、 G30维修加固、 河街外侧驳岸维修、 生活区BK-21维修
	合同外新增项目	生活区东部城墙内侧原始凸台、 生活区L8、L9、L10、 遗址区内部分余土外运

二、主要做法说明

本期工程文物维修项目大致可分为三大类：墙体、卵石道路和水沟维修。项目内容主要是针对损毁或缺失对文物存在结构稳定性影响的部位予以抢救性维修加固，以达到保护的目的，以现状加固和结构补强保护措施为主。

（一）墙体

墙体又分为多种情况。

第一种情况，墙体上部缺失，仅存基础或完全缺失，甚至因其缺失导致其挡土支护的后侧土体垮塌护坡的，主要分布在生活区东部城墙（GQ5~GQ11）、G10西南侧垮塌处、生活区BK-21、河街外侧驳岸。

第二种情况，墙体因长期受后侧土体饱水挤压，基部位置未改变，墙体上部被挤压向外歪闪倾斜，严重部位倾斜出至基部距离20~30cm的，集中在生活区BK-2、生活区BK-3、衙署区南部歪闪城墙YQ-6。

第三种情况，墙体上部未垮塌或歪闪倾斜，但基部因损毁掏空，形成大的空洞，上部墙体悬于空中的，集中在生活区BK-17、生活区GQ2、生活区GQ4。

针对以上三种情况，按照施工图纸，分别采取了相应的保护措施，现将施工做法简述如下。

1. 墙体上部缺失，仅存基础或完全缺失，甚至导致后侧土体垮塌护坡的

按相同材料、相同工艺、相同形制修复，墙体修复高度与两侧残存墙体高度齐平。

1）生活区东部城墙（GQ5~GQ11）

（1）相邻部位做取样检测实验，分析其主体构成材料及黏合浆料成分、抹面灰浆成分；补砌后，进行墙体顶部和基部防渗实验等。

（2）清除墙体上的杂草、灌木。

其一，墙体上生长杂草能较易拔除的，则轻轻地连根拔除；杂草需要较费劲还拔扯不动的，则不用使劲拔扯，在其茎叶上涂抹草甘膦稀释溶液或人工割除其外露茎叶部分后，在根系切口处涂抹草甘膦高浓度溶液，4~7日后，人工清除根系未腐烂部分。

其二，对于灌木，因其属于多年生木本植物，地下根系部分较发达，先锯除外露枝叶，然后采用吊瓶针注给药方式，向根系注射促使根系腐烂的溶液，待根系能拔除时，将其拔除。

（3）人工用黄土填补根蔸腐烂或拔除后留下的孔洞。

（4）考古发掘清理生活区东部城墙垮塌部位基础。

（5）经考古清理后，残存基础的，则维修加固基础后，在其上部补砌；未发现原始墙体基础的，则开挖基槽，基槽深30cm，与需补砌墙体同长，并充分夯实基槽底部，再行补砌。

（6）采用相同材料、相同工艺、相同形制补砌垮塌部位，至两侧残存墙体高度齐平。

（7）补砌墙体顶部夯铺30cm厚三合土防渗层。

（8）糯米灰浆对补砌墙体石缝进行抹缝打点。

（9）做旧处理。

（10）补砌墙体基部0.5m以下进行雨水反溅打防渗处理。

2）G10西南侧垮塌处

（1）~（4）同生活区东部城墙（GQ5~GQ11）的做法。

（5）经考古清理后，残存基础的，则维修加固基础后，在其上部补砌；未发现原始墙体基础的，则开挖基槽，基槽深30cm，与需补砌墙体同长，并充分夯实基槽底部和基底钢质锚杆后再行补砌。

（6）润化两侧衔接的原始墙体。

（7）采用相同材料、相同工艺、相同形制补砌垮塌部位，至两侧残存墙体高度齐平。

（8）补砌墙体顶部夯铺30cm厚三合土防渗层。

（9）糯米灰浆对补砌墙体石缝进行抹缝打点，并对周边残存墙体裂缝进行低压灌浆黏合填补加固。

（10）做旧处理。

（11）补砌墙体基部0.5m以下进行雨水反溅打防渗处理。

3）生活区BK-21

（1）~（4）同生活区东部城墙（GQ5~GQ11）的做法。

（5）考古清理生活区BK-21墙体基础处，开挖基槽，基槽深30cm，与需补砌墙体同长，并充分夯实基槽底部。

（6）润化两侧衔接的原始墙体。

（7）采用相同材料、相同工艺、相同形制补砌垮塌部位，至两侧残存墙体高度及北侧的卵石道路L9路面齐平、并对后侧土体进行拉锚处理。

（8）用糯米灰浆对补砌墙体石缝进行抹缝打点。

（9）做旧处理。

（10）补砌墙体基部0.5米以下进行雨水反溅打防渗处理。

4）河街外侧驳岸

河街外侧驳岸根据其主体结构高度不同，采用两种不同的做旧处理方式。

（1）位于独木桥附近的河街驳岸②、③，因其主体结构高度在3m以下，考虑到结构的稳定性，直接在卵石+水泥混凝土砌筑的主体结构上对石缝采用糯米灰浆进行抹缝打点和做旧处理。

（2）位于G30出水口附近的河街驳岸①，因其主体结构较高，又是用卵石+水泥混凝土砌筑的，为确保结构的稳定性，在其外侧包砌一层咬合度较好的用毛山石+水泥混凝土砌筑的山墙饰面，所选取毛山石一面略带自然旧面做外露面，并辅以做旧处理。梯状挡土墙顶部覆土栽种当地自然生长的野生藤类攀援植物，使其与周边驳岸融为一体。

2. 墙体因长期受后侧土体饱水挤压，基部位置未改变，但墙体上部被挤压向外歪闪倾斜的

针对此种情况，我们采取的措施是借助机械、人力整体扶正墙体歪闪部分。

（1）取样实验检测分析：原墙体勾缝灰浆、抹面灰浆成分及配比检测实验、墙体裸露面石灰浆抹面做旧实验、墙体防渗实验等。

（2）清除墙体上生长的杂草、灌木等，做法同生活区东部城墙（GQ5~GQ11）中（2）部分。

（3）人工用黄土填补根荄腐烂或拔除后留下的孔洞。

（4）于歪闪墙体外侧等面积大小设置墙壁保护层，架设扶正受力柱。

（5）于歪闪墙体后侧开挖考古探沟，探沟与歪闪墙壁等长同深，探沟宽2m。

（6）考古探沟内砌筑单面石皮承压墙。

（7）架设千斤顶和吊葫芦，两项匀速发力、慢速矫正墙体至原始位置。

（8）拆除扶正受力柱和墙壁保护层。
（9）原墙体受损处修补和裂缝低压灌浆维修加固，并对修补处进行做旧处理。
（10）原土回填后侧开挖考古探沟。
（11）墙体基部0.5m以下进行雨水反溅打防渗处理。

3. 墙体上部未垮塌或歪闪倾斜，但基部因损毁掏空，形成大的空洞，上部墙体悬于空中的

（1）取样实验检测分析：原墙体勾缝灰浆、抹面灰浆成分及配比检测实验、墙体裸露面石灰浆抹面做旧实验、墙体防渗实验等。
（2）清除墙体掏空处生长的杂草、灌木等，做法同生活区东部城墙（GQ5~GQ11）中（2）部分；清除散土、碎石、杂物等。
（3）硬化和夯实加固底部素土基础。
（4）基底钢质锚杆。
（5）润化周边需衔接的原始墙体。
（6）采用相同材料、相同工艺、相同形制补砌，直至填充满整个空洞。
（7）用糯米灰浆对补砌墙体石缝进行抹缝打点。
（8）做旧处理。
（9）补砌墙体基部0.5m以下进行雨水反溅打防渗处理。

（二）卵石道路

卵石道路因做法不同，又分为卵石路面和卵石踏步两种情况。纳入本期工程维修的卵石道路主要有L2路面及踏步段L8、L9、L10。

1. 卵石路面

（1）相邻部位取样检测实验：分析垫层土成分及配比情况。
（2）清除路面生长杂草、灌木及其根系，做法同生活区东部城墙（GQ5~GQ11）中（2）部分。
（3）人工用黄土填补根蔸腐烂或拔除后留下的孔洞。
（4）卵石路面维修加固。

1）卵石路面凹陷处维修

（1）表层保护性揭取。
（2）渗透加固素土基础，并回填黄土垫层。
（3）回填经检测分析配比制成的垫层土，并充分拌入土壤固化剂。
（4）人工打夯压实。

(5)揭取的卵石归安。

(6)细黏土扫缝。

(7)做旧处理。

2)卵石路面损毁缺失处维修

(1)清除卵石路面缺失处瓦砾层。

(2)渗透加固素土基础，回填黄土垫层。

(3)回填经检测分析配比制成的垫层土，并充分拌入土壤固化剂。

(4)人工打夯压实。

(5)参照周边残存卵石路面，采取相同材料、相同形制、相同工艺补铺。

(6)细黏土扫缝。

(7)做旧处理。

另有残存卵石路面，予以夯实、加固处理。

2. 卵石踏步

(1)相邻部位取样检测实验：分析垫层土成分及配比情况。

(2)清除路面生长杂草、灌木及其根系，做法同生活区东部城墙（GQ5~GQ11）中(2)部分。

(3)人工用黄土填补根茎腐烂或拔除后留下的孔洞。

(4)卵石踏步维修加固。

卵石踏步损毁缺失处维修

(1)清除卵石踏步缺失处瓦砾层。

(2)固化剂渗透加固素土基础，回填黄土垫层。

(3)回填经检测分析配比制成的垫层土，并充分拌入土壤固化剂；筑出踏步式样。

(4)人工打夯压实。

(5)参照周边残存卵石踏步，采取相同材料、相同形制、相同工艺补铺。

(6)细黏土扫缝。

(7)做旧处理。

另有残存卵石踏步，予以夯实、加固处理。

（三）排水沟维修

纳入本期工程抢修的水沟为G30（正街以下至河街段）。

(1)取样检测实验：原墙体勾缝灰浆、抹面灰浆成分及配比检测实验、墙体裸露面石灰浆抹面做旧实验、土压力检测、沟底基础地质勘探。

（2）清除沟底及两侧沟壁生长杂草、灌木及其根系，做法同生活区东部城墙（GQ5~GQ11）中（2）部分。

（3）人工用黄土填补根蔸腐烂或拔除后留下的孔洞。

（4）进行考古发掘，清理出排水沟原始沟底面。

（5）沟壁维修加固：①松动处镶嵌石块、用糯米棉花灰浆黏结，并楔实；②裂缝处低压灌浆加固；③土质沟壁处清理表层松土，边喷洒固化剂边人工夯实。

（6）沟底卵石铺装缺失处维修：①考古清除缺失处淤积瓦砾层；②沟底润化和固化剂渗透加固沟底素土基础；③三合土铺垫并夯实；④参照残存沟底卵石铺装，按相同材料、相同工艺、相同形制修补损毁缺失处；⑤细黏土扫缝；⑥做旧处理。

（7）对于残存的卵石铺装沟底进行细黏土扫缝、夯实加固处理。

（8）锚杆、挂网护坡。

三、主要维修材料

1. 红砂岩石块、青砂岩石块

新补配的红砂岩石块、青砂岩石块与补配处原有石料材质相同，颜色相同或接近；无裂缝和明显水平沉积层带；强度不低于原有石料。

2. 卵石

原则上就地取材，卵石表面圆滑自然，粒径、颜色与补配处原有卵石相同或相近。

3. 块石

石料材质应与补配处原块石相同，石块体积、表面加工工艺与补配处原有块石相同，强度不低于原有石料。

4. 青砖、方砖、城墙砖

新补配的砖块质密、平整，色泽与补配处原有砖块相近或相同，不低于原有砖块的强度，规格与原砖块相同。

5. 墙体勾缝和抹面灰浆材料

第一类为石灰浆，用于普通墙体的勾缝和抹面。

第二类为石灰浆+熬制糯米浆（按一定配比），用于勾缝和抹面。

第三类为石灰浆+熬制糯米浆+棉花（按一定配比），其黏结性和表面附着性均佳，主要用于高等级墙体的填缝。

浆砌灰浆、抹缝打点灰浆、抹面灰浆等是根据不同部位，分别采录湖南省文物考古研究所对老司城遗址不同区域、不同地段多次采样、检测分析所得到的不同配比灰浆。

四、工程竣工自我评估

按照合同约定条款，依据批准通过的《老司城遗址文物本体保护施工图设计》要求，我方对老司城遗址文物本体保护工程项目内容进行了维修保护，在维修保护中严格遵守《中华人民共和国文物保护法》有关文物维修不改变文物原状的原则，坚持文物本体在人为干预下以现状加固和结构补强为主，按原工艺、原材料的工作手法，坚持科学、合理、传统、完整的维修原则，如期完成了全部的保护工程内容，施工中无人员伤亡事故，无文物本体因干预不当造成的损害情况发生。整个工程经我方自查，认定为合格工程。

五、维护建议

（1）加强遗址区内后期养护、管理，并通过监测设备实时掌握遗迹歪闪、倾斜、微生物滋生、含水率变化等情况，适时采取相应保护措施。

（2）定期人工清除卵石道路、卵石踏步、卵石沟底等卵石铺装区域、砂石标识展示区域、覆棚裸露展示的房屋基址等区域内生长的杂草、青苔等，给文物遗存营造一个整洁、干净、适宜保存的小环境。

（3）定期人工清除植物标识展示区域内生长的杂草。

附录八　老司城遗址文物本体保护工程竣工报告

　　为配合永顺县老司城遗址的保护、展示工作，以及世界文化遗产的申报，老司城遗址文物本体保护工程施工项目是经国家文物局批准，湖南省文物局实施监督，永顺县老司城遗址管理处直接指导，并由湖南省文物考古研究所与湖南省弘古建筑有限公司共同施工。这是一处国家级重点保护工程。在施工过程中承蒙各级领导和部门的大力支持，本单位在施工过程中严格遵守文物保护工作方针，以科学的保护方法和严谨的工作态度来实施永顺老司城遗址的本体保护工作。

　　本单位对于老司城遗址文物本体保护工程施工项目，根据合同约定从2014年5月18日开始入场实施，至2014年7月6日全部结束，其间历时50天。按照合同约定条款，以及工程项目设计方的技术指标要求，工程业主单位据实情况变更指令，我方已完成老司城遗址文物本体保护工程施工项目的全部规定维修工程。

　　在保护工程施工过程中，严格遵守文物施工技术操作规程，人员安全、文物安全、质量保证齐头并进，通过全程、全方位的科学管理和严格的技术控制，工作界面科学组合，统筹调度，以及工作中的各环节、步骤实施技术、质量监督，保证了整个工作按计划保质保量地顺利完成，为申报世界文化遗产尽一份微薄之力。

　　下面就所做的工作内容概述如下，请予以评估认定。

一、工程项目内容

　　具体工程项目内容如下表。

施工项目统计表

区域		遗迹名称
生活区	合同内	F10维修，F31回填保护，大西门北侧建筑基址维修，F7、F8回填保护，F28回填保护，西城门及城门楼F17维修，F25、F26、F27维修，F13维修，南部建筑群回填保护，BK-4维修加固，BK-7、BK-8维修加固，BK-10、BK-11维修加固，BK-12维修加固，BK-14、BK-15、BK-16维修加固，BK-18、BK-19维修加固，BK-20维修加固，北部城墙维修，G16维修，G17维修，G26、G31维修，G27、G28维修，一号台基维修加固，L13维修，L14维修，原始堡坎，干垒石墙维修
衙署区		第一平台（F21～F24）维修及展示、第三台平台维修及展示、凉洞内外部维修加固及展示

续表

区域		遗迹名称
生活区以下至河街区域	合同内	F18回填保护，G18维修，L6、L7、西南环城路、北门上回填保护，堂坊包建筑基址维修及回填保护，纸棚街维修，河街A、B、C、D、E段维修
紫金山墓葬区		紫金山墓地道路系统，墓葬本体（M11及多室墓维修加固及展示，M4及单室墓，维修加固及回填保护、展示，M1维修加固、回填保护、展示，M11、M13～M19前庭平台回填及展示），紫金山墓葬区整体环境整治
祖师殿建筑区		祖师殿建筑区现状清理与环境整治，前庭平台维修加固及展示，山门建筑基址、庭院平台、窄型平台维修加固及展示，L1、L2维修，L3、L4维修，G1维修，G2维修，G3维修
	合同外新增项目	遗址区内所有探沟回填保护（包括生活区、紫金山墓葬区、生活区以下至河街区域）
		右街（小西门至西城门下）、正街、河街（小西门以北残存段）、五铜街
		M12前挡土墙及拜台维修
		G24（正街至河街段）、G30（正街至G10西段）、G16涵洞暗沟部分维修及涵洞外排水设施
		PT1、PT2
		F18东侧踏步
		L14西南侧原始堡坎
		北门遗迹维修加固及展示，南门遗迹：踏步和卵石平台维修加固、青砖铺装回填保护
		小德政碑、影壁及前坪卵石铺装地面维修加固
		7月12日和7月17日进行遗址区内垮塌挡土墙维修
		F10东内侧堡坎、衙署区第一平台东侧原始堡坎北段、衙署区西门YM1北侧、河街B段内侧堡坎垮塌处

二、主要做法说明

（一）建筑基址维修保护工程

（1）回填保护。

人工清除表面杂草、杂物，对植物根系进行化学处理，喷洒土壤固化剂，加盖防水透气性膜。覆盖河沙并找平，覆盖素土回填找平。

（2）建筑基址维修。

检测与实验，人工清除表面杂草、杂物，对植物根系进行化学处理，喷洒土壤固化剂并人工夯实，归安遗迹缺失部位，黏结加固遗迹。

（3）做旧处理。

（二）堡坎维修保护工程

（1）人工砍伐干垒、原始堡坎墙体上生长的杂草、灌木外露枝叶，喷洒化学试剂对其进行彻底清除。

（2）考古发掘清理所需部位。

（3）以浆砌灰浆、抹缝打点灰浆、抹面灰浆分别加固墙体，并对结构性失稳部位以原工艺、原材料进行补砌。

（4）做旧处理。

（三）排水沟维修保护工程

（1）清除杂草灌木、杂物垃圾，对植物根系进行化学处理。

（2）考古发掘清理出排水沟原始面。

（3）沟壁加固维修。

土质沟壁：清理表层松土，边喷洒固化剂边人工夯实。

砌筑沟壁：拆除松动石块，按编号顺序堆垛，墙体润化后喷洒固化剂溶剂，按原工艺、原材料进行灰浆抹缝和抹面。

（4）沟底加固维修。

沟底润化，喷洒固化剂溶剂，用三合土铺垫并夯实，卵石铺砌补配部位，细黏土扫缝。

（5）做旧处理。

（四）道路维修保护工程

（1）人工清除表面杂草、杂物，喷洒化学试剂对其进行彻底清除。

（2）考古发掘清理出道路遗迹面。

（3）对道路残存卵石路面或素土路面进行加固，喷洒固化剂后人工夯实。

（4）补铺道路卵石缺失部位，以原工艺、原材料进行维修补铺，以恢复其功能，确保结构的稳定。

（5）做旧处理。

（五）墓葬维修保护工程

（1）回填保护。

清除现存封土表层杂草，用青砖重砌封堵墙，用纯净黄土回填，人工夯实，覆盖膨润土防渗卷材，覆盖三合土，覆盖纯净黄土。

（2）维修加固（M11）。

监测与实验工程：墓葬砖体成分分析监测，券拱灰浆成分分析监测。

清除表层杂草：人工清理与化学试剂喷洒相结合。

渗透加固挡土墙。
加固松动卵石。
整平墓前场地。
回填纯净黄土。
喷洒固化剂并人工夯实。

三、主要维修材料

1. 红砂岩石块、青砂岩石块

新补配的红砂岩石块、青砂岩石块与补配处原有石料材质相同，颜色相同或接近；无裂缝和明显水平沉积层带；强度不低于原有石料。

2. 卵石

原则上就地取材，卵石表面圆滑自然，粒径、颜色与补配处原有卵石相同或相近。

3. 块石

石料材质应与补配处原块石相同，石块体积、表面加工工艺与补配处原有块石相同，强度不低于原有石料。

4. 青砖、方砖、城墙砖

新补配的砖块质密、平整，色泽与补配处原有砖块相近或相同，不低于原有砖块的强度，规格与原有砖块相同。

5. 墙体勾缝和抹面灰浆材料

第一类为石灰浆，用于普通墙体的勾缝和抹面。
第二类为石灰浆+熬制糯米浆（按一定配比），用于勾缝和抹面。
第三类为石灰浆+熬制糯米浆+棉花（按一定配比），其黏结性和表面附着性均佳，主要用于高等级墙体的填缝。
浆砌灰浆、抹缝打点灰浆、抹面灰浆等是根据不同部位，分别采录湖南省文物考古研究所对老司城遗址不同区域、不同地段多次采样、检测分析所得到的不同配比灰浆。

四、工程竣工自我评估

按照合同约定条款，依据批准通过的《老司城遗址文物本体保护施工图设计》要求，我方对老司城遗址文物本体保护工程项目内容进行了维修保护，在维修保护中严格遵守《中华人民共和国文物保护法》有关文物维修不改变文物原状的原则，坚持文物本体在人为干预下以现状加固和结构补强为主，按原工艺、原材料的工作手法，坚持科学、合理、传统、完整的维修原则，如期完成了全部的保护工程内容，施工中无人员伤亡事故，无文物本体因干预不当造成的损害情况发生。整个工程经我方自查，认定为合格工程。

五、维护建议

（1）加强遗址区内后期养护、管理，并通过监测设备实时掌握遗迹歪闪、倾斜、微生物滋生、含水率变化等情况，适时采取相应保护措施。

（2）定期人工清除卵石道路、卵石踏步、卵石沟底等卵石铺装区域、砂石标识展示区域、覆棚裸露展示的房屋基址等区域内生长的杂草、青苔等，给文物遗存营造一个整洁、干净、适宜保存的小环境。

（3）定期人工清除植物标识展示区域内生长的杂草。

（4）加强对M11墓室内的管理，定期除湿，防止因湿气太重墓室内滋生霉菌、苔藓等。

后　　记

　　老司城遗址是明清时期永顺宣慰司的治所，也是反映那个时期土司制度和土司文化遗存的典型代表。老司城遗址考古发掘揭示了这座曾经辉煌的土司遗址的基本格局和物质文化内涵，其蕴含的历史、艺术或科学价值不断为外界所认知，并因2010年的考古发掘而荣膺当年全国十大考古新发现，且于2010年10月入选全国首批国家考古遗址公园立项名单，2012年11月又与贵州遵义海龙囤、湖北咸丰唐崖土司遗址一起跻身中国世界文化遗产预备清单，2015年7月4日，在德国波恩召开的联合国第39届世界遗产大会上，老司城遗址成功列入《世界遗产名录》成为中国第48个世界文化遗产。

　　自2012年以来，为凸显老司城遗址及其所代表的中国西南土司文化的普遍价值与突出意义，推进老司城遗址申报世界文化遗产的进程，提升老司城遗址本体保护与展示水平，湖南省文物考古研究所在考古发掘的基础上，对老司城遗址进行了长达三年的文物保护与展示工程的施工。

　　老司城遗址考古工作确定了老司城遗址的年代、格局、范围和文化内涵，为永顺宣慰司（永顺土司）历史的研究提供了考古资料，同时也为土司遗产的保护、展示、利用及申报世界文化遗产提供了支持。老司城遗址的格局包括核心区—主体区（中心城址）—外围区。其中核心区面积25220平方米，包括生活区和衙署区。主体区（中心城址）190000平方米，包括城址核心区（生活区、衙署区）以及与核心区紧邻的街巷、中央文教区和贵族墓葬区，是彭氏土司居住、办公、教化和居民集中居住生活的地方。外围区25平方千米，包括祖师殿建筑群、观音阁、俞家堡建筑群、监钦湾建筑区、碧花山庄、栈道、哨卡及其他外围建筑遗存，为老司城遗址功能攸关和互补区域。

　　就上述内容而言，老司城遗址的本体首先需要的是保护，考古发掘出土的各类重要遗存是重点保护的对象，同时要对相关遗存加以展示。老司城遗址保护工程的保护理念以申遗标准为准绳，以充分尊重遗址的真实性和完整性为原则，将科学的保护方法贯穿于老司城遗址文物保护工程和老司城遗址的方方面面。鉴于此，我们确定了老司城遗址本体保护工作的主要原则是"调查先行、专家智库、分区筹划、专项负责、重点攻关"。

　　在做好价值研究与确立保护对象后，开展老司城遗址的现状调查与基础研究是考古遗址保护最为关键的一环，这不仅仅是国际通行的遗产保护理念，也是保护工作本身的需求。这些调查和基础性研究涵盖了老司城遗址从考古出土遗迹遗物到历史时期状况以及当代环境和文化习俗等方面，包括理化分析、实验室检测、数据监测、走访故老、查阅档案文献等多个层面，我们既与建筑学、民俗学、历史学、人类学、地质学、生物学、空间信息等学科的专家学者交换意见，吸取营养，也同当地有经验的匠人、农民、乡土学者等密切交流，完全履行了《威尼斯宪章》中强调"古迹的保护与修复必须求助于对研究和保护考古遗产有利的一切科学技术"的要求，取得了丰硕的成果。我们还专为这些成果设计了数据库，以方便查阅、检验和保存，这些工作为制订遗址本体保护方案打下了坚实的基础。

随后，我们依据考古调查和前期研究的结果，遵循最小干预和可逆、可识别的原则，编制了本体保护方案，尽可能真实、完整地保存老司城遗址的历史信息，保存和延续其传统工艺。通过保护修复和部分复原的基本思路，最大限度地呈现老司城遗址各方面的价值。保护方案的设计采取团队合作与专家指导相结合的原则，梳理问题，提出思路，明确工作内容，最终编制老司城保护工作方案。

老司城遗址本体保护工程的实施是文物保护中最重要、最关键的一环，我们严格遵循文物保护原则，工程使用的重要建筑材料与工程技术均经过严格的实验与实践检验。鉴于老司城遗址申遗的紧迫性，2013年底至2014年7月，湖南省文物考古研究所实施了遗址危重部分抢险加固工程和文物本体保护工程。工程实施中开展多领域与多学科合作，利用生活区城墙与卵石道路，做好拦截和疏导山坡雨水的漫流，阻止春季雨水直接冲刷而造成的遗迹损毁、破坏。按照不损害原遗存的要求，疏通生活区、衙署区内的原有大型排水沟渠，做好保护加固，做到遗迹展示和利用的有机结合。在施工过程中还加强生物病害防治，对遗址构成破坏的动植物、微生物病害及时解决。对于房屋建筑遗迹，在考古工作已经弄清楚其布局、边界关系、地面铺装材质、柱础等基础上，对其建造形制与工艺进行分析研究，有的房屋遗存部分基础损毁坍塌并已缺失，且严重影响到结构的稳定，我们严格按照《国际古迹保护与修复宪章》"缺失部分的修补必须与整体保持和谐，但同时须区别于原作，以使修复不歪曲其艺术或历史见证"的要求，对必须修补的缺失部分及时进行保护性修补加固，并做好防雨、排水保护措施。对于严重歪闪倾斜、鼓突的原始挡土墙和沟壁墙体，进行机械或人工扶正，并灌浆加固裂缝处和松动石缝；对于轻度歪闪倾斜、经检测土壤常态含水量情况下后侧土压力和墙体承载力暂时达到平衡的墙体，采用木棍、钢柱、护网等进行支护；对于墙体上有裂缝但还未歪闪或倾斜的，暂不维修干预，布设在线式位移传感器对文物本体位移进行实时监测。

《威尼斯宪章》指出："修复过程是一个高度专业性的工作，其目的旨在保存和展示古迹的美学与历史价值，并以尊重原始材料和确凿文献为依据。一旦出现臆测，必须立即予以停止。此外，即使如此，任何不可避免的添加都必须与该建筑的构成有所区别，并且必须要有现代标记。"我们依据这一重要原则来指导老司城遗址的本体保护。老司城的道路至今还在发挥作用，针对这种情况，对结构稳定性较好、能承受行人通行荷载的路段，保持现状，不进行任何维修干预；对因道路边坡垮塌导致路面边缘缺损、卵石松脱处，通过考古廓清边界关系，加固边坡并补配路面铺装；对道路卵石铺装或踏步损毁缺失而暴露出的素土基础，由于土体的耐崩解性能极差，常年被雨水击溅和冲蚀流走，导致素土基础越来越低，缺失越来越广，最终残存卵石铺装下的素土基础也将因被水掏蚀而失稳坍塌，从而破坏残存遗迹，故对损毁缺失的卵石铺装和踏步进行补配，在可识别性的前提下，对遗存道路施以最小的干预加以修复。对于道路两侧的垂带墙或挡土墙，考虑到行人通行时的安全，对保存下来但已歪闪的原始挡土墙进行墙体扶正，并灌浆加固裂缝处和松动石缝。在土司墓葬区进行保护性维修加固施工中，采取现状维修加固后回填保护，并恢复考古发掘前的残存封土，其上铺种草本植物以加固土壤。

在本体保护工程实施的同时，我们加强与相关单位和部门的合作，尤其是注重相关展示工程与本体保护工程的衔接，使得本体保护工程与展示棚的搭建、栈道铺设、展示牌设计与安置、环境治理与绿化及其他相关展示工程等都得到了很好的协调。

老司城遗址的本体保护任务紧、难度大、要求高，我们严格遵守《保护世界文化和自然遗产公约》《威尼斯宪章》和《中国文物古迹保护准则》等中外文物古迹保护规章的要求，坚持考古研究、检测监测、实验实施相结合的工作模式，并将研究贯穿于工程实践的全过程，以重点体现遗址突出普遍价值为实施工程的出发点，工程从设计、招评标、施工管理、质量监督、资料管理、竣工验收等方面均依照国家文物行政管理部门颁布的法规文件要求执行，工程最后也通过了国家文物局和湖南省文物局专家组的验收。湖南省文物考古研究所作为集考古发掘、勘察设计和保护施工为一体的资质单位，将考古、设计、施工很好地融合在一起，做到步调一致，知行合一。我们更要求从质量上严格把关，从程序上严格把关。我们深知担子很重，我们也明白肩上的责任。

我们开展的老司城遗址本体保护，仅仅只是这几年因应考古发掘出土和申遗需要而实施保护的遗存部分，对于老司城遗址以及周边相关系统遗存来说，这只是阶段性的考古和保护工作，还只是工作的初步，要深入揭示老司城遗址及其所表征的社会政治和经济文化，考古研究、文物保护、展示利用工作还有很长的路要走。

老司城遗址采用的是由湖南省文物考古研究所独立承担集考古发掘、方案设计、工程施工于一体的工作模式，这一工作模式由国内众多的考古、规划与方案设计、文物保护、岩土工程等专家提供指导，工程项目的完成也是众多人员辛勤劳作的结果，在此表示衷心的谢意。

参加文物保护工程方案设计的人员为张涛、彭婷、康克蓉、罗婕、贾英杰，肖娅负责了大部分的试验检测工作。

实施工程现场施工的人员为张涛、康克蓉、罗婕、贾英杰、彭婷、赵云、刘兵。

湖南省文物考古研究所所长郭伟民从最初的考古发掘到最终文物保护工程的顺利完工，一直担任总指挥，对老司城遗址的所有工作都倾注了无尽的精力，劳苦功高，而面对成绩，却甘愿居后，令诸多人士汗颜。

感谢湖南省文物局陈远平、江文辉、熊建华、刘劲、彭士奇、陈利文等领导多次莅临指导。

感谢中国建筑设计研究院历史建筑研究所陈同滨、傅晶、刘剑、王立军，沈阳有色金属研究院兰立志，敦煌研究院苏伯明，中国文化遗产研究院王立平、查群，中国国家博物馆铁付德等提供的指导和帮助。

感谢湘西土家族苗族自治州文物局、永顺县人民政府、永顺县文物局、永顺县老司城遗址管理处等无私的帮助。

感谢永顺县老司城村众多村民的参与。

尤其需要感谢的是已驾鹤西去的张忠培先生，他曾4次亲临老司城遗址工地指导考古发掘和文物保护工作，我们对先生致以最深切的怀念。

本书由张涛负责执笔，参加人员有罗婕、康克蓉、王献水等，对于他们付出的辛勤劳动表示深切的谢意。

图 版

图版一

1. 云蒸霞蔚

2. 薄雾冥冥

老司城环境

图版二

1. 初春

2. 祖师殿建筑群

老司城环境

图版三

1. 苔清石绿

2. 磨香粉水碾

老司城环境

图版四

1. 溪水淙淙

2. 静

老司城环境

图版五

1. 山水相融

2. 村姑

老司城环境

图版六

1. 崖

2. 乡寨炊烟

老司城环境

图版七

老司城环境
遗址区鸟瞰

图版八

老司城环境
衙署区第一平台鸟瞰

图版九

1. 单霁翔局长现场考察
2. 张忠培先生现场考察 
3. 李友志副省长现场考察 
4. 童明康副局长现场考察 
5. 顾玉才副局长现场考察 
6. 陆琼司长现场考察 

领导考察与工作会议

图版一〇

1. 文物局局长陈远平现场考察
2. 文化遗产研究院等专家现场研讨 
3. 考古研究所专家现场研讨 
4. 古建所专家现场研讨 
5. 古建所专家现场研讨 
6. 本体保护专家组现场研讨 

领导考察与工作会议

图版一一

1. 考古暨文物保护工程汇报
2. 文物保护工程汇报 
3. 考古与文物保护协作会（湘鄂黔） 
4. 土司文化遗产保护论坛 
5. 考古与文化遗产保护学术研讨会 
6. 世界文化遗产申报研讨会 

领导考察与工作会议

图版一二

领导考察与工作会议
世界文化遗产保护专家考察老司城遗址地

图版一三

1. 裂隙

2. 外鼓

3. 掏蚀一

4. 掏蚀二

5. 剥落

6. 人为涂鸦

病　害

图版一四

1. 苔藓生长

2. 土质疏松

3. 断裂

4. 墙体倾斜歪闪

5. 踏步缺失

6. 塌陷

病　害

图版一五

1. 水流冲蚀、垮塌缺失
2. 沟壁坍塌
3. 墙体裂缝
4. 抹面剥落
5. 排水沟堵塞
6. 墙体倾斜

病　害

图版一六

1. 根劈

2. 墙体垮塌

3. 石像生残缺

4. 盗洞

5. 冻融

6. 土压力影响

病　害

图版一七

1. 地面砖清除苔藓

2. 道路及建筑标识展示

3. 航拍

4. 三维扫描

试验与信息采集

图版一八

1. 道路维修试验
2. 土块测试 
3. 抹面材料配比试验 
4. 糯米浆熬制试验 
5. 倾斜墙体扶正试验 
6. 地面硬化试验 

试　　验

图版一九

1. 踏步加固试验 　　　　　　　　2. 灰浆材料配比试验

3. 工地材料运送 　　　　　　　　4. 灰浆配比现场

5. 凉洞防渗 　　　　　　　　　　6. 墓葬防渗

试　　验

图版二〇

1. 墙体修复与做旧

2. 卵石地面加固

3. 墓门维修

4. 驳岸修复

5. 工地拍摄

6. 石像生归安

试　验

图版二一

1. 保护棚保护遗迹
2. 玻璃罩保护遗迹 
3. 排水沟底加固 
4. F10 部分覆土保护 
5. 小德政碑扶正加固 
6. G30 沟壁加固 

试　验

图版二二

老司城全景

图版二三

1. 老司城遗址原状

2. 维修后的老司城遗址生活区

工程维修对比

图版二四

1. 西门平台（维修前） 　　2. 西门平台（维修后）

3. F10（维修前） 　　4. F10（维修后）

5. 西部城墙与L16（维修前） 　　6. 西部城墙与L16（维修后）

工程维修对比

图版二五

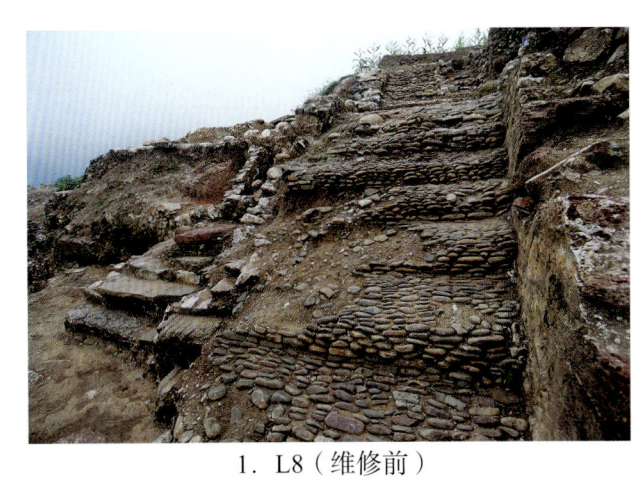

1. L8（维修前）
2. L8（维修后） 
3. F26（维修前） 
4. F26（维修后） 
5. 河街（维修前） 
6. 河街（维修后） 

工程维修对比

图版二六

1. 红砂岩墙体（维修前）
2. 红砂岩墙体（维修后） 
3. 北部城墙（维修前） 
4. 北部城墙（维修后） 
5. 河街（维修前） 
6. 河街（维修后） 

工程维修对比

图版二七

1. 河街（维修前） 　　2. 河街（维修后）

3. 正街（维修前） 　　4. 正街（维修后）

5. L9（维修前） 　　6. L9（维修后）

工程维修对比

图版二八

1. 纸棚街（维修前） 　　2. 纸棚街（维修后）

3. 东部城墙与 L2（维修前） 　　4. 东部城墙与 L2（维修后）

5. 右街第二段道路步正面（维修前） 　　6. 右街第二段道路正面（维修后）

工程维修对比

1. 右街第二段道路侧面（维修前）
2. 右街第二段道路侧面（维修后） 
3. 西门北侧台地（维修前） 
4. 西门北侧台地（维修后） 
5. 右街第一段道路（维修前，由上往下摄） 
6. 右街第一段道路（维修后，由上往下摄） 

工程维修对比

图版三〇

1. 西城墙与L16（维修前）

2. 西城墙与L16（维修后）

3. 西城墙与L16（维修前）

4. 西城墙与L16（维修后）

5. G10（维修前）

工程维修对比

图版三一

1. G10（维修后）

2. G10 出水口区墙体（维修前）

3. G10 出水口区墙体（维修后）

4. G16（维修前）

5. G16（维修后）

工程维修对比

图版三二

1. G17（维修前）
2. G17（维修后）
3. G10 墙体（维修前）
4. G10 墙体（维修后）
5. G30（维修前）
6. G30（维修后）

工程维修对比

图版三三

1. 凉洞阶梯（维修前）
2. 凉洞阶梯（维修后）
3. G10（维修前）
4. G10（维修后）
5. G10（维修前）
6. G10（维修后）

工程维修对比

图版三四

1. F32、F33（维修前）

2. F32、F33（维修后）

3. 凉洞（维修前）

4. 凉洞（维修后）

5. 西城门东侧台阶（维修前）

6. 西城门东侧台阶（维修后）

工程维修对比

图版三五

1. 墓葬区（维修前）
2. 墓葬区（维修后） 
3. 墓葬区（维修前） 
4. 墓葬区（维修后） 
5. 墓葬区（维修前） 
6. 墓葬区（维修后） 

工程维修对比

图版三六

1. 神道（维修前）
2. 神道（维修后） 
3. 小德政碑及周边遗迹（维修前） 
4. 小德政碑及周边遗迹（维修后） 
5. 祖师殿前遗迹（维修前） 
6. 祖师殿前遗迹（维修后） 

工程维修对比

图版三七

1. 祖师殿前遗迹（维修前）

2. 祖师殿前遗迹（维修后）

3. 祖师殿 F1、G1、G3（维修前）

4. 祖师殿 F1、G1、G3（维修后）

5. 祖师殿俯视（维修前）

6. 祖师殿俯视（维修后）

工程维修对比

图版三八

1. 西门外踏步与平台

2. 西门及周边遗存

3. F10、F26及西、北部城墙遗存

4. 生活区南部遗存

5. G30

6. 生活区西门及中部遗存

维修后遗迹

图版三九

1. 右街踏步

2. 生活区西门区域遗存

3. 神道前端卵石地面

4. 西门前卵石踏步

5. 生活区西门外道路遗存

6. 左街卵石铺装路面

维修后遗迹

图版四〇

1. L9

2. F36 与排水沟

3. 衙署区东北部遗迹

4. 右街

5. G10

6. G30

维修后遗迹

图版四一

1. 衙署区第一平台
2. G17
3. G16
4. 紫铜街
5. 部分河街
6. G28

维修后遗迹

图版四二

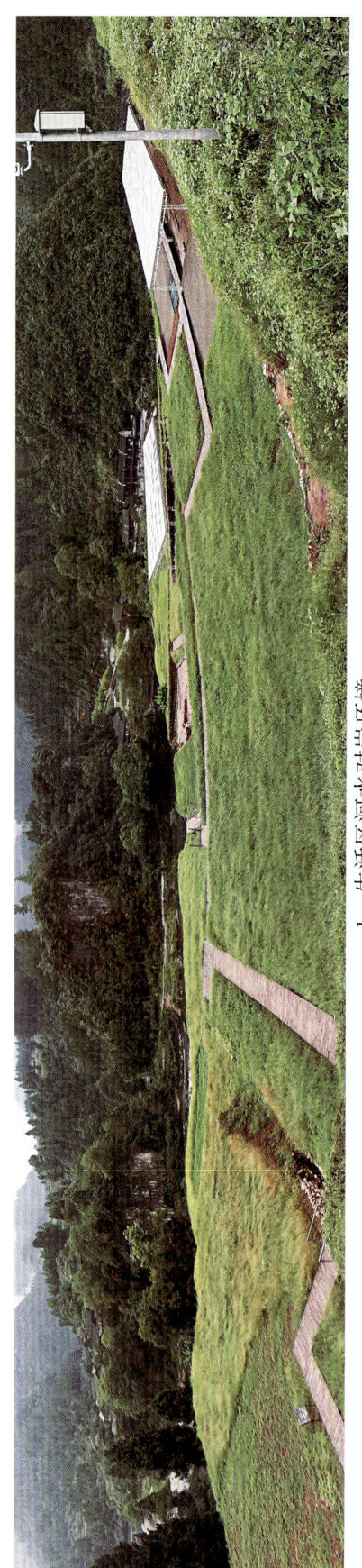

1. 生活区河水对岸环境

2. 现存居民区

维修后遗迹

图版四三

维修后遗迹

紫金山墓葬区展示

图版四四

维修后遗迹
F10、F26及道路标识展示

图版四五

1. 生活区西门北侧台地遗存

2. 生活区北侧城墙及排水沟

维修后遗迹

图版四六

1. 衙署区第一平台遗存

2. 生活区南部区域遗存

维修后遗迹

图版四七

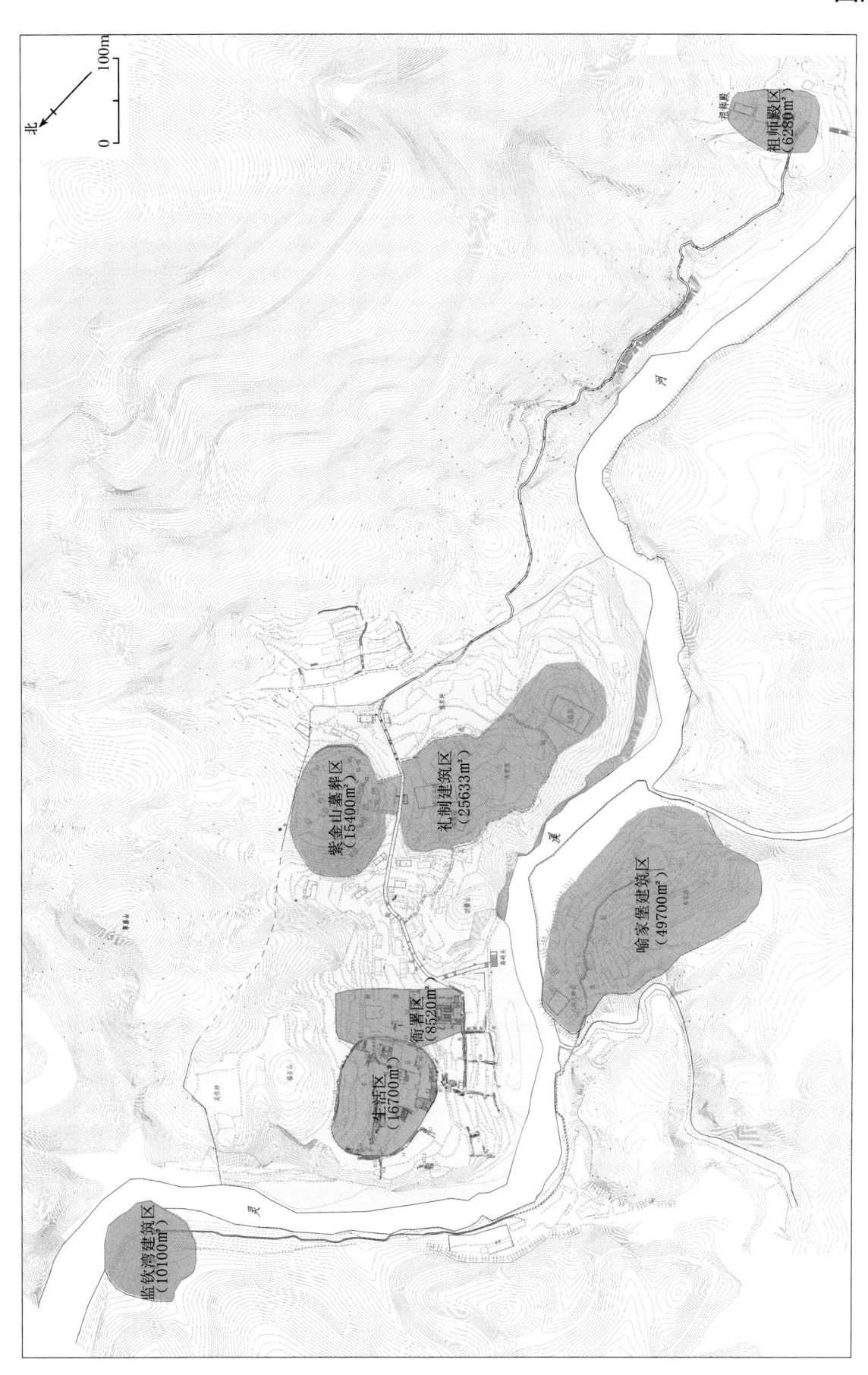

老司城遗址空间分布图

图版四八

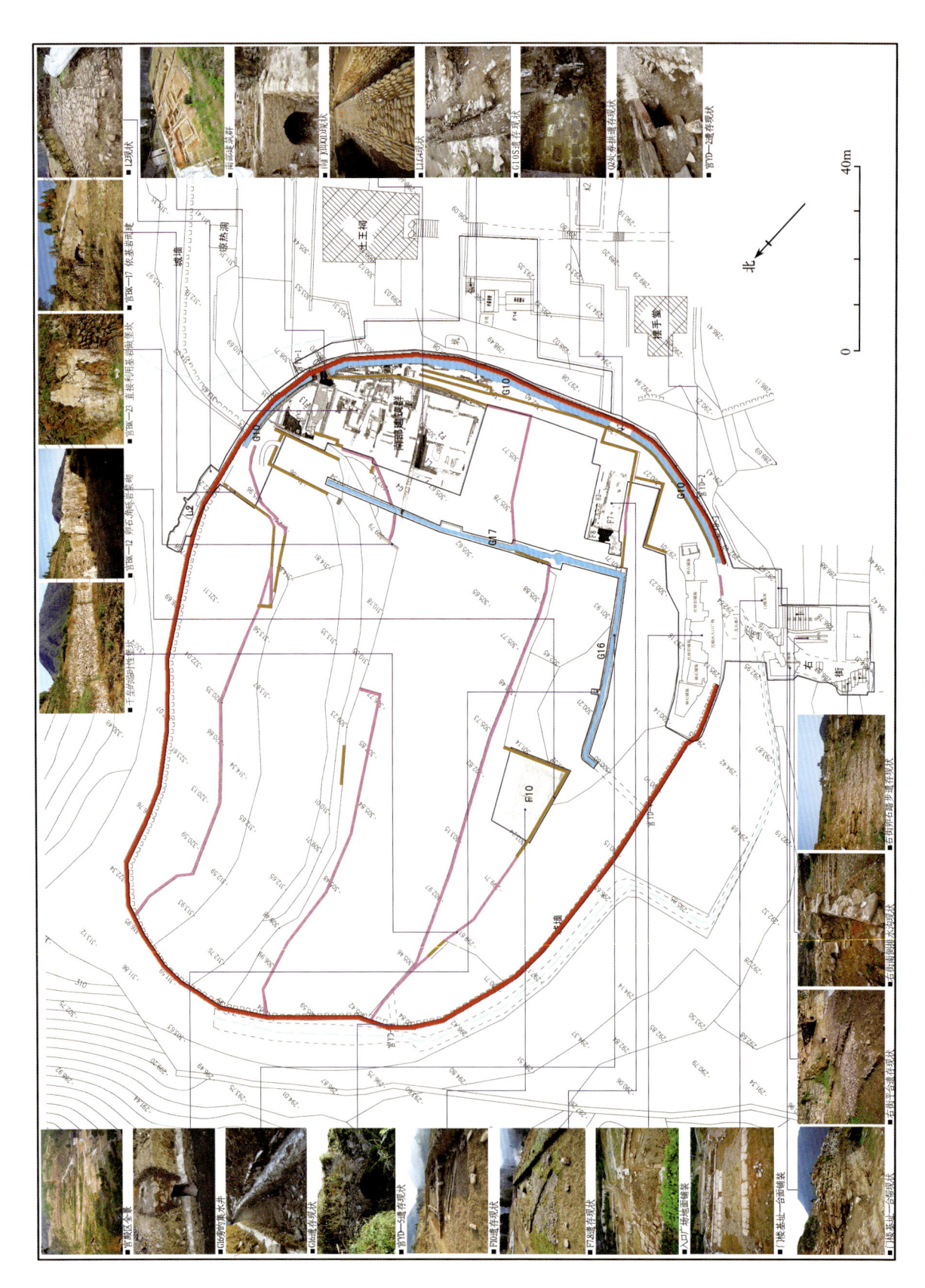

生活区（原宫殿区）现状勘测图

图版四九

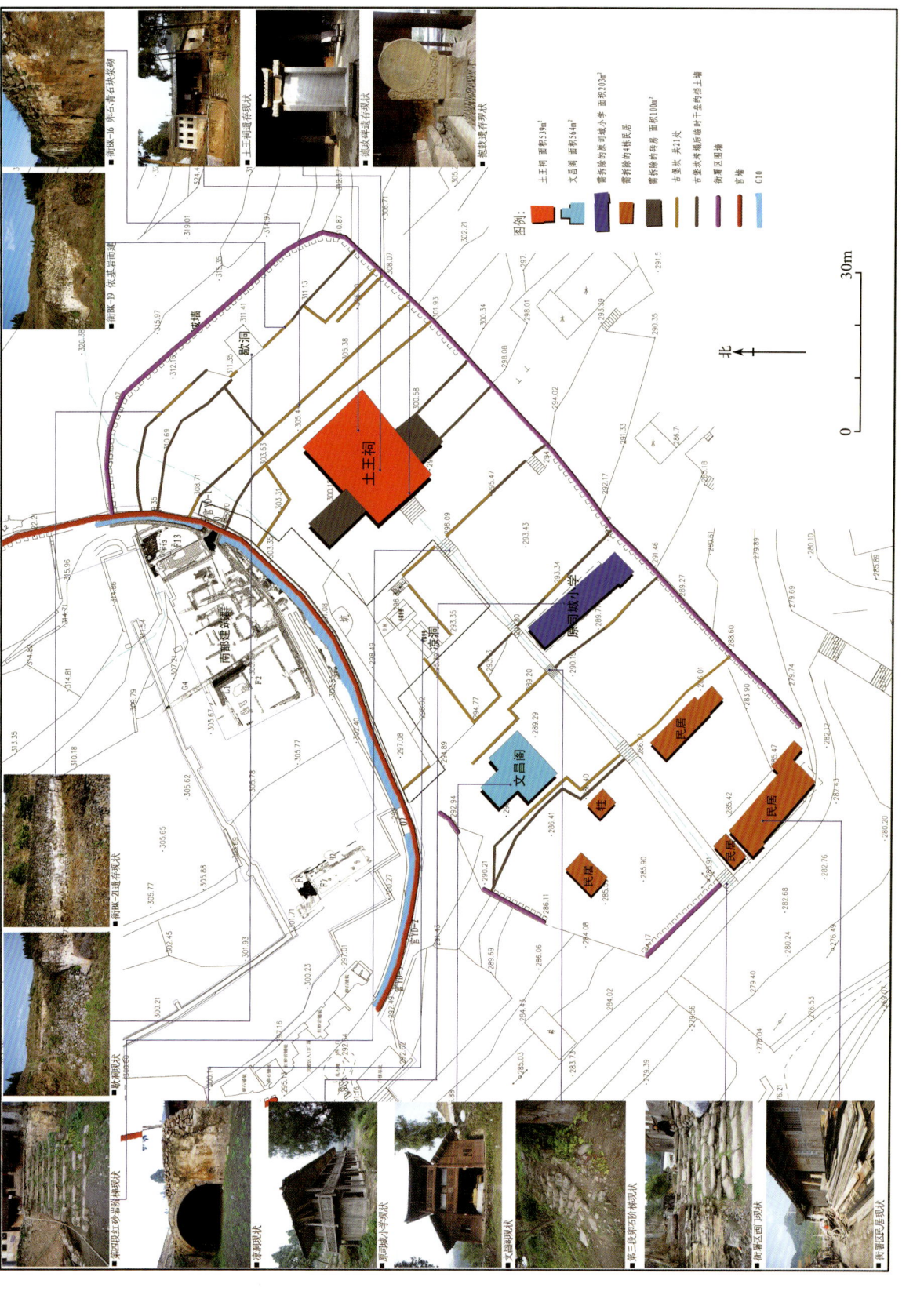

衙署区现状勘测图

图版五〇

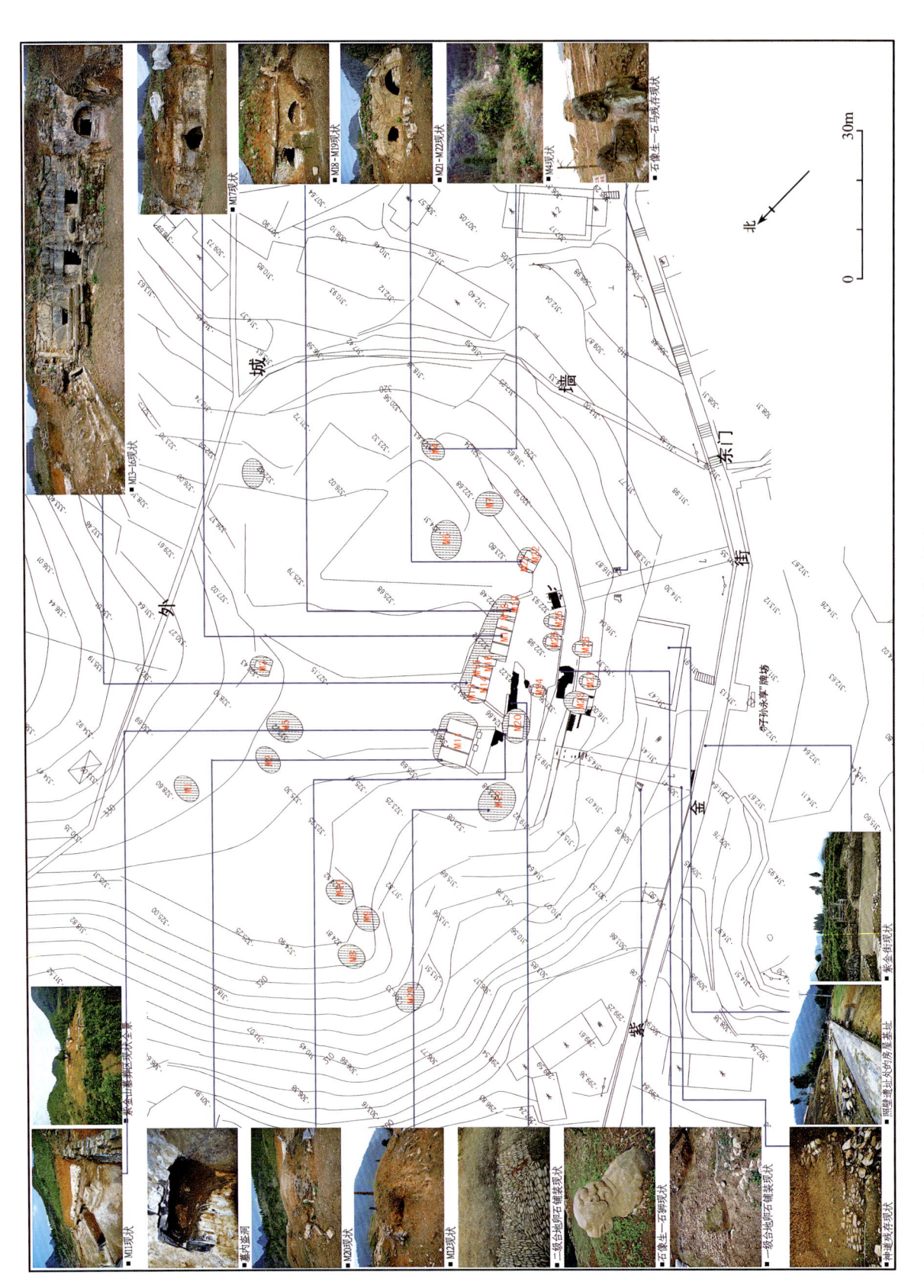

紫金山墓葬区现状勘测图

图版五一

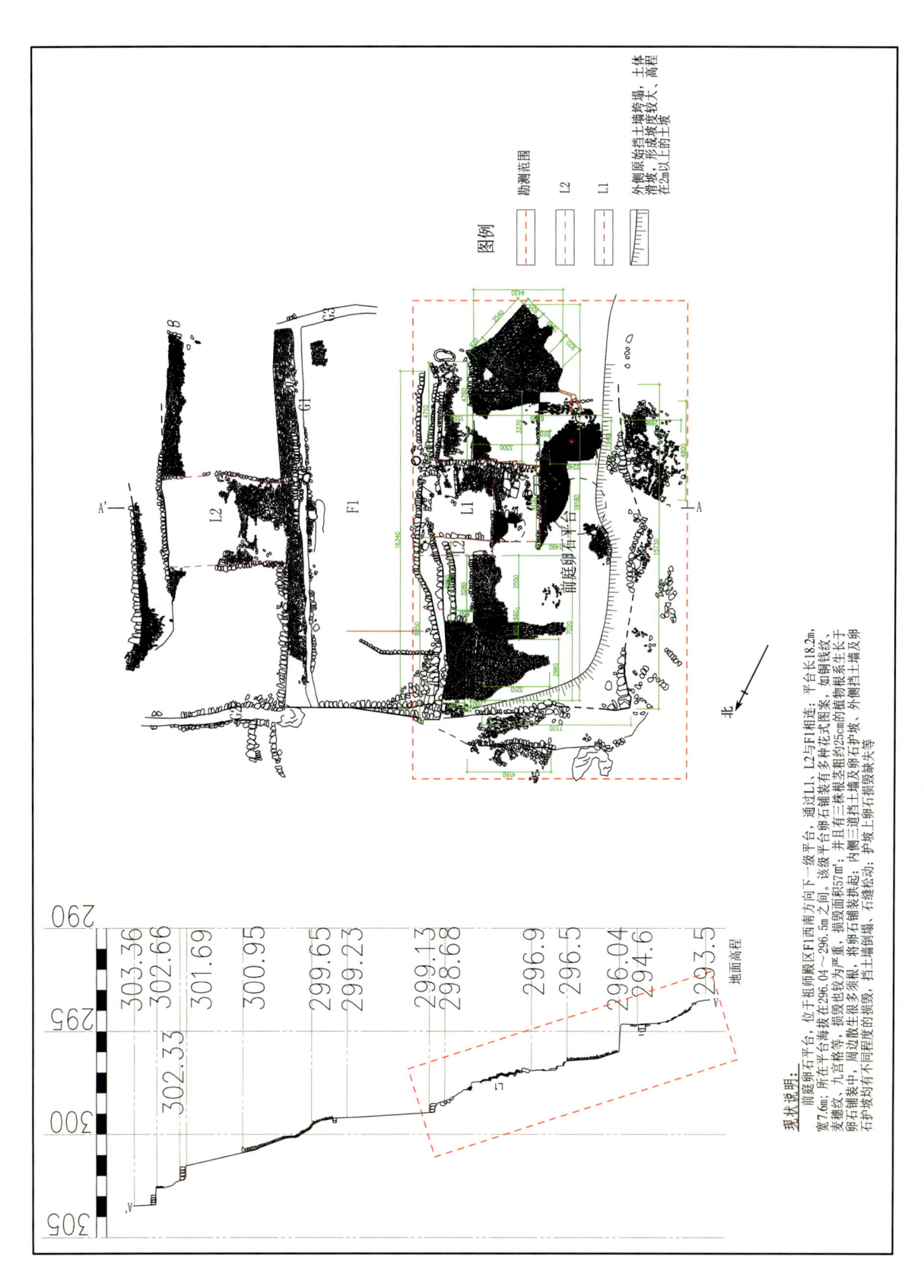

祖师殿区前庭卵石平台现状勘测图

图版五二

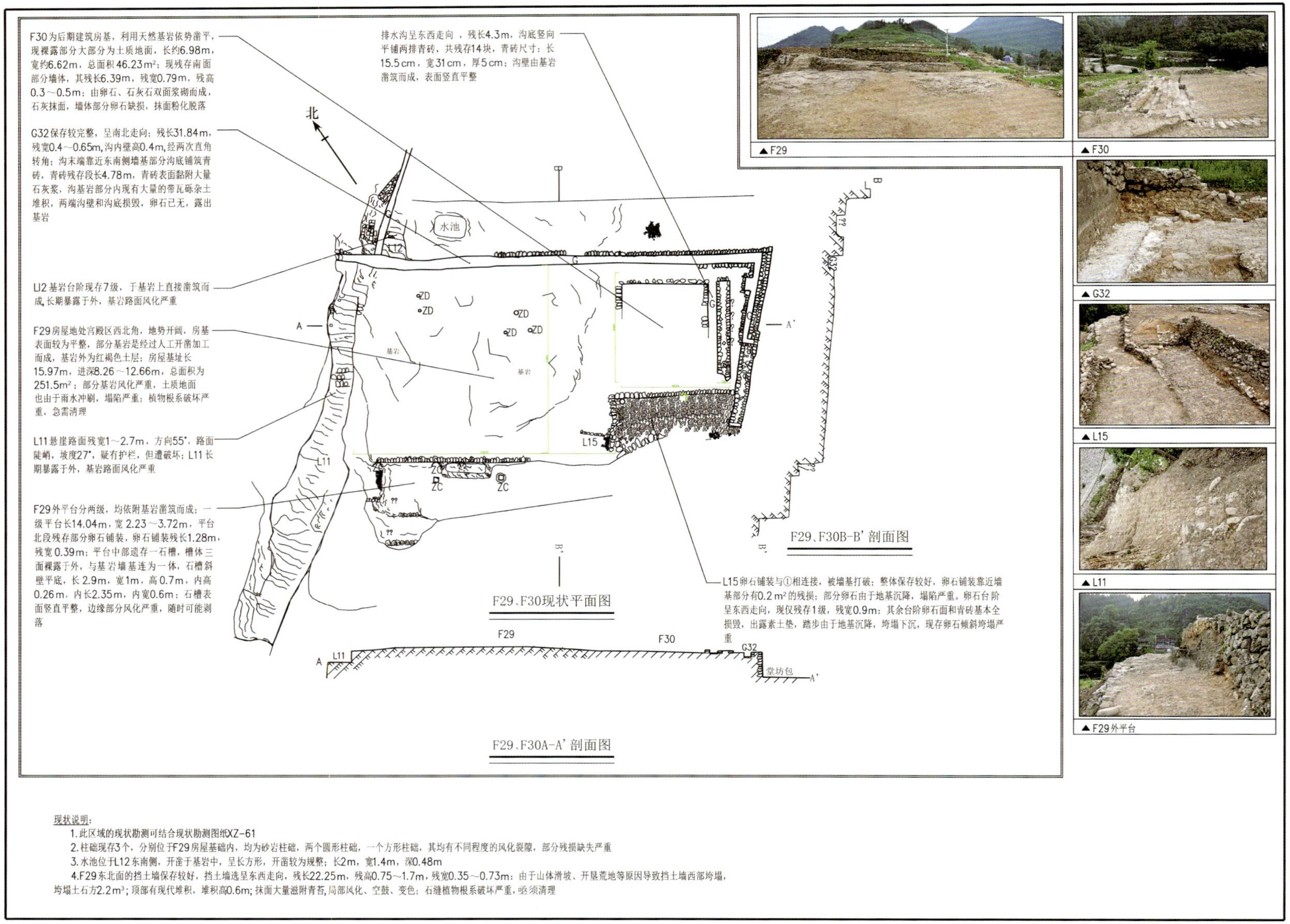

堂坊包 F29、F30 现状勘测图

图版五三

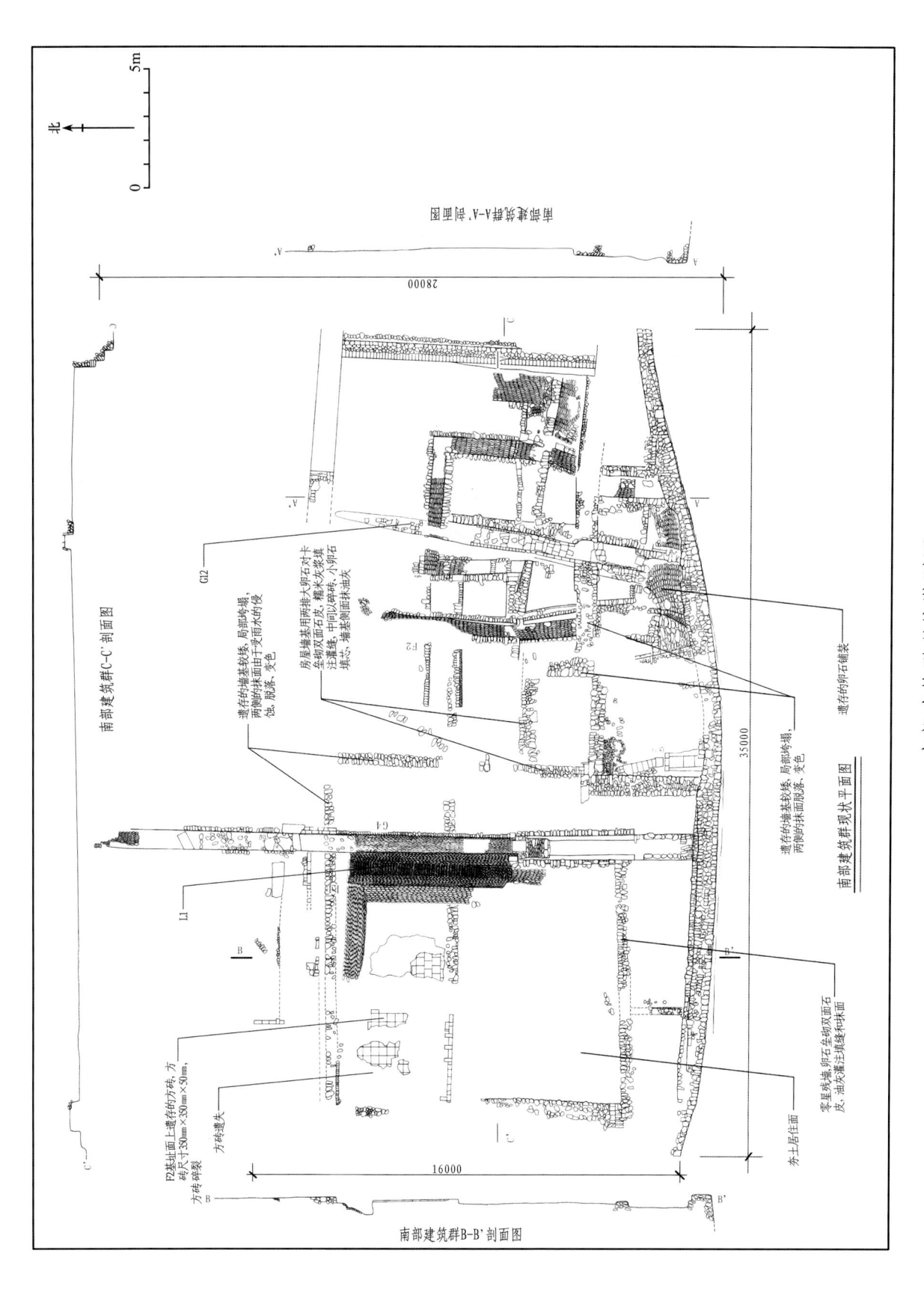

图版五四

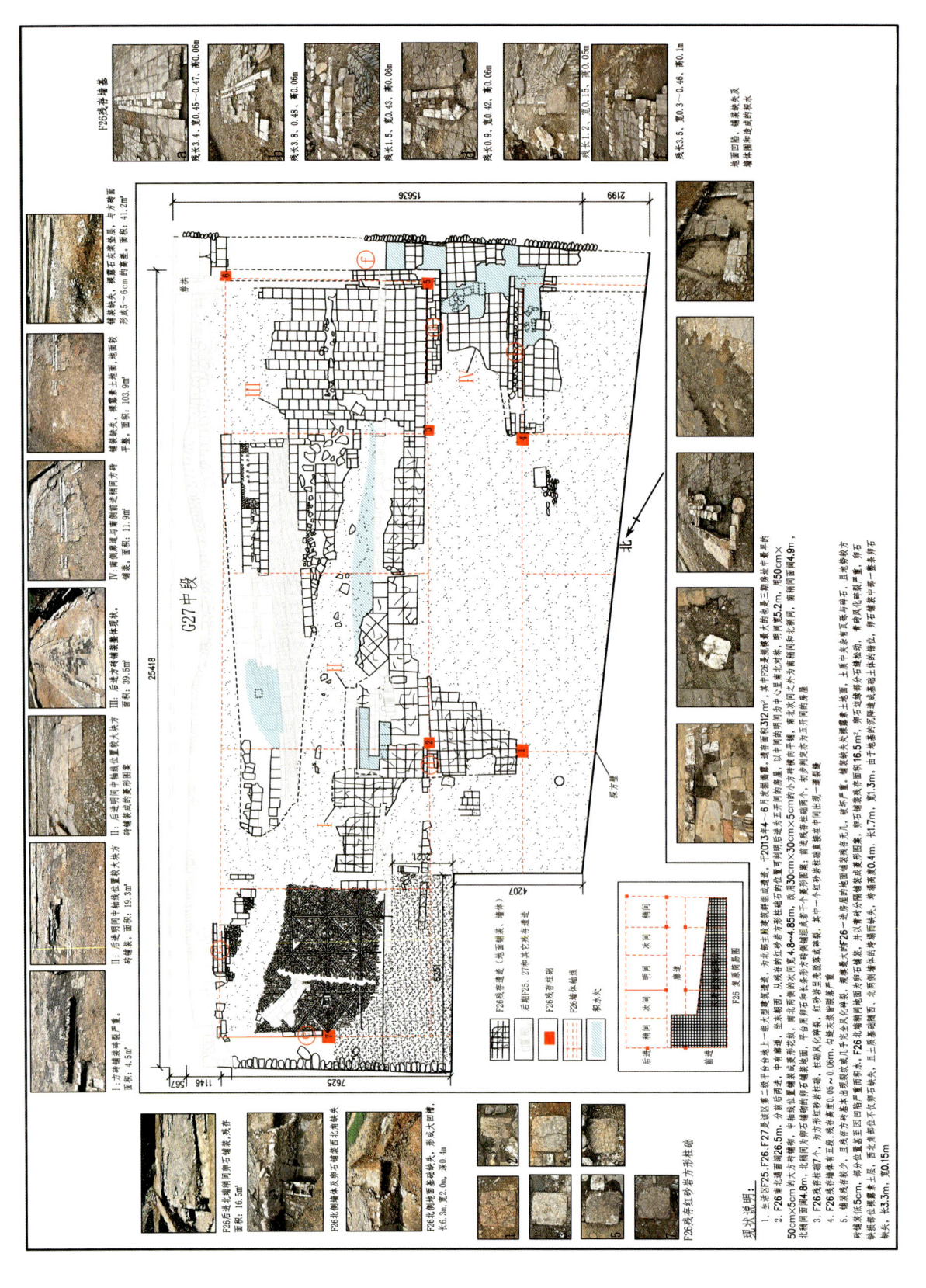

F25、F26、F27现状勘测总平面图（F26）

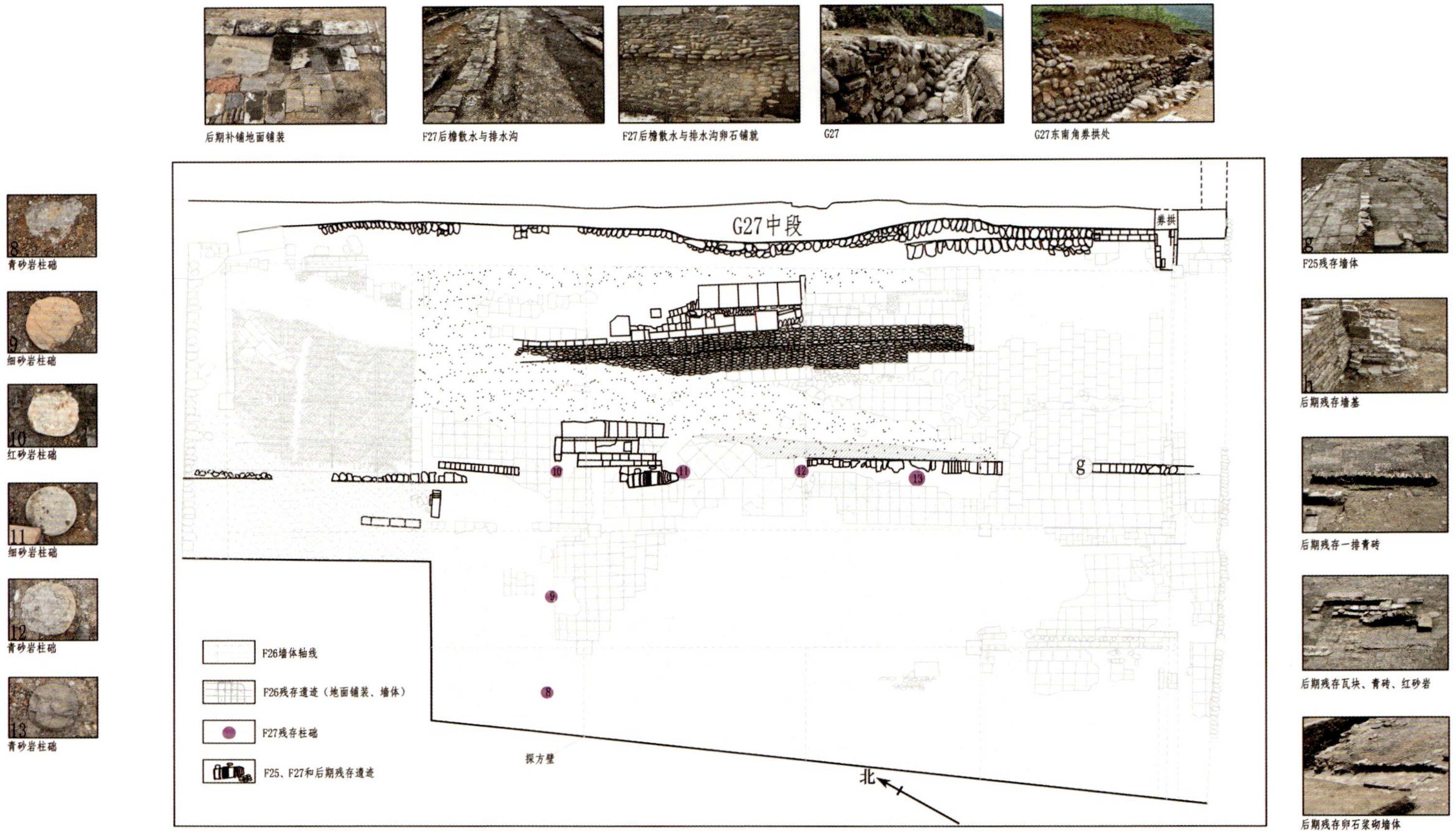

图版五五

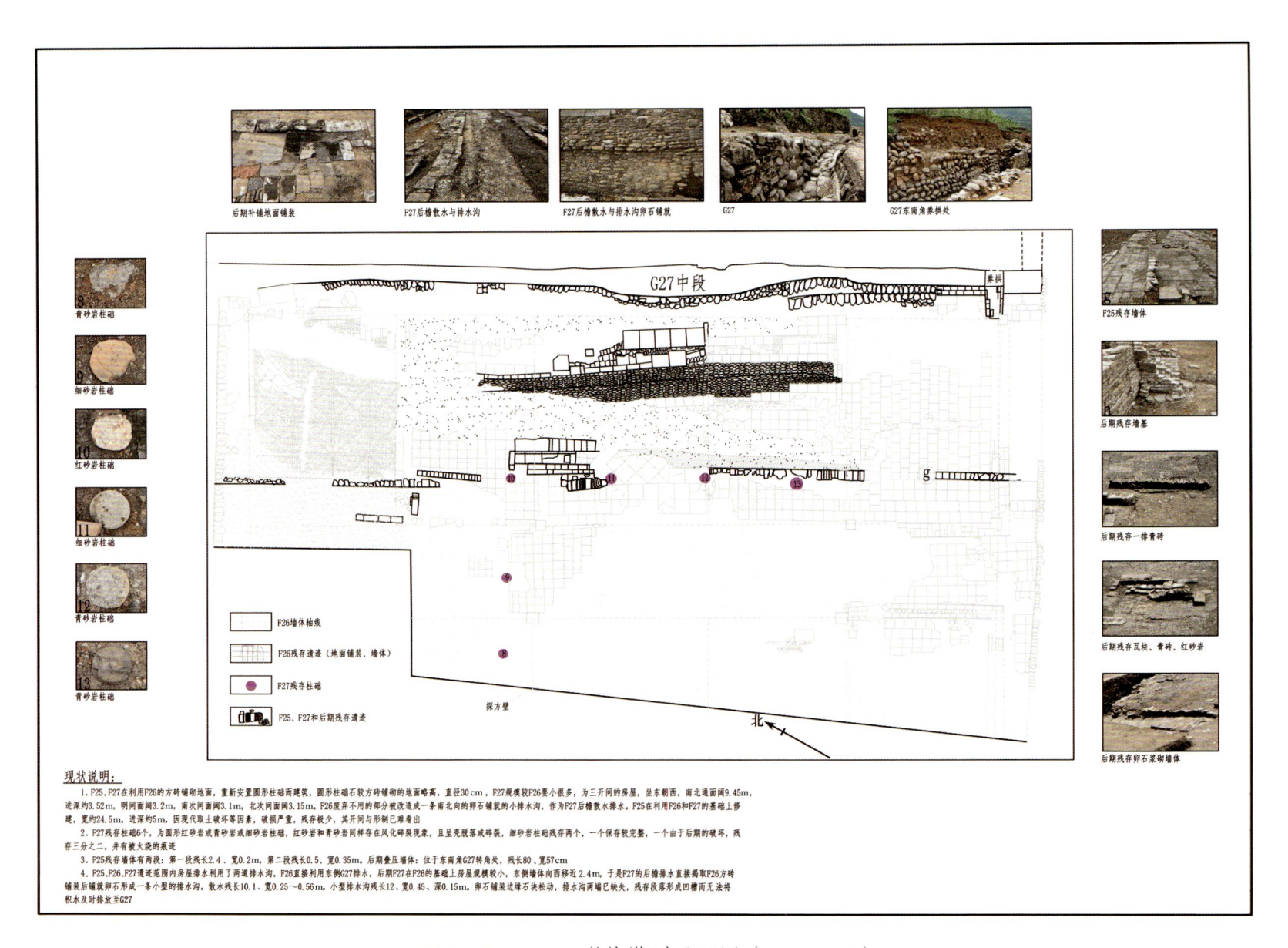

F25、F26、F27现状勘测平面图（F25、F27）

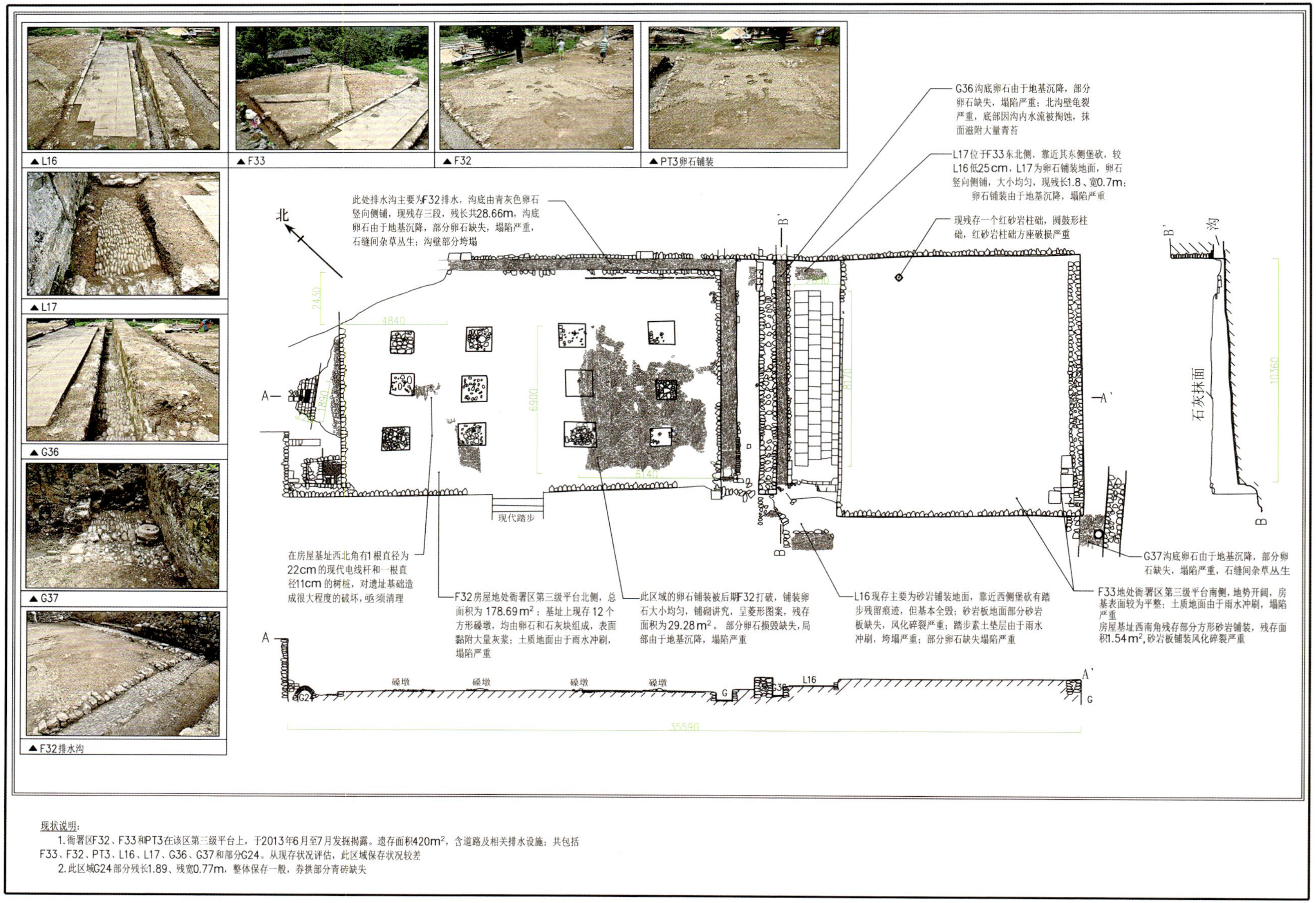

图版五六

F32、F33 现状勘测图

图版五七

衙署区 F21~F24 考古发掘现状图

图版五八

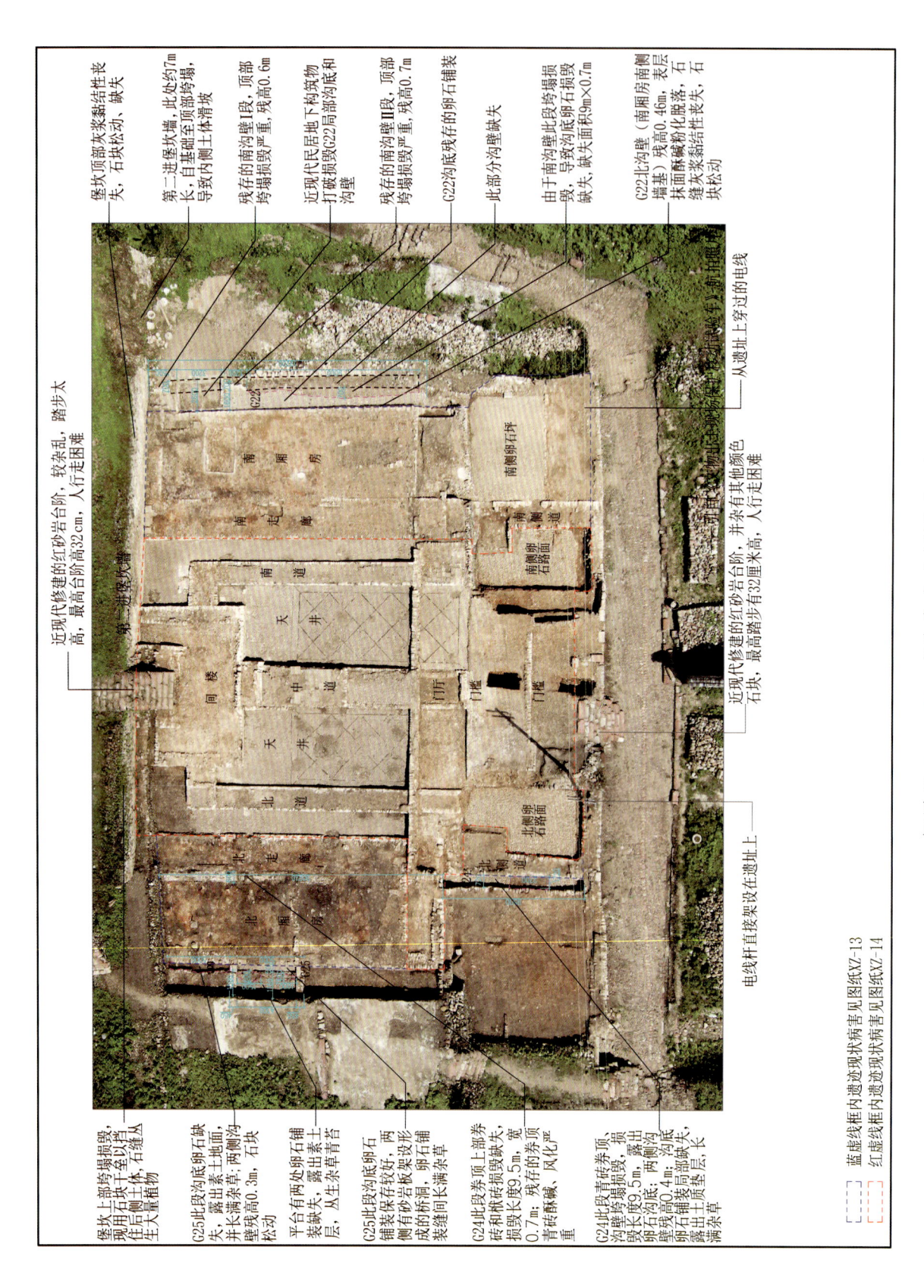

衙署区 F21～F24 现状病害分析图（一）

图版五九

衙署区 F21~F24 现状病害分析图（二）

图版六〇

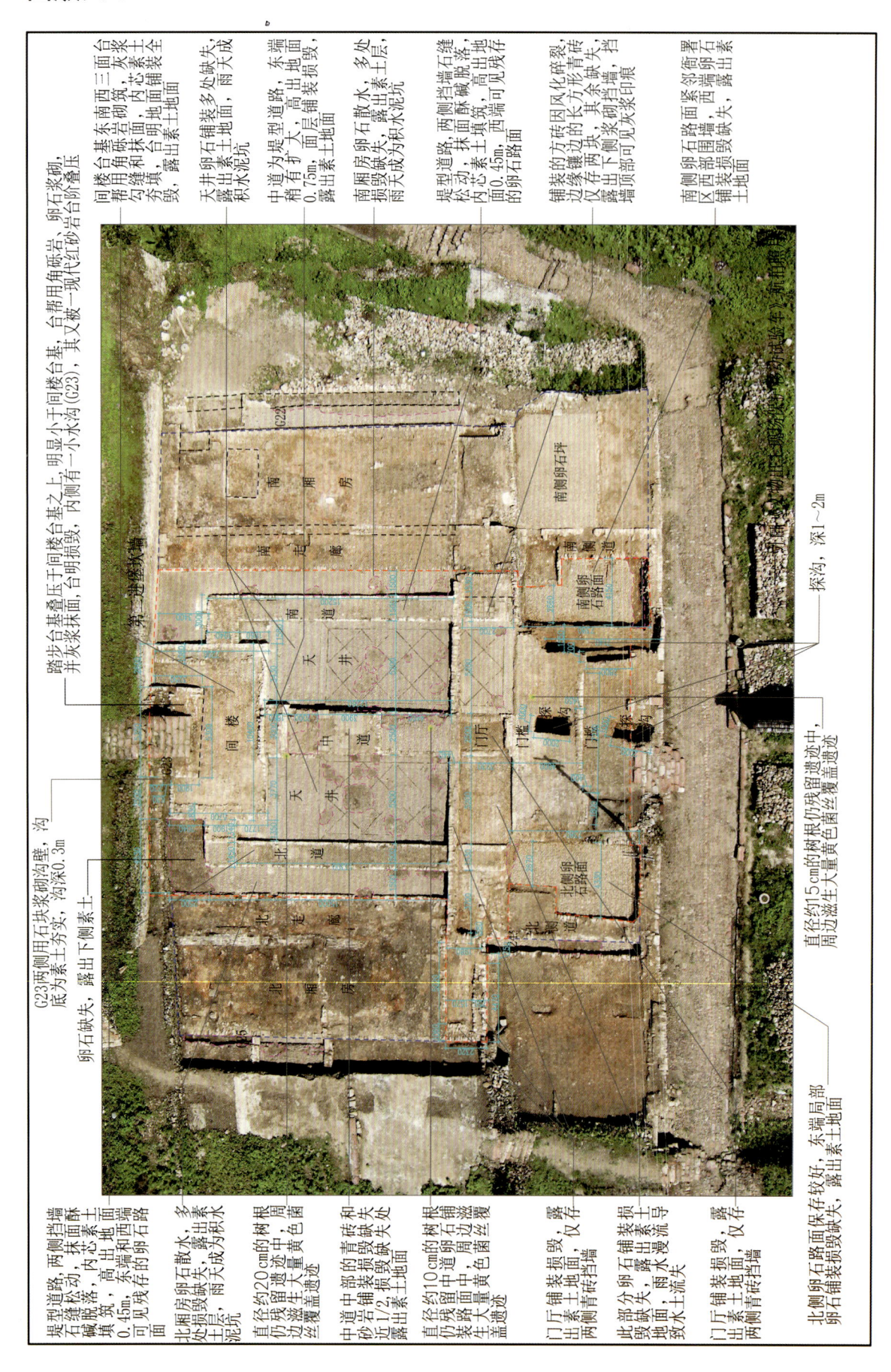

同楼檐台基东南面西三面筑灰浆砌勾缝，台帮用角砾石，卵石浆砌勾缝脱落，夯填，东端和西端可见残存的卵石路面

天井卵石铺装多处缺失，露出素土地面和台明铺装损毁，露出素土地面

中道为堤型道路，高出地面稍有扩大，面层铺装损毁0.75m，露出素土成为积水和水泥坑

南厢房卵石散水、露出素土层，多处损毁缺失，雨天成为积水和水泥坑

堤型道路，两侧挡墙石缝松动，抹面酥碱砌挡落两侧，西侧下侧部可见灰浆印痕墙顶部可见灰浆印痕面0.45m，西端可见残存的卵石路面

铺装的方砖因风化碎裂、边缘砖的长方形居缺失的卵石路面

南侧卵石路紧邻衙署区西端露出素土地面

踏步台基叠压于同楼台基之上，明显小于同楼台基，台帮用角砾石，卵石浆砌勾缝砌（G23），其又被一现代红砂岩台阶叠压井灰浆抹面，内侧有一小水沟（G23），内侧毁损，台明损毁

G23两侧用石块浆砌沟壁，沟底为素土夯实，沟深0.3m卵石缺失，露出下侧素土

堤型道路，两侧挡墙石缝松动，抹面酥碱，高出地面0.45m，东端和西端可见残存的卵石路面

北厢房卵石散水和处损毁缺失，露出素土层，雨天成为积水泥坑

直径约20cm的树根遗迹残留，周边滋生大量黄色菌丝覆盖遗迹

中道中部的青砖和砂岩铺装损毁缺失近1/2，损毁处可见露出素土地面

直径约10cm的树根仍残留中道卵石铺面，周边滋生大量黄色菌丝覆盖遗迹

门厅铺装损毁，露出素土地面，仅存两侧青砖挡墙

此部分卵石铺装损毁缺失，雨水流导致地面素土流失

门厅素土地面和卵石铺装损毁缺失，仅存两侧青砖挡墙

北侧卵石路面保存较好，东端局部卵石铺装损毁缺失，露出素土地面

直径约15cm的树根仍残留遗迹中，周边滋生大量黄色菌丝覆盖遗迹

探沟，深1~2m

衙署区 F21~F24 现状病害分析图（三）

图版六一

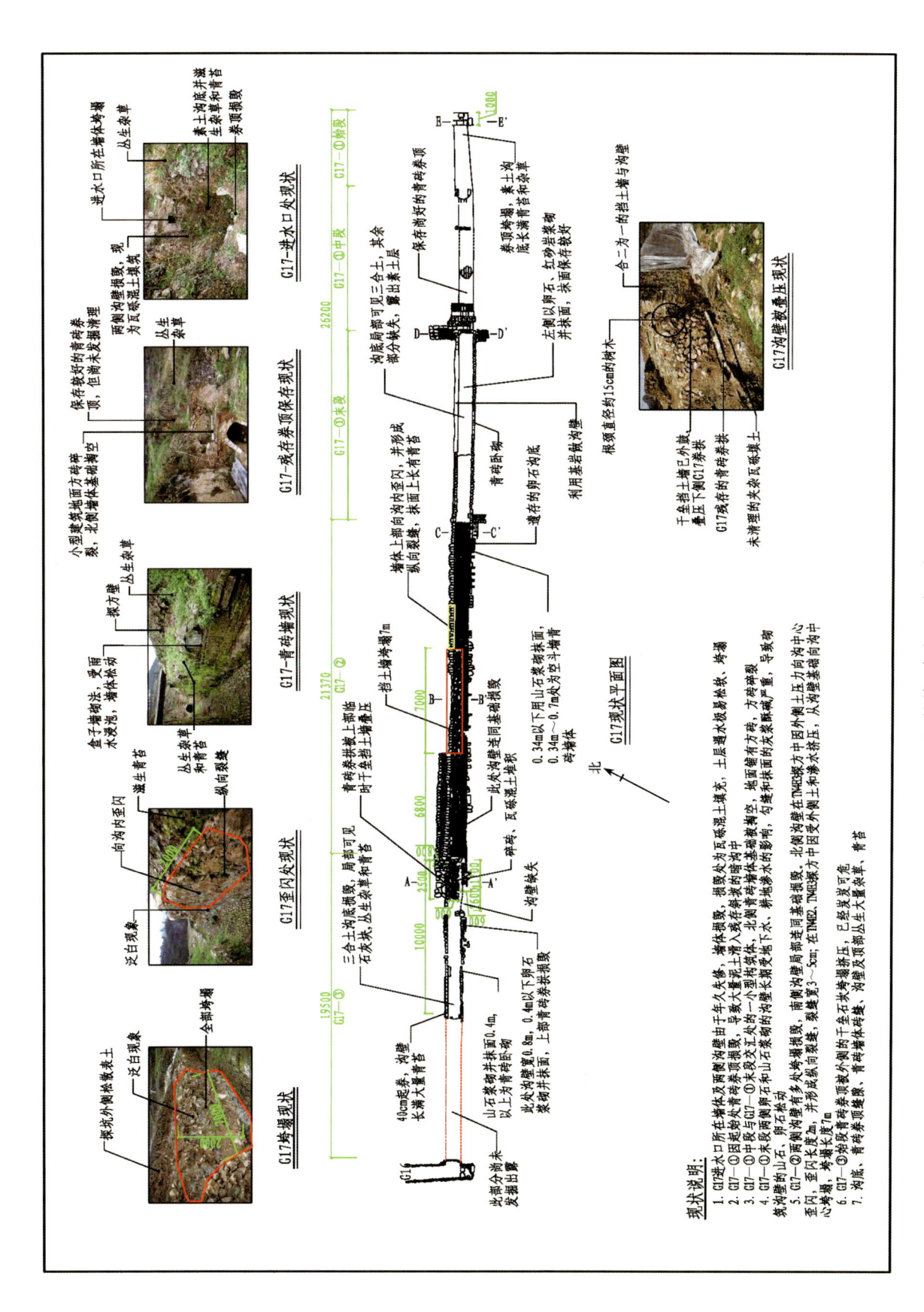

G17现状测绘图（一）

图版六二

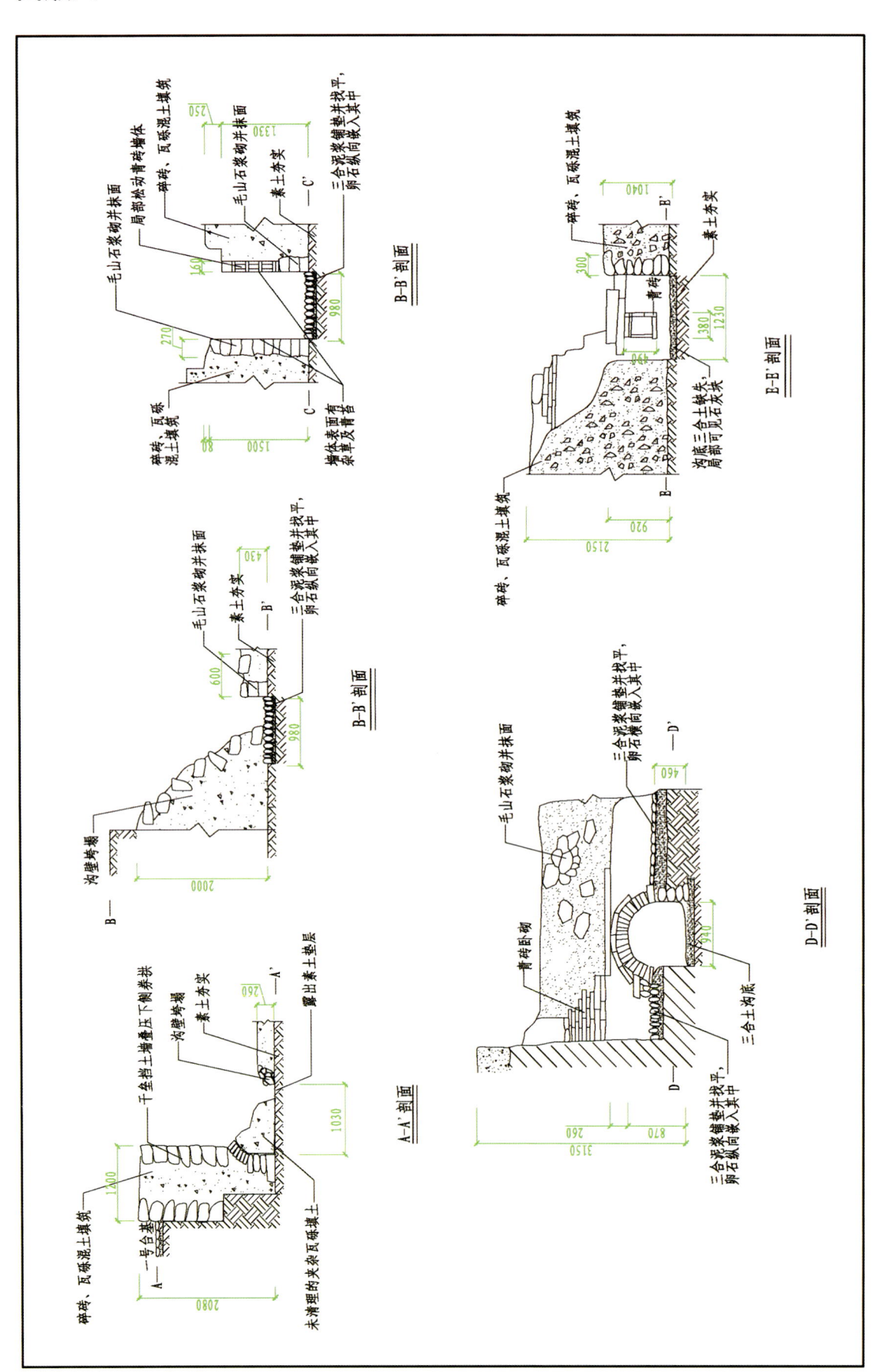

G17现状勘测图（二）

图版六三

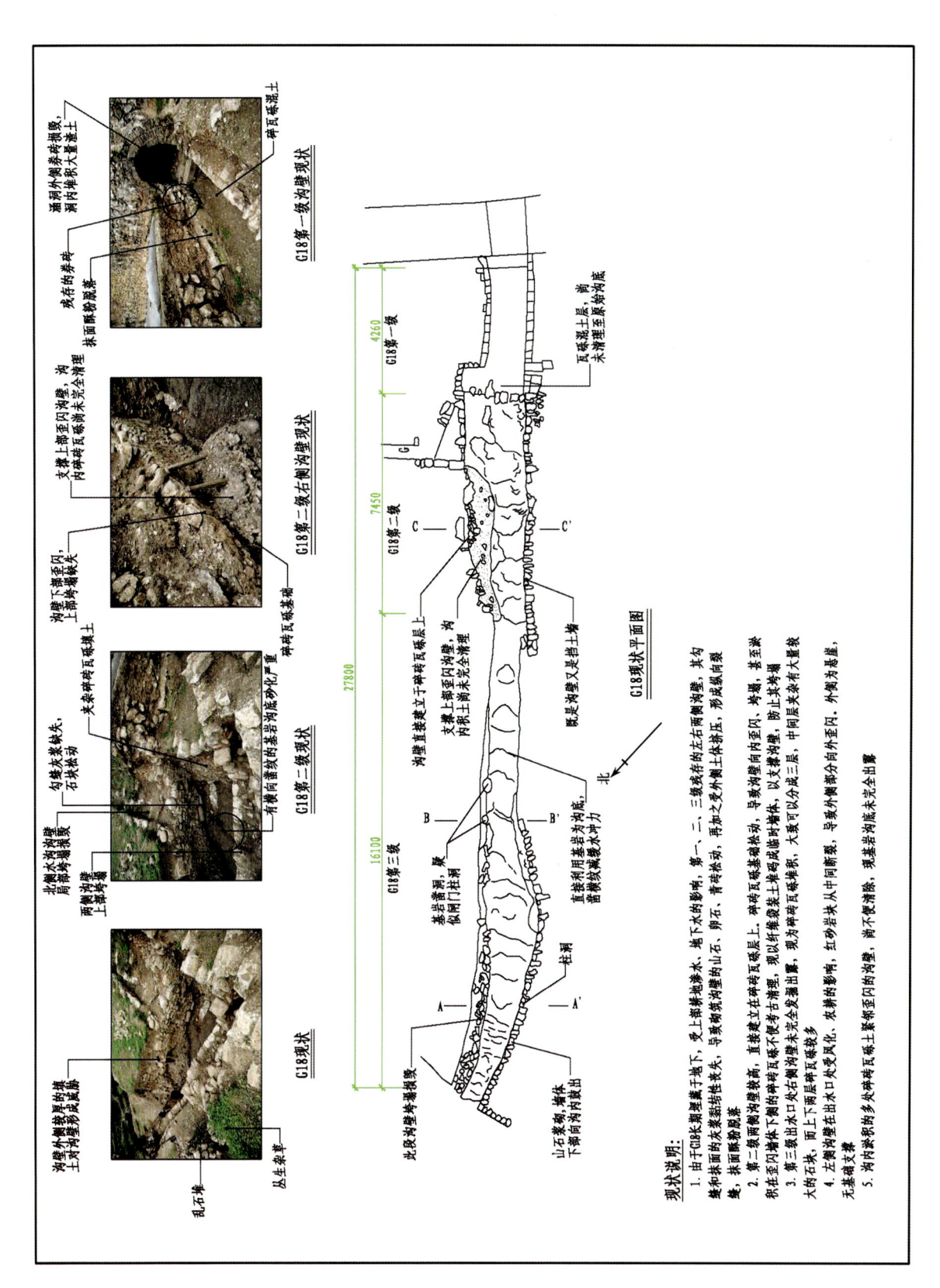

G18现状勘测图（一）

图版六四

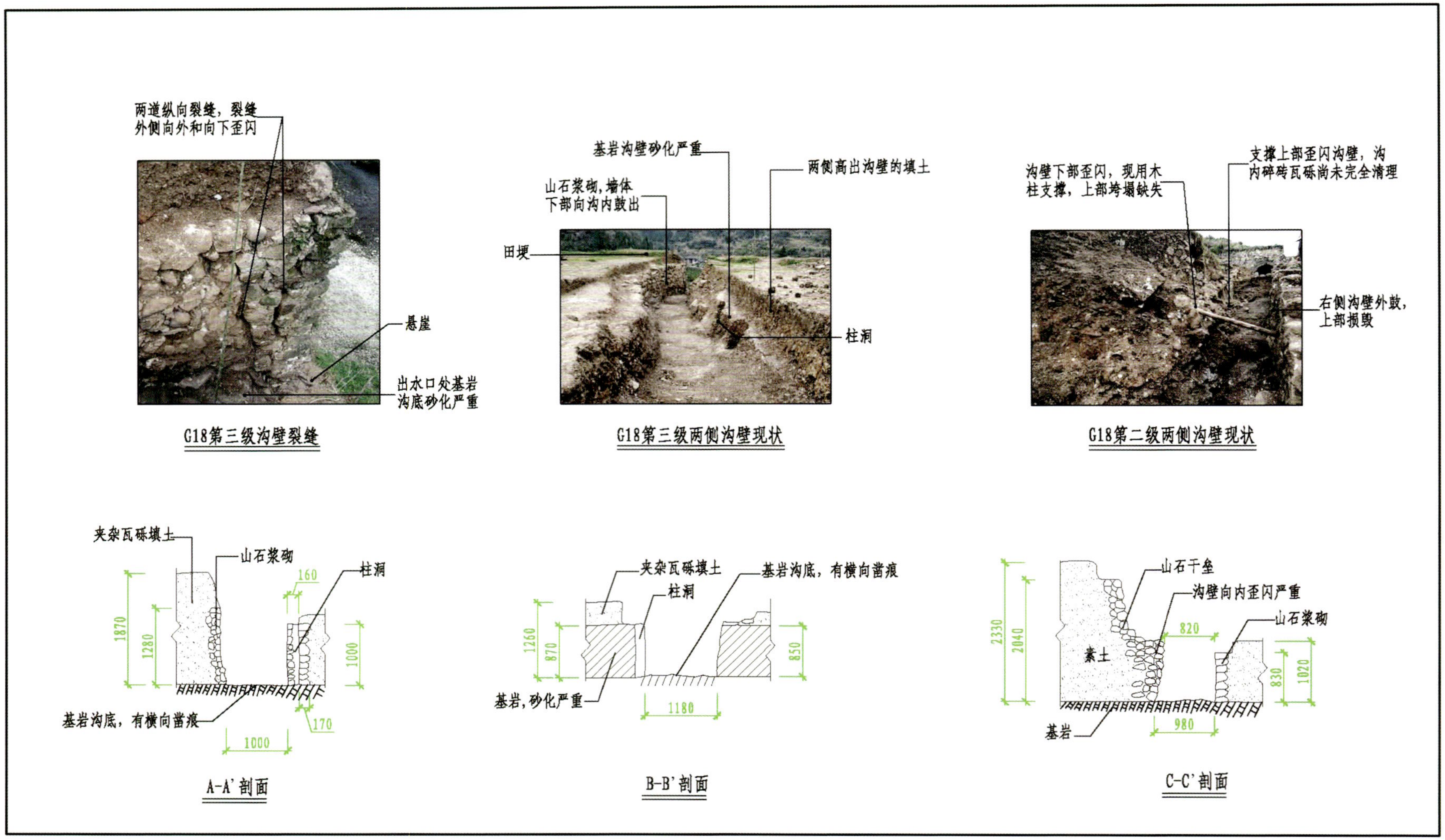

G18 现状勘测图（二）

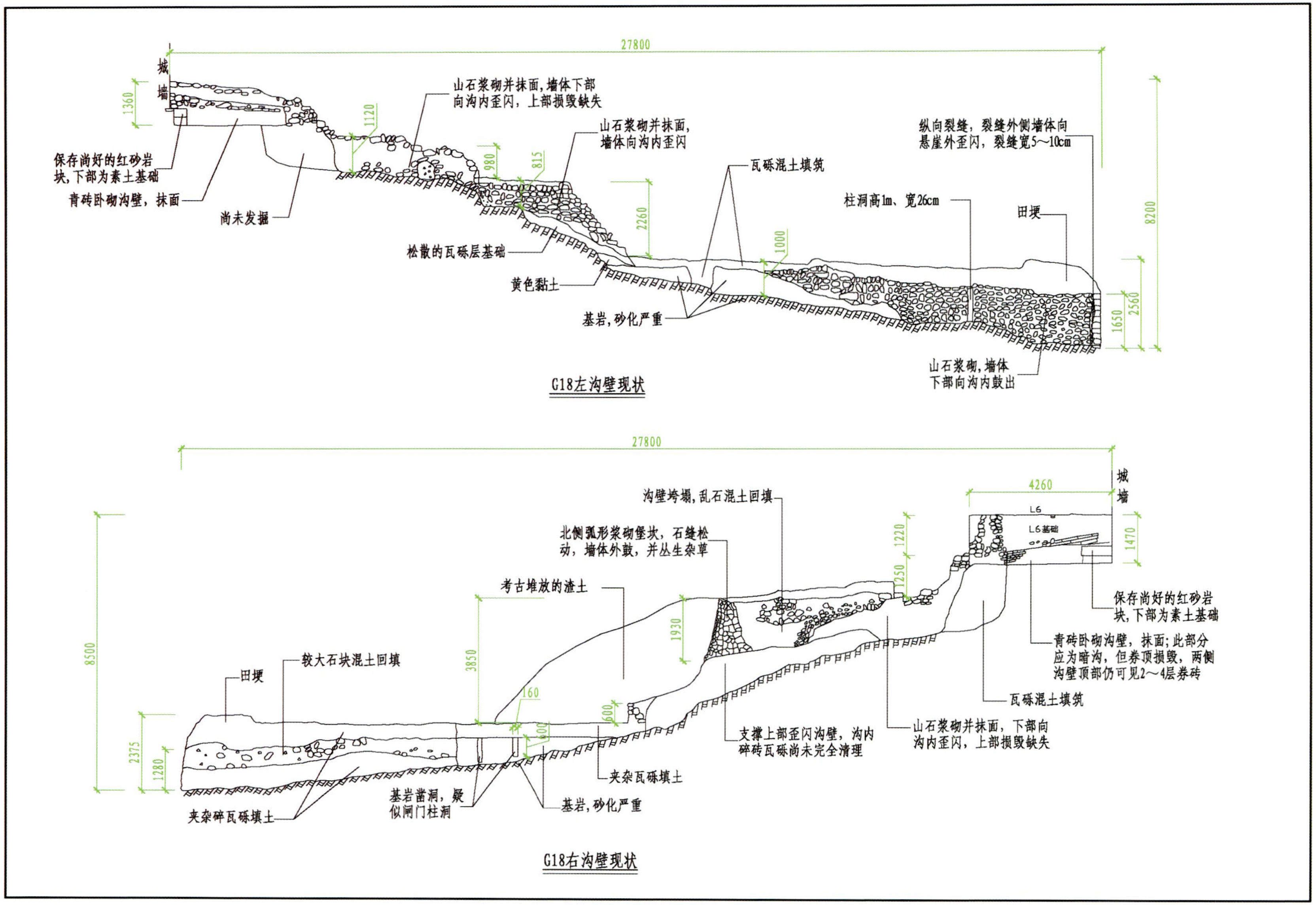

图版六五

G18现状勘测图（三）

图版六六

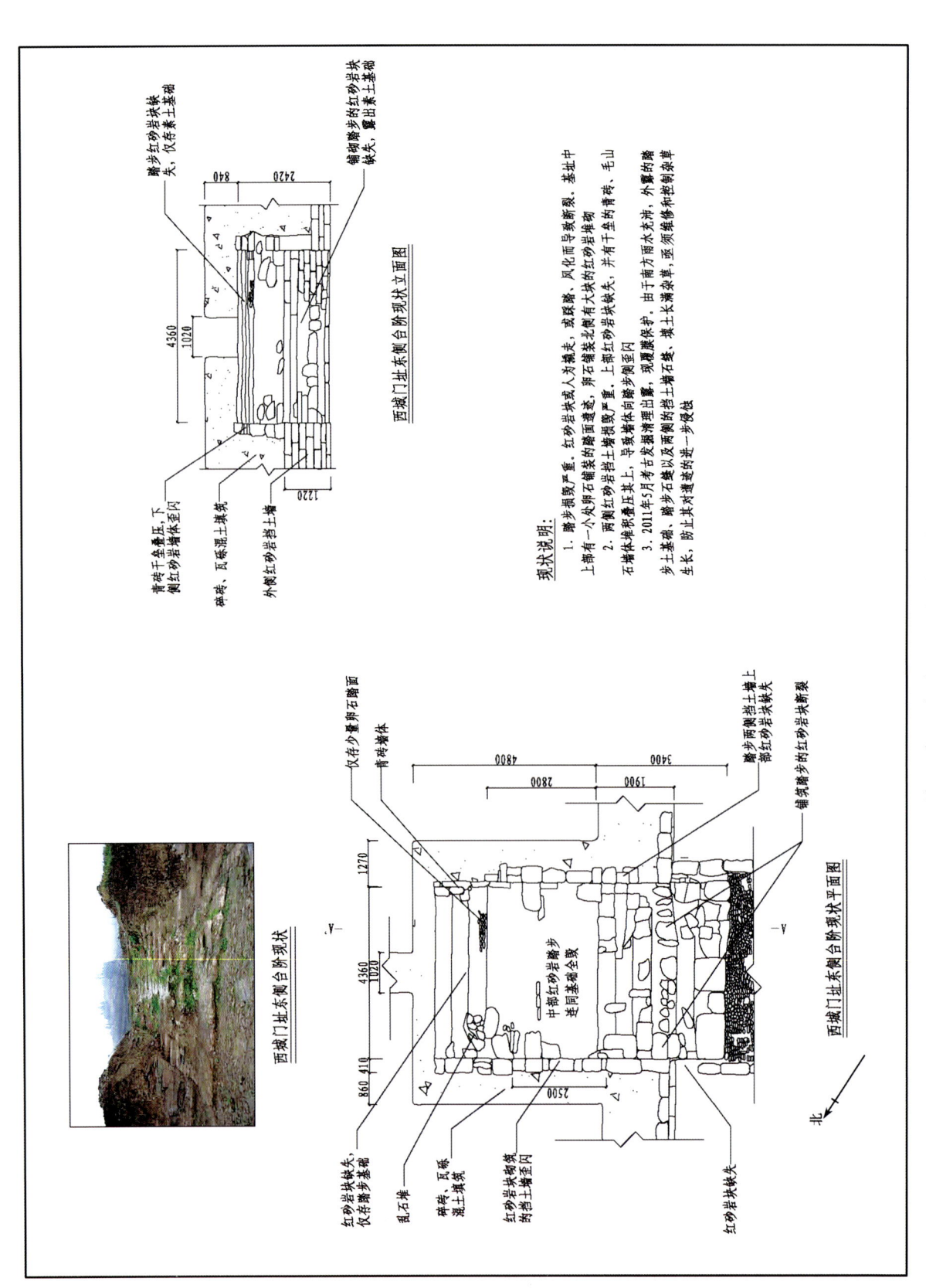

西城门址东侧台阶现状勘测图（一）

图版六七

西城门东侧台阶含现状勘测图（二）

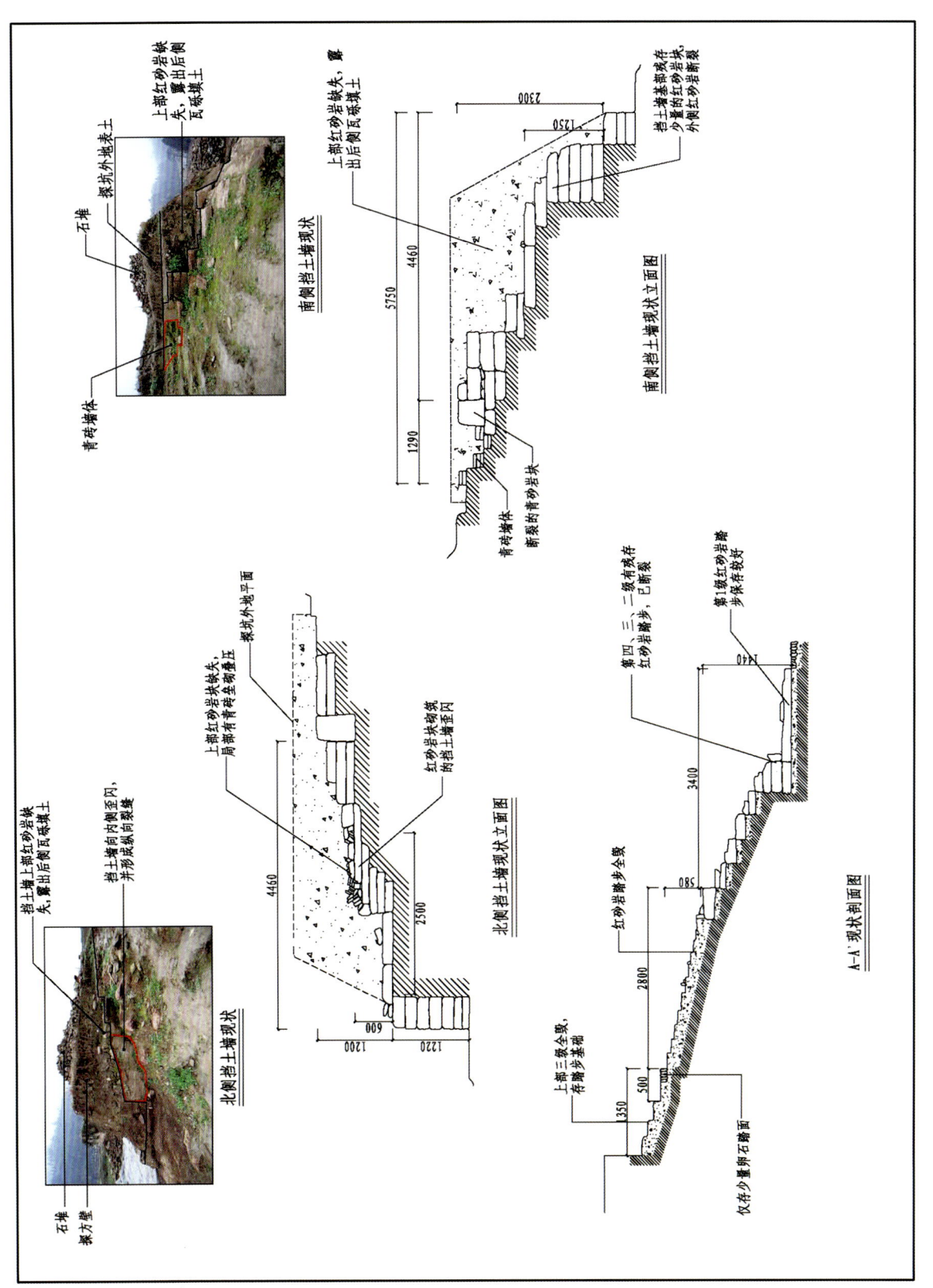

图版六八

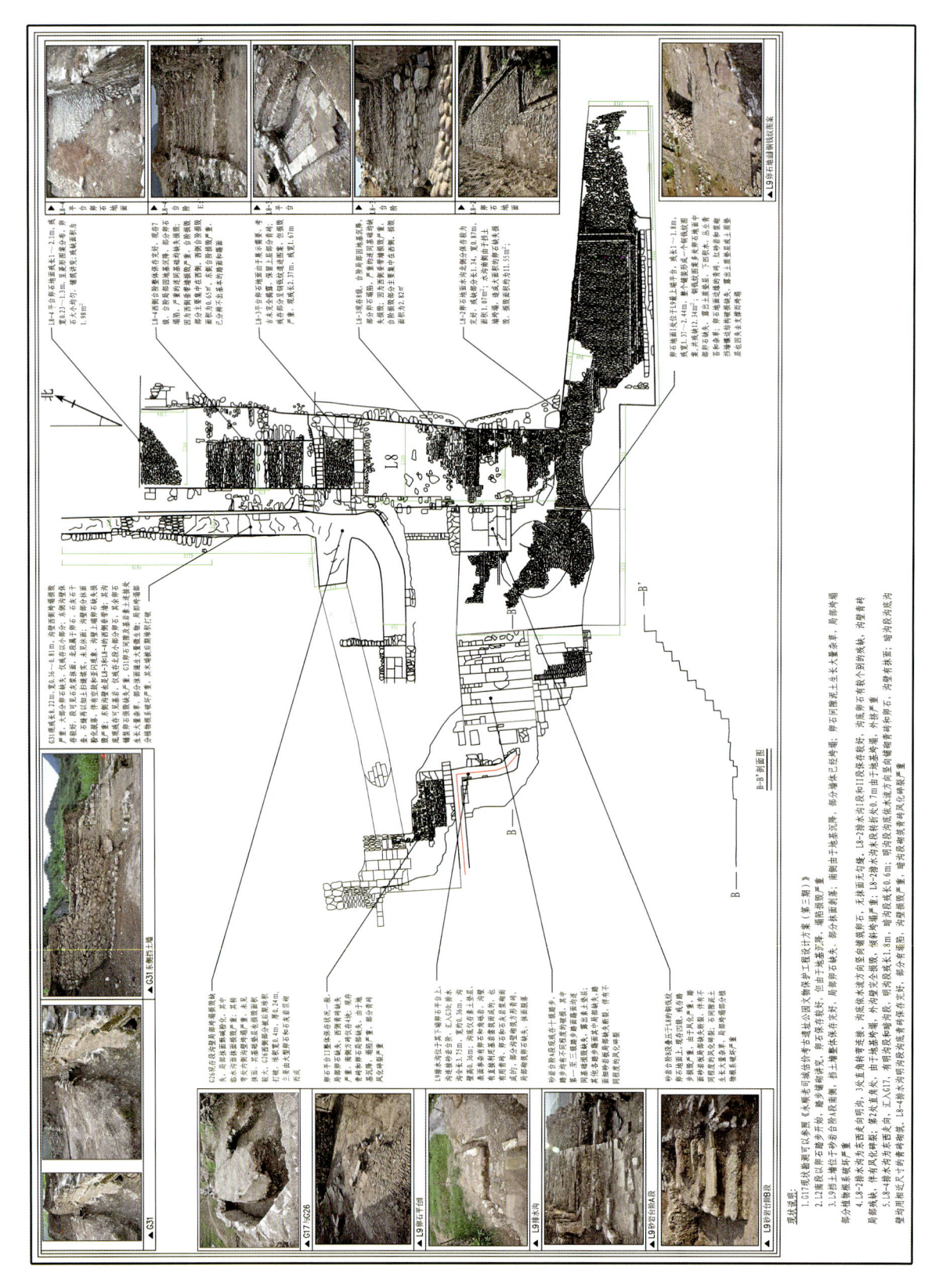

L8、L9现状勘测图

图版六九

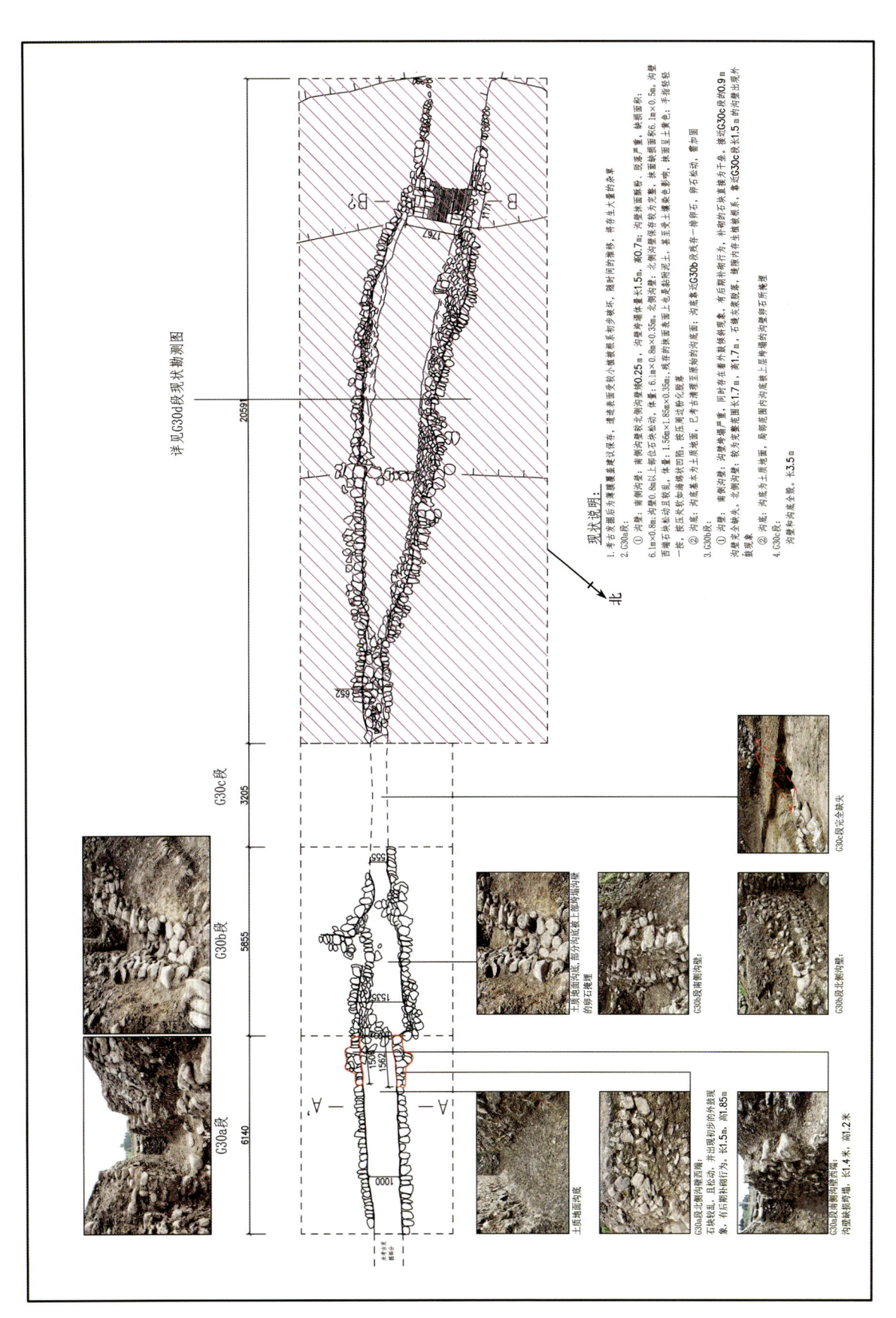

G30a、b、c 段现状勘测图（一）

图版七〇

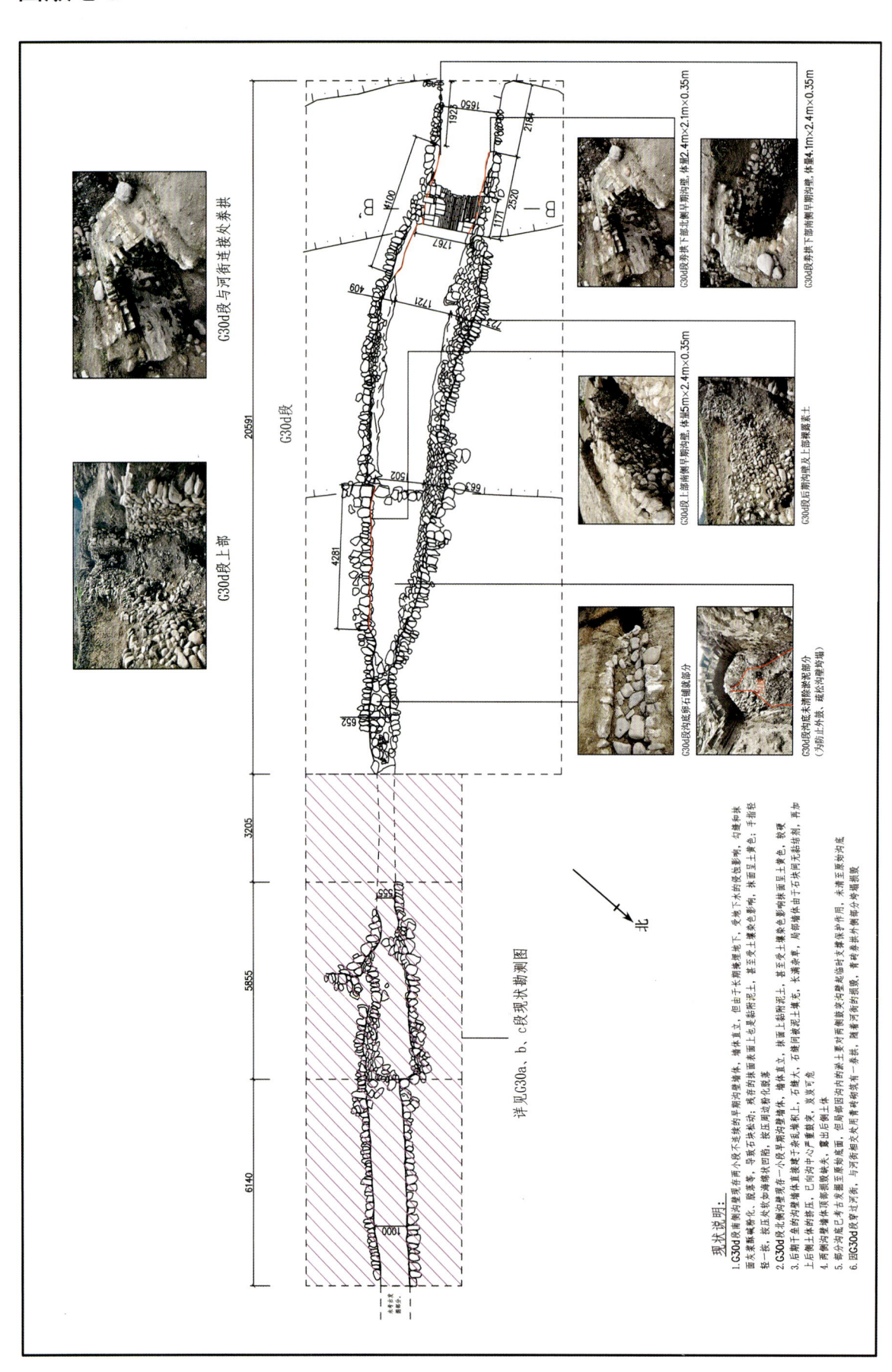

G30a、b、c段现状勘测图（二）

图版七一

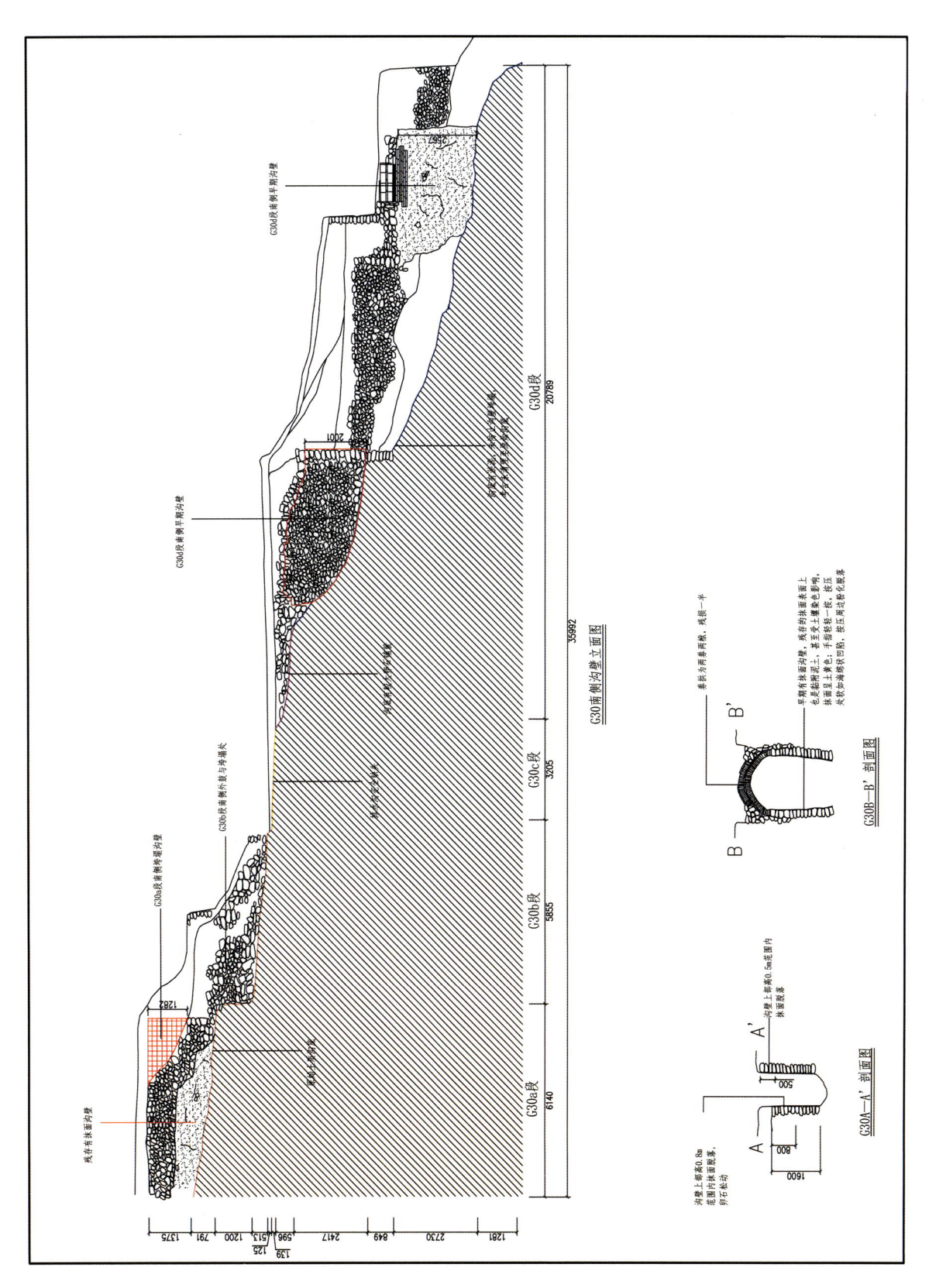

G30d 段现状勘测图

图版七二

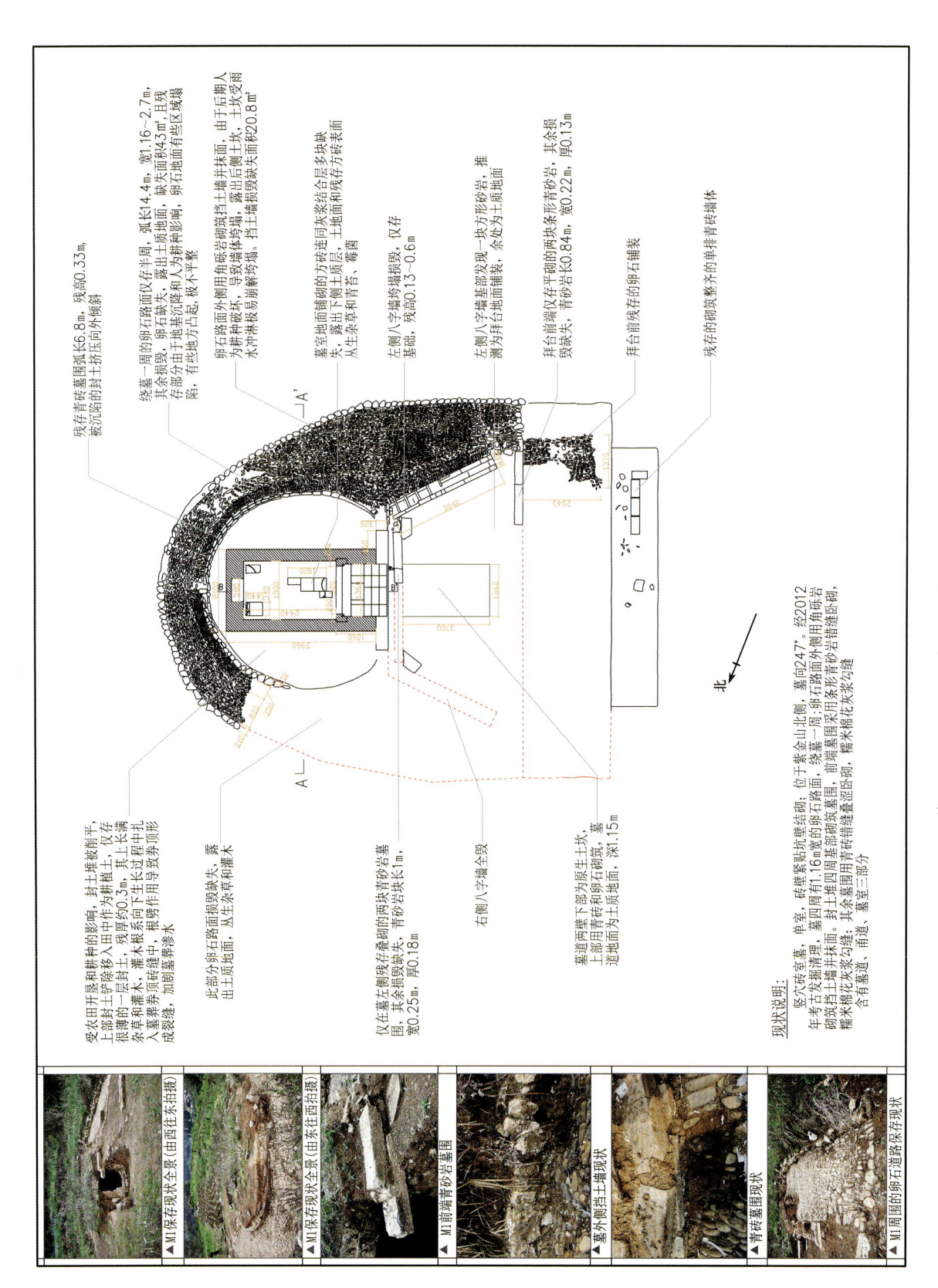

残存青砖茔围弧长6.8m，残高0.33m，较沉陷的封土堆压向外倾斜

绕茔一周的卵石路面仅存半周，弧长4.4m，宽1.16~2.7m，其余损毁，露出土质地面，缺失面积4.3 m²，卵石路面的人为扰种种影响，存部分由于地基沉降有坍塌，挡土墙体跨塌，挡土墙解跨塌，挡土墙残缺跨方砖表面

卵石路面外侧用砾岩砌筑挡土墙并抹面，由于后期人为耕种质土层，土地面有些区域塌失，露出后端砖坎，土坎受雨水冲淋极易崩解跨塌，挡土墙残跨方砖表面20.8 m²

茔室地面铺砌的方砖进同灰浆结合层多块缺失，露出下侧土质层，土地面和残存方砖表面从生杂草和青苔，霉菌

左侧八字墙跨塌损毁，仅存基础，残高0.13~0.6m

左侧八字墙基部发现一块方形砂岩，推测为拜台地面铺装，余处为土质地面

拜台前端仅存平砌的两块条形青砂岩，其长0.84m，宽0.22m，厚0.13m

拜台前残存的砌筑整齐的单排青砖墙体

拜台前残存的卵石铺装

受农田开垦和耕种的影响，封土堆移入田作中为耕植土，上部封土铲除，仅存很薄的一层封土，残厚约0.3m，其上长满杂草和灌木，木根系向下生长过程中扎入墓室和灌缝，根劈作用导致茔顶形成裂缝，加剧墓葬渗水

此部分卵石路损毁缺失，露出土质地面，丛生杂草和灌木

仅在茔左侧残存叠砌的两块青砂岩茔围，宽0.25m，厚0.18m

墓道两壁下部为原生土壁，上部用青砖贴坑砌筑，墓道地面为土质地面，深1.15m

右侧八字墙毁失

现状说明：
紫次发掘清理，单室，砖壁紧贴坑壁结砌，位于紫金山北侧，墓向247°。经2012年考古发掘清理。单室，砖壁紧贴坑壁结砌，茔墓一周，1.16m宽的卵石路面铺砌，卵石路面外侧用角砾岩砌筑挡土墙并抹面。封土堆四周用土堆筑茔围，前端墓部砌筑墓围，卵石路面四周用条形青砂岩错叠砌，糯米棉花灰浆勾缝，墓围用青砖错缝叠涩压砌，糯米棉花灰浆勾缝；其余茔三部分，含有墓道、甬道、墓室三部分

紫金山M1现状病害分析图（一）

▲ M1保存现状全景（由西往东拍摄）
▲ M1保存现状全景（由东往西拍摄）
▲ M1前端青砂岩墓围
▲ 茔外侧挡土墙现状
▲ 青砖墓围现状
▲ M1周围的卵石道路保存现状

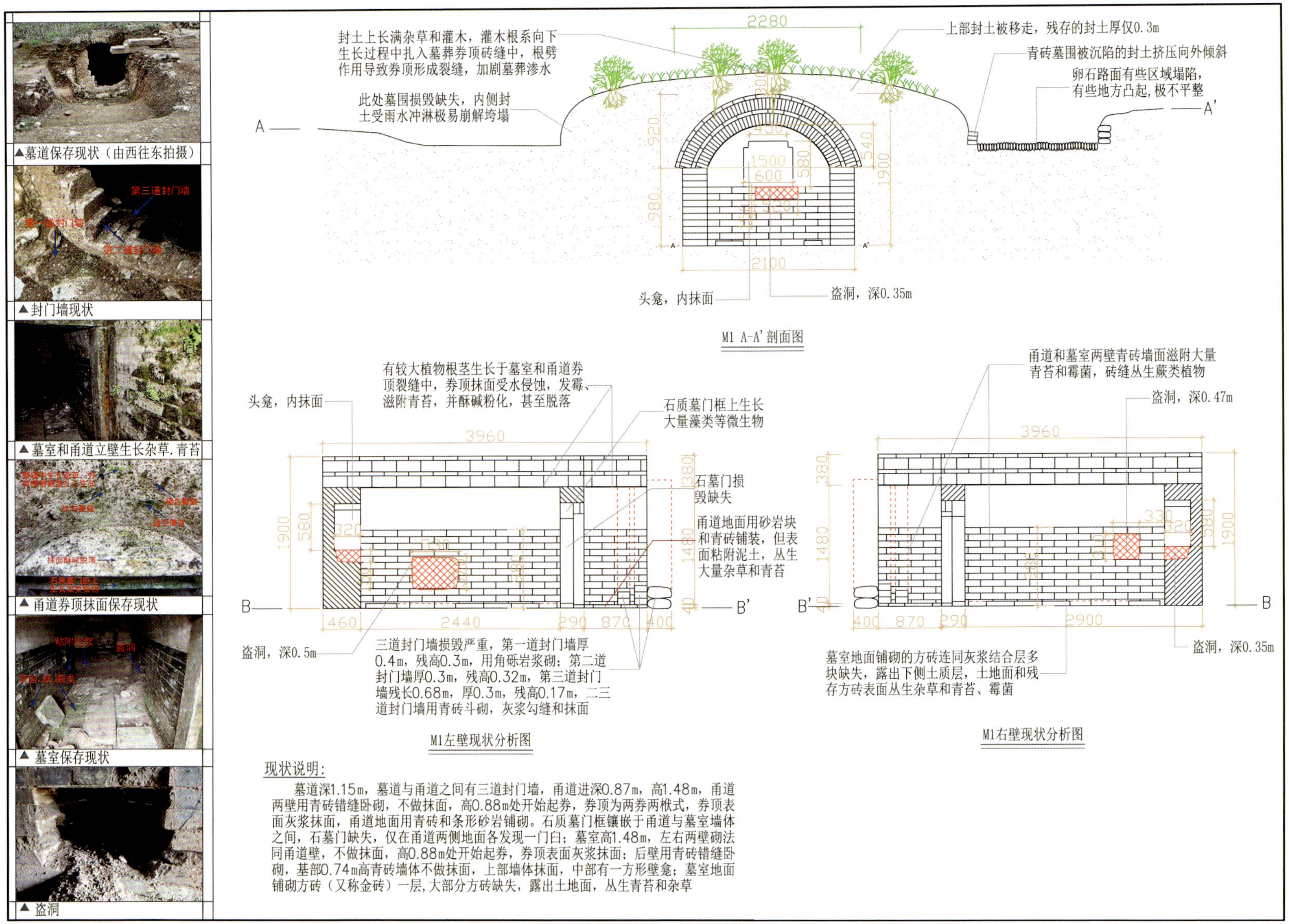

图版七三

紫金山 M1 现状病害分析图（二）

图版七四

北门上现状勘测图

图版七五

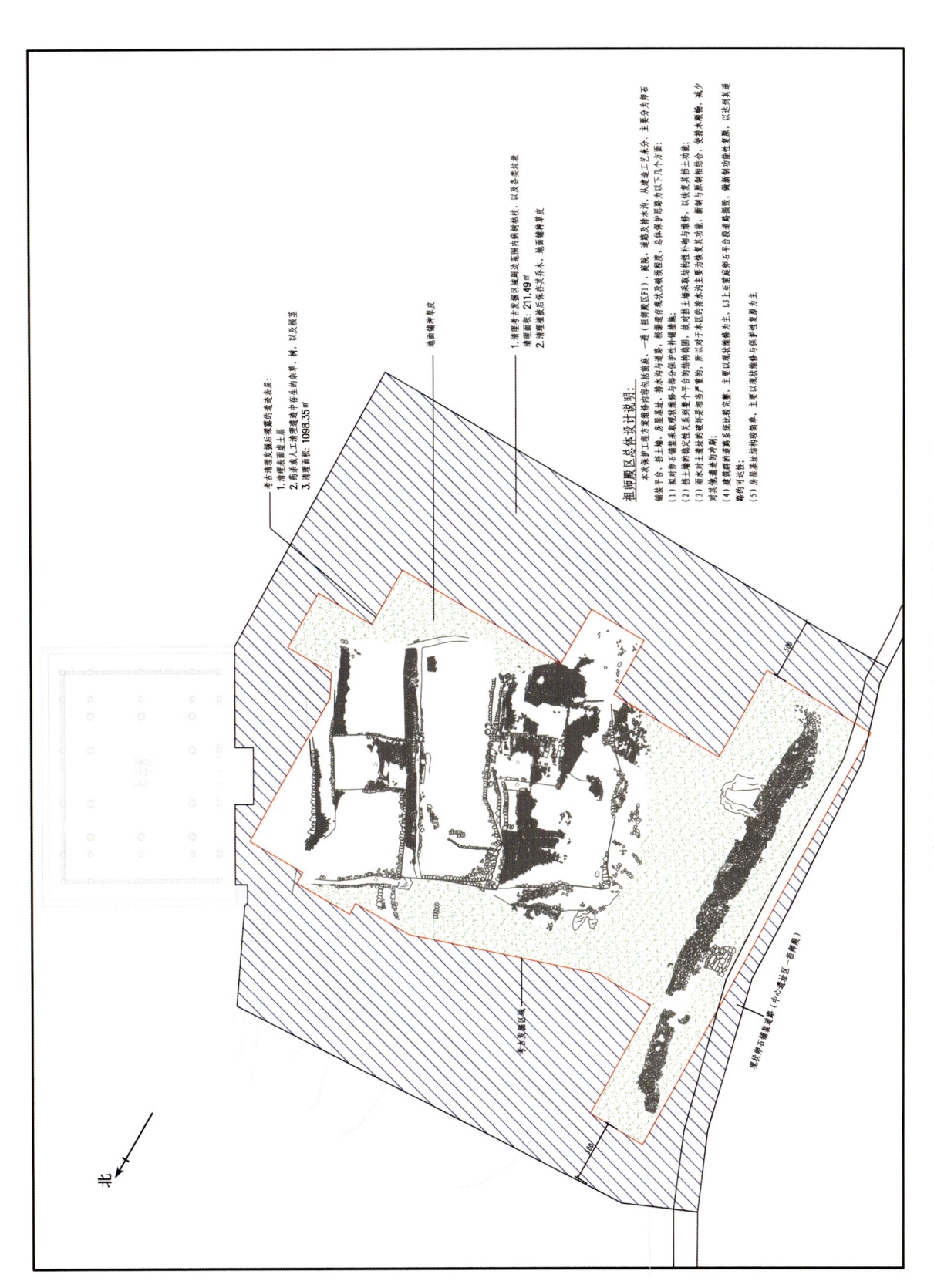

祖师殿建筑区现状清理与环境整治总平面图

考古清理发掘后需要的遗迹表层：
1. 清理表面浮土层
2. 药杀人工清理遗迹中存活的杂草、树、以及藤蔓
3. 清理面积：1098.35 ㎡

1. 清理考古发掘区域东边范围用的植株树枝，以及杂乱生长
2. 清理после保存的乔木、地面铺种草皮
清理面积：211.49 ㎡

地面铺种草皮

考古发掘区域

现状野石铺装道路（中心通道区一游览路线）

北

祖师殿区总体设计说明：
本次保护工程力求最体体内保留原F）、庭院、道路及排水沟，从建造工艺未分、从主要分为辨石铺筑平台、舂土墙、房屋基址、排水沟与道路、散置在各现状及破损程度、名体保护原则为以下几个方面：
(1) 现对野石铺装未表现状较整与部分保护性补墙补齐。
(2) 舂土墙稳定性主要到各个平台的结构构图，故对各土墙本体较性补墙与加固。
(3) 雨水对土墙的破坏系数相当严重，所以对千木区的排水沟主要为较复杂功能，新制与厚制相结合，使排水畅顺，减少对其他遗迹的冲击。
(4) 建筑物的道路系统比较完整，主要以现状修整为主，以王查庭院平台及民道断石合民道断裂规整，碎制等功能性保存，以达到补道路的可行达到。
(5) 房屋基址结构较简单，主要以现状修整与保护性复原为主

图版七六

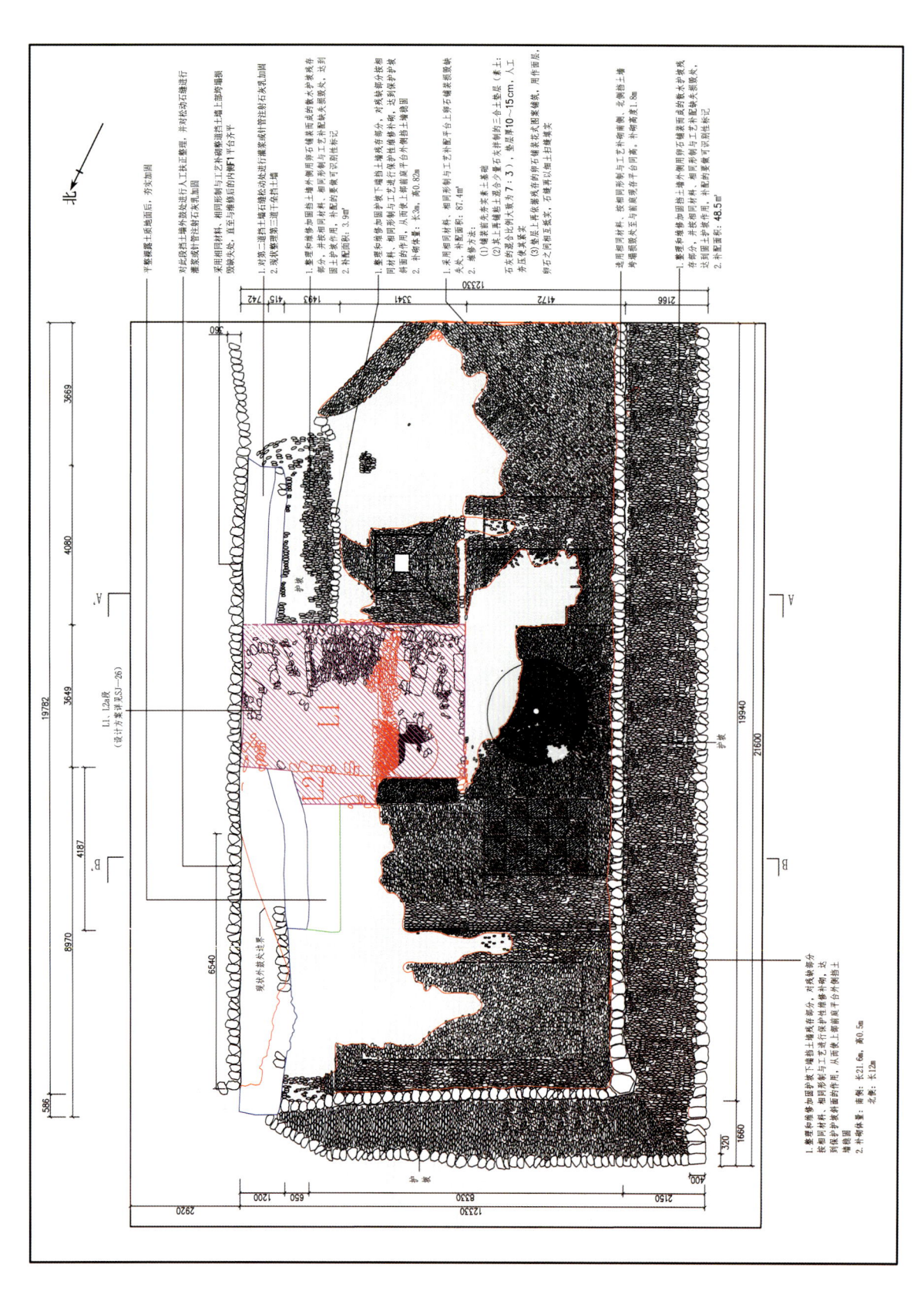

祖师殿区前庭卵石平台维修设计图（一）

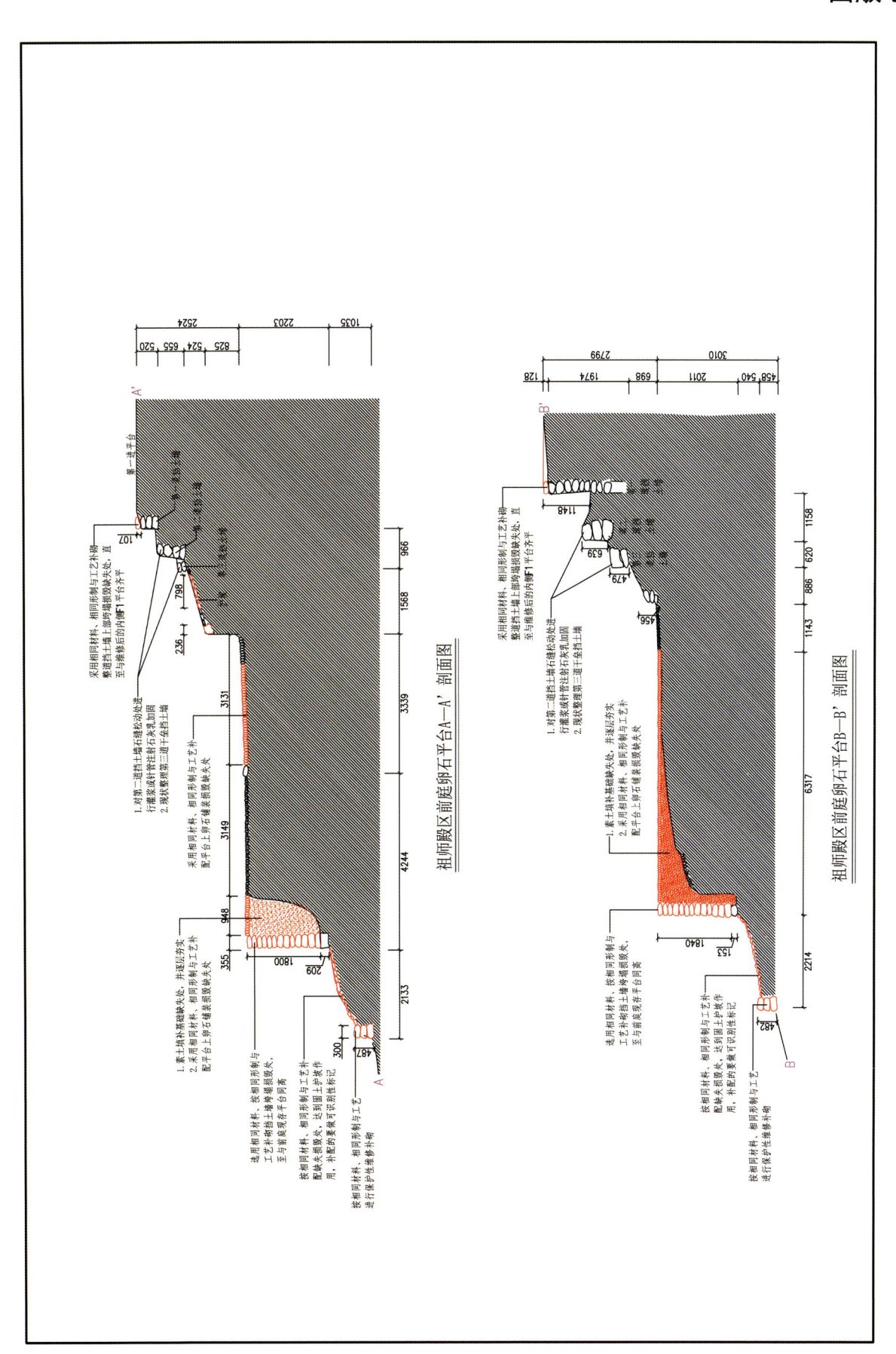

图版七七

祖师殿区前庭卵石平台维修设计图（二）

图版七八

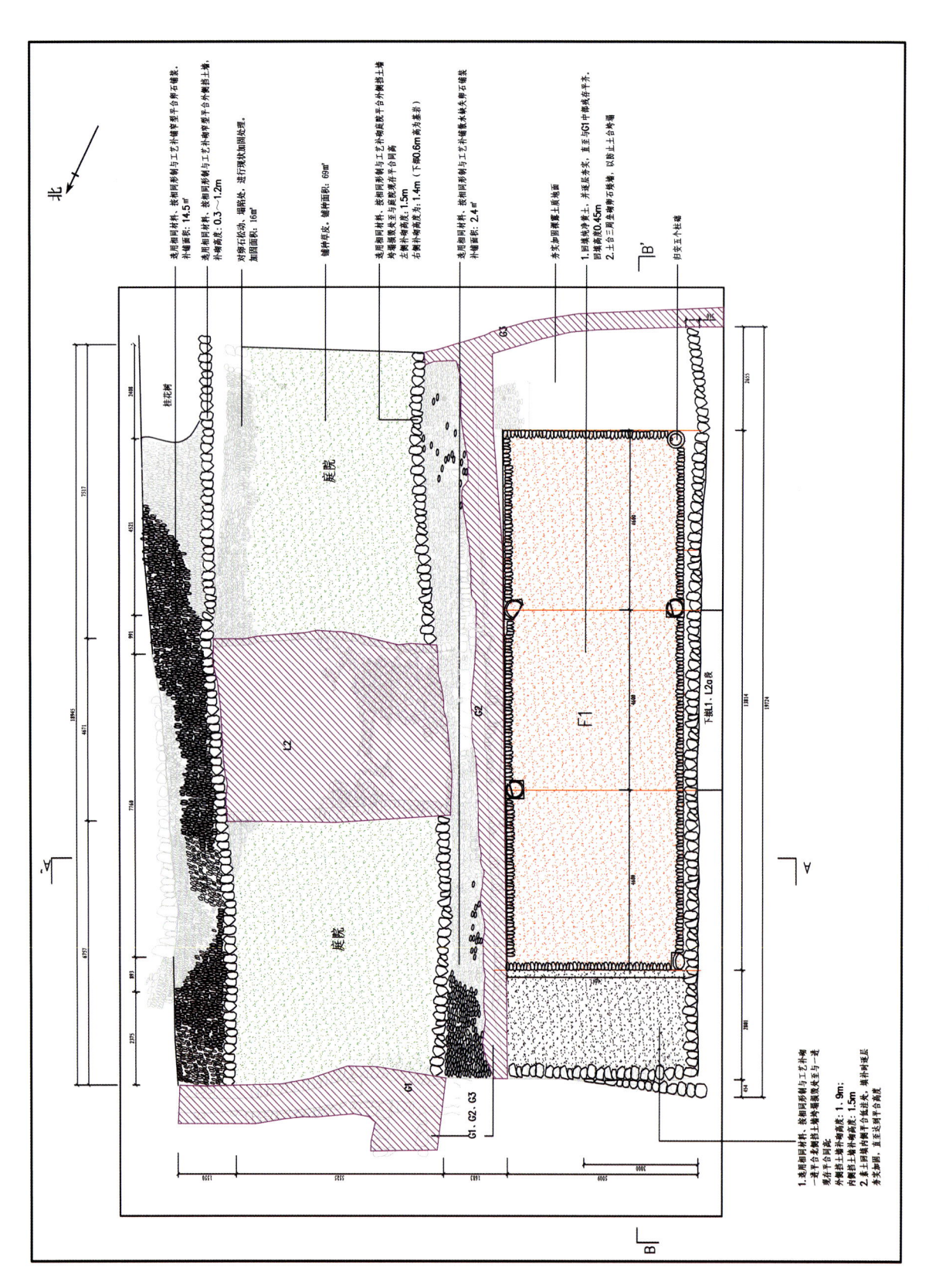

祖师殿区第一进卵石平台、庭院平台、窄型平台维修设计图

图版七九

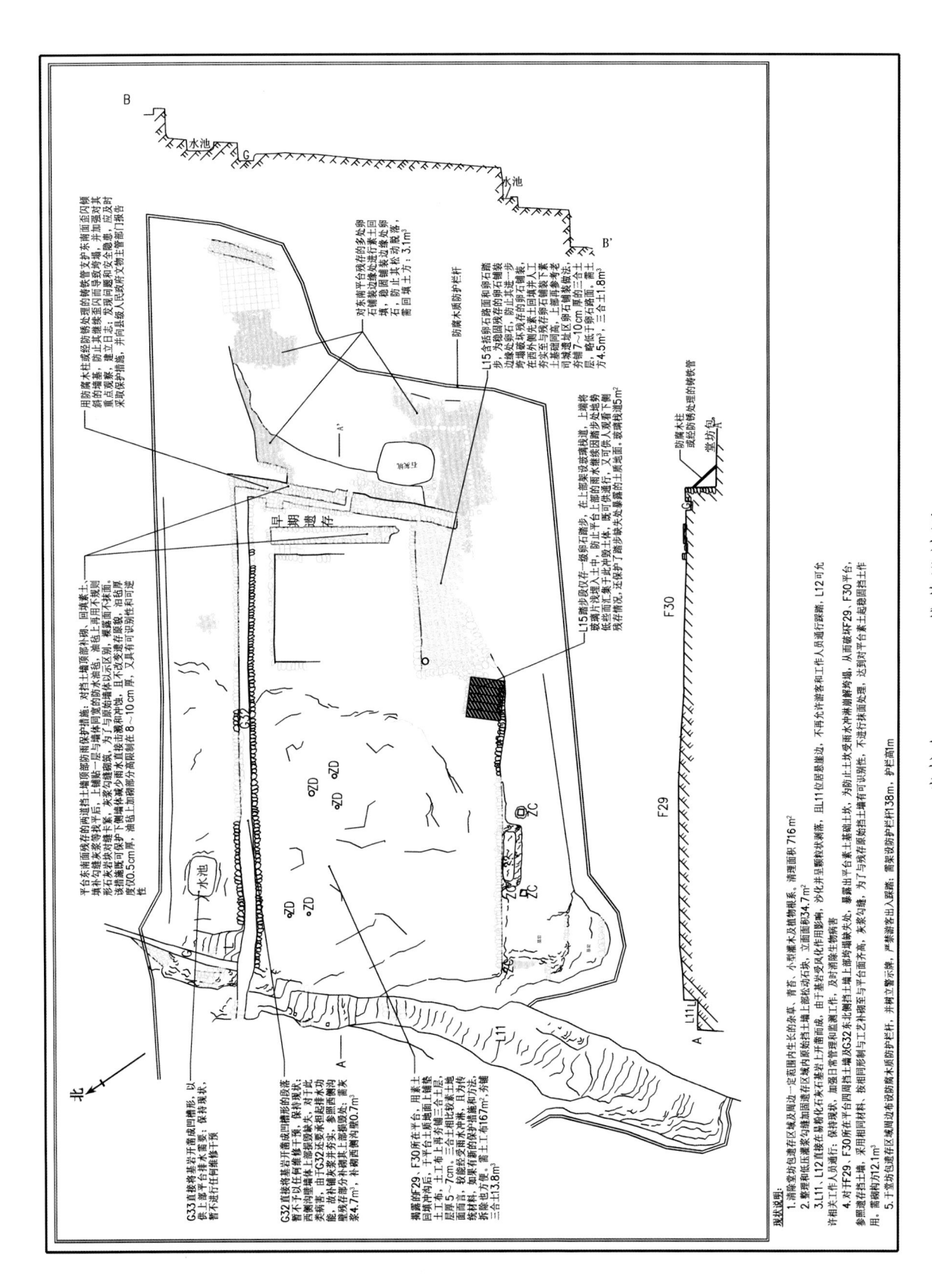

堂坊包 F29、F30 维修设计图

现状说明：

1. 清堂坊包遗存区域内及周边一定范围内生长的杂草、青苔、小型灌木及植物根茎。

2. 整翻和压速黎勾缝加固道存区域内顶部松动石块。立面面积34.7m²

3. L11、L12直接在夯相石上来不基土上开菁病虫。由于菁岩岩风化作用影响、沙化并聚粒状碳酸盐、及时清理和松测病。

4. 对于F29、F30所有夯台周围土墙上部均碱解约结、暴出平台素土基础土块。为防止土块受雨水冲淋解解均结、从而破坏F29、F30平台、许相夯工作人员通行路和，积累日常管理和消除病害工作。按同周性材料、按相同形制与工艺修复与平面不否、未采勾缝、达到对平台素土起稳固档土作用、回填破档土块。采用相同材料、按相同形制与工艺修复与平面不否、未采勾缝。达到对平台素土起稳固档土作用。回填破档12.1m³

5. 于堂坊包遗存区域周边布设防腐木防护栏杆、并树立警示牌。需要设防护栏杆38m、护栏高0.9m

平台东南残存的两道楼土墙顶部防腐处理：对坍塌南部局部楼土墙顶面歪风顺塌勾缝压楼勾缝处理后，上墙顶0.3m 再用不规则形石块按湿浆勾缝砌筑。为了防止墙体交接处出现裂缝，沿墙走向在接茬处分段砌筑，每段限在8～10cm厚，沿墙厚度0.5cm厚，油层上加砌墙分高限制在高限厚度和可逆性。该措施既可作护下墙味碎残少裸土墙直接击壤和坍塌，又具有可识别性和可逆性。

G33直接境基岩开菁成凹糟形，以供上平台植木害，暂不进行任何维修干预。

G32直接境基岩开菁成凹糟形的段落暂不做任何维修干预，保持现状。西侧境墙体上部坍塌缺失，保持现状。由于G32迄今并未做相排水功能，故补墙灰层砖平未土回填得已，可能缘边存腹分朴糊其、参灰参西侧糊共层灰4.7m³，朴糊西侧糊共0.7m³

揭露部F29、F30所在平台。平台上射地面土城层土厚3m，三合土相夯筑叠土层。1层厚5～7cm，视暴夯堆实，自力持。土城面要有新建保护措施和方案。如果有新建保护措施和方案。如果有新建保护材料夯筑167m³，夯撮拆除也方便。三合土工布13.8m³

用防腐木柱或经防腐处理的铁管支护东南面歪风顺塌勾缝，前后继续监测护其倾料观察，建立日志。若发现墙体以及区灾害面不稳定险患，应及时采取保护措施，并向县级人民政府文物主管部门报告

对东南平台和顶石路的多处卵石铺装边处进行素土回填，稳固装进出边际处卵石，防止其松动散落，需回填土方为3.1m³

L15台阶卵石路面和卵石路步，为稳固残存的卵石铺装边处卵石，在其两侧先表土回填并夯实至与残存卵石铺装边平，夯回填同时，土回填上夯再参考老司城遗址区卵石路面的三合土基础固做法，夯填7～10cm厚地起层，略低于卵石路面，三合土1.8m³

防腐木质防护栏杆

L15踏步段仅存一级卵石路步，在上部架设玻璃栈道，上端将破碳片汇集于此中段入卯防止平台仅破坏脚仅地势低且外侧出此中段内，又可供人员通行。又可F30平台低处坡缺失处暴露的土坡地层，在保护F30踏步缺失处暴露地5m²

防腐木柱或经防腐处理的铁管

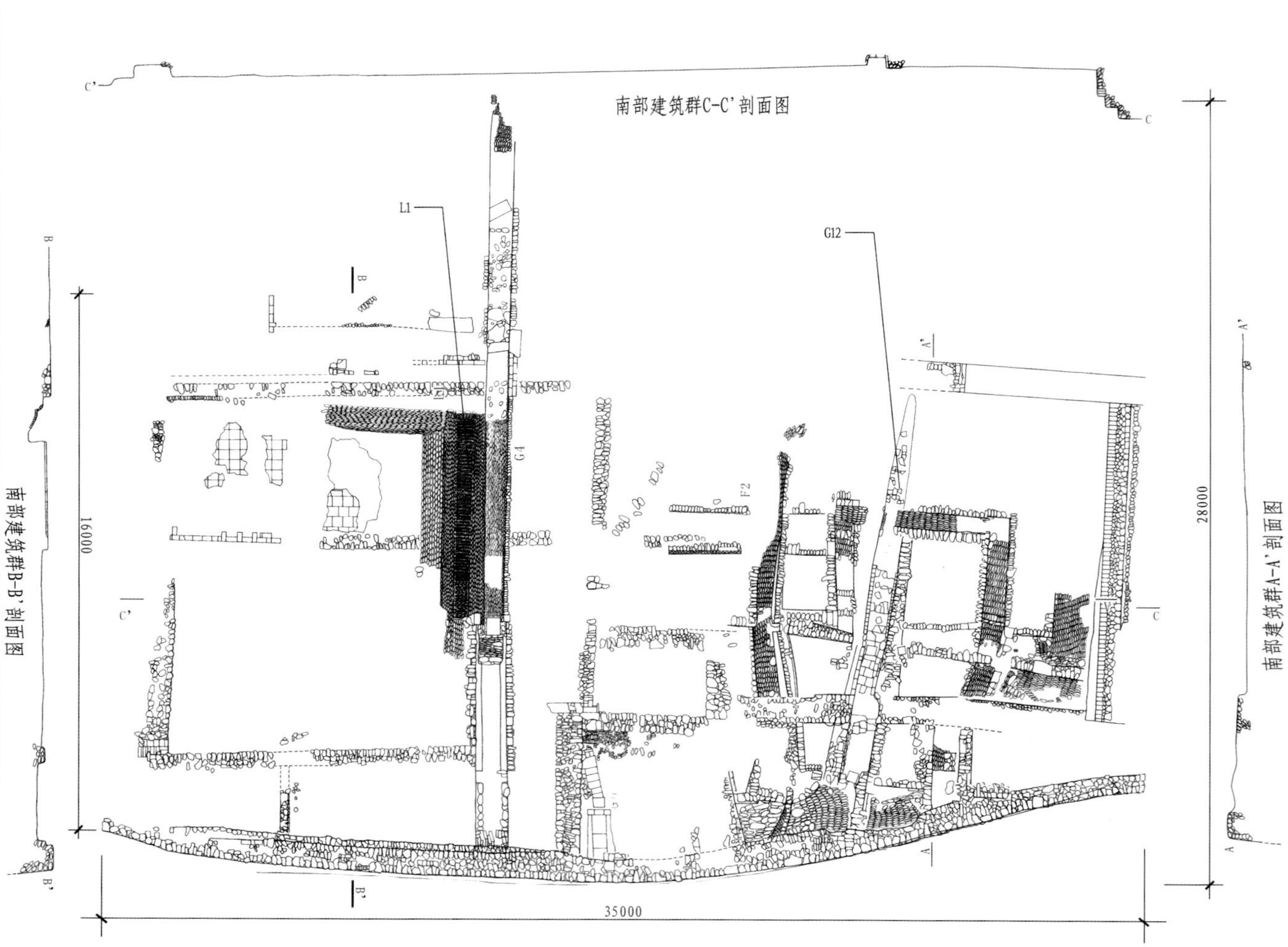

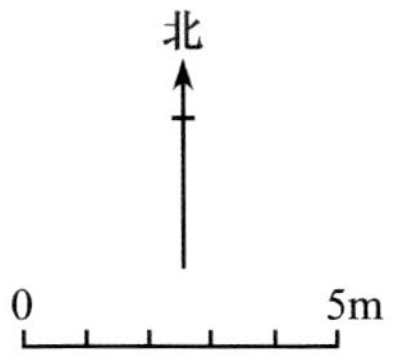

图版八〇

工程说明：
1. 由于该处多次建造房屋，大量的建筑在原址上叠后重建，建后又毁，循环往复。建筑基址相互叠压，并可见相应的配套道路、前庭、水沟等建筑遗迹，非常复杂。本工程为了最大限度的保护遗迹，仅对已经或随时可能垮塌的建筑基础进行加固保护。
2. 采取相同材质、相同工艺、相同形制，对基础进行加固。加固材料基本为卵石、青砖，以石灰浆勾缝。
3. 对损毁较大的砖、石墙体、地面进行加固保护和结构性补强。
4. 在各单体建筑排水的最低点设置隐蔽性排水口，使所有雨水排放通畅。但必须注意排水口的大小，都必须由考古工程人员负责进行，以防止遗迹的破坏和可能存留文物信息的损失。
5. 去除遗迹上生长的植物，加强日常监测和维护，有植物生长要及时去除，并喷洒药剂进行防治。

南部建筑群C-C'剖面图

南部建筑群A-A'剖面图

南部建筑群B-B'剖面图

南部建筑群维修设计图

图版八一

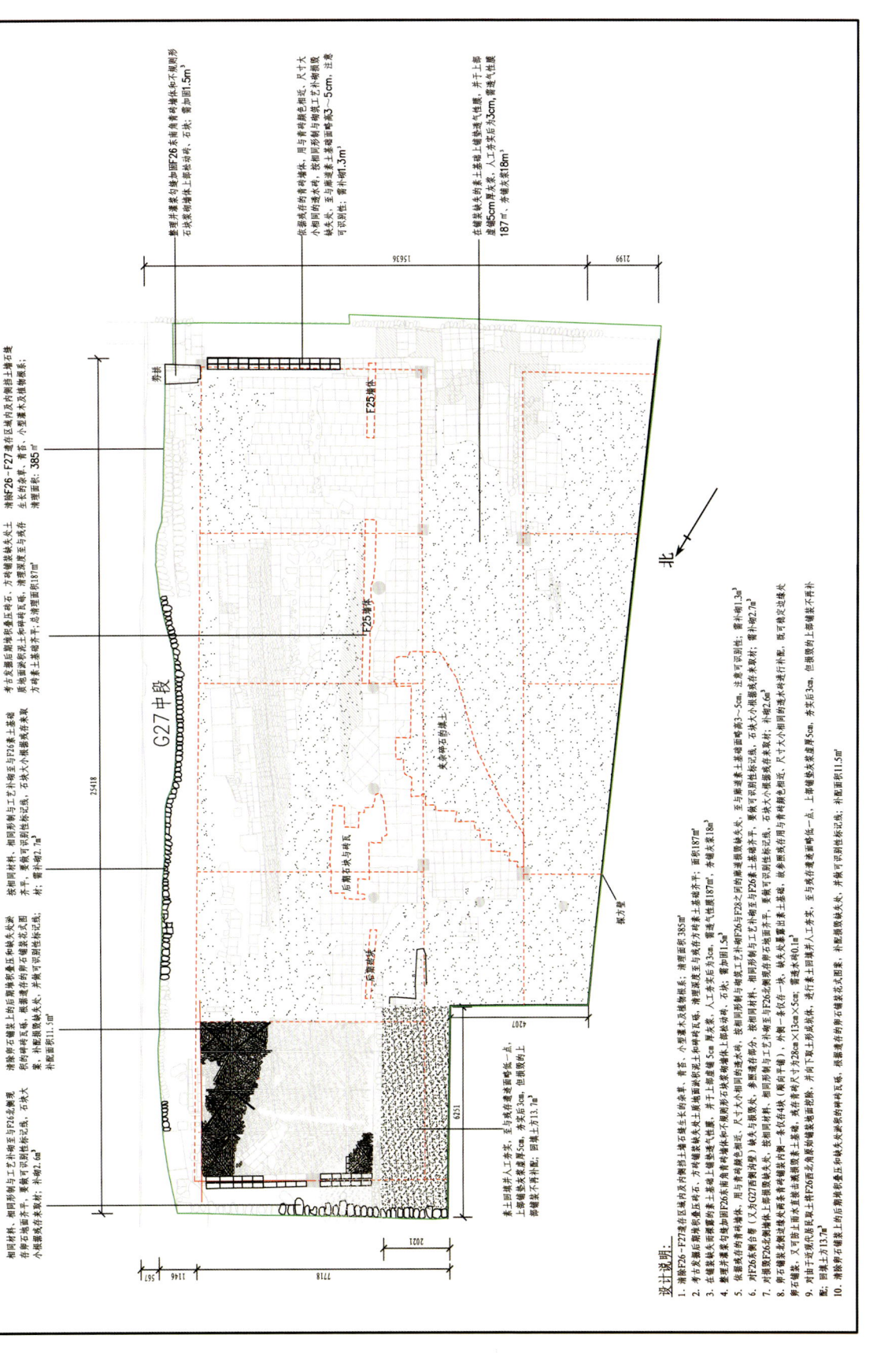

F25、F26、F27维修设计图

设计说明：

1. 清除F26-F27遗存区域内及内侧挡土墙石缝中生长的杂草、青苔、小型灌木及残枝残叶。
2. 考古发掘后期残砖叠压石和砖头残缺，方砖铺装缺失和砖面石板，清理深度至与残存生长面齐平。人工夯实后为3cm，需通气性复土18m³。
3. 整理并清理勾缝加固F26末南角青砖砌体上墙和不规则形石块砌体墙体上部松动水。石块：需加固1.5m³。
4. 对F26剩台阶（又为G27西向西步）缺失与根残，参照原状部分。按相同材料、相形制与工艺补砌至F26之前残毁面貌出发之地部分。整补可识别性标记线，缺失各块残留石均与现貌出入相近一体一致石块一些×5cm，补砌共40.1m³
5. 依照残有的青砖砌体，用与青砖色相近，按相同材料与工艺补砌缺失处，尺寸大小根据现状未裁制，石块，注意可识别性，青补砌1.3m³。
6. 对F26剩台阶（又为G27西侧南步）缺失与根残，参照原状部分。按相同材料、相形制与工艺补砌至F26之前残毁面貌出发之地部分。整补可识别性标记线，缺失各块残留石均与现貌出入相近一体一致石块一些×5cm，补砌共40.1m³
7. 石铺装北侧台阶石补砌至东西各置处残一本色4块4阶，石铺装一体一致，补砌共约0.1m³
8. 对石铺装北侧遗迹遗缺块残处，参照现貌按原样残地结构，开向下凹土形尺寸为28cm×13cm×5cm，进行土回填并人工夯实，至与现存遗面齐平。
9. 又对土南水直接处顶底缺失、角部挖陷，开向下凹坑尺寸为187m²，补并人工夯实，至与现存遗面齐平。根据清查的单石墙花纹图形，形模可识别性标记线。
10. 清除导石砌装上的后期毛砖叠压和杂久泥垢的铺装叶瓦。回填土上约13.7m³。

图版八二

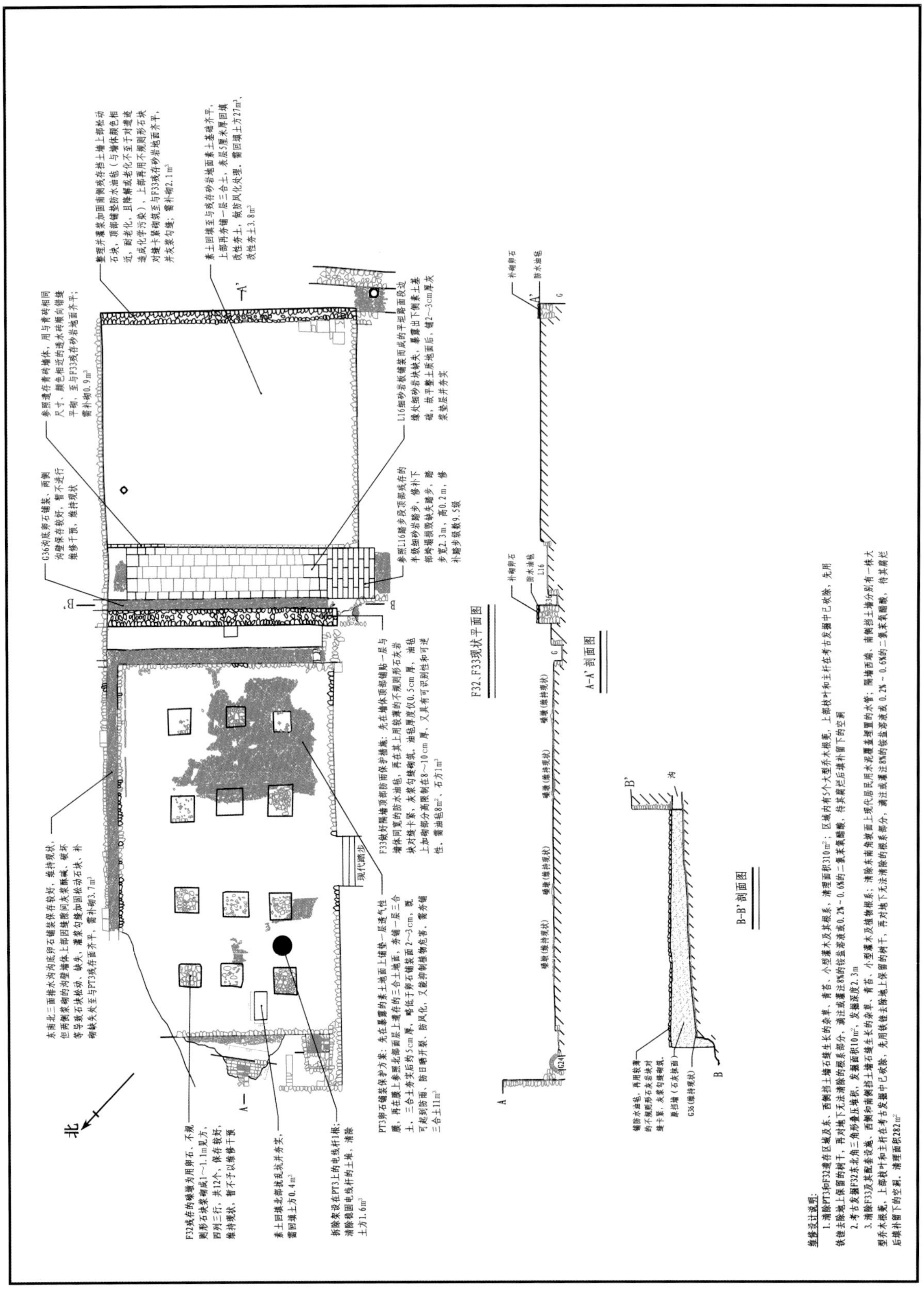

图版八三

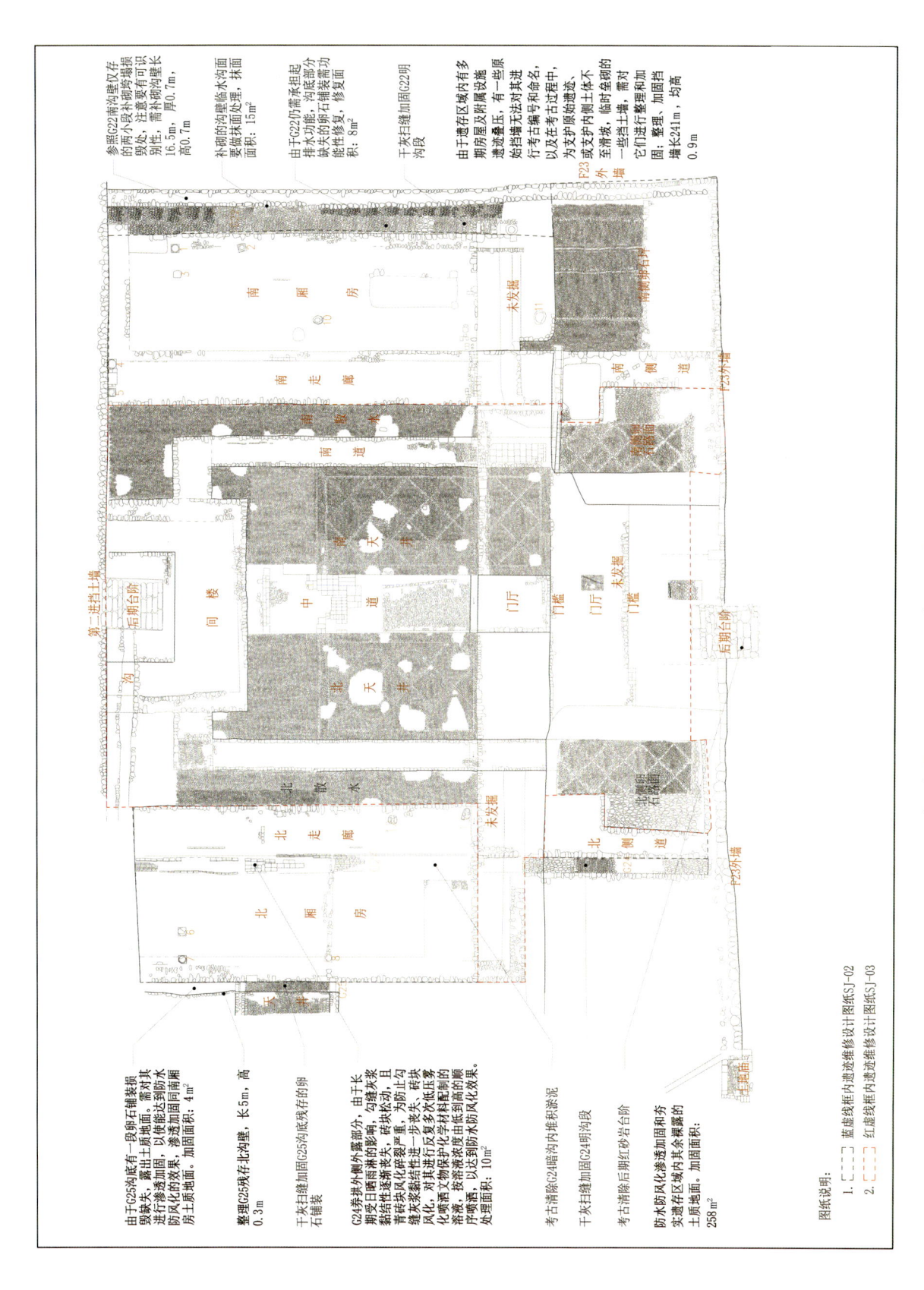

衙署区 F21～F24 维修设计图（一）

图纸说明：
1. ▨▨▨▨ 蓝虚线框内遗迹维修设计图纸SJ-02
2. ▨▨▨▨ 红虚线框内遗迹维修设计图纸SJ-03

（图中标注文字）

- 参照G22南沟西壁仅存的两小段补砌补跨可识别处，注意补砌跨墙顶需补跨壁长16.5m，厚0.7m，高0.7m

- 补砌的沟壁临水沟面要做抹面处理，抹面面积：15m²

- 由于G22仍需承担起排水功能，沟底部分缺失的卵石铺装功能性修复，修复面积：8m²

- 干灰勾缝加固G22明沟段

- 由于遗存区域内有多期房屋及附属设施遗迹叠压，有一些原始挡墙无法对其进行考古过程中，以及支护内壁的土壤的考古编号和命名，为支护原始遗迹，或支护内侧临时垒砌的一些挡土墙，需对它们进行整理和加固，整长241m，均高0.9m

- F23外墙
- 南侧护台阶
- 南侧外墙
- F23外墙

- 南厢房
- 未发掘
- 南走廊
- 南甬道
- 南天井
- 门厅 门槛 门厅 门槛
- 后期台阶
- 中楼
- 向楼
- 北天井
- 排水沟
- 北走廊
- 北厢房
- 未发掘
- 北侧甬道
- 北侧石铺面
- 后期台阶
- 主建筑
- 未发掘
- 第三进土墙

- 由于C25沟底有一段卵石铺装损毁缺失，露出土质地面，需对其进行渗透加固，以使能达到防水防风化的效果，渗透加固同南厢房土质面。加固面积：4m²

- 整理C25残存北沟壁，长5m，高0.3m

- 干灰扫缝加固C25沟底残存的卵石铺装

- C24券洞外露部分，由于长期受日晒雨淋外侧的砂浆黏结性逐渐丧失，勾建灰浆黏结块及砖块松动，且青砖表面裂痕严重，为防止勾缝灰浆黏结性进一步丧失，砖块风化，对其进行反复多次低压喷化学文物保护液由低到高的顺序喷洒，按渗液浓度由低到高的顺序喷洒，以达到防水防风化效果。处理面积：10m²

- 考古清除C24墙沟内堆积淤泥
- 干灰扫缝加固C24明沟段
- 考古清除后期红砂岩台阶
- 防水防风化渗透加固和夯实进存区域内其余裸露的土质地面。加固面积：258m²

图版八四

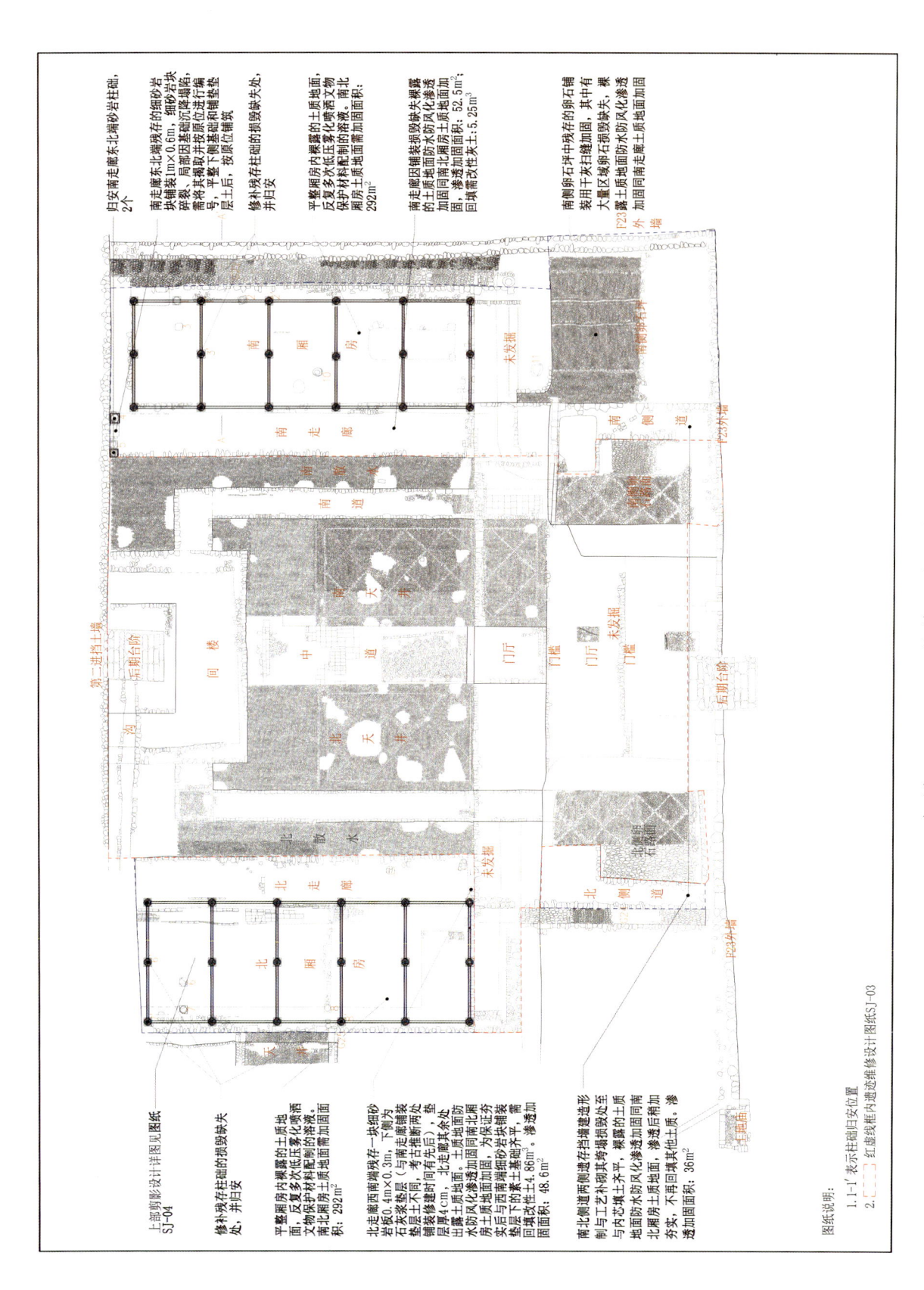

衙署区 F21~F24 维修设计图（二）

图版八五

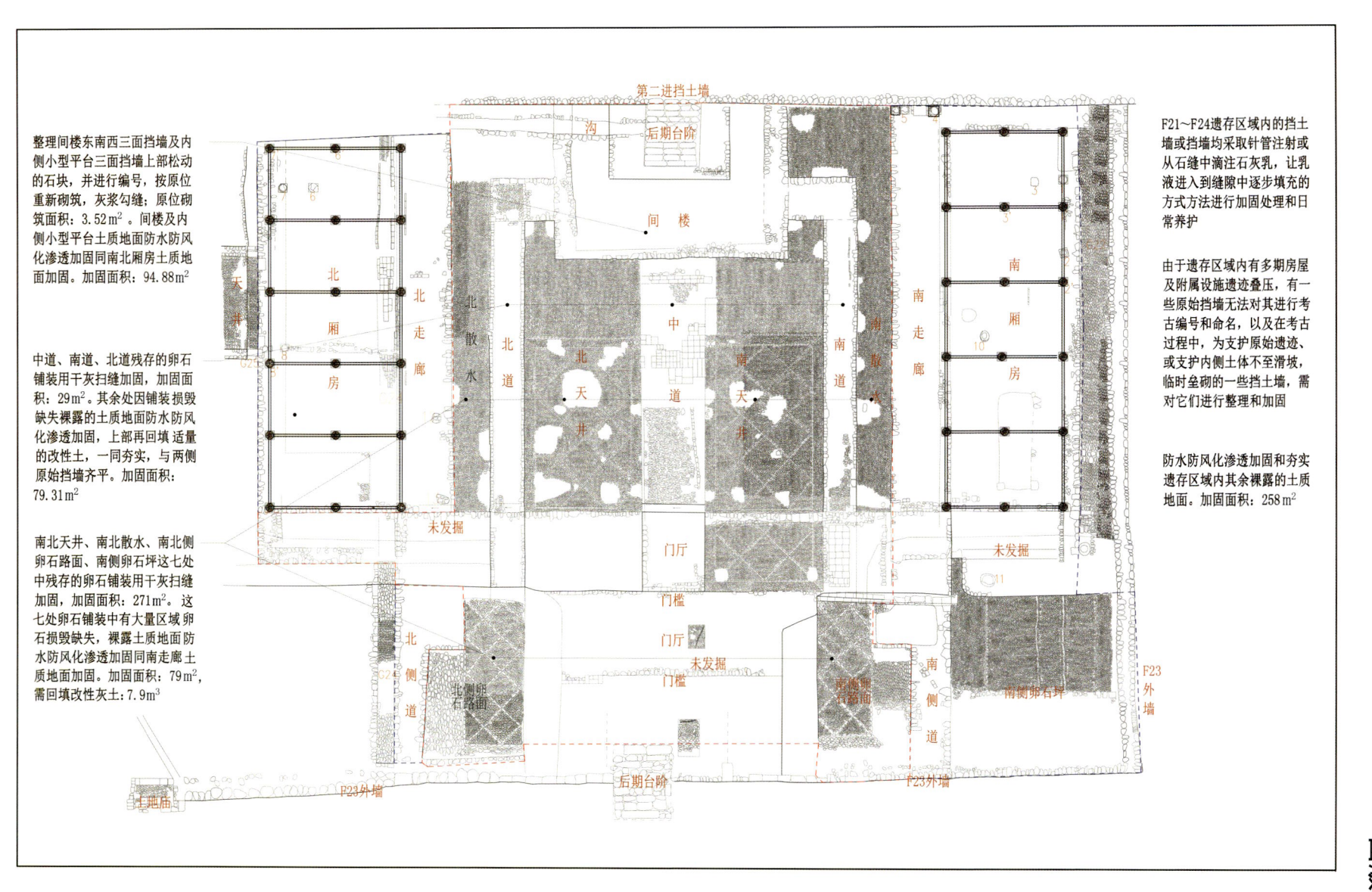

衙署区 F21~F24 维修设计图（三）

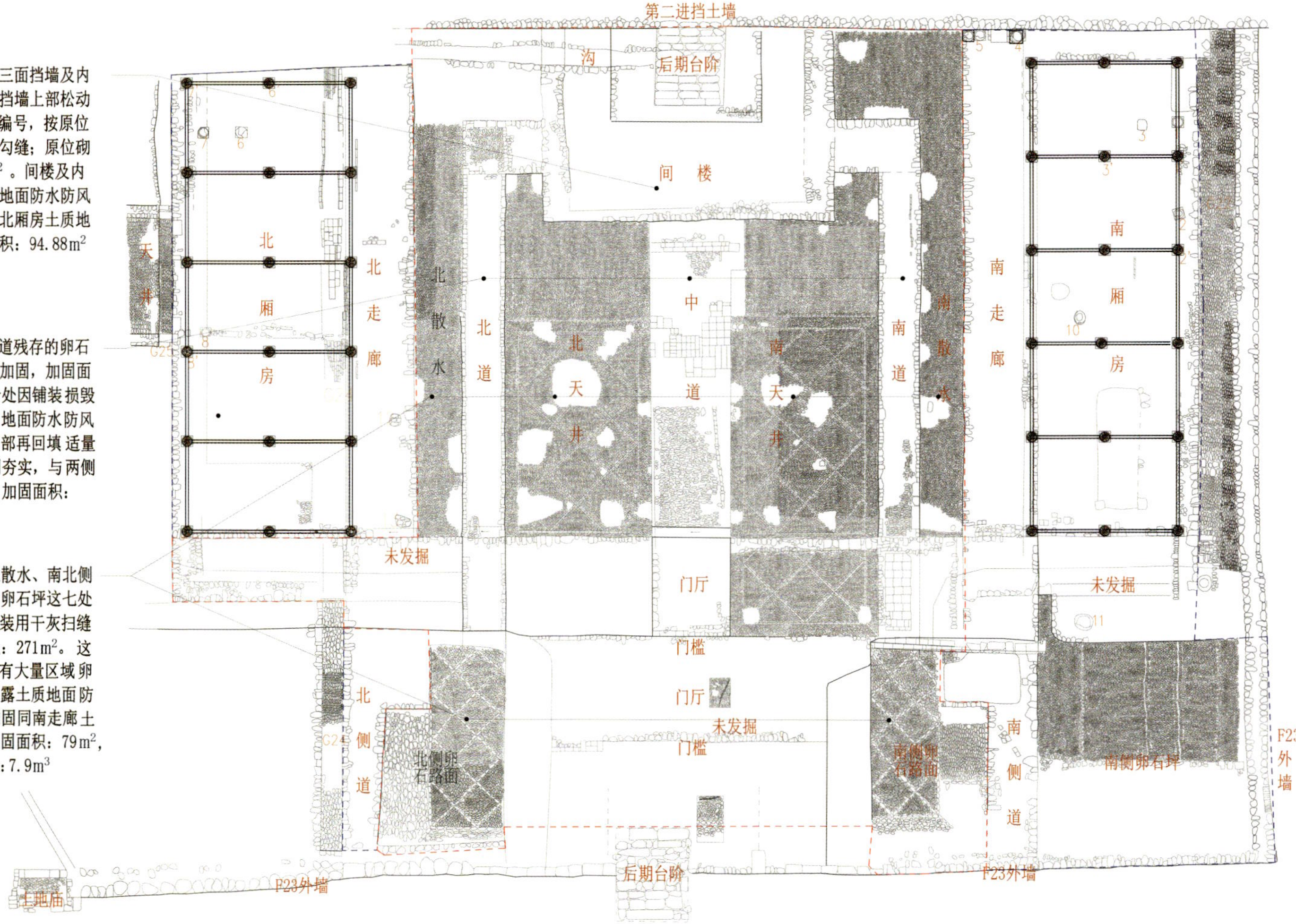

F21~F24遗存区域内的挡土墙或挡墙均采取针管注射或从石缝中灌注石灰乳，让乳液进入到缝隙中逐步填充的方式方法进行加固处理和日常养护

由于遗存区域内有多期房屋及附属设施遗迹叠压，有一些原始挡墙无法对其进行考古编号和命名，以及在考古过程中，为支护原始遗迹，或支护内侧土体不至滑坡，临时垒砌的一些挡土墙，需对它们进行整理和加固

防水防风化修透加固和夯实遗存区域内其余裸露的土质地面。加固面积：258m²

整理同楼东南三面砖西墙及内侧小型平台三面挡墙上部松动的石块，并进行编号，按原位重新砌筑。灰浆勾缝。原砌筑面积：3.52m²。同楼及内侧平台土质地面防水防风化渗透加固同南北厢房土质地面面积。加固面积：94.88m²

中道、南道、北道残存的卵石铺装用干灰扫缝加固，加固面积：29m²。其余处因地面防风化渗透加固，上部再回填适量缺失裸露的土质地面防风化的改性土，一同夯实，与两侧的原始挡墙平。加固面积：79.31m²

南北天井、南北散水、南北侧卵石路面、南侧卵石坪这七处中残存的卵石铺装用干灰扫缝加固，加固面积：271m²。这七处卵石铺装中有大量卵石损缺失、裸露土质区域卵石防风化渗透加固同南走廊土质地面加固，面积：79m²，需回填改性灰土：7.9m³

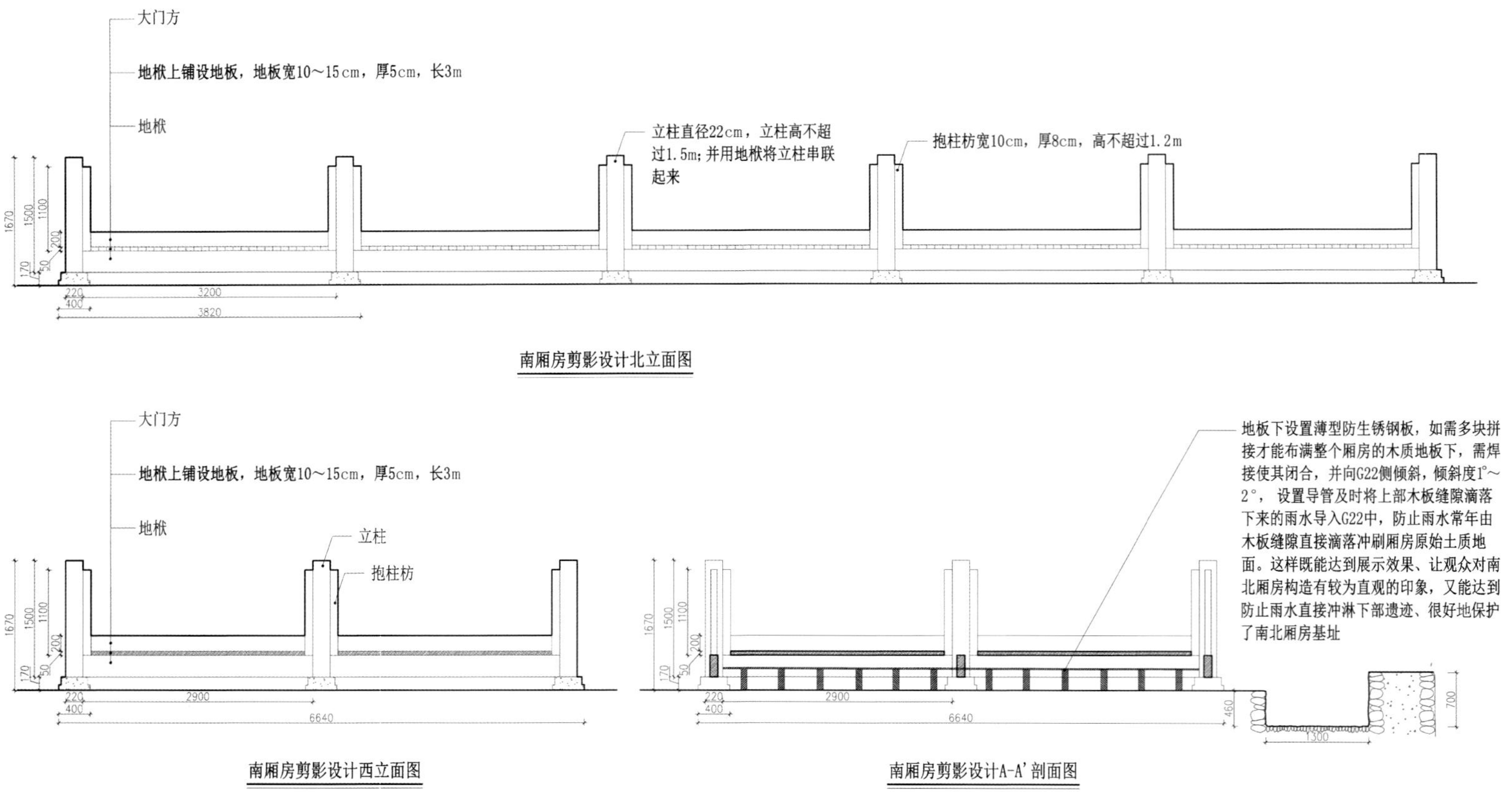

图版八六

衙署区 F21~F24 维修设计图（四）

图版八七

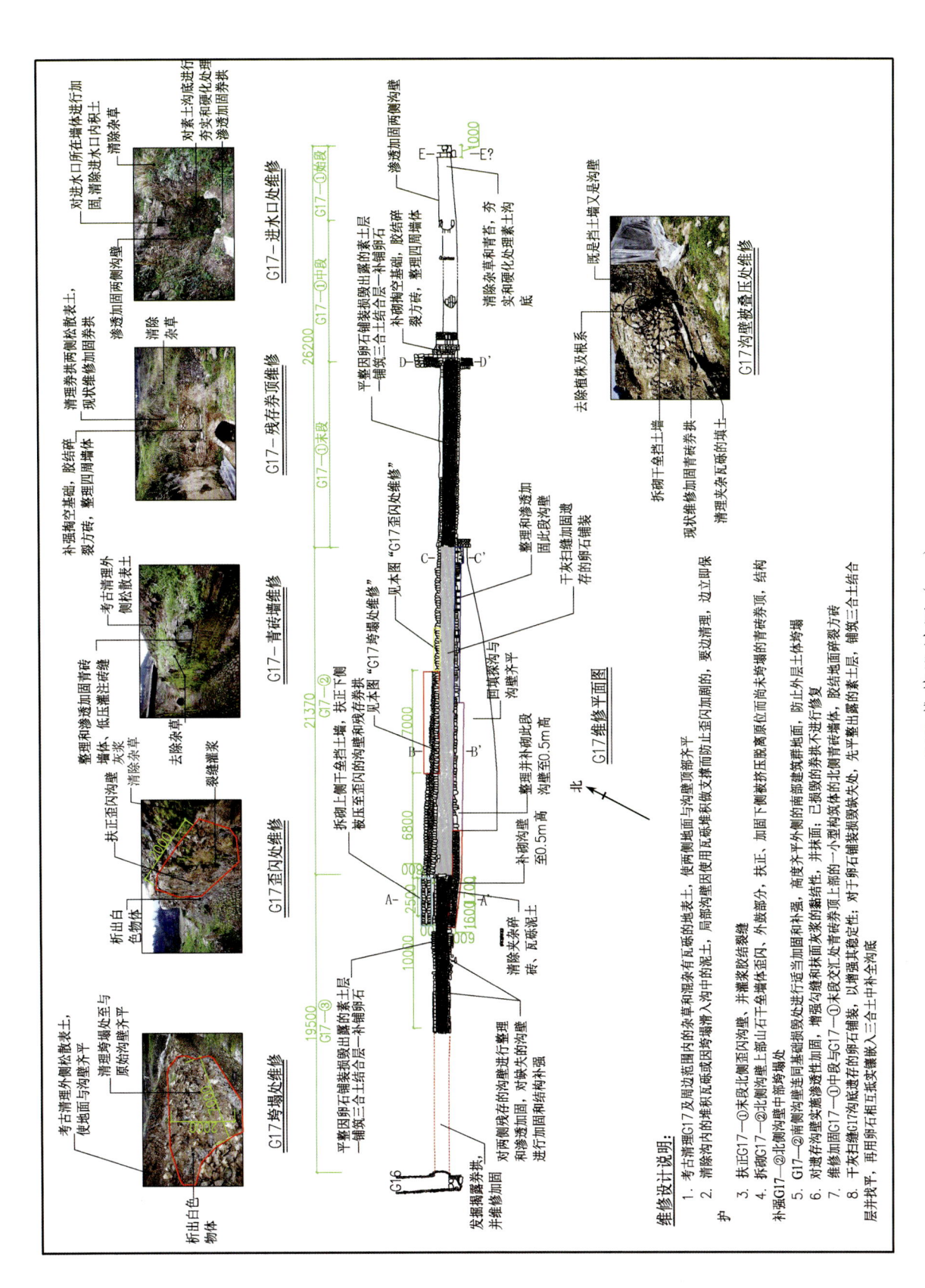

G17 维修设计图（一）

维修设计说明：

1. 考古清理G17及周边范围内的杂草和混杂有瓦砾的表土，使两侧地面与券顶部齐平。
2. 清除沟内的堆积瓦砾或因跨塌堵入沟中的泥土，局部沟建因使用反砾堆积做支撑而防止歪闪加剧的，要立清理、边立即保护。
3. 扶正G17-①末段北侧歪闪沟壁，并灌浆胶结裂缝。
4. 拆砌G17-②北侧沟壁中部跨塌处。
5. G17-②北侧沟壁歪闪基础损毁处进行适当加固和补强，增强勾缝和抹面来来的素的素结性。井抹面：已损毁的券拱不进行修复。
6. 对遗存沟建变薄透性加固，增强勾缝和抹面上部的一小型沟筑体的北侧青砖墙，井抹面：已损毁的券拱不进行修复。
7. 维修加固G17-①中段与G17-①末段交汇处青砖券顶上部的一小型卵石铺砌层，以增强其稳定性。对平整出露的卵石铺表，先平整出露其根据缺失处，铺筑三合土结合层中中补全沟底。
8. 干灰三缝G17沟底相互实镶嵌入三合土中补全沟底。

图版八八

G17 维修设计图（二）

图版八九

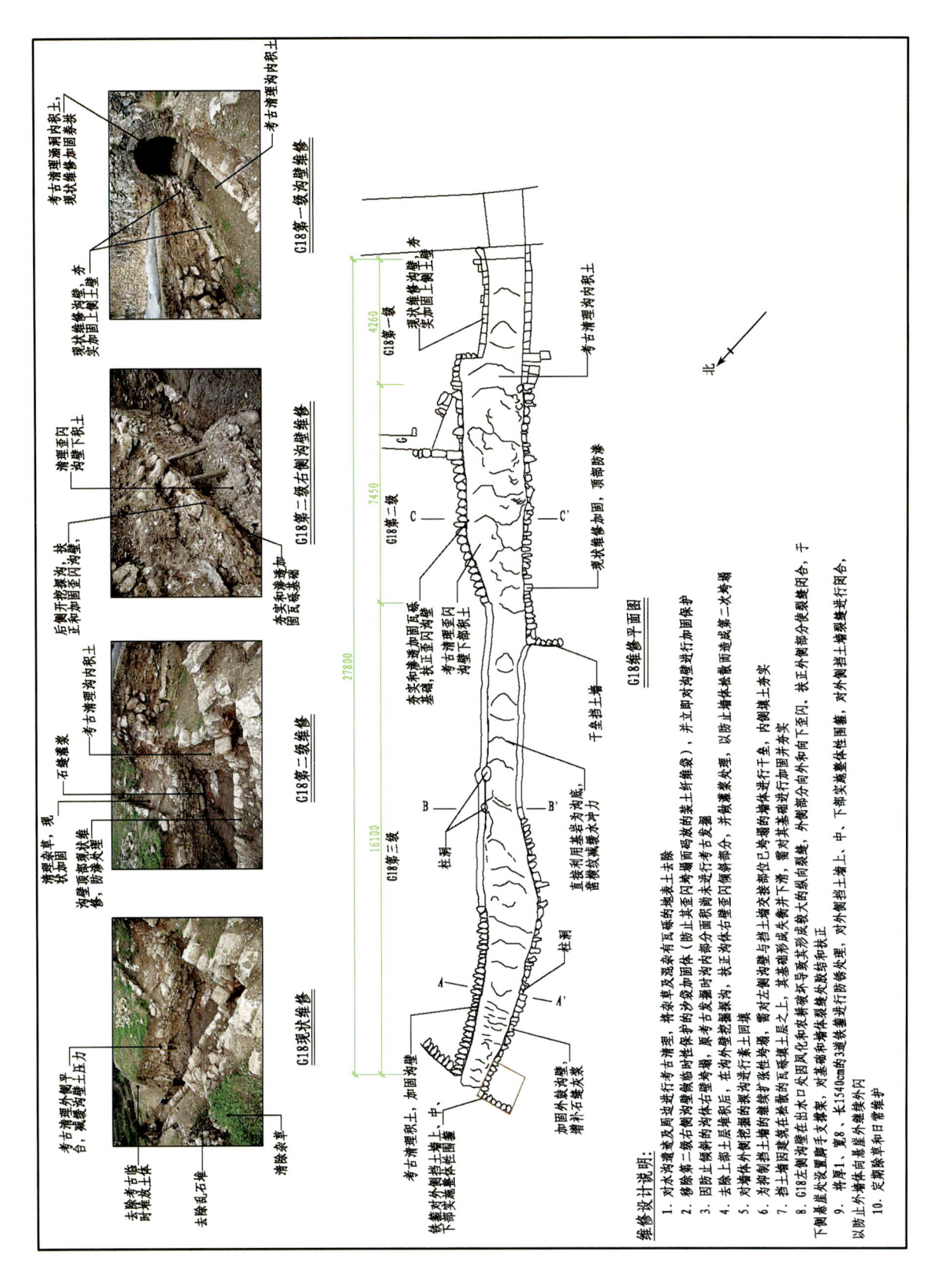

G18维修设计图（一）

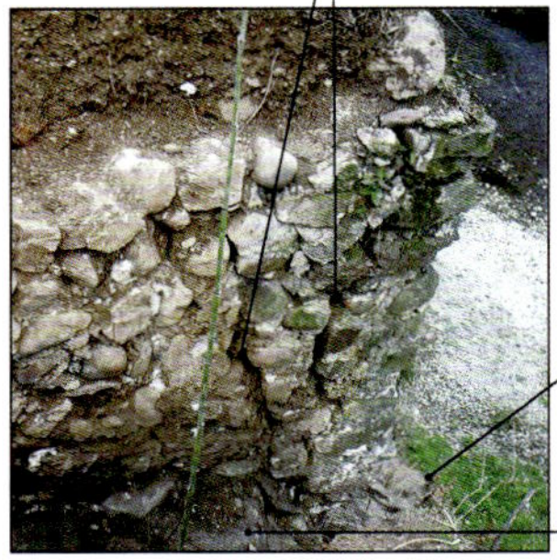

G18第三级沟壁裂缝

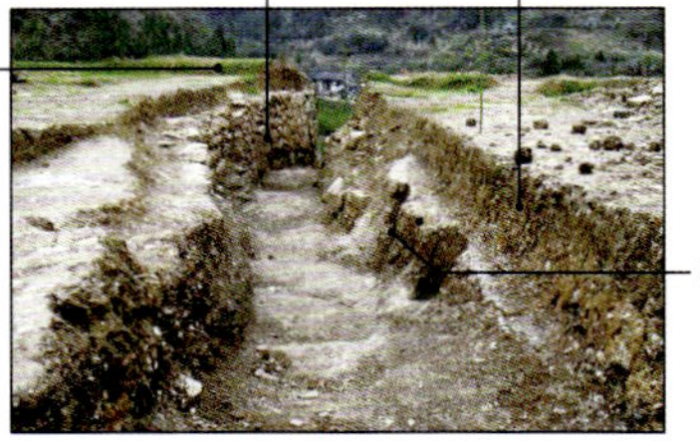

G18第三级两侧沟壁维修

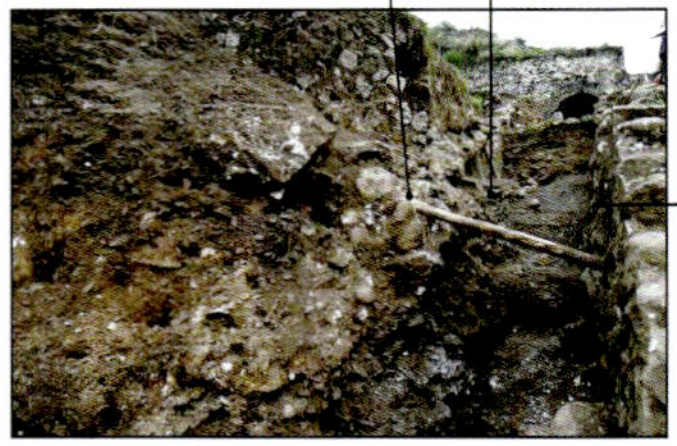

G18第二级两侧沟壁维修

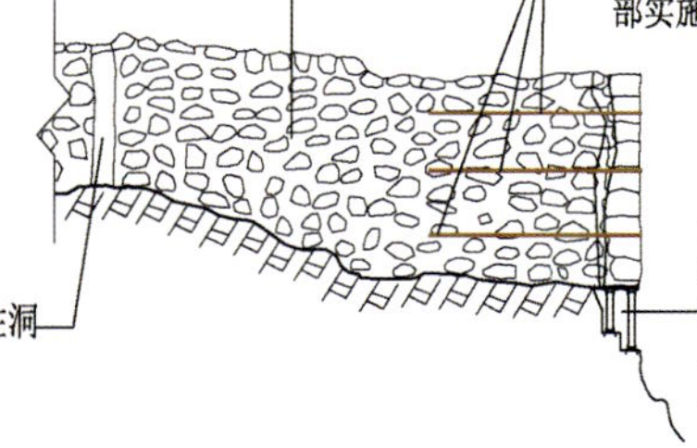

G18第三级沟壁及裂缝维修

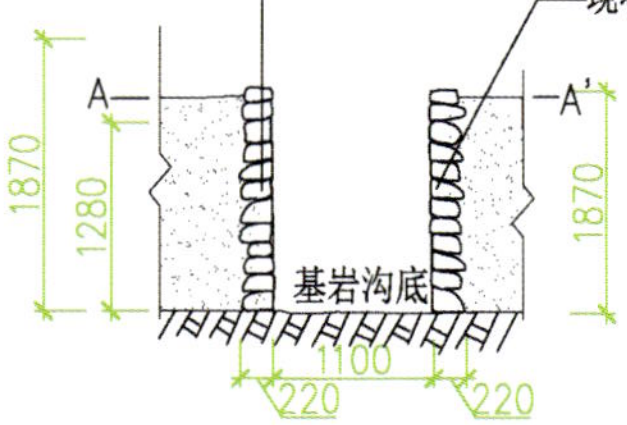

A-A'剖面

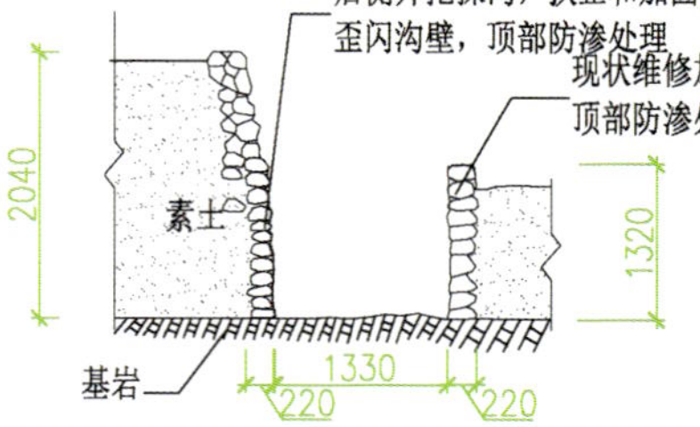

C-C'剖面

G18 维修设计图（二）

图版九一

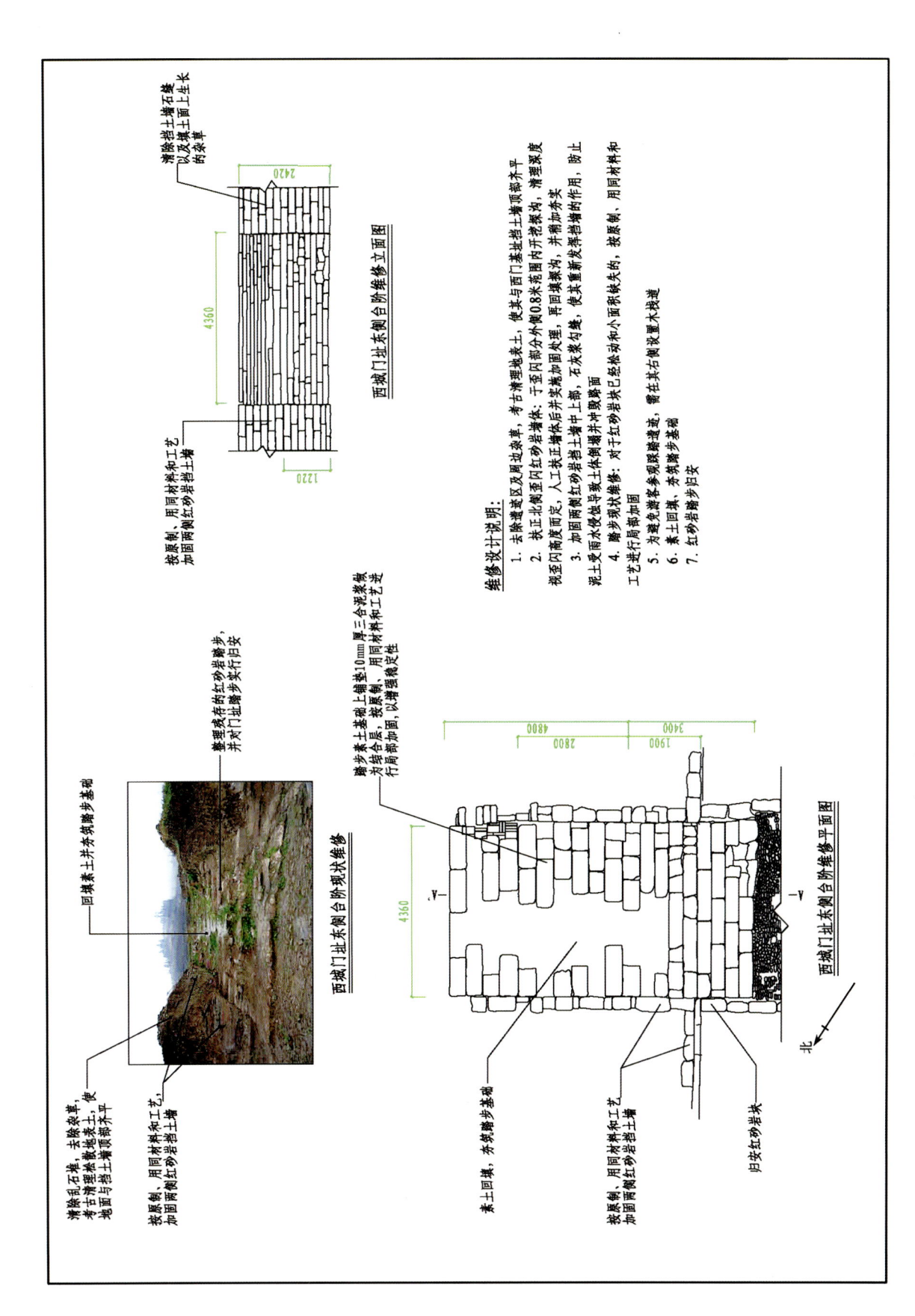

西城门东侧台阶维修设计图（一）

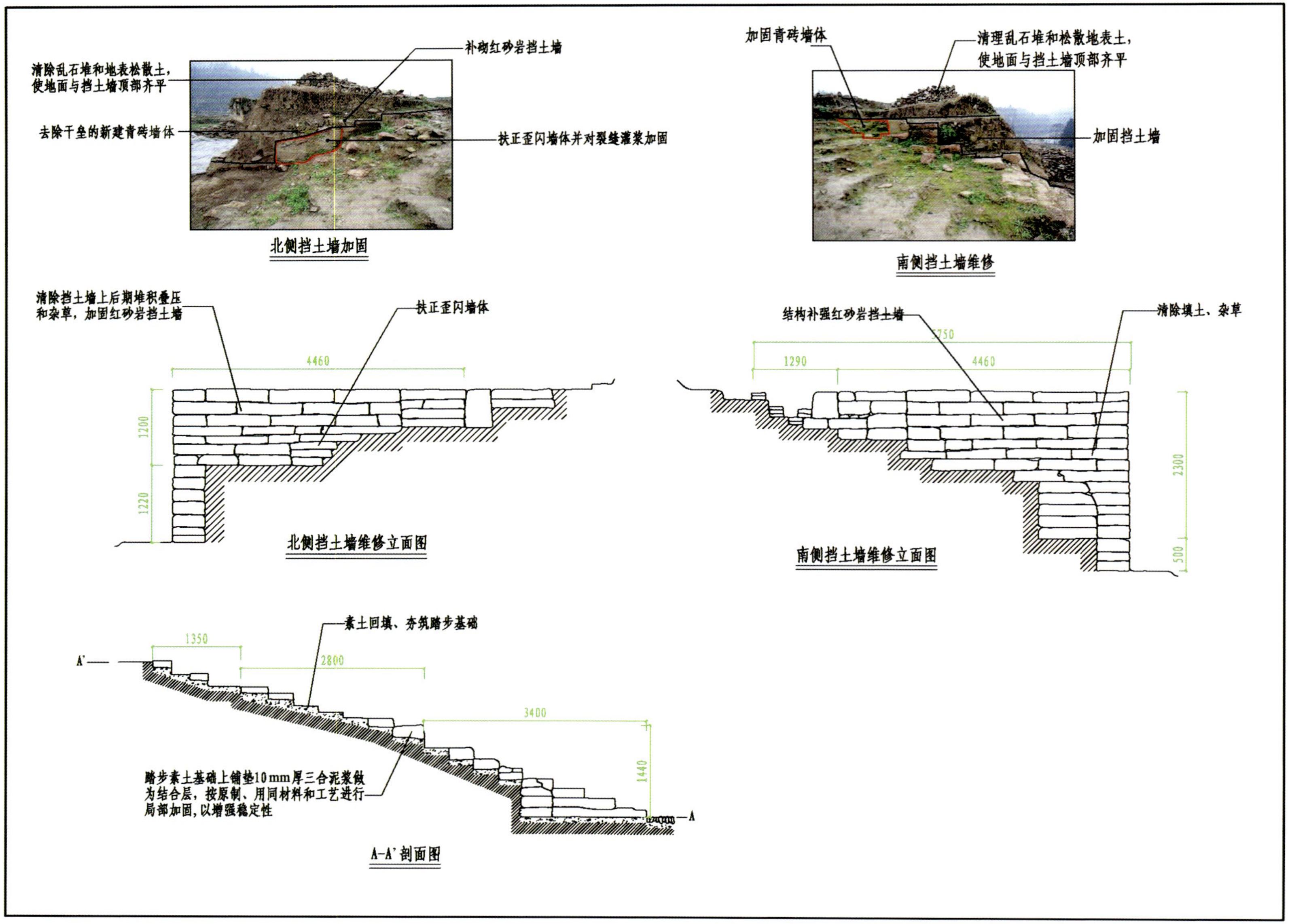

图版九二

西城门东侧台阶维修设计图（二）

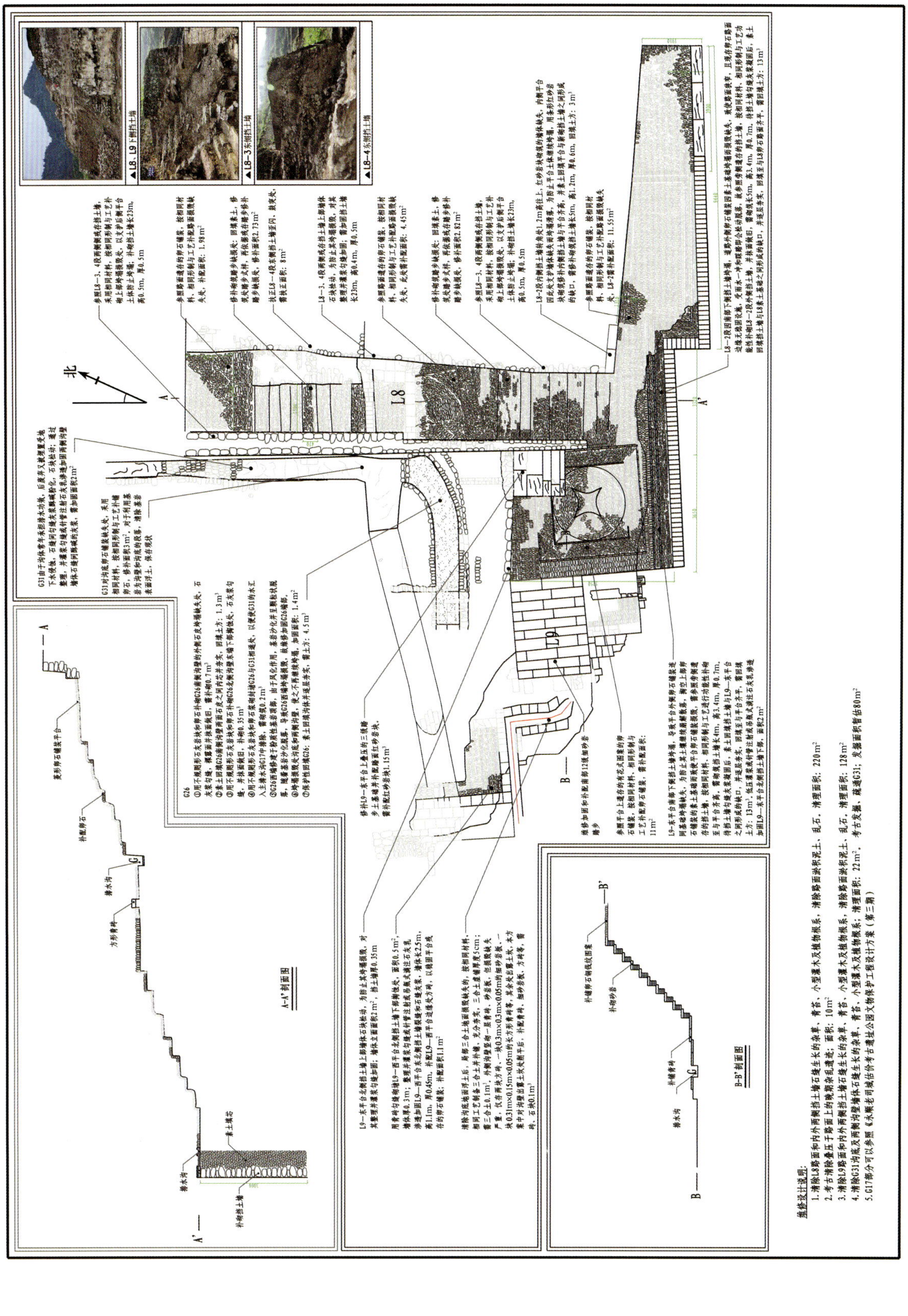

L8、L9维修设计图

图版九四

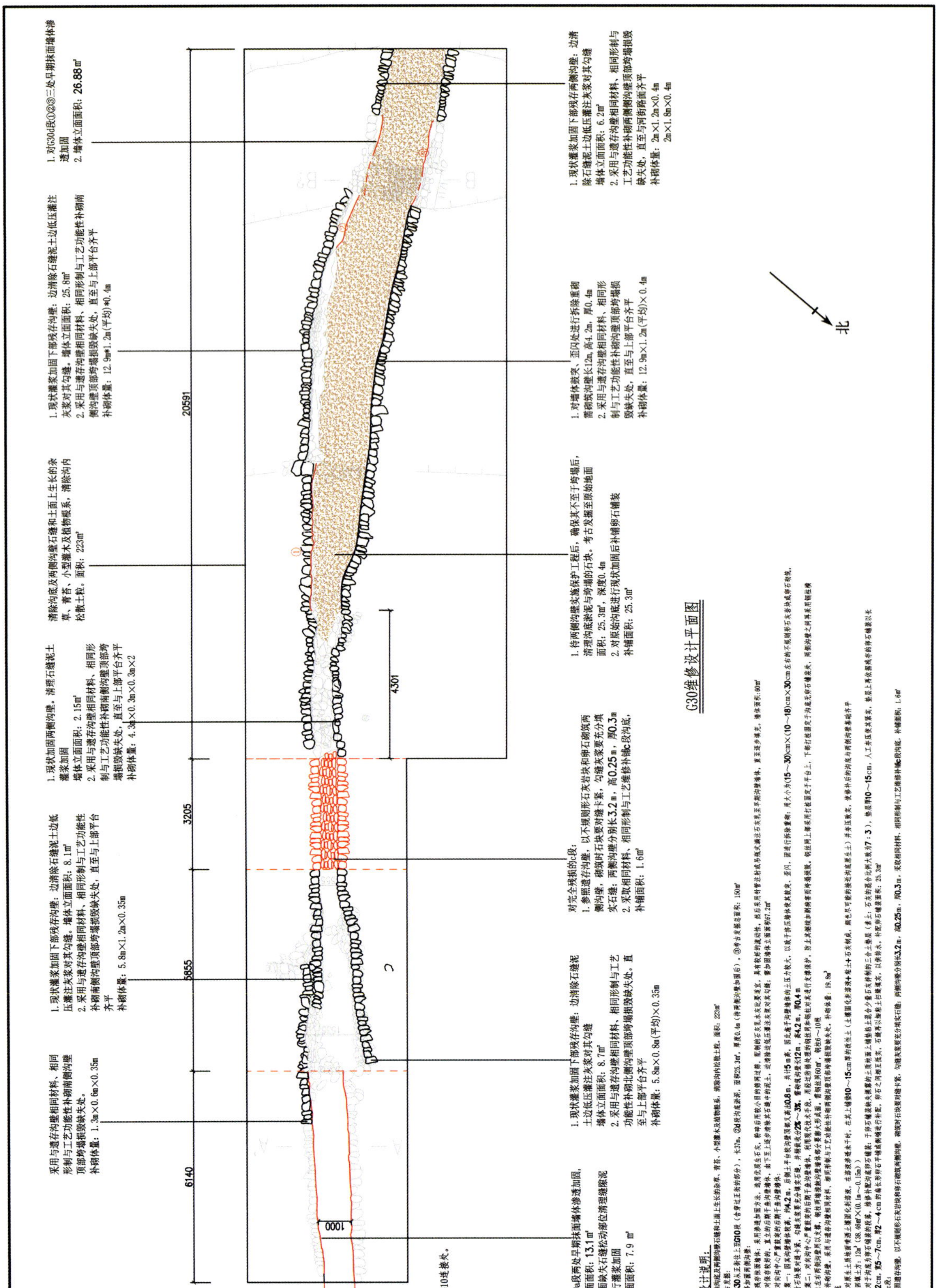

G30维修设计图（一）

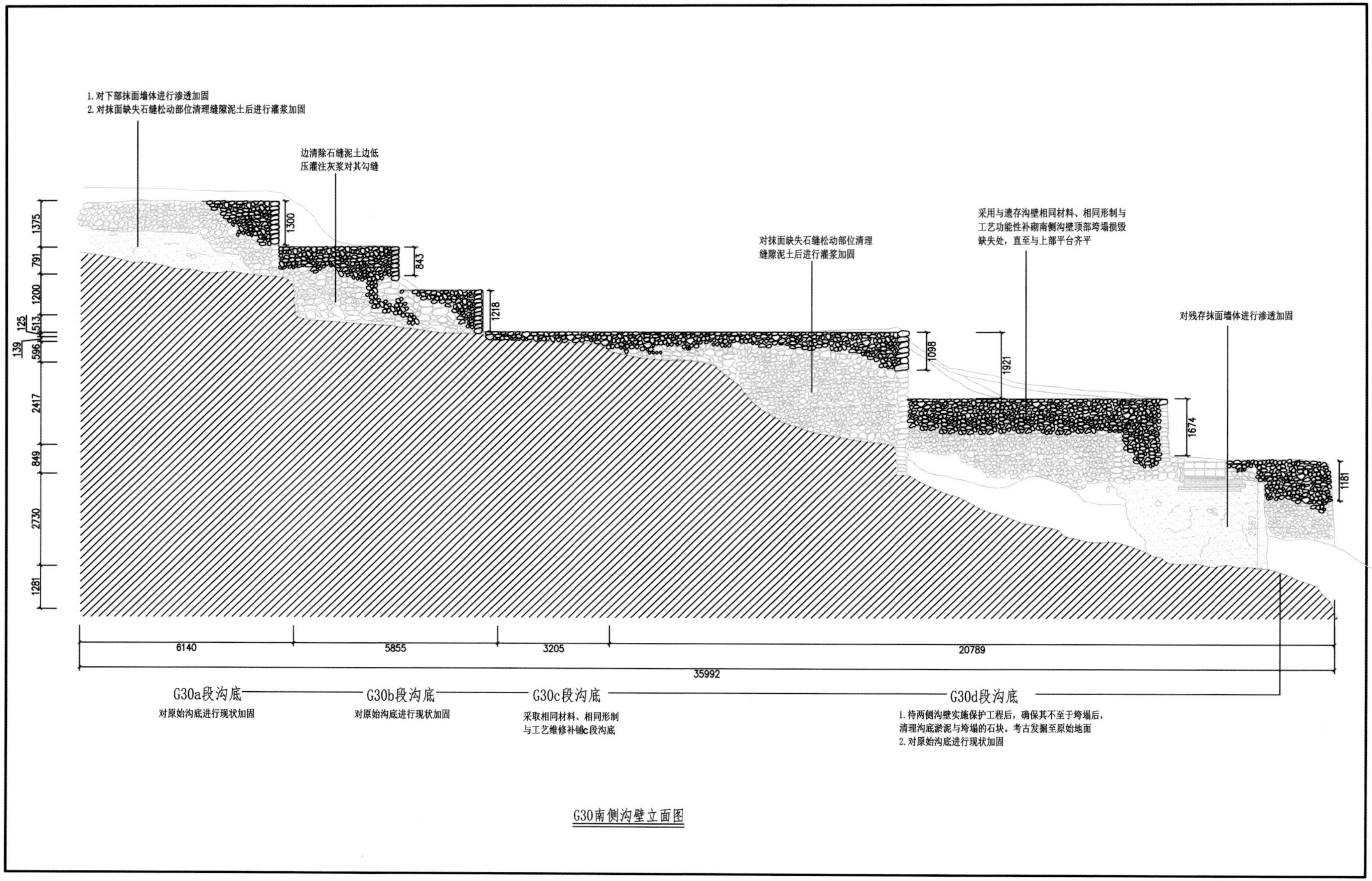

G30维修设计图（二）

图版九六

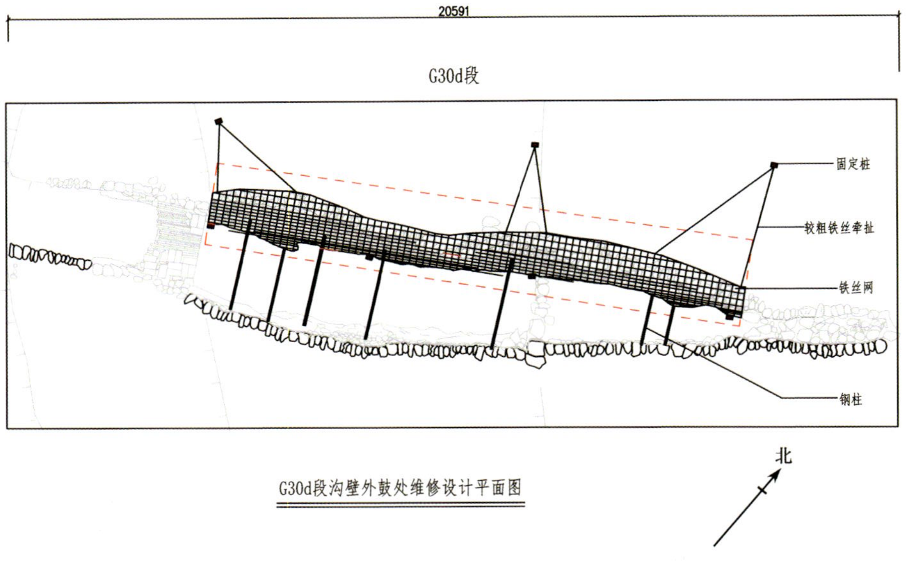

G30d段沟壁外鼓处维修设计平面图

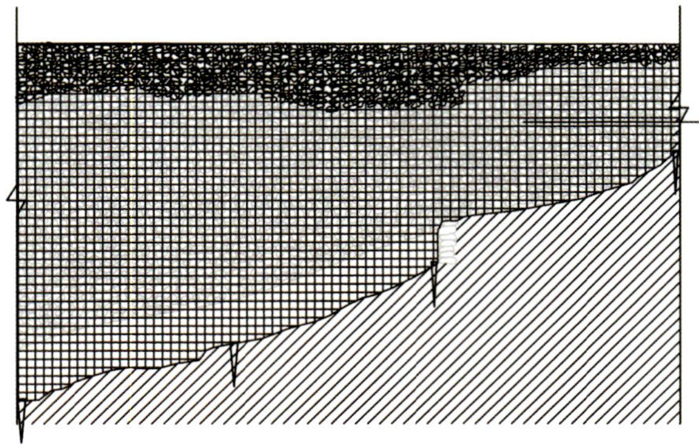

G30d段沟壁外鼓处维修设计立面图

G30 维修设计图（三）

图版九七

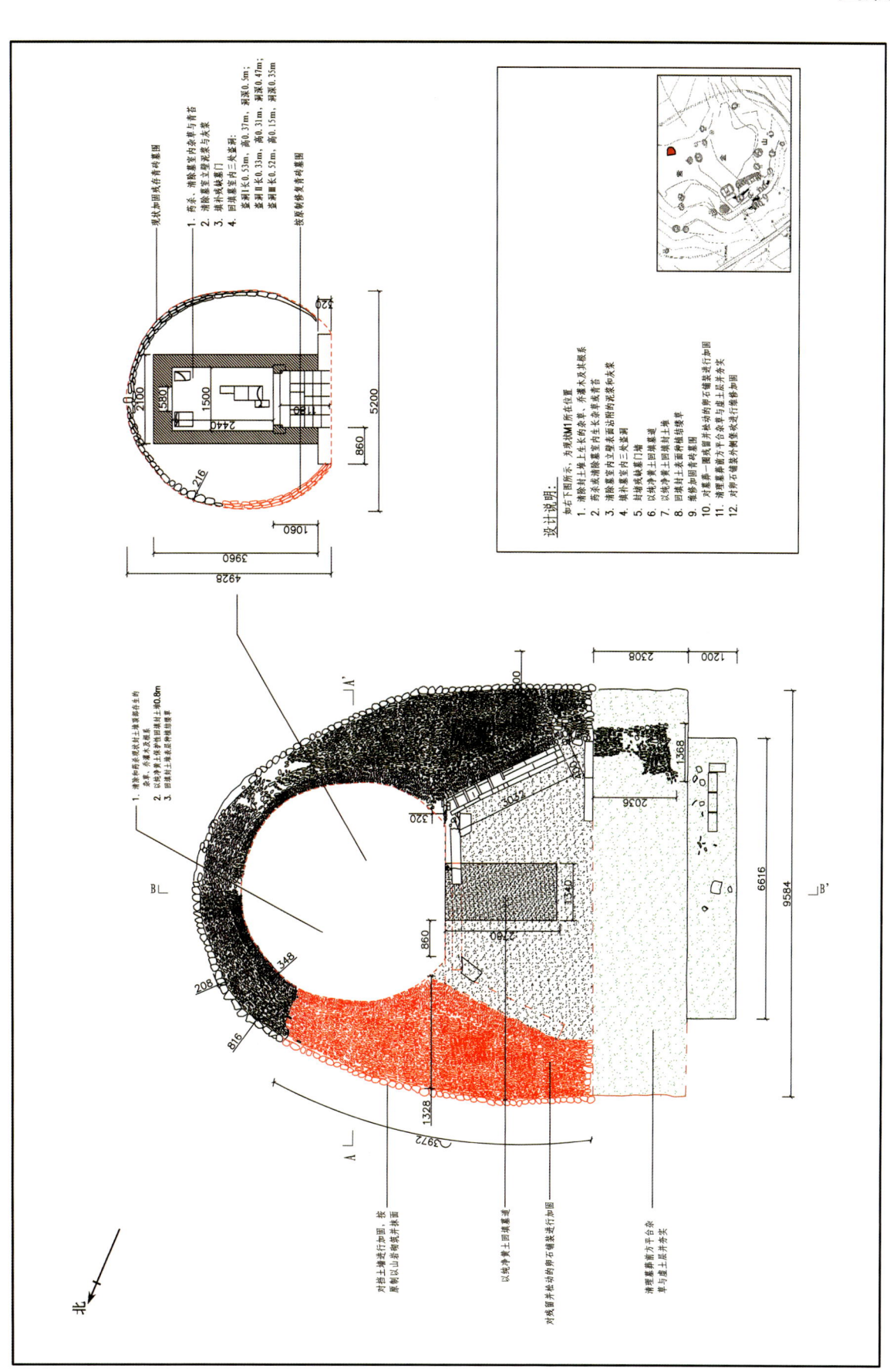

紫金山M1维修设计平面图（一）

图版九八

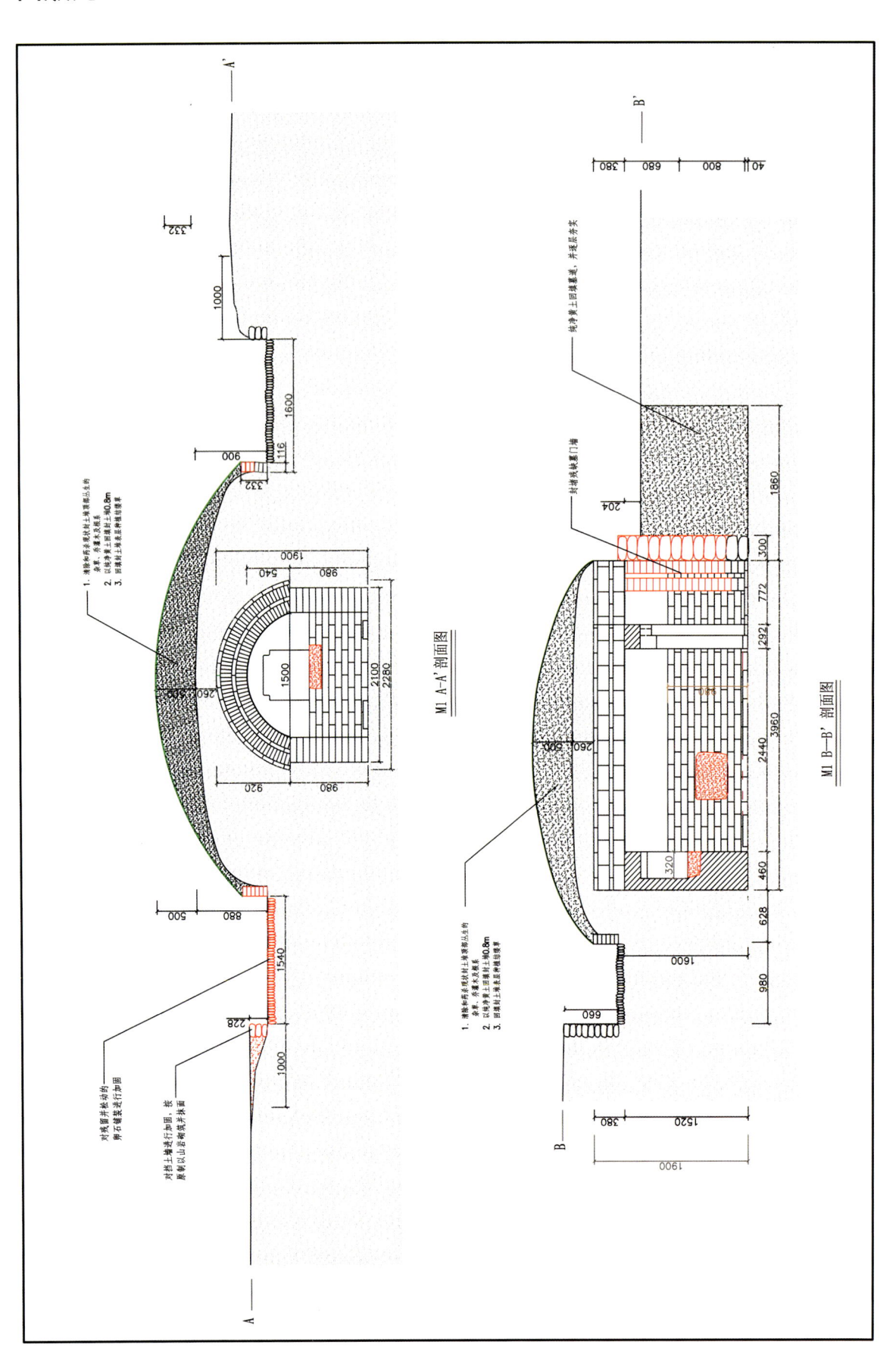

紫金山 M1 维修设计平面图（二）